# FINANCIAL ACCOUNTING WORKBOOK

# 재무회계 워크북

Work Book
of Financial Accounting

# 차 례

CONTENTS

# 차 례

CONTENTS

## 제 7 장 차입원가의 자본화



## 제 8 장 무형자산과 기타자산



## 제 9 장 금융부채와 사채



## 제 10 장 충당부채와 종업원급여



## 제 11 장 자 본



## 제 12 장 수익인식

# 차 례
CONTENTS

# 차 례
CONTENTS

# 공인회계사 및 세무사 1차 기출문제 추이분석

| 구 분 | 공인회계사 | | | | | | 세무사 | | | | | |
|---|---|---|---|---|---|---|---|---|---|---|---|---|
| | 2020 | 2021 | 2022 | 2023 | 2024 | 2025 | 2020 | 2021 | 2022 | 2023 | 2024 | 2025 |
| 1장 재무보고를 위한 개념체계 | | 1 | | 2 | 1 | 1 | 2 | 2 | 1 | 1 | 1 | 1 |
| 2장 이익개념과 측정기준 | | | | | | | 1 | | | | 1 | |
| 3장 재무제표와 공시 | | | 1 | | | 1 | | 1 | 1 | 1 | | 1 |
| 4장 현금과 수취채권 | | | | | | 1 | | 1 | | | | |
| 5장 재고자산과 농림어업자산 | 1 | 2 | 2 | 2 | 1 | 2 | 2 | 2 | 2 | 2 | 2 | 2 |
| 6장 유형자산과 투자부동산 | 4 | 2 | 2 | 3 | 2 | 4 | 3 | 5 | 3 | 4 | 4 | 3 |
| 7장 차입원가의 자본화 | 1 | 1 | 1 | 1 | 1 | 1 | | 1 | 1 | | 1 | |
| 8장 무형자산과 기타자산 | | 1 | 1 | 1 | 1 | 1 | | | 1 | | 1 | 1 |
| 9장 금융부채와 사채 | | 2 | 2 | 1 | 1 | 1 | 1 | 2 | 2 | 2 | 1 | 1 |
| 10장 충당부채와 종업원급여 | 2 | 1 | 1 | 2 | 2 | 2 | 3 | 1 | 2 | 2 | 1 | 2 |
| 11장 자 본 | 1 | 1 | | 1 | | 1 | 2 | | 1 | 1 | 1 | 1 |
| 12장 수익인식 | 3 | 3 | 3 | 2 | 2 | 2 | 2 | 2 | 1 | 1 | 1 | 1 |
| 13장 투자목적 금융자산 | 3 | 2 | 2 | 2 | 2 | 1 | 1 | 1 | 1 | 1 | | 2 |
| 14장 복합금융상품 | 2 | | 2 | 2 | 2 | 1 | 1 | | 1 | 1 | 1 | 1 |
| 15장 주식기준보상거래 | 1 | 1 | 1 | 1 | 2 | 1 | | 1 | 1 | 1 | 1 | 1 |
| 16장 주당이익 | 1 | 1 | 1 | 1 | 2 | 1 | 1 | 1 | 1 | 1 | 1 | 1 |
| 17장 리 스 | 2 | 2 | 2 | 2 | 2 | 1 | 1 | 2 | 1 | 1 | 1 | 1 |
| 18장 법인세 회계 | 1 | 1 | 1 | 1 | 1 | 1 | 1 | | 1 | 2 | 1 | |
| 19장 회계변경과 오류수정 | 1 | 1 | 1 | | 2 | 1 | | | 1 | 1 | 1 | |
| 20장 현금흐름표 | 1 | 1 | 1 | 1 | 1 | 1 | 1 | 1 | 1 | 1 | 1 | 1 |
| 21장 재무회계의 기타사항 | | 1 | 1 | | | | 2 | | | | 2 | 2 |
| 22장 환율변동회계와 파생상품회계 | 3 | 3 | 4 | 3 | 3 | 3 | | | | | | |
| 23장 관계기업과 공동기업투자 | 2 | 2 | 1 | 2 | 2 | 2 | | | | | | |
| 24장 사업결합과 합병회계 | 2 | 2 | 2 | 2 | 2 | 2 | 1 | 1 | | | | 1 |
| 25장 연결회계 | 4 | 4 | 3 | 3 | 3 | 3 | | | 1 | 1 | 1 | 1 |
| 합 계 | 35 | 35 | 35 | 35 | 35 | 35 | 25 | 24 | 24 | 24 | 24 | 24 |

출제경향

| | 2020 | 2021 | 2022 | 2023 | 2024 | 2025 |
|---|---|---|---|---|---|---|
| 회계사 | | 1 | | 2 | 1 | 1 |
| 세무사 | 2 | 2 | 1 | 1 | 1 | 1 |

# 제 1 장 재무보고를 위한 개념체계

Financial Accounting Workbook

## 1 재무회계 일반론

### 1. 재무회계의 정의

기업의 외부이해관계자인 주주나 채권자의 합리적인 의사결정을 위하여 유용한 정보를 제공하는 것을 목적으로 하는 회계

### 2. 회계의 사회적기능

① 수탁책임에 관한 보고의 수단
② 사회적 자원의 효율적인 배분에 도움
③ 기타 사회적 통제기능

### 3. 일반목적의 재무제표와 일반적으로 인정된 회계원칙

(1) 일반목적의 재무제표

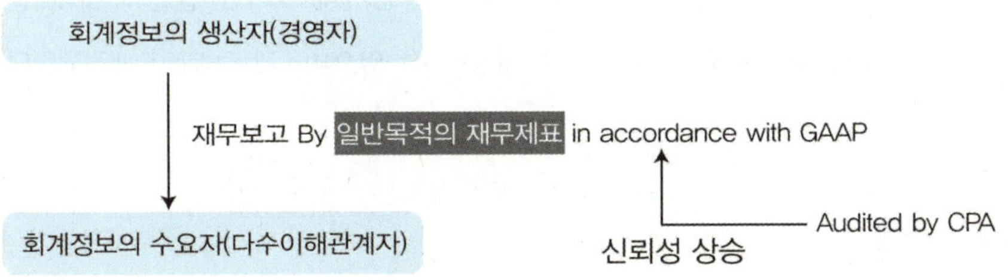

(2) 대한민국에서 일반적으로 인정된 회계원칙

<table>
<tr><th colspan="3">구 분</th><th>일반목적의 재무제표 작성기준</th></tr>
<tr><td rowspan="3">주식회사 외부감사에 관한 법률 적용기업</td><td colspan="2">주권상장기업</td><td>한국채택국제회계기준</td></tr>
<tr><td rowspan="2">비상장기업</td><td>국제회계기준 적용선택기업</td><td>한국채택국제회계기준</td></tr>
<tr><td>그 외의 비상장기업</td><td>일반(비상장)기업회계기준</td></tr>
</table>

(3) 국제회계기준의 특징

① 전세계 여러 국가의 협의를 통해 제정되는 범세계적인 회계원칙

② 원칙중심의 기준, 연결재무제표 중심의 기준, 공정가치평가 중심의 기준

## 2 재무보고를 위한 개념체계

### 1. 개념체계의 의의

① 개념체계는 회계기준위원회가 일관성 있는 회계기준을 제정·개정함에 있어 도움을 주며, 재무제표의 작성자가 회계기준이 정립되지 않은 새로운 거래에 대하여 회계정책을 개발하는데 준거체계를 제공하는 지침으로서의 역할을 수행하는 개념서임

② 개념체계는 국제회계기준이 아니므로, 따라서 개념체계의 어떠한 내용도 회계기준이나 회계기준의 요구사항에 우선하지 않음

③ 일반목적 재무보고의 목적을 달성하기 위해 회계기준이 개념체계의 관점에서 벗어난 요구사항을 정하는 경우가 있으며, 이 경우 해당 기준서의 결론도출근거에 그러한 일탈에 대해 설명함

④ 개념체계는 회계기준위원회에 의해 수시로 개정될 수 있으며, 개념체계가 개정되었다고 자동으로 회계기준이 개정되는 것은 아님

### 2. 개념체계의 목적

① 회계기준위원회 : 회계기준위원회가 일관된 개념에 기반하여 국제회계기준을 제정·개정하는 데 도움을 제공

② 재무제표의 작성자 : 특정 거래나 다른 사건에 적용할 회계기준이 없거나 회계기준에서 회계정책을 선택하는 것을 허용하는 경우에 재무제표 작성자가 일관된 회계정책을 개발하는 데 도움을 제공

③ 모든 이해관계자 : 모든 이해관계자가 회계기준을 이해하고 해석하는 데 도움을 준다.

### 3. 회계기준위원회의 공식임무와 개념체계의 관계

① 전 세계금융시장에 투명성, 책임성과 효율성을 제공하는 회계기준을 개발하여, 세계경제에서의 신뢰, 성장과 장기적 금융안정을 조성함으로써 공공이익에 기여하는 것

② 개념체계에 기반한 회계기준은 투자자와 그 밖의 시장참여자가 정보에 입각한 경제적 의사결정을 내릴 수 있도록 재무정보의 국제적 비교가능성과 정보의 질을 향상시킴으로써 투명성에 기여

③ 개념체계에 기반한 회계기준은 경영진의 책임을 묻기 위해 필요한 정보를 제공하며, 이로 인해 자본제공자와 자본수탁자 간의 정보 격차를 줄임으로써 책임을 강화

④ 개념체계에 기반한 회계기준은 투자자에게 전 세계의 기회와 위험을 파악하도록 도움을 주어 자본 배분을 향상시킴으로써 경제적 효율성에 기여

[재무보고를 위한 개념체계]

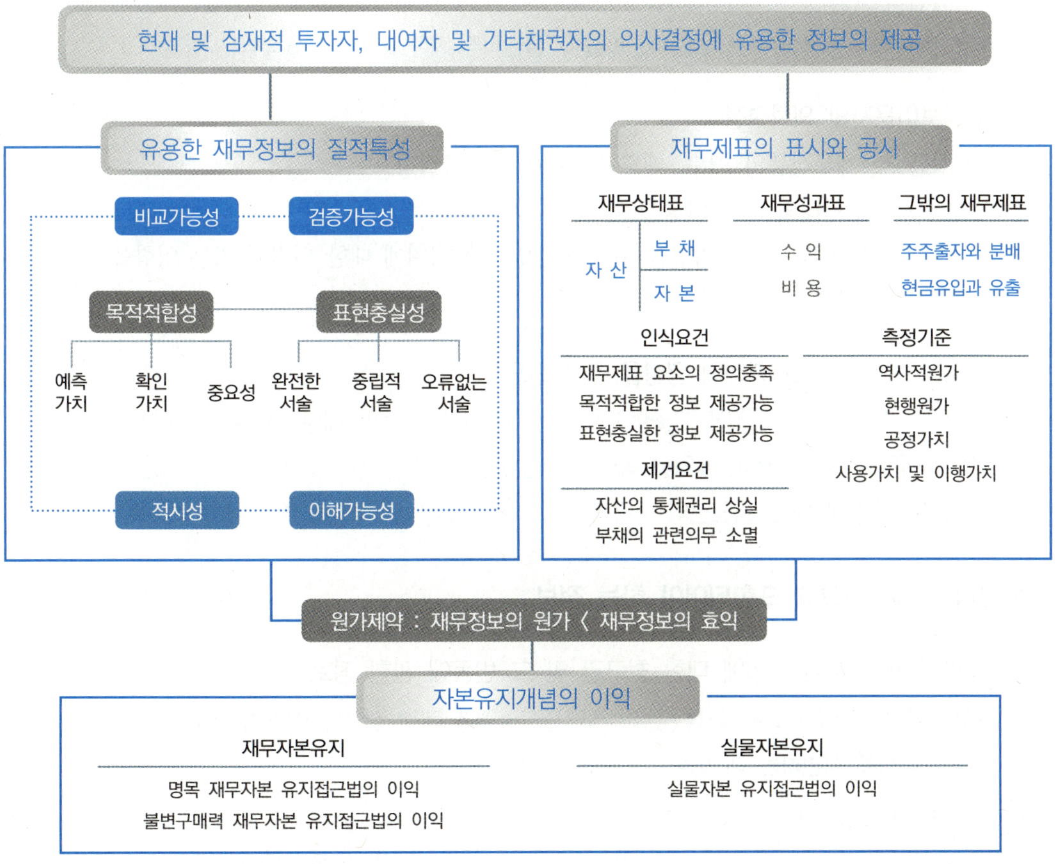

## 3 일반목적 재무보고의 목적

### 1. 일반목적 재무보고의 목적

(1) 일반목적 재무보고의 목적

현재 및 잠재적 투자자, 대여자 및 그 밖의 채권자가 기업에 자원을 제공하는 것에 대한 의사결정을 할 때 유용한 보고기업 재무정보를 제공하는 것임

(2) 주요정보이용자

① 주요정보이용자인 현재 및 잠재적 투자자, 대여자 및 그 밖의 채권자는 그들에게 직접 정보를 제공하도록 보고기업에 요구할 수 없으며, 필요로 하는 재무정보의 많은 부분을 일반목적 재무보고서에 의존해야만 함

② 보고기업의 경영진, 감독당국과 투자자, 대여자 및 그 밖의 채권자가 아닌 일반대중에게도 일반목적 재무보고가 유용할 수는 있으나, 이들이 일반목적 재무보고의 주요대상은 아님

(3) 주요정보이용자의 의사결정

① 지분상품 및 채무상품의 매수, 매도 또는 보유 의사결정

② 대여 및 기타 형태의 신용 제공 또는 결제 의사결정

③ 기업의 경제적자원 사용에 영향을 미치는 경영진의 행위에 대한 의결권 또는 영향을 미치는 권리 행사 의사결정

(4) 주요정보이용자의 의사결정에 영향을 주는 요인

① 주요정보이용자의 의사결정은 그들이 기대하는 수익(예 주주의 배당, 채권자의 이자)에 의존

② 수익에 대한 기대는 기업에 유입될 미래 순현금유입의 금액, 시기 및 불확실성에 대한 전망과 기업의 경제적자원에 대한 경영진의 수탁책임에 대한 그들의 평가에 달려 있음

### 2. 일반목적 재무보고에 포함되어야 하는 정보

(1) 기업의 경제적 자원과 이에 대한 청구권 및 그 변동에 관한 정보

① 보고기업의 경제적 자원 및 청구권의 성격 및 금액에 대한 정보는 이용자들이 보고기업의 재무적 강점과 약점을 식별하는 데 도움

② 보고기업의 경제적자원 및 청구권의 변동 중 재무성과에 대한 정보는 그 기업의 경제적자원에서 해당 기업이 창출한 수익을 정보이용자가 이해하는 데 도움이 됨. 또한 기업이 창출한 수익에 대한 정보는 정보이용자들이 기업의 경제적자원에 대한 경영진의 수탁책임을 평가하는 데 도움

③ 경제적자원과 청구권 그리고 기간 중 변동에 관한 발생주의 정보가 그 기간의 현금 수취와 지급만을 반영하는 현금주의 정보보다 기업의 과거 및 미래 성과를 평가하는 데 더 나은 근거를 제공

④ 현금흐름에 대한 정보도 이용자들이 기업의 미래 순현금유입 창출 능력을 평가하고 기업의 경제적자원에 대한 경영진의 수탁책임을 평가하는 데에도 도움

⑤ 기업의 경제적자원 및 청구권은 채무상품이나 지분상품의 발행과 같이 재무성과 외의 사유로도 변동될 수 있으며, 이러한 유형의 변동에 관한 정보는 보고기업의 경제적자원 및 청구권이 변동된 이유와 그 변동이 미래 재무성과에 주는 의미를 이용자들이 완전히 이해하는 데 필요함

(2) 기업의 경제적 자원의 사용에 관한 정보

보고기업의 경영진이 기업의 경제적자원을 얼마나 효율적이고 효과적으로 사용하는 책임을 이행하고 있는지에 대한 정보는 이용자들이 해당 자원에 대한 경영자의 수탁책임을 평가할 수 있도록 도움

[일반목적 재무보고서가 제공하는 정보]

<table>
<tr><th colspan="3">구 분</th><th>관련 재무제표</th></tr>
<tr><td colspan="3">경제적자원과 청구권에 관한 정보</td><td>기말 재무상태표</td></tr>
<tr><td rowspan="3">경제적자원과 청구권의 변동에 관한 정보</td><td rowspan="2">재무성과로 인한 변동</td><td>발생기준회계를 반영</td><td>기간 포괄손익계산서</td></tr>
<tr><td>과거현금흐름을 반영</td><td>기간 현금흐름표</td></tr>
<tr><td colspan="2">재무성과 이외로 인한 변동</td><td>기간 현금흐름표와 기간 자본변동표</td></tr>
<tr><td colspan="3">경제적 자원 사용에 관한 정보</td><td>전체 재무제표</td></tr>
</table>

## 3. 일반목적 재무보고의 한계

① 일반목적 재무보고서는 정보이용자가 필요로 하는 모든 정보를 제공할 수는 없으며, 이용자들은 일반 경제적 상황 및 기대, 정치적 사건과 정치 풍토 등과 같은 다른 원천(예 뉴스나 언론보도)에서 입수한 관련 정보를 고려할 필요가 있음

② 일반목적 재무보고서는 보고기업의 가치를 보여주지 않으며, 보고기업의 가치를 추정하는 데 도움이 되는 정보를 제공

③ 재무보고기준을 제정할 때에는 주요 이용자 최대 다수의 수요를 충족하는 정보를 제공하기 위해 노력해야 하지만, 공통된 정보 수요에 초점을 맞춘다고 해서 보고기업으로 하여금 주요 이용자의 특정한 일부에게 가장 유용한 추가적인 정보를 포함하지 못하게 하는 것은 아님 (예 주당이익 정보)

④ 재무보고서는 정확한 서술보다는 상당 부분 추정, 판단 및 모형에 근거할 수 있음 (예 손실충당금과 손실충당부채)

## 01 일반목적 재무보고의 목적 (회계사 2016)

다음은 재무보고를 위한 개념체계 중 일반목적 재무보고의 목적에 관한 설명이다. 이 중 옳지 않은 것은?

① 현재 및 잠재적 투자자, 대여자 및 그 밖의 채권자는 일반목적 재무보고서가 대상으로 하는 주요 이용자이다.
② 일반목적 재무보고서는 주요 이용자가 필요로 하는 모든 정보를 제공하지는 않으며 제공할 수도 없다.
③ 일반목적 재무보고서는 주요 이용자가 보고기업의 가치를 추정하는 데 도움이 되는 정보를 제공한다.
④ 회계기준위원회는 재무보고기준을 제정할 때 주요 이용자 최대 다수의 수요를 충족하는 정보를 제공하기 위해 노력할 것이다.
⑤ 보고기업의 경영진도 해당 기업에 대한 재무정보에 관심이 있기 때문에 일반목적 재무보고서에 의존할 필요가 있다.

### 해 답

보고기업의 경영진도 해당 기업에 대한 재무정보에 관심이 있다. 그러나 경영진은 그들이 필요로 하는 재무정보를 내부에서 구할 수 있기 때문에 일반목적 재무보고서에 의존할 필요가 없다. [개념체계 문단 1.9]

⑤

## 4 유용한 재무정보의 질적특성

### 1. 질적특성의 적용

① 재무정보의 질적 특성은 일반목적 재무보고를 통해 제공되는 정보가 그 목적을 달성하기 위해 갖추어야 할 주요 속성

② 질적특성은 현재 및 잠재적 투자자, 대여자와 그 밖의 채권자가 재무보고서에 포함된 정보에 근거하여 보고기업에 대한 의사결정을 할 때 정보의 유용성을 판단하는 기준

③ 유용한 재무정보의 질적 특성은 그 밖의 방법으로 제공되는 재무정보 뿐만 아니라 재무제표에서 제공되는 재무정보에도 적용됨

### 2. 근본적 질적특성 : 목적적합성 ➡ 의사결정에 차이가 나도록 할 수 있는 정보

(1) 예측가치와 확인가치

① 정보는 일부 정보이용자가 이를 이용하지 않기로 선택하거나 다른 원천을 통하여 이미 이를 알고 있다고 할지라도 의사결정에 차이가 나도록 할 수 있음

② 예측가치를 갖는 정보는 확인가치도 갖는 경우가 많으므로, 재무정보의 예측가치와 확인가치는 상호 연관되어 있음

③ 재무정보가 예측가치를 갖기 위해서 그 자체가 예측치 또는 예상치일 필요는 없으며, 예측가치를 갖는 재무정보는 이용자들 자신이 예측하는 데 사용되는 것임

(2) 중요성

① 개별 기업 재무보고서 관점에서 해당 정보와 관련된 항목의 성격이나 규모 또는 이 둘 모두에 근거하여 해당 기업에 특유한 측면의 목적적합성을 의미

② 회계기준위원회는 중요성에 대한 획일적인 계량 임계치를 정하거나 특정한 상황에서 무엇이 중요한 것인지를 미리 결정할 수 없음 (예외 : $5,000 미만의 소액리스에 대한 리스규정)

### 3. 근본적 질적특성 : 표현충실성 ➡ 나타내고자 하는 현상을 충실하게 표현하는 정보

(1) 완전한 서술

① 필요한 기술과 설명을 포함하여 정보이용자가 서술되는 현상을 이해하는 데 필요한 모든 정보를 포함해야 함

(2) 중립적 서술

① 재무정보의 선택이나 표시에 편의가 없어야 하며, 편파적이 되거나, 편중되거나, 강조되거나, 경시되거나 그 밖의 방식으로 조작되지 않아야 함

② 중립적 정보는 목적이 없거나 행동에 대한 영향력이 없는 정보를 의미하는 것은 아님

③ 중립성은 신중을 기함으로써 뒷받침되며, 신중성은 불확실한 상황에서 판단할 때 주의를 기울이는 것임. 신중을 기한다는 것은 자산과 수익이 과대평가되지 않고 부채와 비용이 과소평가되지 않는 것을 의미하며, 마찬가지로 신중을 기한다는 것은 자산이나 수익의 과소평가나 부채나 비용의 과대평가를 허용하지 않음

④ 신중을 기하는 것이 비대칭의 필요성을 내포하는 것은 아니며, 비대칭은 유용한 재무정보의 질적 특성이 아님

➠ 비대칭적 신중성 : 자산이나 수익을 인식하기 위해서는 부채나 비용을 인식할 때보다 더욱 설득력 있는 증거가 뒷받침되어야 한다는 것 (예 보수주의에 의한 회계처리)

⑤ 그럼에도 불구하고, 나타내고자 하는 바를 충실하게 표현하는 가장 목적적합한 정보를 선택하려는 결정의 결과가 비대칭성이라면, 특정 회계기준에서 비대칭적인 요구사항을 포함할 수도 있음 (예 기준서 1037호에서는 우발부채와 우발자산에 대하여 서로 다른 인식임계치를 요구함)

(3) 오류없는 서술

① 현상의 기술에 오류나 누락이 없고, 보고 정보를 생산하는 데 사용되는 절차의 선택과 적용시 절차상 오류가 없어야 함

② 오류가 없다는 것은 모든 면에서 완벽하게 정확하다는 것을 의미하는 것은 아님(예 측정의 불확실성 존재할 수 있음)

## 4. 근본적 질적특성의 적용절차

(1) 1단계 : 재무정보 이용자들에게 유용할 수 있는 정보의 대상이 되는 경제적 현상을 식별

(2) 2단계 : 그 현상에 대한 가장 목적적합한 정보의 유형을 식별

(3) 3단계 : 그 정보가 이용가능하고, 경제적 현상을 충실하게 표현할 수 있다면, 근본적 질적 특성의 충족 절차는 종료

(4) 4단계 : 그러하지 않다면, 차선의 목적적합한 유형의 정보에 대해 위의 절차를 반복

➠ 경우에 따라 경제적 현상에 대한 유용한 정보를 제공한다는 재무보고의 목적을 달성하기 위해 근본적 질적 특성 간 절충이 필요할 수도 있음

## 5. 보강적 질적특성 : 비교가능성

(1) 다른 기업에 대한 유사한 정보 및 해당 기업에 대한 다른 기간이나 다른 일자의 유사한 정보와 비교할 수 있다면 더욱 유용

(2) 다른 질적 특성과 달리 비교가능성은 단 하나의 항목에 관련된 것이 아니며, 비교하려면 최소한 두 항목이 필요함. 한편, 동일한 경제적 현상에 대해 대체적인 회계처리방법을 허용하면 비교가능성이 감소함

(3) 비교가능성은 일관성과 관련은 되어 있지만 동일하지는 않으며, 통일성과는 다른 개념임. 비교가능성은 목표이고 일관성은 그 목표를 달성하는 데 도움을 주는 것임

➡ 일관성 : 한 보고기업 내에서 기간 간 또는 같은 기간 동안에 기업 간, 동일한 항목에 대해 동일한 방법을 적용하는 것

➡ 통일성 : 서로 다른 항목에 대해서도 동일한 방법을 적용하는 것

## 6. 보강적 질적특성 : 검증가능성

(1) 합리적인 판단력이 있고 독립적인 서로 다른 관찰자가 어떤 서술이 충실한 표현이라는 데, 비록 반드시 완전히는 아니더라도 일치(예 관찰에 의한 직접검증 혹은 재계산에 의한 간접검증)하여, 경제적 현상을 충실히 표현하는지를 정보이용자가 확인하는 데 도움을 준다면 더욱 유용함

(2) 계량화된 정보가 검증가능하기 위해서 단일 점추정치이어야 할 필요는 없음

## 7. 보강적 질적특성 : 적시성

(1) 의사결정자가 정보를 제때에 이용가능하게 해 준다면 더욱 유용함

(2) 정보는 오래될수록 유용성이 낮아지지만, 일부 정보는 보고기간 말 후에도 오랫동안 적시성이 있을 수 있음 (예 추세분석)

## 8. 보강적 질적특성 : 이해가능성

(1) 정보를 명확하고 간결하게 분류하고, 표시하여 이해가능하게 해 준다면 더욱 유용함

(2) 특정 정보가 복잡하여 이해하기 어렵다는 이유로 재무보고서에서 제외하면 불완전한 정보가 제공되어 의사결정을 오도할 수 있게 됨

(3) 재무보고서는 사업활동과 경제활동에 대해 합리적인 지식이 있고, 부지런히 정보를 검토하고 분석하는 정보이용자를 위해 작성됨

(4) 때로는 박식하고 부지런한 정보이용자도 복잡한 경제적 현상에 대한 정보를 이해하기 위해 전문가의 도움을 받는 것이 필요할 수 있음

### 9. 보강적 질적특성의 적용

(1) 보강적 질적 특성을 적용하는 것은 근본적 질적특성과는 달리 어떤 규정된 순서를 따르지 않는 반복적인 과정이며, 때로는 하나의 보강적 질적 특성이 다른 질적 특성의 극대화를 위해 감소되어야 할 수도 있음

➠ 새로운 재무보고기준의 전진 적용으로 인한 비교가능성의 일시적 감소는 장기적으로 목적적합성이나 충실한 표현을 향상시키기 위해 감수될 수도 있으며, 이 경우 적절한 공시는 비교가능성의 미비를 부분적으로 보완할 수 있음 (예 재평가모형의 최초적용시 전진법의 적용)

(2) 보강적 질적 특성은 가능한 한 극대화되어야 하지만, 특정 정보가 목적적합하지 않거나 나타내고자 하는 바를 충실하게 표현하지 않으면, 개별적으로든 집단적으로든 그 정보를 유용하게 할 수 없음

### 10. 유용한 재무보고에 대한 원가 제약

(1) 원가는 재무보고로 제공될 수 있는 정보에 대한 포괄적 제약요인이므로, 모든 이용자가 목적적합하다고 보는 모든 정보를 일반목적 재무보고서에서 제공하는 것은 불가능함

(2) 회계기준위원회도 특정 정보를 보고하는 효익이 그 정보를 제공하고 사용하는 데 발생한 원가를 정당화할 수 있을 것인지 평가해야 함

(3) 본질적인 주관성 때문에, 재무정보의 특정 항목 보고의 원가 및 효익에 대한 평가는 개인마다 달라지며, 원가와 효익의 평가가 모든 기업에 대하여 동일한 보고 요구사항을 정당화하는 것은 아님

## 02 재무정보의 질적특성 (세무사 2014)

재무정보의 질적 특성에 관한 설명으로 옳지 않은 것은?

① 중요성은 개별 기업 재무보고서 관점에서 해당 정보와 관련된 항목의 성격이나 규모 또는 이 둘 모두에 근거하여 해당 기업에 특유한 측면의 목적적합성을 의미한다.
② 충실한 표현을 하기 위해서는 서술이 완전하고, 중립적이며, 오류가 없어야 한다.

③ 보강적 질적 특성은 만일 어떤 두 가지 방법이 현상을 동일하게 목적적합하고 충실하게 표현하는 것이라면 이 두 가지 방법 가운데 어느 방법을 현상의 서술에 사용해야 할지를 결정하는 데에도 도움을 줄 수 있다.

④ 단 하나의 경제적 현상을 충실하게 표현하는데 여러 방법이 있을 수 있으나 동일한 경제적 현상에 대해 대체적인 회계처리방법을 허용하면 비교가능성이 감소한다.

⑤ 일관성은 한 보고기업 내에서 기간 간 또는 같은 기간 동안에 기업 간, 동일한 항목에 대해 동일한 방법을 적용하는 것을 의미하므로 비교가능성과 동일한 의미로 사용된다.

**해 답**

일관성은 비교가능성과 관련은 되어 있지만 동일하지는 않다. 일관성은 한 보고기업 내에서 기간 간 또는 같은 기간 동안에 기업 간, 동일한 항목에 대해 동일한 방법을 적용하는 것을 말한다. 비교가능성은 목표이고 일관성은 그 목표를 달성하는 데 도움을 준다. [개념체계 문단 2.26]

⑤ W

## 5 일반목적의 재무제표와 재무제표의 요소

### 1. 일반목적 재무제표의 목적과 작성의 가정

(1) 일반목적 재무제표의 목적

① 보고기업에 유입될 미래순현금흐름에 대한 전망을 하는 데 유용한 보고기업의 자산, 부채, 자본, 수익 및 비용에 대한 재무정보를 재무제표이용자들에게 제공하는 것

② 보고기업의 경제적 자원에 대한 경영진의 수탁책임을 평가하는 데 유용한 보고기업의 자산, 부채, 자본, 수익 및 비용에 대한 재무정보를 재무제표이용자들에게 제공하는 것

[일반목적 재무제표의 종류]

| 구 분 | 일반목적 재무제표의 종류 |
|---|---|
| 재무보고를 위한 개념체계 | 재무상태표, 재무성과표, 그 밖의 재무제표, 주석 |
| 기준서 1001호 재무제표의 표시 | 재무상태표, 포괄손익계산서, 자본변동표, 현금흐름표, 주석 |

(2) 일반목적 재무제표의 작성의 가정 : 계속기업

재무제표는 일반적으로 보고기업이 계속기업이며 예측가능한 미래에 영업을 계속할 것이라는 가정 하에 작성됨

➡ 기업이 청산을 하거나 거래를 중단하려는 의도나 필요가 있다면, 재무제표는 계속기업과는 다른 기준에 따라 작성되어야 함

## 2. 일반목적 재무제표의 보고기업과 보고기간

(1) 일반목적 재무제표에 채택된 관점 : 보고기업

보고기업은 반드시 법적 실체일 필요는 없으며, 보고기업은 단일의 실체이거나 어떤 실체의 일부일 수 있으며, 둘 이상의 실체로 구성될 수도 있음

[보고기업별 재무제표의 명칭]

| 재무제표의 명칭 | 보고기업 |
|---|---|
| 연결재무제표 (consolidated) | 지배 · 종속관계에 있는 지배기업과 종속기업인 경우 |
| 비연결재무제표 (non-consolidated) | 지배 · 종속관계에 있지만 지배기업 단독인 경우 |
| 결합재무제표 (combined) | 지배 · 종속관계가 없는 둘 이상의 실체로 구성된 경우 |

(2) 일반목적 재무제표의 작성의 기간 : 보고기간

① 재무제표는 특정기간인 보고기간 말과 보고기간 중에 존재했던 자산, 부채(미인식된 자산과 부채 포함) 및 자본과 보고기간 동안의 수익과 비용에 관한 정보를 제공

② 재무제표이용자들이 변화와 추세를 식별하고 평가하는 것을 돕기 위해, 재무제표는 최소한 직전 연도에 대한 비교정보를 제공

➡ 특정 정보가 재무제표이용자들에게 유용한 경우에는 미래에 발생할 수 있는 거래 및 사건에 대한 정보인 미래전망정보를 재무제표에 포함할 수 있음 (예 수정을 요하지 않는 보고기간 후 사건의 주석공시)

## 3. 일반목적 재무제표의 요소

(1) 재무상태와 관련된 요소

① 자산의 정의 : 과거사건의 결과로 기업이 통제하는 현재의 경제적자원 (경제적효익을 창출할 잠재력을 지닌 권리)

② 부채의 정의 : 과거사건의 결과로 기업의 경제적자원을 이전해야 하는 현재의무

③ 자본의 정의 : 기업의 자산에서 모든 부채를 차감한 후의 잔여지분

(2) 재무성과와 관련된 요소

① 수익의 정의 : 자본의 증가를 가져오는 자산의 증가나 부채의 감소로서, 자본청구권 보유자의 출자와 관련된 것은 제외

② 비용의 정의 : 자본의 감소를 가져오는 자산의 감소나 부채의 증가로서, 자본청구권 보유자에 대한 분배와 관련된 것은 제외

## 4. 재무제표의 요소 : 자산 정의의 세 가지 조건

(1) 권리의 존재

| 구 분 | | 내 용 |
|---|---|---|
| 권리의 형태 | 다른 당사자의 의무 | 다른 당사자의 의무에 해당하는 권리와 해당하지 않는 권리로 존재 |
| | 법적·계약적 권리 | 계약이나 법률에 의해 권리가 발생 |
| | 기타의 권리 | 노하우의 획득이나 창작 혹은 실무관행 등으로 권리가 발생 |
| 재화나 용역을 제공받을 권리 | | 해당 재화나 용역을 소비하기 전까지 일시적으로 권리가 존재 |
| 스스로부터 효익을 획득할 권리 | | 자기사채와 자기주식은 권리로 볼 수 없음 |
| 여러 권리를 포함하고 있는 자산 | | 회계목적상 단일자산인 단일 회계단위로 간주될 수 있음 |
| 기업의 모든 권리 ≠ 기업의 자산 | | 공공재에 접근할 수 있는 권리는 기업의 자산이 아님 |
| 권리의 존재가 불확실한 경우 | | 자산이 존재여부가 불확실하게 됨 |

(2) 경제적효익을 창출할 잠재력

| 구 분 | 내 용 |
|---|---|
| 효익을 창출할 잠재력의 존재여부 | 효익을 창출할 가능성을 확신하거나, 가능성이 높아야 하는 것 아님 |
| 경제적효익 창출가능성이 높은 경우 | 자산의 정의를 충족하며, 자산으로 인식함 |
| 경제적효익 창출가능성이 낮은 경우 | 자산의 정의를 충족하지만, 자산으로 인식되지 않을 수 있음 |
| 지출의 발생과 자산의 취득 | 반드시 일치하는 것은 아님 (예 증여로 취득한 자산) |

➡ 경제적자원은 그 잠재력을 포함한 현재의 권리이며, 그 권리가 창출할 수 있는 미래경제적효익이 아님

(3) 자원에 대한 통제

| 구 분 | | 내 용 |
|---|---|---|
| 통제여부에 대한 판단기준 | 사용지시권 | 경제적자원의 사용지시 능력이 해당 기업에게만 있어야 함 |
| | 효익획득권 | 경제적자원의 미래효익이 해당 기업에게만 유입되어야 함 |

➡ 대리인이 관리하는 경제적자원은 본인이 통제하는 경우 해당 경제적자원은 대리인의 자산이 아님 (예 수탁자가 보유하고 있는 재고자산)

## 5. 재무제표의 요소 : 부채 정의의 세 가지 조건

(1) 현재의무의 존재

| 구 분 | | 내 용 |
|---|---|---|
| 회피불가능한 현재의무 | 다른 당사자의 존재 | 의무는 항상 이행해야 할 다른 당사자가 존재함 |
| | 법적의무 | 계약이나 법률에 의해 의무가 발생 |
| | 의제의무 | 실무 관행, 경영방침이나 특정 성명서에서 의무가 발생 |
| 조건부의무 | | 해당 상황을 회피할 수 있는 능력이 없는 경우 의무가 존재함 |
| 의무의 존재가 불확실한 경우 | | 부채의 존재여부가 불확실하게 됨 |

➠ 의무를 이행할 대상인 당사자의 신원을 알 필요는 없으며, 한 당사자가 부채를 인식하고 이를 특정 금액으로 측정해야 한다는 요구사항이 다른 당사자가 자산을 인식하거나 동일한 금액으로 측정해야 한다는 것을 의미하지는 않음 (예 제품보증에 대한 손실충당부채)

(2) 경제적자원의 이전

| 구 분 | 내 용 |
|---|---|
| 경제적자원의 이전 | 다른 당사자에게 경제적자원을 이전하도록 요구받게 될 잠재력 |
| 경제적자원의 이전가능성이 높은 경우 | 부채의 정의를 충족하며, 부채로 인식함 |
| 경제적자원의 이전가능성이 낮은 경우 | 부채의 정의를 충족하지만, 부채로 인식되지 않을 수 있음 |
| 의무의 면제나 이전, 대체 | 해당 시점까지는 경제적자원의 이전의무가 존재함 |

(3) 과거사건의 결과로 의무존재

| 구 분 | 내 용 |
|---|---|
| 과거사건으로 인한 현재의무발생 | 기업이 이미 경제적효익을 얻었거나 조치를 취했으며 |
| | 그 결과로 경제적자원을 이전해야 하거나 하게 될 수 있는 경우 |
| 새로운 법률의 제정 | 법률제정으로 경제적자원을 이전해야 하는 경우에만 현재의무 존재 |
| 실무관행이나 경영방침 등 | 실무관행 등으로 경제적자원을 이전해야 하는 경우에만 현재의무 존재 |
| 자원의 집행이 이연되는 경우 | 특정시점까지 경제적자원이 이전이 집행되지 않아도 현재의무존재 (예 확정급여채무) |
| 경제적효익의 수취가 없는 경우 | 의무발생 과거사건이 없으므로 현재의무가 존재하지 않음 (예 고용계약의 체결) |

## 6. 자산과 부채에 대한 회계단위의 선택

(1) 동일한 원천에서 발생한 권리와 의무의 경우 회계단위의 선택

| 구 분 | | 내 용 |
|---|---|---|
| 권리와 의무가 분리될 수 있는 경우 | 원칙 | 하나 이상의 자산과 부채로 식별 |
| | 예외 | 단일의 회계단위로 묶어 단일의 자산이나 부채로 식별 |
| 상호의존적이며 분리될 수 없는 경우 | | 단일의 회계단위로 형성하므로 단일의 자산이나 부채로 식별 |

➡ 단일 회계단위로 권리와 의무의 집합을 처리하는 것은 자산과 부채를 상계하는 것과 다름

(2) 미이행계약의 경우 회계단위의 선택

| 구 분 | | 내 용 |
|---|---|---|
| 당사자 모두가 계약을 수행하지 않은 상태 | 교환조건이 유리한 경우 | 유리한 조건에 대한 자산을 보유 |
| | 교환조건이 불리한 경우 | 불리한 조건에 대한 부채를 보유 |
| 당사자 일방이 계약을 수행한 상태 | 보고기업이 먼저 수행한 경우 | 수취할 권리에 대한 자산을 보유 |
| | 다른 당사자가 먼저 수행한 경우 | 이전할 의무에 대한 부채를 보유 |

## 7. 재무제표의 요소 : 자본의 특성

(1) 서로 다른 종류의 자본청구권은 보유자에게 배당금이나 잔여재산의 배분, 혹은 그 밖의 자본청구권에 있어서 서로 다른 권리를 부여할 수 있음 (예 보통주자본금과 우선주자본금)

(2) 법률, 규제 또는 그 밖의 요구사항이 자본금 또는 이익잉여금과 같은 자본의 특정 구성요소에 영향을 미치는 경우가 있음 (예 이익준비금, 임의적립금과 미처분이익잉여금)

(3) 개념체계의 자본의 정의는 모든 보고기업에 적용

## 8. 재무제표의 요소 : 수익과 비용의 특성

(1) 수익과 비용은 자산과 부채의 변동으로 정의되지만, 수익과 비용에 대한 정보는 자산과 부채에 대한 정보만큼 중요함

(2) 서로 다른 거래나 그 밖의 사건은 서로 다른 특성을 지닌 수익과 비용을 발생시킨다. 수익과 비용의 서로 다른 특성별로 정보를 별도로 제공하면 재무제표이용자들이 기업의 재무성과를 이해하는 데 도움 (예 매출총이익, 영업이익, 법인세차감전이익과 당기순이익)

# 6 재무제표 요소의 인식과 제거

## 1. 재무제표 요소의 인식기준

(1) 정의충족 : 자산, 부채, 자본과 수익, 비용의 재무제표 요소 중 하나의 정의를 충족하는 항목이

(2) 목적적합 : 인식하는 것이 자산이나 부채 그리고 이에 따른 결과로 발생하는 수익, 비용 또는 자본변동에 대한 목적적합한 정보를 제공하며

(3) 표현충실 : 인식하는 것이 자산이나 부채 그리고 이에 따른 결과로 발생하는 수익, 비용 또는 자본변동의 충실한 표현을 제공하는 경우

➠ 재무제표이용자들에게 제공되는 정보의 효익이 그 정보를 제공하고 사용하는 원가를 정당화할 수 있을 경우에만 자산이나 부채를 인식

➠ 자산이나 부채의 정의를 충족하는 항목이 인식되지 않더라도, 기업은 해당 항목에 대한 정보를 주석에 제공해야 할 수도 있음

➠ 목적적합한 정보가 제공될 수 있는지는 자산이나 부채가 존재하는지 불확실하거나 자산이나 부채가 존재하지만 경제적효익의 유입가능성이나 유출가능성이 낮은 경우에는 영향을 받을 수 있으며, 관련 상황을 주석으로 제공함

➠ 다만, 경제적효익의 유입가능성이나 유출가능성이 낮더라도, 자산이나 부채를 인식하는 것이 목적적합한 정보를 제공할 수도 있음

➠ 충실한 표현이 제공될 수 있는지는 자산이나 부채와 관련된 측정 불확실성의 수준 또는 다른 요인에 의해 영향을 받을 수 있음. 다만, 높은 수준의 측정 불확실성이 있더라도 그러한 추정치가 유용한 정보를 반드시 제공하지 못하는 것은 아님

➠ 하나의 항목의 인식은 하나 이상의 다른 항목의 인식 또는 제거가 필요하며, 자산이나 부채의 최초 인식에 따라 수익과 관련 비용을 동시에 인식할 수 있지만, 원가와 수익의 대응은 개념체계의 목적이 아님

[인식에 따라 재무제표 요소들이 연계되는 방법]

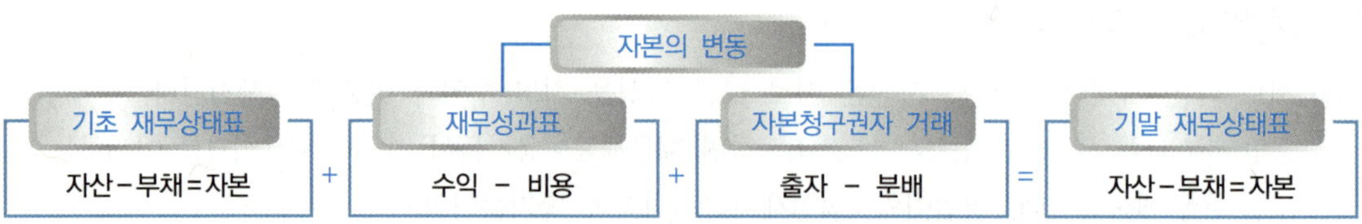

### 2. 재무제표요소의 제거기준

(1) 자산의 제거 : 자산은 일반적으로 기업이 인식한 자산의 전부 또는 일부에 대한 통제를 상실하여 자산의 정의를 더 이상 충족하지 못하는 시점에 제거

(2) 부채의 제거 : 부채는 일반적으로 기업이 인식한 부채의 전부 또는 일부에 대한 현재의무를 더 이상 부담하지 않아 부채의 정의를 더 이상 충족하지 못하는 시점에 제거

## 7 재무제표 요소의 측정

### 1. 재무제표 요소의 측정기준

<table>
<tr><th colspan="4">구 분</th><th>측정 방법</th></tr>
<tr><td colspan="2" rowspan="2">역사적원가</td><td rowspan="4">유입<br>개념</td><td>자 산</td><td>과거에 지급한 대가+발생한 거래원가</td></tr>
<tr><td>부 채</td><td>과거에 수취한 대가-발생한 거래원가</td></tr>
<tr><td rowspan="6">현행<br>가치</td><td rowspan="2">현행원가</td><td>자 산</td><td>측정일에 동등한 자산의 원가로서 지급할 대가+발생할 거래원가</td></tr>
<tr><td>부 채</td><td>측정일에 동등한 부채에 대해 수취할 대가-발생할 거래원가</td></tr>
<tr><td rowspan="2">공정가치</td><td rowspan="4">유출<br>개념</td><td>자 산</td><td>측정일에 시장참여자 사이의 정상거래에서 자산을 매도시에 수령할 가격</td></tr>
<tr><td>부 채</td><td>측정일에 시장참여자 사이의 정상거래에서 부채를 이전시에 지급할 가격</td></tr>
<tr><td rowspan="2">사용가치<br>(이행가치)</td><td>자 산</td><td>측정일에 자산의 사용과 처분으로 인해 유입될 기대현금흐름의 현재가치</td></tr>
<tr><td>부 채</td><td>측정일에 부채의 이행으로 인해 유출될 기대현금흐름의 현재가치</td></tr>
</table>

(1) 역사적원가의 특성

① 역사적원가는 자산의 손상이나 손실부담에 따른 부채와 관련되는 변동을 제외하고는 현행가치의 변동을 반영하지 않음

② 원가를 식별할 수 없거나 그 원가가 자산이나 부채에 관한 목적적합한 정보를 제공하지 못하는 경우 그 자산이나 부채의 현행가치가 최초 인식시점의 간주원가로 사용

③ 감가상각이나 손상, 이자의 발생이나, 대금의 회수 등으로 인해 필요하다면 시간의 경과에 따라 갱신됨 (예 금융자산과 금융부채의 상각후원가도 역사적원가의 갱신금액)

(2) 현행가치 : 현행원가의 특성

① 현행원가는 역사적원가와 동일하게 유입가치이지만, 역사적원가와는 달리 기업이 자산을 취득하거나 부채를 발생시킬 시장에서의 가격과 측정일의 조건을 반영함

② 현행원가는 유출가치인 공정가치, 사용가치 또는 이행가치와 다름

➟ 가격 변동이 유의적일 경우, 현행원가를 기반으로 한 이익은 역사적 원가를 기반으로 한 이익보다 미래 이익을 예측하는 데 더 유용

(3) 현행가치 : 공정가치의 특성

① 공정가치는 시장의 참여자 관점을 반영하며 활성시장에서 관측되는 가격으로 직접 결정하기에, 거래원가를 반영하지 않음

② 공정가치가 활성시장에서 직접 관측되지 않는 경우에는 현금흐름기준 측정기법 등을 사용하여 간접적으로 결정

➟ 미래의 수익과 비용을 예측할 때 투입요소로 사용될 수 있기 때문에 예측가치를 가질 수 있으며, 종전 기대에 대한 피드백을 제공함으로써 확인가치를 가질 수 있음

➟ 경영진이 경제적자원을 사용하는 책임을 얼마나 효율적이고 효과적으로 수행했는지를 평가하는 데 도움

(4) 현행가치 : 사용가치와 이행가치의 특성

① 사용가치와 이행가치는 기업 특유의 가정을 반영하며, 공정가치와는 달리 직접 관측될 수 없고 현금흐름기준 측정기법만으로 결정

② 자산을 취득하거나 부채를 인수할 때 발생하는 거래원가는 포함하지 않으며, 기업이 자산이나 부채를 제거할 때 발생할 것으로 기대되는 거래원가의 현재가치는 포함함

➟ 미래순현금유입에 대한 예상치를 평가하는 데 사용할 수 있기 때문에 예측가치를 가질 수 있으며, 사용가치나 이행가치의 종전 추정치에 관한 피드백을 제공하기 때문에 확인가치를 가질 수 있음

## 03 재무제표요소의 측정기준 (세무사 2023)

IFRS

㈜세무는 20×1년 초 ₩100,000을 지급하고 토지를 취득하였다. 취득 당시 거래원가 ₩20,000이 추가로 발생하였다. 20×1년 말 현재 동 토지와 동등한 토지를 취득하기 위해서는 ₩110,000을 지급하여야 하며, 추가로 취득관련 거래원가 ₩5,000을 지급하여야 한다. 한편 ㈜세무는 20×1년 말 현재 시장참여자 사이의 정상거래에서 동 토지를 매도할 경우 거래원가 ₩20,000을 차감하고 ₩98,000을 수취할 수 있다. 20×1년 말 현재 토지의 역사적원가, 공정가치, 현행원가를 금액이 큰 순으로 옳게 나열한 것은?

① 역사적원가 〉 현행원가 〉 공정가치
② 역사적원가 〉 공정가치 〉 현행원가
③ 현행원가 〉 공정가치 〉 역사적원가
④ 현행원가 〉 역사적원가 〉 공정가치
⑤ 공정가치 〉 역사적원가 〉 현행원가

**해 답**

(1) 20×1년 말 역사적원가 : 지급한 대가 100,000 + 발생한 거래원가 20,000 = 120,000
(2) 20×1년 말 현행원가 : 지급할 대가 110,000 + 발생할 거래원가 5,000 = 115,000
(3) 20×1년 말 공정가치 : 매각시 순공정가치 98,000 + 거래원가 20,000 = 118,000

② W

## 2. 측정기준 선택시 고려요인

(1) 측정기준 선택의 방법

선택된 측정기준에 의해 제공되는 정보는 목적적합해야 하고, 나타내고자 하는 바를 충실하게 표현해야 하며, 가능한 한 비교가능하고, 검증가능하며, 적시성이 있고, 이해가능해야 함

(2) 고려요인 : 목적적합성

① 가치변동에 관한 정보가 재무제표이용자들에게 중요할 경우 역사적원가는 목적적합한 정보를 제공하지 못할 수 있음

② 재화나 용역을 생산하고 판매하기 위해 간접적으로 현금흐름을 생산하는 여러 가지 경제적자원을 결합하여 사용하는 경우, 역사적원가나 현행원가는 그 활동에 목적적합한 정보를 제공

③ 현금흐름을 직접 창출하는 자산과 부채의 경우, 가장 목적적합한 정보를 제공하는 측정기준은 현행가치임

④ 계약상 현금흐름을 수취하기 위한 목적으로 금융자산과 금융부채를 관리하는 것과 관련된 경우 상각후원가는 목적적합한 정보를 제공

(3) 고려요인 : 표현충실성

① 자산과 부채에 대해 서로 다른 측정기준을 사용하여 회계불일치가 발생하는 경우 자산과 부채에 동일한 측정기준을 사용함으로써, 표현이 충실한 정보를 제공

② 측정 불확실성의 수준이 높다고 해서 목적적합한 정보를 제공하는 측정기준을 반드시 사용하지 못하는 것은 아님

③ 측정불확실성은 결과불확실성이나 존재불확실성과는 다름

(4) 고려요인 : 보강적 질적특성과 원가제약

① 동일 항목에 대해 동일한 측정기준을 일관되게 사용하면 보다 더 비교가능한 재무제표를 작성하는 데 도움

② 검증가능성은 가격을 관측하는 것과 같이 직접으로, 또는 모형의 투입요소를 확인하는 것과 같이 간접으로, 독립적으로 확인될 수 있는 측정기준을 사용함으로써 향상됨

③ 보강적 질적 특성 중 적시성은 측정에 특별한 영향을 미치지 않음

④ 측정기준이 변경되면 재무제표의 이해가능성이 감소

⑤ 측정기준을 선택할 때 그 측정기준에 의해 재무제표이용자들에게 제공되는 정보의 효익이 그 정보를 제공하고 사용하는 데 발생한 원가를 정당화 할 것인지를 고려함

(5) 하나 이상의 측정기준의 선택

① 기업의 재무상태와 재무성과를 충실히 표현하는 목적적합한 정보를 제공하기 위해 자산이나 부채, 관련된 수익과 비용에 대해 하나 이상의 측정기준이 필요할 수 있음

② 자산이나 부채의 현행가치 변동으로 인해 발생한 총수익과 총비용은 손익계산서에는 손익계산서에서 선택한 측정기준을 적용하여 측정한 수익이나 비용을 포함하고, 잔여 수익과 비용은 기타포괄손익으로 포함 (예 기타포괄손익-공정가치측정 금융자산의 경우 당기손익계산서에서는 상각후원가법을 적용하고, 재무상태표에서는 공정가치법을 적용)

### 3. 측정과 관련한 기타사항

(1) 자본의 측정

① 자본의 총장부금액인 총자본은 직접 측정하지 않으며, 인식된 모든 자산의 장부금액에서 인식된 모든 부채의 장부금액을 차감한 금액으로 측정함

② 한편, 일반목적 재무제표는 기업의 가치를 보여주도록 설계되지 않았기 때문에 자본의 총장부금액은 일반적으로 기업의 자본청구권에 대한 시가총액과 동일하지 않음

③ 총자본은 직접 측정하지 않지만, 자본의 일부 종류와 자본의 일부 구성요소에 대한 장부금액은 직접 측정하는 것이 적절할 수 있음 (예 주식선택권의 측정)

④ 총자본은 일반적으로 양(+)의 값이지만 어떤 자산과 부채가 인식되는지와 어떻게 측정되는지에 따라 음(−)의 값을 가질 수 있음 (예 완전자본잠식)

(2) 현금흐름기준 측정기법

① 측정치를 직접 관측할 수 없는 경우 측정치를 추정하는 한 가지 방법은 현금흐름기준 측정기법을 사용하는 것임 (예 공정가치와 사용가치를 추정하는 기법)

② 현금흐름기준 측정기법은 측정기준이 아니며, 측정기준을 적용하는 데 사용되는 기법임

## 8 재무제표 요소의 분류

### 1. 자산과 부채의 분류

(1) 자산 또는 부채에 대해 선택된 회계단위별로 적용하여 분류

(2) 상계는 서로 다른 항목을 함께 분류하는 것이므로 일반적으로는 적절하지 않음

(3) 자산과 부채의 상계는 권리와 의무의 집합을 단일의 회계단위로서 취급하는 것과 다름

### 2. 자본의 분류

(1) 유용한 정보를 제공하기 위해, 자본청구권이 다른 특성을 가지고 있는 경우에는 그 자본청구권을 별도로 분류해야 함 (예 보통주자본금과 우선주자본금)

(2) 유용한 정보를 제공하기 위해, 자본의 일부 구성요소에 특정 법률, 규제 또는 그 밖의 요구사항이 있는 경우에는 자본의 그 구성요소를 별도로 분류해야 함 (예 자본금과 이익잉여금)

## 3. 수익과 비용의 분류

(1) 손익계산서의 당기손익

① 보고기간의 기업 재무성과에 관한 정보의 주요 원천이며, 모든 수익과 비용은 원칙적으로 손익계산서에 포함하여 당기손익으로 분류

② 역사적 원가 측정기준에서 발생한 수익과 비용은 손익계산서에 포함(예 금융자산의 이자수익)

(2) 손익계산서 이외의 기타포괄손익

① 예외적인 상황에서는 자산이나 부채의 현행가치의 변동으로 인한 수익이나 비용을 기타포괄손익에 포함하도록 결정할 수 있음

② 재분류가 보다 목적적합한 정보를 제공하는 손익계산서가 되거나 미래 기간의 기업 재무성과를 보다 충실하게 표현하는 경우에 기타포괄손익에 포함된 수익과 비용은 미래 기간에 기타포괄손익에서 당기손익으로 재분류함

③ 재분류되어야 할 기간이나 금액을 식별할 명확한 근거가 없다면, 기타포괄손익에 포함된 수익과 비용이 후속적으로 재분류되지 않도록 결정할 수 있음

[한국채택국제회계기준에 의한 자산과 부채의 측정기준]

| 구 분 | | 측 정 기 준 |
|---|---|---|
| 매출채권 등 수취채권 | 정상적인 경우 | 상각후원가 |
| | 손상(환입)의 경우 | 추정미래현금흐름의 현재가치 By 발생당시의 유효이자율 |
| 재고자산 | 정상적인 경우 | 역사적원가 |
| | 손상(환입)의 경우 | 순실현가능가치 |
| 수확물재고 | 취득시 | 취득시 순공정가치 |
| | 보고기간 말 | 재고자산의 논리로 후속측정 |
| 생물자산 | 취득시 | 취득시 순공정가치 |
| | 보고기간 말 | 보고기간 말의 순공정가치 |
| 유형자산과 무형자산 | 원가모형 적용시 | 감가상각후 원가 |
| | 재평가모형 적용시 | 보고기간 말의 공정가치 (감가상각을 수행함) |
| | 손상(환입)의 경우 | Max [순공정가치 or 사용가치] |
| 투자부동산 | 원가모형 적용시 | 역사적원가 (감가상각비를 인식) |
| | 공정가치모형 적용시 | 보고기간 말의 공정가치 (감가상각을 수행하지 않음) |
| 당기손익인식금융자산 | 보고기간 말 | 해당일자의 공정가치 |
| 기타포괄금융자산(지분) | 보고기간 말 | 해당일자의 공정가치 |
| 기타포괄금융자산(채무) | 보고기간 말 | 해당일자의 공정가치 |
| | 손상(환입)의 경우 | 추정미래현금흐름의 현재가치 By 최초 유효이자율 |
| 상각후원가금융자산 | 보고기간 말 | 상각후원가 By 최초 유효이자율 |
| | 손상(환입)의 경우 | 추정미래현금흐름의 현재가치 By 최초 유효이자율 |
| 관계기업투자주식 | 보고기간 말 | 지분법적용후 금액 |
| | 손상(환입)의 경우 | Max [순공정가치 or 사용가치] |
| 매각예정비유동자산 | 보고기간 말 | 순공정가치와 장부금액 중 작은 금액 |
| 당기손익인식금융부채 | 보고기간 말 | 해당일자의 공정가치 |
| 기타의 금융부채 | 보고기간 말 | 상각후원가 |
| 손실충당부채 | 단기성충당부채 | 최선의 추정치 |
| | 장기성충당부채 | 최선 추정치의 현재가치 |

MEMO

check list

출제경향

| | 2020 | 2021 | 2022 | 2023 | 2024 | 2025 |
|---|---|---|---|---|---|---|
| 회계사 | | | | | | |
| 세무사 | 1 | | | | 1 | |

# 제 2 장 이익측정과 측정기준

Financial Accounting Workbook

## 1 자본과 자본유지개념

### 1. 자본의 개념

(1) 재무자본유지개념

재무자본유지개념에서 이익 = 기말 화폐자본 - 기초 화폐자본 - (소유주투자 - 소유주분배)

(2) 실물자본유지개념

실물자본유지개념에서 이익 = 기말 실물자본 - 기초 실물자본 - (소유주투자 - 소유주분배)

[자본유지개념에 따른 이익의 종류]

| 구 분 | 명목화폐단위 | 불변구매력단위 |
|---|---|---|
| 재 무 자 본 | 명목재무자본<br>(역사적 원가회계) | 불변구매력재무자본<br>(일반물가수준회계) |
| 실 물 자 본 | 실물자본<br>(현행원가회계) | 개념체계상의 규정은 없음 |

(3) 한국채택국제회계기준에 의한 자본개념의 선택방법

① 재무자본유지개념 : 재무제표의 이용자가 주로 명목상의 투하자본이나 투하자본의 구매력 유지에 관심이 있는 경우 재무자본유지개념을 선택하여 적용함. 재무자본유지개념은 특정한 측정기준의 적용을 요구하지 아니하며, 측정기준의 선택은 기업이 유지하려는 재무자본의 유형(명목화폐자본과 불변구매력자본)과 관련됨

② 실물자본유지개념 : 재무제표의 이용자가 주로 기업의 조업능력 유지에 관심이 있는 경우 실물자본유지개념을 선택하여 적용하며, 실물자본유지개념을 사용하기 위해서는 측정기준으로 현행원가를 사용해야 함

[가격변동효과의 인식방법]

<table>
<tr><th colspan="2">기 말 자 본</th><th>명목재무자본</th><th>불변구매력재무자본</th><th>실물자본</th></tr>
<tr><td colspan="2">가격변동효과초과분</td><td rowspan="3">투자이익</td><td rowspan="2">투자이익</td><td>투자이익</td></tr>
<tr><td rowspan="2">가격변동<br>효과</td><td>물가상승효과 초과분</td><td rowspan="3">유지해야할 자본</td></tr>
<tr><td>물가상승효과</td><td rowspan="2">유지해야할 자본</td></tr>
<tr><td colspan="2">명목재무자본</td><td>유지해야할 자본</td></tr>
</table>

③ 국제회계기준 : 초인플레이션 하에 있는 통화로 보고해야 하는 기업의 경우와 같은 예외적 상황을 제외하고는, 특정한 모형의 사용을 규정하려는 의도를 가지고 있지는 않으며, 목적적합성과 신뢰성의 균형을 고려하여 경영자가 선택가능함

## 01 자본유지접근법에 의한 이익 (세무사 2024)

㈜세무는 20×1년 초에 상품매매업을 영위할 목적으로 현금 ₩100,000을 납입받아 설립되었다. 회사는 20×1년 초에 상품 40단위를 단위당 ₩2,000에 현금으로 구입하였으며, 20×1년 말까지 단위당 ₩3,000에 모두 현금 판매하였다. 동 상품은 20×1년 말 단위당 ₩2,500에 구입가능하다. 20×1년 초 물가지수를 100이라고 할 때 20×1년 말 물가지수는 120이다. 실물자본유지개념을 적용하여 산출한 20×1년 말에 인식할 이익과 자본유지조정 금액은?

| | 이 익 | 자본유지조정 | | 이 익 | 자본유지조정 |
|---|---|---|---|---|---|
| ① | ₩10,000 | ₩30,000 | ② | ₩15,000 | ₩25,000 |
| ③ | ₩20,000 | ₩20,000 | ④ | ₩25,000 | ₩15,000 |
| ⑤ | ₩30,000 | ₩10,000 | | | |

### 해 답

(1) 20×1년 말 순자산 : 100,000 − 40단위 × ₩2,000 + 40단위 × ₩3,000 = 140,000
(2) 불변구매력유지를 위한 기초자본의 수정금액 : 100,000 ÷ 100 × 120 = 120,000
(3) 실물자본유지를 위한 기초자본의 수정금액 : 100,000 ÷ ₩2,000 × ₩2,500 = 125,000
(4) 각각의 자본유지개념에 의한 이익의 계산은 다음과 같다.

| 구 분 | | 명목재무자본 | 불변구매력 재무자본 | 실물자본 |
|---|---|---|---|---|
| 유지해야 할 자 본 | 자 본 금 | 100,000 | 100,000 | 100,000 |
| | 자본유지조정 | - | 20,000 | 25,000 |
| 이 익 | | 40,000 | 20,000 | 15,000 |
| 기말자본 | | 140,000 | 140,000 | 140,000 |

(5) 참고로 실물자본유지를 위한 회계처리를 제시하면 다음과 같다.

| | | | | | |
|---|---|---|---|---|---|
| 20×1년 | (차) 기말순자산 | 140,000 ② | (대) | 기초순자산 | 100,000 ① |
| | | | | 자본유지조정 | 25,000 ③ |
| | | | | 당기순이익 | 15,000 ④ |

②

## 2 이익의 보고방법

### 1. 포괄이익 vs 당기순이익

(1) 포괄이익개념 : 기업실체가 일정기간 동안 소유주와의 자본거래를 제외한 모든 거래나 사건에서 인식한 자본의 변동을 손익계산서에 포괄이익으로 보고함(국제회계기준의 입장)

(2) 당기순이익개념 : 포괄이익에서 기타포괄손익의 구성요소를 제외한 금액을 손익계산서에 당기순이익으로 보고함(일반기업회계기준의 입장)

[이익의 측정방법과 보고방법]

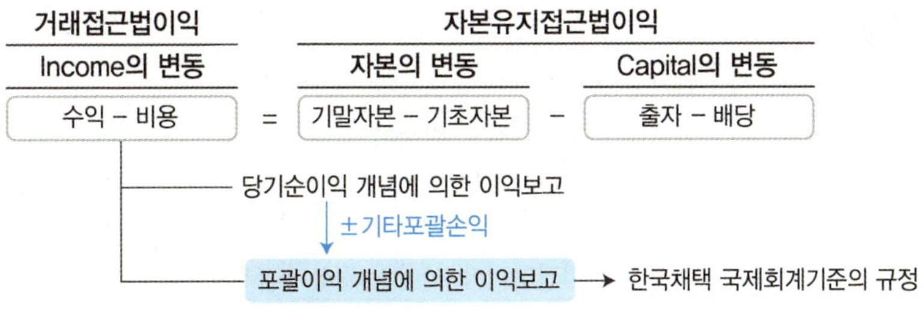

## 2. 기타포괄손익

(1) 당기손익으로 재분류조정하지 않는 기타포괄손익

① 유형자산과 무형자산의 **재**평가잉여금의 변동손익

② 당기손익-공정가치 측정항목으로 지정한 특정 금융**부**채의 신용위험 변동으로 인한 공정가치 변동손익

③ 확정급여제도의 **재**측정요소

④ 기타포괄손익-공정가치 측정항목으로 지정한 **지**분상품에 대한 투자에서 발생한 손익

(2) 당기손익으로 재분류조정하는 기타포괄손익

① 기타포괄손익-공정가치로 측정하는 **채**무상품에 대한 투자에서 발생한 손익

② **해**외사업장의 재무제표 환산으로 인한 손익

③ 현금흐름위험회피에서 위험회피수단인 **파**생상품평가손익 중 위험회피에 효과적인 부분

➠ 파생상품인 옵션계약의 내재가치와 시간가치를 분리할 때와 내재가치의 변동만을 위험회피수단으로 지정할 때 옵션 시간가치의 가치변동

➠ 파생상품인 선도계약의 선도요소와 현물요소를 분리하고 현물요소의 변동만 위험회피수단으로 지정할 때 선도계약의 선도요소의 가치변동과 금융상품의 외화 베이시스 스프레드 가치 변동을 위험회피수단 지정에서 제외할 때 외화 베이시스 스프레드의 가치 변동

# 3 측정기준

선택된 측정기준에 의해 제공되는 정보는 목적적합해야 하고, 나타내고자 하는 바를 충실하게 표현해야 하며, 가능한 한 비교가능하고, 검증가능하며, 적시성이 있고, 이해가능해야 함

| 구 분 | | | | 내 용 |
|---|---|---|---|---|
| 역사적원가 | | 유입 개념 | 자 산 | 과거에 지급한 대가+발생한 거래원가 |
| | | | 부 채 | 과거에 수취한 대가-발생한 거래원가 |
| 현행가치 | 현행원가 | | 자 산 | 측정일에 동등한 자산의 원가로서 지급할 대가+발생할 거래원가 |
| | | | 부 채 | 측정일에 동등한 부채에 대해 수취할 대가-발생할 거래원가 |
| | 공정가치 | 유출 개념 | 자 산 | 측정일에 시장참여자 사이의 정상거래에서 자산을 매도시에 수령할 가격 |
| | | | 부 채 | 측정일에 시장참여자 사이의 정상거래에서 부채를 이전시에 지급할 가격 |
| | 사용가치 (이행가치) | | 자 산 | 측정일에 자산의 사용과 처분으로 인해 유입될 기대현금흐름의 현재가치 |
| | | | 부 채 | 측정일에 부채의 이행으로 인해 유출될 기대현금흐름의 현재가치 |

➠ 현금흐름기준측정기법(예 현재가치모형)은 측정기준이 아니며, 측정기준을 적용하는데 사용되는 기법임

## 02 장기성채권의 현재가치 측정 (회계사 2015)

㈜대경은 20×1년 1월 1일에 상품을 ₩4,000,000에 판매하고 대금은 20×1년부터 매년 12월 31일에 ₩1,000,000씩 4회에 분할수령하기로 하였다. 장기할부판매대금의 명목가액과 현재가치의 차이는 중요하고 유효이자율은 연 10%이다. 할부판매로 인하여 발생한 장기매출채권에 대하여 20×2년 말 현재 신용위험이 발생하였으며, 기대신용손실추정액은 ₩300,000이다. 장기매출채권의 20×2년 말 현재 장부금액(순액)은 얼마인가? 계산과정에서 소수점 이하는 첫째자리에서 반올림한다. 그러나 계산방식에 따라 단수차이로 인해 오차가 있는 경우, 가장 근사치를 선택한다. 또한 유동성대체는 하지 않는다.

| 할인율 | 단일금액 ₩1의 현재가치 | | | | 정상연금 ₩1의 현재가치 | | | |
|---|---|---|---|---|---|---|---|---|
| | 1년 | 2년 | 3년 | 4년 | 1년 | 2년 | 3년 | 4년 |
| 10% | 0.9091 | 0.8265 | 0.7513 | 0.6830 | 0.9091 | 1.7355 | 2.4869 | 3.1699 |

① ₩1,435,579　　② ₩1,735,580　　③ ₩2,086,857
④ ₩2,869,900　　⑤ ₩3,535,579

**해 답**

(1) 20×2년 말 장기채권의 현재가치 : 1,000,000×1.7355 = 1,735,500
(2) 20×2년 말 장기채권의 장부금액 : 현재가치 1,735,500 − 대손충당금 300,000 = 1,435,500

①

# 4 공정가치 측정

### 1. 공정가치의 의의

(1) 공정가치는 측정일에 시장참여자 사이의 정상거래에서 자산을 매도하면서 수취하거나 부채를 이전하면서 지급하게 될 유출가격을 말하며, 시장에 근거한 측정치이므로 기업 특유의 측정치가 아님

(2) 공정가치는 시장에 근거한 측정치이므로, 시장참여자의 위험에 대한 가정을 포함하여, 시장참여자가 자산이나 부채의 가격을 결정할 때 사용하게 될 가정을 사용하여 측정된다. 기업이 자산을 보유하고자 하는 의도나 부채를 결제 또는 이행하고자 하는 의도는 공정가치를 측정할 때 고려하지 않음

## 2. 관측가능한 시장거래나 시장정보를 이용할 수 있는 경우의 공정가치

(1) 주된 시장의 거래나 시장정보를 이용하여 공정가치를 측정하며, 주된 시장이 없는 경우 가장 유리한 시장을 주된 시장으로 간주함 (유리한 시장의 판단기준 : 매도가격 - 운송원가 - 거래원가)

(2) 자산이나 부채에 대한 주된 시장이 있는 경우에는 다른 시장의 가격이 측정일에 잠재적으로 더 유리하다고 하더라도, 공정가치 측정치는 주된 시장의 가격으로 측정

(3) 공정가치를 측정하는 경우 매도가격에서 운송원가는 차감하지만, 거래원가인 판매수수료는 차감하지 아니함 ➡ 매도가격 - 운송원가 = 공정가치 and 공정가치 - 거래원가 = 순공정가치

(4) 비금융자산의 공정가치 측정시에는 시장참여자가 경제적 효익을 창출하기 위하여 그 자산을 최고 최선으로 사용하거나 혹은 최고 최선으로 사용할 다른 시장참여자에게 그 자산을 매도하는 시장참여자의 능력을 고려함, 즉 기업이 다르게 사용할 의도가 있더라도 시장참여자의 관점에서 사용을 고려함

(5) 부채와 지분상품의 공정가치 측정시에는 부채나 지분상품의 공정가치는 측정일에 동일 항목을 자산으로 보유하고 있는 시장참여자의 관점에서 측정하며, 부채와 지분상품을 다른 상대방이 자산으로 보유하지 않는 경우 부채를 부담하거나 지분상품에 대한 청구권을 발행하였던 시장참여자의 관점에서 가치평가기법을 사용하여 부채나 지분상품의 공정가치를 측정

(6) 거래가격은 자산을 취득하면서 지급하거나 부채를 인수하면서 수취하는 가격인 유입가격임. 반면에, 공정가치는 자산을 매도하면서 수취하거나 부채를 이전하면서 지급하게 될 가격인 유출가격이다. 일반적으로 거래일에 자산을 구입하는 거래가 그 자산을 매도하게 될 시장에서 이루어지는 경우처럼 많은 경우에는 거래가격은 공정가치와 동일함. 거래가격과 공정가치가 항상 일치하는 것은 아님

## 3. 관측가능한 시장거래나 시장정보를 이용할 수 없는 경우의 공정가치

(1) 공정가치 산정방법 : 관측가능한 시장거래나 시장정보를 이용할 수 없는 경우에는 가치평가기법을 이용하여 공정가치를 추정

(2) 가치평가기법의 종류 : ① 시장접근법 ② 원가접근법 ③ 이익접근법

➡ 가치평가기법을 적용하는 경우 관련된 관측가능한 투입변수의 사용을 최대화하고 관측가능하지 않은 투입변수의 사용을 최소화

➠ 수준 1 투입변수 : 측정일에 동일한 자산이나 부채에 대한 접근 할 수 있는 활성시장의 공시가격 정보
➠ 수준 2 투입변수 : 공시가격 외에 자산이나 부채 관련 직접적으로나 간접적으로 관측할 수 있는 정보
➠ 수준 3 투입변수 : 자산이나 부채에 대한 관측할 수 없는 정보

➠ 공정가치 서열체계는 가치평가기법에의 투입변수에 우선순위를 부여하는 것이지, 공정가치를 측정하기 위해 사용하는 가치평가기법에 우선순위를 부여하는 것은 아님

## 03 공정가치 측정 (세무사 2016)

IFRS

자산 또는 부채의 측정에 관한 설명으로 옳지 않은 것은?

① 거래원가가 존재하는 경우 자산이나 부채의 공정가치를 측정하기 위해서는 주된 시장의 가격에서 동 거래원가를 조정해야 한다. 이때, 거래원가는 운송원가를 포함하지 않는다.
② 부채의 현행원가는 측정일현재 동등한 부채에 대해 수취할 수 있는 대가에서 그 날에 발생할 거래원가를 차감한다.
③ 자산의 역사적 원가는 자산취득의 대가로 취득 당시에 지급한 현금 또는 현금성자산이나 그 외 대가의 공정가치를 의미한다.
④ 자산이나 부채의 교환 거래에서 자산을 취득하거나 부채를 인수하는 경우에, 거래가격은 자산을 취득하면서 지급하거나 부채를 인수하면서 받는 가격이다.
⑤ 동일한 자산이나 부채의 가격이 관측가능하지 않을 경우 관련된 관측가능한 투입변수의 사용을 최대화하고 관측가능하지 않은 투입변수의 사용을 최소화하는 다른 가치평가기법을 이용하여 공정가치를 측정한다.

### 해 답

① 자산이나 부채의 공정가치를 측정하기 위하여 사용되는 주된 시장의 가격에서 거래원가는 조정하지 않는다. 거래 원가는 다른 기준서에 따라 회계처리한다. 거래원가는 자산이나 부채의 특성이 아니고 거래에 특정된 것이며 자산이나 부채를 어떻게 거래하는지에 따라 달라진다. 또한 거래원가는 운송원가를 포함하지 않는다.

① W

MEMO

check list ☑

출제경향

| | 2020 | 2021 | 2022 | 2023 | 2024 | 2025 |
|---|---|---|---|---|---|---|
| 회계사 | | | 1 | | | 1 |
| 세무사 | | 1 | 1 | 1 | | 1 |

# 제 3 장 재무제표 표시

Financial Accounting Workbook

## 1 전체재무제표

### 1. 한국채택국제회계기준의 적용대상 전체재무제표

| 구 분 | 재무제표의 종류 |
|---|---|
| 일반적인 경우 | 재무상태표, 포괄손익계산서, 자본변동표, 현금흐름표, 주석 |
| 재무제표를 소급재작성하는 경우 | 일반적인 경우에 전기 초 재무상태표를 추가 (예 전기오류수정) |

➡ 각각의 개별재무제표는 전체 재무제표에서 동등한 비중으로 표시하며, 전기에 관한 비교정보를 포함함

➡ 경영진의 재무검토보고서, 환경보고서나 부가가치보고서와 같은 재무제표 이외의 보고서는 한국채택국제회계기준의 적용범위에 해당하지 않음

➡ 상법등 관련 법규에서 이익잉여금처분계산서의 작성을 요구하는 경우에는 재무상태표의 이익잉여금에 대한 보충정보로서 이익잉여금처분계산서를 주석으로 공시

### 2. 재무제표의 연관관계

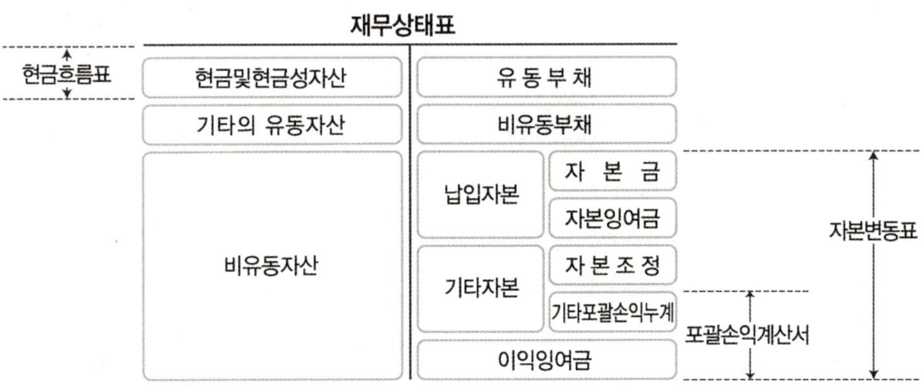

## 3. 재무제표 작성의 기본원칙

(1) 공정한 표시와 한국채택국제회계기준의 준수 : 한국채택국제회계기준을 모두 준수하여 작성된 재무제표는 공정하게 표시된 재무제표로 간주하며, 부적절한 회계정책은 이에 대하여 공시나 주석 또는 보충 자료를 통해 설명하더라도 정당화될 수 없음

➠ 극히 드문 상황에서 한국채택국제회계기준의 요구사항을 준수하는 것이 재무제표의 목적과 상충되어 재무제표이용자의 오해를 유발할 수 있는 경우 관련 규정에서 일탈을 의무화하거나 금지하지 않고 있는 경우에 한하여, 한국채택국제회계기준을 달리 적용하는 것은 가능할 수 있음

➠ 관련 감독체계가 요구사항으로부터의 일탈을 금지하는 경우에는 관련 상충내용을 주석으로 공시

(2) 계속기업의 가정 : 재무제표를 계속기업을 전제로 작성하며, 예외적으로 청산 또는 경영활동의 중단 외에 다른 현실적 대안이 없는 경우에는 계속기업의 기준하에 작성하지 않음. 보고기간 말로부터 향후 12개월 기간에 대하여 계속기업으로서의 존속가능성을 평가

➠ 상당 기간 계속사업이익을 보고한 경우 자세한 분석이 없이도 계속기업을 전제로 한 회계처리가 적절하다는 결론을 내릴 수 있음

(3) 발생기준의 가정 : 현금흐름 정보를 제외하고는 발생기준회계를 사용하여 재무제표를 작성

(4) 중요성과 통합표시 : 성격이나 기능면에서 상이한 항목의 경우에는 원칙적으로 구분하여 표시함. 특정한 항목을 인식하는 경우에는 유사한 항목일지라도 중요성 분류에 따라 구분하여 표시하며, 예외적으로 중요하지 않은 항목은 성격이나 기능이 유사한 항목과 통합하여 표시가능

➠ 한국채택국제회계기준의 요구에 따라 공시되는 정보가 중요하지 않다면 그 공시를 제공할 필요는 없음

(5) 상계 : 회계기준에서 요구하거나 허용하지 않는 한 자산과 부채 그리고 수익과 비용의 상계는 허용되지 않음. 단, 자산평가충당금은 부채가 아니므로 충당금의 순액보고는 상계가 아님

➠ 투자자산 및 영업용자산을 포함한 비유동자산의 처분손익은 처분대금에서 그 자산의 장부금액과 관련 처분비용을 차감하여 표시, 충당부채와 관련된 지출을 제3자와의 계약관계에 따라 보전받는 경우, 당해 지출과 보전받는 금액에 대한 수익과 비용은 상계하여 표시가능

➠ 외환손익 또는 단기매매금융상품에서 발생하는 손익과 같이 유사한 거래의 집합에서 발생하는 차익과 차손은 순액으로 표시 하지만, 그러한 차익과 차손이 중요한 경우에는 구분하여 표시

(6) 보고빈도 : 전체 재무제표는 적어도 1년을 보고빈도로 하여 작성하며, 예외적으로 보고기간종료일을 변경하는 경우 재무제표의 보고기간이 1년을 초과하거나 미달할 수도 있음

(7) 비교정보 : 원칙적으로 당기 재무제표에 보고되는 모든 금액은 전기와의 비교정보를 함께 공시하며, 회계정책을 소급하여 적용하거나 재무제표의 항목을 소급하여 재작성 또는 재분류하는 경우에는 적어도 세 개의 재무상태표와 두 개씩의 그 밖의 재무제표 및 관련 주석을 표시, 당기 재무제표를 이해하는 데 목적적합하다면 서술형 정보의 경우에도 비교정보를 포함하여 공시

(8) 표시의 계속성 : 재무제표 항목의 표시와 분류는 매기 동일하여야 비교가능성이 제고되므로, 재무제표 항목의 표시는 계속성을 유지해야 함. 예외적으로 사업환경의 변화나 한국채택국제회계기준의 요구로 인하여 표시방법의 변경이 가능

## 01 재무제표의 표시 (세무사 2014)

IFRS

재무제표 표시에 관한 설명으로 옳지 않은 것은?

① 재고자산에 대한 재고자산평가충당금과 매출채권에 대한 대손충당금과 같은 평가충당금을 차감하여 관련 자산을 순액으로 측정하는 것은 상계표시에 해당한다.

② 중요하지 않은 정보일 경우 한국채택국제회계기준에서 요구하는 특정 공시를 제공할 필요는 없다.

③ 상이한 성격이나 기능을 가진 항목을 구분하여 표시하되, 중요하지 않은 항목은 성격이나 기능이 유사한 항목과 통합하여 표시할 수 있다.

④ 투자자산 및 영업용자산을 포함한 비유동자산의 처분손익은 처분대금에서 그 자산의 장부금액과 관련처분비용을 차감하여 표시한다.

⑤ 외환손익 또는 단기매매금융상품에서 발생하는 손익과 같이 유사한 거래의 집합에서 발생하는 차익과 차손은 순액으로 표시하되, 그러한 차익과 차손이 중요한 경우에는 구분하여 표시한다.

### 해 답

재고자산에 대한 재고자산평가충당금과 매출채권에 대한 대손충당금과 같은 평가충당금을 차감하여 관련 자산을 순액으로 측정하는 것은 상계표시에 해당하지 아니한다.

① W

## 2 재무상태표

### 1. 재무상태표 의의

기업실체의 특정시점에서의 재무상태를 나타내는 재무제표로서 기업의 유동성, 재무적 탄력성, 수익성과 위험을 평가하는데 유용한 정보를 제공

### 2. 자산과 부채의 배열방법 (선택가능)

(1) 유동성 · 비유동성 배열법

자산과 부채의 실현 예정일(1년 or 정상적인 영업순환주기)에 따라 유동성항목과 비유동성항목을 구분하여 자산과 부채를 표시(예 일반제조기업과 상거래기업)하며, 비유동항목을 상단에 위치시키고 유동항목을 하단에 위치시키는 방법을 사용하기도 함

➡ 재고자산과 매출채권과 같은 유동자산, 매입채무와 종업원 및 그 밖의 영업원가에 대한 미지급비용과 같은 유동부채는 기업의 정상영업주기 내에 사용되는 운전자본이므로 보고기간 후 12개월 후에 결제일이 도래한다 하더라도 유동항목으로 분류

➡ 정상영업순환주기는 영업활동을 위한 자산의 취득시점부터 그 자산이 현금이나 현금성자산으로 실현되는 시점까지 소요되는 기간으로, 정상영업주기를 명확히 식별할 수 없는 경우에는 그 기간이 12개월인 것으로 가정

➡ 이연법인세자산과 이연법인세부채는 유동항목으로 분류하지 않고 비유동항목으로 분류함

(2) 유동순서 배열법

자산과 부채를 오름차순이나 내림차순의 유동성 순서에 따라 표시하는 것(예 금융기업)

(3) 혼합표시방법

자산과 부채의 일부는 유동성·비유동성 배열법으로, 나머지는 유동성 순서에 따른 표시방법으로 표시(예 다양한 사업을 영위하는 기업)

(4) 부채의 유동성 분류시 유의사항

① 원래의 결제기간이 12개월을 초과하는 금융부채 : 보고기간 후 12개월 이내에 결제일이 도래하면 이를 유동부채로 분류

② 보고기간 후에 장기로 재조정하는 약정이 체결된 금융부채 : 보고기간 후 12개월 이내에 결제일이 도래하면 이를 유동부채로 분류

③ 대출계약조건에 따라 연장 가능한 단기성 금융부채 : 기존의 대출계약조건에 따라 보고기간 후 적어도 12개월 이상 부채를 연장할 재량권이 있다면 비유동부채로 분류하지만, 재량권이 없다면 유동부채로 분류

④ 차입약정위반 장기성 금융부채 : 채권자가 보고기간 말 이전에 보고기간 후 적어도 12개월 이상의 유예기간을 주는 데 합의하면 비유동부채로 분류하지만, 보고기간 후 재무제표 발행승인일 전에 채권자가 약정위반을 이유로 상환을 요구하지 않기로 합의한 경우에는 유동부채로 분류

### 3. 자본의 배열방법

(1) 납입자본 : 회사와 소유주(주주)와의 자본거래에서 소유주가 회사에 납입한 자본금액을 말하는 것으로 자본금과 자본잉여금으로 구성

(2) 기타자본구성요소 : 자본 중 납입자본과 이익잉여금으로 분류되지 않는 자본항목으로 자본조정과 기타포괄손익누계액으로 구성

(3) 이익잉여금 : 기업의 경영활동에서 발생한 이익 중 주주에 대한 배당 등을 통하여 처분된 금액을 차감한 후에 사내에 유보된 잉여금

## 3 포괄손익계산서

### 1. 포괄손익계산서 의의

소유주(주주)와의 자본거래에 따른 자본의 변동을 제외한 기업 순자산의 변동을 표시하는 보고서

포괄손익 = 당기순손익 (계속영업손익+중단영업손익) + 기타포괄손익

➠ 당기 중에 발생한 손익거래는 원칙적으로 당기손익에 반영되지만, 회계정책의 변경과 전기오류수정으로 인한 손익거래와 일부 기타포괄손익거래는 각각 전기손익과 기타포괄손익에 반영되어 당기손익으로 인식하지 아니함

➠ 계속영업순손익에 대한 법인세효과는 별도로 총액으로 표시하며, 중단영업순손익에 대한 법인세효과는 순액으로 표시하여 법인세기간내배분을 수행함

➠ 중단영업순손익은 계속영업순손익과 구분하여 별도로 표시하지만, 수익과 비용의 어느 항목도 특별손익으로 별도로 표시할 수 없음

## 2. 당기손익의 표시방법 (선택가능)

(1) 단일 포괄손익계산서 : 당기순손익과 기타포괄손익의 변동을 하나의 포괄손익계산서에 표시

(2) 두 개의 보고서 : 당기순손익의 구성요소를 표시하는 별개의 손익계산서와 당기순손익에서 시작하여 기타포괄손익의 구성요소를 표시하는 포괄손익계산서를 별도로 작성가능

## 3. 영업이익의 공시방법 (선택불가능)

(1) 영업이익의 구분공시 : 수익에서 매출원가 및 판매비와관리비(물류원가 등을 포함)를 차감한 영업이익을 포괄손익계산서에 구분하여 표시

➡ 영업의 특수성을 고려할 필요가 있는 경우나 비용을 성격별로 분류하는 경우 매출원가를 구분 표시하지 않고, 영업수익에서 영업비용을 차감한 영업이익을 포괄손익계산서에 표시함

➡ 판매비와 관리비로 인식하는 추정비용이 감소함에 따라 발생하는 퇴직급여순부채의 환입, 판매보증충당부채환입, 대손충당금환입 및 주식보상비용환입은 영업외수익으로 인식하지 않고, 판매비와관리비의 부(-)의 금액으로 인식함

(2) 조정영업이익의 주석공시 : 영업이익에 포함되지 않은 항목 중 기업의 영업성과를 반영하는 그 밖의 수익 또는 비용 항목이 있다면, 이러한 항목을 추가하여 조정영업이익의 명칭을 사용하여 주석으로 공시

## 4. 비용의 공시방법 (선택가능)

(1) 성격별 비용분류법

당기손익에 포함된 비용을 그 성격별로 통합하여 공시하는 방법 (예 원재료매입비, 재고자산증감손익, 운송비, 종업원급여와 광고비, 감가상각비 등)

(2) 기능별 비용분류법 (매출원가법)

당기손익에 포함된 비용을 그 기능별로 통합하여 공시하는 방법가능 (예 매출원가, 판매비와 관리비 등)

(3) 한국채택국제회계기준의 규정

① 기능별 비용분류는 성격별 분류보다 재무제표이용자에게 더욱 목적적합한 정보를 제공

② 비용의 성격에 대한 정보가 미래현금흐름을 예측하는 데 유용하기 때문에, 비용을 기능별로 분류하는 경우에는 추가 공시가 필요

### 5. 기타포괄손익의 재분류조정여부에 따른 구분표시 (선택불가능)

(1) 후속적으로 당기손익으로 재분류되지 않는 항목

① 과거기간에 기타포괄손익으로 인식한 금액을 해당 항목의 제거시점에 이익잉여금으로 직접대체

② 유형자산과 무형자산의 재평가잉여금, 당기손익-공정가치 측정항목으로 지정한 특정 금융부채의 신용위험 변동으로 인한 공정가치 변동손익, 확정급여제도의 재측정요소, 기타포괄손익-공정가치 측정항목으로 지정한 지분상품에 대한 투자에서 발생한 손익

(2) 후속적으로 당기손익으로 재분류되는 항목

① 과거기간에 기타포괄손익으로 인식한 금액을 해당항목의 제거시점에 당기손익으로 재인식하여 재분류조정으로 공시

② 기타포괄손익-공정가치로 측정하는 채무상품에 대한 투자에서 발생한 손익, 해외사업장의 재무제표 환산으로 인한 손익, 현금흐름위험회피에서 위험회피수단인 파생상품평가손익 중 효과적인 부분 등

### 6. 기타포괄손익에 대한 법인세효과 표시방법 (선택가능)

(1) 총액표시법 : 기타포괄손익의 구성요소와 관련된 법인세효과 반영 전 금액으로 표시하고, 각 항목들에 관련된 법인세효과는 단일 금액으로 합산하여 별도로 표시하는 것이 가능

(2) 순액표시법 : 관련 법인세효과를 차감한 순액으로 표시

## 4 기타의 재무제표

### 1. 자본변동표

(1) 손익거래 : 지배기업의 소유주와 비지배지분에게 각각 귀속되는 금액으로 구분하여 표시한 해당 기간의 총포괄손익을 당기순손익과 기타포괄손익으로 구분하여 표시

(2) 자본거래 : 소유주에 의한 출자와 소유주에 대한 배분, 지배력을 상실하지 않는 종속기업에 대한 소유지분의 변동을 구분하여 표시

## 2. 현금흐름표

(1) 영업활동 : 기업의 주요 수익창출활동, 그리고 투자활동이나 재무활동이 아닌 기타의 활동으로 인한 현금흐름을 표시

(2) 투자활동 : 장기성 자산 및 현금성자산에 속하지 않는 기타 투자자산의 취득과 처분 활동으로 인한 현금흐름을 표시

(3) 재무활동 : 기업의 납입자본과 차입금의 크기 및 구성내용에 변동을 가져오는 활동으로 인한 현금흐름을 표시

## 3. 주석

(1) 재무제표 작성 근거와 사용한 구체적인 회계정책에 대한 정보의 제공 (예 국제회계기준의 준수사실과 그 내용요약에 대한 주석)

(2) 국제회계기준에서 요구하는 정보이지만 재무제표 어느 곳에도 표시되지 않는 정보의 제공 (예 성격별비용에 대한 주석)

(3) 재무제표 어느 곳에도 표시되지 않지만 재무제표를 이해하는 데 목적적합한 정보의 제공 (예 우발부채에 대한 주석)

## 02 재무제표의 표시 (세무사 2022)

재무제표 표시에 관한 설명으로 옳지 않은 것은?

① 비용을 기능별로 분류하는 기업은 감가상각비, 기타 상각비와 종업원급여비용을 포함하여 비용의 성격에 대한 추가 정보를 공시한다.
② 수익과 비용의 어느 항목도 당기손익과 기타포괄손익을 표시하는 보고서 또는 주석에 특별손익 항목으로 표시할 수 없다.
③ 비용의 기능별 분류 정보가 비용의 성격에 대한 정보보다 미래현금흐름을 예측하는데 유용하다.
④ 동일 거래에서 발생하는 수익과 관련비용의 상계표시가 거래나 그 밖의 사건의 실질을 반영한다면 그러한 거래의 결과는 상계하여 표시한다.
⑤ 기업이 재무상태표에 유동자산과 비유동자산, 그리고 유동부채와 비유동부채로 구분하여 표시하는 경우, 이연법인세자산(부채)은 유동자산(부채)으로 분류하지 아니한다.

해 답

비용의 성격별 분류 정보가 비용의 기능별 분류 정보보다 미래현금흐름을 예측하는데 유용하다.

③

## 03 재무제표의 표시 (세무사 2023)

IFRS

재무제표 표시와 관련된 다음의 설명 중 옳은 것은?

① 포괄손익계산서에 기타포괄손익은 관련 법인세 효과를 차감한 순액으로 표시할 수 있다.
② 한국채택국제회계기준은 재무제표 이외에도 연차보고서 및 감독기구 제출서류에 반드시 적용한다.
③ 서술형 정보의 경우에는 당기 재무제표를 이해하는 데 목적적합 하더라도 비교정보를 포함하지 않는다.
④ 재무상태표에 자산과 부채는 유동자산과 비유동자산, 그리고 유동부채와 비유동부채로 구분하여 표시하며, 유동성순서에 따른 표시방법은 허용하지 않는다.
⑤ 한국채택국제회계기준의 요구에 따라 공시되는 정보가 중요하지 않더라도 그 공시를 제공하여야 한다.

해 답

② 한국채택국제회계기준은 오직 재무제표에만 적용하며 연차보고서, 감독기구 제출서류 또는 다른 문서에 표시되는 그 밖의 정보에 반드시 적용하여야 하는 것은 아니다. [제1001호 문단 50]
③ 한국채택국제회계기준이 달리 허용하거나 요구하는 경우를 제외하고는 당기 재무제표에 보고되는 모든 금액에 대해 전기 비교정보를 표시한다. 당기 재무제표를 이해하는 데 목적적합하다면 서술형 정보의 경우에도 비교정보를 포함한다. [제1001호 문단 38]
④ 유동성 순서에 따른 표시방법이 신뢰성 있고 더욱 목적적합한 정보를 제공하는 경우를 제외하고는 유동자산과 비유동자산, 유동부채와 비유동부채로 재무상태표에 구분하여 표시한다. 유동성 순서에 따른 표시방법을 적용할 경우 모든 자산과 부채는 유동성의 순서에 따라 표시한다. [제1001호 문단 60]
⑤ 일부 한국채택국제회계기준에서는 재무제표(주석 포함)에 포함하도록 요구하는 정보를 명시하고 있다. 한국채택국제회계기준의 요구에 따라 공시되는 정보가 중요하지 않다면 그 공시를 제공할 필요는 없다. [제1001호 문단 31]

①

MEMO

check list

출제경향

| | 2020 | 2021 | 2022 | 2023 | 2024 | 2025 |
|---|---|---|---|---|---|---|
| 회계사 | | | | | | 1 |
| 세무사 | | 1 | | | | |

# 제 4 장 현금과 수취채권

Financial Accounting Workbook

## 1 현금과 금융기관예치금

### 1. 의의

(1) 현 금 : 보유현금(통화와 통화대용증권)과 요구불예금

(2) 현금성자산 : 유동성이 매우 높은 단기 투자자산(예를 들어, 취득일로부터 만기일이 3개월 이내인 경우)으로서 확정된 금액의 현금으로 전환이 용이하고 가치변동의 위험이 중요하지 않은 자산

➡ 지분상품은 현금성자산에서 제외하지만, 다만 상환일이 정해져 있고 취득일로부터 상환일까지의 기간이 단기인 우선주와 같이 실질적인 현금성자산인 경우에는 예외

(3) 금융기관예치금 : 금융기관이 취급하는 정기예금, 정기적금, 금전신탁, 어음관리계좌, 중개어음 등의 정형화된 상품

[현금및현금성자산으로 보지 아니하는 사례]

| 사 례 | | 계 정 분 류 |
|---|---|---|
| 선일자수표 | | 매출채권, 미수금, 대여금 등의 수취채권 |
| 우표, 수입인지 | | 선급비용 (통신비와 세금과공과의 선급임) |
| 가불증, 차용증 | | 대여금 (종업원 급여가불의 경우 선급비용도 가능) |
| 부도수표, 부도어음 | | 매출채권, 미수금, 대여금 등의 수취채권 (대손충당금 추가로 설정) |
| 당좌개설보증금 | | 장기성 금융자산 |
| 당좌차월 | 일반적인 경우 | 단기차입금 |
| | 특수한 경우 | 금융회사의 요구에 따라 즉시 상환하여야 하는 경우 현금의 차감계정인식 |

[현금과 금융기관예치금의 계정분류]

| 구 분 | 사 례 | 보유목적 | 계정분류 |
|---|---|---|---|
| 현 금 | 통화및통화대용증권 | 즉시사용 | 현금및현금성자산 |
| 금융기관예치금 | 보통예금, 당좌예금 | 즉시사용 | 현금및현금성자산 |
| 금융기관예치금 | 정기예금, 정기적금 | 장단기이자 | 장 · 단기금융자산 |
| 금융기관예치금 | RP, CD, MMF, CMA | 장단기이자 | 장 · 단기금융자산 |
| 당좌차월 | (−)당좌예금 | 단기차입 | 단기차입금 |

(장 · 단기금융자산 → 현금및현금성자산: 취득시 만기 3개월 이내)
(현금및현금성자산 → 장 · 단기금융자산: 사용 제한)
(단기차입금 → 현금및현금성자산: 즉시상환 해야하는 경우)

## 01 현금 및 금융자산의 공시 (세무사 2003)

IFRS

다음은 A회사의 20×1년 12월 31일 결산일 현재의 현금 및 예금 등의 내역이다. 이 자료를 이용하여 현금및현금성자산으로 보고해야 할 금액을 계산하면 얼마인가?

| | | | |
|---|---|---|---|
| 지폐와 동전 | ₩30,000 | 당좌차월 | ₩50,000 |
| 수입인지 | ₩10,000 | 타인발행수표 | ₩30,000 |
| 당좌개설보증금 | ₩80,000 | 배당금지급통지표 | ₩20,000 |
| 만기가 2개월 이내인 투자목적 채권(20×1년 12월 1일 취득) | | | ₩150,000 |
| 양도성 예금증서(120일 만기) | | | ₩500,000 |
| 기일이 도래한 공채이자표 | | | ₩10,000 |
| 일반적 상거래상의 선일자수표 | | | ₩200,000 |
| 환매채 (20×1년 11월 1일 취득한 90일 환매조건) | | | ₩300,000 |
| 정기적금 (2년후 만기도래) | | | ₩400,000 |
| 정기적금(1년 이내 만기도래) | | | ₩300,000 |

① ₩540,000 ② ₩550,000 ③ ₩740,000
④ ₩750,000 ⑤ ₩1,240,000

**해 답**

(1) 현금및현금성자산 : 지폐와 동전, 타인발행수표, 배당금지급통지표, 만기가 2개월 이내인 채권, 기일이 도래한 공채이자표, 환매채
(2) 단기금융자산 : 양도성예금증서, 정기적금(1년이내 만기도래)
(3) 장기금융자산 : 당좌개설보증금, 정기적금(2년후 만기도래)

① 

## 2. 은행계정조정표

(1) 2위식 은행계정조정표 : 회사측 당좌예금원장 잔액과 은행의 당좌거래원장(통장) 잔액이 일치하지 않는 원인을 파악하고 이를 조정하기 위하여 작성하는 은행계정조정표

[은행계정조정표 조정사항]

| 불일치원인 | | 조 정 | | 수정분개여부 |
|---|---|---|---|---|
| 원 인 | 내 용 | 은행측 잔액 | 회사측 잔액 | |
| 은행미기록 | 미기입예금 | + | | × |
| | 미인출수표 | − | | × |
| | 은행측 기록오류 | ± | | × |
| 회사미기록 | 미통지입금 | | + | ○ |
| | 부도수표, 부도어음 | | − | ○ |
| | 은행수수료, 이자비용 | | − | ○ |
| | 회사측 기장오류 | | ± | ○ |

(2) 4위식 은행계정조정표 : 특정시점의 당좌예금 잔액뿐만 아니라 특정기간 동안의 회사측과 은행측의 당좌예금의 입금과 출금이 일치하는지를 파악할 수 있는 은행계정조정표

[4위식 은행계정조정표]

| 구 분 | 기초 | | 입금 | | 출금 | | 기말 |
|---|---|---|---|---|---|---|---|
| 수정전 회사측 잔액 | ××× | + | ××× | − | ××× | = | ××× |
| 입금조정항목 | | | | | | | |
| 전 기 | ××× | | (×××) | | | | |
| 당 기 | | | ××× | | | | ××× |
| 출금조정항목 | | | | | | | |
| 전 기 | (×××) | | | | (×××) | | |
| 당 기 | | | | | ××× | | (×××) |
| 수정후 회사측 잔액 | ××× | + | ××× | − | ××× | | ××× |

| 구 분 | 기초 | | 입금 | | 출금 | | 기말 |
|---|---|---|---|---|---|---|---|
| 수정전 은행측 잔액 | ××× | + | ××× | − | ××× | = | ××× |
| 입금조정항목 | | | | | | | |
| 전 기 | ××× | | (×××) | | | | |
| 당 기 | | | ××× | | | | ××× |
| 출금조정항목 | | | | | | | |
| 전 기 | (×××) | | | | (×××) | | |
| 당 기 | | | | | ××× | | (×××) |
| 수정후 은행측 잔액 | ××× | + | ××× | − | ××× | = | ××× |

## 02 2위식 은행계정조정표

(세무사 2012) IFRS

A회사는 20×1년 12월 31일 자금담당직원이 회사자금을 횡령하고 잠적한 사건이 발생하였다. 12월 31일 현재 회사 장부상 당좌예금계정 잔액을 검토한 결과 ₩106,000이었으며, 은행측 당좌예금계정 잔액을 조회한 결과 ₩70,000으로 확인되었다. 회사측 잔액과 은행측 잔액이 차이가 나는 이유는 다음과 같다고 할 경우 자금담당직원이 회사에서 횡령한 것으로 추정할 수 있는 금액은 얼마인가?

| | | | |
|---|---|---|---|
| (1) 은행미기입예금 | ₩60,000 | (2) 은행수수료 | ₩10,000 |
| (3) 기발행 미인출수표 | ₩50,000 | (4) 미통지입금 | ₩46,000 |
| (5) 타사발행수표를 A회사의 당좌예금 계좌에서 차감한 금액 | | | ₩22,000 |

① ₩22,000 ② ₩26,000 ③ ₩32,000

④ ₩36,000 ⑤ ₩40,000

### 해 답

(1) 은행계정조정표의 작성을 통한 횡령액의 계산

| | 회사측잔액 | 은행측잔액 |
|---|---|---|
| 조정전 금액 | 106,000 | 70,000 |
| (1) 은행미기입 | - | 60,000 |
| (2) 은행수수료 | (10,000) | - |
| (3) 기발행 미인출수표 | - | (50,000) |
| (4) 미통지입금 | 46,000 | - |
| (5) 은행오류 | - | 22,000 |
| (6) 자금담당자 횡령액 | $(X)$ | - |
| 올바른 금액 | 102,000 | 102,000 |

➡ 횡령액 $X = 40,000$

⑤

## 03 4위식 은행계정조정표 (세무사 2012 수정)

위의 [예제 2]에서 20×1년에 회사 측의 장부상 당좌예금의 출금액이 ₩500,000으로 기록되어 있는 경우 정확한 출금액을 계산하면 얼마인가? 단, 제시된 것 이외의 다른 조정사항은 없는 것으로 한다.

① ₩500,000　② ₩520,000　③ ₩534,000
④ ₩550,000　⑤ ₩566,000

**해 답**

(1) 정확한 출금액 : 조정전 출금기록 500,000 + 10,000 + 40,000 = 550,000
(2) 기말의 잔액조정사항은 기중의 출금기록에 출금산입으로 조정되어야 한다.

④

# 2 수취채권

## 1. 수취채권의 최초인식과 후속측정

(1) 단기성 수취채권 : 금융요소인 이자를 분리하지 않고 최초 인식일에 거래가격의 원본금액에서 매출에누리와 환입, 매출할인 등을 차감한 순액으로 인식하고, 후속적으로 회수된 원금을 차감하여 원가로 후속측정

(2) 장기성 수취채권 : 미래 현금수취액을 기업과 고객이 별도 금융거래를 한다면 반영하게 될 할인율인 시장이자율로 할인한 현재가치를 공정가치로 하여 인식하고, 후속적으로 회수된 원금을 차감하여 상각후원가로 후속측정

## 2. 수취채권의 대손(손상)평가

(1) 결산일 : 회수가 불확실한 채권은 합리적이고 객관적인 기준에 따라 추정한 기대신용손실금액을 대손(손실)충당금으로 설정하고, 기인식 대손충당금과의 차이금액을 대손상각비로 인식

➡ 결산일에 개별채권별로 기대신용손실을 추정하며, 장기성채권의 경우 최초 유효이자율을 사용하여 현재가치로 기대신용손실을 추정

➡ 매출채권에 대한 손상차손인 대손상각비는 판매비와 관리비로 분류하여 영업손익에서 차감하고, 매출이외의 거래에서 발생한 채권에 대한 손상차손은 영업외비용으로 분류함

➡ 매출채권의 대손상각비환입 효과는 별도의 수익으로 인식하지 않고, 판매비와 관리비의 (-)의 계정으로 인식

(2) 채권의 대손확정(제각) : 회수가 불가능한 채권은 대손충당금과 상계하고, 대손충당금이 부족한 경우에는 그 부족액을 대손상각비로 인식

(3) 제각채권 회수 : 제각된 채권을 추후에 회수하는 경우 회수액 만큼 대손충당금을 증가시킴

[대손상각비의 회계처리_보충법]

| 전기말 | (차) 대손상각비(×1) | ××× | (대) 대손충당금 | ××× |
|---|---|---|---|---|
| 대손확정시 | (차) 대손충당금<br>대손상각비(×2) | ×××<br>××× | (대) 매출채권 | ××× |
| 대손회수시 | (차) 현　　금 | ××× | (대) 대손충당금 | ××× |
| 당기말 | (차) 대손상각비(×2)<br>*1 당기말 대손충당금추정액 - 직전 대손충당금잔액 = 추가대손예상액 | ××× *1 | (대) 대손충당금 | ××× |

[대손상각비의 회계처리_총액법]

| 전기말 | (차) 대손상각비(×1) | ××× | (대) 대손충당금 | ××× |
|---|---|---|---|---|
| 당기초 | (차) 대손충당금 | ××× | (대) 대손상각비(×2) | ××× |
| 대손확정시 | (차) 대손상각비(×2) | ××× | (대) 매출채권 | ××× |
| 대손회수시 | (차) 현　　금 | ××× | (대) 대손상각비(×2) | ××× |
| 당기말<br>⋮ | (차) 대손상각비(×2)<br>*1 당기말 대손충당금추정액 | ××× *1 | (대) 대손충당금 | ××× |

➡ 수험목적으로 대손상각비만 빨리 계산할 목적이라면 총액법으로 하는 것이 훨씬 빠르고 편함

## 04 매출채권에 대한 대손회계처리 (회계사 2005 수정)

12월 31일 결산법인인 A회사의 외상매출금과 대손에 관한 자료는 다음과 같다. A회사는 한국채택국제회계기준에 따라 개별채권의 현금흐름을 분석하여 회수불가능 예상액을 대손충당금으로 설정하여 재무상태표에 보고하고 있다. 20×1년 손익계산서에 계상될 대손상각비는 얼마인가?

(1) 20×1년 1월 1일 : 대손충당금 기초잔액은 ₩1,000이다.
(2) 20×1년 5월 8일 : 당기에 매출한 ₩1,500의 외상매출금이 회수불가능하다고 판명되었다.
(3) 20×1년 10월 25일 : 전기에 대손충당금으로 대손처리한 외상매출금 ₩200이 회수되었다.
(4) 20×1년 12월 31일 : 기말수정분개 전 외상매출금 잔액은 ₩40,000이며, 당해채권의 만기별 예상 현금흐름은 아래와 같다.

| 잔여 만기 | 금 액 | 추정 대손율 | 대손예상액 |
|---|---|---|---|
| 16일 | ₩15,000 | 5% | ₩ 750 |
| 30일 | 9,000 | 15% | 1,350 |
| 45일 | 7,000 | 20% | 1,400 |
| 90일 | 5,000 | 30% | 1,500 |
| 180일 | 3,000 | 40% | 1,200 |
| 210일 | 1,000 | 대손확정 | 1,000 |
| 합 계 | 40,000 | | 7,200 |

① ₩1,300 ② ₩6,200 ③ ₩6,700
④ ₩7,500 ⑤ ₩7,700

### 해 답

(1) 대손상각비(보충법) : 기말 대손충당금 (7,200 - 1,000) - 직전대손충당금 (1,000 - 1,500 + 200 - 1,000) = 7,500
(2) 대손이 확정되어 대손충당금이 부족한 경우에도 대손충당금과 우선 상계시키며, 기말에 일괄적으로 보충법에 의하여 회계처리하면 당해연도의 손익계산서 효과를 빠르게 계산할 수 있다.
(3) 세법식 풀이에 의한 별해(총액법) : (+)1,000 - 1,500 + 200 - 1,000 - 6,200 = (-)7,500
(4) 20×1년 말 대손이 확정된 채권은 기말 수정분개를 통해 대손회계처리를 수행하며 충당금설정대상채권에서 제외된다.

④

### 3. 매출채권의 양도

(1) 제거조건이 충족되는 양도(매각거래) : 위험과 보상의 대부분이 이전되는 사례

① 금융자산을 아무런 조건 없이 매도한 경우

② 양도자가 매도한 금융자산을 재매입시점의 공정가치로 재매입할 수 있는 권리를 보유하는 경우

③ 양도자가 매도한 금융자산에 대한 콜옵션을 보유하고 있거나 양수자가 당해 금융자산에 대한 풋옵션을 보유하고 있지만, 당해 콜옵션이나 풋옵션이 깊은 외가격 상태이기 때문에 만기 이전에 당해 옵션이 내가격 상태가 될 가능성이 매우 낮은 경우

**[제거조건을 충족하는 매출채권의 양도]**

| 양 도 일 | (차) 현　　금 | 9,700 | (대) 매출채권 | 10,000 |
|---|---|---|---|---|
| | 매출채권제거손실 | 300 | | |

(2) 제거조건이 충족되지 않는 양도(차입거래) : 위험과 보상의 대부분을 보유하는 사례

① 양도자가 매도 후에 미리 정한 가격으로 또는 매도가격에 양도자에게 금전을 대여하였더라면 그 대가로 받았을 이자수익을 더한 금액으로 양도자산을 재매입하는 거래

② 유가증권의 대여계약을 체결한 경우

③ 시장위험 익스포저를 양도자에게 다시 이전하는 총수익스왑을 체결하면서 금융자산을 매도

④ 양도자가 매도한 금융자산에 대한 콜옵션을 보유하고 있거나 양수자가 해당 금융자산에 대한 풋옵션을 보유하고 있으며, 해당 콜옵션이나 풋옵션이 현재까지 깊은 내가격 상태이기 때문에 만기 이전에 해당 옵션이 외가격 상태가 될 가능성이 매우 낮은 경우

⑤ 양도자가 발생 가능성이 높은 신용손실의 보상을 양수자에게 보증하면서 단기 수취채권을 매도

**[제거조건을 충족하지 않는 매출채권의 양도]**

| 양 도 일 | (차) 현　　금 | 9,700 | (대) 단기차입금 | 10,000 |
|---|---|---|---|---|
| | 이자비용 | 300 | | |

**[매출채권 양도거래]**

<table>
<tr><th>거래의 형식</th><th colspan="2">구 분</th><th>거래의 실질</th></tr>
<tr><td rowspan="4">매출채권의 양도거래</td><td colspan="2">위험과 보상의 대부분 이전</td><td>금융자산 제거 & 제거에 따른 손익인식</td></tr>
<tr><td colspan="2">위험과 보상의 대부분 보유</td><td>금융자산 계속인식 & 수취한 대가 부채로 인식</td></tr>
<tr><td rowspan="2">위험과 보상의 일부이전</td><td>통제권행사 불가능</td><td>금융자산 제거 & 제거에 따른 손익인식</td></tr>
<tr><td>통제권행사 가능</td><td>지속적 관여정도까지 금융자산 계속인식</td></tr>
</table>

## 4. 팩토링

(1) 팩토링에 따른 순현금유입액 : 채권명목금액 - 팩토링미수금(유보금) - 팩토링수수료
(2) 정산시 추가 순현금유입액 : 팩토링미수금 - 매출환입·에누리·할인 등
(3) 팩토링거래에 따른 총현금유입액 : 채권명목금액 - 팩토링수수료 - 매출환입·에누리·할인 등

### 05 매출채권의 팩토링거래 (세무사 2001 수정)

IFRS

A회사는 20×1년 10월 1일 총 ₩20,000,000의 매출채권을 금융기관에 팩토링하였다. 매출채권의 회수예정일은 20×1년 12월 31일이고 채권에 따르는 위험과 보상의 전부를 금융기관에 이전하는 조건으로 이루어졌다. 다만, 매출할인·에누리·환입에 대한 책임은 A회사가 부담하기로 하여, 매출채권가액의 5%를 차후에 정산하기로 하였다. 금융기관은 1년 미만의 팩토링거래에 대해서는 연 12%의 수수료를 부과하면서, 수수료의 계산은 월할계산 방식을 채택하고 있다. 실제로 만기일에 매출할인과 에누리가 각각 ₩400,000과 ₩200,000이 발생하였으며, 추가로 대손이 ₩1,500,000이 발생한 경우 A회사가 위 거래로 인하여 금융기관으로부터 수취하는 총현금액은 얼마가 되겠는가?

① ₩19,400,000 ② ₩18,800,000 ③ ₩18,500,000
④ ₩17,900,000 ⑤ ₩17,300,000

**해 답**

(1) 총현금수취액 : 20,000,000 − 수수료 20,000,000 × 12% × 3/12 − 할인 400,000 − 에누리 200,000 = 18,800,000

(2) 총현금수취액을 요구하는 문제이므로 양도시점의 현금과 정산시점의 현금을 합하여야 한다.

(3) 제거조건을 만족하는 경우에는 대손에 대한 책임을 양도자인 A회사가 부담하지 않는다.

| 구분 | 차변 | 금액 | 대변 | 금액 |
|---|---|---|---|---|
| 양 도 시 | (차) 현　　금 | 18,400,000 | (대) 매출채권 | 20,000,000 |
| | 팩토링미수금 | 1,000,000 | | |
| | 매출채권제거손실 | 600,000 | | |
| 정 산 시 | (차) 매출(할인) | 400,000 | (대) 팩토링미수금 | 1,000,000 |
| | 매출(에누리) | 200,000 | | |
| | 현　　금 | 400,000 | | |

(4) 제거요건 만족하지 않는 경우의 회계처리(참고용) : 제거조건을 만족하지 않는 경우에는 대손에 대한 책임을 양도자인 A회사가 부담해야 함

| 구분 | 차변 | 금액 | 대변 | 금액 |
|---|---|---|---|---|
| 양 도 시 | (차) 현　　금 | 18,400,000 | (대) 단기차입금 | 20,000,000 |
| | 팩토링미수금 | 1,000,000 | | |
| | 이자비용 | 600,000 | | |
| 정 산 시 | (차) 매출(할인) | 400,000 | (대) 팩토링미수금 | 1,000,000 |
| | 매출(에누리) | 200,000 | 현　　금 | 1,100,000 |
| | 대손상각비 | 1,500,000 | | |
| | (차) 단기차입금 | 20,000,000 | (대) 매출채권 | 20,000,000 |

② W

## 5. 어음할인

(1) 어음할인에 따른 현금유입액 : 순현금유입액 = 어음상금액 + 만기표시이자 − 어음할인수수료

(2) 어음할인시 어음 장부금액 : 받을어음 장부금액 = 어음상금액 × (1 + 표시이자율 × 경과월수 ÷ 12)

(3) 어음할인에 따른 손실 : (1) − (2)

➠ 단기채권인 어음할인의 경우 수수료는 (어음상금액 + 만기표시이자) × (어음할인율 × 잔여월수 ÷ 12개월)의 방식으로 계산된다. 어음할인율은 기초대비이자율이 아닌 기말대비이자율이므로, 일반적으로 알고 있는 나누는 개념의 할인공식을 이용하면 안 된다. 만기금액에 기간을 고려한 어음할인율을 곱해서 할인료를 계산한 후 이 금액을 만기금액에서 차감한 금액이 어음할인으로 인한 현금수령액이다.

➠ 받을어음상의 채권은 금액이 확정된 상태이므로 팩토링과 달리 팩토링미수금이 존재하지 않음

## 06 어음할인의 회계처리

A회사는 20×1년 4월 1일 거래처로부터 판매대금으로 6개월 만기, 연리 10%, 액면 ₩100,000의 약속어음을 받았다. 두 달 뒤인 6월 1일에 A회사는 거래은행에서 이 약속어음을 할인(할인율은 연리 12%)하였다. 이 어음의 할인은 금융자산의 제거요건을 만족한다. 어음의 할인과 관련한 설명으로 옳지 않은 것은 무엇인가? 계산의 편의상 이자비용 또는 수익은 월수로 계산할 것, 원단위 이하는 반올림한다.

① 20×1년 6월 1일의 어음할인 거래시점에 매출채권의 장부금액은 ₩100,000은 제거된다.
② 20×1년 6월 1일의 거래은행에서 어음할인료로 제시한 금액은 ₩867이다.
③ 20×1년 6월 1일까지의 이자수익은 ₩1,667이며, 매출채권제거손실은 ₩867이다.
④ 20×1년 6월 1일에 어음할인으로 인해 수령하는 현금은 ₩100,800이며, 이로 인해 당기손익은 ₩800만큼 증가한다.
⑤ 20×1년 9월 30일에 어음이 정상적으로 결제되는 경우 어음의 양수자인 거래은행은 총 ₩4,200의 수익을 인식하게 된다.

### 해 답

(1) 어음의 만기가치 : 100,000 + 100,000 × 10% × 6월/12월 = 105,000
(2) 어음의 할인료 : 105,000 × 12% × 4월/12월 = 4,200 → 할인으로 인한 현금수령액 : 105,000 − 4,200 = 100,800
(3) 제거시점 어음채권의 장부금액(경과이자포함) : 100,000 + 100,000 × 10% × 2월/ 12월 = 101,667
(4) 매출채권의 제거손실 : 100,800 − 101,667 = (−)867

| 일자 | 차변 | 금액 | 대변 | 금액 |
|---|---|---|---|---|
| 20×1. 6. 1 | (차) 매출채권 | 1,667 ② | (대) 이자수익 | 1,667 ① |
| | (차) 현　　금 | 100,800 ④ | (대) 매출채권 | 101,667 ③ |
| | 매출채권제거손실 | 867 ⑤ | | |
| 20×1. 9.30 | 회계처리 없음 | | | |

(5) 제거요건 만족하지 않는 경우의 회계처리 (참고용)

| 일자 | 차변 | 금액 | 대변 | 금액 |
|---|---|---|---|---|
| 20×1. 6. 1 | (차) 현　　금 | 100,800 ① | (대) 단기차입금 | 100,800 ② |
| 20×1. 9.30 | (차) 매출채권 | 5,000 ② | (대) 이자수익 | 5,000 ① |
| | 이자비용 | 4,200 ③ | 단기차입금 | 4,200 ④ |
| | (차) 단기차입금 | 105,000 ⑤ | (대) 매출채권 | 105,000 ⑥ |

② W

출제경향

| | 2020 | 2021 | 2022 | 2023 | 2024 | 2025 |
|---|---|---|---|---|---|---|
| 회계사 | 1 | 2 | 2 | 2 | 1 | 2 |
| 세무사 | 2 | 2 | 2 | 2 | 2 | 2 |

# 제 5 장 재고자산과 농림어업자산

Financial Accounting Workbook

## 1 재고자산 취득원가의 결정

### 1. 재고자산의 정의

정상적인 영업과정에서 판매를 위하여 보유하는 상품과 제품, 판매를 위하여 생산과정에 있는 자산인 재공품 및 생산 또는 용역 제공과정에 투입될 원재료나 소모품의 형태로 존재하는 자산

[재고자산의 원가흐름]

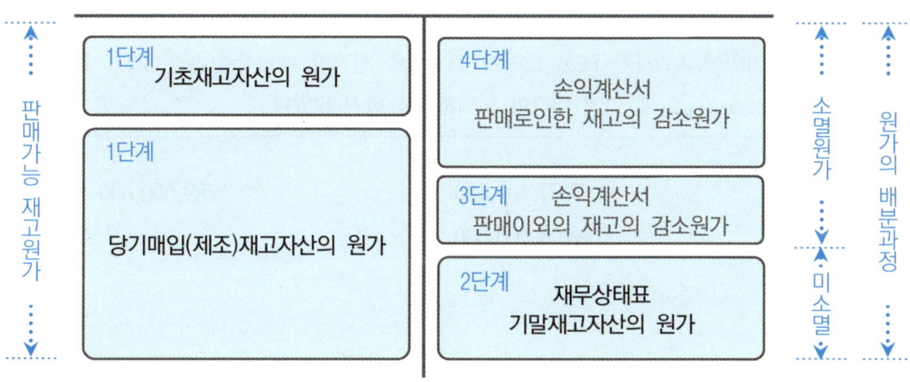


### 2. 재고자산의 취득원가

(1) 외부구입 재고자산의 원가 : 매입원가 = 매입가격 ± 매입관련 직접원가

① 매입원가 가산항목 : 환급불가능한 수입관세와 제세금, 매입자가 부담한 운임, 하역료, 완제품과 원재료 및 용역의 취득과정에 직접 관련된 원가

② 매입원가 차감항목 : 매입할인, 매입에누리, 매입환출과 리베이트

➠ 후불조건의 취득으로 지급계약에 실질적으로 금융요소가 포함되어 있으면, 해당 금융요소는 금융이 이루어지는 기간 동안 이자비용 인식

➠ 원가측정시 실제원가를 기준으로 해야 하지만 표준원가법이나 소매재고법에 의해 평가한 결과가 실제원가와 유사한 경우에 편의상 사용가능

## 01 외부구입재고자산의 원가

(회계사 2005 수정) IFRS

A회사의 20×1년 12월 31일 현재 재고자산의 장부상 잔액은 ₩89,000,000이었으나, 기말결산을 수행하는 과정에서 다음과 같은 사항을 발견하였다. 이때 A회사가 20×1년 12월 31일 현재 재무상태표상에 계상할 올바른 재고자산의 금액은 얼마인가? 단, 아래의 거래는 모두 외상매입거래이다.

(1) 20×1년 12월 31일 현재 B회사에서 A회사로 상품(송장가격 : ₩5,000,000)이 운송 중에 있었는데 이에 대하여 회계처리를 하지 않았다. 이 상품은 20×1년 12월 29일에 FOB 선적지 조건으로 선적되었으며 20×2년 1월 4일에 도착했다. 송장가격에는 A회사가 부담하는 운임이 포함되어 있지 않으며, 매입운임은 ₩500,000이다.

(2) 20×1년 12월 20일에 FOB 선적지 조건으로 B회사에서 A회사로 상품(송장가격 : ₩2,500,000)을 선적하였는데 이에 대하여 회계처리를 하지 않았다. 이 상품은 운송도중 분실되었으며, 이에 대하여 A회사는 운송회사에 대해서 ₩2,000,000의 손해배상을 청구해 놓은 상태이다.

(3) 20×1년 12월 30일에 대금지급을 완료한 매입재고에 대하여 거래처에서 리베이트로 ₩400,000을 지급하겠다는 통보를 하였지만 회사는 이에 대하여 회계처리를 하지 않았다.

(4) 20×1년 12월 21일에 A회사가 FOB 도착지 조건으로 선적한 매입상품(송장가격 : ₩2,100,000)을 20×2년 1월 6일에 받았는데 이에 대하여 회계처리를 하지 않았다.

① ₩87,000,000 ② ₩87,400,000 ③ ₩89,600,000
④ ₩93,400,000 ⑤ ₩94,100,000

### 해 답

(1) 기말재고의 원가 : 89,000,000 + 5,500,000 − 400,000 = 94,100,000

(2) 회계처리

| | | | | |
|---|---|---|---|---|
| (1) 거래 | (차) 재고자산 | 5,500,000 | (대) 매입채무 | 5,500,000 |
| (2) 거래 | (차) 재고감모손실 | 2,500,000 | (대) 매입채무 | 2,500,000 |
| | (차) 미 수 금 | 2,000,000 | (대) 손해배상이익 | 2,000,000 |
| (3) 거래 | (차) 미 수 금 | 400,000 | (대) 재고자산 | 400,000 |
| (4) 거래 | - 회계처리 없음 - | | | |

⑤

(2) 자가제조 재고자산의 원가 : 제조원가 = 원재료의 매입원가 + 전환원가 + 청구가능한 기타원가

① 전환원가의 범위 : 직접노무원가 + 변동제조간접원가 배부액 + 고정제조간접원가 배부액

➠ 변동제조간접원가는 생산설비의 실제조업도에 기초하여 재고자산의 원가로 배부

➠ 고정제조간접원가는 생산설비의 정상조업도에 기초하여 재고자산의 원가로 배부, 실제조업도가 정상조업도보다 낮아서 발생하는 불리한 원가차이는 낭비된 부분으로 간주하여 즉시 비용으로 인식

➠ 실제조업도가 정상조업도와 유사한 경우에는 실제조업도를 사용할 수도 있으며, 실제조업도가 정상조업도를 초과하는 경우에는 재고자산이 실제 투입원가 이상으로 측정되지 않도록 실제조업도에 따라 배부하여 생산단위당 고정제조간접원가 배부액을 감소시켜야 함

➠ 연산품은 상대적판매가치법에 의해 배부하고 부산물은 순실현가능가치를 전환원가로 인식하고, 주산물의 원가에서 차감

② 제조원가 포함 : 판매가능한 상태로 만들기 위해 발생한 특정고객을 위한 비제조간접원가 또는 제품 디자인원가는 해당 재고자산의 취득원가에 가산

③ 제조원가 제외 : 재료원가, 노무원가 및 기타 제조원가 중 비정상적으로 낭비된 부분, 후속 생산단계에 투입하기 전에 보관이 필요한 경우 이외의 보관원가, 재고자산을 현재의 장소에 현재의 상태로 이르게 하는데 기여하지 않은 관리간접원가와 판매원가는 발생한 기간의 비용으로 인식

## 02 자가제조재고의 고정제조간접원가 배분

IFRS

A회사는 20×1년에 설립하여 제조업을 시작하였다. 20×1년 초에 제조용 기계장치를 ₩1,000,000에 구입하였으며, 내용연수는 10년, 잔존가치는 없이 정액법으로 감가상각한다. A회사는 매년 정상적인 생산량을 5,000개로 책정하였다. 아래에 제시된 자료 중 틀린 설명은 무엇인가? 단, A회사는 비정상적인 원가를 영업외비용으로 인식하고 있다.

① A회사는 제조용 기계장치에서 매년 ₩100,000의 감가상각비를 인식하며, 이 금액이 고정제조간접원가의 실제 발생액이다.

② 20×1년에 기계장치를 이용하여 실제로 제품 5,000개를 생산한 경우 제조원가로 배분되는 감가상각비는 ₩100,000이며, 제품단위당 감가상각비는 ₩20이다.

③ 20×1년에 기계장치를 이용하여 실제로 제품 4,000개를 생산한 경우 제조원가로 배분되는 감가상각비는 ₩80,000이며, 배분되지 않은 감가상각비인 ₩20,000은 영업외비용으로 인식한다.

④ 20×1년에 기계장치를 이용하여 실제로 제품 6,000개를 생산한 경우 제조원가로 배분되는 감가상각비는 ₩120,000이며, 감가상각비의 절감액인 ₩20,000은 영업외수익으로 인식한다.

⑤ 20×1년에 기계장치를 이용하여 실제로 제품 8,000개를 생산한 경우 제조원가로 배분되는 제품 단위당 감가상각비는 ₩12.5이다.

## 해 답

(1) 단위당 고정제조간접비 정상배부액 : 100,000÷5,000개 = ₩20

(2) 관련된 회계처리

| 구분 | 차변 | 금액 | 대변 | 금액 |
|---|---|---|---|---|
| 4,000개 생산 | (차) 제 품 | 80,000*1 | (대) 감가상각비 | 100,000 |
| | 조업도손실 | 20,000 | | |
| | *1 4,000개×₩20 = 80,000 | | | |
| 5,000개 생산 | (차) 제 품 | 100,000*1 | (대) 감가상각비 | 100,000 |
| | *1 5,000개×₩20 = 100,000 | | | |
| 6,000개 생산 | (차) 제 품 | 100,000*1 | (대) 감가상각비 | 100,000 |
| | *1 6,000개×₩16.67 = 100,000 | | | |
| 8,000개 생산 | (차) 제 품 | 100,000*1 | (대) 감가상각비 | 100,000 |
| | *1 8,000개×₩12.5 = 100,000 | | | |

④

(3) 제조과정에서 발생한 차입원가 : 제조기간이 1년을 초과하는 경우 제조와 직접 관련된 차입원가는 재고자산의 취득원가에 산입

(4) 수확한 재고자산 : 수확시점의 순공정가치로 측정하여 수확물재고로 인식하며, 취득손익을 당기손익으로 인식

[재고자산의 취득원가]

| 구 분 | 재고자산의 취득원가 |
|---|---|
| 외부구입재고 | 매입원가 = 매입가격 + 직접관련원가 |
| 자가제조재고 | 제조원가 = 매입원가 + 전환원가 + 기타원가 + 차입원가 |
| 농림어업수확물재고 | 수확시점의 순공정가치 |

## 2 재고자산의 원가배분

### 1. 기말재고자산에 포함할 항목의 결정

(1) 미착상품 : 선적지인도조건의 매입재고, 도착지 인도조건의 매출재고는 창고에 없어도 기말재고에 포함 → 거래상대방의 재고에 포함되지 않음

(2) 시용판매상품 : 매입자가 매입의사표시를 하기 전까지는 수익을 인식하지 않으므로 창고에 없어도 판매자인 기업의 재고자산에 포함 → 고객의 재고에 포함되지 않음

(3) 위탁판매상품 : 최종고객에게 판매하기 전까지는 수익을 인식하지 않으므로 창고에 없어도 위탁자의 재고자산에 포함 → 수탁자의 재고에 포함되지 않음

(4) 저당상품 : 저당권이 실행되어 소유권이 이전되기 전까지는 수익을 인식하지 않으므로 창고에 없어도 담보제공자의 재고자산에 포함 → 담보보관자의 재고에 포함되지 않음

(5) 반품률이 높은 재고

① 반품률 추정이 가능함 : 반품예상액에 상당하는 재고자산원가를 반환재고회수권으로 인식

② 반품률 추정이 불가능 : 전체 재고자산원가를 반환재고회수권으로 인식

➠ 국제회계기준에는 반환재고회수권에 대한 계정분류 규정이 없지만, 일반기업회계기준에서는 이를 재고자산으로 분류하고 있음

(6) 판매후 재매입약정재고

① 선도나 콜옵션약정 : 기업이 통제하므로 수익을 인식하지 않으며, 창고에 없어도 판매자인 기업의 재고자산에 포함

② 풋옵션약정 : 고객이 통제하므로 행사가능성이 유의적인 경우 수익을 인식하지 않으며, 창고에 없어도 판매자인 기업의 재고자산에 포함. 한편, 풋옵션의 행사가능성이 유의적이지 않은 경우 반품이 예상되지 않는 부분을 수익을 인식하며, 반품예상액에 상당하는 재고자산원가를 반환재고회수권으로 인식

(7) 미인도청구판매상품 : 미인도시에도 고객이 통제하므로 기업의 창고에 있어도 판매자인 기업의 재고에서 제외함 → 구매자인 고객의 재고에 포함됨

(8) 할부판매상품 : 상품의 인도시점에서 수익을 인식하므로 창고에 없으면, 잔여 매출채권의 회수가 불확실한 경우에도 판매자의 재고자산에서 제외

## 03 재고자산의 소유권 파악 (회계사 2005 & 회계사 2016 수정)

다음은 20×1년 1월 1일부터 12월 31일까지 A회사의 재고자산과 관련된 자료를 요약한 것이다. 아래의 자료를 이용하여 A회사의 매출원가와 기말재고를 각각 계산하면 얼마인가? 단, A회사는 반환재고회수권을 재고자산으로 분류하지 않고, 기타자산으로 분류하고 있다.

| 항 목 | 원 가 | 비 고 |
|---|---|---|
| 기초재고자산 | 100,000 | |
| 당기 매입액 | 500,000 | |
| 기말재고자산 실사액 | 50,000 | 창고 보유분 |
| 미착매입상품 | 30,000 | 도착지인도조건으로 현재 운송 중 |
| 미인도청구매입 | 10,000 | 상품매입 후 대금을 완불하였으나 보관창고가 부족하여 20×1년 12월 31일 현재 동 상품을 판매자가 보관 |
| 적송재고 | 100,000 | 60% 판매 완료 |
| 시송재고 | 30,000 | 고객이 매입의사표시를 한 금액은 ₩10,000 |
| 재매입조건부 판매 | 40,000 | 재구매일은 20×2년 1월 10일, 재구매가격은 ₩45,000이며, A회사가 콜옵션을 행사할 수 있음 |
| 저당상품 | 20,000 | 차입금에 대하여 담보로 제공되어 있고, 기말재고자산 실사액에는 포함되어 있지 않음 |
| 인도결제판매조건 | 30,000 | 중개업자가 판매대금을 회수하고 대행수수료 ₩5,000을 차감한 후 A회사에 지급한다. 중개업자는 20×1년 12월 31일 현재 판매대금 전액을 현금으로 수취하지 못하고 있음 |
| 반품가능판매 | 35,000 | 반품액의 합리적인 추정 불가능 |

| | 매출원가 | 기말재고 | | 매출원가 | 기말재고 |
|---|---|---|---|---|---|
| ① | ₩390,000 | ₩210,000 | ② | ₩355,000 | ₩210,000 |
| ③ | ₩390,000 | ₩245,000 | ④ | ₩355,000 | ₩245,000 |
| ⑤ | ₩353,000 | ₩152,000 | | | |

**해 답**

(1) 매출원가의 계산 : 기초 100,000 + 매입 500,000 - 실사재고 50,000 - 미인도청구매입 10,000 - 적송재고 100,000 × 40% - 시송재고 20,000 - 재구매조건 판매재고 40,000 - 저당재고 20,000 - 인도결제판매조건 30,000 - 반품가능재고 35,000 = 355,000

(2) 기말재고의 계산 : 실사재고 50,000 + 미인도청구매입 10,000 + 적송재고 100,000 × 40% + 시송재고 20,000 + 재구매조건 판매재고 40,000 + 저당재고 20,000 + 인도결제판매조건 30,000 = 210,000

(3) 반품가능판매의 경우 매출원가는 취소하지만 기말재고가 아닌 반환재고회수권으로 계정대체 한다는 사실에 유의해야 한다. 관련된 회계처리를 제시하면 다음과 같다.

| 20×1.12.31 | (차) 매출원가 | 355,000 | (대) 재고자산 | 100,000 |
|---|---|---|---|---|
| | 재고자산 | 210,000 | 매　　입 | 500,000 |
| | 반환재고회수권 | 35,000 | | |

② 

## 2. 재고자산의 수량결정방법 : 비용분개의 시기

(1) 계속기록법 : 기초재고수량 + 당기매입수량 - 당기판매수량 → 기말재고수량
(2) 실지재고조사법 : 기초재고수량 + 당기매입수량 - 실지재고수량 → 당기판매수량
(3) 병행법 : 기초재고수량 + 당기매입수량 - 당기판매수량 - 실지재고수량 → 재고감모수량

## 3. 재고자산의 단위당 원가의 결정방법 : 비용분개의 금액

(1) 개별법 : 식별되는 재고자산별로 개별 취득원가를 부과하는 방법

(2) 선입선출법 : 기말재고에 가장 최근 매입원가를 부과하는 방법

(3) 가중평균법 : 기초재고에 당기 매입재고자산의 원가를 가중평균하여 부과하는 방법으로, 계속기록법의 논리에 따라 매입 또는 생산할 때마다 평균을 산정하는 이동평균법과 실지재고조사법의 논리에 따라 주기적으로 평균을 산정하는 총평균법이 있음

| 구 분 | | 수량결정방법 | |
|---|---|---|---|
| | | 계속기록법 | 실지재고조사법 |
| 원가흐름의 가정 | 선입선출법 | 계속기록법하의 선입선출법 | 실지재고조사법하의 선입선출법 |
| | 후입선출법 | 계속기록법하의 후입선출법 | 실지재고조사법하의 후입선출법 |
| | 가중평균법 | 이동평균법 | 총평균법 |

➡ 통상적으로 상호 교환될 수 없는 재고자산항목의 원가와 특정 프로젝트별로 생산되고 분리되는 재화 또는 용역의 원가는 개별법을 사용하여 결정하며, 개별법을 적용할 수 없는 재고자산의 단위원가는 선입선출법이나 가중평균법을 사용하여 결정, 후입선출법은 적용을 금지함

➡ 동일한 재고자산이 동일한 기업내에서 영업부문에 따라 서로 다른 용도로 사용되는 경우에는 성격이나 용도면에서 차이가 있으므로 서로 다른 단위원가 결정방법을 적용할 수 있음

➡ 재고자산의 지역별 위치나 과세방식이 다르다는 이유만으로 동일한 재고자산에 다른 단위원가 결정방법을 적용하는 것이 정당화될 수는 없음

(4) 선입선출법과 후입선출법의 비교

| 구 분 | 선입선출법 | 후입선출법 |
|---|---|---|
| 장 점 | ① 실제물량흐름과 유사<br>② 재고자산이 실제원가와 유사하게 표시 | ① 현행수익에 현행원가가 대응됨<br>② 법인세이연효과 존재함<br>③ 보수적인 이익이 산출됨 |
| 단 점 | ① 수익 · 비용대응이 부적절함<br>② 당기순이익의 과대계상 가능성 존재 | ① 실제물량흐름과 일치하지 않음<br>② 재고자산이 실제원가를 반영하지 못함<br>③ 후입선출재고청산현상이 발생함<br>④ 경영자에 의한 이익조작가능성이 존재 |

(5) 원가흐름의 가정간의 관계 (물가가 상승하며, 재고보유수량이 증가하는 경우)

| 구분 | | 관계 |
|---|---|---|
| 기말재고자산 | | 선입선출법 〉 이동평균법 〉 총평균법 〉 후입선출법 |
| 매출원가 | | 선입선출법 〈 이동평균법 〈 총평균법 〈 후입선출법 |
| 당기순이익 | | 선입선출법 〉 이동평균법 〉 총평균법 〉 후입선출법 |
| 법인세비용 | | 선입선출법 〉 이동평균법 〉 총평균법 〉 후입선출법 |
| 현금흐름 | 법인세(無) | 선입선출법 = 이동평균법 = 총평균법 = 후입선출법 |
| | 법인세(有) | 선입선출법 〈 이동평균법 〈 총평균법 〈 후입선출법 |

➡ 기초대비 기말의 재고보유수량이 감소해서 후입선출청산현상이 발생하는 경우 후입선출법에 의한 이익이 제일 유리

➡ 원가흐름의 가정과 재고자산관련 현금흐름(재고자산 매출액 – 재고자산 매입액)은 무관하지만, 법인세를 고려하는 경우 당기순이익이 크면 법인세부담액이 증가하므로 재고자산 관련 현금흐름(재고자산 매출액 – 재고자산 매입액 – 법인세 납부액)은 후입선출법이 제일 유리

## 04 원가흐름의 가정

IFRS

A회사는 재고자산에 대해 평균원가법을 적용하고 있다. 2월 중 재고수불상황은 다음과 같다. 회사가 실지재고조사법 또는 계속기록법을 적용할 경우, 2월의 매출원가는 각각 얼마인가? 단, 평균단가는 소숫점 셋째자리에서 반올림 할 것.

| 날 짜 | 적 요 | 수 량 | 단 가 | 금 액 |
|---|---|---|---|---|
| 2. 1 | 기 초 재 고 | 1,000개 | ₩10 | 10,000 |
| 2. 10 | 매 입 | 2,000개 | ₩11 | 22,000 |
| 2. 20 | 매 출 | (2,000개) | | |
| 2. 25 | 매 입 | 1,000개 | ₩12 | 12,000 |
| 2. 28 | 기 말 재 고 | 2,000개 | | |

| | 실지재고조사법 | 계속기록법 |
|---|---|---|
| ① | ₩22,000 | ₩21,340 |
| ② | ₩21,000 | ₩21,000 |
| ③ | ₩21,000 | ₩22,000 |
| ④ | ₩23,000 | ₩21,340 |
| ⑤ | ₩22,000 | ₩22,000 |

### 해 답

(1) 실지재고조사법에 의한 평균법(총평균법)

① 총평균단가 : (10,000 + 22,000 + 12,000) ÷ (1,000개 + 2,000개 + 1,000개) = ₩11

② 매출원가 : 2,000개 × ₩11 = 22,000

(2) 계속기록법에 의한 평균법(이동평균법)

① 이동평균단가 : (10,000 + 22,000) ÷ 3,000개 = ₩10.67

② 매출원가 : 2,000개 × ₩10.67 = 21,340

① W

## 3 재고자산의 감모손실과 평가손실

### 1. 재고자산의 감모손실

(1) 정상감모손실 : (장부상재고수량 - 실지재고수량) × 장부상원가 × 정상감모비율

(2) 비정상감모손실 : (장부상재고수량 - 실지재고수량) × 장부상원가 × 비정상감모비율

(3) 비용의 분류 : 정상감모손실은 매출원가로 분류, 비정상적으로 발생한 감모손실은 영업외비용으로 분류하는 것이 일반적임

[재고자산감모손실]

| 20×1.12.31 | (차) | 매출원가 | ××× | (대) | 재고자산 | ××× |
|---|---|---|---|---|---|---|
| | | 재고감모손실 | ××× | | | |

### 2. 재고자산의 평가손실

(1) 재고자산평가손실 : 실지재고수량 × (장부상원가 - 순실현가능가치)

(2) 비용의 분류 : 매출원가로 분류하는 것이 일반적임

(3) 순실현가능가치 : 판매가격 - 판매비용 - 추가완성원가(재공품의 경우)

➡ 순실현가능가치는 기업특유의 주관적 측정치이며, 순공정가치는 시장에서의 객관적인 측정치임. 순실현가능가치와 순공정가치는 다를 수 있음

(4) 원재료의 평가손실

① 원재료 가격이 하락하였으며, 제품의 원가가 순실현가능가치를 초과하여 손실이 예상된다면 해당 원재료를 하락한 현행대체원가를 기준으로 평가손실을 인식

② 완성될 제품이 원가 이상으로 판매되어 이익이 예상되면, 관련 원재료 평가손실인식 금지

(5) 확정판매계약 된 재고자산의 평가손실

① 확정된 계약가격을 기준으로 평가손실을 인식

② 확정판매계약의 초과수량은 일반판매가격을 기준으로 평가손실 인식하며, 확정판매계약 미달 수량은 손실부담계약여부를 확인하고 충당부채 인식여부를 고려해야 함

(6) 평가손실의 환입 : 평가손실인식 후 순실현가능가치의 상승으로 인한 재고자산평가손실의 환입은 발생한 기간의 비용으로 인식된 재고자산금액의 차감액으로 인식

(7) 다수의 품목이 존재하는 경우 재고자산평가손실

① 항목별로 적용하는 것이 원칙이며, 예외적으로 유사항목끼리 통합하여 적용가능

② 완제품 또는 특정 영업부문에 속하는 모든 재고자산과 같은 분류에 기초하여 저가법을 적용하는 것은 금지

[재고자산평가손실 : 총액법분개]

| | | | | | | |
|---|---|---|---|---|---|---|
| 20×1.12.31 | (차) | 매출원가(×1) | ××× [*1] | (대) | 평가손실충당금 | ××× |
| | | [*1] 20×1년 말 재고자산의 순실현가치 - 20×1년 말 재고자산의 명목금액 | | | | |
| 20×2.12.31 | (차) | 평가손실충당금 | ××× | (대) | 매출원가(×2) | ××× |
| | (차) | 매출원가(×2) | ××× [*2] | (대) | 평가손실충당금 | ××× |
| | | [*2] 20×2년 말 재고자산의 순실현가치 - 20×2년 말 재고자산의 명목금액 | | | | |

**참고 재고자산감모손실과 평가손실의 계정분류**

한국채택국제회계기준에는 재고자산감모손실과 재고자산평가손실은 감모나 감액이 발생한 기간에 비용으로 인식한다는 규정만 있을 뿐, 비용의 계정분류에 대한 구체적인 규정이 없다. 따라서 위에 기술한 계정분류는 일반적인 계정분류이므로, 수험목적으로는 문제에 별도로 제시된 단서에 따라서 답안을 제시하면 된다.

[재고자산의 수량부족과 순실현가능가치하락]

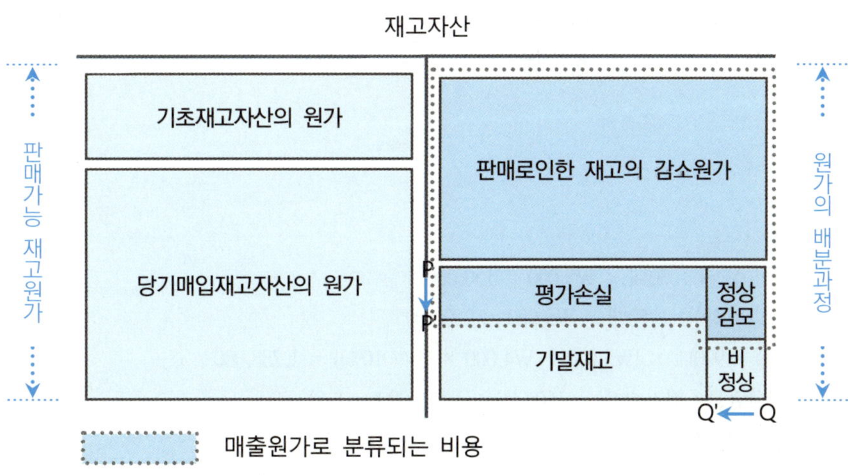


| | | |
|---|---|---|
| 재고자산 관련 총비용 | = | 기초재고의 순금액 + 당기매입액 - 기말재고의 순금액 |
| 총비용 중 매출원가 | = | 재고자산 관련 총비용 - 매출원가가 아닌 비용 |

## 05 재고자산의 감모손실과 평가손실

A회사의 기초재고자산은 ₩3,000,000이며, 당기 매입재고자산은 ₩10,000,000이다. 기말재고자산의 현황이 다음과 같은 경우 기말재고자산의 감모와 평가손실이 손익계산서의 매출원가와 영업외비용에 미친 영향(감모수량 중 30대는 정상파손에 해당)은 얼마인가? 단, A회사는 기능별로 비용을 공시하고 있으며, 정상감모손실과 평가손실은 매출원가로 분류하고 있으며, 비정상적인 감모손실은 영업외비용으로 보고하는 회계정책을 선택하고 있다.

| | |
|---|---|
| 장부상 재고수량 | 1,000대 |
| 장부상 구입원가 | ₩5,000/대 |
| 실지재고조사수량 | 920대 |
| 현행대체원가 | ₩3,250/대 |
| 추정판매가액 | ₩4,000/대 |
| 판매수수료 | 추정판매가액의 10% |

| | 매출원가 | 영업외비용 | | 매출원가 | 영업외비용 |
|---|---|---|---|---|---|
| ① | ₩1,438,000 | ₩250,000 | ② | ₩250,000 | ₩1,438,000 |
| ③ | ₩3,312,000 | ₩250,000 | ④ | 영향없음 | ₩1,288,000 |
| ⑤ | ₩3,712,000 | 영향없음 | | | |

### 해 답

(1) 재고자산감모손실(정상) : 30대 × ₩5,000 = 150,000

(2) 재고자산감모손실(비정상) : 50대 × ₩5,000 = 250,000

(3) 재고자산평가손실 : 920대 × {₩5,000 − ₩4,000 × (1 − 10%)} = 1,288,000

(4) 매출원가효과(정상감모 + 평가손실) : 150,000 + 1,288,000 = 1,438,000

(5) 영업외비용효과(비정상감모) : 250,000

(6) 관련 회계처리 (실사전 장부상재고를 바탕으로 수정분개를 하는 경우)

| 일자 | 차변 | 금액 | 대변 | 금액 |
|---|---|---|---|---|
| 20×1.12.31 | (차) 매출원가 | 8,000,000 | (대) 재고자산 | 3,000,000 |
| | 재고자산 | 5,000,000 | 매　　입 | 10,000,000 |
| 수정분개 | (차) 매출원가 | 150,000 | (대) 재고자산 | 400,000 |
| | 감모손실(영업외) | 250,000 | | |
| | (차) 매출원가 | 1,288,000 | (대) 재고평가충당금 | 1,288,000 |

(7) 관련 회계처리 (실사후 재고를 바탕으로 수정분개를 하는 경우)

| | | | | |
|---|---|---|---|---|
| 20×1.12.31 | (차) 매출원가 | 8,400,000 | (대) 재고자산 | 3,000,000 |
| | 재고자산 | 4,600,000 | 매　　입 | 10,000,000 |
| 수정분개 | (차) 감모손실(영업외) | 250,000 | (대) 매출원가 | 250,000 |
| | (차) 매출원가 | 1,288,000 | (대) 재고평가충당금 | 1,288,000 |

① W

## 06 재고자산관련 총비용의 계산 (회계사 2016)

IFRS

㈜한국이 보유하고 있는 재고자산의 품목(A)와 품목(B)는 서로 다른종목이며, 재고자산을 저가법으로 평가할 때 종목기준을 적용하고 있다. 20×1년의 기초재고자산은 ₩200,000이며 20×1년 중에 매입한 재고자산의 품목(A)와 품목(B)의 합계는 총 ₩6,000,000이다. 단, 기초의 재고자산평가충당금은 없다. 아래에서는 ㈜한국이 20×1년 12월 31일 현재 실지재고조사를 통해 보유중인 재고자산의 수량 및 단위당 가치에 대한 현황을 나타내고 있다. ㈜한국이 재고자산과 관련하여 20×1년도에 당기비용으로 인식할 금액은 얼마인가? 만약 20×2년 12월 31일 현재 재고자산 품목(B)의 단위당 순실현가능가치가 ₩120으로 회복될 경우, 재고자산평가손실환입액으로 인식할 금액은 얼마인가? 단, ㈜한국은 판매가격의 하락으로 인해 감액된 재고자산 품목(B)의 수량을 20×2년 12월 31일까지 계속 보유하고 있으며, 20×2년도 중 품목(B)의 추가취득은 없다고 가정한다.

| 항 목 | 장부수량 | 실제수량 | 취득원가(개) | 순실현가치(개) |
|---|---|---|---|---|
| 품목(A) | 500개 | 400개 | ₩400 | ₩450 |
| 품목(B) | 500개 | 450개 | ₩100 | ₩80 |

| | 당기비용 | 평가손실환입 | | 당기비용 | 평가손실환입 |
|---|---|---|---|---|---|
| ① | ₩5,900,000 | ₩18,000 | ② | ₩5,950,000 | ₩18,000 |
| ③ | ₩5,959,000 | ₩9,000 | ④ | ₩5,995,000 | ₩9,000 |
| ⑤ | ₩6,004,000 | ₩9,000 | | | |

**해 답**

(1) 20×1년 재고자산관련 총비용 : 200,000 + 6,000,000 − 400개 × ₩400 − 450개 × ₩80 = 6,004,000
(2) 20×1년 말 평가충당금 : 450개 × (₩100 − ₩80) = 9,000
(3) 20×2년 말 평가충당금 : 450개 × (₩100 − ₩100) = 0 ➠ 20×2년 평가손실환입 : 9,000

⑤

## 07 재고자산의 순실현가능가치 (세무사 2013)

20×1년 초에 설립한 ㈜대한은 20×1년 말 다음과 같이 성격과 용도가 다른 세 종목의 상품을 보유하고 있다. ㈜대한의 기말재고에는 확정판매계약(단위당 계약가격 : ₩950)을 이행하기 위하여 보유한 A상품 1,300개가 포함되어 있으며, 확정판매계약 이행을 위한 판매비용은 발생하지 않는다. ㈜대한이 20×1년도 포괄손익계산서에 반영할 재고자산평가손실은?

| 구 분 | 수 량 | 단위당 원가 | 예상판매가격 | 예상판매비용 |
|---|---|---|---|---|
| A상품 | 1,800개 | ₩1,000 | ₩1,100 | ₩50 |
| B상품 | 1,000개 | ₩950 | ₩950 | ₩50 |
| C상품 | 500개 | ₩1,200 | ₩1,150 | ₩100 |

① ₩65,000 ② ₩75,000 ③ ₩115,000
④ ₩125,000 ⑤ ₩190,000

**해 답**

(1) A상품 평가손실 : 1,300개 × (₩1,000 − ₩950) + 500개 × ₩0 = 65,000
(2) B상품 평가손실 : 1,000개 × (₩950 − ₩900) = 50,000
(3) C상품 평가손실 : 500개 × (₩1,200 − ₩1,050) = 75,000
(4) 재고자산평가손실 : 65,000 + 50,000 + 75,000 = 190,000

⑤

## 08 조별기준 저가법 (세무사 2019 수정)

상품매매업을 하는 ㈜세무의 20×1년 기말 재고자산 관련 자료는 다음과 같다. 조별기준 저가법을 적용할 경우 20×1년도 포괄손익계산서에 표시되는 재고자산평가손실은 얼마인가?

| 조 구분 | 종목구분 | 장부수량 | 실제수량 | 단위당 원가 | 단위당 순실현가능가치 |
|---|---|---|---|---|---|
| 1조 | 상품A | 150개 | 140개 | ₩1,000 | ₩900 |
| | 상품B | 180개 | 180개 | ₩500 | ₩450 |
| 2조 | 상품C | 200개 | 190개 | ₩750 | ₩650 |
| | 상품D | 430개 | 400개 | ₩1,200 | ₩1,300 |

① ₩21,000　② ₩23,000　③ ₩2,000
④ ₩25,000　⑤ 없음

**해 답**

(1) 1조 평가손익 : (140개×₩1,000+180개×₩500)－(140개×₩900+180개×₩450)=손실 23,000
(2) 2조 평가손익 : (190개×₩750+400개×₩1,200)－(190개×₩650+400개×₩1,300)=이익 21,000
(3) 재고평가손실 : 23,000 → 2조 평가이익 21,000은 인식하지 않음

②

# 4 추정에 의한 재고자산 평가

## 1. 매출총이익률법

(1) 매출원가 추정 : 당기 매출액에 과거의 매출원가율(1－매출총이익률)을 적용하여 추정
(2) 기말재고 추정 : 총판매가능가액(기초재고+매입)에서 매출원가를 차감하여 추정

재고자산

| | | | |
|---|---|---|---|
| 기초재고 | ××× | 매출원가(계산) | ① |
| 당기매입 | ××× | 기말재고(차액) | ② |
| | ××× | | ××× |

① ← 매출원가율× ← 매출액 ×××

**참고 매출총이익률 vs 원가가산이익률**

매출총이익률은 매출액대비 매출총이익률이며, 원가가산이익률은 원가대비 매출총이익률이므로 이를 구분하여 원가율을 산정하여야 한다. 매출총이익률이 20%인 경우에는 매출액대비 원가율이 80/100의 비율이며, 원가가산이익률이 20%인 경우에는 매출액대비 원가율이 100/120의 비율이다.

(3) 매출총이익률법 적용시 특수상황

① 당기순매입원가 : 총매입+매입운임-매입에누리 등=매입채무 현금지급액±매입채무 증감액

② 당기순매출수익 : 총매출-매출에누리 등=매출채권 현금회수액±매출채권 증감액

③ 재고자산 손실액 : 기말재고추정액-운송중인 재고-정상재고-소실재고자산 순실현가능가치

## 09 매출총이익률법 (회계사 2014)

IFRS

㈜일용은 20×1년 6월말 재고자산을 보관중인 창고에 화재가 발생해 모든 재고자산과 재고자산에 관한 장부를 소실하였다. 회사는 실지재고조사법을 사용하고 있다. 화재 이후 20×1년 12월말까지 회사는 정상적인 영업활동을 수행하였다. 다음은 재고자산과 관련한 자료이다. ㈜일용의 20×1년 6월의 재고자산화재손실 금액과 20×1년 말 기말재고자산 금액은 각각 얼마인가? 단, 20×1년 6월말까지의 매출원가는 20×0년도의 매출총이익률을 사용하여 추정한 금액을 활용한다.

(1) 20×0년 말 재무상태표에 따르면 재고자산은 ₩450,000이며, 매출채권은 ₩200,000, 매입채무는 ₩150,000이다. 20×0년도 포괄손익계산서의 매출액 및 매출원가는 각각 ₩8,000,000과 ₩6,400,000이다.

(2) 20×1년 6월말 현재 매출채권보조원장 차변 합계액은 ₩3,000,000이고, 매입채무보조원장 대변 합계액은 ₩2,300,000이다. 회사는 모두 신용거래만을 하고 있다.

(3) 20×1년 7월부터 12월까지의 매입액과 매출액은 각각 ₩2,400,000, ₩3,100,000이다. 20×1년 말 ㈜일용의 창고에 보관중인 재고자산은 ₩200,000이다.

(4) 20×1년 12월 ₩80,000을 차입하기 위해 재고자산 ₩100,000이 담보로 제공되었으며, 20×1년 말 현재 금융기관이 보관하고 있다.

(5) 20×1년 9월에 할부조건으로 판매된 재고자산은 모두 ₩200,000이며, 20×1년 말 현재 할부금의 50%는 아직 회수되지 않았다. 미회수중인 할부금의 회수불확실성은 높지 않다.

(6) 20×1년 10월부터 재고자산의 일부에 대해서는 위탁판매의 형태로 매출하고 있으며, 20×1년 말 수탁자가 판매하지 못하고 보관중인 ㈜일용의 재고자산은 ₩300,000이다.

| | 재고자산화재손실 | 기말재고자산 | | 재고자산화재손실 | 기말재고자산 |
|---|---|---|---|---|---|
| ① | ₩200,000 | ₩580,000 | ② | ₩200,000 | ₩600,000 |
| ③ | ₩350,000 | ₩600,000 | ④ | ₩360,000 | ₩600,000 |
| ⑤ | ₩360,000 | ₩700,000 | | | |

**해 답**

(1) 상반기 매입액 : 2,300,000 - 150,000 = 2,150,000
(2) 상반기 매출액 : 3,000,000 - 200,000 = 2,800,000
(3) 전기 매출총이익률의 계산 : 1,600,000 ÷ 8,000,000 = 20%
(4) 상반기 매출원가 : 2,800,000 × 80% = 2,240,000
(5) 20×1년 6월 30일 기말재고의 추정 : 450,000 + 2,150,000 - 2,240,000 = 360,000 (전액 소실됨)
(6) 20×1년 12월 31일 재고자산 : 창고보유 200,000 + 담보제공 100,000 + 위탁재고 300,000 = 600,000

④

## 2. 소매재고법

(1) 적용상황

① 이익률이 유사하고 품종변화가 심한 다품종 상품을 취급하는 유통업에서 실무적으로 다른 원가 측정법을 사용할 수 없는 경우에 사용

② 소매재고법에서 재고자산의 원가는 재고자산의 판매가격을 적절한 총이익률을 반영하여 환원하는 방법으로 결정

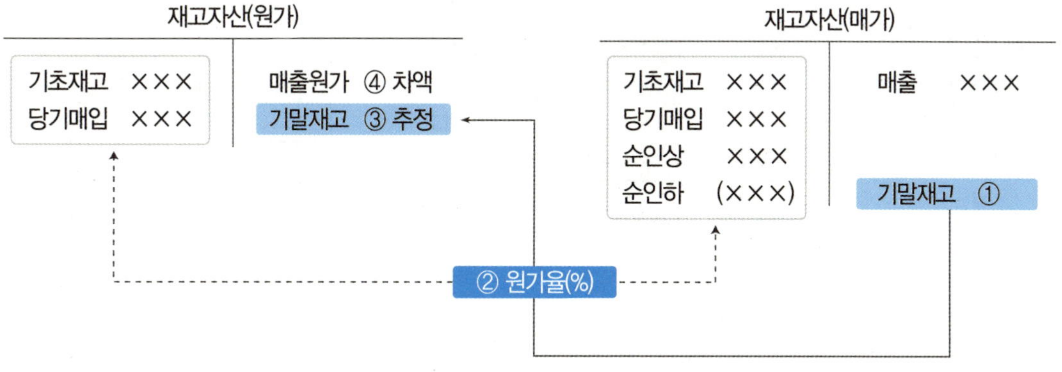

(2) 기말재고자산(매가)의 계산 : 차변의 매가합계 – 매출액 등의 합계액

(3) 원가흐름의 가정을 적용한 원가율 산정 : 차변의 원가합계÷차변의 매가합계

① 평균원가율 $= \dfrac{\text{기초재고 원가} + \text{당기순매입액 원가}}{\text{기초재고 매가} + \text{당기순매입액 매가} + \text{순인상액} - \text{순인하액}} = \dfrac{\text{원가합계}}{\text{매가합계}}$

② 당기매입원가율 $= \dfrac{\text{당기순매입액 원가}}{\text{당기순매입액 매가} + \text{순인상액} - \text{순인하액}} = \dfrac{\text{원가합계} - \text{기초재고 원가}}{\text{매가합계} - \text{기초재고 매가}}$

➡ 저가법을 적용하는 경우에는 각각의 원가율에서 순인하액을 고려하지 않음

(4) 기말재고자산의 원가를 산정 : 기말재고자산(매가) × 원가율

(5) 매출원가의 산정 : 대변의 원가합계 – 기말재고(원가)

(6) 소매재고법의 특수상황

① 매입운임, 매입환출, 매입에누리 및 매입할인 : 원가에서 가산하거나 차감, 매입환출은 원가와 매가 모두에서 차감함

② 비정상파손 : 원가와 매가에서 각각 차감

③ 매출환입과 매출에누리 등 : 매출액에서 차감

④ 종업원할인 및 정상파손 : 종업원할인과 정상파손은 매출액에 가산

재 고 자 산

| 과 목 | 원 가 | 매 가 | 과 목 | 원 가 | 매 가 |
|---|---|---|---|---|---|
| 기초재고 | ××× | ××× | 매 출 액 | | ××× |
| 당기매입 | ××× | ××× | 매출에누리 | | (×××) |
| 매입운임 | ××× | | 매출할인 | ××× | (×××) |
| 매입에누리 | (×××) | | 매출환입 | | (×××) |
| 매입할인 | (×××) | | 종업원할인 | | ××× |
| 매입환출 | (×××) | (×××) | 정상파손 | | ××× |
| 순인상액 | | ××× | | ×원가율 | |
| 순인하액 | | (×××) | 기말재고 | ××× | ××× |
| 비정상파손 | (×××) | (×××) | | | |
| 계 | ××× | ××× | 계 | ××× | ××× |

## 10 소매재고법에 의한 재고추정 (세무사 2023 수정)

IFRS

유통업을 영위하고 있는 ㈜세무는 저가기준으로 가중평균 소매재고법을 적용하고 있다. ㈜세무의 재고자산과 관련된 자료가 다음과 같을 때, 매출총이익은? 단, 정상파손은 매출원가로 처리하고, 비정상파손은 기타비용으로 처리한다.

| 구 분 | 원 가 | 판매가 |
|---|---|---|
| 기초재고 | 80,000 | 100,000 |
| 총매입액 | 806,000 | 1,000,000 |
| 매입할인 | 50,000 | - |
| 총매출액 | - | 1,050,000 |
| 매출환입 | - | 24,000 |
| 순인상액 | - | 95,000 |
| 순인하액 | - | 50,000 |
| 종업원할인 | - | 20,000 |
| 정상파손 | 22,000 | 30,000 |
| 비정상파손 | 10,000 | 15,000 |

① ₩221,000　② ₩227,800　③ ₩237,800
④ ₩245,000　⑤ ₩261,800

### 해 답

(1) 재고자산의 분석

재고자산(원가)

| 차변 | 금액 | 대변 | 금액 |
|---|---|---|---|
| 기초재고 | 80,000 | 매출원가 | ? |
| 총매입 | 806,000 | | |
| 매입할인 | (50,000) | | |
| | | | |
| 비정상 | (10,000) | 기말재고 | ? |
| | 826,000 | | 826,000 |

재고자산(매가)

| 차변 | 금액 | 대변 | 금액 |
|---|---|---|---|
| 기초재고 | 100,000 | 순매출수익 | 1,026,000 |
| 총매입 | 1,000,000 | 종업원할인 | 20,000 |
| 순인상 | 95,000 | 정상파손 | 30,000 |
| 순인하 | (50,000) | | |
| 비정상 | (15,000) | 기말재고 | 54,000 |
| | 1,130,000 | | 1,130,000 |

(2) 저가기준 평균원가율 : 826,000 ÷ (1,130,000 + 50,000) = 70%

(3) 기말재고원가 : 54,000 × 70% = 37,800 → 매출원가 : 826,000 − 37,800 = 788,200

(4) 매출총이익 : 매출수익 1,026,000 − 매출원가 788,200 = 237,800

(5) 관련 회계처리

| | | | | |
|---|---|---|---|---|
| 20×1.12.31 | (차) 매출원가 | 788,200 ⑤ | (대) 재고자산 | 80,000 ① |
| | 재고자산 | 37,800 ④ | 매　　입 | 756,000 ② |
| | 비정상감모손실 | 10,000 ③ | | |

③ W

## 5 농림어업자산

### 1. 동물과 식물의 계정분류

| 보유목적 | | 계정분류 | 관련 기준서 |
|---|---|---|---|
| 영업활동에 판매할 목적 (예 판매용동물) | | 재고자산 | 제1002호 재고자산 |
| 영업활동에 사용할 목적 (예 관람용동물) | | 유형자산 | 제1016호 유형자산 |
| 농림어업활동 목적 | 생산전용 식물자산 (예 사과나무) | 유형자산 | 제1016호 유형자산 |
| | 기타의 생물자산 (예 젖소, 목재용나무) | 생물자산 | 제1041호 농림어업 |
| 생산용식물에서 자라는 생산물 (예 수확전 사과) | | 생물자산 | 제1041호 농림어업 |
| 생물자산에서 수확한 수확물 (예 우유, 목재) | | 재고자산 | 제1002호 재고자산 |

➠ 농림어업활동 : 판매목적 또는 수확물이나 추가적인 생물자산으로의 전환목적으로 생물자산의 생물적 변환과 수확을 관리하는 활동을 말하며, 관리하지 않은 자원을 수확하는 것(예 원양어업과 천연림 벌채)은 농림어업활동에 해당하지 않음

➠ 생산용식물 : 생산용 외의 대체적인 용도가 없는 식물로 한 회계기간을 초과하여 수확물을 생산하고, 그 자체가 수확물로 판매될 가능성이 거의 없는 식물

➠ 생산용식물로 보지 않는 경우 : 목재로 사용하기 위해 재배하는 나무(예 참나무와 자작나무), 과일과 목재 모두를 얻기 위해 재배하는 나무(예 밤나무와 호두나무), 수확물을 생산하기 위해 재배하지만 한해살이 식물(예 옥수수와 밀)

## 2. 생산용식물자산

(1) 성숙되기 전 생산용식물은 건설중인 유형자산으로 분류하여 측정하며, 성숙된 후 생산용식물은 사용중인 유형자산으로 분류한 후 내용연수에 따라 감가상각을 수행

(2) 생산용식물에서 자라고 있는 생산물은 생물자산이며, 수확하는 경우 수확물재고로 분류

[생산용식물자산의 취득과 사용]

| 건 설 중 | (차) 건설중인자산 | ××× ② | (대) 현 금 | ××× ① |
|---|---|---|---|---|
| 사 용 중 | (차) 식물자산 | ××× ② | (대) 건설중인자산 | ××× ① |
| 보고기간말 | (차) 감가상각비 | ××× ① | (대) 감가상각누계액 | ××× ② |
| 수확물창출 | (차) 수확물재고 | ××× ① | (대) 수확물취득이익 | ××× ② |

## 3. 생산용식물을 제외한 생물자산

| 구 분 | | 회계처리 방법 |
|---|---|---|
| 생물자산 | 최초인식 | 취득시점의 순공정가치 |
| | 후속측정 | 보고기간 말의 순공정가치 |
| | 공정가치를 측정할 수 없는 경우 | 취득원가를 기준으로 감가상각을 수행 |

➡ 생물자산은 생물적 변환과정에 따라 가치가 증감하므로, 미래 경제적 효익을 가장 충실하게 표현할 수 있는 측정기준이 공정가치이며, 이는 역사적원가보다 더 목적적합하고, 표현이 충실한 정보를 제공

➡ 생물자산을 외부에서 구입하는 경우 취득원가와 순공정가치의 차이로 손실이 발생할 수 있으며, 생물자산을 내부적으로 창출하는 경우에는 이익이 발생할 수 있음

➡ 생물자산을 최초로 인식하는 시점에 공정가치를 신뢰성 있게 측정할 수 없으면, 취득원가에서 감가상각누계액을 차감한 금액으로 측정한 후 공정가치를 신뢰성 있게 측정할 수 있게 되면, 순공정가치로 후속측정

[농림어업활동과 관련된 정부보조금]

| 구 분 | | 정부보조금의 인식방법 |
|---|---|---|
| 순공정가치로 측정하는 생물자산 관련 보조금 | 준수조건이 없는 경우 | 수취할 수 있게 되는 시점에 수익인식 |
| | 준수조건이 있는 경우 | 관련 조건을 충족하는 시점에 수익인식 |
| 감가상각후 원가로 측정하는 생물자산관련 보조금 | | 유형자산과 동일한 논리로 정부보조금 인식 |

### 4. 수확물재고

생물자산에서 수확된 수확물재고의 경우에도 수확시점에 순공정가치로 측정하여 재고자산으로 인식한 후 수확시점의 손익은 당기손익으로 인식

| 구 분 | | 회계처리 방법 |
|---|---|---|
| 수확물재고 | 최초인식 | 수확시점의 순공정가치 |
| | 후속측정 | 재고자산과 동일한 논리로 저가법 적용 |

[생물자산과 수확물의 취득]

| | | | | | | |
|---|---|---|---|---|---|---|
| 생물자산취득 | (차) 생물자산 | ××× ① | (대) | 현 금 | ××× ② |
| | | | | 생물자산취득이익 | ××× ③ |
| 생물자산평가 | (차) 생물자산 | ××× ① | (대) | 생물자산평가이익 | ××× ② |
| | ① 보고기간 말 생물자산의 순공정가치 - 평가전 생물자산의 장부금액 | | | | |
| 수확물 대체 | (차) 수확물재고 | ××× ① | (대) | 생물자산 | ××× ② |
| | | | | 수확물취득이익 | ××× ③ |
| 수확물 창출 | (차) 수확물재고 | ××× ① | (대) | 수확물취득이익 | ××× ② |

## 11 생물자산과 수확물관련 손익 (회계사 2021 수정)

IFRS

낙농업을 영위하는 ㈜대한목장은 20×1년 1월 1일에 우유 생산이 가능한 젖소 10마리를 보유하고 있다. ㈜대한목장은 우유의 생산 확대를 위하여 20×1년 6월 젖소 10마리를 1마리당 ₩100,000에 추가로 취득하였으며, 취득시점의 1마리당 순공정가치는 ₩95,000이다. 한편 ㈜대한목장은 20×1년에 100리터의 우유를 생산하였으며, 생산시점(착유시점) 우유의 1리터당 순공정가치는 ₩3,000이다. ㈜대한목장은 생산된 우유 전부를 20×1년에 거래처인 ㈜민국유업에 1리터당 ₩5,000에 판매하였다. 20×1년 말 현재 ㈜대한목장이 보유 중인 젖소 1마리당 순공정가치는 ₩110,000이다. 위 거래로 인한 ㈜대한목장의 20×1년 포괄손익계산서의 당기순이익의 증가액은 얼마인가? 단, 20×0년 말 젖소의 1마리당 순공정가치는 ₩105,000이다.

① ₩340,000　② ₩450,000　③ ₩560,000
④ ₩650,000　⑤ ₩750,000

## 해 답

(1) 신규취득한 젖소(생물자산)의 취득손익 : 10마리 × ₩95,000 − 10마리 × ₩100,000 = (−)50,000

(2) 젖소(생물자산)의 평가손익 : 20마리 × ₩110,000 − 10마리 × ₩105,000 − 10마리 × ₩95,000 = 200,000

(3) 우유(수확물)의 취득손익 : 100리터 × ₩3,000 = 300,000

(4) 우유(수확물)의 매각손익 : 100리터 × ₩5,000 − 100리터 × ₩3,000 = 200,000

(5) 20×1년 당기손익 : (−)50,000 + 200,000 + 300,000 + 200,000 = 650,000

| | | | | | | |
|---|---|---|---|---|---|---|
| 젖소관련 | (차) | 생물자산 | 950,000 | (대) | 현 금 | 1,000,000 |
| | | 생물자산취득손실 | 50,000 | | | |
| | (차) | 생물자산 | 200,000 | (대) | 생물자산평가이익 | 200,000 |
| 우 유 | (차) | 수확물재고 | 300,000 | (대) | 수확물취득이익 | 300,000 |
| | | 현 금 | 500,000 | | 매 출 | 500,000 |
| | | 매출원가 | 300,000 | | 수확물재고 | 300,000 |

(6) 손익의 검증

| | | | | | | |
|---|---|---|---|---|---|---|
| 20×1년 | (차) | 생물자산 | 2,200,000 ③ | (대) | 현 금 | 1,000,000 ① |
| | | 현 금 | 500,000 ④ | | 생물자산 | 1,050,000 ② |
| | | | | | 당기이익 | 650,000 ⑤ |

④

MEMO

check list ☑

출제경향

| | 2020 | 2021 | 2022 | 2023 | 2024 | 2025 |
|---|---|---|---|---|---|---|
| 회계사 | 4 | 2 | 2 | 3 | 2 | 4 |
| 세무사 | 3 | 5 | 3 | 4 | 4 | 3 |

# 제 6 장 유형자산과 투자부동산

Financial Accounting Workbook

## 1 유형자산의 취득원가

### 1. 유형자산의 정의

재화나 용역의 생산이나 제공, 타인에 대한 임대 또는 관리활동에 사용할 목적으로 보유하는 물리적 형태가 있는 자산으로서 한 회계기간을 초과하여 사용할 것이 예상되는 자산

➡ 예비부품, 대기성 장비 및 수선용구와 같은 항목은 일반적으로 한 회계기간 이내에 사용되므로 재고자산(예 소모품)으로 인식하고 사용되는 시점에 당기손익으로 인식한다. 하지만 한 회계기간 이상 사용할 것으로 예상되면서 유형자산의 정의를 충족하면 이를 유형자산으로 인식

➡ 안전 또는 환경상의 이유로 취득하는 유형자산은 그 자체로는 직접적인 미래경제적효익을 얻을 수 없지만, 다른 자산에서 미래경제적효익을 얻기 위하여 필요하므로 자산으로 인식 (예 하수처리시설)

### 2. 유형자산 취득원가의 일반원칙 : 구입가격 + 직접관련원가 + 복구원가

(1) 구입가격 : 총구입가격+관세 및 환급불가능한 취득 관련 세금-매입할인-리베이트

(2) 직접관련원가 : 경영진이 의도하는 방식으로 자산을 가동하는 데 필요한 장소와 상태에 이르게 하는 데 직접 관련되는 원가

① 유형자산의 매입 또는 건설과 직접적으로 관련되어 발생한 종업원급여

② 최초의 운송 및 취급관련 원가와 설치장소 준비 원가, 설치원가 및 조립원가

③ 유형자산이 정상적으로 작동되는지 여부를 시험하는 과정에서 발생하는 원가 (예 자산의 기술적, 물리적 성능시험원가) → 시험과정에서 생산된 재화인 시제품재고로 분류한 후 이를 판매하여 얻은 매각금액과 그 재화의 원가는 당기손익으로 인식

④ 전문가에게 지급하는 수수료

(3) 복구원가 : 자산을 해체, 제거하거나 부지를 복구하는 데 소요될 것으로 최초에 추정되는 원가

(4) 취득원가에 가산할 수 없는 지출

① 새로운 시설을 개설하는 데 소요되는 원가

② 새로운 상품과 서비스를 소개하는 데 소요되는 원가(예 광고 및 판촉활동과 관련된 원가)

③ 새로운 지역에서 또는 새로운 고객층을 대상으로 영업을 하는 데 소요되는 원가(예 직원 교육훈련비)

④ 관리 및 기타 일반간접원가

⑤ 유형자산이 경영진이 의도하는 방식으로 가동될 수 있으나 아직 실제로 사용되지는 않고 있는 경우 또는 가동수준이 완전조업도 수준에 미치지 못하는 경우에 발생하는 원가

⑥ 유형자산과 관련된 산출물에 대한 수요가 형성되는 과정에서 발생하는 초기 가동손실

⑦ 기업의 영업 전부 또는 일부를 재배치하거나 재편성하는 과정에서 발생하는 원가

➡ 건설이 시작되기 전에 건설용지를 주차장 용도로 사용하는 것과 같은 부수적인 영업활동은 유형자산을 경영진이 의도하는 방식으로 가동하는 데 필요한 장소와 상태에 이르게 하기 위해 필요한 활동이 아니므로 관련 수익과 비용은 당기손익으로 인식

## 3. 유형자산 취득의 일반적인 상황

| 취득관련 상황 | | 취득원가 |
|---|---|---|
| 자가건설한 유형자산 | | 매입원가 + 전환원가 + 기타원가 |
| 토지의 외부구입 | | 구입가격 + 직접관련원가 + 영구적인 부대시설원가 |
| 건물의 외부구입 | | 구입가격 + 직접관련원가 + 금융비용 + 장려금 - 지체상금 |
| 토지와 건물의 일괄구입 | 토지와 건물 모두 사용 | 일괄구입가격을 안분하여 자산별 취득원가를 인식 |
| | 철거후 토지만 사용 | 일괄구입가격과 순철거비용을 토지의 취득원가로 인식 |
| 보유중인 기존건물철거 후 신건물 건설 | | 기존건물의 장부금액과 철거비용은 당기비용으로 처리 |
| 장기연불구입 | | 인식시점의 현금가격상당액 = 미래지출액의 현재가치 |
| 국·공채 등의 의무매입으로 인한 손실 | | 국·공채의 취득시 공정가치 초과분은 유형자산의 원가에 가산 |
| 저가구입, 고가구입, 무상취득 | | 취득한 자산의 공정가치 |
| 주식발행에 의한 취득(현물출자) | | 취득한 자산의 공정가치 |

➡ 자가건설에 따른 내부이익과 자가건설 과정에서 원재료, 인력 및 기타 자원의 낭비로 인한 비정상적인 원가는 자산의 원가에 포함하지 않음

➡ 토지에 대한 자본적지출이나 개량원가지출은 회사가 유지보수 않거나, 내용연수가 영구적이면 토지원가에 가산

➡ 회사가 유지보수 하거나, 내용연수가 유한하면 구축물원가에 가산 후 감가상각비 인식

## 01 토지와 건물의 일괄취득 (회계사 2005 수정)

A회사는 당해년도 초에 설립된 후 영업활동을 위하여 유형자산(설비자산)과 관련하여 다음과 같은 항목을 지출하였다. 이 자료를 이용하여 기말 재무상태표에 계상할 토지와 건물의 취득원가를 계산할 경우 각각 얼마인가? (단, 건물은 당기중에 완공되었다.)

| | |
|---|---|
| (1) 낡은 건물이 있는 토지의 구입대금 | ₩1,000,000 |
| (2) 토지 취득 중개수수료 | 50,000 |
| (3) 토지의 취득 및 등록세 | 80,000 |
| (4) 공장 건축허가비 | 5,000 |
| (5) 신축공장건물 설계비 | 63,000 |
| (6) 기존건물 철거비 | 150,000 |
| (7) 기존건물의 철거과정에서 수거한 건자재 판매대금 | 30,000 |
| (8) 토지의 정지 및 측량비 | 35,000 |
| (9) 건물 신축을 위한 토지굴착비용 | 45,000 |
| (10) 건물공사원가(재료원가, 노무원가, 제조간접원가) | 2,875,000 |
| (11) 건물 완공후 조경공사비(내용연수 - 영구적) | 25,000 |
| (12) 배수시설 공사비(내용연수-영구적) | 12,000 |
| (13) 진입도로 포장공사비와 상·하수도 공사비(유지관리는 시청에서 수행) | 28,000 |
| (14) 울타리와 주차장 공사비(내용연수 - 제한적) | 14,000 |
| (15) 건물 신축용 차입금의 지급이자(자본화기간 동안 발생함) | 20,000 |
| (16) 공장신축전 토지를 임시주차장으로 운영함에 따른 수입 | 85,000 |

① ₩1,322,000과 ₩3,008,000　② ₩1,322,000과 ₩3,022,000
③ ₩1,350,000과 ₩3,008,000　④ ₩1,350,000과 ₩3,022,000
⑤ ₩1,364,000과 ₩3,008,000

### 해 답

1. 토지의 원가

(1) 1,000,000 + (2) 50,000 + (3) 80,000 + (6) 150,000 - (7) 30,000 + (8) 35,000 + (11) 25,000 + (12) 12,000 + (13) 28,000 = 1,350,000

2. 건물의 원가

(4) 5,000 + (5) 63,000 + (9) 45,000 + (10) 2,875,000 + (15) 20,000 = 3,008,000

3. 진입도로개설, 포장, 조경공사비용 등은 유지보수책임이 회사에 있거나 내용연수가 한정된 경우에는 구축물로 계상하여 감가상각하고, 유지보수책임이 회사에 없거나 내용연수가 영구적인 경우에는 감가상각을 할 수 없으므로 토지원가에 가산해야 한다.

③

## 4. 교환에 의한 유형자산의 취득

| 구 분 | | 취득한 자산의 원가 |
|---|---|---|
| 교환거래에 상업적 실질이 있음 | 제공한 자산의 공정가치가 명확한 경우 | 제공한 자산의 공정가치 ± 현금지급(수령) |
| | 취득한 자산의 공정가치가 명확한 경우 | 취득한 자산의 공정가치 |
| | 공정가치를 모두 측정할 수 없는 경우 | 제공한 자산의 장부금액 ± 현금지급(수령) |
| 교환거래에 상업적실질이 없음 | | 제공한 자산의 장부금액 ± 현금지급(수령) |

➠ 상업적실질의 존재여부 판단기준 : ① 취득한 자산과 관련된 현금흐름의 구성이 제공한 자산과 관련된 현금흐름의 구성과 다르며, ② 교환거래의 영향을 받는 영업 부분의 기업특유가치가 교환거래의 결과로 변동하며, ③ 이 금액들이 교환된 자산의 공정가치에 비하여 유의적인 경우

[상업적 실질 존재시 : 공정가치의 신뢰수준이 동일한 경우]

| | | | | |
|---|---|---|---|---|
| 교 환 일 | (차) 유형자산(신) | ××× ④ | (대) 유형자산(구) | ××× ① |
| | | | 유형자산처분이익 | ××× ② |
| | | | 현 금 | ××× ③ |

➠ 공정가치의 신뢰수준이 동일한 경우 제공한 자산의 장부금액과 공정가치의 차액으로 제공한 자산의 처분손익을 먼저 계산해야 함

[상업적 실질 존재시 : 취득자산의 공정가치가 더 명백한 경우]

| | | | | |
|---|---|---|---|---|
| 교 환 일 | (차) 유형자산(신) | ××× ① | (대) 유형자산(구) | ××× ③ |
| | | | 유형자산처분이익 | ××× ④ |
| | | | 현 금 | ××× ② |

➠ 취득한 자산의 공정가치가 더 명백한 경우 취득한 자산의 공정가치를 먼저 계산해야 함

## 02 유형자산의 교환취득 (세무사 2025 수정)

㈜세무와 ㈜한국은 다음과 같은 유형자산을 상호교환 하였으며, 교환과정에서 ㈜세무는 ㈜한국으로부터 현금 ₩400,000을 수취하였다.

| 구 분 | ㈜세무의 건물 | ㈜한국의 기계장치 |
|---|---|---|
| 취득원가 | 5,100,000 | 4,000,000 |
| 감가상각누계액 | 1,500,000 | 700,000 |
| 공정가치 | 3,800,000 | 3,500,000 |

동 교환거래는 상업적 실질이 있으며, ㈜세무의 건물에 대한 공정가치가 ㈜한국의 기계장치에 대한 공정가치보다 더 명백할 경우, ㈜세무와 ㈜한국이 동 유형자산의 교환시점에서 인식할 유형자산처분손익은 얼마인가?

| | ㈜세무 | ㈜한국 | | ㈜세무 | ㈜한국 |
|---|---|---|---|---|---|
| ① | 이익 ₩100,000 | 이익 ₩200,000 | ② | 이익 ₩200,000 | 이익 ₩100,000 |
| ③ | 이익 ₩200,000 | 이익 ₩100,000 | ④ | 이익 ₩300,000 | 손실 ₩100,000 |
| ⑤ | 이익 ₩300,000 | 이익 ₩100,000 | | | |

### 해 답

(1) ㈜세무의 건물처분손익 : 처분자산 공정가치 3,800,000 − 장부금액 (5,100,000 − 1,500,000) = 200,000

(2) ㈜한국의 기계장치처분손익 : 취득자산 공정가치 3,800,000 − 현금지급 400,000 − 장부금액 (4,000,000 − 700,000) = 100,000

(3) 각회사 입장에서의 회계처리를 제시하면 다음과 같다. 단, 교환으로 제공자산 자산은 감가상각누계액 차감 후 순액으로 분개하였다.

| | | | | | | |
|---|---|---|---|---|---|---|
| ㈜세무입장 | (차) | 기계장치 | 3,400,000 ④ | (대) | 건 물 | 3,600,000 ① |
| | | 현 금 | 400,000 ③ | | 유형자산처분이익 | 200,000 ② |
| ㈜한국입장 | (차) | 건 물 | 3,800,000 ① | (대) | 현 금 | 400,000 ② |
| | | | | | 기계장치 | 3,300,000 ③ |
| | | | | | 유형자산처분이익 | 100,000 ④ |

②

## 5. 복구의무 부담부 취득

(1) 취득시 발생하는 복구의무 : 유형자산의 취득·건설·개발에 따른 복구의무를 부담하는 경우 복구원가에 대한 충당부채는 유형자산을 취득하는 시점에서 유형자산의 취득원가에 반영

(2) 취득일 이후의 손익효과

① 복구충당부채에 대한 이자비용 : 기초복구충당부채×할인율

② 취득원가에 대한 감가상각비

[취득하는 시점에 발생한 복구의무]

| 취 득 일 | (차) 유형자산 | ××× ③ | (대) 현 금 | ××× ① |
|---|---|---|---|---|
| | | | 복구충당부채 | ××× ② |
| 보고기간 말 | (차) 감가상각비 | ××× ① | (대) 감가상각누계액 | ××× ② |
| | 이자비용 | ××× ③ | 복구충당부채 | ××× ④ |

(3) 복구충당부채의 후속변동

① 원가모형적용시 : 복구충당부채의 변동액을 관련 자산의 원가에 가산하거나 차감하여 인식

2차 ② 재평가모형적용시 : 복구충당부채의 변동액을 관련 유형자산의 재평가손익으로 인식

[복구충당부채의 후속측정]

| 원가모형 | (차) 유형자산 | ××× | (대) 복구충당부채 | ××× |
|---|---|---|---|---|
| 재평가모형 | (차) 재평가잉여금 | ××× | (대) 복구충당부채 | ××× |
| | 재평가손실 | ××× | | |

(4) 유형자산을 사용하면서 발생하는 복구의무

① 재고자산을 생산하기 위해 사용하는 경우 : 복구원가를 제조원가로 반영

② 재고자산생산 이외의 목적으로 사용하는 경우 : 복구원가를 유형자산의 장부금액에 가산

[사용하면서 발생한 복구의무]

| 재고생산목적 | (차) 재고자산 | ××× ② | (대) 복구충당부채 | ××× ① |
|---|---|---|---|---|
| 재고생산이외 | (차) 유형자산 | ××× ② | (대) 복구충당부채 | ××× ① |

## 03 복구의무 부담부 취득

(세무사 2021 수정)

㈜세무는 20×1년 1월 1일에 관리부서에서 사용할 설비를 ₩1,000,000에 취득하였다. 동 설비는 복구의무가 있으며, 내용연수 종료 후 원상복구를 위해 지출할 복구비용은 ₩300,000으로 추정된다. ㈜세무는 동 설비에 대해 원가모형을 적용하고 있으며, 연수합계법(잔존가치 ₩200,000, 내용연수 4년)으로 감가상각 한다. 동 설비와 관련하여 ㈜세무가 20×2년도 당기비용으로 인식할 금액은? 단, 현재가치에 적용할 할인율은 연 10%이며, 이후 할인율의 변동은 없다. 10%, 4기간 단일금액 ₩1의 현재가치는 0.6830이다. 계산금액은 소수점 첫째자리에서 반올림하며, 감가상각비와 이자비용은 월할로 계산한다.

① ₩301,470 ② ₩322,985 ③ ₩324,009
④ ₩373,230 ⑤ ₩389,335

### 해 답

(1) 20×1년 초 복구충당부채의 계산 : 300,000×0.6830 = 204,900

(2) 20×2년 감가상각비 : (1,204,900 − 200,000)×3/10 = 301,470

(3) 20×2년 이자비용 : 204,900×1.1×10% = 22,539 → 20×2년 총비용 : 301,470 + 22,539 = 324,009

| 일자 | 차변 | 금액 | 대변 | 금액 |
|---|---|---|---|---|
| 20×1. 1. 1 | (차) 기계장치 | 1,204,900 | (대) 현 금 | 1,000,000 |
| | | | 복구충당부채 | 204,900 |
| 20×2.12.31 | (차) 감가상각비 | 301,470 | (대) 감가상각누계액 | 301,470 |
| | 이자비용 | 22,539 | 복구충당부채 | 22,539 |

③

## 04 복구충당부채의 후속측정 (세무사 2021 수정)

위의 [예제 3]에서 20×2년 말에 내용연수 종료시점의 예상복구원가가 ₩500,000으로 증가하고, 할인율이 6%로 변경된 경우 변경 후 유형자산의 장부금액은 얼마인가? 단, 6%, 2기간 단일금액 ₩1의 현재가치는 0.8900이다.

① ₩534,837 ② ₩635,781 ③ ₩644,545
④ ₩654,688 ⑤ ₩698,541

### 해 답

(1) 20×2년 말 기계장치의 장부금액 : 1,204,900 − (1,204,900 − 200,000) × (4+3)/10 = 501,470
(2) 20×2년 말 복구충당부채의 변경전 장부금액 : 204,900 × 1.1 × 1.1 = 247,929
(3) 20×2년 말 복구충당부채의 변경후 장부금액 : 500,000 × 0.8900 = 445,000
(4) 20×2년 말 복구충당부채의 증가액 : 445,000 − 247,929 = 197,071
(5) 20×2년 말 기계장치의 변경후 장부금액 : 501,470 + 197,071 = 698,541

| 일자 | 차변 | | 금액 | 대변 | | 금액 |
|---|---|---|---|---|---|---|
| 20×1. 1. 1 | (차) | 기계장치 | 1,204,900 | (대) | 현 금 | 1,000,000 |
| | | | | | 복구충당부채 | 204,900 |
| 20×2.12.31 | (차) | 감가상각비 | 301,470 | (대) | 감가상각누계액 | 301,470 |
| | | 이자비용 | 22,539 | | 복구충당부채 | 22,539 |
| | (차) | 기계장치 | 197,071 | (대) | 복구충당부채 | 197,071 |

⑤

## 6. 정부보조에 의한 취득

(1) 기본적인 회계처리 : 수익접근법

| 구 분 | | 수익인식 방법 |
|---|---|---|
| 자산관련보조금<br>(자산지원) | 이연수익법 | 관련자산의 내용연수에 걸쳐 별도로 수익으로 인식 |
| | 자산차감법 | 관련자산의 내용연수에 걸쳐 감가상각비를 감소시키면서 인식 |
| 수익관련보조금<br>(비용지원) | 수익인식법 | 관련비용의 인식시점에 별도로 수익으로 인식 |
| | 비용차감법 | 관련비용의 인식시점에 관련비용을 감소시키면서 인식 |

➡ 이미 발생한 비용이나 손실에 대한 보전 또는 향후의 관련원가 없이 기업에 제공되는 즉각적인 금융지원으로 수취하는 정부보조금은 정부보조금을 수취할 권리가 발생하는 기간에 당기손익으로 인식

[사후적인 비용지원]

| | | | | |
|---|---|---|---|---|
| 비용의 발생 | (차) 관련비용 | ××× ① | (대) 현 금 | ××× ② |
| 사후적 지원 | (차) 현 금 | ××× ③ | (대) 관련비용 | ××× ④ |

(2) 자산관련보조금의 수익인식금액 : 정부보조금으로 보전하려 하는 관련원가를 비용으로 인식하는 기간에 걸쳐 체계적인 기준에 따라 정부보조금을 당기손익으로 인식 → 당기손익인식액 : 정부보조금수령액×감가상각비÷총감가상각비

[이연수익법과 자산차감법]

| | | | | |
|---|---|---|---|---|
| 이연수익법 | (차) 현 금 | ××× ① | (대) 이연보조금수익 | ××× ② |
| 감가상각시 | (차) 이연보조금수익 | ××× ③ | (대) 보조금수령이익 | ××× ④ |
| 자산차감법 | (차) 현 금 | ××× ① | (대) 정부보조금 | ××× ② |
| 감가상각시 | (차) 정부보조금 | ××× ③ | (대) 감가상각비 | ××× ④ |

(3) 상환의무가 발생한 정부보조금 : 정부보조금의 장부금액과 상환금액의 차이인 상환손익을 당기손익에 포함하여 전진적으로 인식

| | | | | |
|---|---|---|---|---|
| 이연수익법 | (차) 이연보조금수익<br>보조금상환손실 | ××× ①<br>××× ③ | (대) 현 금 | ××× ② |
| 자산차감법 | (차) 정부보조금<br>감가상각비 | ××× ①<br>××× ③ | (대) 현 금 | ××× ② |

(4) 시장이자율보다 낮은 이자율의 정부대여금 : 시장이자율로 할인한 정부대여금의 최초 장부금액인 공정가치와 수취한 대가의 차이를 정부보조금으로 인식

| | | | | |
|---|---|---|---|---|
| 이연수익법 | (차) 현 금 | ××× ① | (대) 장기차입금<br>이연보조금수익 | ××× ②<br>××× ③ |
| 자산차감법 | (차) 현 금 | ××× ① | (대) 장기차입금<br>정부보조금 | ××× ②<br>××× ③ |

(5) 상환면제가능 대출 : 상환면제조건의 충족에 대한 합리적인 확신이 있는 경우 해당 금액을 정부보조금으로 인식

| | | | | |
|---|---|---|---|---|
| 대출시점 | (차) 현 금 | ××× ① | (대) 정부차입금 | ××× ② |
| 면제시점 | (차) 정부차입금 | ××× ① | (대) 이연보조금수익 | ××× ② |

(6) 비상각자산과 관련된 정부보조금 : 비상각관련 자산관련 보조금이 일정한 의무의 이행을 요구한다면, 그 의무를 충족시키기 위한 원가가 발생하는 기간에 당기손익으로 인식

| 현물수령시 | (차) 토　지 | ××× ① | (대) 이연보조금수익 | ××× ② |
|---|---|---|---|---|
| 원가발생시 | (차) 이연보조금수익 | ××× ① | (대) 당기손익 | ××× ② |

## 05 정부보조후 취득

(세무사 2007)

12월말 결산법인인 A회사는 20×1년 1월 1일에 반도체 검사장비를 ₩100,000,000에 취득하였다. 반도체검사장비 구입자금 가운데 ₩60,000,000은 정부보조금으로 충당하였다. 이 기계의 내용연수는 5년, 잔존가치는 ₩10,000,000이며, 이중체감법에 의해 상각한다. A회사가 20×2년도 손익계산서에 계상할 감가상각비는 얼마인가? 단, A회사는 정부보조금을 자산의 취득원가에 차감하는 형식으로 회계처리하고 있다.

① ₩9,600,000　② ₩24,000,000　③ ₩10,000,000
④ ₩8,000,000　⑤ ₩16,000,000

### 해 답

(1) 이중체감법의 상각률 : 2÷5년 = 40%
(2) 정부보조금 고려전 감가상각비 : 100,000,000×(1 - 40%)×40% = 24,000,000
(3) 정부보조금 상계 : 60,000,000×24,000,000 / 90,000,000 = 16,000,000
(4) 손익계산서 계상할 감가상각비 : 24,000,000 - 16,000,000 = 8,000,000
(5) 정액법, 연수합계법등과 같이 감가상각대상금액을 대상으로 감가상각을 하는 경우에는 정부보조금을 제외한 회사의 순부담액을 기준으로 감가상각비를 계산(간편법)해도 결과는 동일하다. 다만 정률법이나 이중체감법등과 같이 직전 장부가액에 상각률을 곱하여 감가상각비를 계산하는 경우에는 원칙적으로 풀이해야 한다. 따라서 (40,000,000 - 10,000,000)×(1 - 40%)×40% = 7,200,000로 계산하면 안된다.

④

## 06 정부보조금 수령자산의 처분 (회계사 2014)

㈜ABC는 방위산업 회사로서 20×1년 6월 30일 방위산업설비에 필요한 기계장치를 ₩500,000에 취득하면서 정부로부터 ₩50,000을 현금으로 보조 받았다. 정부보조금은 기계장치를 1년 이상 사용한다면 정부에 상환할 의무가 없다. 취득한 기계장치의 추정내용연수는 10년이고 추정잔존가치는 없으며, 감가상각은 정액법을 사용한다. ㈜ABC는 기계장치를 취득한 후 만 3년 후인 20×4년 7월 1일에 동 기계장치를 ₩300,000에 처분하였다. 기계장치의 처분과 관련하여 유형자산처분손익은 얼마인가? 단, 기계장치의 장부금액을 결정할 때 취득원가에서 정부보조금을 차감하는 원가차감법을 사용한다.

① 처분손실 ₩10,000 ② 처분이익 ₩70,910 ③ 처분손실 ₩15,000
④ 처분이익 ₩15,000 ⑤ 처분손실 ₩20,000

### 해 답

(1) 20×4년 7월 1일의 감가상각후 기계장치 : 500,000 − (500,000 − 0) × 3/10 = 350,000
(2) 20×4년 7월 1일의 정부보조금 잔액 : 50,000 − 50,000 × 3/10 = 35,000
(3) 20×4년 7월 1일 유형자산처분손익 : 300,000 − (350,000 − 35,000) = (−)15,000
(4) 참고용 회계처리

| | | | | | |
|---|---|---|---|---|---|
| 20×4. 7. 1 | (차) | 현 금 | 300,000 | (대) 기계장치 | 500,000 |
| | | 감가상각누계액 | 150,000 | | |
| | | 유형자산처분손실 | 50,000 | | |
| | (차) | 정부보조금 | 35,000 | (대) 유형자산처분손실 | 35,000 |

(5) 감가상각방법이 정액법이므로 정부보조금을 차감한 장부금액을 계산하는 경우 450,000 − 450,000 × 3/10 = 315,000의 방식으로 쉽게 계산할 수도 있다. 따라서 유형자산처분손익은 300,000 − 315,000 = (−)15,000으로 계산이 가능하다.

③

## 07 정부보조금 수령자산의 처분 (회계사 2014 수정)

IFRS

위의 [예제 6]에서 감가상각방법이 연수합계법인 경우, 기계장치의 처분과 관련하여 유형자산처분손익은 얼마인가?

① 처분손실 ₩10,000 ② 처분이익 ₩ 70,910 ③ 처분손실 ₩15,000
④ 처분이익 ₩15,000 ⑤ 처분손실 ₩ 20,000

**해 답**

(1) 20×4년 7월 1일의 감가상각후 기계장치 : 500,000 − 500,000 × (10 + 9 + 8)/55 = 254,545
(2) 20×4년 7월 1일의 정부보조금 잔액 : 50,000 − 50,000 × (10 + 9 + 8)/55 = 25,455
(3) 20×4년 7월 1일 유형자산처분손익 : 300,000 − (254,545 − 25,455) = 70,910
(4) 감가상각방법이 연수합계법이므로 정부보조금을 차감한 장부금액을 계산하는 경우 450,000 − 450,000 × (10 + 9 + 8)/55 = 229,090의 방식으로 쉽게 계산할 수도 있다. 따라서 유형자산처분손익은 300,000 − 229,090 = 70,910으로 계산이 가능하다.

②

## 08 상환의무가 있는 정부보조금 (회계사 2016)

IFRS

㈜한국은 20×1년 1월 1일에 기계장치를 ₩400,000에 구입하면서 정부로부터 상환의무가 있는 차입금 ₩400,000을 무이자조건으로 전액 지원받았다. 기계장치의 추정내용연수는 5년이며 추정잔존가치는 없다. 정부로부터 수령한 해당 차입금의 만기는 4년이고, 자금차입일 현재 ㈜한국이 적용할 시장이자율은 연8%이며, 구입한 기계장치는 정액법으로 감가상각한다. 4기간 8%의 일시금과 연금의 현재가치계수는 각각 0.7350과 3.3121이다. 위의 거래와 관련하여 ㈜한국이 20×1년도에 인식할 감가상각비는 얼마인가? 단, ㈜한국은 정부보조금을 자산의 취득원가에서 차감하는 원가차감법을 사용한다. 계산금액은 소수점 첫째자리에서 반올림하며 단수차이로 인해 약간의 오차가 있다면 가장 근사치를 선택한다.

① ₩80,000 ② ₩73,500 ③ ₩58,800
④ ₩54,448 ⑤ ₩50,000

**해 답**

(1) 정부보조금으로 인식할 금액 : 400,000 - 400,000 × 0.7350 = 106,000

(2) 20×1년 감가상각비 : 400,000 ÷ 5년 - 106,000 × 80,000 ÷ 400,000 = 58,800

(3) 간편법에 의한 감가상각비 : (400,000 - 106,000) ÷ 5년 = 58,800

(4) 시장이자율보다 낮은 이자율의 정부대여금의 효익은 정부보조금으로 처리한다. 그 대여금은 기업회계기준서 제1109호 '금융상품'에 따라 인식하고 측정한다. [K-IFRS 제1020호 문단 12A]

③

## 2 감가상각

### 1. 일반적인 감가상각

(1) 감가상각 개시시점 : 유형자산의 감가상각은 자산이 사용가능한 때부터 개시

(2) 감가상각방법 : 감가상각대상금액(취득원가 - 잔존가치)을 내용연수동안 자산의 소비형태를 반영하여 체계적으로 배분해야 함

| 구 분 | 감가상각방법 | 감가상각비 계산의 구조 | 감가상각률 |
|---|---|---|---|
| 일정한 금액법 | 정 액 법 | (취득원가 - 잔존가치) × 1/n | 1 ÷ 내용연수 |
| | 연수합계법 | | 잔존내용연수 ÷ 내용연수합계 |
| | 활동기준법 | | 당기생산량 ÷ 총예정생산량 |
| 일정한 비율법 | 정 률 법 | 기초의 장부금액 × 일정비율 | 1 - (잔존가치 ÷ 취득원가)$^{1/\text{내용연수}}$ |
| | 이중체감법 | | 2 ÷ 내용연수 |

➡ 유형자산의 감가상각방법은 적어도 매 회계연도 말에 재검토한다. 자산에 내재된 미래경제적효익의 예상되는 소비형태가 유의적으로 달라졌다면, 달라진 소비형태를 반영하기 위하여 감가상각방법을 변경하며, 이를 회계추정의 변경으로 회계처리

➡ 감가상각방법으로 수익금액비례법은 적절하지 않음 (예 판매량비례법) → 해당 자산의 소비형태를 반영하지 않음

➡ 유형자산을 구성하는 일부의 원가가 당해 유형자산의 전체원가에 비교하여 중요하다면, 해당 유형자산을 감가상각할 때 그 부분은 별도로 구분하여 감가상각함 (예 항공기의 동체와 엔진)

(3) 내용연수와 잔존가치의 변경 : 회계추정의 변경으로 보아 전진법으로 회계처리

➡ 잔존가치는 자산이 이미 오래되어 내용연수 종료시점에 도달하였다는 가정하에 자산의 처분으로부터 현재 획득할 금액에서 추정 처분부대원가를 차감한 금액의 추정치를 의미함

➡ 유형자산의 잔존가치 추정치가 해당 자산의 감가상각전 장부금액과 같거나 큰 금액으로 증가하는 경우 감가상각비는 일시적으로 영(0)이며, 향후 자산의 잔존가치가 장부금액보다 적은 금액으로 감소하면 다시 감가상각비를 인식함

## 2. 감가상각의 특수상황

(1) 기중취득 또는 기중제거 : 기중취득일부터 감가상각 수행하며, 기중에 제거하는 경우 제거시점까지 감가상각을 수행

| 관련 상황 | | 감가상각비의 인식여부 |
|---|---|---|
| 유형자산을 일시적으로 사용하지 않는 경우 | 다른 감가상각방법 | 감가상각비를 계속 인식 |
| | 생산량비례법 | 감가상각비를 계속 인식하지만 비용은 영(0)이 됨 |
| 유형자산의 제거시 | | 감가상각비 인식의 중지 |
| 매각예정비유동자산으로 계정 재분류시 | | 감가상각비 인식의 중지 |
| 장부금액 < 내용연수 종료시점의 잔존가치 | | 감가상각비를 계속 인식하지만 비용은 영(0)이 됨 |

2차 (2) 토지와 건물의 감가상각

| 관련 상황 | | 감가상각비의 인식 |
|---|---|---|
| 토지와 건물을 일괄취득 | 토지 부분 | 감가상각대상이 아님 |
| | 건물 부분 | 감가상각대상임 |
| 채석장 용도의 토지나 매립예정인 토지 | | 감가상각대상임 |
| 토지원가에 복구원가가 포함된 경우 | | 해당 복구원가는 감가상각대상임 |

➡ 건물은 내용연수가 유한하므로 감가상각대상자산이며, 건물이 위치한 토지의 가치가 증가하더라도 건물의 감가상각대상금액에는 영향이 없음

## 09 토지와 건물의 일괄구입 (세무사 2023) IFRS

㈜세무는 20×1년 7월 1일에 본사사옥으로 사용하기 위하여 토지와 건물을 ₩14,000,000에 일괄취득하고, 공통으로 발생한 취득 관련 직접원가 ₩1,000,000을 지출하였다. 취득당시 토지와 건물의 공정가치는 각각 ₩9,600,000과 ₩6,400,000이었다. 건물의 내용연수는 4년, 잔존가치는 ₩1,000,000, 연수합계법으로 감가상각한다. 건물과 관련하여 ㈜세무가 20×2년도에 인식할 감가상각비는? 단, 감가상각은 월할 계산하고 건물에 대해 원가모형을 적용한다.

① ₩1,380,000 ② ₩1,500,000 ③ ₩1,610,000
④ ₩1,750,000 ⑤ ₩1,890,000

**해 답**

(1) 건물의 취득원가 배분액 : (14,000,000 + 1,000,000) × 6,400,000 ÷ (9,600,000 + 6,400,000) = 6,000,000
(2) 20×2년 감가상각비 : (6,000,000 − 1,000,000) × (4/10 × 6/12 + 3/10 × 6/12) = 1,750,000

④

## 10 기중취득자산의 감가상각 (회계사 2014)

IFRS

㈜대한은 20×1년 9월 1일 내용연수 5년의 기계장치를 취득하였다. 이 기계장치는 정률법을 사용하여 감가상각하며, 감가상각률은 36%이다. 20×2년도에 인식한 감가상각비는 ₩253,440이다. 20×3년도에 인식할 기계장치의 감가상각비는 얼마인가? 단, 계산 방식에 따라 단수차이로 인해 오차가 있는 경우, 가장 근사치를 선택한다.

① ₩85,899　② ₩91,238　③ ₩102,005
④ ₩103,809　⑤ ₩162,202

**해 답**

(1) 20×2년 초 장부금액의 계산 : $X \times 36\% = 253,440$ ➡ $X = 704,000$
(2) 20×3년 감가상각비 : (704,000 − 253,440) × 36% = 162,202
(3) 취득원가를 $Y$로 가정하는 경우 20×2년 감가상각비를 계산하는 공식은 $Y \times 36\% \times 8/12 + Y \times (1 - 36\%) \times 36\% \times 4/12$이다. 이를 다시 재정리하면 $(Y - Y \times 36\% \times 4/12) \times 36\%$이다. 결국 정률법에서 20×2년의 감가상각비는 20×2년 초의 감가상각후 장부금액인 $Y - Y \times 36\% \times 4/12$에 정률법 상각률인 36%를 적용한 것과 동일한 결론이 된다. 하지만 이와 같은 간편법 논리의 감가상각을 수행하는 경우 기중에 유형자산을 처분하는 경우 정확한 유형자산의 장부금액이 나오지 않을 수 있으므로 유의해야 한다.

⑤

## 3 후속원가

| 구 분 | | 수익인식 방법 |
|---|---|---|
| 자산인식요건 충족 (효익의 증가) | 교체원가 | 교체원가를 해당 자산의 장부금액에 포함하며, 교체된 부분의 장부금액은 장부금액에서 제거 |
| | 검사원가 | 검사원가를 해당 유형자산의 장부금액에 포함하며, 직전의 검사원가와 관련된 장부금액은 제거 |
| 자산인식요건 불충족 (효익의 유지) | | 지출시점에 당기손익으로 인식 |

### 11 후속원가 지출에 따른 감가상각방법의 변경 (세무사 2014) IFRS

㈜국세는 20×1년 1월 1일에 본사 사옥을 ₩1,000,000에 취득(내용연수 5년, 잔존가치 ₩100,000)하고 연수합계법으로 감가상각한다. ㈜국세는 20×2년 초에 본사 사옥의 증축을 위해 ₩200,000을 지출하였으며 이로 인해 잔존가치는 ₩20,000 증가하였고, 내용연수는 2년 더 연장되었다. ㈜국세가 20×2년 초에 감가상각방법을 이중체감법(상각률은 정액법 상각률의 2배)으로 변경하였다면, 20×2년도에 인식해야할 감가상각비는 얼마인가? 단, ㈜국세는 본사 사옥에 대하여 원가모형을 적용한다.

① ₩145,000 ② ₩150,000 ③ ₩240,000
④ ₩260,000 ⑤ ₩300,000

#### 해 답

(1) 20×2년 초 건물장부금액 : 1,000,000 − (1,000,000 − 100,000) × 5/15 + 200,000 = 900,000
(2) 20×2년 감가상각비 : 900,000 × 2/6 = 300,000

⑤

## 4 유형자산의 제거

### 1. 유형자산의 제거시기

(1) 유형자산을 처분하는 경우

(2) 사용이나 처분을 통하여 미래경제적효익이 기대되지 아니하는 경우

### 2. 유형자산의 제거로 인한 손익

(1) 유형자산의 제거손익 : 순매각금액 수령액 - 유형자산 제거시점의 장부금액

(2) 제거이익은 수익(매출수익)으로 분류하지 않고, 기타수익(영업외손익)으로 분류함

➡ 제거시점 순매각금액 수령액 : 처분으로 수령한 금액 - 처분시 관련비용

➡ 제거시점 유형자산의 장부금액 : 총장부금액 - 감가상각누계액 - 손상차손누계액 - 정부보조금(자산차감법으로 표시하는 경우)

➡ 정상적인 활동과정에서 타인에게 임대할 목적으로 보유하던 유형자산을 판매하는 기업은, 유형자산의 임대가 중단되고 판매목적으로 보유하게 되는 시점에 이러한 자산의 장부금액을 재고자산으로 대체하며, 해당 자산의 판매대가는 매출수익으로 인식해야 함 (예) 렌트카회사 보유차량)

## 5 유형자산의 손상

### 1. 유형자산의 손상차손

(1) 1단계 손상징후 검사 : 매 보고기간 말마다 자산손상을 시사하는 징후가 있는지를 검토 → 징후가 있다면 당해 자산의 회수가능액을 추정하여 손상인식 검사를 수행

(2) 2단계 손상인식 검사 : 감가상각후 장부금액이 해당 자산의 회수가능액을 초과하는 금액 → 원가모형시 당기손실로 즉시 인식

➡ 회수가능액 : Max [ 순공정가치 or 사용가치 ]

➡ 순공정가치는 공정가치(측정일에 시장참여자 사이의 정상거래에서 자산을 매도하면서 수취하거나 부채를 이전하면서 지급하게 될 가격)에서 처분부대원가를 차감한 금액

➡ 사용가치는 자산이나 현금창출단위에서 창출될 것으로 기대되는 미래현금흐름의 현재가치

➡ 회수가능액을 측정할 때에 항상 순공정가치와 사용가치 모두를 추정할 필요는 없음. 처분부대원가를 차감한 공정가치나 사용가치 중 하나의 금액이 장부금액을 초과한다면 자산이 손상되지 않았으므로 다른 금액을 추정할 필요가 없음

➡ 손상, 소실 또는 포기된 유형자산에 대해 제3자로부터 보상금을 받는 경우에는 보상금은 수취할 권리가 발생하는 시점에 당기손익으로 인식

## 2. 유형자산손상의 환입

(1) 환입징후 검사 : 매 보고일에 과거기간에 인식한 손상차손이 더 이상 존재하지 않거나 감소된 것을 시사하는 징후가 있는지를 검토 → 징후가 있다면 당해 자산의 회수가능액을 추정하여 환입인식 검사를 수행

(2) 환입인식 검사 : 감가상각후 장부금액과 새로운 회수가능액과의 차이 → 원가모형시 당기이익으로 인식 → 과거에 손상차손을 인식하기 전 장부금액의 감가상각후 잔액을 한도로 함

[유형자산의 손상차손과 환입]

| | | | | | | |
|---|---|---|---|---|---|---|
| 20×1.12.31 | (차) 유형자산손상차손 | ××× ① | (대) 손상차손누계액 | ××× ② |
| 20×2.12.31 | (차) 감가상각비 | ××× ① | (대) 감가상각누계액 | ××× ② |
| | (차) 손상차손누계액 | ××× ③ | (대) 손상차손환입 | ××× ④ |

## 12 유형자산의 손상과 환입 (세무사 2022)

IFRS

㈜세무는 20×1년 1월 1일 기계장치(내용연수 4년, 잔존가치 ₩0, 정액법 상각, 원가모형 적용)를 ₩240,000에 취득하여 기계장치가 정상적으로 작동되는지 여부를 시험한 후 즉시 사용하고 있다. 시험하는 과정에서 시운전비 ₩40,000이 발생하였고, 시험하는 과정에서 생산된 시제품은 시험 종료 후 즉시 전부 판매하고 ₩20,000을 현금으로 수취하였다. ㈜세무는 20×1년 7월 1일 동 기계장치를 재배치하기 위해 운반비 ₩50,000과 설치원가 ₩50,000을 추가 지출하였다. 20×1년 말 기계장치에 대한 순공정가치와 사용가치는 각각 ₩150,000과 ₩120,000으로 손상이 발생하였으며, 20×2년 말 순공정가치와 사용가치는 각각 ₩160,000과 ₩170,000으로 회복되었다. 위 거래와 관련하여 ㈜세무의 기계장치 회계처리에 관한 설명으로 옳은 것은? 단, 감가상각은 월할 계산한다.

① 20×1년 손상차손은 ₩45,000이다.
② 20×1년 감가상각비는 ₩65,000이다.
③ 20×2년 감가상각비는 ₩40,000이다.
④ 20×2년 말 장부금액은 ₩140,000이다.
⑤ 20×2년 손상차손환입액은 ₩30,000이다.

**해 답**

(1) 20×1년 초 기계장치의 취득원가 : 240,000 + 40,000 = 280,000 → 시운전과정에서 생산된 재고자산의 매각으로 수령한 금액은 당기손익으로 인식함. 또한 재배치하기 위한 운반비와 설치원가는 취득일 이후의 지출이기에 비용으로 인식함

(2) 20×1년 감가상각비 : 280,000 ÷ 4년 = 70,000

(3) 20×1년 말 감가상각후 장부금액 : 280,000 - 280,000 ÷ 4년 = 210,000 → 20×1년 손상차손인식액 : 회수가능액 150,000 - 손상전 장부금액 210,000 = (-)60,000

(4) 20×2년 감가상각비 : 150,000 ÷ 3년 = 50,000

(5) 20×2년 말 감가상각후 장부금액 : 150,000 - 50,000 = 100,000

(6) 20×2년 말 손상환입한도 : 취득원가 280,000 - 손상전 감가상각비 280,000 × 2년/4년 = 140,000 → 20×2년 말 손상환입액 : 회수가능액 140,000 - 환입전 장부금액 100,000 = 40,000

④

## 6 유형자산의 재평가모형

### 1. 유형자산의 재평가

(1) 재평가모형 : 재평가일의 공정가치로 유형자산 금액을 수정하고, 당해 공정가치에서 재평가일이후의 감가상각누계액과 손상차손누계액을 차감한 금액을 장부금액으로 공시하는 방법

(2) 재평가의 빈도 : 자산의 장부금액이 공정가치와 중요하게 차이가 나지 않도록 보고기간 말에 주기적으로 수행

(3) 재평가의 범주 : 해당 자산이 포함되는 유형자산 분류전체를 동시에 재평가하여야 함

➠ 재평가가 단기간에 수행되며 계속적으로 갱신된다면, 동일한 분류에 속하는 자산을 순차적으로 재평가할 수 있음

**참고 원가모형에서 재평가모형으로의 회계정책변경**

회계정책의 변경은 원칙적으로 소급적용하여 비교목적의 전기재무제표를 재작성한다. 다만 유형자산 또는 무형자산을 재평가하는 회계정책을 최초로 적용하는 경우의 회계정책 변경은 소급적용하지 않는다. 이 경우 정책변경의 효과를 결정한 해당 기간 말의 후속측정 시점부터 적용하며, 전기재무제표는 재작성하지 않는다.

## 2. 재평가모형의 회계처리

(1) 재평가모형으로 인한 손익

① 재평가이익 : 최초에 재평가잉여금의 계정으로 기타포괄이익으로 인식하고, 기타포괄손익누계액에 가산 → 후속적으로 재평가손실이 발생하는 경우 기타포괄손익누계액인 재평가잉여금 잔액을 한도로 하여 감소시키며 기타포괄손실로 인식

② 재평가손실 : 최초에 재평가손실의 계정으로 당기손실로 인식 → 후속적으로 재평가이익이 발생하는 경우 당기손실로 기인식한 재평가손실을 한도로 하여 당기이익으로 인식

③ 재평가잉여금의 처리방법 : 해당 자산을 사용하면서 기타포괄손익누계액인 재평가잉여금의 일부를 이익잉여금으로 직접 대체할 수 있으며, 또한 사용하면서 대체하지 않고 해당 자산을 제거하면서 일괄적으로 이익잉여금으로 직접 대체할 수도 있음

➠ 사용하면서 대체하는 경우 재평가된 금액에 근거한 감가상각액과 최초원가에 근거한 감가상각액의 차이가 재평가잉여금에서 이익잉여금으로 대체되는 금액임

➠ 재평가잉여금을 이익잉여금으로 대체하는 경우 이는 재분류조정방식이 아니기에 포괄손익계산서의 기타포괄손익이나 당기손익으로 인식하지 않음

(2) 상각가능자산의 장부금액수정법

① 비례수정법 : 유형자산의 총장부금액을 신규자산을 가정한 공정가치로 산정하는 방법

② 누계액제거법 : 유형자산의 총장부금액을 재평가된 공정가치로 산정하는 방법

[비례수정법과 누계액제거법]

| 구 분 | 비례수정법 | | | 누계액제거법 | | |
|---|---|---|---|---|---|---|
| | 재평가전 | 수정금액 | 재평가후 | 재평가전 | 수정금액 | 재평가후 |
| 총장부금액 | 1,000 | +500 | 1,500 | 1,000 | -100 | 900 |
| 감가상각누계액 | (400) | -200 | (600) | (400) | +400 | - |
| 순장부금액 | 600 | +300 | 900 | 600 | +300 | 900 |

## 13 재평가로 인한 포괄손익효과 (회계사 2023)

㈜대한은 20×1년 1월 1일에 기계장치(내용연수 5년, 잔존가치 ₩100,000, 정액법 사용)를 ₩1,500,000에 취득하였다. 해당 기계장치에 대해 매년 말 감가상각 후 재평가를 실시하고 있으며, 재평가모형 적용 시 감가상각누계액을 모두 제거하는 방법으로 장부금액을 조정하고 있다. ㈜대한은 20×2년 1월 1일에 기계장치의 성능향상을 위해 ₩300,000을 지출하였으며, 이로 인하여 잔존가치는 ₩20,000 증가하였고 잔존내용연수는 2년 연장되었다. 동 기계장치의 매년 말 공정가치는 다음과 같다.

| 구 분 | 20×1년 말 | 20×2년 말 |
|---|---|---|
| 공정가치 | ₩1,020,000 | ₩1,350,000 |

㈜대한의 기계장치에 대한 회계처리가 20×1년도와 20×2년도 당기순이익에 미치는 영향은 얼마인가? 단, 재평가잉여금을 이익잉여금으로 대체하지 않으며, 손상차손은 고려하지 않는다.

| | 20×1년도 | 20×2년도 |
|---|---|---|
| ① | ₩480,000 감소 | ₩0 |
| ② | ₩480,000 감소 | ₩30,000 감소 |
| ③ | ₩480,000 감소 | ₩200,000 감소 |
| ④ | ₩280,000 감소 | ₩30,000 감소 |
| ⑤ | ₩280,000 감소 | ₩200,000 감소 |

### 해 답

(1) 20×1년 감가상각비 : (1,500,000 − 100,000) ÷ 5년 = 280,000

(2) 20×2년 감가상각비 : (1,020,000 + 300,000 − 120,000) ÷ 6년 = 200,000

| 일자 | 차변 | 금액 | 대변 | 금액 |
|---|---|---|---|---|
| 20×1. 1. 1 | (차) 기계장치 | 1,500,000 | (대) 현 금 | 1,500,000 |
| 20×1.12.31 | (차) 감가상각비 | 280,000 | (대) 기계장치 | 280,000 |
| | (차) 재평가손실 | 200,000 | (대) 기계장치 | 200,000 |
| 20×2. 1. 1 | (차) 기계장치 | 300,000 | (대) 현 금 | 300,000 |
| 20×2.12.31 | (차) 감가상각비 | 200,000 | (대) 기계장치 | 200,000 |
| | (차) 기계장치 | 230,000 | (대) 재평가이익 | 200,000 |
| | | | 재평가잉여금 | 30,000 |

(3) 20×1년 당기손익 : 감가상각비 (−)280,000 + 재평가손실 (−)200,000 = (−)480,000

(4) 20×2년 당기손익 : 감가상각비 (−)200,000 + 재평가이익 (+)200,000 = 0

①

## 14 재평가잉여금의 직접대체 (세무사 2014 수정)

㈜대한은 20×1년 초 내용연수 5년, 잔존가치 ₩0이며, 정액법으로 상각하는 기계장치를 ₩100,000에 취득하여 사용하고 있으며, 재평가모형을 적용하고 있다. ㈜대한은 재평가모형 적용 시 재평가 후 기계장치의 장부금액이 재평가금액과 일치하도록 감가상각누계액과 총장부금액을 비례적으로 수정하는 방법을 사용하며, 기계장치를 사용함에 따라 재평가잉여금의 일부를 이익잉여금으로 대체하는 회계처리방법을 채택하고 있다. 동 기계장치의 20×1년 말 공정가치는 ₩88,000이며, 20×2년 말 공정가치는 ₩69,300이었다. ㈜대한이 20×2년 말 재무상태표에 인식할 재평가잉여금과 20×2년의 포괄손익계산서에 인식할 재평가잉여금은 얼마인가?

| | 재무상태표 | 포괄손익계산서 | | 재무상태표 | 포괄손익계산서 |
|---|---|---|---|---|---|
| ① | ₩1,300 | ₩3,300 | ② | ₩9,300 | ₩1,300 |
| ③ | ₩3,300 | ₩1,300 | ④ | ₩9,300 | ₩3,300 |
| ⑤ | ₩8,500 | ₩2,300 | | | |

### 해 답

(1) 관련된 회계처리(순액법)

| 일자 | 차변 | 금액 | 대변 | 금액 |
|---|---|---|---|---|
| 20×1. 1. 1 | (차) 기계장치 | 100,000 | (대) 현 금 | 100,000 |
| 20×1.12.31 | (차) 감가상각비 | 20,000 | (대) 기계장치 | 20,000 |
| | (차) 기계장치 | 8,000*1 | (대) 재평가잉여금 | 8,000 |
| | *1 88,000 − (100,000 − 20,000) = 8,000 | | | |
| 20×2.12.31 | (차) 감가상각비 | 22,000*2 | (대) 기계장치 | 22,000 |
| | (차) 재평가잉여금 | 2,000*3 | (대) 미처분이익잉여금 | 2,000 |
| | (차) 기계장치 | 3,300 | (대) 재평가잉여금 | 3,300*4 |
| | *2 88,000 ÷ 4년 = 22,000 | | *3 22,000 − 20,000 or 8,000 ÷ 4년 = 2,000 | |
| | *4 69,300 − (88,000 − 22,000) = (+)3,300 | | | |

(2) 20×2년 말 재무상태표의 재평가잉여금 : 8,000 − 2,000 + 3,300=9,300

④

## 3. 재평가모형을 적용하는 경우 손상

(1) 손상차손 : 기타포괄손익누계액으로 재평가잉여금이 있는 경우 당해 재평가잉여금에 우선 상계하여 기타포괄손실로 인식 후 이를 초과하는 금액을 당기손실로 인식

➠ 처분부대원가가 미미한 경우 : 재평가되는 자산의 회수가능액은 재평가금액에 근사하거나 이보다 크다. 이 경우 재평가규정을 적용한 후라면 재평가된 자산이 손상되었을 가능성은 희박하고, 회수가능액을 추정할 필요가 없음

➠ 처분부대원가가 미미하지 않은 경우 : 재평가된 자산의 처분부대원가를 차감한 공정가치는 항상 그 자산의 공정가치보다 작다. 이 경우 해당 자산의 사용가치가 재평가금액보다 작다면 재평가된 자산은 손상된 것으로 회수가능액을 추정할 필요가 있음

➠ 유형자산 재평가모형 적용시 손상 : 공정가치하락으로 인한 재평가손실 인식 후 추가로 손상으로 인한 회수가능액의 하락을 당기손실로 인식하는 것임

➠ 손상차손 적용절차 : 해당연도 감가상각비 인식 ➔ 공정가치기준 재평가손익 인식 ➔ 회수가능액기준 손상차손 인식

(2) 손상환입 : 당기손실로 인식한 손상차손에 해당하는 부분의 손상환입은 당기이익으로 인식한 후 이를 초과하는 손상환입은 기타포괄이익으로 인식 → 회복될 장부금액의 한도는 해당시점의 공정가치이며, 공정가치 이상의 회수가능액은 고려하지 않음

➠ 손상환입 적용절차 : 해당연도 감가상각비 인식 ➔ 회수가능액기준 손상환입 인식 ➔ 공정가치기준 재평가이익 인식

2차 ➠ 손상환입 후 공정가치 재평가의 재개여부 : 과거 기간에 인식한 손상차손이 더 이상 존재하지 않는 경우에는 재평가이익을 인식할 수 있지만, 손상이 일부 감소된 경우에는 해당 자산은 여전히 손상된 상태이므로 공정가치기준 재평가이익은 인식하지 않는 것이 타당함

## 15 재평가모형에서의 손상차손 (세무사 2023 수정) IFRS

㈜세무는 20×1년 초 영업부에서 사용할 차량운반구(취득원가 ₩2,000,000, 내용연수 3년, 잔존가치 ₩200,000, 정액법 상각, 재평가모형 적용)를 취득하였으며, 자산의 총장부금액에서 감가상각누계액을 제거하는 방법으로 재평가회계처리를 한다. 차량운반구와 관련하여 20×2년 말에 손상이 발생하였으며, 차량운반구의 20×1년과 20×2년 말 공정가치와 회수가능액은 다음과 같다. 차량운반구 관련 회계처리가 ㈜세무의 20×2년도 당기순이익에 미치는 영향은? 단, 재평가잉여금은 이익잉여금으로 대체하지 아니하며, 처분부대원가는 무시할 수 없는 수준이다.

| 구 분 | 20×1년 말 | 20×2년 말 |
|---|---|---|
| 공정가치 | 1,600,000 | 750,000 |
| 회수가능액 | 1,600,000 | 640,000 |

① ₩400,000 감소　　② ₩600,000 감소　　③ ₩760,000 감소
④ ₩1,100,000 감소　　⑤ ₩1,300,000 감소

## 해 답

(1) 20×2년 감가상각비 : (1,600,000 - 200,000) ÷ 2년 = 700,000
(2) 20×2년 당기손익감소 : 감가비용 700,000 + 당기손익인식손상차손 60,000 = 760,000

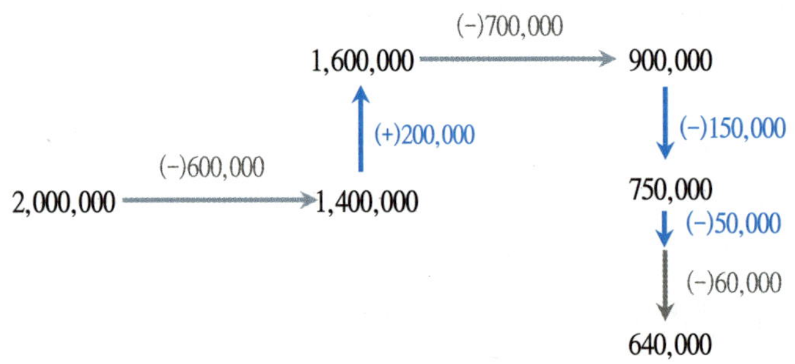


(3) 관련된 회계처리(순액법)

| 일자 | 차변 | 금액 | 대변 | 금액 |
|---|---|---|---|---|
| 20×1. 1. 1 | (차) 차량운반구 | 2,000,000 | (대) 현　　금 | 2,000,000 |
| 20×1.12.31 | (차) 감가상각비 | 600,000 | (대) 차량운반구 | 600,000 |
| | (차) 기계장치 | 200,000 | (대) 재평가잉여금 | 200,000 |
| 20×2.12.31 | (차) 감가상각비 | 700,000 | (대) 차량운반구 | 700,000 |
| | (차) 재평가잉여금 | 150,000 | (대) 차량운반구 | 150,000 |
| | (차) 재평가잉여금 | 50,000 | (대) 손상차손누계액 | 110,000 |
| | 유형자산손상차손 | 60,000 | | |

③

## 7 투자부동산

### 1. 투자부동산의 의의

(1) 투자부동산 : 임대수익이나 시세차익 또는 두 가지 모두를 얻기 위하여 소유자가 보유하거나 리스 이용자가 사용권자산으로 보유하고 있는 부동산

[부동산의 계정분류]

| 분 류 | 사 례 |
|---|---|
| 투자부동산 | 장기 시세차익을 얻기 위하여 보유하고 있는 토지<br>장래 사용목적을 결정하지 못한 채로 보유하고 있는 토지<br>직접 소유하고 운용리스로 제공하고 있는 건물이나 보유하는 건물에 관련되고 운용리스로 제공하는 사용권자산<br>운용리스로 제공하기 위하여 보유하는 미사용 건물<br>미래에 투자부동산으로 사용하기 위하여 건설 또는 개발 중인 부동산 |
| 재고자산 | 통상적인 영업과정에서 판매하거나 이를 위하여 건설 또는 개발 중인 부동산 |
| 유형자산 | 자가사용부동산 |
| 금융리스채권 | 금융리스로 제공한 부동산 |

➡ 부동산 중 일부분은 투자부동산으로 사용하기 위해 보유하고, 일부분은 유형자산으로 사용하기 위하여 보유할 수 있다. 부분별로 분리하여 매각할 수 있으면 각 부분을 분리하여 투자부동산과 유형자산으로 각각 회계처리한다. 부분별로 분리하여 매각할 수 없다면 유형자산으로 사용하기 위하여 보유하는 부분이 경미한 경우에만 당해 부동산을 투자부동산으로 분류함

➡ 부동산 사용자에게 유의적인 용역을 제공하는 경우 해당 부동산은 유형자산으로 분류함. 예를 들면, 호텔을 소유하고 직접 경영하는 경우, 투숙객에게 제공하는 용역은 전체 계약에서 유의적인 비중을 차지하며, 이 경우 소유자가 보유하는 호텔은 투자부동산이 아니라 유형자산으로 분류함

➡ 부동산 사용자에게 유의적이지 않은 용역을 제공하는 경우에는 전체 계약에서 그러한 용역의 비중이 경미하다면 부동산 소유자는 당해 부동산을 투자부동산으로 분류함

➡ 지배기업 또는 다른 종속기업에게 부동산을 리스하는 경우 부동산을 소유하고 있는 개별기업 관점에서는 투자부동산으로 분류하지만, 연결재무제표에서는 투자부동산으로 분류할 수 없으며, 유형자산으로 분류함

## 16 투자부동산의 분류 (세무사 2022)

투자부동산의 분류에 관한 설명으로 옳은 것은?

① 통상적인 영업과정에서 가까운 장래에 개발하여 판매하기 위해 취득한 부동산은 투자부동산으로 분류한다.

② 토지를 자가사용할지 통상적인 영업과정에서 단기간에 판매할지를 결정하지 못한 경우 자가사용부동산으로 분류한다.

③ 호텔을 소유하고 직접 경영하는 경우 투숙객에게 제공하는 용역이 전체 계약에서 유의적인 비중을 차지하므로 투자부동산으로 분류한다.

④ 지배기업 또는 다른 종속기업에게 부동산을 리스하는 경우 당해 부동산을 연결재무제표에 투자부동산으로 분류할 수 없고 자가사용부동산으로 분류한다.

⑤ 사무실 건물의 소유자가 그 건물을 사용하는 리스이용자에게 경미한 비중의 보안과 관리용역을 제공하는 경우 부동산 보유자는 당해 부동산을 자가사용부동산으로 분류한다.

**해 답**

① 재고자산으로 분류한다.

② 토지를 자가사용할지, 통상적인 영업과정에서 단기간에 판매할지를 결정하지 못한 경우에 해당 토지는 시세차익을 얻기 위하여 보유한다고 보며, 투자부동산으로 분류한다.

③ 자가사용부동산인 유형자산으로 분류한다.

⑤ 투자부동산으로 분류한다.

④

### 2. 투자부동산의 후속측정

(1) 원가모형 : 유형자산과 동일하게 감가상각후 장부금액으로 측정

(2) 공정가치모형 : 모든 투자부동산을 공정가치로 평가하여 측정하고 측정손익은 발생한 기간의 당기손익으로 인식하며, 감가상각은 수행하지 않음

➠ 공정가치모형 적용시 건설중인 투자부동산의 공정가치를 신뢰성 있게 측정할 수 없는 경우에는 원가로 후속측정하며, 자가건설 투자부동산의 건설이 완료되면 해당일의 공정가치와 기존 장부금액의 차액은 당기손익으로 인식함

## 17 투자부동산의 회계처리 (세무사 2012)

㈜위너스는 20×2년 1월 1일에 임대수익을 얻을 목적으로 건물을 ₩150,000,000에 취득하였다. 건물의 내용연수는 10년이고, 잔존가치는 없는 것으로 추정하였다. 20×2년 12월 31일 건물의 공정가치는 ₩140,000,000이다. 건물에 대해 공정가치모형을 적용하는 경우 20×2년도에 평가손익으로 인식할 금액은 얼마인가? (단, 회사는 통상적으로 건물을 정액법으로 감가상각한다.)

① ₩0 ② ₩5,000,000 평가이익 ③ ₩5,000,000 평가손실
④ ₩10,000,000 평가이익 ⑤ ₩10,000,000 평가손실

**해 답**

(1) 20×2년의 평가손익 : 140,000,000 - 150,000,000 = (-)10,000,000
(2) 투자부동산을 공정가치모형으로 회계처리하는 경우 감가상각을 수행하지 않으므로 단순평가만을 수행하면 된다.

⑤

### 3. 다른 자산에서 투자부동산으로의 분류변경

(1) 원가모형 : 대체 전 자산의 장부금액을 승계하여 분류변경

(2) 공정가치모형
① 유형자산에서 투자부동산으로 분류변경 : 유형자산의 장부금액과 투자부동산 공정가치의 차액은 재평가로 간주하여 재평가회계처리와 동일한 방법으로 회계처리 ➠ 재평가잉여금의 누계액은 향후 처분시 이익잉여금으로 직접대체
② 재고자산에서 투자부동산으로 분류변경 : 재고자산의 장부금액과 투자부동산 공정가치의 차액은 매각으로 간주하여 당기손익으로 인식

**[투자부동산으로의 분류변경]**

| 날짜 | 차변 | 금액 | 대변 | 금액 |
|---|---|---|---|---|
| 20×2. 1. 1 | (차) 투자부동산 (FV) | ××× ② | (대) 유형자산(순) | ××× ① |
| | | | 재평가잉여금 | ××× ③ |
| 20×2. 1. 1 | (차) 투자부동산 (FV) | ××× ② | (대) 재고자산 | ××× ① |
| | | | 재고자산평가손익 | ××× ② |

## 4. 투자부동산에서 다른 자산으로의 분류변경

(1) 원가모형 : 대체 전 자산의 장부금액을 승계하여 분류변경

(2) 공정가치모형 : 사용목적 변경시점의 공정가치로 분류변경, 분류변경에 따른 손익은 투자부동산에서 발생한 손익이므로 당기손익으로 반영

[투자부동산에서의 분류변경]

| | | | | | |
|---|---|---|---|---|---|
| 20×2. 1. 1 | (차) 재고자산 | ××× ② | (대) | 투자부동산 (BV) | ××× ① |
| | | | | 부동산평가이익 | ××× ③ |
| 20×2. 1. 1 | (차) 유형자산 | ××× ② | (대) | 투자부동산 (BV) | ××× ① |
| | | | | 부동산평가이익 | ××× ③ |

## 18 투자부동산으로의 분류변경 (회계사 2025)

㈜대한은 20×1년 1월 1일 자가사용 목적으로 건물(취득가액 ₩2,000,000, 내용연수 10년, 잔존가치 ₩0, 정액법으로 감가상각)을 취득하고, 원가모형을 적용하여 회계처리하였다. 그러나 20×2년 4월 1일에 해당 건물의 용도를 임대수익 창출 목적으로 변경하여 투자부동산으로 계정대체 하였다. 이후 20×2년 7월 1일에 임대계약을 통해 거래처가 해당 건물을 사용하기 시작하였다. 각 일자별 건물의 공정가치는 다음과 같다.

| 구 분 | 20×1. 12. 31 | 20×2. 4. 1 | 20×2. 7. 1 | 20×2. 12. 31 |
|---|---|---|---|---|
| 공정가치 | ₩1,950,000 | ₩1,800,000 | ₩1,820,000 | ₩1,730,000 |

㈜대한은 투자부동산에 대해 공정가치모형을 적용하고 있다. 동 건물과 관련한 회계처리가 20×2년도 ㈜대한의 포괄손익계산서 상 당기순이익에 미치는 영향은 얼마인가? 단, 순임대수익은 고려하지 않는다.

① ₩70,000 감소　② ₩90,000 감소　③ ₩120,000 감소
④ ₩190,000 감소　⑤ ₩30,000 증가

**해 답**

(1) 관련된 회계처리 (순액법)

| | | | | |
|---|---|---|---|---|
| 20×1. 1. 1 | (차) 건 물 | 2,000,000 ② | (대) 현 금 | 2,000,000 ① |
| 20×1.12.31 | (차) 감가상각비 | 200,000 ③ | (대) 건 물 | 200,000 ④ |
| 20×2. 4. 1 | (차) 감가상각비 | 50,000 ① | (대) 건 물 | 50,000 ② |
| | (차) 투자부동산 | 1,800,000 ⑤ | (대) 건 물 | 1,750,000 ③ |
| | | | 재평가잉여금 | 50,000 ④ |
| 20×2.12.31 | (차) 부동산평가손실 | 70,000 ⑦ | (대) 투자부동산 | 70,000 ⑥ |

(2) 20×2년 당기손익효과 : 감가상각비 50,000 + 부동산평가손실 70,000 = 당기손익감소 120,000

③

## 19 다른 자산으로의 분류변경 (세무사 2016)

㈜세무는 20×1년 1월 1일에 투자목적으로 건물(취득원가 ₩2,000,000, 잔존가치 ₩0, 내용연수 4년, 공정가치모형 적용)을 구입하였다. 20×2년 7월 1일부터 ㈜세무는 동 건물을 업무용으로 전환하여 사용하고 있다. ㈜세무는 동 건물을 잔여내용연수 동안 정액법으로 감가상각(잔존가치 ₩0)하며, 재평가모형을 적용한다. 공정가치의 변동내역이 다음과 같을 때, 동 거래가 20×2년도 ㈜세무의 당기순이익에 미치는 영향은?

| | 20×1년 말 | 20×2년 7월 1일 | 20×2년 말 |
|---|---|---|---|
| 건물의 공정가치 | 2,200,000 | 2,400,000 | 2,500,000 |

① ₩480,000 감소 ② ₩280,000 감소 ③ ₩200,000 증가
④ ₩300,000 증가 ⑤ ₩580,000 증가

## 해 답

(1) 20×2년 7월 1일 분류변경에 따른 투자부동산평가이익 : 2,400,000 − 2,200,000 = 200,000

(2) 20×2년 말까지의 감가상각비 : 2,400,000 × 0.5년 ÷ 2.5년 = (−)480,000

(3) 20×2년 말 재평가이익(기타포괄이익) : 2,500,000 − (2,400,000 − 480,000) = 580,000

(4) 20×2년의 당기손익효과 : 200,000 − 480,000 = (−)280,000

(5) 공정가치로 평가한 투자부동산을 자가사용부동산이나 재고자산으로 대체하는 경우, 후속적인 회계를 위한 간주원가는 사용목적 변경시점의 공정가치가 된다.

(6) 회계처리

| | | | | | | |
|---|---|---|---|---|---|---|
| 20×1. 1. 1 | (차) | 투자부동산 | 2,000,000 | (대) | 현　　금 | 2,000,000 |
| 20×1.12.31 | (차) | 투자부동산 | 200,000 | (대) | 투자부동산평가이익 | 200,000 |
| 20×2. 7. 1 | (차) | 건　　물 | 2,400,000 | (대) | 투자부동산 | 2,200,000 |
| | | | | | 투자부동산평가이익 | 200,000 |
| 20×2.12.31 | (차) | 감가상각비 | 480,000 | (대) | 건　　물 | 480,000 |
| | (차) | 건　　물 | 580,000 | (대) | 재평가잉여금 | 580,000 |

② 

출제경향

| | 2020 | 2021 | 2022 | 2023 | 2024 | 2025 |
|---|---|---|---|---|---|---|
| 회계사 | 1 | 1 | 1 | 1 | 1 | 1 |
| 세무사 | | 1 | 1 | | 1 | |

# 제 7 장 차입원가의 자본화

Financial Accounting Workbook

## 1 차입원가의 자본화

### 1. 차입원가 자본화

일정한 요건을 만족하는 적격자산의 취득, 건설 또는 제조와 직접 관련된 차입원가는 당해 자산 원가의 일부로 자본화하며, 기타 차입원가는 발생기간에 비용으로 인식 → 수익·비용대응주의

[차입원가 자본화의 회계처리]

| | | | | |
|---|---|---|---|---|
| 차입금 실행 | (차) 현 금 | ××× ② | (대) 차 입 금 | ××× ① |
| 건설비 지출 | (차) 건설중인자산 | ××× ④ | (대) 현 금 | ××× ③ |
| 이자의 지급 | (차) 이자비용 | ××× ⑤ | (대) 현 금 | ××× ⑥ |
| 자본화 인식 | (차) 건설중인자산 | ××× ⑧ | (대) 이자비용 | ××× ⑦ |
| 취득의 완료 | (차) 건 물 | ××× ⑩ | (대) 건설중인자산 | ××× ⑨ |

### 2. 적격자산과 자본화가능차입원가

(1) 적격자산 : 의도된 용도로 사용하거나 판매가능한 상태에 이르게 하는 데 상당한 기간을 필요로 하는 재고자산, 유형자산, 무형자산과 투자부동산

**참고 비적격자산**

① 금융자산과 생물자산 → 공정가치로 최초인식하기 때문임
② 단기간 내에 생산되거나 제조되는 재고자산 → 자본화의 실익이 없음
③ 취득시점에 의도된 용도로 사용할 수 있거나 판매가능한 상태에 있는 자산 → 취득이 완료됨

(2) 자본화가능차입원가 : 적격자산에 대한 지출이 발생하지 않았다면 발생하지 않았을 차입원가

① 유효이자율법을 사용하여 계산된 이자비용
② 리스부채 관련 이자비용
③ 외화차입금과 관련되는 외환차이중 이자원가의 조정으로 볼 수 있는 부분

(3) 자본화기간

① 자본화개시시점 : 적격자산에 대한 지출이 존재하며, 차입원가가 발생하고, 적격자산을 의도된 용도로 사용가능하게 하는 데 필요한 활동을 수행한 시점

➠ 적격자산을 의도된 용도로 사용하거나 판매가능한 상태에 이르게 하는 데 필요한 활동은 당해 자산의 물리적인 제작뿐만 아니라 그 이전단계에서 이루어진 기술 및 관리상의 활동도 포함 (예 인허가 얻기 위한 활동)

② 자본화중단시점 : 적극적인 개발활동을 중단한 기간에는 차입원가의 자본화를 중단함

➠ 적극적인 개발활동을 중단하였어도 상당한 기술 및 관리활동을 진행하고 있는 기간에는 차입원가의 자본화를 중단하지 아니함

➠ 자산을 의도된 용도로 사용하거나 판매가능한 상태에 이르기 위한 과정에 있어 일시적인 지연이 필수적인 경우에도 차입원가의 자본화를 중단하지 아니함

③ 자본화종료시점 : 적격자산을 의도된 용도로 사용하거나 판매가능한 상태에 이르게 하는 데 필요한 거의 모든 활동이 완료된 시점

➠ 물리적인 완성 후 일상적인 건설 관련 후속 관리업무 등이 진행되는 경우나 구입자 또는 사용자의 요청에 따른 내장공사와 같은 중요하지 않은 작업만이 남아있는 경우에도 건설활동이 종료된 것으로 간주함

[자본화 중단기간]

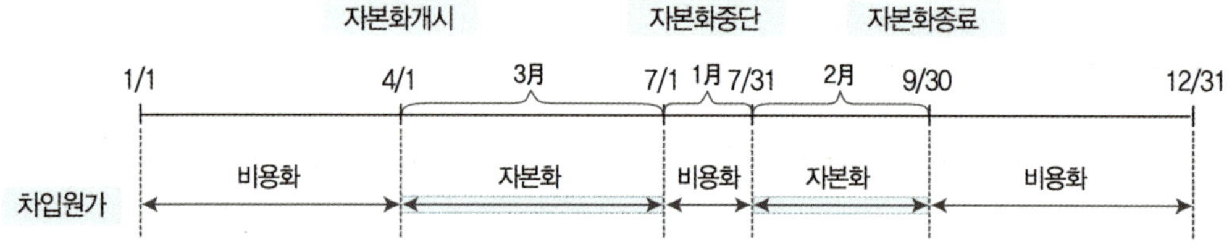


2차 ④ 토지의 개발과 관련된 지출에 대한 자본화

➠ 취득한 토지를 개발하고 있는 경우 의도된 용도로 개발과 관련된 활동이 진행되고 있는 기간 동안 발생한 차입원가는 자본화 대상에 해당함 (예 리조트건설, 분양용주택건설)

➠ 건설목적으로 취득한 토지를 별다른 개발활동 없이 보유하는 동안 발생한 차입원가는 자본화조건을 충족하지 못함

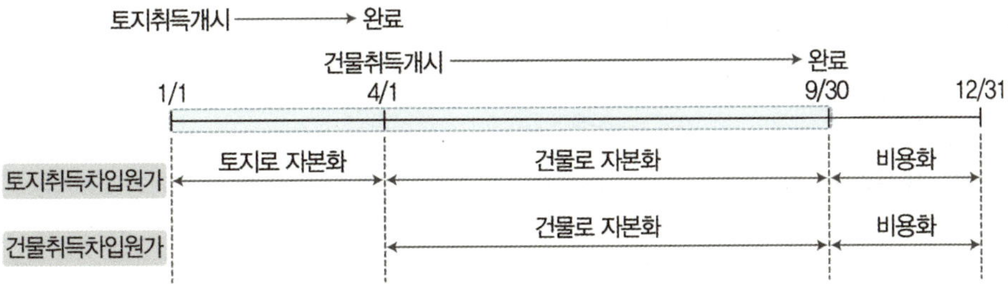


### 3. 차입원가자본화의 절차

1단계 : 적격자산에 대한 가중평균 누적지출액의 계산

① 지출액에 자본화기간을 미리 고려하여 가중평균누적지출액을 산정함. 한편, 적격자산과 관련하여 수취하는 정부보조금과 건설 등의 진행에 따라 수취하는 금액은 적격자산에 대한 가중평균지출액에서 차감

② 공사기간이 여러 회계기간에 걸쳐 있는 경우 당기 이전 지출액에 대하여도 당기에 차입원가가 발생하므로 가중평균지출액에 가산

③ 전기에 자본화한 차입원가의 경우 원칙적으로 가중평균지출액에 가산하지 않으며, 예외적으로 가중평균지출액에 가산가능

➟ 적격자산에 대한 지출액은 현금의 지급, 다른 자산의 제공 또는 이자부 부채의 발생 등에 따른 지출액을 의미한다. 이미 자본화된 차입원가를 포함한 적격자산의 평균장부금액은 일반적으로 자본화이자율을 적용하고자 하는 당해기간 동안 지출액의 적절한 근사치임

2단계 : 특정차입금 관련 차입원가의 계산(금액의 직접계산)

① 특정차입금 평균지출액 : 특정차입액 × 특정차입기간/12월 – 일시투자액 × 일시투자기간/12월

➟ 특정차입기간과 자본화기간이 다른 경우 자본화기간 안에서 특정차입기간을 산정해야 하며, 자본화기간 이후의 특정차입금은 일반차입금으로 간주함

② 특정차입금관련 차입원가 : 자본화기간 중 특정차입금 차입원가 – 자본화기간 중 일시투자수익

3단계 : 일반차입금 관련 차입원가의 계산(비율을 이용한 간접계산)

① 일반차입금관련 차입원가 : (적격자산 평균지출액 – 특정차입금 평균지출액) × 자본화이자율

② 일반차입금 자본화이자율 : 회계기간동안 상환되었거나 미상환된 모든 차입금에 대하여 발생된 차입원가를 가중평균하여 산정

➡ 일반차입금 자본화이자율 산정시 특정차입금 차입원가는 제외하지만, 자본화기간 이후의 특정차입금의 차입원가는 일반차입금에 대한 차입원가로 간주함

➡ 일반차입금에 대한 일시투자수익은 고려하지 아니함

③ 자본화 차입원가의 한도 : 회계기간 동안에 실제 발생한 일반차입금의 차입원가를 한도

## 01 차입원가의 자본화

(세무사 2021 수정) IFRS

㈜세무는 20×1년 7월 1일에 영업지점 건물 신축을 시작하여 20×2년 12월 31일에 공사를 완료하였다. 동 건물은 차입원가를 자본화하는 적격자산이며, 20×1년도 영업지점 건물 신축 관련 공사비 지출 내역과 차입금의 현황은 다음과 같다.

(1) 20×1년에 영업지점 건물 신축 관련 공사비 지출내역은 다음과 같다.

| 구 분 | 20×1. 7. 1 | 20×1. 10. 1 | 20×1. 12. 1 |
|---|---|---|---|
| 공사대금 지출액 | ₩300,000 | ₩960,000 | ₩1,200,000 |

(2) ㈜세무의 차입금 내역은 다음과 같으며, 모든 차입금은 매년 말 이자지급 조건이다. 특정차입금 중 ₩200,000은 20×1년 7월 1일부터 20×1년 9월 30일까지 3개월 간 연 10%의 수익률을 제공하는 금융상품에 투자하여 일시적 운용수익을 획득하였다.

| 차입금 | 차입일 | 차입금액 | 상환일 | 연 이자율 |
|---|---|---|---|---|
| 특정차입금 | 20×1. 7. 1. | ₩500,000 | 20×2. 6. 30 | 8% |
| 일반차입금 A | 20×1. 1. 1. | 500,000 | 20×2. 12. 31 | 8% |
| 일반차입금 B | 20×1. 7. 1. | 1,000,000 | 20×3. 6. 30 | 6% |

신축 중인 영업지점 건물과 관련하여 ㈜세무가 20×1년도에 자본화할 차입원가는? 단, 연평균지출액과 이자비용은 월할 계산하며, 정부보조금은 해당 자산의 장부금액에서 차감하는 방법으로 처리한다.

① ₩15,000　② ₩31,100　③ ₩35,300
④ ₩62,300　⑤ ₩85,000

## 해 답

(1) 적격자산 가중평균순지출액의 계산 : 300,000×6/12+960,000×3/12+1,200,000×1/12=490,000

(2) 특정차입금 관련분

① 특정차입금 평균지출액의 계산 : 500,000×6/12−200,000×3/12=200,000

② 특정차입금 순이자비용 : 500,000×6/12×8%−200,000×3/12×10%=15,000

(3) 일반차입금 관련분

① 자본화이자율 : (500,000×12/12×8%+1,000,000×6/12×6%)÷(500,000×12/12+1,000,000×6/12)=7%

② 일반차입금 이자비용 : (490,000−200,000)×7%=20,300 → 자본화이자비용 한도 : 70,000

(4) 자본화이자비용 : 15,000+20,300=35,300

| 20×1. 7. 1 | (차) 건설중인자산 | 300,000 | (대) 현 금 | 300,000 |
|---|---|---|---|---|
| 20×1.10. 1 | (차) 건설중인자산 | 960,000 | (대) 현 금 | 960,000 |
| 20×1.12. 1 | (차) 건설중인자산 | 1,200,000 | (대) 현 금 | 1,200,000 |
| 20×1.12.31 | (차) 건설중인자산 | 35,300 | (대) 이자비용 | 40,300 |
| | 이자수익 | 5,000 | | |

③

## 02 정부보조금의 수령 (세무사 2021)

위의 [예제 1]에서 20×1년 10월 1일 지출액 중 ₩240,000은 당일에 정부로부터 수령한 보조금으로 지출된 것으로 가정하는 경우 20×1년에 자본화할 차입원가는 얼마인가?

① ₩15,000 ② ₩31,100 ③ ₩35,300
④ ₩62,300 ⑤ ₩85,000

## 해 답

(1) 적격자산 가중평균순지출액의 계산 : 지출액평균 300,000×6/12+960,000×3/12+1,200,000×1/12−보조금평균 240,000×3/12=430,000

(2) 특정차입금 관련분

① 특정차입금 평균지출액의 계산 : 500,000×6/12－200,000×3/12＝200,000

② 특정차입금 순이자비용 : 500,000×6/12×8%－200,000×3/12×10%＝15,000

(3) 일반차입금 관련분

① 자본화이자율 : (500,000×12/12×8%＋1,000,000×6/12×6%)÷(500,000×12/12＋1,000,000×6/12)＝7%

② 일반차입금 이자비용 : (430,000－200,000)×7%＝16,100 → 자본화이자비용 한도 : 70,000

(4) 자본화이자비용 : 15,000＋16,100＝31,100

| | | | | |
|---|---|---|---|---|
| 20×1. 7. 1 | (차) 건설중인자산 | 300,000 | (대) 현 금 | 300,000 |
| 20×1.10. 1 | (차) 건설중인자산 | 960,000 | (대) 현 금 | 960,000 |
| 20×1.10. 1 | (차) 현 금 | 240,000 | (대) 정부보조금 | 240,000 |
| 20×1.12. 1 | (차) 건설중인자산 | 1,200,000 | (대) 현 금 | 1,200,000 |
| 20×1.12.31 | (차) 건설중인자산 | 31,100 | (대) 이자비용 | 36,100 |
| | 이자수익 | 5,000 | | |

② W

## 03 다기간에서의 차입원가 자본화 (회계사 2023) IFRS

㈜대한은 20×1년 3월 1일부터 공장건물 신축공사를 실시하여 20×2년 9월 30일에 해당 공사를 완료하였다. 동 공장건물은 차입원가를 자본화하는 적격자산이다. ㈜대한의 신축공사와 관련된 자료는 다음과 같다.

| 구 분 | 20×1. 3. 1 | 20×1.10. 1 | 20×2. 1. 1 | 20×2. 9. 1 |
|---|---|---|---|---|
| 공사대금 지출액 | ₩300,000 | ₩400,000 | ₩300,000 | ₩120,000 |

| 종 류 | 차입금액 | 차입기간 | 연 이자율 |
|---|---|---|---|
| 특정차입금A | ₩240,000 | 20×1. 3. 1 ~ 20×2. 9.30 | 6% (단리) |
| 일반차입금B | ₩240,000 | 20×1. 3. 1 ~ 20×2. 6.30 | 6% (단리) |
| 일반차입금C | ₩60,000 | 20×1. 6. 1 ~ 20×2.12.31 | 9% (단리) |

20×1년 3월 1일의 지출액에는 공장건물 건설과 관련하여 동 일자에 수령한 정부보조금(상환의무 없음) ₩200,000이 포함되어 있다. 특정차입금A 중 ₩100,000은 20×1년 4월 1일부터 20×1년 9월 30일까지 연 이자율 3%(단리)의 정기예금에 예치하였다. ㈜대한이 20×2년도에 자본화할 차입원가는 얼마인가? 단, 전기 이전에 자본화한 차입원가는 연평균 지출액 계산 시 포함하지 아니하며, 연평균 지출액, 이자수익 및 이자비용은 월할로 계산한다.

① ₩16,450 ② ₩21,900 ③ ₩23,400
④ ₩42,700 ⑤ ₩53,200

**해 답**

(1) 20×2년 가중평균순지출액 : (300,000 − 200,000 + 400,000) × 9/12 + 300,000 × 9/12 + 120,000 × 1/12 = 610,000

(2) 특정차입금 연평균지출액 : 240,000 × 9/12 = 180,000 → 관련 자본화이자 : 180,000 × 6% = 10,800

(3) 일반차입금 자본화이자율 : (240,000 × 6/12 × 6% + 60,000 × 12/12 × 9%) ÷ (240,000 × 6/12 + 60,000 × 12/12) = 7%
→ 자본화이자비용 한도 : 12,600

(4) 일반차입금 연평균지출액 : 610,000 − 180,000 = 430,000 → 관련 자본화이자 : 430,000 × 7% = 30,100 → 한도 내 금액인 12,600만 자본화함

(5) 20×2년 자본화할 차입원가 : 10,800 + 12,600 = 23,400

③

## 2차 4. 외화차입금의 차입원가 자본화

(1) 자본화할 차입원가 : 이자비용±외환차이 중 이자비용의 조정으로 볼 수 있는 부분

(2) 환율변동손실 : 유사원화 차입금의 이자 범위내에서 자본화할 차입원가에 가산함

(3) 환율변동이익 : 이자비용의 범위내에서 차입원가를 차감함

MEMO

check list ☑

출제경향

| | 2020 | 2021 | 2022 | 2023 | 2024 | 2025 |
|---|---|---|---|---|---|---|
| 회계사 | | 1 | 1 | 1 | 1 | 1 |
| 세무사 | | | 1 | | 1 | 1 |

# 제 8 장 무형자산과 기타자산

Financial Accounting Workbook

## 1 무형자산의 인식

### 1. 무형자산의 정의

(1) 무형자산의 정의 : 물리적 실체는 없지만 식별가능하고, 기업이 통제하고 있으며, 미래의 경제적 효익이 유입될 것으로 기대되는 비화폐성자산

① 식별가능성 : 자산이 분리가능 하거나, 당해 자산이 계약상 권리 또는 기타 법적 권리로부터 발생하는 경우 식별가능성이 있는 것으로 판단함

➠ 분리가능한 자산 : 기업의 의도와는 무관하게 기업에서 분리하거나 분할할 수 있고, 개별적으로 또는 관련된 계약, 식별가능한 자산이나 부채와 함께 매각, 이전, 라이선스, 임대나 교환의 가능성

➠ 권리로부터 발생한 자산 : 자산이 계약상 권리 또는 기타 법적 권리로부터 발생하며, 권리가능성을 충족하는 경우 분리가능성 여부는 고려하지 아니함

➠ 식별가능성에 대한 예외 : 사업결합으로 획득한 영업권은 개별적으로 식별하여 별도로 인식하는 것은 불가능하지만, 사업결합에서 획득한 그 밖의 자산에서 발생하는 미래경제적효익을 나타내는 자산임

② 통제가능성 : 자원에서 유입되는 미래경제적효익을 확보할 수 있고 그 효익에 대한 제3자에 대한 접근 제한이 가능한 경우 통제가능성이 있는 것으로 판단함

➠ 미래경제적효익에 대한 통제능력은 일반적으로 법원에서 강제할 수 있는 법적 권리에서 나오지만, 권리의 법적 집행가능성이 통제의 필요조건은 아님

➠ 법적권리가 필요조건인 경우 : 시장에 대한 지식과 기술적 지식, 특정 경영능력이나 기술적 재능, 고객관계나 고객충성도

➠ 법적권리가 필요조건이 아닌 경우 : 동일하거나 유사한 비계약적 고객관계(예 고객목록)를 교환하는 거래는 고객관계로부터 기대되는 미래경제적효익을 통제할 수 있다는 증거를 제공하며, 고객관계가 분리가능하다는 증거를 제공하므로 비계약적 고객관계는 무형자산의 정의를 충족함

③ 미래경제적효익의 존재가능성 : 미래에 현금유입을 증가시키거나 현금유출을 감소시키는 능력 존재한다면 미래경제적효익의 존재가능성이 있는 것으로 판단함

➠ 무형자산의 미래경제적효익은 제품의 매출, 용역수익, 원가절감 또는 자산의 사용에 따른 기타 효익의 형태로 발생함

➠ 미래경제적효익을 얻기 위해 지출이 발생하더라도 인식할 수 있는 무형자산이나 다른 자산이 획득 또는 창출되지 않는 경우 관련지출을 비용으로 인식 (예 창업이나 개업, 신규영업준비 등의 사업개시활동에 대한 지출, 교육 훈련을 위한 지출, 광고 및 판매촉진 활동을 위한 지출, 기업의 전부나 일부의 이전 또는 조직 개편에 관련된 지출)

## 01 무형자산의 정의 (세무사 2014)

IFRS

무형자산의 정의 및 인식기준에 관한 설명으로 옳지 않은 것은?

① 무형자산을 최초로 인식할 때에는 원가로 측정한다.
② 무형자산의 미래경제적효익에 대한 통제능력은 일반적으로 법원에서 강제할 수 있는 법적권리에서 나오나, 권리의 법적 집행가능성이 통제의 필요조건은 아니다.
③ 계약상 권리 또는 기타 법적 권리는 그러한 권리가 이전 가능하거나 또는 기업에서 분리가능한 경우 무형자산 정의의 식별가능성 조건을 충족한 것으로 본다.
④ 미래경제적효익이 기업에 유입될 가능성은 무형자산의 내용연수 동안의 경제적 상황에 대한 경영자의 최선의 추정치를 반영하는 합리적이고 객관적인 가정에 근거하여 평가하여야 한다.
⑤ 무형자산으로부터의 미래경제적효익은 제품의 매출, 용역수익, 원가절감 또는 자산의 사용에 따른 기타 효익의 형태로 발생할 수 있다.

### 해 답

자산이 계약상 권리 또는 기타 법적 권리로부터 발생하는 경우에는 식별가능하다. 이 경우 그러한 권리가 이전가능한지 여부 또는 기업이나 기타 권리와 의무에서 분리가능한지 여부는 고려하지 아니한다. [K-IFRS 제1038호 문단12]

③

## 2. 무형자산의 분류시 유의사항

(1) 유형자산으로 병합하는 경우 : 컴퓨터로 제어되는 기계장치가 특정 컴퓨터소프트웨어가 없으면 가동이 불가능한 경우에는 그 소프트웨어를 관련된 하드웨어의 일부로 보아 유형자산으로 병합

(2) 무형자산으로 분리하는 경우 : 관련된 하드웨어의 일부가 아닌 소프트웨어는 무형자산으로 분할하여 인식

(3) 무형자산으로 병합하는 경우 : 연구와 개발활동으로 인하여 부수적으로 물리적 형체(예 시제품, 시험용금형, 시험공장)가 있는 자산이 만들어지는 경우 물리적 요소는 무형자산요소로 인식

[무형자산의 범위]

| 구 분 | | 수익인식 방법 |
|---|---|---|
| 유형+무형 복합자산 | 분리가 불가능한 경우 | 유형자산의 일부로 간주 |
| | 분리가 가능한 경우 | 유형자산과 분리하여 무형자산으로 인식 |
| 무형자산 거래에서 발생한 부수재화 | | 무형자산의 일부로 간주 |

## 3. 무형자산의 인식요건

무형의 자원을 재무상태표에 무형자산으로 인식하기 위해서는 그 항목이 다음의 조건을 모두 충족해야 함

(1) 무형자산의 정의를 충족하고 ← 식별가능성과 통제가능성, 미래경제적효익의 존재가능성

(2) 자산에서 발생하는 미래경제적효익이 기업에 유입될 가능성이 높으며,

(3) 자산의 원가를 신뢰성 있게 측정가능한 경우

➠ 개별 취득하는 무형자산은 미래경제적효익의 유입가능성에 대한 인식기준을 항상 충족하는 것으로 보며, 취득원가도 일반적으로 신뢰성 있게 측정할 수 있음

➠ 사업결합으로 취득하는 무형자산도 미래경제적효익의 유입가능성과 신뢰성 있는 측정가능성 기준을 항상 충족하는 것으로 봄

## 2 무형자산의 회계처리

### 1. 외부구입 무형자산의 취득원가

(1) 개별취득시

① 구입원가 : 구입가격+관세 및 환급불가능한 취득 관련 세금-매입할인-리베이트

② 관련원가 : 자산을 의도한 목적에 사용할 수 있도록 준비하는 데 직접 관련되는 원가

➡ 직접관련원가가 아닌 지출 : 새로운 제품이나 용역의 홍보원가(광고와 판매촉진활동 원가를 포함), 새로운 지역에서 또는 새로운 계층의 고객을 대상으로 사업을 수행하는 데서 발생하는 원가(교육훈련비를 포함), 관리원가와 기타 일반경비원가

➡ 취득완료일 이후의 지출 : 무형자산을 사용하거나 재배치하는 데 발생하는 원가, 경영자가 의도하는 방식으로 운용될 수 있으나 아직 사용하지 않고 있는 기간에 발생한 원가, 자산의 산출물에 대한 수요가 확립되기 전까지 발생하는 손실과 같은 초기 영업손실

➡ 무형자산의 취득일 이후 후속지출은 무형자산의 정의와 인식기준을 충족하기 보다는 기존 무형자산이 갖는 기대 미래경제적효익을 유지하는 것이 대부분이다. 그러므로 후속지출이 무형자산의 장부금액으로 인식되는 경우는 매우 드물다.

(2) 사업결합으로 취득 : 사업결합의 결과로 취득한 식별이 가능한 무형자산에 대하여만 해당 무형자산의 취득일의 공정가치로 인식

➡ 피취득자가 재무상태표에 인식하였는지와 관계없이, 인식요건을 만족한다면 영업권과 분리하여 취득자의 무형자산으로 인식 (예 연구개발자산, 고객목록자산, 기술특허권 등)

(3) 정부보조로 취득 : 무형자산과 정부보조금 모두를 최초에 공정가치로 인식함. 선택적으로 무형자산을 명목상 금액과 직접 관련되는 지출을 합한 금액으로 인식가능

### 2. 무형자산의 상각

(1) 유한내용연수 무형자산 : Min [법적 권리기간 or 예상 사용기간]에 걸쳐 체계적인 방법으로 안분하여 상각

➡ 무형자산의 상각은 자산이 사용가능할 수 있는 때부터 개시하며, 무형자산의 상각방법은 자산의 경제적 효익이 소비될 것으로 예상되는 형태를 반영한 방법이어야 함

➡ 수익이 무형자산 사용 계약의 주된 한정요소로 정해진 경우 창출될 수익이 무형자산을 상각하는 적절한 기준이 될 수 있음 (예 금채굴권, 유료도로운영권)

➡ 무형자산에 대한 경제적 효익의 소비형태를 신뢰성 있게 결정할 수 없는 경우에는 정액법을 사용하여 상각을 수행

(2) 비한정내용연수 무형자산 : 상각하지 않으며, 손상검사를 수행하여 손상차손인식

➡ 관련된 모든 요소의 분석에 근거하여, 그 자산이 순현금유입을 창출할 것으로 기대되는 기간에 대하여 예측가능한 제한이 없을 경우, 무형자산의 내용연수가 비한정인 것으로 본다. 비한정내용연수는 무한내용연수를 의미하지 않음

➡ 향후에 발생한 사건과 상황으로 인하여 내용연수가 비한정이라는 평가가 정당화되지 않는 경우에 비한정내용연수를 유한내용연수로 변경해야 하며, 이를 회계추정의 변경으로 회계처리함

### 3. 무형자산의 손상

(1) 유한내용연수 무형자산

보고기간 말마다 손상징후 검사 → 손상징후 있으면 회수가능액 산정하여 손상인식검사 → 장부금액이 회수가능액을 초과하는 경우 손상차손인식

(2) 비한정내용연수 무형자산

① 손상징후 검사 → 손상징후 있으면 회수가능액 산정하여 손상인식검사 → 장부금액이 회수가능액을 초과하는 경우 손상차손인식

② 징후 없어도 매년 회수가능액 산정하여 손상인식검사 → 장부금액이 회수가능액을 초과하는 경우 손상차손인식

(3) 무형자산 손상차손 : 회수가능액 Max [순공정가치 or 사용가치] - 손상전 상각후원가

➡ 내용연수가 비한정인 무형자산과 아직 사용할 수 없는 무형자산에 대해서는 자산손상을 시사하는 징후가 있는지에 관계없이 매년 회수가능액을 추정하고 장부금액과 비교하여 손상검사를 수행

➡ 손상검사는 연차 회계기간 중 어느 때라도 할 수 있으며 매년 같은 시기에 실시하며, 서로 다른 무형자산에 대해서는 각기 다른 시점에서 손상검사를 할 수 있음. 회계연도 중에 무형자산을 최초로 인식한 경우에는 당해 회계연도 말 전에 손상검사를 수행

➡ 비한정내용연수를 유한내용연수로 재평가하는 것은 그 자산의 손상을 시사하는 하나의 징후임

(4) 무형자산 손상환입 : 회수가능액 Max [순공정가치 or 사용가치] - 손상후 상각후원가

➡ 원가모형을 적용하는 경우 환입후 장부금액은 손상차손인식전 상각후원가를 한도로 함

### 4. 무형자산의 제거

(1) 처분하는 경우
(2) 사용이나 처분으로부터 미래경제적효익이 기대되지 아니하는 경우

### 5. 무형자산의 재평가모형

(1) 무형자산의 회계정책으로 원가모형이나 재평가모형을 선택가능
(2) 재평가모형을 적용하여 무형자산을 회계처리하는 경우에는, 같은 분류의 기타 모든 자산도 그에 대한 활성시장이 없는 경우를 제외하고는 동일한 방법을 적용하여 회계처리

➡ 재평가모형은 자산을 원가로 최초에 인식한 후에 적용하는 것이 원칙이지만, 일부 과정이 종료될 때까지 인식기준을 충족하지 않아서 무형자산의 원가의 일부만 자산으로 인식한 경우에는 그 자산 전체에 대하여 재평가모형을 적용가능 (예 개발중인 개발비)

➡ 정부보조를 통하여 취득하고 명목상 금액으로 인식한 무형자산에도 재평가모형을 적용가능

## 3 무형자산의 내부창출

### 1. 무형자산의 내부창출 단계

(1) 연구단계 지출 : 발생시점에 즉시 비용화

① 새로운 지식을 얻고자 하는 활동
② 연구결과나 기타 지식을 탐색, 평가, 최종 선택, 응용하는 활동
③ 재료, 장치, 제품, 공정, 시스템이나 용역에 대한 여러 가지 대체안을 탐색하는 활동
④ 새롭거나 개선된 재료, 장치, 제품, 공정, 시스템이나 용역에 대한 여러 가지 대체안을 제안, 설계, 평가, 최종 선택하는 활동

➡ 내부 프로젝트의 연구단계에서는 미래경제적효익을 창출할 무형자산이 존재한다는 것을 제시할 수 없기에 연구단계에서 발생한 지출은 발생시점에 비용으로 인식

➡ 무형자산을 창출하기 위한 내부 프로젝트를 연구단계와 개발단계로 구분할 수 없는 경우에는 그 프로젝트에서 발생한 지출은 모두 연구단계에서 발생한 것으로 간주

(2) 개발단계 지출 : 자산인식요건 만족전까지의 지출은 즉시 비용화하며, 인식요건 만족후의 지출은 무형자산으로 인식

① 생산이나 사용 전의 모형이나 시제품을 설계와 제작, 시험하는 활동
② 새로운 기술과 관련된 시험용 공구와 지그, 주형, 금형 등을 설계하는 활동
③ 상업적 생산 목적으로 실현가능한 경제적 규모가 아닌 시험공장을 설계와 건설, 가동하는 활동
④ 신규 또는 개선된 재료, 장치, 제품, 공정, 시스템이나 용역에 대하여 최종적으로 선정된 안을 설계와 제작, 시험하는 활동

➠ 시험용제품이 아닌 판매용제품의 제조원가는 재고자산으로 분류하며, 시험용금형이 아닌 생산용금형의 설계원가는 유형자산으로 분류하고, 상업적 생산목적의 공장건설원가는 유형자산으로 분류함

➠ 개발단계는 연구단계보다 훨씬 더 진전되어 있는 상태이기 때문에 내부프로젝트의 개발단계에서는 무형자산을 식별할 수 있으며, 해당 무형자산이 미래경제적효익을 창출할 것임을 제시할 수 있음

**참고 개발비의 자산인식 요건**

(1) 성공가능성 : 무형자산을 사용하거나 판매하기 위해 그 자산을 완성할 수 있는 기술적 실현가능성과 개발을 완료하고 그것을 판매하거나 사용하는 데 필요한 기술적, 재정적 자원 등의 입수가능성

(2) 기업의 의도와 능력 : 무형자산을 완성하여 사용하거나 판매하려는 기업의 의도와 무형자산을 사용하거나 판매할 수 있는 기업의 능력

(3) 미래의 경제적 효익 : 무형자산이 미래경제적효익을 창출하는 방법을 제시함. 특히 무형자산의 산출물이나 무형자산자체를 거래하는 시장이 존재함을 제시할 수 있거나 또는 무형자산을 내부적으로 사용할 것이라면 그 유용성이 존재해야 함을 제시

(4) 신뢰성 있는 측정 : 개발과정 중 발생한 무형자산관련 지출을 신뢰성 있게 측정할 수 있는 기업의 능력

[연구단계와 개발단계에서 발생한 지출]

| 구 분 | | 관련 회계처리 |
|---|---|---|
| 연구단계의 지출 | | 연구비의 계정으로 즉시비용 |
| 개발단계의 지출 | 자산인식요건 충족 전의 지출 | 경상개발비의 계정으로 즉시비용 |
| | 자산인식요건 충족 후의 지출 | 개발비의 계정으로 무형자산 |
| 상업적 생산단계 | | 무형자산상각비의 계정으로 비용배분 |

## 02 연구단계와 개발단계의 구분 (회계사 2009)

A회사는 무형자산을 내부적으로 창출하기 위하여 다음과 같은 지출을 수행하였다. 무형자산으로 인식할 수 있는 개발비의 최대한도는 얼마인가?

| | |
|---|---|
| (1) 신지식 탐구를 위한 연구실 지출 | 320,000 |
| (2) 연구결과 평가를 위한 지출 | 130,000 |
| (3) 실험실에 구축된 전용시설물 구축비 | 190,000 |
| (4) 새롭게 개선된 시스템에 대한 대체안 설계를 위한 지출 | 70,000 |
| (5) 신기술과 관련된 공구, 금형, 주형의 설계를 위한 지출 | 140,000 |
| (6) 상업생산 전 시작품의 설계, 제작, 시험을 위한 지출 | 210,000 |
| (7) 상업생산 중의 품질관리비 | 150,000 |

① ₩210,000 ② ₩350,000 ③ ₩420,000
④ ₩500,000 ⑤ ₩580,000

**해 답**

(5) 관련지출 140,000 + (6) 관련지출 210,000 = 350,000

②

### 2. 내부창출 무형자산의 원가

(1) 무형자산의 창출에 사용되었거나 소비된 재료원가, 용역원가 등
(2) 무형자산의 창출을 위하여 발생한 종업원급여
(3) 법적 권리를 등록하기 위한 수수료와 무형자산의 창출에 사용된 특허권과 라이선스의 상각비

[내부창출 무형자산의 회계처리]

| 내부창출시 | (차) 연구비 | ××× | (대) 원재료 | ××× |
|---|---|---|---|---|
| | 경상개발비 | ××× | 급여 | ××× |
| | 개발비 | ××× | 감가상각비 | ××× |
| | | | 무형자산상각비 | ××× |

- 내부적으로 창출한 무형자산의 원가는 인식기준을 최초로 충족시킨 이후에 발생한 지출금액만 자산으로 인식하며, 이미 비용으로 인식한 무형항목에 대한 지출은 그 이후에 무형자산의 원가로 인식할 수 없음
- 판매비, 관리비 및 기타 일반경비지출, 계획된 성과를 달성하기 전에 발생한 명백한 비효율로 인한 손실과 초기 영업손실, 자산을 운용하는 직원의 교육훈련과 관련된 지출은 지출시점에 비용으로 인식
- 개발비에 대한 법적 권리가 확보되어 산업재산권(예 특허권)을 내부창출로 취득한 경우 산업재산권의 취득을 위하여 직접 지출된 금액(예 특허출원관련 등록비용)만을 산업재산권의 취득원가로 인식하며, 개발비 미상각잔액을 산업재산권으로 대체할 수 없음

[산업재산권의 취득원가]

| 구 분 | 관련 회계처리 |
|---|---|
| 산업재산권의 내부창출 | 취득과 관련된 직접원가만 무형자산으로 인식 |
| 산업재산권의 외부구입 | 구입가격과 직접관련원가를 합계를 무형자산으로 인식 |

## 03 무형자산의 내부창출원가

(세무사 2012) IFRS

다음의 원가는 무형자산을 내부적으로 창출하기 위하여 발생한 것이다. 무형자산의 취득원가에 포함되지 않는 것은 무엇인가?

① 법적권리를 등록하기 위한 수수료
② 무형자산의 창출에 사용된 특허권상각비
③ 무형자산의 창출을 위하여 발생한 종업원 급여
④ 연구결과를 최종선택, 응용하는 활동과 관련된 지출
⑤ 무형자산의 창출에 사용되었거나 소비된 재료원가, 용역원가

### 해 답

연구결과나 기타 지식을 탐색, 평가, 최종 선택, 응용하는 활동과 관련된 지출은 연구단계의 지출로 이는 발생시점에서 즉시 비용으로 인식한다.

④

## 04 내부창출무형자산의 원가 (세무사 2016 수정)

㈜세무는 신제품 개발활동으로 연구개발비가 다음과 같이 발생하였다. 차입원가는 연구개발활동과 관련된 특정차입금에서 발생한 이자비용이다. 20×1년은 연구단계이고, 20×2년은 개발단계(무형자산의 인식요건을 충족함)에 속하는데, 20×2년 7월 1일에 프로젝트가 완료되어 제품생산에 사용되었다. 한편, 개발활동의 결과를 기초로 20×2년 12월 31일 산업재산권을 취득하였다. 산업재산권 취득과 관련하여 직접적으로 지출된 금액은 ₩6,000이다. 모든 무형자산은 내용연수 5년, 잔존가치 ₩0, 정액법 상각(월할상각)하며, 원가모형을 적용한다. 20×2년 12월 31일 무형자산인 개발비와 산업재산권의 장부금액은?

| 내 역 | 20×1년 1월 1일~<br>20×1년 12월 31일 | 20×2년 1월 1일~<br>20×2년 6월 30일 |
|---|---|---|
| 연구원 급여 | ₩40,000 | ₩30,000 |
| 시험용 원재료 사용액 | 25,000 | 20,000 |
| 시험용 기계장치 감가상각비 | 10,000 | 5,000 |
| 차입원가 | 5,000 | 5,000 |

| | 개발비 | 산업재산권 | | 개발비 | 산업재산권 |
|---|---|---|---|---|---|
| ① | ₩54,000 | ₩6,000 | ② | ₩54,000 | ₩90,000 |
| ③ | ₩60,000 | ₩6,000 | ④ | ₩60,000 | ₩90,000 |
| ⑤ | ₩140,000 | ₩6,000 | | | |

### 해 답

(1) 20×2년 7월 1일 개발비의 취득원가 : 30,000 + 20,000 + 5,000 + 5,000 = 60,000

(2) 개발비의 장부금액 : 60,000 − 60,000 ÷ 5년 × 6/12 = 54,000

(3) 산업재산권은 취득을 위하여 직접 지출한 금액만 취득원가로 인식한다.

①

### 3. 내부창출 영업권

내부적으로 창출한 영업권을 위한 지출은 자산으로 인식하지 않고, 즉시 비용으로 인식함 → 내부적으로 창출한 영업권은 원가를 신뢰성 있게 측정할 수 없고, 기업이 통제하고 있는 식별가능한 자원이 아니기 때문에 자산으로 인식하지 않음

### 4. 내부적으로 창출한 브랜드와 고객목록

내부적으로 창출한 브랜드와 고객목록, 제호, 출판표제, 그리고 이와 실질이 유사한 항목에 대한 최초 지출과 취득이나 완성 후의 후속지출은 무형자산으로 인식하지 않고, 발생시점에 항상 당기손익으로 인식함 → 해당 지출은 사업을 전체적으로 개발하기 위한 지출과 구분할 수 없음

[브랜드와 고객목록의 인식방법]

| 구 분 | 최초원가 | 후속원가 |
|---|---|---|
| 내부적으로 창출한 브랜드와 고객목록 | 구별불가능 당기비용으로 인식 | 당기비용으로 인식 |
| 개별 취득한 브랜드와 고객목록 | 원가를 무형자산으로 인식 | 당기비용으로 인식 |
| 사업결합으로 취득한 브랜드와 고객목록 | 공정가치를 무형자산으로 인식 | 당기비용으로 인식 |

### 5. 즉시비용으로 인식하는 지출

(1) 연구단계 지출
(2) 내부적으로 창출할 영업권에 대한 지출
(3) 내부적으로 창출한 브랜드, 제호, 출판표제, 고객 목록에 대한 지출
(4) 창업이나 개업 등의 사업개시활동에 대한 지출
(5) 자산을 운용하는 직원의 교육훈련을 위한 지출
(6) 광고 및 판매촉진 활동을 위한 지출
(7) 기업의 전부나 일부의 이전 또는 조직 개편에 관련된 지출
(8) 최초에 비용으로 인식한 무형항목에 대한 지출

## 05 무형자산의 인식과 측정 (회계사 2016)

다음 무형자산과 노천광산 생산단계의 박토원가의 회계처리에 대한 설명 중 옳은 것은?

① 무형자산을 창출하기 위한 내부 프로젝트를 연구단계와 개발단계로 구분할 수 없는 경우에는 그 프로젝트에서 발생한 지출은 모두 개발단계에서 발생한 것으로 본다.

② 내부적으로 창출한 브랜드, 제호, 출판표제, 고객목록과 이와 실질이 유사한 항목은 무형자산으로 인식한다.

③ 개별 취득하는 무형자산이라도 자산에서 발생하는 미래경제적 효익이 기업에 유입될 가능성이 높다는 발생가능성 기준을 항상 충족하는 것은 아니라고 본다.

④ 박토활동자산의 원가와 생산된 재고자산의 원가를 별도로 식별할 수 없는 경우, 관련된 생산측정치를 기초로 한 배분 기준을 이용하여 생산 관련 박토원가를 생산된 재고자산과 박토활동자산에 배분한다.

⑤ 박토활동의 결과로 보다 더 접근하기 쉬워진, 광체의 식별된 구성요소에 예상내용연수에 걸쳐 체계적인 방법에 따라 박토활동자산을 감가상각하거나 상각하는데, 다른 방법이 더 적절하지 않다면 정액법을 적용한다.

### 해 답

① 무형자산을 창출하기 위한 내부 프로젝트를 연구단계와 개발단계로 구분할 수 없는 경우에는 그 프로젝트에서 발생한 지출은 모두 연구단계에서 발생한 것으로 본다. [K-IFRS 제1038호 문단 53]

② 내부적으로 창출한 브랜드, 제호, 출판표제, 고객 목록과 이와 실질이 유사한 항목은 무형자산으로 인식하지 아니한다. [K-IFRS 제1038호 문단 63]

③ 일반적으로 무형자산을 개별 취득하기 위하여 지급하는 가격은 그 자산이 갖는 기대 미래경제적효익이 기업에 유입될 확률에 대한 기대를 반영할 것이다. 즉, 기업은 유입의 시기와 금액이 불확실하더라도 미래경제적효익의 유입이 있을 것으로 기대한다. 따라서 개별 취득하는 무형자산은 경제적효익의 발생가능성 인식기준을 항상 충족하는 것으로 본다. [K-IFRS 제1038호 문단 25]

⑤ 박토활동의 결과로 보다 더 접근하기 쉬워진, 광체의 식별된 구성요소의 예상내용연수에 걸쳐 체계적인 방법에 따라 박토활동자산을 감가상각하거나 상각한다. 다른 방법이 더 적절하지 않다면 생산량비례법을 적용한다. [K-IFRS 제2120호 문단 15]

④

## 2차 4 탐사평가자산

### 1. 용어의 정의

(1) 광물자원의 탐사와 평가 : 특정지역의 탐사에 대한 법적 권리를 획득한 후에 수행하는 광물자원에 대한 조사와 광물자원 추출의 기술적 실현가능성과 상업화가능성에 대한 결정

(2) 탐사평가자산 : 광물자원 추출의 기술적 실현가능성과 상업화가능성을 제시하기 전에 광물자원의 탐사와 평가와 관련하여 발생한 지출로, 기업의 회계정책에 따라 자산으로 인식한 금액

(3) 탐사평가관련 지출 : 탐사권리의 취득, 지형학적·지질학적·지구화학적 및 지구물리학적 연구, 탐사를 위한 시추와 굴착, 표본추출, 광물자원 추출의 기술적 실현가능성과 상업화가능성에 대한 평가

➡ 광물자원의 탐사와 평가 관련 지출액은 탐사평가자산으로 인식할 수 있으며, 기업의 회계정책선택으로 자산으로 인식하지 않고 지출 시점에 비용으로 인식할 수도 있음

### 2. 탐사평가자산의 분류

(1) 탐사평가자산은 물리적실체의 존재여부에 따라 유형자산이나 무형자산으로 분류하며, 무형자산을 개발하기 위하여 소모된 유형자산 금액은 무형자산의 원가를 구성함

(2) 광물자원 추출에 대한 기술적 실현가능성과 상업화가능성을 제시할 수 있는 시점에는 더 이상 탐사평가자산으로 분류하지 않으며, 다른 자산계정으로 손상검토 후에 재분류함

### 3. 탐사평가자산의 최초인식과 후속측정

(1) 최초측정 : 탐사평가자산은 원가로 최초측정

(2) 후속측정 : 탐사평가자산을 인식한 후에는 원가모형이나 재평가모형을 적용하여 후속측정함

➡ 탐사평가가 완료된 이후 광물자원의 개발과 관련된 지출은 탐사평가를 위한 지출로 인식하지 않으며, 무형자산 기준서의 규정에 따라 개발단계 지출액으로 회계처리

2차

## 5 노천광산의 박토원가

### 1. 박토원가의 최초인식

(1) 박토활동의 정의 : 노천채광작업에서는 광상에 접근하기 위하여 광산폐석인 표토층의 제거가 필요하며, 이러한 폐석 제거활동을 박토라고 함

(2) 생산전의 개발단계 박토원가 : 광산의 개발 및 건설 관련 감가상각가능 원가의 일부로 자본화하고, 생산이 시작되면 체계적인 방법으로 상각함

(3) 재고의 생산단계 박토원가 : 재고자산과 비유동자산인 박토활동자산으로 자본화함

### 2. 생산관련 박토원가의 자산인식

(1) 박토활동원가의 측정 : 박토활동을 수행하기 위해 직접 발생한 원가+간접원가 배분액 → 박토활동에 부수적인 작업과 관련된 원가는 박토활동자산의 원가에 포함될 수 없음

(2) 재고자산으로 인식(광물관련원가) : 박토활동원가 중 박토활동에서 발생하는 효익이 생산된 재고자산의 형태로 실현되는 부분의 원가 → 판매가치가 아닌 관련된 생산측정치를 기초로 한 배분기준을 이용하여 생산 관련 박토원가를 생산된 재고자산과 박토활동자산에 각각 배분

(3) 비유동자산인 박토활동자산으로 인식(폐석관련원가) : 박토활동원가 중 재고자산으로 분류된 부분을 제외한 원가 → 박토활동자산은 기존 자산을 보강한 것으로 기존자산의 일부로 회계처리하며, 기존자산의 성격에 따라 유형자산이나 무형자산으로 분류

### 3. 박토활동자산의 후속측정

(1) 최초인식 후, 기존 자산의 일부를 구성하는 박토활동자산은 그 기존 자산과 같은 방법으로 원가 또는 재평가금액에서 감가상각비 또는 상각비와 손상차손을 수행함

(2) 광체의 식별된 구성요소의 예상내용연수에 걸쳐 체계적인 방법에 따라 박토활동자산에 대한 상각을 수행함 ➡ 다른 상각방법이 더 적절하지 않다면 생산량비례법을 적용

## 6 웹사이트원가

(1) 수익을 창출할 수 있는 웹사이트 : 관련 웹 사이트 개발원가를 무형자산으로 인식

(2) 수익을 창출할 수 없는 웹사이트 : 광고비와 성격이 동일하므로 발생시점에 비용으로 인식

출제경향

| | 2020 | 2021 | 2022 | 2023 | 2024 | 2025 |
|---|---|---|---|---|---|---|
| 회계사 | | 2 | 2 | 1 | 1 | 1 |
| 세무사 | 1 | 2 | 2 | 2 | 1 | 1 |

# 제 9 장 금융부채와 사채

Financial Accounting Workbook

## 1 금융부채와 지분상품의 구분

### 1. 금융부채

(1) 거래상대방에게 현금 등 금융자산을 인도하기로 한 계약상 의무나 잠재적으로 불리한 조건으로 거래상대방과 금융자산이나 금융부채를 교환하기로 한 계약상 의무

[현금 등 금융자산으로 결제 : 현금지급의무 존재]

(2) 인도할 자기지분상품의 수량이 확정되지 않은 비파생상품이나 확정 수량의 자기지분상품에 대하여 확정금액의 현금 등 금융자산을 교환하여 결제하는 방법이 아닌 방법으로 결제되거나 결제될 수 있는 파생상품

[자기지분상품 결제 : 미확정주식발행 약정]

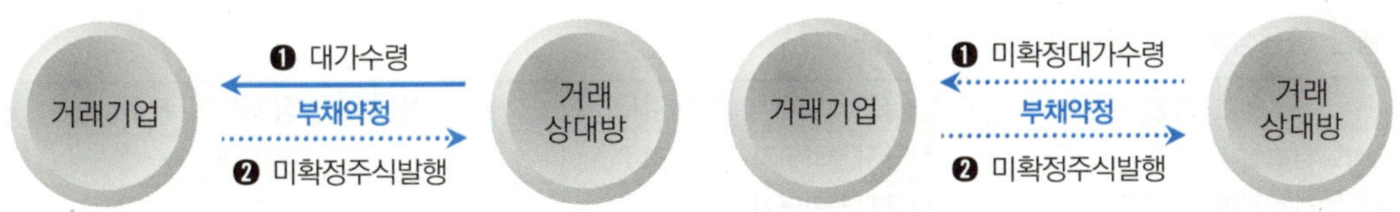


➡ 확정금액과 변동수량의 주식결제약정 : 100원과 같은 공정가치에 해당하는 자기지분상품을 인도할 계약 → 금융부채로 분류

➡ 변동금액과 변동수량의 주식결제약정 : 100온스의 금과 같은 공정가치에 해당하는 자기지분상품을 인도할 계약의 경우 → 금융부채로 분류

➠ 변동금액과 확정수량의 주식결제약정 : 100온스의 가치에 해당하는 현금을 대가로 자기지분상품 100주를 인도하기로 하는 계약 → 금융부채로 분류

## 2. 지분상품

(1) 거래상대방에게 현금 등 금융자산을 인도하기로 하는 계약상 의무가 없거나, 잠재적으로 불리한 조건으로 거래상대방과 금융자산이나 금융부채를 교환하는 계약상 의무가 없는 계약

[현금 등 금융자산으로 결제 : 현금지급의무 없음]

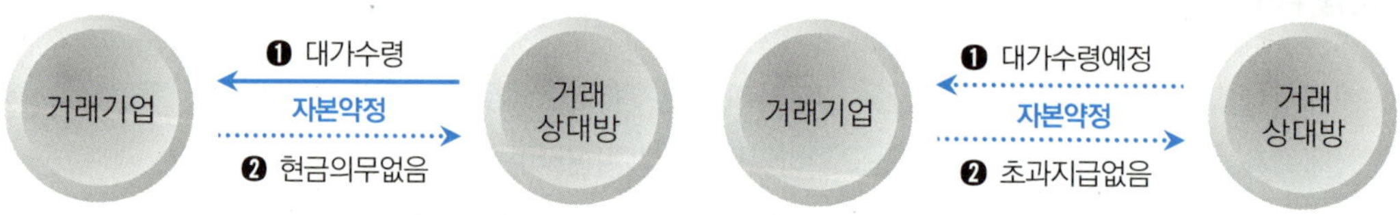


(2) 변동 가능한 수량의 자기지분상품을 인도할 계약상 의무가 없는 비파생상품이나, 확정 수량의 자기지분상품에 대하여 확정 금액의 현금 등 금융자산을 교환해야만 결제할 파생상품

[자기지분상품 결제 : 확정된 주식발행약정]

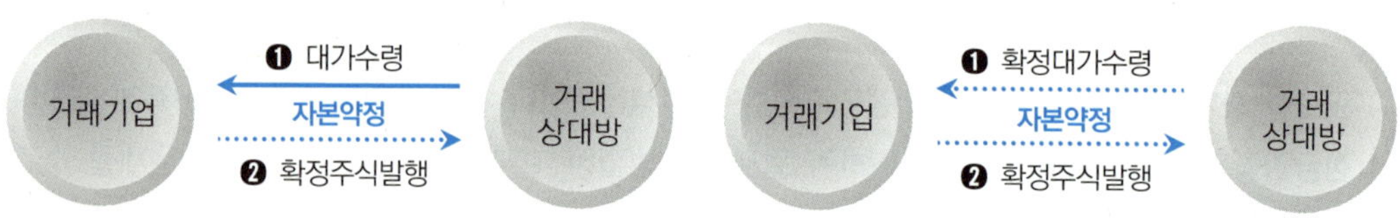


➠ 확정금액과 확정수량의 주식결제약정 : 100원의 현금을 대가로 자기지분상품 100주를 인도할 계약 → 자본항목으로 분류

[발행한 금융상품의 분류방법]

| 관련 상황 | 현금결제의무의 존재여부 | 발행자 입장에서의 분류 |
|---|---|---|
| 상환우선주와<br>풋가능금융상품의 발행 | 현금지급의무가 있는 경우 | 금융부채 |
| | 현금지급의무가 없는 경우 | 자본항목 |
| 조건부결제약정의 부담 | 발행자 통제불능 결제약정 | 금융부채 |
| | 발행자 통제가능 결제약정 | 자본항목 |
| 미래의 주식결제약정 | 확정된 주식결제약정 | 자본항목 |
| | 미확정 주식결제약정 | 금융부채 |
| 복합금융상품의 발행 | 현금결제+확정주식결제 | 금융부채+일부자본항목 |

➡ 풋가능 금융상품의 경우 현금결제의무가 있으므로 부채로 분류, 단 발행자가 청산시에만 의무가 발생하는 경우에는 자본으로 분류

➡ 조건부결제약정의 경우 발행자가 조건부결제의무의 부담을 회피할 수 있는 무조건적인 권리를 가지고 있지 않다면, 이를 금융부채로 분류, 단 발행자가 조건부결제의무를 회피할 수 있는 권리를 가지고 있다면 자본으로 분류

## 01 금융부채와 지분상품의 구분 (회계사 2010) IFRS

금융상품의 발행자가 금융상품을 금융부채와 지분상품으로 분류할 때, 다음의 설명 중 타당하지 않은 것은?

① 잠재적으로 불리한 조건으로 거래상대방과 금융자산이나 금융부채를 교환하기로 한 계약상 의무는 금융부채로 분류한다.

② 향후 금 100온스의 가치에 해당하는 확정되지 않은 금액의 현금을 대가로 자기지분상품 100주를 인도하는 계약은 지분상품으로 분류하지 않는다.

③ 발행자가 보유자에게 미래의 시점에 확정된 금액을 의무적으로 상환해야 하는 의무가 있는 우선주는 금융부채로 분류한다.

④ ₩100과 동일한 공정가치에 해당하는 자기지분상품을 인도할 계약은 인도할 자기지분상품의 수량이 확정되지 않았으므로 금융부채로 분류한다.

⑤ 자기지분상품을 현금 등 금융자산으로 매입할 의무가 포함된 계약의 경우 그 의무가 상대방의 권리행사 여부에 따라 결정되는 경우에는 지분상품으로 분류한다.

**해 답**

② 주식의 발행수량은 100주로 확정되었지만, 이에 대한 행사가격이 금 100온스로 확정되지 않았기에 이는 금융부채로 분류한다.

⑤ 자기지분상품을 매입하여야 하는 의무가 상대방의 권리행사 여부에 따라 결정되는 경우에도 상환금액의 현재가치에 해당하는 금융부채는 발생한다. 이러한 예로는 상대방이 자기지분상품을 확정 금액으로 기업에게 매도할 수 있는 권리가 부여된 풋옵션을 발행한 경우를 들 수 있다.

⑤

## 2 상각후원가 측정 금융부채 : 사채

### 1. 사채의 발행절차

(1) 사채와 관련된 미래현금흐름(만기액면금액+표시이자)의 결정
(2) 신용등급에 따라 시장이자율(기준금리+신용가산금리)의 결정
(3) 사채관련 미래현금흐름을 시장이자율로 할인하여 사채의 발행금액(공정가치) 결정
(4) 사채발행시 거래원가(수수료)의 결정
(5) 거래원가 차감 후 사채의 순발행금액결정
(6) 사채의 순발행금액과 사채와 관련된 미래현금흐름을 일치시키는 유효이자율의 결정

### 2. 사채의 최초인식 : 발행

(1) 최초인식 : 사채의 발행일의 공정가치로 측정하며, 이는 사채관련 미래현금흐름을 사채발행당시의 시장이자율로 할인한 현재가치임

➡ 최초측정 : PV(표시이자+액면금액) By 시장이자율=액면금액-PV(시장이자-표시이자) By 시장이자율

➡ 금융부채의 공정가치를 초과하여 수취한 금액이 있는 경우 당해 거래내용에 따라 자산차감이나 부채, 자본이나 기타수익으로 인식될 수 있음 (예 정부보조금, 선수금이나 전환권대가)

[최초인식시 사채의 발행금액]

| 구 분 | 이자율간의 관계 | 발행금액 | 만기까지 이자비용 |
|---|---|---|---|
| 액 면 발 행 | 시장이자율 = 액면이자율 | 발행금액 = 액면금액 | 표시이자 |
| 할 인 발 행 | 시장이자율 〉 액면이자율 | 발행금액 〈 액면금액 | 표시이자+사채할인차금상각액 |
| 할 증 발 행 | 시장이자율 〈 액면이자율 | 발행금액 〉 액면금액 | 표시이자-사채할증차금상각액 |

(2) 유효이자율법에 의한 사채발행차금의 상각 : 매기 부담할 이자율이 일정하게 유지되도록 하는 방법으로 한국채택국제회계기준에서는 유효이자율법만을 허용

[유효이자율법과 정액법의 비교]

| 구 분 | 정액법 | | 유효이자율법 | |
|---|---|---|---|---|
| | 할인발행시 | 할증발행시 | 할인발행시 | 할증발행시 |
| 유효이자비용 | 일 정 | 일 정 | 증 가 | 감 소 |
| 표시이자금액 | 일 정 | 일 정 | 일 정 | 일 정 |
| 사채발행차금상각액 | 일 정 | 일 정 | 증 가 | 증 가 |
| 사채장부금액 | 증 가 | 감 소 | 증 가 | 감 소 |

### 3. 사채발행시 거래원가 : 사채발행비

상각후원가 측정 금융부채인 사채의 발행시 거래원가는 공정가치에서 직접 차감하며, 새로운 유효이자율을 적용하여 사채기간 동안 이자비용으로 인식

➡ 당기손익인식 공정가치 측정 금융부채에 대한 거래원가는 발생즉시 비용으로 인식, 이는 당기손익 공정가치 측정 금융자산의 경우에도 동일함

## 02 사채발행원가의 회계처리 (회계사 2007 수정) IFRS

A회사는 20×1년 1월 1일 사채를 발행하고 사채발행금액에서 사채발행원가 ₩25,248을 제외한 나머지 금액을 현금으로 수령하였다. 사채의 액면금액은 ₩1,000,000, 표시이자율은 연 4%, 이자지급일은 매년 12월 31일이고 만기는 20×3년 12월 31일이다. 발행일의 시장이자율은 6%이었다. 사채의 현재가치 계산에 필요한 현가표는 다음과 같다.

| 이자율 | 정상연금 ₩1의 현가 | | | 단일금액 ₩1의 현가 | | |
|---|---|---|---|---|---|---|
| | 1년 | 2년 | 3년 | 1년 | 2년 | 3년 |
| 6.0% | 0.9434 | 1.8334 | 2.6730 | 0.9434 | 0.8900 | 0.8396 |
| 6.5% | 0.9389 | 1.8206 | 2.6484 | 0.9389 | 0.8817 | 0.8278 |
| 7.0% | 0.9346 | 1.8080 | 2.6243 | 0.9346 | 0.8734 | 0.8163 |

A회사는 발행한 사채에 대하여 유효이자율법을 이용하여 이자비용을 인식하고 있다. A회사가 20×2년에 인식하는 사채할인발행차금 상각액은 얼마인가? 단, 계산금액은 소수점 첫째 자리에서 반올림하며, 이 경우 약간의 반올림 오차가 나타날 수 있다.

① ₩24,489　② ₩26,203　③ ₩28,036
④ ₩40,000　⑤ ₩66,203

**해 답**

(1) 사채의 공정가치 : 1,000,000×0.8396+40,000×2.6730=946,520
(2) 사채의 순발행금액 : 946,520−25,248=921,272 ➡ 유효이자율 : 7% (시행착오법)
(3) 1,000,000×0.8163+40,000×2.6243=921,272

(4) 20×2년 사채할인발행차금상각액 : (921,272×1.07－40,000)×7%－40,000＝26,203

| | | | | | |
|---|---|---|---|---|---|
| 20×1. 1. 1 | (차) 현　　금 | 921,272 ① | (대) 사　　채 | | 921,272 ② |
| 20×2.12.31 | (차) 이자비용 | 66,203 ① | (대) 현　　금 | | 40,000 ② |
| | | | 사　　채 | | 26,203 ③ |

② W

## 4. 이자지급일사이의 사채발행 : 명목상 발행일과 실제 발행일의 불일치

(1) 명목상발행일의 발행금액을 계산 : 명목상발행일이 1월 1일이고 실제 발행일이 4월 1일인 경우에는 명목상발행일 현재가치를 실제발행일의 유효이자율로 할인하여 계산함

(2) 실제발행일의 총현금유입액계산 : 명목상발행일 현재가치＋명목상발행일 현재가치×실제발행일 유효이자율×3/12

(3) 실제발행일의 순발행금액계산 : 명목상발행일 현재가치＋명목상발행일 현재가치×실제발행일 유효이자율×3/12－액면금액×표시이자율×3/12

(4) 보고기간 말 유효이자비용 : 명목상발행일 현재가치×실제발행일 유효이자율×9/12

## 03 이자지급일 사이의 사채발행 (회계사 2004 수정) IFRS

A회사는 사채권면의 발행일이 20×1년 1월 1일인 사채를 20×1년 3월 1일자로 발행하였다. 발행일의 시장이자율은 7%이며, 사채발행원가를 포함한 유효이자율은 8%이다. 이 사채는 액면이자율 6%, 액면금액 ₩100,000, 매년 말 이자 지급, 만기 2년의 조건으로 발행되었다. 이 사채의 분개에 관한 다음의 서술 중 옳은 것은? (단, 금액 계산시 소수점 첫째자리에서 반올림할 것.)

| | ₩1의 현재가치 | | 연금 ₩1의 현재가치 | |
|---|---|---|---|---|
| 기간 | 7% | 8% | 7% | 8% |
| 1 | 0.9346 | 0.9259 | 0.9346 | 0.9259 |
| 2 | 0.8734 | 0.8573 | 1.8080 | 1.7833 |

① 20×1년 3월 1일 사채발행시 사채할인발행차금은 ₩3,284이다.
② 20×1년 위 사채로부터 발생하는 이자비용은 ₩7,754이다.
③ 20×1년 3월 1일 발행시 현금유입액은 ₩96,430이다.
④ 20×2년 12월 31일 사채할인발행차금 상각액은 ₩1,785이다.
⑤ 20×1년 3월 1일 미지급이자는 기록되지 않는다.

**해 답**

(1) 이자지급일사이에 발행된 사채의 실제 발행금액은 액면발행일의 현재가치를 구한 후 실제 발행일의 사채 발행금액을 계산하면 된다.
(2) 20×1년 1월 1일 발행가정시 사채발행금액 : 100,000×0.8573+6,000×1.7833=96,430
(3) 20×1년 3월 1일 발행시 현금유입액 : 96,430+96,430×8%×2/12=97,716
(4) 20×1년 3월 1일 발행시 사채발행금액 : 96,430+96,430×8%×2/12－6,000×2/12=96,716
(5) 20×1년 3월 1일 발행시 사채할인발행차금 : 100,000－96,716=3,284

| | | | | |
|---|---|---|---|---|
| 20×1. 3. 1 | (차) 현　　금 | 97,716 ① | (대) 사　　채 | 96,716 ② |
| | | | 미지급이자 | 1,000 ③ |
| 20×1.12.31 | (차) 미지급이자 | 1,000 ① | (대) 현　　금 | 6,000 ③ |
| | 이자비용 | 6,429 ② | 사　　채 | 1,429 ④ |

① W

## 5. 사채의 조기상환

(1) 장부금액 (상환시 상각후원가) : 상환일이후의 현금흐름을 발행일의 유효이자율로 할인한 금액

(2) 상환대가 (상환시 공정가치) : 상환일이후의 현금흐름을 상환일의 시장이자율로 할인한 금액

[사채상환손익의 발행원인]

| 시장이자율간의 관계 | 상환가액과 장부금액의 관계 | 손익의 구분 |
|---|---|---|
| 발행시 = 상환시 | 장부금액 = 상환가액 | 상환손익 없음 |
| 발행시 < 상환시 | 장부금액 > 상환가액 | 사채상환이익 |
| 발행시 > 상환시 | 장부금액 < 상환가액 | 사채상환손실 |

(3) 최초에 자기사채의 취득 : 취득시점에 사채의 상환으로 간주하여 회계처리

(4) 취득한 자기사채의 매각 : 신규사채의 발행으로 간주하여 회계처리

[자기사채 취득과 매각의 회계처리]

| | | | | |
|---|---|---|---|---|
| 자기사채취득 | (차) 사　　채 | ×××[*1] | (대) 현　　금 | ×××[*2] |
| | 사채상환손실 | ××× | 사채할인발행차금 | ×××[*1] |
| | [*1] 사채의 장부금액 | | [*2] 자기사채 취득일 현재 사채의 공정가치 | |
| 자기사채매각 | (차) 현　　금 | ×××[*3] | (대) 사　　채 | ××× |
| | 사채할인발행차금 | ××× | | |
| | [*3] 자기사채 재발행일 현재 사채의 공정가치 | | | |

## 04 사채의 발행과 상환

(회계사 2014) IFRS

㈜대경은 20×1년 1월 1일 액면금액 ₩1,000,000, 액면이자율 연 7%(매년 말 이자지급), 3년 만기인 회사채를 발행하고 상각후원가측정금융부채로 분류하였다. ㈜대경이 20×2년 5월 31일에 상기 사채를 ₩1,050,000(미지급이자 포함)에 재취득하였다면, 재취득손실은 얼마인가?

(1) 사채발행 당시 시장이자율은 연 9%이었으며, 사채할인발행차금에 대하여 유효이자율법으로 상각한다. 한편, ㈜대경이 동 사채를 발행하는 과정에서 직접적인 사채발행원가 ₩24,011이 발생하였다.

(2) ㈜대경은 동 사채와 관련하여 20×1년도 포괄손익계산서상 이자비용으로 ₩92,538을 인식하였다. 계산과정에서 소수점 이하는 첫째자리에서 반올림한다. 그러나 계산방식에 따라 단수차이로 인해 오차가 있는 경우, 가장 근사치를 선택한다. 또한 법인세 효과는 고려하지 않는다.

| 할인율 | 단일금액 ₩1의 현재가치 | | | 정상연금 ₩1의 현재가치 | | |
|---|---|---|---|---|---|---|
| | 1년 | 2년 | 3년 | 1년 | 2년 | 3년 |
| 7% | 0.9346 | 0.8734 | 0.8163 | 0.9346 | 1.8080 | 2.6243 |
| 9% | 0.9174 | 0.8417 | 0.7722 | 0.9174 | 1.7591 | 2.5313 |

① ₩12,045　② ₩39,254　③ ₩50,000
④ ₩62,585　⑤ ₩102,082

**해 답**

(1) 시장이자율로 할인한 현재가치 : 70,000 × 2.5313 + 1,000,000 × 0.7722 = 949,391
(2) 사채발행원가를 고려한 현재가치 : 949,391 − 24,011 = 925,380 ➡ 유효이자율은 10%임
(3) 20×2년 5월 31일 상환손익
① 사채의 표시이자포함 장부금액 : (925,380 × 1.1 − 70,000) × (1+10% × 5/12) = 987,415
② 사채의 표시이자포함 상환금액 : 1,050,000
③ 사채상환손익 : 987,415 − 1,050,000 = (−)62,585

④

## 05 사채의 상환으로 인한 당기손익효과 (회계사 2014 수정)

IFRS

위의 [예제 4]에서 ㈜대경이 20×2년 포괄손익계산서에 상기 사채와 관련하여 인식한 당기손익의 합계는 얼마인가?

① ₩12,045 감소　② ₩39,254 감소　③ ₩50,000 감소
④ ₩62,585 감소　⑤ ₩102,082 감소

**해 답**

(1) 시장이자율로 할인한 현재가치 : 70,000 × 2.5313 + 1,000,000 × 0.7722 = 949,391
(2) 사채발행원가를 고려한 현재가치 : 949,391 − 24,011 = 925,380 ➡ 유효이자율은 10%임
(3) 20×2년 1월 1일 장부금액 : 925,380 × 1.1 − 70,000 = 947,918
(4) 20×2년 당기손익효과 : 947,918 − 1,050,000 = (−)102,082 ➡ 당기손익효과의 경우 기초 장부금액과 상환금액의 차이로 계산하는 것이 쉽다.

| | | | | |
|---|---|---|---|---|
| 20×2년 | (차) 사　　채 | 947,918 ① | (대) 현　　금 | 1,050,000 ② |
| | 이자비용 | 39,497 ③ | | |
| | 사채상환손실 | 62,585 ④ | | |
| | ③ 947,918 × 10% × 5/12 = 39,497 | | | |

⑤

## 6. 사채의 특수모형

(1) 1년에 2회 표시이자를 지급하는 경우 : 표시이자율과 유효이자율을 모두 6개월 단위로 수정하여 회계처리를 수행하며, 현가계수도 6개월 단위의 현가계수를 이용해야 함

(2) 이자지급일과 결산일이 다른 경우 : 사채의 이자지급일 기준으로 유효이자를 계산한 후 회계기간 기준으로 기간안분만 수행

## 7. 연속상환사채

(1) 발행금액의 결정 : 일반 사채와 동일하게 미래현금흐름을 발행당시의 시장이자율로 할인

(2) 이자비용 : 유효이자율법만을 이용하여 이자비용 인식

### 06 연속상환사채 (세무사 2022)

㈜세무는 20×1년 1월 1일 상각후원가로 측정하는 금융부채에 해당하는 다음과 같은 조건의 연속상환사채를 발행하였다. 20×2년 말 재무상태표상 동 상각후원가 측정 금융부채의 장부금액은?

(1) 사채의 액면금액은 ₩1,200,000이며, 이자지급은 연 5%의 이자율을 적용하여 매년 12월 31일에 지급한다. 20×2년부터 20×4년까지 매년 12월 31일에 액면금액을 ₩400,000씩 연속상환한다.
(2) 발행당시 유효이자율은 연 6%이며, 아래의 현가계수를 이용한다.

| 구 분 | 단일금액 ₩1의 현재가치 | | 정상연금 ₩1의 현재가치 | |
|---|---|---|---|---|
| | 5% | 6% | 5% | 6% |
| 1기간 | 0.9524 | 0.9434 | 0.9524 | 0.9434 |
| 2기간 | 0.9070 | 0.8900 | 1.8954 | 1.8334 |
| 3기간 | 0.8638 | 0.8396 | 2.7232 | 2.6730 |
| 4기간 | 0.8227 | 0.7921 | 3.5459 | 3.4651 |

① ₩396,221 ② ₩788,896 ③ ₩796,221
④ ₩988,221 ⑤ ₩1,188,896

**해 답**

(1) 20×1년 초 금액 : 60,000×0.9434+460,000×0.8900+440,000×0.8396+420,000×0.7921=1,168,110

(2) **20×2년 말 장부금액** : (1,168,110×1.06−60,000)×1.06−460,000=**788,888**

(3) 별해 : 440,000÷$1.06^1$+420,000÷$1.06^2$=788,893 or 440,000×0.9434+420,000×0.8900=788,896

(4) 현재가치 상각표

| 날 짜 | 유효이자 | 액면이자 | 차금상각 | 액면상환 | 장부가액 |
|---|---|---|---|---|---|
| 20×1. 1. 1 | | | | | 1,168,110 |
| 20×1.12.31 | 70,087 | (60,000) | 10,087 | - | 1,178,197 |
| 20×2.12.31 | 70,692 | (60,000) | 10,692 | (400,000) | 788,889 |
| 20×3.12.31 | 47,333 | (40,000) | 7,333 | (400,000) | 396,222 |
| 20×4.12.31 | 23,778 | (20,000) | 3,778 | (400,000) | - |
| 합 계 | 211,890 | (180,000) | 31,890 | (1,200,000) | |

②

## 8. 금융부채의 출자전환

(1) 원칙 : 금융부채의 전부 또는 일부를 소멸시키기 위하여 채권자에게 발행한 지분상품을 최초에 인식하는 경우 발행된 지분상품의 공정가치로 측정하여 출자전환손익을 인식

(2) 예외 : 발행된 지분상품의 공정가치를 신뢰성 있게 측정할 수 없는 경우 소멸된 금융부채의 공정가치를 반영하여 지분상품을 측정

[출자전환의 회계처리]

원칙 : 발행주식 공정가치

| 출자전환 | (차) 금융부채 | ×××③ | (대) 자 본 금 | ×××① |
|---|---|---|---|---|
| | | | 주식발행초과금 | ×××② |
| | | | 금융부채상환이익 | ×××④ |

예외 : 금융부채 공정가치

## 07 금융부채의 출자전환 (회계사 2014 수정)

㈜대경은 20×1년 1월 1일 액면금액 ₩1,000,000, 액면이자율 연 7%(매년 말 이자지급), 3년 만기인 회사채를 발행하고 상각후원가측정금융부채로 분류하였다. 사채발행 당시 유효이자율은 연 10%이었다. ㈜대경은 동 사채와 관련하여 20×1년도 포괄손익계산서상 이자비용으로 ₩92,538을 인식하였다. 20×2년 초에 ㈜대경이 발행한 사채에 적용되는 시장이자율은 7%인 것으로 가정한다. 20×2년 초에 ㈜대경이 사채를 100주의 주식으로 출자전환하기로 한 경우 출자전환에 따라 인식할 당기손익효과는 얼마인가? ㈜대경이 발행한 주식의 액면금액은 1주당 ₩5,000이며, 공정가치는 ₩12,000이다.

① ₩52,082 감소　② ₩252,082 감소　③ ₩263,000 감소
④ ₩267,082 감소　⑤ ₩312,064 감소

### 해 답

(1) 20×2년 1월 1일 사채의 장부금액 : 925,380×1.1－70,000＝947,918
(2) 20×2년 출자전환손익 : 947,918－100주×₩12,000＝(－)252,082

| | | | | |
|---|---|---|---|---|
| 20×2년 초 | (차) 사　채 | 947,918 | (대) 자 본 금 | 500,000 |
| | 사채상환손실 | 252,082 | 주식발행초과금 | 700,000 |

② 

## 08 금융부채의 출자전환 (회계사 2014 수정)

위의 [예제 7]에서 출자전환으로 발행한 주식의 공정가치를 신뢰성 있게 측정할 수 없다고 가정하는 경우 출자전환에 따라 인식할 당기손익효과는 얼마인가?

① ₩52,082 감소　② ₩252,082 감소　③ ₩263,000 감소
④ ₩267,082 감소　⑤ ₩312,064 감소

**해 답**

(1) 20×2년 1월 1일 사채의 장부금액 : 925,380×1.1 - 70,000 = 947,918

(2) 20×2년 1월 1일 사채의 공정가치 : 1,000,000

(3) 20×2년 출자전환손익 : 947,918 - 1,000,000 = (-)52,082

| 20×2년 초 | (차) 사 채 | 947,918 | (대) 자 본 금 | 500,000 |
|---|---|---|---|---|
| | 사채상환손실 | 52,082 | 주식발행초과금 | 500,000 |

① W

## 9. 금융부채의 조건변경 : 채권·채무의 조정

(1) 조건변경의 실질적인 지에 대한 판단

① 새로운 조건에 따른 현금흐름의 현재가치와 최초 금융부채의 잔여현금흐름의 현재가치의 차이가 적어도 10%이상이라면, 계약조건이 실질적으로 달라진 것임

② 새로운 현금흐름에는 차입자와 대여자간에 수수한 거래원가를 포함하며, 조건변경여부를 판단하기 위해 현금흐름을 할인할 때에는 최초의 유효이자율을 사용

(2) 조건변경이 실질적인 경우 : 기존부채의 전부 제거후 신규부채의 인식

① 실질적인 조건변경에서 변경후 금융부채는 조건 변경후 현금흐름을 현행 시장이자율로 할인한 현재가치인 공정가치로 계산

② 기존의 금융부채를 제거하고 새로운 금융부채를 공정가치로 인식한 후 기존금융부채의 제거손익을 인식. 만약 조건변경시 거래원가가 지출된 경우 상환수수료로 간주하여 금융부채의 제거손익에 가감함

(3) 조건변경이 실질적이지 않은 경우 : 기존부채의 일부 감면으로 인식

① 실질적이지 않은 조건변경에서 변경후 금융부채는 조건 변경후 현금흐름을 최초 유효이자율로 할인한 현재가치로 계산

② 해당 금융부채의 상각후원가를 재계산하고, 조건변경손익을 당기손익으로 인식. 만약 조건변경시 거래원가가 지출된 경우 사채발행수수료로 간주하여 금융부채의 상각후원가에 차감하여, 유효이자율을 조정하고 잔여기간에 걸쳐 이자비용으로 인식

## 09 금융부채의 조건변경

(세무사 2023)

㈜세무는 20×1년 초 상각후원가로 측정하는 금융부채에 해당하는 사채(액면금액 ₩1,000,000, 표시이자율 연 8%, 만기 3년, 매년 말 이자지급)를 ₩950,252(유효이자율 연 10%)에 발행하였다. ㈜세무는 20×2년 초에 표시이자율을 연 5%(매년 말 이자지급)로, 만기를 20×5년 말로 조건을 변경하는 것에 사채권자와 합의하였다. 조건변경과 관련한 수수료는 발생하지 않았으며, 20×2년 초 시장이자율은 연 12%이다. 동 사채의 회계처리가 ㈜세무의 20×2년도 당기순이익에 미치는 영향은? 단, 현재가치 계산 시 다음에 제시된 현가계수표를 이용한다.

| 기간 | 단일금액 ₩1의 현재가치 | | | | 정상연금 ₩1의 현재가치 | | | |
|---|---|---|---|---|---|---|---|---|
| | 5% | 8% | 10% | 12% | 5% | 8% | 10% | 12% |
| 1 | 0.9524 | 0.9259 | 0.9091 | 0.8929 | 0.9524 | 0.9259 | 0.9091 | 0.8929 |
| 2 | 0.9070 | 0.8573 | 0.8265 | 0.7972 | 1.8594 | 1.7833 | 1.7355 | 1.6901 |
| 3 | 0.8638 | 0.7938 | 0.7513 | 0.7118 | 2.7233 | 2.5771 | 2.4869 | 2.4018 |
| 4 | 0.8227 | 0.7350 | 0.6830 | 0.6355 | 3.5460 | 3.3121 | 3.1699 | 3.0374 |
| 5 | 0.7835 | 0.6806 | 0.6209 | 0.5674 | 4.3295 | 3.9927 | 3.7908 | 3.6048 |

① ₩207,932 감소 ② ₩272,391 감소 ③ ₩39,637 증가
④ ₩53,212 증가 ⑤ ₩83,423 증가

### 해 답

(1) 20×2년 초 상각후원가(변경전 현금흐름) : 950,252×1.1－80,000＝965,277 ← 10% 적용
(2) 20×2년 초 상각후원가(변경후 현금흐름) : 50,000×3.1699＋1,000,000×0.6830＝841,495 ← 10% 적용
(3) 현금흐름의 차이비율 : (965,277－841,495)÷965,277＝13% → 실질적인 조건변경임
(4) 20×2년 초 공정가치(변경후 현금흐름) : 50,000×3.0374＋1,000,000×0.6355＝787,370 ← 12% 적용
(5) 20×2년 초 조건변경이익 : 965,277－787,370＝177,907
(6) 20×2년 이자비용 : 787,370×12%＝94,484 → 20×2년 당기손익 : 177,907－94,484＝(+)83,423

| 20×2. 1. 1 | (차) 사채(전) | 965,277 ① | (대) 사채(후) | 787,370 ② |
|---|---|---|---|---|
| | | | 사채상환이익 | 177,907 ③ |
| 20×2.12.31 | (차) 이자비용 | 94,484 ④ | (대) 현 금 | 50,000 ⑤ |
| | | | 사채(후) | 44,484 ⑥ |

⑤

[금융부채의 분류]

| 분 류 | | 사 례 |
|---|---|---|
| 상각후원가측정 금융부채 | | 매입채무, 미지급금, 차입금, 사채 |
| 당기손익-공정가치측정 금융부채 | 단기매매목적 | 공매주식, 단기재매입부채 |
| | 당기손익인식지정 | 당기손익인식지정 금융부채 등 |
| 기타의 금융부채 | | 지속적관여부채, 금융보증부채, 사업결합의 조건부대가 |

## 3 상각후원가로 측정하지 않는 금융부채

### 1. 당기손익 공정가치 측정 금융부채

(1) 단기매매목적의 금융부채 : 금융부채의 부담목적이 단기간에 재매입할 목적으로 발행하거나, 최초 인식시점에 단기적 이익 획득 목적이라는 증거가 있거나, 위험회피목적이 아닌 파생상품부채에 해당하는 경우

(2) 당기손익인식을 지정한 금융부채 : 회계불일치제거 목적이나 체계적인 관리목적을 위해 금융부채를 당기손익인식 지정하는 경우

① 당기손익인식 지정 금융부채의 경우 공정가치변동손익 중 시장위험으로 인한 부분은 당기손익으로 인식하며, 신용위험으로 인한 부분은 기타포괄손익으로 인식함

➡ 시장위험 : 시장상황의 변동에 따른 가격변동위험으로 시장위험이 기준금리의 변동에 국한된 경우 기준금리의 변동효과로 측정함

➡ 신용위험 : 금융상품의 발행자가 의무를 이행하지 않아서 발생하는 가격변동위험으로 해당 기업의 신용가산금리의 변동효과로 측정함

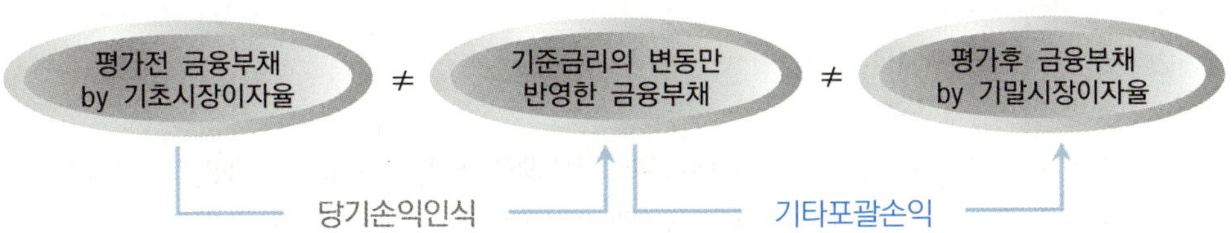


② 신용위험의 기타포괄손익인식으로 오히려 회계불일치가 일어나거나 확대된다면, 부채의 신용위험 변동 효과도 당기손익에 표시함

## 10 당기손익인식지정 금융부채의 공정가치 변동손익

A회사는 20×1년 1월 1일 액면금액 ₩1,000,000, 액면이자율 연 7%(매년 말 이자지급), 3년 만기인 회사채를 발행하고 회계불일치 제거목적으로 관련 금융자산과 동시에 당기손익 공정가치 측정 금융부채로 지정하였다. 20×1년에 A회사가 금융부채와 관련하여 당기손익과 기타포괄손익으로 인식할 금액을 각각 계산하면 얼마인가? 단, 시장위험은 기준금리의 변동에만 국한한다.

(1) 사채발행 당시 시장이자율은 연 10%이었으며, 이는 기준금리 5%에 A회사의 신용가산금리 5%가 적용된 것이다.

(2) 20×1년 말 사채에 적용되는 시장이자율은 연 14%이며 이는 기준금리 8%에 A회사의 신용가산금리 6%가 적용된 것이다. 단, 이자비용은 표시이자비용만을 인식하며, 관련 현재가치계수는 다음과 같다.

| 할인율 | 단일금액 ₩1의 현재가치 | | | 정상연금 ₩1의 현재가치 | | |
|---|---|---|---|---|---|---|
| | 1년 | 2년 | 3년 | 1년 | 2년 | 3년 |
| 10% | 0.9091 | 0.8264 | 0.7513 | 0.9091 | 1.7355 | 2.4868 |
| 13% | 0.8850 | 0.7832 | 0.6931 | 0.8850 | 1.6681 | 2.3612 |
| 14% | 0.8772 | 0.7695 | 0.6750 | 0.8772 | 1.6467 | 2.3216 |

| | 당기손익 | 기타포괄손익 | | 당기손익 | 기타포괄손익 |
|---|---|---|---|---|---|
| ① | (-)₩15,198 | ₩44,591 | ② | (-)₩44,591 | ₩15,198 |
| ③ | 없음 | ₩63,145 | ④ | (-)₩63,145 | 없음 |
| ⑤ | (-)₩31,572 | ₩31,573 | | | |

### 해 답

1. 당기손익인식지정 금융부채의 공정가치 변동손익
   (1) 20×1년 말 장부금액 : 925,376
   (2) 20×1년 말 : 70,000×1.6681+1,000,000×0.7832=899,967 ➡ 할인율 13%를 적용(기준금리변동효과)
   (3) 20×1년 말 : 70,000×1.6467+1,000,000×0.7695=884,769 ➡ 할인율 14%를 적용(가산금리변동효과)
   (4) 시장위험으로 인한 공정가치변동손익 : 925,376-899,967=25,409 ➡ 당기손익인식
   (5) 신용위험으로 인한 공정가치변동손익 : 899,967-884,769=15,198 ➡ 기타포괄손익인식

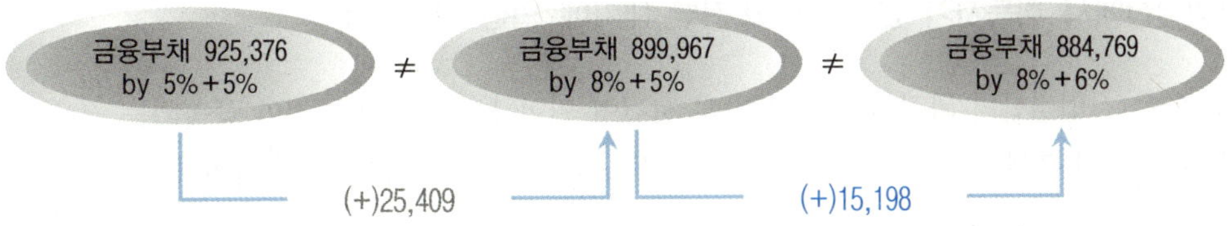


2. 관련 회계처리 (참고용)

| | | | | |
|---|---|---|---|---|
| 20×1. 1. 1 | (차) 현　　금 | 925,376 ① | (대) 당기손익금융부채 | 925,376 ② |
| 20×1.12.31 | (차) 이자비용 | 70,000 ① | (대) 현　　금 | 70,000 ② |
| | (차) 당기손익금융부채 | 25,409 ③ | (대) 금융부채평가이익 | 25,409 ④ |
| | (차) 당기손익금융부채 | 15,198 ⑤ | (대) 기타포괄평가이익 | 15,198 ⑥ |

② W

## 2. 금융부채에 대한 금융보증의 제공

(1) 채무상품의 최초 계약조건이나 변경된 계약조건에 따라 지급기일에 특정 채무자가 지급하지 못하여 보유자가 입은 손실을 보상하기 위해 발행자가 특정금액을 지급하여야 하는 계약

(2) 제3자를 위해 금융보증을 제공한 경우 최초인식시 공정가치(일반적으로 보증의 대가로 수령한 금액)로 금융보증부채를 측정하며, 후속적으로 미인식이익과 기대신용손실모형에 의해 추정한 금액 중 큰 금액을 재무상태표에 금융보증부채로 인식함

(3) 20×1년 초에 A회사가 B회사의 차입금 ₩100,000에 대하여 2년간 지급을 보증하기로 하고, 보증수수료로 ₩10,000을 수령하였다. 한편, 20×2년 초 B회사의 신용위험으로 인한 기대신용손실이 ₩30,000으로 측정되는 경우의 A회사의 회계처리는 다음과 같다.

| | | | | |
|---|---|---|---|---|
| 20×1. 1. 1 | (차) 현　　금 | 10,000 | (대) 금융보증부채 | 10,000 |
| 20×1.12.31 | (차) 금융보증부채 | 5,000 | (대) 금융보증수익 | 5,000 |
| 20×2. 1. 1 | (차) 금융보증부채 | 5,000 | (대) 금융보증부채 | 30,000 |
| | 금융보증손실 | 25,000 | | |

## 3. 시장이자율보다 낮은 대출약정에 의한 금융부채

(1) 미래에 특정 채무자와 시장이자율보다 낮은 이자율로 대출하기로 한 약정을 체결한 경우, 대출약정의 보유자(향후 대여자)는 발생한 금융부채를 최초 인식시 공정가치로 인식

(2) 후속적으로 해당 금융부채를 미인식이익과 기대손실모형에 의해 추정한 금액 중 큰 금액으로 측정

### 2차 4. 사업결합에서 취득자가 인식하는 조건부 대가에 의한 금융부채

(1) 합병 등 사업결합의 과정에서 특정 미래 사건이 일어나거나 특정 조건이 충족되는 경우에, 피취득자에 대한 지배력과 교환된 부분으로 피취득자의 이전 소유주에게 자산이나 지분을 추가적으로 이전하여야 하는 취득자의 의무

(2) 금융부채로 분류되는 조건부대가는 최초인식과 후속측정을 모두 공정가치로 측정하고 공정가치의 변동을 당기손익으로 인식

출제경향

| | 2020 | 2021 | 2022 | 2023 | 2024 | 2025 |
|---|---|---|---|---|---|---|
| 회계사 | 2 | 1 | 1 | 2 | 2 | 2 |
| 세무사 | 3 | 1 | 2 | 2 | 1 | 2 |

# 제 10 장 충당부채와 종업원급여

Financial Accounting Workbook

## 1 충당부채, 우발부채 및 우발자산

### 1. 충당부채의 의의

(1) 충당부채의 정의

① 과거사건의 결과 발생한 현재의무로 지출의 시기 또는 금액은 불확실하지만,

② 미래경제적효익의 유출가능성이 높고,

③ 당해 의무의 이행에 소요되는 금액을 신뢰성 있게 추정가능한 부채

➠ 법적의무 : 명시적 또는 묵시적 조항에 따른 계약상의 의무와 법률이나 기타 법적 효력에 의하여 발생하는 의무

➠ 의제의무 : 특정 책임을 부담하겠다는 것을 상대방에게 표명하고, 그 결과 책임을 이행할 것이라는 정당한 기대를 상대방이 가지는 것에 의하여 발생하는 의무

(2) 충당부채의 인식방법 : 충당부채는 부채의 인식요건을 충족하므로 재무상태표에 추정금액을 부채를 계상하고 포괄손익계산서에 당기손실로 인식

[충당부채의 회계처리]

| | | | | |
|---|---|---|---|---|
| 20×1말 예상 | (차) 제품보증비 | 10,000 | (대) 보증손실충당부채 | 10,000 |
| 20×2년 확정 | (차) 보증손실충당부채 | 10,000 | (대) 현　　금 | 12,000 |
| | 제품보증비 | 2,000 | | |

### 2. 우발부채의 의의

(1) 우발부채의 정의

① 과거사건의 결과 발생한 현재의무이지만 자원이 유출될 가능성이 높지 아니한 경우나 당해 의무를 이행하여야 할 금액을 신뢰성 있게 측정할 수 없는 경우

② 과거사건의 결과 발생하였으나, 기업이 전적으로 통제할 수는 없는 하나 이상의 불확실한 미래 사건의 발생 여부로만 그 존재 유무를 확인할 수 있는 잠재적 의무

(2) 우발부채의 인식방법

① 원칙 : 부채의 인식요건을 충족하지 못하므로 주석으로 공시

② 예외 : 자원의 유출가능성이 아주 낮은 경우에는 공시하지 않음

### 3. 우발자산의 의의

(1) 우발자산의 정의

과거사건의 결과 발생하였으나, 기업이 전적으로 통제할 수는 없는 하나 이상의 불확실한 미래 사건의 발생 여부로만 그 존재 유무를 확인할 수 있는 잠재적 자산

(2) 우발자산의 인식방법

① 원칙 : 재무제표에 공시하지 않음

② 예외 : 경제적효익의 유입가능성이 높은 경우에만 주석으로 공시

[충당부채와 우발부채]

| 자원의 유출가능성 | 금액의 신뢰성 있는 추정가능성 | |
|---|---|---|
| | 가 능 | 불가능 |
| 높음 (50% 초과) | 충당부채로 인식 | 우발부채로 주석공시 |
| 높지 않음 | 우발부채로 주석공시 | 우발부채로 주석공시 |
| 아주 낮음 | 공시하지 않음 | 공시하지 않음 |

[우발자산]

| 자원의 유입가능성 | 금액의 신뢰성 있는 추정가능성 | |
|---|---|---|
| | 가 능 | 불가능 |
| 높음 (50% 초과) | 우발자산으로 주석공시 | 우발자산으로 주석공시 |
| 높지 않음 | 공시하지 않음 | 공시하지 않음 |

### 4. 충당부채의 인식요건 중 특이사항

(1) 현재의무의 존재

① 현재의무의 존재여부 : 보고기간 말에 현재의무가 존재할 가능성이 존재하지 아니할 가능성보다 높은 경우에는 과거사건이 현재의무를 발생시킨 것으로 간주하며, 고려해야 할 증거에는 보고기간후 사건이 제공하는 추가적인 증거도 포함됨

② 과거사건으로 인한 현재의무 : 과거사건으로 인한 의무가 기업의 미래행위와 독립적이어야 함 → 해당 의무를 이행하는 것 이외에는 대안이 없어야 함

➡ 복구의무 : 법적인 환경오염으로 인한 범칙금이나 환경정화비용의 경우에는 기업의 미래행위에 관계없이 해당 현재의무의 이행에 경제적효익을 갖는 자원의 유출이 수반되므로 충당부채를 인식함. 마찬가지로 유류설비 또는 원자력 발전소에 의하여 이미 발생한 피해에 대하여 기업의 복구의무가 있는 범위 내에서 유류설비 또는 원자력 발전소의 사후처리원가와 관련된 충당부채를 인식

➡ 설치의무 : 법에서 정하는 환경기준을 충족시키기 위해서 또는 상업적 압력 때문에 공장에 특정 정화장치를 설치하기 위한 비용지출을 계획하고 있거나, 관련된 비용지출이 필요한 경우에는 공장운영방식을 바꾸는 등의 미래행위를 통하여 설치관련 미래의 지출을 회피할 수 있으므로 예상지출액은 현재의무가 아니며 충당부채를 인식하지 않음 (수선의무나 검사의무, 보험가입의무도 동일)

➡ 연대보증의무 : 이행할 전체의무 중에서 경제적효익을 갖는 자원의 유출가능성이 높은 부분에 대하여 충당부채를 인식하며, 제3자가 이행할 것으로 기대되는 부분을 우발부채로 처리

③ 추후에 의무를 발생시키는 경우 : 발생한 환경오염에 대하여 지금 당장 복구할 의무가 없는 경우에도 추후 새로운 법규가 그러한 환경오염을 복구하도록 강제하거나 기업이 그러한 복구의무를 의제의무로서 공식적으로 수용한다면, 당해 법규의 제개정시점 또는 기업의 공식적인 수용시점에 그 환경오염은 의무발생사건이 됨

➡ 입법 예고된 법규의 세부사항이 아직 확정되지 않은 경우에는 당해 법규안대로 제정될 것이 거의 확실한 때에는 의무가 발생한 것으로 간주함

(2) 경제적효익의 유출가능성

특정 사건이 발생할 가능성이 발생하지 아니할 가능성보다 높은 경우에 자원의 유출 또는 기타 사건의 가능성이 높다고 간주함

➡ 제품보증 또는 이와 유사한 계약 등 다수의 유사한 의무가 있는 경우 의무이행에 필요한 자원의 유출가능성은 당해 유사한 의무 전체를 고려하여 결정함

➡ 비록 개별항목의 의무이행에 필요한 자원의 유출가능성이 높지 않더라도 전체적인 의무이행을 위하여 필요한 자원의 유출가능성이 높을 경우에는 충당부채를 인식

(3) 신뢰성 있는 추정

추정치를 사용하는 것은 재무제표 작성의 필수적인 과정이며 재무제표의 신뢰성을 손상시키지 아니함. 극히 드문 경우를 제외하고는 가능한 결과의 범위를 결정할 수 있으므로 충당부채를 인식할 때 충분히 신뢰성 있는 금액을 추정할 수 있음

## 01 현재의무의 존재여부

다음의 사례들 중에서 충당부채를 계상하여야 하는 사례는 무엇인가? 단, 모든 기업의 보고기간 말은 12월 31일이며 모든 경우에 예상되는 자원의 유출가능성은 높으며, 금액에 대한 신뢰성 있는 추정이 가능한 것으로 가정한다.

(1) A회사는 판매한 제품에 하자가 있는 경우에는 법적의무가 없더라도 수리를 해주는 정책을 견지하고 있다. 이러한 보증정책은 널리 알려져 있다.

(2) 20×1년 12월 12일, B회사는 이사회에서 한 사업부를 폐쇄하기로 결정하였다. 보고기간 말(20×1년 12월 31일) 전에 이러한 의사결정에 영향을 받는 당사자들에게 알리지 않았고 이러한 결정을 수행하기 위한 어떠한 절차도 수행되지 않았다.

(3) C회사는 환경관련 법규가 없는 국가에서 기업이 오염을 유발하는 석유사업을 운영하고 있다. 그러나 기업은 사업을 운영하면서 오염시킨 토지를 정화할 의무를 부담한다는 환경정책을 대외적으로 표방하고 있다. 당해 기업은 대외에 표방한 그 정책을 준수한 사실이 있다.

(4) 20×1년 12월 12일에 D회사의 이사회는 특정한 제품을 생산하는 하나의 사업부를 폐쇄하기로 결정하였다. 20×1년 12월 20일에 사업부의 폐쇄를 위한 구체적인 계획에 대하여 이사회의 동의를 얻었고, 고객들에게 다른 제품공급처를 찾도록 촉구하는 서한을 보냈으며, 사업부의 종업원들에게는 감원이 통보되었다.

(5) E회사는 확정매입계약을 체결하여 원재료를 매입하고 있다. 20×1년 말에 해당 계약에서 8억원의 영업손실이 예상되고 있으며, 이 계약을 해지하면 위약금이 6억원으로 예상된다.

(6) F항공사는 법률에 따라 항공기를 3년에 한 번씩 분해수리 하여야 한다.

(7) G회사는 법에서 정하는 환경기준을 충족시키기 위해서 또는 상업적 압력 때문에 공장에 특정 정화장치를 설치하여야 한다.

(8) H회사는 발생한 환경오염에 대하여 지금 당장 복구할 의무가 없지만, 보고기간 말 현재 확정될 새로운 법규가 그러한 환경오염을 복구하도록 강제하고 있다.

① (1), (2), (5), (6) ② (1), (3), (4), (5), (8) ③ (2), (4), (5)

④ (4), (5), (8) ⑤ (1), (3), (6), (8)

**해 답**

(2) 구조조정의 영향을 받을 당사자가 기업이 구조조정을 이행할 것이라는 정당한 기대를 가지고 있지 아니하므로 현재의무가 발생하지 않았다.

(6) 기업이 미래에 항공기를 매각하는 등의 미래행위로써 미래지출을 회피할 수 있으므로 기업의 미래행위에 대해 독립적인 의무는 존재하지 않기 때문에 법률적 요구사항인 분해수리원가에 대해 부채를 발생시키지 않는다.

(7) 공장운영방식을 바꾸는 등의 미래행위를 통하여 미래의 지출을 회피할 수 있으므로 당해 지출은 현재의무가 아니며 충당부채도 인식하지 아니한다.

② W

## 5. 충당부채의 측정

충당부채로 인식하는 금액은 현재의무를 보고기간 말에 이행하기 위하여 소요되는 지출에 대한 최선의 추정치이어야 함 (예 확률 가중평균 금액이나 가능성이 가장 높은 단일의 결과)

(1) 위험과 불확실성 : 충당부채에 대한 최선의 추정치를 구할 때에는 관련된 사건과 상황에 대한 불가피한 위험과 불확실성을 고려함

(2) 현재가치 : 명목가액과 현재가치의 차이가 중요한 경우 충당부채는 의무를 이행하기 위하여 예상되는 지출액의 현재가치로 평가

➠ 할인율은 부채의 특유위험과 화폐의 시간가치에 대한 현행 시장의 평가를 반영한 세전 이율이며, 할인율에 반영되는 위험에는 미래 현금흐름을 추정할 때 고려된 위험은 반영하지 아니함

➠ 충당부채를 현재가치로 평가하여 표시하는 경우에는 장부금액을 기간 경과에 따라 증가시키고 해당 증가 금액은 차입원가인 이자비용으로 인식

(3) 미래사건 : 현재의무를 이행하기 위하여 소요되는 지출 금액에 영향을 미치는 미래사건이 발생할 것이라는 충분하고 객관적인 증거가 있는 경우에만 미래사건을 감안하여 충당부채 금액을 추정

➠ 내용연수 종료 후에 부담하여야 하는 오염지역의 정화에 필요한 원가는 미래의 기술변화에 따라 감소할 수 있다. 이 경우 부채 인식금액은 정화시점에 이용할 수 있는 기술에 대한 모든 이용가능한 증거를 기초로 하여 자격을 갖춘 독립적인 전문가의 합리적인 예측을 반영함

(4) 자산의 예상처분이익 : 예상되는 자산처분이 충당부채를 발생시킨 사건과 밀접하게 관련되었더라도 당해 자산의 예상처분이익은 충당부채를 측정하는 데 고려하지 아니함

(5) 충당부채의 대리변제 : 전체 의무금액을 충당부채로 인식하고, 변제가 거의 확실한 시점에 예상변제금액을 별도의 자산으로 인식, 포괄손익계산서에 인식된 비용은 제3자의 변제와 관련하여 인식한 금액과 상계 표시가능함

(6) 충당부채의 변동 : 매 보고기간 말마다 충당부채의 잔액을 검토하고, 보고기간 말 현재 최선의 추정치를 반영하여 조정하며, 현재가치 할인율의 변동도 반영함

➡ 의무이행을 위하여 경제적효익을 갖는 자원이 유출될 가능성이 더 이상 높지 아니한 경우에는 관련 충당부채를 환입함

(7) 충당부채의 사용 : 충당부채는 최초 인식과 관련 있는 지출에만 사용

(8) 미래의 예상 영업손실 : 미래의 예상영업손실은 부채의 정의에 부합하지 아니하므로 충당부채로 인식하지 아니함

(9) 손실부담계약 : 당사자 간에 권리와 의무를 발생시키는 계약이 있는 상황에서 계약으로 인하여 부담한 의무가 주장할 권리보다 더 큰 경우에는 현재의무가 존재하므로 회피불가능한 원가를 충당부채를 인식

➡ 충당부채 인식할 회피불가능한 원가는 계약을 이행하기 위하여 소요되는 원가와 계약을 이행하지 못하였을 때 지급하여야 할 보상금 또는 위약금 중 작은 금액임

➡ 손실부담계약을 이행하기 위하여 사용하는 자산에서 손상차손이 발생하는 경우 당해 손상차손을 먼저 고려한 후 충당부채를 인식

(10) 구조조정 : 충당부채의 인식기준을 충족하면 구조조정손실충당부채의 인식이 가능

| 인식시기 | | 인식금액 |
|---|---|---|
| 정당한기대 발생요건 | 공식적이며 구체적인 계획의 존재 | 구조조정과 관련하여 필수적으로 발생하는 지출 |
| | 계획의 이행이나 주요내용의 공표 | 기업의 계속적인 활동과 관련 없는 지출 |

➡ 구조조정 손실충당부채에서 제외되는 지출 : 계속 근무하는 종업원에 대한 교육훈련과 재배치비용, 마케팅비용, 새로운 제도와 물류체제의 구축에 대한 투자비용, 구조조정 완료시까지 예상영업손실, 구조조정과 관련하여 예상되는 자산처분이익

## 02 위험과 불확실성의 고려 (회계사 2012 수정)

A회사는 20×1년 초에 한정 생산판매한 제품에 대하여 3년 동안 확신유형의 품질보증을 제공하기로 하였다. 20×1년 중 실제 발생한 품질보증비는 ₩210이다. A회사는 기대가치를 계산하는 방식으로 최선의 추정치 개념을 사용하여 충당부채를 인식한다. A회사는 이 제품의 품질보증과 관련하여 20×1년 말에 20×2년 및 20×3년에 발생할 것으로 예상되는 품질보증비 및 예상 확률을 다음과 같이 추정하였다. 한편, A회사는 미래의 품질보증서비스를 외부의 전문업체에게 위탁하여 제공할 계획이며, 이를 이용하는 경우 아래 제시된 원가에서 20%의 정상이윤을 전문업체에게 추가로 보상해주어야 한다.

| 20×2년 | | 20×3년 | |
|---|---|---|---|
| 품질보증비 | 예상확률 | 품질보증비 | 예상확률 |
| ₩144 | 10% | ₩220 | 40% |
| ₩296 | 60% | ₩300 | 50% |
| ₩640 | 30% | ₩500 | 10% |

A회사는 20×2년 및 20×3년에 발생할 것으로 예상되는 품질보증비에 대해 설정하는 충당부채를 20%의 할인율을 적용하여 현재가치로 측정하기로 하였다. A회사의 20×1년 말 재무상태표에 보고될 제품보증충당부채는 얼마인가? 단, 20×2년과 20×3년에 발생할 것으로 예상되는 품질보증비는 각 회계연도 말에 발생한다고 가정한다.

① ₩310 ② ₩320 ③ ₩520
④ ₩624 ⑤ ₩730

### 해 답

(1) 충당부채를 측정하는 경우 화폐의 시간가치 효과가 중요한 경우 충당부채는 의무를 이행하기 위하여 예상되는 지출액의 현재가치로 평가한다.

(2) 20×1년 말 품질보증충당부채로 인식하여야할 금액(원가)

(₩144×10%+₩296×60%+₩640×30%)÷$1.2^1$+(₩220×40%+₩300×50%+₩500×10%)÷$1.2^2$=520

(3) 20×1년 말 품질보증충당부채로 인식하여야할 금액(정상이윤고려) : 520×1.2=624

④

## 03 충당부채의 측정 (회계사 2014 & 세무사 2016 수정)

㈜태평은 20×1년 말 현재 다음과 같은 사항에 대한 회계처리를 고심하고 있다. ㈜태평이 20×1년 말 재무상태표에 계상하여야 할 충당부채의 금액은 얼마인가? 단, 위에서 제시된 금액은 모두 신뢰성 있게 측정되었다.

(1) 20×1년 12월 15일에 이사회에서 회사의 조직구조 개편을 포함한 구조조정계획이 수립되었으며, 이를 수행하는데 ₩250,000의 비용이 발생할 것으로 추정하였다. 그러나 20×1년 말까지 회사는 동 구조조정계획에 착수하지 않았다.

(2) 회사는 경쟁업체가 제기한 특허권 무단 사용에 대한 소송에 제소되어 있다. 만약 동 소송에서 패소한다면 ㈜태평이 배상하여야 하는 손해배상금액은 ₩100,000으로 추정된다. ㈜태평의 자문 법무법인에 따르면 이러한 손해배상이 발생할 가능성은 높지 않다고 한다.

(3) 회사가 사용중인 공장 구축물의 내용연수가 종료되면 이를 철거하고 구축물이 정착되어 있던 토지를 원상으로 회복하여야 한다. 복구비용은 ₩200,000으로 추정되며 그 현재가치 금액은 ₩140,000이다. 한편, 복구시 철거공사에서 폐자재의 처분이익으로 ₩30,000이 예상되고 있으며, 이 금액의 현재가치는 ₩21,000이다.

(4) 회사가 판매한 제품에 제조상 결함이 발견되어 이에 대한 보증 비용이 ₩200,000으로 예상되고, 그 지출 가능성이 높다. 한편, 회사는 동 예상비용을 보험사에 청구하였으며 50%만큼 변제받기로 하였다.

(5) 20×0년부터 판매한 제품의 결함에 대해 1년간 무상보증을 해주고 있으며, 판매한 제품 중 5%의 보증요청이 있을 것으로 예상한다. 보증의 유형은 확신유형이며, 개당 보증비용은 20×0년 말과 20×1년 말에 각각 ₩1,200과 ₩1,500으로 추정되었다. 20×0년의 판매량은 600개이며, 보증비용 지출액은 ₩15,000이다. 20×1년의 판매량은 800개이며, 보증비용 지출액은 전기판매분 ₩17,000과 당기판매분 ₩30,000이다.

① ₩240,000　② ₩340,000　③ ₩370,000
④ ₩590,000　⑤ ₩690,000

### 해 답

(1) 1년 보증충당부채 : 800개×5%×₩1,500 − 30,000 = 30,000

(2) 충당부채의 총금액 : 복구충당부채 140,000 + 보증충당부채 200,000 + 보증충당부채 30,000 = 370,000

(3) 대리변제의 효과는 별도의 자산으로 인식하며, 충당부채와 상계하지 않는다. 또한 자산의 처분이익은 충당부채 금액을 추정할 때 고려하지 않는다. 1년 보증조건의 경우 20×0년 판매분에 대하여는 20×1년 말에 추가적인 제품보증의무가 없다.

③

## 2 보고기간후 사건

### 1. 보고기간후 사건의 의의

(1) 정의 : 보고기간 말과 재무제표 발행승인일 사이에 발생한 유리하거나 불리한 모든 사건

(2) 재무제표발행 승인일 : 정기주주총회 제출을 위한 재무제표의 발행을 이사회에서 승인한 날

### 2. 재무제표의 수정을 요하는 보고기간후 사건

(1) 정의 : 보고기간 말에 존재하였던 상황에 대해 증거를 제공하는 사건

(2) 인식의 방법 : 사건의 영향으로 재무제표에 이미 인식한 금액은 수정하고, 재무제표에 인식하지 아니한 항목은 새로 인식해야함

(3) 수정을 요하는 사건의 사례

① 보고기간 말에 존재하였던 현재의무가 보고기간 후에 소송사건의 확정에 의해 확인되는 경우

② 보고기간 말에 이미 자산손상이 발생되었음을 나타내는 정보를 보고기간 후에 입수하는 경우나 이미 손상차손을 인식한 자산에 대하여 손상차손금액의 수정이 필요한 정보를 보고기간 후에 입수하는 경우

③ 보고기간 말 이전에 구입한 자산의 취득원가나 매각한 자산의 대가를 보고기간 후에 결정하는 경우

④ 보고기간 말 이전 사건의 결과로서 보고기간 말에 종업원에게 지급하여야 할 법적 의무나 의제의무가 있는 이익분배나 상여금지급 금액을 보고기간 후에 확정하는 경우

⑤ 재무제표가 부정확하다는 것을 보여주는 부정이나 오류를 발견한 경우

### 3. 재무제표의 수정을 요하지 않는 보고기간후 사건

(1) 정의 : 보고기간 말에 존재하지 아니한 보고기간 후에 발생한 상황을 나타내는 사건

(2) 인식의 방법 : 재무제표에 인식된 금액을 수정하지 아니한다. 다만, 중요한 사건은 이에 대한 설명을 주석으로 공시

(3) 수정을 요하지 않지만 주석으로 공시하여야 하는 중요한 사건의 사례

① 보고기간 후에 발생한 주요 사업결합 또는 주요 종속기업의 처분

② 영업 중단 계획의 발표

③ 보고기간 후에 발생한 화재로 인한 주요 생산 설비의 파손

④ 중요한 구조조정계획의 공표나 이행착수
⑤ 보고기간 후에 발생한 주요한 보통주 거래와 잠재적보통주 거래
⑥ 보고기간 후에 발생한 자산 가격이나 환율의 비정상적 변동
⑦ 유의적인 지급보증 등에 의한 우발부채의 발생이나 유의적인 약정의 체결
⑧ 보고기간 후에 발생한 사건에만 관련되어 제기된 주요한 소송의 개시

[보고기간후 사건]

| 보고기간후 사건 | | 재무제표의 수정여부 |
|---|---|---|
| 보고기간말 시점 | 재무제표 발행승인일까지 | |
| 사건의 발생 | 사건의 확정 | 보고기간 말의 재무제표 수정이 필요함 |
| 해당사항 없음 | 사건의 발생+사건의 확정 | 보고기간 말의 재무제표 수정이 필요없음 |

➠ 경영진이 보고기간 후에 청산 또는 경영활동의 중단 외에 다른 현실적 대안이 없다고 판단하는 경우에는 계속기업의 가정에 따라 재무제표를 작성해서는 안 됨

➠ 보고기간말과 재무제표 발행승인일 사이에 배당을 선언한 경우, 보고기간말에 어떠한 의무도 존재하지 않으므로 보고기간말에 부채로 인식하지 않음

➠ 보고기간말과 재무제표 발행승인일 사이에 투자자산의 공정가치 하락한 경우, 이는 보고기간 후에 발생한 상황이 반영된 것이므로 재무제표에 인식된 금액을 수정하지 않음

## 04 보고기간후 사건의 공시

보고기간후사건은 보고기간 말과 재무제표 발행승인일 사이에 발생한 유리하거나 불리한 사건을 말한다. 특정 보고기간후사건의 내용에 따라 재무제표는 수정될 수도 있고, 수정되지 않고 주석으로만 관련사건의 내용을 공시할 수도 있다. 다음은 한국채택국제회계기준서 제1010호 '보고기간후사건'과 관련된 설명이다. 기준서의 내용과 일치하지 않는 설명은 무엇인가?

① 재무제표를 발행한 이후에 주주에게 승인을 받기 위하여 제출하는 경우가 있다. 이 경우 재무제표 발행승인일은 주주가 재무제표를 승인한 날이 아니라 이사회에서 정기주주총회 제출용 재무제표를 발행 승인한 날이다.
② 보고기간 말에 존재하였던 현재의무가 보고기간 후에 소송사건의 확정에 의해 확인되는 경우에는 소송사건과 관련하여 이전에 인식하였던 충당부채를 수정하거나 새로운 충당부채를 인식한다.
③ 유가증권의 시장가격이 보고기간 말과 재무제표 발행 승인일 사이에 하락한 경우에는 당해 하락을 반영하여 보고기간 말의 재무제표를 수정하지 아니한다.

④ 보고기간 후에 지분상품의 보유자에 대해 배당을 선언한 경우, 그 배당금을 보고기간 말의 부채로 인식한다.

⑤ 경영진이 보고기간 후에, 기업을 청산하거나 경영활동을 중단할 의도를 가지고 있거나, 청산 또는 경영활동의 중단 외에 다른 현실적 대안이 없다고 판단하는 경우에는 계속기업의 기준에 따라 작성된 보고기간 말의 재무제표를 수정하여야 한다.

**해 답**

보고기간 후에 지분상품 보유자에 대해 배당을 선언한 경우, 그 배당금을 보고기간 말의 부채로 인식하지 아니한다.

④

## 3 종업원급여

### 1. 종업원급여의 종류

<table>
<tr><th>지급의 원인</th><th colspan="2">지급의 시기</th><th>급여종류</th><th>사 례</th></tr>
<tr><td rowspan="3">근로에 대한 대가</td><td rowspan="2">근속중 지급</td><td>12개월이내</td><td>단기종업원급여</td><td>임금, 유급휴가, 이익분배금과 상여금 등</td></tr>
<tr><td>12개월이후</td><td>장기종업원급여</td><td>장기근속휴가, 안식년휴가 등</td></tr>
<tr><td colspan="2">퇴직시 지급</td><td>퇴직급여</td><td>퇴직연금과 퇴직일시금 등</td></tr>
<tr><td>해고에 대한 대가</td><td colspan="2">해고시 지급</td><td>해고급여</td><td>퇴직위로금과 명예퇴직급여 등</td></tr>
</table>

➡ 종업원은 전일제나 시간제 그리고 정규직이나 임시직으로 기업에 근무용역을 제공할 수 있으며, 이사와 그 밖의 경영진도 종업원의 범주에 포함

### 2. 단기종업원급여

(1) 단기종업원급여의 정의 : 종업원이 관련 근무용역을 제공한 회계기간의 말부터 12개월 이내에 결제될 종업원급여

(2) 인식방법 : 종업원이 근무용역을 제공한 회계기간에 대응하여 비용으로 인식하며, 이미 지급한 금액을 차감한 후 부채(미지급비용)로 인식한다. 이미 지급한 금액이 해당 급여의 할인되지 않은 금액보다 많은 경우에는 그 초과액 때문에 미래 지급액이 감소하거나 현금이 환급되는 만큼을 자산(선급비용)으로 인식

(3) 유급휴가제도

① 누적유급휴가 : 미래 유급휴가 권리를 증가시키는 근무용역을 제공하는 때에 보상비용과 관련 부채(사용예상일수×보상원가)를 인식

② 비누적유급휴가 : 유급휴가가 실제로 사용되어 보상을 하는 경우에 비용인식

(4) 종업원에 대한 이익분배와 상여금

이익분배제도 및 상여금제도에 따라 기업이 지급하는 금액은 종업원이 제공하는 근무용역에서 발생하는 것이며 주주와의 거래에서 발생하는 것이 아니므로, 관련된 원가는 이익분배가 아니라 당기 비용으로 인식

## 05 유급휴가제도 (회계사 2025)

IFRS

㈜대한은 100명의 종업원에게 1년에 7일의 근무일수에 해당하는 유급병가를 제공하고 있으며, 미사용 유급병가는 다음 1년 동안 이월하여 사용할 수 있다. 유급병가는 당해연도에 부여된 권리가 먼저 사용된 다음 직전연도에서 이월된 권리가 사용되는 것으로 본다(후입선출법). 20×1년 말 현재 미사용 유급병가 일수는 종업원 1인당 3일이며, 과거의 경험에 비추어 볼 때 20×2년 중에 종업원 80명은 7일 이하의 유급병가를 사용하고, 그 외 20명은 평균 9.5일의 유급병가를 사용할 것으로 예상된다. 유급병가의 예상원가가 1일당 ₩1,500일 경우 ㈜대한이 유급병가와 관련하여 20×1년 말 재무상태표에 부채로 인식할 금액은 얼마인가?

① ₩0 ② ₩60,000 ③ ₩75,000
④ ₩360,000 ⑤ ₩375,000

**해 답**

(1) 20×1년 말 80명에 대한 미지급부채 : 80명×0일×₩1,500 = 0 ← 누적된 3일 중 다음연도 사용 예상일수가 없음

(2) 20×1년 말 20명에 대한 미지급부채 : 20명×2.5일×₩1,500 = 75,000 ← 누적된 3일 중 다음연도 사용 예상일수는 9.5일에서 7일을 차감한 2.5일

③

## 3. 기타장기종업원급여

(1) 장기종업원급여의 정의 : 종업원이 관련 근무용역을 제공한 회계기간의 말부터 12개월 이후에 결제될 종업원급여

(2) 인식방법 : 종업원이 근무용역을 제공한 회계기간에 대응하여 향후 지급할 급여의 현재가치를 비용으로 인식

➠ 일반적으로 기타장기종업원급여를 측정할 때 나타나는 불확실성은 퇴직급여를 측정할 때 나타나는 불확실성에 비하여 크지 않다. 따라서 확정급여형 퇴직급여에 대한 회계처리와는 달리 재측정요소를 기타포괄손익으로 인식하지 않음

## 4. 해고급여

(1) 해고급여의 정의 : 통상적인 퇴직시점 이전에 종업원을 해고하거나 기업이 종업원에게 자발적 명예퇴직을 제안하면서 지급하는 종업원급여

(2) 인식방법 : 해고급여는 기업에 미래경제적효익을 유입시키지 않기 때문에 즉시 비용으로 인식함

## 5. 퇴직급여

(1) 퇴직급여의 정의 : 종업원의 근로에 대한 대가로 당해 종업원의 퇴직 이후에 지급하는 급여(보상)

[퇴직급여제도]

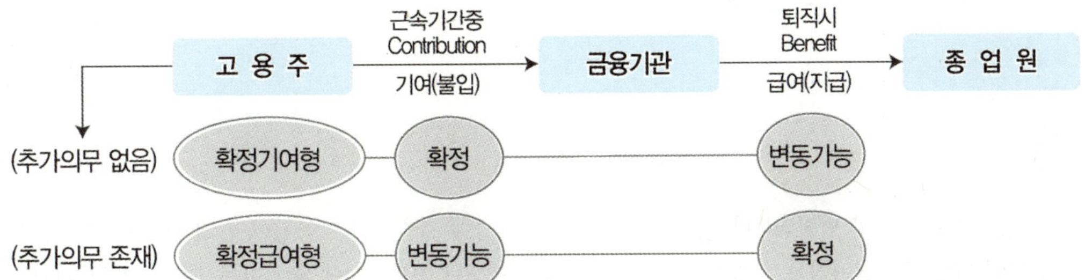


(2) 확정기여형 퇴직급여제도 : 기업이 별개의 실체인 기금에 고정 기여금을 납부하고, 기금의 책임 하에 종업원에게 퇴직급여를 지급하는 제도로 보험수리적위험과 투자위험의 부담자가 종업원임

| | | | | |
|---|---|---|---|---|
| 기 여 시 | (차) 퇴직급여(비용인식) | ××× | (대) 현　　금 | ××× |
| 결 산 일 | 회계처리 없음 | | | |
| 지 급 시 | 회계처리 없음 | | | |

(3) 확정급여형 퇴직급여제도 : 확정기여제도 이외의 모든 퇴직급여제도로 보험수리적위험과 투자위험의 부담자가 기업임

| 기 여 시 | (차) 사외적립자산 | ××× | (대) 현　　금 | ××× |
|---|---|---|---|---|
| 결 산 일 | (차) 퇴직급여(비용인식) | ××× | (대) 확정급여채무 | ××× |
| | (차) 사외적립자산 | ××× | (대) 퇴직급여(비용차감) | ××× |
| 지 급 시 | (차) 확정급여채무 | ××× | (대) 사외적립자산 | ××× |

## 06 확정급여형과 확정기여형 퇴직급여제도 (세무사 2014) IFRS

종업원급여에 관한 설명으로 옳지 않은 것은?

① 보험수리적손익은 확정급여제도의 정산으로 인한 확정급여채무의 현재가치변동을 포함하지 아니한다.

② 자산의 원가에 포함하는 경우를 제외한 확정급여원가의 구성요소 중 순확정급여부채의 재측정요소는 기타포괄손익으로 인식한다.

③ 순확정급여부채(자산)의 순이자는 당기손익으로 인식한다.

④ 퇴직급여제도 중 확정급여제도 하에서 보험수리적위험과 투자위험은 종업원이 실질적으로 부담한다.

⑤ 순확정급여부채(자산)의 재측정요소는 보험수리적손익, 순확정급여부채(자산)의 순이자에 포함된 금액을 제외한 사외적립자산의 수익, 순확정급여부채(자산)의 순이자에 포함된 금액을 제외한 자산인식상한효과의 변동으로 구성된다.

**해 답**

확정기여제도에서 기업의 법적의무나 의제의무는 기업이 기금에 출연하기로 약정한 금액으로 한정된다. 따라서 종업원이 받을 퇴직급여액은 기업과 종업원이 퇴직급여제도나 보험회사에 출연하는 기여금과 그 기여금에서 발생하는 투자수익에 따라 결정된다. 그 결과 종업원이 보험수리적위험과 투자위험을 실질적으로 부담한다.

④ W

## 6. 확정급여형 퇴직급여제도

| 포괄손익계산서 |
|---|
| 당기근무원가+확정급여채무에 대한 이자원가 |
| − 사외적립자산에 대한 이자수익 |
| ± 과거근무원가와 제도정산으로 인한 손익 |
| = 당기손익으로 인식할 (순)퇴직급여 |

| 재무상태표 (과소적립시) |
|---|
| 보고기간 말 현재 확정급여채무의 현재가치 |
| − 보고기간 말 현재 사외적립자산의 공정가치 |
| = 재무상태표에 인식할 순확정급여부채 |

| |
|---|
| 확정급여채무의 재측정요소 |
| ± 사외적립자산의 재측정요소 |
| ± 자산인식상한효과의 재측정요소 |
| = 기타포괄손익으로 인식할 (순)퇴직급여 |

| 재무상태표 (과다적립시) |
|---|
| 보고기간 말 현재 사외적립자산의 공정가치 |
| − 보고기간 말 현재 확정급여채무의 현재가치 |
| − 보고기간 말 현재 자산인식상한효과 |
| = 재무상태표에 인식할 순확정급여자산 |

(1) 확정급여채무로 인한 퇴직급여의 증가

① 이자원가효과 : 확정급여채무의 가중평균 장부금액×기초할인율

➠ 급여의 지급, 과거근무원가나 제도의 정산이 기중에 발생하는 경우 가중평균 확정급여채무액을 계산하여 순이자를 계산해야 함

② 근무원가효과 : 당 회계기간에 종업원의 용역제공에 따른 근무에 대한 보상원가

③ 재측정손익효과 : 종업원의 이직률, 조기퇴직률, 사망률, 임금상승률, 급여 또는 의료원가가 실제로는 당초 예상보다 높거나 낮은 경우, 혹은 이에 대한 추정치 변경 및 현재가치 할인율의 변경에 따른 확정급여채무의 예측치 못한 증감 효과인 보험수리적손익 → 당기손익에 반영하지 않고, 기타포괄손익으로 인식

➠ 보고기간 말 퇴직금추계액인 확정급여채무는 예측단위적립방식에 의해서 추정함. 반면에, 일반기업회계기준에서는 보고기간 말에 종업원이 퇴사한다고 가정할 때 지급할 것으로 예상하는 금액인 즉시청산방식에 의해서 추정함

➠ 기말의 확정급여채무를 할인하기 위해 사용하는 할인율은 보고기간 말 현재 우량회사채의 시장수익률을 참조하여 결정함. 회사채에 대해 거래층이 두터운 시장이 없는 경우에는 보고기간 말 현재 국공채의 시장수익률을 사용함

[확정급여채무의 회계처리]

| | | | | | | |
|---|---|---|---|---|---|---|
| 급여지급시 | (차) | 확정급여채무 | ××× | (대) | 사외적립자산 | ××× |
| 보고기간 말 | (차) | 퇴직급여(이자원가) | ××× | (대) | 확정급여채무 | ××× |
| | | 퇴직급여(근무원가) | ××× | | 확정급여채무 | ××× |
| | | 재측정손익 | ××× | | 확정급여채무 | ××× |

(2) 사외적립자산으로 인한 퇴직급여의 감소

① 이자수익효과 : 사외적립자산의 가중평균 장부금액×기초할인율

➠ 급여의 지급이나 적립의 납입, 제도의 정산이 기중에 발생하는 경우 가중평균 사외적립자산액을 계산하여 순이자를 계산해야 함

② 재측정손익효과 : 사외적립자산의 실제수익과 기대수익의 차이로 당기손익에 반영하지 않고, 기타포괄손익으로 인식

**[사외적립자산의 회계처리]**

| | | | | | | |
|---|---|---|---|---|---|---|
| 기여금불입 | (차) | 사외적립자산 | ××× | (대) | 현 금 | ××× |
| 급여지급시 | (차) | 확정급여채무 | ××× | (대) | 사외적립자산 | ××× |
| 보고기간 말 | (차) | 사외적립자산 | ××× | (대) | 퇴직급여(이자수익) | ××× |
| | | 사외적립자산 | ××× | | 재측정손익 | ××× |

(3) 재측정손익의 후속회계처리 방법

재측정손익을 발생한 기간에 즉시 기타포괄손익으로 인식하여 포괄손익계산서에 인식하며, 기타포괄손익으로 인식한 재측정손익의 누계액은 후속기간에 당기손익으로 재분류하지 아니하며, 자본 내의 다른 항목(이익잉여금 등)으로 대체가능

**[재측정손익의 회계처리]**

| | | | | | | |
|---|---|---|---|---|---|---|
| 향후대체가능 | (차) | 재측정손익누계액 | ××× | (대) | 미처분이익잉여금 | ××× |

**[확정급여제도의 흐름]**

| 구 분 | 기 초 | 기여금 납부 | 급여 지급 | 당기손익: 이자+수익 | 당기손익: 근무 | 기타포괄 재측정손익 | 기 말 |
|---|---|---|---|---|---|---|---|
| 확정급여채무 | (×××) | - | ××× | (×××) | (×××) | (×××) | (×××) |
| 사외적립자산 | ××× | ××× | (×××) | ××× | - | ××× | ××× |
| =순확정급여부채 | (×××) | ××× | - | (×××) | ××× | (×××) | (×××) |

역산함

## 07 확정급여형 퇴직급여

(회계사 2014 수정) IFRS

다음은 ㈜한국이 채택하고 있는 퇴직급여제도와 관련한 20×1년도 자료이다. ㈜한국의 확정급여제도로 인한 20×1년도 포괄손익계산서의 당기순이익과 기타포괄이익에 미치는 영향은 각각 얼마인가? 단, 법인세 효과는 고려하지 않는다.

(1) 20×1년 초 확정급여채무의 현재가치와 사외적립자산의 공정가치는 각각 ₩4,500,000과 ₩4,200,000이다. 한편, 20×1년 말 확정급여채무의 현재가치와 사외적립자산의 공정가치는 각각 ₩5,000,000과 ₩3,800,000이다.

(2) 20×1년 말 일부 종업원의 퇴직으로 퇴직금 ₩1,000,000을 사외적립자산에서 지급하였으며, 20×1년 말에 추가로 적립한 기여금 납부액은 ₩200,000이다. 20×1년에 종업원이 근무용역을 제공함에 따라 증가하는 예상미래퇴직급여지급액 현재가치는 ₩800,000이다.

(3) 20×1년 초와 20×1년 말 현재 우량회사채의 연 시장수익률은 각각 8%, 10%이며, 퇴직급여채무의 할인율로 사용한다.

| | 당기순이익 | 기타포괄이익 |
|---|---|---|
| ① | ₩548,000 감소 | ₩52,000 감소 |
| ② | ₩824,000 감소 | ₩426,000 감소 |
| ③ | ₩830,000 감소 | ₩270,000 감소 |
| ④ | ₩924,000 감소 | ₩176,000 감소 |
| ⑤ | ₩824,000 감소 | ₩276,000 감소 |

### 해 답

(1) 확정급여형 퇴직급여제도의 흐름

| 구 분 | 기 초 | 기여금 납부 | 급여 지급 | 당기손익 | | 기타포괄 | 기 말 |
|---|---|---|---|---|---|---|---|
| | | | | 이자+수익 | 근무 | 재측정손익 | |
| 확정급여채무 | (4,500,000) | - | 1,000,000 | (360,000) | (800,000) | (340,000) | (5,000,000) |
| -사외적립자산 | 4,200,000 | 200,000 | (1,000,000) | 336,000 | - | 64,000 | 3,800,000 |
| =확정급여부채 | (300,000) | 200,000 | - | (24,000) | (800,000) | (276,000) | (1,200,000) |

(2) 당기손익효과 : 이자원가효과 (-)24,000 + 당기근무원가효과 (-)800,000 = (-)824,000

(3) 기타포괄손익효과 : 확정급여채무 (-)340,000 + 사외적립자산 64,000 = (-)276,000

(4) 간편법에 의한 풀이

| 20×1년 | (차) 순확정급여부채(초) | 300,000 ① | (대) 순확정급여부채(말) | 1,200,000 ② |
|---|---|---|---|---|
| | 당기손실 | 824,000 ④ | 현　　금 | 200,000 ③ |
| | 기타포괄손실 | 276,000 ⑤ | | |

⑤ W

## 08 기중의 기여와 급여 (회계사 2014 수정)

위의 [예제 7]에서 사외적립자산에 추가로 기여하고, 퇴직급여를 지급한 시점이 12월 31일이 아니라 각각 4월 1일과 7월 1일 인 경우 20×1년에 당기손익으로 인식할 퇴직급여는 얼마인가?

① ₩795,000　② ₩806,000　③ ₩810,000
④ ₩812,000　⑤ ₩824,000

**해 답**

| | | |
|---|---|---|
| 확정급여채무 이자원가 | (4,500,000×12/12 − 1,000,000×6/12)×8% = | 320,000 |
| 확정급여채무 당기근무원가 | | 800,000 |
| 사외적립자산 이자수익 | (4,200,000×12/12 + 200,000×9/12 − 1,000,000×6/12)×8% = | (308,000) |
| 당기 퇴직급여 | | 812,000 |

④ W

### 7. 확정급여형 퇴직급여제도의 특수항목

(1) 과거근무원가

① 퇴직급여제도를 당기에 새로 도입하거나 변경함에 따라 종업원의 과거기간 근무용역에 대한 확정급여채무의 현재가치가 변동하는 경우 그 변동액

② 관련 채무를 인식하고, 즉시 당기손익으로 인식

[과거근무원가 인식방법]

| 과거근무원가발생 | (차) 퇴직급여(즉시비용) | ××× | (대) 확정급여채무 | ××× |
|---|---|---|---|---|

## 09 과거근무원가

(회계사 2014)

위의 [예제 7]에서 20×1년 말에 종업원의 과거근무에 대한 보상으로 과거근무원가가 ₩100,000이 발생한 경우 20×1년도 총포괄손익에 미치는 영향은 각각 얼마인가?

① ₩176,000 감소 ② ₩924,000 감소 ③ ₩1,100,000 감소
④ ₩1,200,000 감소 ⑤ ₩1,230,000 감소

### 해 답

(1) 확정급여형 퇴직급여제도의 흐름

| 구 분 | 기 초 | 기여금 납부 | 급여 지급 | 당기손익 | | 기타포괄 | 기 말 |
|---|---|---|---|---|---|---|---|
| | | | | 이자+수익 | 근무 | 재측정손익 | |
| 확정급여채무 | (4,500,000) | - | 1,000,000 | (360,000) | (900,000) | (240,000) | (5,000,000) |
| -사외적립자산 | 4,200,000 | 200,000 | (1,000,000) | 336,000 | - | 64,000 | 3,800,000 |
| =확정급여부채 | (300,000) | 200,000 | - | (24,000) | (900,000) | (176,000) | (1,200,000) |

(2) 당기손익효과 : 이자원가효과 (-)24,000 + 당기와 과거근무원가효과 (-)900,000 = (-)924,000
(3) 기타포괄손익효과 : 확정급여채무 (-)240,000 + 사외적립자산 64,000 = (-)176,000
(4) 총포괄손익효과 : 924,000 + 176,000 = 1,100,000 감소
(5) 총포괄이익 계산의 간편법

| 20×1년 | (차) 순확정급여부채(초) | 300,000 ① | (대) 순확정급여부채(말) | 1,200,000 ② |
|---|---|---|---|---|
| | 총포괄손익 | 1,100,000 ④ | 현 금 | 200,000 ③ |

(6) 기타포괄손익 계산의 간편법

| 20×1년 | (차) 순확정급여부채(초) | 300,000 ① | (대) 순확정급여부채(말) | 1,200,000 ② |
|---|---|---|---|---|
| | 당기손실 | 924,000 ④ | 현 금 | 200,000 ③ |
| | 기타포괄손실 | 176,000 ⑤ | | |

③

(2) 제도의 정산

① 확정급여제도에 따라 발생한 급여의 일부나 전부에 대한 법적의무나 의제의무를 더 이상 부담하지 않기로 하는 거래

② 정산으로 인한 효과는 정산일에 즉시 당기손익으로 인식

③ 예를 들어, 20×2년 초에 확정급여채무와 사외적립자산이 각각 ₩5,000,000과 ₩3,800,000인 상태에서 현금 ₩1,300,000을 지급하고 제도를 정산하는 경우의 회계처리는 아래와 같다.

| 정 산 일 | (차) | 확정급여채무 | 5,000,000 | (대) | 사외적립자산 | 3,800,000 |
|---|---|---|---|---|---|---|
| | | 퇴직급여(상환손실) | 100,000 | | 현　　금 | 1,300,000 |

2차 ➠ 과거근무원가나 정산 손익이 기중에 발생하는 경우, 해당 시점의 사외적립자산의 공정가치와 해당 시점의 보험수리적가정을 사용하여 순확정급여부채를 재측정하면서 재측정손익이 발생할 수 있음

(3) 순확정급여자산

① 순확정급여부채가 부(-)의 금액이 되는 경우 재무상태표에 순확정급여자산으로 인식

② 순확정급여자산은 제도로부터의 환급이나 제도에 대한 미래기여금절감의 형태로 이용가능한 경제적 효익의 현재가치를 한도로 인식

③ 자산인식상한을 초과하는 순확정급여자산에 대한 평가손실과 환입은 재측정요소로 보아 기타포괄손익으로 인식

**[순확정급여자산의 자산인식상한관련 회계처리]**

| 보고기간 말 | (차) | 재측정손실 | ××× | (대) | 자산인식상한효과(손실충당금) | ××× [*1] |
|---|---|---|---|---|---|---|
| | | [*1] 순확정급여자산의 자산인식한도 초과분 | | | | |

## 10 순확정급여자산 (회계사 2014 수정)

위의 [예제 7]에서 20×1년 말의 기여금액이 ₩2,200,000이며, 이로 인하여 보고기간 말의 사외적립자산이 ₩5,800,000인 것으로 가정한다. 20×1년 말의 자산인식의 상한이 ₩650,000인 것으로 가정하는 경우 동 확정급여제도로 인하여 A회사의 20×1년도 포괄손익계산서상 당기순이익과 기타포괄이익에 미치는 영향은 각각 얼마인가? 단, 법인세효과와 과거근무원가는 고려하지 않는다.

| | 당기순이익 | 기타포괄이익 |
|---|---|---|
| ① | ₩548,000 감소 | ₩52,000 감소 |
| ② | ₩824,000 감소 | ₩426,000 감소 |
| ③ | ₩830,000 감소 | ₩270,000 감소 |
| ④ | ₩830,000 감소 | ₩276,000 감소 |
| ⑤ | ₩824,000 감소 | ₩276,000 감소 |

### 해 답

(1) 확정급여형 퇴직급여제도의 흐름

| 구 분 | 기 초 | 기여금 납부 | 급여 지급 | 당기손익 이자+수익 | 당기손익 근무 | 기타포괄 재측정손익 | 기 말 |
|---|---|---|---|---|---|---|---|
| 확정급여채무 | (4,500,000) | - | 1,000,000 | (360,000) | (800,000) | (340,000) | (5,000,000) |
| 사외적립자산 | 4,200,000 | 2,200,000 | (1,000,000) | 336,000 | - | 64,000 | 5,800,000 |
| 손실충당금 | - | - | - | - | - | (150,000) | (150,000) |
| 순확정급여자산 | (300,000) | 2,200,000 | - | (24,000) | (800,000) | (426,000) | 650,000 |

(2) 당기손익효과 : 이자원가효과 (-)24,000 + 당기근무원가효과 (-)800,000 = (-)824,000

(3) 기타포괄손익효과 : 급여채무 (-)340,000 + 적립자산 64,000 - 자산인식상한효과 150,000 = (-)426,000

(4) 간편법에 의한 풀이

| | 차변 | 금액 | 대변 | 금액 |
|---|---|---|---|---|
| 20×1년 | (차) 순확정급여부채(초) | 300,000 ① | (대) 현　　금 | 2,200,000 ③ |
| | 순확정급여자산(말) | 650,000 ② | | |
| | 당기손실 | 824,000 ④ | | |
| | 기타포괄손실 | 426,000 ⑤ | | |

② 

## 11 자산인식상한의 2기간 모형

(회계사 2021) IFRS

20×1년 1월 1일에 설립된 ㈜대한은 확정급여제도를 채택하고 있으며, 관련 자료는 다음과 같다. 순확정급여자산(부채) 계산 시 적용한 할인율은 연 8%로 매년 변동이 없다.

(1) 20×1년 말 사외적립자산의 공정가치는 ₩1,100,000이며, 20×1년 말 확정급여채무의 현재가치는 ₩1,000,000이다. 한편, 20×1년 말 순확정급여자산의 자산인식상한금액은 ₩60,000이다.

(2) 20×2년의 당기근무원가는 ₩900,000이다. 20×2년 말에 일부 종업원의 퇴직으로 ₩100,000을 사외적립자산에서 현금으로 지급하였다. 20×2년 말에 ₩1,000,000을 현금으로 사외적립자산에 출연하였다.

(3) 20×2년 말 사외적립자산의 공정가치는 ₩2,300,000이다. 20×2년 말 확정급여채무의 현재가치는 ₩2,100,000이다.

㈜대한의 20×2년 말 재무상태표에 표시될 순확정급여자산이 ₩150,000인 경우, ㈜대한의 확정급여제도 적용이 20×2년 포괄손익계산서의 기타포괄이익에 미치는 영향은 얼마인가?

① ₩12,800 감소　② ₩14,800 감소　③ ₩17,800 감소
④ ₩46,800 감소　⑤ ₩54,800 감소

### 해 답

(1) 확정급여제도의 자산과 부채의 변동 (재측정손익은 역산한 금액임)

| 구 분 | 기 초 | 기여금 납부 | 급여 지급 | 당기손익 이자+수익 | 당기손익 근무원가 | 기타포괄 재측정손익 | 기 말 |
|---|---|---|---|---|---|---|---|
| 확정급여채무 | (1,000,000) | - | 100,000 | (80,000) | (900,000) | (220,000) | (2,100,000) |
| 사외적립자산 | 1,100,000 | 1,000,000 | (100,000) | 88,000 | - | 212,000 | 2,300,000 |
| 손실충당금 | (40,000) | - | - | (3,200) | - | (6,800) | (50,000) |
| 확정급여부채 | 60,000 | 1,000,000 | - | 4,800 | (900,000) | (14,800) | 150,000 |

(2) 간편법에 의한 풀이

| 20×1년 | (차) | 순확정급여자산(말) | 150,000 ② | (대) | 순확정급여자산(초) | 60,000 ① |
|---|---|---|---|---|---|---|
| | | 당기손실 | 895,200 ④ | | 현 금 | 1,000,000 ③ |
| | | 재측정손실 | 14,800 ⑤ | | | |

② 

출제경향

| | 2020 | 2021 | 2022 | 2023 | 2024 | 2025 |
|---|---|---|---|---|---|---|
| 회계사 | 1 | 1 | | 1 | | 1 |
| 세무사 | 2 | | 1 | 1 | 1 | 1 |

# 제 11 장 자 본

Financial Accounting Workbook

## 1 자본의 의의

### 1. 일반적인 자본의 분류

(1) 자본의 정의 : 자본은 기업의 자산에서 모든 부채를 차감한 잔여지분

[일반적인 자본의 분류]

| 분 류 | 계정과목 | 내 용 |
|---|---|---|
| 자 본 금 | 보통주자본금 | 발행한 보통주식수×주당액면금액 |
| | 우선주자본금 | 발행한 우선주식수×주당액면금액 |
| 자본잉여금 | (+)주식발행초과금 | 증자시 발행금액 〉 증자시 액면금액 |
| | (+)감자차익 | 감자시 지급금액 〈 감자시 액면금액 |
| | (+)자기주식처분이익 등 | 자사주 처분대가 〉 자사주 취득금액 |
| 자본조정<br>(기타자본항목) | (−)주식할인발행차금 | 증자시 발행금액 〈 증자시 액면금액 |
| | (−)감자차손 | 감자시 지급금액 〉 감자시 액면금액 |
| | (−)자기주식처분손실 | 자사주 처분대가 〈 자사주 취득금액 |
| | (−)자기주식 | 자사주의 취득금액 |
| | (+)신주청약증거금 | 주식발행 약정에 의한 신주청약증거금 수령액 |
| | (+)전환권대가와 신주인수권대가 | 전환권대가와 신주인수권대가 수령액 |
| | (+)주식선택권과 미교부주식 등 | 주식기준보상거래의 주식결제약정액 |
| 기타포괄손익<br>누계액 | 재평가잉여금 | 유형자산과 무형자산의 재평가잉여금 |
| | 재측정손익 | 순확정급여부채(자산)의 재측정손익 |
| | 기타포괄금융자산평가손익 등 | 기타포괄금융자산의 평가손익의 누계액 |
| 이익잉여금 | 이익준비금 | 상법상 현금배당이 영구적으로 제한된 이익잉여금 |
| | 임의적립금 | 주주합의로 현금배당이 일시적으로 제한된 이익잉여금 |
| | 미처분이익잉여금 | 현금배당이 가능한 이익잉여금 |

(2) 자본의 변동원인

① 자본거래 : 거래상대방이 회사의 현재 주주나 잠재적 주주인 거래

② 손익거래 : 회사의 순자산 변동분 중 주주와의 자본거래를 제외한 나머지의 모든 거래

## 2. 자본항목의 일반적인 회계처리

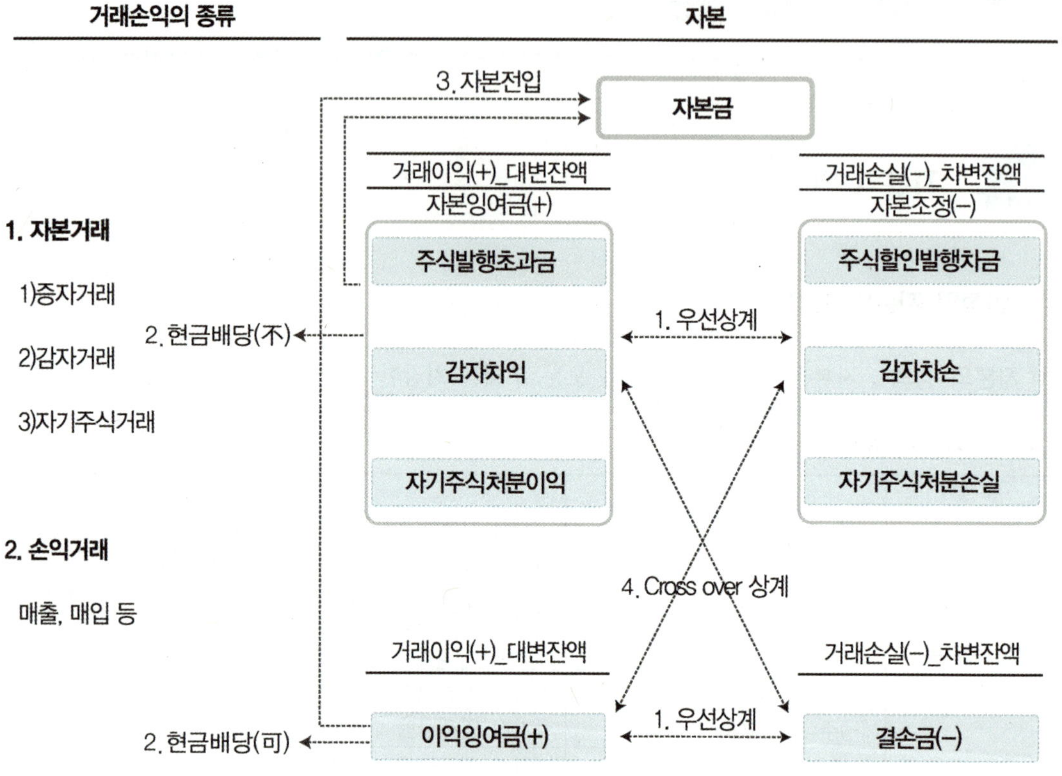


(1) 자본잉여금과 이익잉여금의 처리방법

① 잉여금의 우선상계 결손보전 : 관련된 이익과 손실을 우선 상계함

② 잉여금의 현금배당 : 주주총회의 결의에 의하여 잉여금을 주주에게 현금으로 분배하는 거래이며, 상법의 규정상 자본잉여금과 이익잉여금 중 이익준비금은 현금배당 불가능함

③ 잉여금의 자본금전입 : 이사회 결의에 의한 자본잉여금의 자본금전입인 무상증자와 주주총회 결의에 의한 미처분이익잉여금의 자본금전입인 주식배당이 가능함

④ 잉여금의 서로상계 결손보전 : 주주총회의 결의에 의하여 자본잉여금과 손익거래결손금을 서로 상계하거나, 이익잉여금과 자본거래손실을 서로 상계함

[관련 회계처리]

| 구분 | 차변 | 금액 | 대변 | 금액 |
|---|---|---|---|---|
| 우선상계 | (차) 주식발행초과금(소멸) | ××× | (대) 주식할인발행차금(소멸) | ××× |
| (결손보전) | (차) 미처분이익잉여금(소멸) | ××× | (대) 미처리결손금(소멸) | ××× |
| 현금배당 | (차) ~~주식발행초과금(소멸)~~ | ~~×××~~ | (대) ~~현 금~~ | ~~×××~~ |
| (현금분배) | (차) 미처분이익잉여금(소멸) | ××× | (대) 현 금 | ××× |
| 자본금전입 | (차) 주식발행초과금(소멸) | ××× | (대) 자 본 금 | ××× |
| (주식분배) | (차) 미처분이익잉여금(소멸) | ××× | (대) 자 본 금 | ××× |
| 서로상계 | (차) 주식발행초과금(소멸) | ××× | (대) 미처리결손금(소멸) | ××× |
| (결손보전) | (차) 미처분이익잉여금(소멸) | ××× | (대) 주식할인발행차금(소멸) | ××× |

## 2 자본거래

### 1. 증자거래

(1) 현금증자 : 주식의 순발행가액과 액면금액과의 차이를 주식발행초과금(자본잉여금)과 주식할인발행차금(자본조정)으로 인식하며, 증자가액만큼 자본이 증가함

➠ 자본거래에 직접 관련되어 발생한 주식발행시 거래원가는 자본에서 직접 차감하여 회계처리함. 한편, 중도에 포기한 자본거래의 원가는 비용으로 인식

➠ 주식발행초과금과 주식할인발행차금은 발생순서에 관계없이 우선 상계하며, 미상계된 주식할인발행차금 잔액은 주식발행일 이후 이익잉여금으로 상계함

| 구분 | 차변 | 금액 | 대변 | 금액 |
|---|---|---|---|---|
| 할증발행 | (차) 현 금 | ××× | (대) 자 본 금 | ××× |
| | | | 주식발행초과금 | ××× |
| 할인발행 | (차) 현 금 | ××× | (대) 자 본 금 | ××× |
| | 주식발행초과금 | ××× | | |
| | 주식할인발행차금 | ××× | | |
| 주주총회일 | (차) 미처분이익잉여금 | ××× | (대) 주식할인발행차금 | ××× |

(2) 청약증자 : 상환의무가 없는 경우 계약금상당액을 신주청약증거금(자본조정)으로 인식하고, 향후 주식발행시 주식발행가액에 가산하여 인식하며, 권리소멸시 청약증거금소멸이익(자본거래이익)으로 인식함 → 권리가 소멸된 청약금에 대하여 상환의무 존재시에는 부채로 분류

| 청 약 일 | (차) 현 금 | ××× | (대) 신주청약증거금 | ××× |
|---|---|---|---|---|
| 주식발행일 | (차) 신주청약증거금 | ××× | (대) 자 본 금 | ××× |
| | 현 금 | ××× | 주식발행초과금 | ××× |
| 실 권 일 | (차) 신주청약증거금 | ××× | (대) 증거금소멸이익(자본잉여금) | ××× |

(3) **현물출자** : 현물출자 받은 자산의 공정가치를 주식의 발행가액으로 인식, 다만 출자받은 자산의 공정가치를 신뢰성있게 측정할 수 없는 경우에는 발행한 주식의 공정가치로 인식

예외 : 발행주식 공정가치

| 현물출자 | (차) 유형자산 | ××× | (대) 자 본 금 | ××× |
|---|---|---|---|---|
| | | | 주식발행초과금 | ××× |

원칙 : 취득자산 공정가치

(4) **출자전환** : 금융부채의 전부 또는 일부를 소멸시키기 위하여 채권자에게 발행한 지분상품을 최초에 인식하는 경우 발행된 지분상품의 공정가치로 측정하여 출자전환손익을 인식

원칙 : 발행주식 공정가치

| 출자전환 | (차) 금융부채 | ××× | (대) 자 본 금 | ××× |
|---|---|---|---|---|
| | | | 주식발행초과금 | ××× |
| | | | 금융부채제거손익 | ××× |

예외 : 금융부채 공정가치

(5) **무상증자와 주식배당** : 자본잉여금과 이익잉여금을 자본금에 전입하여 액면가로 주식을 발행하며, 자본총계에 변화 없음

| 무상증자일 | (차) 자본잉여금 | ××× | (대) 자 본 금 | ××× |
|---|---|---|---|---|
| | (차) 이익준비금 | ××× | (대) 자 본 금 | ××× |
| 주식배당일 | (차) 미처분이익잉여금 | ××× | (대) 자 본 금 | ××× |

➡ 주식분할과 주식병합은 순자산(자본)의 변동도 없으며, 자본금 총계의 변화도 없지만, 발행주식수와 주당 액면금액만 변동됨

## 01 증자로 인한 자본총계 효과 (세무사 2014)

㈜대한은 주당 액면금액 ₩5,000인 보통주 500주를 주당 ₩15,000에 발행하였다. 발행대금은 전액 당좌예금에 입금되었으며, 주식인쇄비 등 주식발행과 직접 관련된 비용 ₩500,000이 지급되었다. 유상증자 직전에 주식할인발행차금 미상각잔액 ₩800,000이 존재할 때, ㈜대한의 유상증자로 인한 자본의 증가액은 얼마인가?

① ₩2,500,000　② ₩4,500,000　③ ₩6,200,000
④ ₩7,000,000　⑤ ₩7,500,000

**해 답**

(1) 자본증가액 : 500주×₩15,000 - 500,000 = 7,000,000

(2) 관련된 회계처리

| | | | | |
|---|---|---|---|---|
| 20×2년 초 | (차) 현　금 | 7,000,000 | (대) 자 본 금 | 2,500,000 |
| | | | 주식할인발행차금 | 800,000 |
| | | | 주식발행초과금 | 3,700,000 |

④

### 2. 감자거래 : 감자결의 후 자사주 취득의 상황

(1) 유상감자 : 주식의 액면금액과 감자대가와의 차이를 감자차익(자본잉여금)과 감자차손(자본조정)으로 인식하며, 감자대가만큼 자본이 감소함

➡ 감자차익과 감자차손은 발생순서에 관계없이 우선 상계하며, 미상계된 감자차손 잔액은 감자일 이후 이익잉여금으로 상계함

| | | | | |
|---|---|---|---|---|
| 액면미달지급 | (차) 자 본 금 | ××× | (대) 현　금 | ××× |
| | | | 감자차익 | ××× |
| 액면초과지급 | (차) 자 본 금 | ××× | (대) 현　금 | ××× |
| | 감자차익 | ××× | | |
| | 감자차손 | ××× | | |
| 주주총회일 | (차) 미처분이익잉여금 | ××× | (대) 감자차손 | ××× |

(2) 무상감자 : 대가의 지급이 없는 감자로 주식의 액면가 전액을 감자차익(자본잉여금)으로 인식하며, 자본총계에 변화 없음

➡ 일반적으로 누적된 이월결손금을 상계하기 위해 주주들의 동의를 거쳐 무상감자 절차를 진행함

| 무상감자 | (차) 자 본 금 | ××× | (대) 감자차익 | ××× |
|---|---|---|---|---|
| 결손금보전 | (차) 감자차익 | ××× | (대) 미처리결손금 | ××× |

## 3. 자기주식거래 : 감자결의 전 자사주 취득의 상황

(1) 자기주식의 취득 : 자기주식을 취득원가로 인식하며, 취득금액만큼 자본이 감소함

➡ 기업이 자기지분상품을 매입 또는 매도하거나 발행 또는 소각하는 경우의 손익은 당기손익으로 인식하지 않음. 따라서 기업이 자기지분상품을 재취득하는 경우 취득한 목적과 관계없이 금융자산으로 인식할 수 없으며, 자본에서 직접 차감함

➡ 기업이 무상감자를 위하여 자기주식을 무상으로 취득한 경우 이를 인식하지 않으며, 추후에 소각하는 경우 소멸하는 자본금을 전액 감자차익으로 인식하고, 매각하는 경우 수령한 금액을 전액 자기주식처분이익으로 인식함

(2) 자기주식의 소각 : 자기주식의 액면금액과 취득원가를 비교하여 자본거래손익으로 인식하며, 자본총계에 변화 없음

(3) 자기주식의 매각 : 처분가액과 원가를 비교하여 자본거래손익으로 인식하며, 처분금액만큼 자본이 증가함

➡ 자기주식처분이익과 자기주식처분손실은 발생순서에 관계없이 우선 상계하며, 미상계된 자기주식처분손실 잔액은 처분일 이후 이익잉여금으로 상계함

| 취 득 시 | (차) 자기주식↓ | 8,000 ② | (대) 현　　금 | 8,000 ① |
|---|---|---|---|---|
| 감 자 시 | (차) 자 본 금↓<br>감자차손↓ | 5,000 ③<br>3,000 ⑤ | (대) 자기주식↑ | 8,000 ④ |
| 처 분 시 | (차) 현　　금 | 9,000 ③ | (대) 자기주식↑<br>자기주식처분이익↑ | 8,000 ④<br>1,000 ⑤ |
| 주주총회일 | (차) 미처분이익잉여금↓ | 3,000 ⑥ | (대) 감자차손↑ | 3,000 ⑦ |

## 02 자기주식의 회계처리

(회계사 2017) IFRS

㈜대한은 20×1년 1월 1일에 주당 액면금액 ₩5,000인 보통주 1,000주를 주당 ₩15,000에 발행하여 설립되었다. 20×2년 중 다음과 같은 자기주식 거래가 발생하였다. 20×1년 중 자기주식 거래는 없었으며, ㈜대한은 자기주식의 회계처리에 선입선출법에 따른 원가법을 적용하고 있다. 20×2년도 위 거래의 회계처리 결과로 옳은 설명은?

(1) 3월 1일에 100주의 보통주를 주당 ₩14,000에 재취득 하였으며, 6월 1일에 60주의 자기주식을 주당 ₩18,000에 재발행 하였다.

(2) 9월 1일에 40주의 보통주를 주당 ₩16,000에 재취득 하였으며, 12월 1일에 60주의 자기주식을 주당 ₩10,000에 재발행 하였다. 12월 31일에 20주의 자기주식을 소각하였다.

① 자본 총계 ₩360,000이 감소한다.
② 포괄손익계산서에 자기주식처분손실 ₩40,000을 보고한다.
③ 포괄손익계산서에 자기주식처분이익 ₩240,000과 자기주식처분손실 ₩280,000을 보고한다.
④ 20×2년 말 자본금 ₩5,000,000을 보고한다.
⑤ 감자차손 ₩320,000을 보고한다.

### 해 답

(1) 자본총계 효과 : 취득(-)100주×₩14,000+매각60주×₩18,000-취득40주×₩16,000+매각60주×₩10,000=(-)360,000 ➠ 자본감소효과

(2) 자기주식처분손익은 자본거래이므로 포괄손익계산서에 당기손익으로 보고되지 않는다.

(3) 20×2년 말 자본금 : (발행보통주 1,000주-소각주식수 20주)×₩5,000=4,900,000

(4) 소각시 감자차손 : 20주×(액면 ₩5,000-지급 ₩16,000)=(-)220,000 ➠ 감자차손임

① *W*

## 4. 상환우선주 거래

(1) 금융부채로 분류되는 상환우선주 : 확정적인 현금상환의무 존재

① 누적적 상환우선주 : 배당을 포함한 모든 현금흐름의 현재가치를 부채로 인식하고, 향후 지급하는 배당은 이자비용으로 인식

② 비누적적 상환우선주 : 배당을 제외한 상환금액의 현재가치만을 부채로 인식하며, 현재가치를 초과해서 현금유입이 있는 경우 이 부분은 자본항목으로 인식. 부채요소와 관련된 현재가치할인차금의 상각액은 당기손익으로 인식하고, 자본요소와 관련하여 지급하는 배당은 당기손익의 배분(이익잉여금의 처분)으로 인식

➠ 우선주의 발행자가 보유자에게 확정되었거나 결정가능한 미래의 시점에 확정되었거나 결정가능한 금액을 의무적으로 상환해야 하거나, 우선주의 보유자가 발행자에게 특정일이나 그 이후에 확정되었거나 결정가능한 금액의 상환을 청구할 수 있는 권리를 보유하고 있는 경우에 이러한 우선주는 금융부채로 분류함

[누적배당 조건 상환우선주의 회계처리_순액법]

| | | | | |
|---|---|---|---|---|
| 20×1. 1. 1 | (차) 현　금 | 951,963 ② | (대) 상환우선주부채 | 951,963 ① |
| 20×1.12.31 | (차) 이자비용 | 114,236 ③ | (대) 현　금 | 100,000 ④ |
| | | | 상환우선주부채 | 14,236 ⑤ |
| 만기상환시 | (차) 상환우선주부채 | 1,000,000 ⑥ | (대) 현　금 | 1,000,000 ⑦ |

[비누적배당 조건 상환우선주의 회계처리_순액법]

| | | | | |
|---|---|---|---|---|
| 20×1. 1. 1 | (차) 현　금 | 900,000 ① | (대) 상환우선주부채 | 711,780 ② |
| | | | 우선주대가(자본) | 188,220 ③ |
| 20×1.12.31 | (차) 이자비용 | 85,414 ④ | (대) 상환우선주부채 | 85,414 ⑤ |
| | (차) 미처분이익잉여금 | 100,000 ⑥ | (대) 현　금 | 100,000 ⑦ |
| 만기상환시 | (차) 상환우선주부채 | 1,000,000 ⑧ | (대) 현　금 | 1,000,000 ⑨ |

(2) 지분상품으로 분류되는 상환우선주 : 확정적인 현금상환의무 부존재

① 최초 발행시 : 일반우선주와 동일하게 회계처리

② 상환으로 소각시 : 배당의 방식으로 이익잉여금의 감소로 회계처리

➠ 현금으로 상환할 수 있는 권리를 발행자가 보유하고 있는 우선주는 발행자가 주식의 보유자에게 금융자산을 이전해야 할 현재의무가 없으므로 지분상품으로 분류함

➠ 상환우선주가 아닌 경우 우선주에 부가된 권리에 따라 적절하게 분류하며, 배분의 누적여부와 관계없이 우선주의 보유자에 대한 배분을 발행자의 재량으로 결정하는 경우 그 우선주는 지분상품임

[지분상품으로 분류되는 상환우선주 회계처리]

| | | | | |
|---|---|---|---|---|
| 20×1. 1. 1 | (차) 현 금 | 951,963 ① | (대) 자 본 금 | 1,000,000 ② |
| | 주식할인발행차금 | 48,037 ② | | |
| 20×1.12.31 | (차) 미처분이익잉여금 | 100,000 ③ | (대) 현 금 | 100,000 ④ |
| 만기감자시 | (차) 미처분이익잉여금 | 1,000,000 ⑤ | (대) 현 금 | 1,000,000 ⑥ |

[상환우선주 발행자 회계처리]

| 구 분 | | 최초인식 | 배당금의 처리 |
|---|---|---|---|
| 원금지급의무 존재 | 배당지급의무 존재 | 배당을 포함한 현금흐름을 부채로 인식 | 이자비용 인식 |
| | 배당지급의무 부재 | 배당을 제외한 현금흐름을 부채로 인식 | 이익잉여금 직접상계 |
| 원금지급의무 부재 | | 발행금액을 전액 자본으로 인식 | 이익잉여금 직접상계 |

## 03 상환우선주의 회계처리 (회계사 2021) IFRS

㈜대한은 20×1년 1월 1일에 상환우선주 200주(1주당 액면금액 ₩500)를 공정가치로 발행하였다. 동 상환우선주와 관련된 자료는 다음과 같다.

(1) ㈜대한은 상환우선주를 20×2년 12월 31일에 1주당 ₩600에 의무적으로 상환해야 한다. 상환우선주의 배당률은 액면금액기준 연 3%이며, 배당은 매년 말에 지급한다. 배당이 지급되지 않는 경우에는 상환금액에 가산하여 지급한다.

(2) 20×1년 1월 1일 현재 상환우선주에 적용되는 유효이자율은 연 6%이며, 20×1년 말에 ㈜대한은 동 상환우선주의 보유자에게 배당을 결의하고 지급하였다. 현가계수는 아래 표와 같다.

| 기 간 | 단일금액 ₩1의 현재가치 | 정상연금 ₩1의 현재가치 |
|---|---|---|
| 2년 | 0.8900 | 1.8334 |

㈜대한이 동 상환우선주와 관련하여 20×1년 포괄손익계산서의 이자비용으로 인식해야 할 금액은 얼마인가? 단, 단수차이로 인해 오차가 있다면 가장 근사치를 선택한다.

① ₩0 ② ₩3,000 ③ ₩3,600
④ ₩6,408 ⑤ ₩6,738

**해 답**

(1) 누적상환우선주의 배당금액 : 200주×₩500×3%=3,000

(2) 누적적 상환우선주 발행금액 : 3,000×1.8334+(100,000+20,000)×0.8900=112,300

(3) 이자비용 : 112,300×6%=6,738

| | | | | |
|---|---|---|---|---|
| 20×1. 1. 1 | (차) 현 금 | 112,300 | (대) 상환우선주부채 | 112,300 |
| 20×1.12.31 | (차) 이자비용 | 6,738 | (대) 현 금 | 3,000 |
| | | | 상환우선주부채 | 3,738 |

⑤

## 3 포괄손익거래

### 1. 기타포괄손익거래

(1) 후속적으로 당기손익으로 재분류되지 않는 항목

① 과거기간에 기타포괄손익으로 인식한 금액의 누계액을 해당 자산의 제거시점에 이익잉여금으로 직접대체

② 유형자산과 무형자산의 재평가잉여금, 당기손익-공정가치 측정항목으로 지정한 특정 금융부채의 신용위험 변동으로 인한 공정가치 변동손익, 확정급여제도의 재측정요소, 기타포괄손익-공정가치 측정항목으로 지정한 지분상품에 대한 투자에서 발생한 손익

(2) 후속적으로 당기손익으로 재분류되는 항목

① 과거기간에 기타포괄손익으로 인식한 금액의 누계액을 해당 자산의 제거시점에 당기손익으로 재인식하여 재분류조정으로 공시

② 기타포괄손익-공정가치로 측정하는 채무상품에 대한 투자에서 발생한 손익, 해외사업장의 재무제표 환산으로 인한 손익, 현금흐름위험회피에서 위험회피수단인 파생상품평가손익 중 효과적인 부분 등

[기타포괄손익의 후속회계처리]

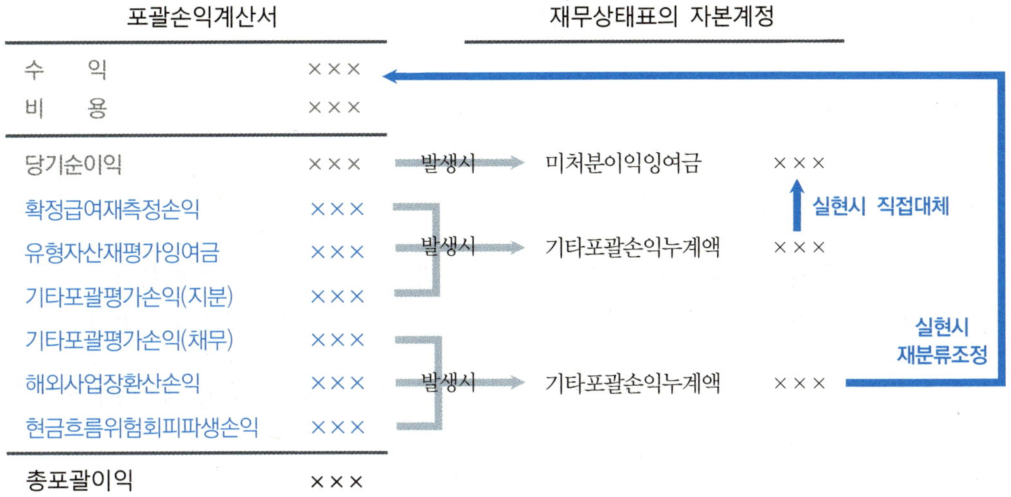


## 04 기타포괄손익의 재분류조정

일반적으로 기타포괄손익의 누계액은 관련거래가 실현되는 경우 당기손익으로 재분류되어 이익잉여금 등으로 대체된다. 아래 제시하는 기타포괄손익 중 성격이 다른 하나는 무엇인가?

① 기타포괄손익-공정가치 측정 금융자산 중 채무상품의 공정가치 평가손익
② 해외사업재무제표의 해외사업장환산손익
③ 현금흐름위험회피로 분류되는 위험회피에 효과적인 파생상품평가손익
④ 유형자산의 재평가이익
⑤ 관계기업의 기타포괄손익-공정가치 측정 금융자산 중 채무상품의 평가이익에 대한 투자기업의 지분법기타포괄손익 변동

**해 답**

재평가잉여금을 이익잉여금으로 대체하는 경우 그 금액은 당기손익으로 인식하지 않는다. [K-IFRS 제1016호 문단 41]

④

### 2. 이익잉여금거래

(1) 이익준비금 : 채권자를 보호하기 위하여 관련 상법에 의해 강제적으로 계정대체되어 사용이 제한된 이익잉여금

➡ 이익준비금은 상법의 규정에 의하여 적립하는 것으로 주식배당을 제외한 이익배당금액의 1/10 이상의 금액을 자본금의 1/2에 달할 때까지 적립하는 것을 말하며, 이익준비금은 결손금보전이나 자본금전입 외에 다른 목적으로 사용할 수 없음

(2) 임의적립금 : 과도한 현금배당으로 재무상태가 악화되는 것을 방지하기 위한 목적 등으로 주주들의 동의에 의하여 자율적으로 계정대체된 이익잉여금 (예 사업확장적립금, 수출손실준비금 등)

(3) 미처분이익잉여금 : 미처분이익잉여금은 회사가 창출한 실현손익 중 배당, 계정대체 또는 자본조정항목의 상각 등으로 사용되지 않고 남아있는 이익잉여금

## 4 미처분이익잉여금의 처분

### 1. 현금배당과 주식배당, 현물배당

(1) 현금배당 : 회사가 창출한 이익을 주주들에게 현금으로 배분하는 자본거래이며, 이사회결의에 의한 중간배당과 주주총회결의에 의한 연차배당으로 구분가능

| | 연차배당 | 중간배당 |
|---|---|---|
| 승 인 기 관 | 주주총회 | 이사회 |
| 배 당 종 류 | 현금배당, 주식배당, 현물배당 | 현금배당, 현물배당 |
| 배 당 기 준 일 | 결 산 일 | 이사회가 결정한 날 |
| 배 당 결 의 일 | 주주총회일 | 이사회 결의일 |
| 배 당 지 급 일 | 주주총회일로부터 1개월이내 | 이사회 결의일로부터 1개월이내 |

[현금배당관련 회계처리]

| 배당기준일 | 회계처리 없음 | | | |
|---|---|---|---|---|
| 배당결의일 | (차) 미처분이익잉여금 | ××× | (대) 미지급배당금 | ××× |
| | | | 이익준비금 | ××× |
| 배당지급일 | (차) 미지급배당금 | ××× | (대) 현 금 | ××× |

➡ 보고기간 말에 보유하고 있는 자기주식은 배당대상주식에서 제외된다. 즉 배당기준일 현재 발행주식에서 자기주식을 차감한 유통주식수만이 배당대상주식이 됨

➡ 누적적우선주에게 사전에 약정된 배당률에 미달하여 지급한 배당금은 배당을 선언하기 전까지는 부채로 인식하지 않음

➡ 참가적우선주의 1차 배당률이 우선주와 보통주가 다른 경우에는 해당 조건을 반영하여 1차배당을 분배하고, 2차 참가배당을 제시된 조건에 따라 추가로 분배함

(2) 주식배당 : 회사가 창출한 이익을 주주들에게 주식을 발행하여 교부하는 자본거래로 별도의 이익준비금은 인식하지 않음

[주식배당관련 회계처리]

| 배당기준일 | 회계처리 없음 | | | |
|---|---|---|---|---|
| 배당결의일 | (차) 미처분이익잉여금 | ××× | (대) 미교부주식배당(자본조정) | ××× |
| 배당지급일 | (차) 미교부주식배당(자본조정) | ××× | (대) 자 본 금 | ××× |

2차 (3) 현물배당 : 주주에게 배당으로 비현금자산을 분배해야하는 부채는 분배될 비현금자산의 공정가치로 측정하며, 기업이 미지급배당을 결제할 때, 분배된 비현금자산의 장부금액과 미지급배당의 장부금액(현물의 공정가치)이 차이가 있다면 이를 당기손익으로 인식

[현물배당관련 회계처리]

| 배당기준일 | 회계처리 없음 | | | |
|---|---|---|---|---|
| 배당결의일 | (차) 미처분이익잉여금 | 100,000 ② | (대) 미지급현물배당 | 100,000 ① |
| | (차) 미처분이익잉여금 | 10,000 ④ | (대) 이익준비금 | 10,000 ③ |
| | ① 배당결의일 현물의 공정가치 | | | |
| 배당지급일 | (차) 미지급현물배당 | 100,000 ① | (대) 현물자산 | 80,000 ② |
| | | | 현물자산처분이익 | 20,000 ③ |

## 05 누적적 우선주에 대한 배당 (세무사 2014) IFRS

㈜대한은 20×4년 초에 설립되었으며 설립 이후 자본금의 변동 및 배당금 지급은 없었다. 1주당 액면금액은 보통주와 우선주 모두 ₩5,000이다. ㈜대한의 보통주자본금은 ₩10,000,000이며, 우선주 자본금은 ₩5,000,000이다. 우선주는 누적적 비참가적 우선주이며, 약정배당률은 3%이다. ㈜대한이 20×6년 3월 2일 주주총회에서 ₩1,000,000의 현금배당을 최초로 결의하였다면, 보통주 주주에게 지급할 배당금은 얼마인가?

① ₩300,000 ② ₩450,000 ③ ₩550,000
④ ₩700,000 ⑤ ₩850,000

## 해 답

(1) 우선주 전기분+당기분배당 : 5,000,000×3%×2회 = 300,000
(2) 보통주배당 : 1,000,000 - 300,000 = 700,000

④

## 06 이익배당 우선주에 대한 배당금액 (회계사 2007)

IFRS

20×1년 12월 31일 현재 A사, B사, C사의 자본금(주당 액면금액 ₩5,000)과 관련된 내용은 다음과 같다.

| 구 분 | A 사 | B 사 | C 사 |
|---|---|---|---|
| 보 통 주 | ₩10,000,000 | ₩10,000,000 | ₩10,000,000 |
| (발행주식수) | (2,000주) | (2,000주) | (2,000주) |
| 우 선 주 | 5,000,000 | 5,000,000 | 5,000,000 |
| (발행주식수) | (1,000주) | (1,000주) | (1,000주) |
| 우선주배당률 | 5% | 5% | 5% |
| 우선주 종류 | 완전참가적 | 누적적, 비참가적<br>(19×9년, 20×0년 배당금 연체) | 누적적, 부분참가적(8%)<br>20×0년 배당금 연체 |

주주총회에서 A사, B사, C사는 각각 ₩1,350,000씩의 배당금 지급을 결의하였다. 우선주에 대한 배당금을 지급할 경우 그 금액이 큰 회사부터 작은 회사의 순서로 나열한 것은?

① A사 - B사 - C사
② B사 - C사 - A사
③ C사 - A사 - B사
④ A사 - C사 - B사
⑤ B사 - A사 - C사

## 해 답

우선주 배당금

A사 : 1,350,000 × 5,000,000 ÷ 15,000,000 = 450,000

B사 : 5,000,000 × 5% × 3년 = 750,000

C사 : 250,000 + Min [5,000,000×8%, (1,350,000 - 250,000)×5,000,000÷15,000,000] = 616,667

②

## 2. 배당이외의 미처분이익잉여금의 처분

(1) 법정적립금과 임의적립금으로의 전입 : 현금배당으로 인한 순자산의 과도한 사외유출을 방지하기 위해 주주총회의 승인을 거쳐 관련 법률이나 회사의 정책에 따라 강제적 또는 임의적으로 미처분이익잉여금에서 전입됨, 임의적립금의 경우 미처분이익잉여금으로 재전입될 수 있음

(2) 자본거래손실의 상각 : 주식할인발행차금, 감자차손과 자기주식처분손실을 주주에 대한 현금배당으로 간주하여 미처분이익잉여금과 상계

## 2차 3. 미처분이익잉여금의 변동 (이익잉여금처분계산서)

| 당기말까지의 거래 | 차기에 수행하는 당기귀속 정기주주총회의 회계처리 | | 차기초의 이월금액 |
|---|---|---|---|
| | 증 가 | 감 소 | |
| 전기이월미처분이익잉여금 | + 임의적립금의 이입 | - 현금배당 | = 차기이월미처분이익잉여금 |
| - 중간배당액 | | - 주식배당 | |
| + 기포누계액의 직접대체 | | - 이익준비금의 적립 | ← (중간배당+연차배당)×10% |
| + 당기순이익 | | - 임의적립금의 적립 | |
| | | - 자본거래손실 상계 | |

[미처분이익잉여금관련 회계처리]

| 구분 | 차변 | 금액 | 대변 | 금액 | 비고 |
|---|---|---|---|---|---|
| 전기분 주총일 (당기에 실시) | (차) 미처분이익잉여금 | ××× | (대) 현 금 | ××× | ↑ 자본변동표 |
| | | | 자 본 금 | ××× | |
| | | | 이익준비금 | ××× | |
| | | | 임의적립금 | ××× | |
| 중간배당일 | (차) 미처분이익잉여금 | ××× | (대) 현 금 | ××× | ↑ 이익잉여금처분계산서 |
| 당기말 결산일 | (차) 기타포괄누계액 | ××× | (대) 미처분이익잉여금 | ××× | |
| | (차) 집합손익 | ××× | (대) 미처분이익잉여금 | ××× | ↓ (자본변동표) |
| 당기분 주총일 (차기에 실시) | (차) 임의적립금 | ××× | (대) 미처분이익잉여금 | ××× | |
| | (차) 미처분이익잉여금 | ××× | (대) 현 금 | ××× | |
| | | | 자 본 금 | ××× | |
| | | | 이익준비금 | ××× | |
| | | | 임의적립금 | ××× | ↓ (이익잉여금처분계산서) |

## 07 미처분이익잉여금의 변동 (회계사 2014 수정)

20×2년 2월 개최된 주주총회 결의일 직후 작성된 ㈜대경의 20×1년 말 재무상태표상 자본은 보통주 자본금이 ₩30,000,000, 이익준비금 ₩1,000,000, 사업확장적립금 ₩500,000, 감채기금적립금 ₩600,000이며, 미처분이익잉여금 ₩800,000이다. ㈜대경의 20×2년도 당기순이익은 ₩1,200,000이고, 당기 이익잉여금 처분 예정은 다음과 같다. 다음의 사항들이 20×3년 2월 28일 개최된 주주총회에서 원안대로 승인되었다. 한국채택국제회계기준에 따라 20×2년도 이익잉여금처분계산서를 작성할 때 차기이월 미처분이익잉여금과 20×3년 2월 주주총회 승인후 자본총계는 각각 얼마인가?

> ⑴ 주주총회 결의에 의한 임의적립금인 감채기금적립금의 이입은 ₩300,000이며, 현금배당은 ₩400,000이다. 주식배당은 ₩100,000이며, 임의적립금인 사업확장적립금의 적립은 ₩250,000이다.
>
> ⑵ 이익준비금 적립은 법정최소금액을 적립한다.

| | 이익잉여금 | 자본총계 | | 이익잉여금 | 자본총계 |
|---|---|---|---|---|---|
| ① | ₩1,510,000 | ₩33,700,000 | ② | ₩1,550,000 | ₩33,700,000 |
| ③ | ₩1,510,000 | ₩33,950,000 | ④ | ₩1,550,000 | ₩33,950,000 |
| ⑤ | ₩1,650,000 | ₩34,550,000 | | | |

### 해 답

⑴ 차기이월미처분이익잉여금 : 800,000 + 1,200,000 + 300,000 – 400,000 – 40,000 – 100,000 – 250,000 = 1,510,000

⑵ 자본총계 : 30,000,000 + 1,000,000 + 500,000 + 600,000 + 800,000 + 1,200,000 – 400,000 = 33,700,000

⑶ 이익잉여금처분사항 중에서 자본총계(순자산총계)에 영향이 있는 거래는 현금배당 뿐이다.

| 일자 | 차변 | 금액 | 대변 | 금액 |
|---|---|---|---|---|
| 20×2.12.31 | (차) 집합손익 | 1,200,000 | (대) 미처분이익잉여금 | 1,200,000 |
| 20×3. 2.28 | (차) 임의적립금 | 300,000 | (대) 미처분이익잉여금 | 300,000 |
| 20×3. 2.28 | (차) 미처분이익잉여금 | 790,000 | (대) 현금(연차배당) | 400,000 |
| | | | 자본금(주식배당) | 100,000 |
| | | | 이익준비금 | 40,000 |
| | | | 임의적립금 | 250,000 |

①

## 5 자본변동표

자본변동표는 자본의 크기와 그 변동에 관한 정보를 제공하는 재무제표이며, 자본변동을 주주나 잠재적 주주와의 거래인 자본거래와 기타의 거래인 손익거래로 구분하여 작성함

자본변동표

제2기 20×1년 1월 1일부터 20×1년 12월 31일까지

A회사 (단위 : 원)

| 구 분 | 자본금 | 자본 잉여금 | 자본 조정 | 기타포괄 누계액 | 이익 잉여금 | 총자본 증감 |
|---|---|---|---|---|---|---|
| 20×1년 1월 1일 | ××× | ××× | ××× | ××× | ××× | ××× |
| 현금배당지급 | - | - | - | - | (-)배당금액 | (-)배당금액 |
| 주식배당지급 | (+)액면금액 | - | - | - | (-)전입금액 | - |
| 중간배당지급 | - | - | - | - | (-)배당금액 | (-)배당금액 |
| 유상증자 | (+)액면금액 | (+)주발초액 | - | - | - | (+)증자대가 |
| 무상증자 | (+)액면금액 | (-)주발초액 | - | - | - | - |
| 유상감자 | (-)액면금액 | - | (-)감자차손 | - | - | (-)감자대가 |
| 무상감자 | (-)액면금액 | (+)감자차익 | - | - | - | - |
| 자기주식취득 | - | - | (-)취득금액 | - | - | (-)취득대가 |
| 자기주식처분 | - | (+)자처이익 | (+)취득금액 | - | - | (+)처분대가 |
| 자기주식소각 | (-)액면금액 | (+)감자차익 | (+)취득금액 | - | - | - |
| 자본손실상각 | - | - | (+)감자차손 | - | (-)상각금액 | - |
| 총포괄이익 | - | - | - | (+)기포이익 | (+)당기순익 | (+)포괄이익 |
| 기포누계의 대체 | - | - | - | (-)기포누계 | (+)대체금액 | - |
| 20×1년 12월 31일 | ××× | ××× | ××× | ××× | ××× | ××× |

[무상증자, 주식배당, 주식분할 및 주식병합의 자본증감효과]

| 구 분 | 무상증자 | 주식배당 | 주식분할 | 주식병합 |
|---|---|---|---|---|
| 발행주식수 | 증 가 | 증 가 | 증 가 | 감 소 |
| 액면금액 | 불 변 | 불 변 | 감 소 | 증 가 |
| 자본금 | 증 가 | 증 가 | 불 변 | 불 변 |
| 자본잉여금 | 감소가능 | 불 변 | 불 변 | 불 변 |
| 이익잉여금 | 감소가능 | 감 소 | 불 변 | 불 변 |

MEMO

check list

출제경향

| | 2020 | 2021 | 2022 | 2023 | 2024 | 2025 |
|---|---|---|---|---|---|---|
| 회계사 | 3 | 3 | 3 | 2 | 2 | 2 |
| 세무사 | 2 | 2 | 1 | 1 | 1 | 1 |

# 제 12 장 수익인식

Financial Accounting Workbook

## 1 수익과 비용의 인식

### 1. 국제회계기준에 의한 수익인식

(1) 수익인식의 핵심원칙

기업이 고객에게 약속한 재화나 용역이 고객에게 이전되는 것을 나타내도록 재화나 용역의 이전대가로 고객으로부터 받을 권리를 반영한 금액으로 수익을 인식

(2) 수익인식의 5단계 절차

[Step1] 계약식별 : 고객과의 계약을 식별
[Step2] 수행의무식별 : 고객에게 수행할 의무를 식별
[Step3] 거래가격산정 : 의무이행에 대한 대가로 받을 권리의 측정
[Step4] 거래가격배분 : 거래가격을 계약 내 수행의무에 배분
[Step5] 이행시수익인식 : 고객에 대한 수행의무를 이행할 때 수익을 인식

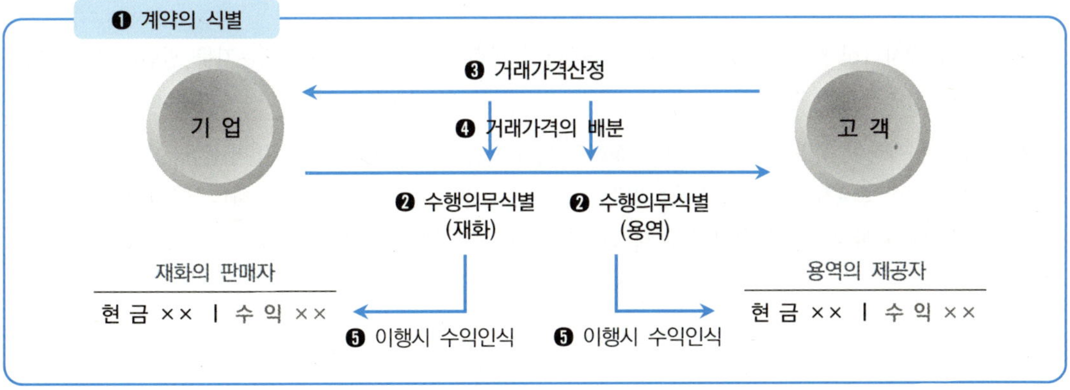

## 2 계약관련 수익인식의 5단계

### 1단계 : 계약의 식별

(1) 계약의 식별가능성 여부에 대한 판단기준 : 계약의 유효성 판단

① 의무확약 : 계약 당사자인 기업과 고객이 계약을 승인하고 각자의 의무를 수행하기로 확약함

② 권리식별 : 이전할 재화나 용역과 관련된 각 당사자의 권리를 식별가능

➠ 계약상대방이 어떤 활동이나 과정에 참여하기 위해 기업과 계약하였고, 그 계약 당사자들이 그 활동이나 과정에서 생기는 위험과 효익을 공유한다면, 그 계약상대방은 고객이 아니므로 수익을 인식하지 않음

➠ 수행되지 않은 계약에 대해 상대방에게 보상하지 않고 종료할 수 있는 일방적이고 집행 가능한 권리를 갖는다면 해당 계약은 존재하지 않음

③ 지급조건식별 : 이전할 재화나 용역의 대가 관련 대금지급조건을 식별가능 (식별할 수 없는 경우 거래가격의 산정이 불가능)

④ 상업적실질존재 : 계약에 상업적 실질이 존재하여, 계약의 결과로 미래 현금흐름의 위험, 시기, 금액이 변동

➠ 고객이나 잠재적 고객에게 판매를 쉽게 하기 위해 행하는 같은 사업 영역에 있는 기업 사이의 비화폐성 교환은 고객과의 거래가 아니므로 수익을 인식하지 않음 (예 동종재고간의 교환)

⑤ 회수가능성높음 : 고객에게 이전할 재화나 용역에 대하여 받을 권리를 갖게 될 대가의 회수가능성이 높음

➠ 계약의 개시시점에 식별가능성 기준을 충족하지 못한다면, 나중에 충족되는지를 판단하기 위해 그 계약을 지속적으로 검토함

➠ 고객과의 계약이 식별가능성 기준을 충족하지 못하지만, 고객에게서 대가를 미리 받은 경우에는 이를 부채로 인식함. 후속적으로 식별가능성 기준을 충족하는 경우 수익으로 인식가능하며, 추가적인 수행의무가 없으며 환불의무도 부담하지 않게 된 경우에도 수익(예 채무면제수익)으로 인식가능

## 01 계약의 식별가능성에 대한 판단

IFRS

한국채택국제회계기준 제1115호 '고객과의 계약에서 생기는 수익'에 의하면 기업이 고객에 대해 수익을 인식하기 위해서는 해당 계약이 고객과의 계약으로 식별가능해야 한다. 해당 계약이 식별이 불가능하다면 고객과의 거래인 경우에도 수익을 인식할 수 없다. 다음의 사례들 중에 고객과의 계약으로 식별하기 위해 충족해야할 조건을 모두 고른 것은 무엇인가?

> (가) 계약 당사자들이 계약을 서면, 구두로나 그 밖의 사업 관행에 따라 승인하고 각자의 의무를 수행하기로 확약한다.
> (나) 이전할 재화나 용역과 관련된 각 당사자의 권리를 식별할 수 있다.
> (다) 이전할 재화나 용역의 지급조건을 식별할 수 있다.
> (라) 계약에 상업적 실질이 있어, 계약의 결과로 기업의 미래 현금흐름의 위험, 시기, 금액이 변동될 것으로 예상된다.
> (마) 고객에게 이전할 재화나 용역에 대하여 받을 권리를 갖게 될 대가의 회수 가능성이 높다. 다만, 기업이 고객에게 가격할인을 제공할 수 있기 때문에 대가가 변동될 수 있다면, 기업이 받을 권리를 갖게 될 대가는 계약에 표시된 가격보다 적을 수 있다.
> (바) 수행되지 않은 계약에 대해 상대방에게 보상하지 않고 종료할 수 있는 일방적이고 집행 가능한 권리를 갖는다.

① (가), (나), (마) ② (가), (나), (다) ③ (가), (나), (라)
④ (가), (나), (다), (라), (마) ⑤ (가), (나), (다), (라), (마), (바)

### 해 답

계약의 각 당사자가 전혀 수행되지 않은 계약에 대해 상대방에게 보상하지 않고 종료할 수 있는 일방적이고 집행 가능한 권리를 갖는다면, 이 기준서의 적용 목적상 그 계약은 존재하지 않는다고 본다.

④

## 2단계 : 수행의무의 식별

(1) 구별되는 재화나 용역의 이전에 대한 수행의무

① 고객효익 존재가능성 : 고객이 해당 재화나 용역 그 자체에서 효익을 얻거나 고객이 쉽게 구할 수 있는 다른 자원과 함께하여 그 재화나 용역에서 효익을 얻을 수 있음

② 수행의무 식별가능성 : 고객에게 재화나 용역을 이전하기로 하는 약속을 계약 내의 다른 약속과 별도로 식별해 낼 수 있음

➡ 식별가능성 요건과 효익존재가능성 요건을 모두 만족하는 경우 구별되는 수행의무임. 하나의 계약에 여러 개의 구별되는 수행의무 존재할 수 있음

➡ 약속한 재화나 용역이 구별되지 않는다면, 구별되는 재화나 용역의 묶음을 식별할 수 있을 때까지 그 재화나 용역을 약속한 다른 재화나 용역과 결합 (예 결합산출물이나 고객맞춤화, 상호의존적 수행의무)

➡ 계약에서 식별되는 수행의무는 계약에 기재한 재화나 용역에만 한정되지 않을 수 있으며, 정당한 기대에 의한 약속도 계약상 수행의무에 포함됨 (수행의무개수 = 법적수행의무 + 의제수행의무)

➡ 계약을 이행하기 위해 해야 하지만 고객에게 재화나 용역을 이전하는 활동이 아니라면 그 활동은 수행의무에 포함되지 않음. 따라서, 계약을 수행하기 위한 준비활동과 관리활동은 업무를 수행함에 따라 고객에게 재화나 용역이 이전되지 않으므로 수행의무가 아님 (예 수행의무가 아닌 관리의무)

(2) 일련(연속적인)의 구별되는 재화나 용역의 이전에 대한 수행의무

실질적으로 서로 같고 고객에게 이전하는 방식도 같은 구별되는 재화나 용역의 이전이 연속적으로 이행되는 경우에 기간에 걸쳐 이행하는 수행의무이고, 동일한 방식의 진행률을 사용하여 수행의무를 측정하는 경우에는 구별되는 재화나 용역임에도 불구하고 하나의 수행의무로 보아 기간에 걸쳐 수익인식 (예 청소용역제공)

## 3단계 : 거래가격의 산정

거래가격은 고객에게 약속한 재화나 용역을 이전하고 그 대가로 기업이 받을 권리를 갖게 될 것으로 예상하는 금액이며, 부가가치세 등과 같이 제3자를 대신해서 회수한 금액은 제외

(1) 거래가격에 변동금액이 포함된 경우

① 변동대가 : 이전대가로 받을 권리를 갖게 될 금액을 추정하며, 보고기간 말마다 추정거래가격을 새로 수정함

② 추정방법 : 비슷한 계약이 많은 경우에 변동대가의 적절한 추정치는 기댓값이며, 가능한 결과치가 두 가지뿐일 경우에는 가능성이 가장 높은 금액이 변동대가의 적절한 추정치임

➡ 변동대가 추정의 원칙 : 변동대가와 관련된 불확실성이 나중에 해소될 때, 이미 인식한 누적 수익 금액 중 유의적인 부분을 되돌리지 않을 가능성이 매우 높은 정도까지는 추정된 변동대가의 일부나 전부를 거래가격에 포함

➡ 변동대가 추정치의 제약 : 변동대가의 추정치가 너무 불확실하고, 기업이 고객에게 재화나 용역을 이전하고 그 대가로 받을 권리를 갖게 될 금액을 충실하게 나타내지 못하는 경우에는 해당 변동대가의 추정치는 거래가격에 포함시키지 않으며, 불확실성 해소시점까지 수익으로 인식하지 않음 (예 로열티 약정의 라이선스)

## 02 수익인식의 개념 (회계사 2019)

기업회계기준서 제1115호 '고객과의 계약에서 생기는 수익'에 대한 다음 설명 중 옳은 것은?

① 일반적으로 고객과의 계약에는 기업이 고객에게 이전하기로 약속하는 재화나 용역을 분명히 기재한다. 따라서 고객과의 계약에서 식별되는 수행의무는 계약에 분명히 기재한 재화나 용역에만 한정된다.

② 고객에게 재화나 용역을 이전하는 활동은 아니지만 계약을 이행하기 위해 수행해야 한다면, 그 활동은 수행의무에 포함된다.

③ 수행의무를 이행할 때(또는 이행하는 대로), 그 수행의무에 배분된 거래가격(변동대가 추정치 중 제약받는 금액을 포함)을 수익으로 인식한다.

④ 거래가격은 고객에게 약속한 재화나 용역을 이전하고 그 대가로 기업이 받을 권리를 갖게 될 것으로 예상하는 금액이며, 제삼자를 대신해서 회수한 금액도 포함한다.

⑤ 거래가격의 후속 변동은 계약 개시시점과 같은 기준으로 계약상 수행의무에 배분한다. 따라서 계약을 개시한 후의 개별 판매가격 변동을 반영하기 위해 거래가격을 다시 배분하지는 않는다.

### 해 답

① 그러나 고객과의 계약에서 식별되는 수행의무는 계약에 분명히 기재한 재화나 용역에만 한정되지 않을 수 있다. 이는 계약 체결일에 기업의 사업 관행, 공개한 경영방침, 특정 성명에서 암시되는 약속이 기업이 재화나 용역을 고객에게 이전할 것이라는 정당한 기대를 하도록 한다면, 이러한 약속도 고객과의 계약에 포함될 수 있기 때문이다.

② 계약을 이행하기 위해 해야 하지만 고객에게 재화나 용역을 이전하는 활동이 아니라면 그 활동은 수행의무에 포함되지 않는다.

③ 수행의무를 이행할 때(또는 이행하는 대로), 그 수행의무에 배분된 거래가격(변동대가 추정치 중 제약받는 금액은 제외)을 수익으로 인식한다.

④ 거래가격은 고객에게 약속한 재화나 용역을 이전하고 그 대가로 기업이 받을 권리를 갖게 될 것으로 예상하는 금액이며, 제삼자를 대신해서 회수한 금액(예 일부 판매세)은 제외한다.

⑤ W

---

(2) 대가의 일부를 환불하기로 한 경우

변동대가 약정으로 고객에게서 받은 대가의 일부나 전부를 고객에게 환불할 것으로 예상하는 경우에는 환불부채를 인식한 후 거래가격에서 차감하며 보고기간 말마다 상황의 변동을 반영하여 새로 수정함

(3) 대가에 유의적인 금융요소가 있는 경우

① 채권과 채무의 회수기간이 1년 이상이며, 유의적인 금융효익이 고객이나 기업에 제공되는 경우에는 화폐의 시간가치가 미치는 영향을 반영하여 약속된 대가를 조정함. 할인율이 10%인 경우의 사례는 다음과 같다.

| 일자 | 차변 | 금액 | 대변 | 금액 |
|---|---|---|---|---|
| 20×1. 1. 1 | (차) 장기매출채권 | 100,000 ① | (대) 매출수익 | 100,000 ② |
| 20×1.12.31 | (차) 장기매출채권 | 10,000 ② | (대) 이자수익 | 10,000 ① |
| 20×2.12.31 | (차) 장기매출채권 | 11,000 ② | (대) 이자수익 | 11,000 ① |
| | (차) 현 금 | 121,000 ④ | (대) 장기매출채권 | 121,000 ③ |

② 선수금에 금융요소가 포함되어 있는 경우 선수금의 수령 후 재화나 용역의 이전이 1년 이상인 경우에도 선수금에 포함된 유의적인 금융요소에 대한 영향도 인식해야 함

| 일자 | 차변 | 금액 | 대변 | 금액 |
|---|---|---|---|---|
| 20×1. 1. 1 | (차) 현 금 | 100,000 ① | (대) 계약부채(선수금) | 100,000 ② |
| 20×1.12.31 | (차) 이자비용 | 10,000 ① | (대) 계약부채(선수금) | 10,000 ② |
| 20×2.12.31 | (차) 이자비용 | 11,000 ① | (대) 계약부채(선수금) | 11,000 ② |
| | (차) 계약부채(선수금) | 121,000 ③ | (대) 매출수익 | 121,000 ④ |

③ 회수기간이 1년 이내인 단기성채권과 채무는 금융요소의 영향을 반영하여 대가를 조정하지 않는 실무적 간편법 사용가능

➡ 현재가치할인율 : 기업과 고객이 별도 금융거래를 한다면 반영하게 될 할인율이나 재화나 용역의 대가를 현금으로 결제한다면 지급할 가격으로 약속한 대가의 명목금액을 할인하는 이자율을 이용하며, 계약 개시 후에는 상황이 달라져도 할인율을 새로 수정하지 않음 (예 상각후원가측정 금융자산)

➡ 유의적인 금융요소가 없는 경우 : ① 고객이 대가를 선급하였지만 재화나 용역의 이전 시점이 고객의 재량에 따르는 경우, ② 약속한 대가의 금액과 시기가 통제할 수 없는 미래 사건의 발생 여부에

따라 달라지는 경우, ③ 약속한 대가와 재화나 용역의 현금판매가격 간의 차이가 고객이나 기업에 대한 금융제공 외의 이유로 생기는 경우

## 03 장기성채권의 수익인식

A회사는 20×1년 7월 1일에 판매가격이 ₩500,000인 상품을 아래와 같은 대금지급 조건으로 장기할부로 판매하였다. A회사가 20×1년에 당해 할부매출과 관련하여 인식할 총수익의 합계는 얼마인가?

(1) 장기채권에 적용되는 내재이자율은 12%이며, 채권의 미래현금흐름은 다음과 같다.

| 20×1년 7월 1일 | 20×2년 6월 30일 | 20×3년 6월 30일 | 20×4년 6월 30일 | 합 계 |
|---|---|---|---|---|
| ₩250,000 | ₩50,000 | ₩50,000 | ₩150,000 | ₩500,000 |

(2) 3기간 12%의 일시금현가계수와 연금현가계수는 0.71178과 2.40183이다.

① ₩441,270　　② ₩452,746　　③ ₩11,476
④ ₩464,222　　⑤ ₩467,746

### 해 답

(1) 손익인식액

| | | |
|---|---|---|
| ① 매출액 | 250,000 + 50,000 × 2.40183 + 100,000 × 0.71178 = | 441,270 |
| ② 이자수익 | (441,270 − 250,000) × 12% × 6/12 = | 11,476 |
| | | 452,746 |

(2) 매기 현금이 동일하지 않다. 이런 경우에는 매기 다른 현가계수를 적용하여야 한다. 그러나 제시된 자료에 매기 현가계수가 없으므로 현금흐름을 균등하게 한 후에 연금현가계수를 적용하고 나머지 금액인 ₩100,000에 대하여만 3기간 현가계수를 적용하면 된다.

(3) 회계처리 (순액법)

| | | | | | | |
|---|---|---|---|---|---|---|
| 20×1. 7. 1 | (차) | 현 금 | 250,000 | (대) | 매출수익 | 441,270 |
| | | 장기매출채권 | 191,270 | | | |
| 20×1.12.31 | (차) | 장기매출채권 | 11,476 | (대) | 이자수익 | 11,476 |

②

(4) 대가가 비현금대가인 경우

① 비화폐성 교환거래에 상업적 실질이 없다면 수익인식의 1단계에서 계약으로 식별할 수 없으므로 교환거래의 수익인식금지

② 교환거래에 상업적 실질이 있으면서 비현금대가를 수령하는 경우 제공받은 비현금대가를 공정가치로 측정하여 수익인식 : 수익인식금액 = 수령현물 공정가치 + 현금수령액 - 현금지급액

➠ 비현금대가의 공정가치를 합리적으로 추정할 수 없는 경우 비현금대가와 교환하여 고객에게 약속한 재화나 용역의 개별 판매가격을 참조하여 간접적으로 측정하여 수익인식 : 수익인식금액 = 제공현물 판매가격

➠ 비현금대가의 공정가치가 후속적으로 변동하는 경우 이를 수익에 반영하지 않으며, 교환에 의한 유형자산의 취득과 공정가치 측정의 우선순위가 다르므로 유의해야 함

(5) 대가의 일부를 고객에게 지급하는 경우 : 리베이트

① 고객에게 지급할 대가가 고객이 기업에게 제공하는 재화나 용역에 대한 대가가 아닌 경우 거래가격에서 차감

② 고객에게 지급할 대가가 고객이 기업에게 제공하는 재화나 용역에 대한 대가인 경우에는 거래가격에서 차감 불가능하며, 다른 공급자에게서 구매한 경우와 같은 방법으로 회계처리

➠ 고객에게 지급할 대가가 고객이 제공한 재화나 용역의 공정가치를 초과하는 지급대가의 경우 해당액을 거래가격에서 차감

➠ 고객이 제공한 재화나 용역의 공정가치를 합리적으로 추정할 수 없다면, 고객에게 지급할 대가 전액을 거래가격에서 차감

### 4단계 : 거래가격을 수행의무에 배분

(1) 총거래가격 배분의 원칙

① 총거래가격을 식별된 각 수행의무에 배분할 때에는 직접 관측된 상대적 개별 판매가격에 비례하여 배분

② 개별판매가격을 직접 관측할 수 없는 경우에는 개별판매가격을 추정해야함. 시장평가조정접근법, 예상원가이윤가산접근법에 의하여 개별판매가격을 추정함

➠ 잔여접근법 : 같은 재화나 용역을 고객들에게 광범위한 금액으로 판매하여 개별 판매가격을 분간할 수 없거나, 과거에 그 재화나 용역을 따로 판매한 적이 없어 판매가격이 불확실한 경우에만 사용가능함 (잔여배분금액 = 총거래가격 - 관측가능한 개별판매가격합계)

## 04 재화의 판매와 식별가능한 용역의 제공 (회계사 2006 수정) IFRS

A회사는 소프트웨어 판매 및 서비스 공급회사이다. 이 회사는 20×1년 1월 1일 B회사에 원가 ₩700,000인 ERP소프트웨어를 판매하고, 원가 ₩800,000으로 예상되는 ERP 운용과 관련된 용역을 2년 동안 제공하기로 약정하였다. 총판매가격은 ₩2,200,000이지만, 소프트웨어와 운용용역을 개별적으로 판매하는 경우 판매가격은 각각 ₩1,100,000과 ₩1,320,000이다. 운용용역과 관련하여 20×1년도에 실제 발생한 원가는 ₩600,000이다. 수익인식에 관한 기업회계기준서에 근거할 때 20×1년의 회계처리로 타당하지 않은 것은?

① 소프트웨어와 용역이 별개로 취급되어 그 제공이 각각 총거래가격에 영향을 미치므로 소프트웨어 매출과 용역매출은 구분하여 별도로 회계처리한다.

② ERP 소프트웨어 판매와 관련하여 ₩1,000,000은 소프트웨어 인도시점인 20×1년 1월 1일 모두 수익으로 인식한다.

③ ERP 소프트웨어 원가 ₩700,000은 관련 용역이 제공되는 2년에 걸쳐 상각된다.

④ 용역제공거래는 진행기준에 의하여 수익을 인식한다. 따라서 용역제공과 관련하여 20×1년에 인식할 수익은 ₩900,000이다.

⑤ 용역제공 관련 20×1년도에 인식할 원가는 ₩600,000이다.

### 해 답

(1) 총거래가격 중 소프트웨어판매가 : 2,200,000×1,100,000÷(1,100,000+1,320,000)=1,000,000

(2) 총거래가격 중 운용용역의 판매가 : 2,200,000×1,320,000÷(1,100,000+1,320,000)=1,200,000

(3) ERP소프트웨어의 원가는 ERP소프트웨어의 인도시점에 비용으로 처리한다.

(4) ERP운영과 관련된 용역제공거래는 진행기준으로 수익을 인식한다.

(5) 진행기준에 의한 용역매출 : 1,200,000×(600,000÷800,000)=900,000

③

(2) 할인액이나 변동대가가 있는 경우 : 거래가격에 포함된 할인액이나 변동대가는 원칙적으로 모든 수행의무에 해당 효과를 배분해야 하지만, 계약상 하나 이상의 일부 수행의무에만 관련된 경우에는 해당 일부 수행의무에만 배분

➡ 예를 들어, 고객에게 라이선스A와 라이선스B를 제공하고, 라이선스A에 대하여는 고정대가를 라이선스B에 대하여는 변동대가를 수령하기로 한 경우 각각의 금액이 라이선스A와 라이선스B의 개별판매가격을 반영한다면 고정대가는 라이선스A에 변동대가는 라이선스B에만 배분함

[거래가격의 배분]

| 구 분 | | 배분 방법 |
|---|---|---|
| 총 판매가격의 배분 | | 상대적 개별 판매가격비례로 모든 수행의무에 배분 |
| 할인액의 배분 | 모든 수행의무와 관련 | 상대적 개별 판매가격비례로 모든 수행의무에 배분 |
| | 일부 수행의무에만 관련 | 상대적 개별 판매가격비례로 관련된 일부 수행의무에만 배분 |
| 변동대가 배분 | 모든 수행의무와 관련 | 상대적 개별 판매가격비례로 모든 수행의무에 배분 |
| | 일부 수행의무에만 관련 | 상대적 개별 판매가격비례로 관련된 일부 수행의무에만 배분 |

(3) 거래가격이 후속적으로 변동하는 경우 : 변동대가로 인해 거래가격의 추정치가 후속적으로 변동된 경우 계약 개시시점과 같은 기준으로 계약상 수행의무에 배분하며, 계약을 개시한 후의 개별 판매가격 변동을 반영하기 위해 거래가격을 다시 배분하지는 않음

(4) 계약이 변경되는 경우 : 당사자간의 합의에 의한 계약의 범위나 계약가격의 변경

① 구별되는 수행의무추가 & 계약가격상승적절함 : 별도의 계약으로 간주하여 수익인식

➡ 별도의 계약으로 간주하는 경우 기존계약은 기존의 거래가격으로 수익인식하며, 새로운 계약은 새로운 거래가격으로 수익인식

② 구별되는 수행의무추가 & 계약가격상승부적절 : 이전되지 않은 나머지 수행의무가 구별되는 경우 이미 이행된 수행의무에 대한 기존계약을 종료하고 새로운 계약으로 수익인식

➡ 기존의 거래가격 중 수익으로 인식되지 않은 금액과 계약변경의 일부로 약속한 대가의 합계를 새로운 거래가격으로 간주하여 수익인식

③ 구별되는 수행의무가 추가되지 않은 경우 : 이전되지 않은 나머지 수행의무가 구별되지 않는 경우 기존계약에 대한 추정의 변경으로 수익인식 (예 고객맞춤화를 위한 수행의무추가 혹은 결합산출물을 위한 수행의무추가)

➡ 계약변경이 거래가격과 수행의무의 진행률에 미치는 영향은 계약변경일에 누적효과 일괄조정기준으로 조정하여, 기존의 수익을 증액이나 감액하여 인식

## 05 계약의 변경여부에 대한 판단 (회계사 2023)

20×1년 10월 1일에 ㈜대한은 제품 120개를 고객에게 개당 ₩1,000에 판매하기로 약속하였다. 제품은 6개월에 걸쳐 고객에게 이전되며, 각 제품에 대한 통제는 한 시점에 이전된다. ㈜대한은 20×1년 10월 31일에 제품 50개에 대한 통제를 고객에게 이전한 후, 추가로 제품 30개를 개당 ₩800에 고객에게 납품하기로 계약을 변경하였다. 추가된 제품 30개는 구별되는 재화에 해당하며, 최초 계약에 포함되지 않았다. 20×1년 11월 1일부터 20×1년 12월 31일까지 기존 계약수량 중 40개와 추가 계약수량 중 20개에 대한 통제를 고객에게 이전하였다. 계약을 변경할 때, 추가 제품의 가격(₩800/개)이 (1) 계약변경 시점의 개별 판매가격을 반영하여 책정된 경우와 (2) 계약변경 시점의 개별 판매가격을 반영하지 않은 경우, ㈜대한이 20×1년도 포괄손익계산서에 인식할 수익은 각각 얼마인가? 단, 계약변경일에 아직 이전되지 않은 약속한 제품은 계약변경일 전에 이전한 제품과 구별된다.

| | (1)의 경우 | (2)의 경우 | | (1)의 경우 | (2)의 경우 |
|---|---|---|---|---|---|
| ① | ₩16,000 | ₩18,800 | ② | ₩90,000 | ₩87,600 |
| ③ | ₩90,000 | ₩106,400 | ④ | ₩106,000 | ₩87,600 |
| ⑤ | ₩106,000 | ₩106,400 | | | |

### 해 답

(1) 별도계약으로 보는 경우의 수익 : 50개×₩1,000+40개×₩1,000+20개×₩800=106,000

(2) 기존계약 종료후 새로운 계약인 경우의 수익 : 50개×₩1,000+(70개×₩1,000+30개×₩800)÷100개×60개 =106,400

⑤

### 5단계 : 수행의무 이행시 수익의 인식

(1) 기간에 걸쳐 이행되는 수행의무 : 일정기간에 수익인식

다음 중 하나의 요건을 만족하면 기업이 고객에게 약속된 자산에 대한 통제권을 기간에 걸쳐 이전하므로 진행률에 따라 기간에 걸쳐 수익인식하며, 진행률 측정방법은 산출법과 투입법 중에 수행의무의 이행률을 적절하게 측정하는 방법을 선택할 수 있음

**참고 기간에 걸쳐 이행하는 수행의무에 대한 판단요건**

(1) **일반용역제공** : 고객은 기업이 수행하는 대로 기업의 수행에서 제공하는 효익을 동시에 얻고 소비한다.
(2) **고객소유자산제작** : 기업이 수행하여 만들어지거나 가치가 높아지는 대로 고객이 통제하는 자산을 기업이 만들거나 그 자산 가치를 높인다. (예 임가공용역, 설비제조용역, 건물건설용역)
(3) **고객전용주문제작** : 기업이 수행하여 만든 자산이 기업 자체에는 대체 용도가 없고, 중도계약해지 시에도 지금까지 수행을 완료한 부분에 대해 집행 가능한 지급청구권이 기업에 있다. (예 조선업, 주택건설업)

➡ 대체 용도가 없음 : 기업이 제작 중인 자산이 고객전용자산이기에 다른 용도로 쉽게 전환하는 데에 계약상 제약이 있거나, 완료된 상태의 자산을 쉽게 다른 용도로 전환하는 데에 실무상 제한이 있는 경우

➡ 집행 청구권 있음 : 고객이나 다른 당사자에 의해 계약이 중도에 해지될 때 기업이 수행을 완료한 부분에 대한 보상 금액을 받을 권리가 계약기간에는 언제든지 있는 경우

[진행기준에 의한 수익인식]

| 구 분 | | 진행률의 측정 |
|---|---|---|
| 산출비율법 | 원 칙 | 누적이전가치 ÷ 약속된 재화나 용역의 가치 |
| | 간편법 | 누적청구금액 ÷ 총 청구할 계약금액 ➡ 청구비율법 |
| 투입비율법 | 원 칙 | 수행의무이행을 위한 누적투입물 ÷ 총예정 투입물 |
| | 간편법 | 누적투입일수 ÷ 총예정투입일수 ➡ 정액법 |
| 진행률을 측정할 수 없는 경우 | | 발생원가 범위에서 회수가능한 금액만을 수익으로 인식 |

➡ 진행률 측정시 산출법의 경우 보고기간 말 현재 통제를 이전하지 않은 재화나 용역은 진행률 측정에서 제외함

➡ 진행률 측정시 투입법의 경우 고객에게 재화나 용역에 대한 통제를 이전하는 과정에서 보고기간 말 현재 기업의 수행정도를 나타내지 못하는 투입물의 영향은 진행률 측정에서 제외

➡ 수행의무의 진행률은 보고기간 말마다 다시 측정하며, 진행률의 변동은 회계추정의 변경으로 처리

(2) 한 시점에 이행되는 수행의무 : 특정시점에 수익인식

수행의무가 기간에 걸쳐 이행되지 않는다면 고객이 약속된 자산을 통제하고 기업이 수행의무를 이행하는 한 시점에 수익을 인식

**참고 통제권이 이전된 시점의 일반지표**

(1) 기업은 자산에 대해 현재 지급청구권이 있음
(2) 고객에게 자산의 법적 소유권이 있음
(3) 기업이 자산의 물리적 점유를 고객에게 이전하였음. 그러나 물리적 점유는 자산에 대한 통제와 일치하지 않을 수(예 재매입약정, 위탁약정, 미인도청구약정) 있음
(4) 자산의 소유에 따른 유의적인 위험과 보상이 고객에게 있음
(5) 고객이 자산을 인수하였음

## 3 수익과 관련하여 인식할 자산과 부채

(1) 계약자산 : 기업이 고객에게 이전한 재화나 용역에 대하여 그 대가를 받을 기업의 권리로 그 권리에 시간의 경과 외의 조건이 있는 자산

(2) 수취채권 : 대가를 받을 무조건적인 권리

(3) 계약부채 : 기업이 고객에게서 이미 받은 대가나 지급기일이 된 대가에 상응하여 고객에게 재화나 용역을 이전하여야 하는 기업의 의무

➡ 계약자산은 수행의무를 이행하여 수익을 인식했지만, 계약상의 대금청구조건으로 인해 대가를 수취할 권리가 없는 상태를 표시하는 계정과목

➡ 수취채권은 고객에게 대가를 수취할 권리가 있는 상태를 표시하는 계정과목

➡ 계약부채는 계약상의 조건으로 인해 대가를 수취하였거나 수취할 권리는 있지만, 수행의무를 이행하지 않은 미인식계약수익 상태를 표시하는 계정과목

[수행의무 이행후 현금등을 수령하는 경우]

| | | | | |
|---|---|---|---|---|
| 의무이행 | (차) 계약자산 | ××× | (대) 계약수익 | ××× |
| | ⋮ | | | |
| 대가수취 | (차) 수취채권 or 현금 | ××× | (대) 계약자산 | ××× |

[현금등을 수령후 수행의무를 이행하는 경우]

| | | | | |
|---|---|---|---|---|
| 대가수취 | (차) 수취채권 or 현금 | ××× | (대) 계약부채 | ××× |
| | | | ⋮ | |
| 의무이행 | (차) 계약부채 | ××× | (대) 계약수익 | ××× |

## 06 수취채권과 계약자산의 구분 (세무사 2022)

㈜세무는 고객에게 제품을 이전하기로 한 약속을 수행의무로 식별하고, 제품을 고객에게 이전할 때 각각의 수행의무에 대한 수익을 인식하고 있다. ㈜세무는 ㈜한국에게 제품A와 제품B를 이전하기로 하는 계약을 20×1년 12월 1일에 체결하였고, 동 계약에 따라 받기로 한 대가는 총 ₩10,000이다. 동 계약에 따르면, 제품A를 먼저 인도한 후 제품B를 나중에 인도하기로 하였지만, 대가 ₩10,000은 모든 제품(제품A와 제품B)을 인도한 이후에만 받을 권리가 생긴다. ㈜세무는 20×1년 12월 15일에 제품A를 인도하였고, 제품B에 대한 인도는 20×2년 1월 10일에 이루어졌으며, 20×2년 1월 15일에 대가 ₩10,000을 수령하였다. ㈜세무는 제품A를 개별적으로 판매할 경우 ₩8,000에 판매하고 있지만, 제품B는 판매경험 및 유사제품에 대한 시장정보가 없어 개별판매가격을 알지 못한다. 따라서 잔여접근법으로 거래가격을 배분하기로 한다. ㈜세무의 상기거래에 관한 설명으로 옳지 않은 것은? 단, 제시된 거래의 효과만을 반영하기로 한다.

① 20×1년 말 ㈜세무의 재무상태표에 표시할 수취채권의 금액은 영(0)이다.
② 20×1년 말 ㈜세무의 재무상태표에 표시할 계약자산의 금액은 ₩8,000이다.
③ ㈜세무가 20×1년도 포괄손익계산서에 수익으로 인식할 금액은 ₩8,000이다.
④ 20×1년 말 ㈜세무의 재무상태표에 표시할 계약부채는 없다.
⑤ ㈜세무의 20×2년 1월 10일 회계처리로 인하여 계약자산은 ₩2,000이 증가한다.

### 해 답

(1) 일자별 회계처리

| 일자 | 차변 | | 대변 | |
|---|---|---|---|---|
| 20×1.12. 1 | 회계처리 없음 | | | |
| 20×1.12.15 | (차) 계약자산 | 8,000 ② | (대) 매출수익 | 8,000 ① |
| 20×2. 1.10 | (차) 수취채권 | 8,000 ④ | (대) 계약자산 | 8,000 ③ |
| | 수취채권 | 2,000 ⑥ | 매출수익 | 2,000 ⑤ |
| 20×2. 1.15 | (차) 현 금 | 10,000 ⑧ | (대) 수취채권 | 10,000 ⑦ |

⑤

## 4 수익과 관련하여 인식할 계약원가

(1) 계약체결을 위한 증분원가

고객과 계약을 체결하기 위해 지출한 원가로서 계약을 체결하지 않았다면 들지 않았을 원가의 경우에만 회수될 것으로 예상된다면 자산으로 인식 (예 판매계약체결 성공수수료)

➡ 계약체결 여부와 무관하게 드는 계약체결원가는 발생시점에 비용으로 인식하며, 예외적으로 고객에게 해당원가를 명백히 청구할 수 있는 경우에는 자산인식 가능함 (예 계약입찰을 위한 수수료)

➡ 계약체결증분원가를 자산으로 인식하더라도 상각기간이 1년 이하라면 발생시점에 비용으로 인식하는 실무적 간편법 사용가능

(2) 계약이행을 위한 원가

① 고객과의 계약을 이행할 때 지출한 원가는 관련 기준서의 규정에 따라 재고자산이나 유형자산, 무형자산으로 인식함

② 재고자산이나 유형자산, 무형자산의 적용범위에 포함되지 않는 계약이행원가일지라도 해당 원가가 계약에 직접 관련되고, 미래의 수행의무를 이행할 때 사용할 기업의 자원을 창출하거나 가치를 높이며, 회수될 것으로 예상하는 경우 별도의 계약이행자산으로 인식함

➡ 계약을 이행하는 과정에서 지출했을지라도 일반관리원가나 낭비된 원가, 이미 이행한 계약상 수행의무와 관련된 원가, 이행하지 않은 수행의무와 관련된 원가인지 이미 이행한 수행의무와 관련된 원가인지 구별할 수 없는 원가는 발생시점에 즉시 비용으로 인식

(3) 계약체결증분원가와 계약이행원가의 비용인식

① 상각 : 수익에 대응하여 비용을 인식하기 위해 재화나 용역을 고객에게 이전하는 방식과 일치하는 체계적 기준으로 상각하여 비용인식하며, 시기에 유의적 변동이 있는 경우에 이를 반영하여 상각방식을 후속수정함 (예 매출원가비용)

② 손상 : 아직 비용으로 인식하지 않은 원가가 받을 것으로 예상하는 나머지 금액을 초과하는 경우 초과하는 정도까지는 손상차손을 당기손익으로 인식 (예 재고자산평가손실)

## 5 거래형태별 수익인식

### 1. 중간상에 대한 판매 : 대리인과 본인

(1) 판매자인 위탁자 : 중간상이 재화를 통제하지 못하는 경우 중간상은 대리인(수탁자)이며, 판매자인 위탁자는 대리인이 재화를 고객에게 판매한 시점에 이전대가 총액을 수익인식 & 대리인 보관 재고는 위탁자의 기말재고로 인식 & 중간상에게 이전하기 위한 운임은 재고자산원가에 가산

(2) 대리인인 수탁자 : 재화를 고객에게 주선한 시점에 대리수수료 순액을 수익으로 인식

➠ 중간상의 역할이 대리인이 아니라 해당 재화를 통제하는 본인인 경우 판매자는 중간상에게 판매한 시점에 중간상으로부터 수령한 대가의 총액을 수익으로 인식 & 중간상에게 이전하기 위한 운임은 판매비용으로 인식

➠ 중간상의 역할이 대리인이 아니라 해당 재화를 통제하는 본인인 경우 중간상은 고객에게 판매한 시점에 고객으로부터 수령한 대가의 총액을 수익으로 인식

**참고 본인으로서의 수행의무 판단기준 : 재화나 용역의 통제권 보유**

(1) 정해진 재화나 용역을 제공하기로 하는 약속을 이행할 주된 책임이 기업에 있으며
(2) 해당 재화나 용역이 고객에게 이전되기 전이나, 고객에게 통제가 이전된 후에 재고위험이 기업에 있고
(3) 해당 재화나 용역의 가격을 결정할 재량이 기업에 있다.

### 2. 시용판매

상품의 발송시점에서는 회계처리하지 않고, 고객이 매입의사표시를 한 시점에서 이전대가 총액을 수익인식하며, 고객의 매입의사표시가 없는 고객보유재고는 시용판매자의 기말재고로 인식

### 3. 반품조건부판매

(1) 반품가능성을 예측할 수 있는 경우

① 매출수익인식 : 이전대가×(1 - 반품예상률) ➠ 반품예상액은 환불부채인식

② 매출원가인식 : 재고원가×(1 - 반품예상률) ➠ 반품예상액은 반환재고회수권인식

③ 반품으로 추가손실 예상시 : 관련손실을 반환재고회수권의 원가에서 차감

| 구분 | 차변 | 금액 | 대변 | 금액 |
|---|---|---|---|---|
| 인도시점 | (차) 현　　금 | ××× | (대) 매출수익 | ××× |
| | 매출원가 | ××× | 재고자산 | ××× |
| 반품예상시 | (차) 매출수익 | ××× | (대) 환불부채 | ××× |
| | 반환재고회수권 | ××× | 매출원가 | ××× |
| 추가손실시 | (차) 반품비용(매출원가) | ××× | (대) 반환재고회수권 | ××× |

➠ 국제회계기준에는 반환재고회수권에 대한 구체적인 계정분류 규정이 없지만, 반환재고회수권을 재고자산으로 분류한다면 추가손실 예상액은 매출원가로 처리하는 것이 타당함

(2) 반품가능성을 예측할 수 없는 경우 : 반품률 100% 간주

반품가능성이 소멸하기 전까지 수익인식금지하고, 전액을 환불부채와 반환재고회수권으로 인식

| 구분 | 차변 | 금액 | 대변 | 금액 |
|---|---|---|---|---|
| 인도시점 | (차) 현　　금 | ××× | (대) 환불부채 | ××× |
| | 반환재고회수권 | ××× | 재고자산 | ××× |
| 반품소멸시 | (차) 환불부채 | ××× | (대) 매출수익 | ××× |
| | 매출원가 | ××× | 반환재고회수권 | ××× |

## 07 반품조건부 판매

(회계사 2016 수정)

㈜한국은 고객이 상품구매 후 2개월 이내에 반품을 인정하는 조건으로 20×1년 12월 31일 원가 ₩1,200,000만큼의 상품을 ₩1,500,000에 현금판매하였다. ㈜한국은 과거의 경험에 기초하여 현금판매한 상품금액의 5%가 반품될 것으로 신뢰성 있게 추정하였고 반품될 가능성이 높다. 상품이 반품될 경우에는 반품과 관련하여 직접비용 총 ₩10,000이 발생하며, 반품되는 상품원가의 40%가 손상될 것으로 추정된다. 위 거래와 관련하여 ㈜한국이 20×1년 12월 31일 현재 반품과 관련하여 인식할 자산과 부채의 금액은 각각 얼마인가? 단, ㈜한국은 반환재고회수권에서 예상되는 손실을 매출원가가 아닌 판매비와 관리비로 분류하고 있다.

| | 관련자산 | 관련부채 | | 관련자산 | 관련부채 |
|---|---|---|---|---|---|
| ① | ₩26,000 | ₩75,000 | ② | ₩36,000 | ₩75,000 |
| ③ | ₩60,000 | ₩85,000 | ④ | ₩36,000 | ₩85,000 |
| ⑤ | 없음 | ₩49,000 | | | |

### 해 답

(1) 환불부채 : 1,500,000×5%=75,000

(2) 반환재고회수권 : 1,200,000×5%−10,000−1,200,000×5%×40%=26,000

(3) 관련된 회계처리

| | | | | |
|---|---|---|---|---|
| 20×1.12.31 | (차) 현　　금 | 1,500,000 | (대) 매출수익 | 1,425,000 |
| | | | 환불부채 | 75,000 |
| | (차) 매출원가 | 1,140,000 | (대) 재고자산 | 1,200,000 |
| | 반환재고회수권 | 60,000 | | |
| | (차) 반품비용 | 34,000 | (대) 반환재고회수권 | 34,000 |

①

## 4. 보증의 제공 : 제품보증조건부 판매

(1) 고객에게 제공한 보증의 유형

① 확신유형의 보증 : 제품의 판매시점에 존재하는 결함에 대하여 고객을 보호하기 위한 보증으로 구별되는 수행의무가 아닌 관리의무로 간주 (예 기업의 귀책사유로 인한 고장수리보증)

➡ 법률에 따라 기업이 보증을 제공하여야 한다면 그 법률의 존재는 약속한 보증이 수행의무가 아닌 확신유형의 보증을 나타냄

② 용역유형의 보증 : 제품의 판매이후에 발생하는 결함에 대하여 고객을 보호하기 위한 보증으로 구별되는 수행의무로 간주 (예 고객의 귀책사유로 인한 고장수리보증)

➡ 보증기간이 길수록 약속한 보증이 수행의무인 용역유형의 보증일 가능성이 높음

(2) 고객에게 제공한 보증의 회계처리

| 구 분 | | 관련 회계처리 |
|---|---|---|
| 구매선택권이 있는 보증인 경우 | | 용역유형의 보증으로 보아 해당 거래가격을 수익인식 |
| 별도 구매선택권이 없는 보증인 경우 (별도대가 미수령) | 확신유형의 보증만 제공 | 관리의무에 대하여 예상보증비용을 충당부채로 인식 |
| | 확신과 용역유형의 보증제공 | 확신유형의 보증과 용역유형의 보증을 모두 인식 |
| | 보증을 구별할 수 없는 경우 | 두 가지의 보증을 함께 단일 수행의무로 간주 |

[용역유형보증]

| | | | | |
|---|---|---|---|---|
| 용역유형 보증제공 | (차) 현 금 | ××× | (대) 제품매출수익 | ××× |
| | | | 이연보증수익 | ××× |
| 의무이행 | (차) 이연보증수익 | ××× | (대) 보증제공수익 | ××× |
| | (차) 보증제공비용 | ××× | (대) 현 금 | ××× |

[확신유형보증]

| | | | | |
|---|---|---|---|---|
| 확신유형 보증제공 | (차) 현 금 | ××× | (대) 제품매출수익 | ××× |
| | (차) 제품보증비 | ××× | (대) 보증손실충당부채 | ××× |
| 의무이행 | (차) 보증손실충당부채 | ××× | (대) 현 금 | ××× |

[확신유형보증+용역유형보증]

| | | | | |
|---|---|---|---|---|
| 모두제공 | (차) 현 금 | ××× | (대) 제품매출수익 | ××× |
| | | | 이연보증수익 | ××× |
| | (차) 제품보증비 | ××× | (대) 보증손실충당부채 | ××× |

### 5. 상품권의 발행 : 고객이 행사한 권리와 행사하지 않은 권리

| 구 분 | 수익 인식액 |
|---|---|
| 상품권 발행시 | 할인액을 반영한 순현금유입액을 계약부채(선수금)로 인식 |
| 상품권 회수후 재화를 이전하는 경우 | 회수된 상품권의 순발행금액 ± 추가현금수령액(지급액)을 수익인식 |

[상품권의 제공]

| | | | | |
|---|---|---|---|---|
| 상품권발행 | (차) 현 금 | ××× | (대) 선수금(순액) | ××× |
| 상품권회수 | (차) 선수금(순액) | ××× | (대) 매출수익 | ××× |
| | | | 현 금 | ××× |
| 고객미행사 권리반환 | (차) 선수금(순액) | ××× | (대) 미지급금 | ××× *1 |
| | | | 기간경과수익 | ××× |
| | *1 고객이 행사하지 않은 권리 중 반환될 것으로 예상되는 금액 | | | |

➡ 고객이 행사하지 않은 권리 중 미행사금액을 받을 권리를 갖게 될 것으로 예상되는 경우 고객이 권리를 행사하는 방식에 따라 그 예상되는 미행사금액을 수익으로 인식

➡ 고객이 행사하지 않은 권리 중 미행사 금액을 받을 권리를 갖게 될 것으로 예상되지 않는다면, 고객이 그 남은 권리를 행사할 가능성이 희박해질 때 예상되는 미행사 금액을 수익으로 인식

➡ 고객이 행사하지 않은 권리를 다른 당사자(예 미청구 자산에 관한 관련 법률에 따른 정부기관)에게 납부하도록 요구받는 경우에는 받은 대가를 부채로 인식

## 08 상품권 발행조건부 판매 (세무사 2014 수정) IFRS

㈜세종은 20×3년 1월 1일 액면금액 ₩50,000인 상품권 500매를 1매 당 ₩48,000에 최초로 발행하였다. 고객은 상품권 액면금액의 60%이상을 사용하면 잔액을 현금으로 돌려받을 수 있으며, 상품권의 만기는 발행일로부터 1년이며, 만기가 지나면 액면금액 대비 80%의 현금으로 상환해줄 의무가 있다. ㈜세종은 20×3년 12월 31일까지 회수된 상품권 400매에 대해 상품 인도와 더불어 잔액 ₩1,200,000을 현금으로 지급하였다. ㈜세종이 상품권 발행과 관련하여 20×3년도 포괄손익계산서에 인식하게 될 수익금액은 얼마인가?

① ₩9,600,000 ② ₩10,800,000 ③ ₩18,000,000
④ ₩18,800,000 ⑤ ₩19,200,000

**해 답**

(1) 수익인식액 : 400매 × ₩48,000 − 1,200,000 + 100매 × (₩48,000 − ₩50,000 × 80%) = 18,800,000

(2) 관련 회계처리

| 구분 | 차변 | 금액 | 대변 | 금액 |
|---|---|---|---|---|
| 상품권 회수시 | (차) 선수금(순액) | 19,200,000 | (대) 매출수익 | 18,000,000 |
| | | | 현　　금 | 1,200,000 |
| 상품권 만기시 | (차) 선수금(순액) | 4,800,000 | (대) 미지급금 | 4,000,000 |
| | | | 기간경과수익 | 800,000 |

④

## 6. 판매후 재매입약정

| 구 분 | | | 관련 회계처리 |
|---|---|---|---|
| 선도나 콜옵션을 보유 | 저가재매입 : 판매가 > 재매입가 | | 리스약정으로 인식 |
| | 고가재매입 : 판매가 < 재매입가 | | 금융약정으로 인식 |
| 고객이 풋옵션을 보유 | 행사가능성이 유의적인 경우 | 저가재매입 | 리스약정으로 인식 |
| | | 고가재매입 | 금융약정으로 인식 |
| 고객이 풋옵션을 보유 | 행사가능성이 유의적이지 않은 경우 | | 반품권이 있는 판매로 인식 |

➠ 선도약정 : 자산을 재매입해야 하는 기업의 의무, 콜옵션약정 : 자산을 재매입할 수 있는 기업의 권리, 풋옵션약정 : 자산을 재매입해야 하는 기업의 의무

➠ 풋옵션의 행사가격(재매입약정가격) > 예상시장판매가격 : 고객의 풋옵션 권리행사에 대한 경제적 유인이 유의적이며, 반대의 경우 유의적이지 않은 것으로 봄

➠ 판매관련 수익을 인식하지 않은 재매입 옵션계약에서 기업이나 고객이 재매입옵션을 행사하지 않기로 결정하는 경우 해당시점의 부채를 제거하고 매출수익을 인식

2차 ➠ 계약이 판매후리스거래의 일부인 경우에는 판매거래가 아니므로 기업은 자산을 계속 인식하고 고객에게서 받은 대가는 금융부채로 인식

**[재매입약정의 회계처리]**

| 구분 | 차변 | 금액 | 대변 | 금액 |
|---|---|---|---|---|
| 리스거래 | (차) 현　　금 | ××× | (대) 리스보증부채 | ××× |
| 금융거래 | (차) 현　　금 | ××× | (대) 단기차입부채 | ××× |
| 반품조건 매출거래 | (차) 현　　금 | ××× | (대) 매출수익 | ××× |
| | | | 환불부채 | ××× |
| | (차) 매출원가 | ××× | (대) 재고자산 | ××× |
| | 반환재고회수권 | ××× | | |

## 09 판매후재매입약정 (세무사 2019)

㈜세무는 20×1년 1월 1일 ㈜한국에게 원가 ₩100,000의 제품을 ₩200,000에 현금 판매하였다. 판매계약에는 20×1년 6월 30일 이전에 ㈜한국이 요구할 경우 ㈜세무가 판매한 제품을 ₩210,000에 재매입해야 하는 풋옵션이 포함된다. 풋옵션이 행사될 유인은 판매시점에서 유의적일 것으로 판단하였으나 실제로 20×1년 6월 30일까지 풋옵션이 행사되지 않은 채 권리가 소멸하였다. 동 거래에 관한 설명으로 옳지 않은 것은? 단, 20×1년 1월 1일을 기준으로 재매입일의 예상 시장가치는 ₩210,000 미만이다.

① 20×1년 1월 1일 ㈜한국은 제품의 취득을 인식하지 못한다.
② 20×1년 1월 1일 ㈜한국은 금융자산을 인식한다.
③ 20×1년 1월 1일 ㈜세무는 금융부채 ₩200,000을 인식한다.
④ 20×1년 6월 30일 ㈜세무는 이자비용 ₩10,000을 인식한다.
⑤ 20×1년 6월 30일 ㈜세무는 매출액 ₩200,000을 인식한다.

### 해 답

(1) 풋옵션을 제공한 판매후재매입약정

| 일자 | 차변 | 과목 | 금액 | | 대변 | 과목 | 금액 | |
|---|---|---|---|---|---|---|---|---|
| 20×1. 1. 1 | (차) | 현 금 | 200,000 | ① | (대) | 단기차입금 | 200,000 | ② |
| 20×1. 6.30 | (차) | 이자비용 | 10,000 | ① | (대) | 미지급이자 | 10,000 | ② |
| | (차) | 단기차입금 | 200,000 | ③ | (대) | 매출수익 | 210,000 | ⑤ |
| | | 미지급이자 | 10,000 | ④ | | | | |
| | (차) | 매출원가 | 100,000 | ⑦ | (대) | 재고자산 | 100,000 | ⑥ |

⑤

### 7. 고객충성제도 : 추가 재화나 용역에 대한 고객의 선택권

(1) 수익인식시기 : 매출거래로 제공받은 대가를 전액 수익으로 인식할 수 없으며, 제공받은 대가 중 고객선택권과 관련된 부분은 별도의 수행의무이므로 이연하여 후속적으로 수익인식

➡ 고객에게 무료나 할인된 가격으로 추가 재화나 용역을 취득할 수 있는 선택권을 제공한 경우 그 선택권이 그 계약을 체결하지 않으면 받을 수 없는 중요한 권리를 고객에게 제공하는 경우에만 별도의 수행의무로 인식함 (예 할인권, 판매인센티브, 고객보상점수, 계약갱신선택권)

➡ 고객에게 제공한 선택권이 재화나 용역의 개별 판매가격을 반영하는 가격으로 추가 재화나 용역을 취득할 수 있는 선택권이라면, 별도의 수행의무로 인식하지 않음 (예 우선구매권)

(2) 고객선택권에 배분하여 이연시킬 수익금액 : 상대적판매가치 비례법적용

$$\text{이연수익금액} = \text{총거래가격} \times \frac{\text{고객선택권의 개별판매가격}}{\text{재화나 용역의 개별판매가격} + \text{고객선택권의 개별판매가격}}$$

(3) 고객선택권의 개별 판매가격을 직접 관측할 수 없는 경우

① 일반적인 경우 : 선택권의 사용가치 × 예상사용률을 이용하여 추정하며, 선택권의 사용가치는 고객이 선택권을 행사하여 추가로 받을 수 있는 할인액만 고려

② 계약갱신선택권의 경우 : 재화나 용역과 이에 상응하는 예상 대가를 참조하여, 선택권이 있는 재화나 용역에 거래가격을 배분

(4) 고객선택권(보상점수)과 관련된 수익인식의 방법

| 구 분 | | 기업의 수행의무 | 수익인식시기 | 수익인식금액 |
|---|---|---|---|---|
| 기업이 직접보상을 제공 | | 고객에게 보상제공 | 보상의 제공시점 | 수익총액 |
| 제3자가 보상을 제공 | 자기의 계산으로 참여 | 보상점수의 제공 | 보상점수의 제공시점 | 수익총액 |
| | 대리인으로 참여 | 보상점수의 주선 | 보상점수의 주선시점 | 수수료순액 |

➡ 고객에게 직접보상을 제공하는 경우의 수익인식 진행률은 실제회수된 보상점수 ÷ 총회수예정보상점수를 기준으로 산정함

## 10 고객충성제도 : 기업이 직접보상을 제공 (세무사 2021)

㈜세무는 고객이 구매한 금액 ₩2당 포인트 1점을 보상하는 고객충성제도를 운영하고 있으며, 각 포인트는 ㈜세무의 제품을 구매할 때 ₩1의 할인과 교환할 수 있다. ㈜세무가 고객에게 포인트를 제공하는 약속은 수행의무에 해당한다. 고객으로부터 수취한 대가는 고정금액이고, 고객이 구매한 제품의 개별 판매가격은 ₩1,000,000이다. 고객은 20×1년에 제품 ₩1,000,000을 구매하였으며, 미래에 제품 구매 시 사용할 수 있는 500,000포인트를 얻었다. ㈜세무는 20×1년도에 고객에게 부여한 포인트 중 50%가 교환될 것으로 예상하여 포인트 당 개별 판매가격을 ₩0.5으로 추정하였다. 20×1년과 20×2년의 포인트에 대한 자료는 다음과 같다. ㈜세무가 20×2년 12월 31일 재무상태표에 보고해야 할 계약부채는 얼마인가?

| 구 분 | 20×1년 | 20×2년 |
|---|---|---|
| 교환된 포인트 | 180,000 | 252,000 |
| 전체적으로 교환이 예상되는 포인트 | 450,000 | 480,000 |

① ₩10,000 ② ₩20,000 ③ ₩30,000
④ ₩40,000 ⑤ ₩50,000

### 해 답

(1) 포인트 제공의 개별판매가격 : 500,000 × ₩0.5 = 250,000

(2) 20×2년 말 현재 포인트제공의 누적이행률 : (20×1년 사용 180,000 + 20×2년 사용 252,000) ÷ 총사용예정포인트 480,000 = 90%

(3) 거래가격의 배분과 수익의 인식

| 구 분 | 개별판매금액 | 거래가격배분 | 이행률 | 수익인식액 |
|---|---|---|---|---|
| 제품의 판매 | 1,000,000 | 800,000 | 100% | 800,000 |
| 포인트의 제공 | 250,000 | 200,000 | 90% | 180,000 |
| 합 계 | 1,250,000 | 1,000,000 | | 980,000 |

(4) 20×2년 말 계약부채(이연수익) : 최초금액 200,000 - 수익인식액 180,000 = 20,000

| | | | | | |
|---|---|---|---|---|---|
| 20×1년 중 | (차) 현 금 | 1,000,000 ① | (대) | 매출수익 | 800,000 ② |
| | | | | 계약부채(선수금) | 200,000 ③ |
| 20×2말까지 | (차) 계약부채(선수금) | 180,000 ① | (대) | 제품매출 | 180,000 ② |

② W

## 11 고객충성제도 : 제3자가 보상을 제공

IFRS

A회사는 B항공사가 운용하는 포인트 제도에 참여하였다. A회사는 판매금액의 일정비율로 B항공사의 포인트를 제공하고 있으며, 고객은 B항공사의 항공권 구매시 해당 포인트를 현금처럼 사용할 수 있다. 포인트 부여일 현재 B항공사 1포인트의 개별판매가격은 ₩10이며, A회사는 고객에게 포인트를 제공한 즉시 ₩6을 B항공사에게 현금으로 지급한다. A회사는 20×1년에 제품을 총 ₩48,000,000에 판매하였으며, 고객에게 200,000점의 B항공사 포인트를 제공하였다. B항공사는 포인트의 80%가 사용될 것으로 보고 있으며, 20×1년에 고객이 실제 사용한 포인트는 40%이다. A회사가 20×1년에 B항공사의 포인트와 관련하여 인식할 수익은 얼마인가? 단, A회사는 자기의 계산으로 대가를 회수하고 있다. 단, 제품의 개별판매가격은 ₩48,000,000이다.

① ₩800,000　② ₩1,920,000　③ ₩2,000,000
④ ₩2,200,000　⑤ ₩48,000,000

### 해 답

(1) 제품매출인식액(공정가치비율배분) : 48,000,000 × 48,000,000 ÷ (48,000,000 + 200,000 × ₩10) = 46,080,000
(2) 포인트관련 수익인식액 : 48,000,000 × 2,000,000 ÷ (48,000,000 + 2,000,000) = 1,920,000

| | | | | | | |
|---|---|---|---|---|---|---|
| 20×1년 매출 | (차) | 현　금 | 48,000,000 | (대) | 매출수익 | 46,080,000 |
| | | | | | 이연수익 | 1,920,000 |
| | (차) | 이연수익 | 1,920,000 | (대) | 포인트매출 | 1,920,000 |
| | | 포인트매출원가 | 1,200,000 | | 현　금 | 1,200,000 *1 |
| | | *1 200,000포인트 × ₩6 = 1,200,000 | | | | |

(3) 만약에, 기업이 B항공사의 대리인으로서 대가를 회수하는 경우 관련 회계처리는 다음과 같다.

| | | | | | | |
|---|---|---|---|---|---|---|
| 20×1년 매출 | (차) | 현　금 | 48,000,000 | (대) | 매출수익 | 46,080,000 |
| | | | | | 이연수익 | 1,920,000 |
| | (차) | 이연수익 | 1,920,000 | (대) | 수수료수익 | 720,000 |
| | | | | | 현　금 | 1,200,000 |

② W

### 8. 구별되는 수행의무인 라이선싱

| 구 분 | | 관련 회계처리 |
|---|---|---|
| 라이선스 수행의무가 구별되지 않는 경우 | | 다른 수행의무와 병합하여 수익을 인식 |
| 라이선스 수행의무가 구별되는 경우 | 라이선스 접근권인 경우 | 다른 수행의무와 분할하여 기간에 걸쳐 수익을 인식 |
| | 라이선스 사용권인 경우 | 다른 수행의무와 분할하여 한 시점에 수익을 인식 |
| 대가의 일부가 성과조건부 로열티 약정인 경우 | | 의무이행과 대가의 확정 중 늦은 시점에 수익을 인식 |

➡ 라이선스 접근권을 제공한 상황 : (1) 고객이 권리를 갖는 지적재산에 유의적으로 영향을 미치는 활동을 기업이 할 것을 계약에서 요구하거나 고객이 합리적으로 예상하며, (2) 라이선스로 부여한 권리 때문에 고객은 기업 활동의 긍정적 또는 부정적 영향에 직접 노출되고, (3) 그 활동이 행해짐에 따라 재화나 용역을 고객에게 이전하는 결과를 가져오지 않는 경우

➡ 라이선스와 함께 제공한 재화나 용역이 상호의존적이어서 계약에서 구별되지 않으면, 라이선스와 재화나 용역을 함께 단일 수행의무로 식별한 후 통합해서 수익 인식 (예 컴퓨터를 판매하면서 일정기간 동안 운영소프트웨어를 라이선스한 경우)

### 9. 프랜차이즈

| 구 분 | 수익인식 방법 |
|---|---|
| 프랜차이즈권리의 제공 | 일반적으로 라이선스 접근권이므로, 라이선스 기간에 걸쳐 수익인식 |
| 관련설비 및 재화의 제공 | 해당 설비나 재화를 인도하거나 소유권을 이전하는 시점에 수익인식 |

## 12 라이선스와 프랜차이즈

(세무사 2023) IFRS

프랜차이즈를 운영하는 ㈜세무가 20×1년 11월 초 고객과 체결한 계약과 관련된 정보가 다음과 같을 때, ㈜세무가 20×1년도에 인식할 수익은? 단, 라이선스를 부여하기로 하는 것과 설비를 이전하기로 하는 것은 구별되며, 변동대가와 고정대가는 모두 개별 판매금액을 반영한 것이다.

(1) ㈜세무는 계약일로부터 5년 동안 고객이 ㈜세무의 상호를 사용하고 제품을 판매할 권리를 제공하는 프랜차이즈 라이선스를 부여하기로 하였으며, 라이선스에 추가하여 상점을 운영하기 위해 필요한 장비를 제공하기로 약속하였다.

(2) ㈜세무는 라이선스를 부여하는 대가로 고객의 월 매출액 중 3%(변동대가)를 판매기준 로열티로 다음달 15일에 수령하기로 하였다.

(3) ㈜세무는 설비가 인도되는 시점에 설비의 대가로 ₩1,500,000(고정대가)을 받기로 하였다. 계약과 동시에 설비를 고객에게 이전하였으며, 고객의 20×1년 11월과 12월의 매출액은 각각 ₩7,000,000과 ₩8,000,000이다.

① ₩210,000 ② ₩450,000 ③ ₩500,000
④ ₩1,710,000 ⑤ ₩1,950,000

**해 답**

(1) 설비관련 제공수익 : 1,500,000
(2) 로열티수익 : (7,000,000 + 8,000,000) × 3% = 450,000 ← 대가를 수령하는 시점인 다음달 15일이 아닌 권리가 확정된 시점인 해당월에 인식해야 함
(3) 20×1년 수익 : 1,500,000 + 450,000 = 1,950,000

| 20×1.11. 1 | (차) 현 금 | 1,500,000 | (대) 장비제공매출 | 1,500,000 |
|---|---|---|---|---|
| 20×1.11.30 | (차) 미 수 금 | 210,000 | (대) 라이선스수익 | 210,000 |
| 20×1.12.15 | (차) 현 금 | 210,000 | (대) 미 수 금 | 210,000 |
| 20×1.12.31 | (차) 미 수 금 | 240,000 | (대) 라이선스수익 | 240,000 |

⑤

## 10. 기타거래의 수익인식

| 구 분 | 수익인식의 시기와 금액 |
|---|---|
| 미인도청구약정 판매 | 일반적인 경우 : 미인도시에도 고객이 제품을 통제하는 시점에 수익인식 |
| | 보관용역이 별도의 수행의무인 경우 : 이에 대한 수익은 이연하여 인식 |
| 검사(인수)조건부 판매 | 형식적 검사와 인수인 경우 : 고객의 인수여부와 상관없이 인도시 수익인식 |
| | 실질적 검사와 인수인 경우 : 고객이 인수하는 시점에 수익인식 |
| 소프트웨어의 제공과 설치 | 고객맞춤화 설치의 경우 : 하나의 수행의무로 병합하여 수익인식 |
| | 일반적인 설치의 경우 : 두개의 수행의무로 구별하여 각각 수익인식 |
| 환불되지 않는 선수수수료 | 별도의 수행의무 대가가 아닌 경우 계약부채인 선수금으로 인식한 후 회원가입 기간동안 미래 재화나 용역을 제공할 때 수익으로 인식 |
| 완납인도예약판매 | 완납시 계약부채인 선수금으로 인식하고 재화의 인도시점에 수익인식 |
| 인도결제판매 | 인도를 완료하고 판매자나 대리인이 현금을 결제받은 시점에 수익인식 |

## 13 주문개발소프트웨어 (회계사 2016 수정)

㈜한국아이티는 고객사의 주문에 따라 소프트웨어를 개발하여 납품하고 있다. 한편 개발한 소프트웨어가 고객의 기존 기반시설과 함께 기능하도록 하여 고객에게 완전히 통합된 시스템을 제공하기위한 용역도 함께 제공하고 있다. ㈜한국아이티는 20×1년 6월 30일에 ㈜갑을상사와 총계약금액이 ₩100,000인 소프트웨어 개발 및 인도 후 고객맞춤화 용역 계약을 체결하였다. 계약서에 따르면 ㈜한국아이티는 20×1년 7월 1일부터 20×2년 12월 31일까지 ㈜갑을상사의 주문에 따른 소프트웨어를 개발 및 인도하고 20×3년 1월 1일부터 6월 30일까지 6개월간 고객 맞춤화용역을 제공하여야 한다. 계약서상 개발 및 고객맞춤화용역 계획은 다음과 같다.

| 구 분 | 20×1. 7. 1 부터<br>20×1.12.31 까지 | 20×2. 1. 1 부터<br>20×2.12.31 까지 | 20×3. 1. 1 부터<br>20×3. 6.30 까지 |
|---|---|---|---|
| 소프트웨어개발 | 4,200시간 | 5,400시간 | - |
| 고객맞춤화 용역 | - | - | 2,400시간 |

실제 소프트웨어의 개발 및 고객맞춤화용역에 대한 용역 투입이 계약서와 동일하게 이루어진 경우, ㈜한국아이티가 20×1년에 인식할 수익은 얼마인가? 단, 진행률은 총예상용역량 대비 현재까지 수행한 누적용역량의 비율로 측정하며 용역량의 측정은 투입시간을 이용한다.

① ₩0　　② ₩35,000　　③ ₩43,750

④ ₩50,000　　⑤ ₩100,000

### 해 답

(1) 20×1년 진행률 : 4,200시간÷(9,600시간+2,400시간)=35%

(2) 20×1년의 소프트웨어 관련수익 : 100,000×35%=35,000

②

## 14 주문개발소프트웨어 (회계사 2016 수정)

위의 [예제 13]에서 ㈜한국아이티는 고객사의 주문에 따라 소프트웨어를 개발하여 납품하는 것만을 주된 영업으로 한다. 한편, 고객의 요청이 있는 경우 추가로 일반설치 용역을 제공하고 있는 것으로 가정하는 경우 ㈜한국아이티가 20×1년에 인식할 수익은 얼마인가? 단, 소프트웨어 개발과 일반설치용역을 개별적으로 판매하는 경우 거래가격은 각각 ₩108,000과 ₩12,000이다.

① ₩0　② ₩35,000　③ ₩39,375
④ ₩50,000　⑤ ₩100,000

**해 답**

(1) 총거래가격 중 소프트웨어 개발분 : 100,000 × 108,000 ÷ (108,000 + 12,000) = 90,000
(2) 20×1년 소프트웨어 개발 진행률 : 4,200시간 ÷ 9,600시간 = 43.75%
(3) 20×1년의 소프트웨어 개발수익 : 90,000 × 43.75% = 39,375

③

## 6 건설계약의 수익인식

### 1. 진행률의 산정방법

(1) 투입법 : 수행한 공사에 대하여 투입한 누적원가를 추정총예정원가로 나눈 비율
(2) 투입법 : 수행한 공사에 대하여 투입한 누적시간을 추정총예정시간으로 나눈 비율
(3) 산출법 : 고객에게 통제가 이전된 물리적 완성비율

➡ 건설계약은 수행의무를 하나로 통합하여 식별하는 결합산출물의 대표적 사례이며, 또한 기간에 걸쳐 이행하는 수행의무의 대표적 사례임

[원가비율법에 의한 진행률]

$$\text{누적진행률} = \frac{\text{누적발생원가}}{\text{추정총계약원가}} = \frac{\text{전기누적발생원가} + \text{당기발생원가}}{\text{당기누적발생원가} + \text{추가예정원가}}$$

## 2. 진행률 산정시 유의사항

(1) 지출은 되었지만 투입되지 않은 원가 : 일시적 제외

사용하지 않은 건설자재(혹은 하도급자 선급금)의 경우 발생원가가 투입되지 않았으므로, 투입시점까지는 진행률 계산시 고려하지 아니함

2차 (2) 기업의 수행정도를 나타내지 못하는 투입물의 영향 : 영구적 제외

① 낭비된 재료와 노무원가는 발생원가가 기업이 수행의무를 이행할 때 그 진척도에 이바지하지 않으므로 진행률 계산시 고려하지 않으며, 발생시점에 즉시 손실인식

② 제3자에 의하여 수행되는 원가는 발생원가가 기업이 수행의무를 이행할 때 그 진척도에 비례하지 않으므로 진행률 계산시 고려하지 않으며, 제3자 이행부분은 발생원가의 범위까지만 수익인식

## 3. 진행기준에 따른 수익인식

(1) 손익계산서의 누적효과

① 누적계약수익 : 당기말 총예정계약수익 × 당기말 누적진행률

② 누적계약원가 : 당기말 총예정계약원가 × 당기말 누적진행률

③ 누적계약이익 : 당기말 총예정계약이익 × 당기말 누적진행률

➠ 진행기준은 매 회계기간마다 누적기준으로 계약수익과 계약원가의 현행 추정치에 적용한다. 따라서 계약수익이나 계약원가의 추정치 변경의 효과나 계약결과의 추정치 변경의 효과는 회계추정의 변경으로 회계처리

(2) 재무상태표의 누적효과

① 보고기간 말 계약자산 : 누적계약수익 − 누적청구액 = 일부금액의 미청구상태

② 보고기간 말 계약미수금 : 누적청구액 − 누적대금회수 = 일부금액의 미회수상태

③ 보고기간 말 미성공사 : 누적원가투입액 − 누적비용인식액 = 일부원가의 미상각상태

➠ 보고기간 말의 계약자산이 (−)인 경우 계약부채의 계정으로 하여 부채로 분류하며, 진행률을 원가비율법으로 산정하는 경우 보고기간 말 재고자산인 미성공사의 금액은 인식되지 않음

[건설계약의 회계처리]

|  | |  |  | |  |  |
|---|---|---|---|---|---|---|
| 투입원가시 | (차) | 미성공사 | ××× | (대) | 현 금 등 | ××× |
| 수익인식시 | (차) | 계약자산 | ××× | (대) | 계약수익 | ××× |
| | | 계약원가 | ××× | | 미성공사 | ××× |
| 대금청구시 | (차) | 계약미수금 | ××× | (대) | 계약자산 | ××× |
| 대금회수시 | (차) | 현 금 | ××× | (대) | 계약미수금 | ××× |

## 15 진행기준의 재무제표 효과

(회계사 2010) IFRS

A건설은 20×1년 1월 1일에 교량건설을 위하여 B회사와 총도급금액 ₩6,000,000에 계약을 체결하였다. 동 건설공사계약의 수익인식은 진행기준을 사용하며, 계약의 진행률은 누적발생계약원가를 기준으로 한다. 동 건설공사계약과 관련된 연도별 자료는 다음과 같다.

| 구 분 | 20×1년 | 20×2년 | 20×3년 |
|---|---|---|---|
| 실제계약원가발생액 | 2,000,000 | 1,300,000 | 2,200,000 |
| 연도 말 예상추가계약원가 | 3,000,000 | 2,200,000 | - |
| 계약대금 청구액 | 1,400,000 | 1,600,000 | 3,000,000 |
| 계약대금 회수액 | 1,000,000 | 1,800,000 | 3,200,000 |

이 건설공사계약과 관련하여, 20×1년 12월 31일과 20×2년 12월 31일 현재 A건설의 계약자산의 잔액은 각각 얼마인가?

| | 20×1년 12월 31일 | 20×2년 12월 31일 |
|---|---|---|
| ① | ₩1,000,000 | ₩600,000 |
| ② | ₩850,000 | ₩575,000 |
| ③ | ₩500,000 | ₩600,000 |
| ④ | ₩300,000 | ₩600,000 |
| ⑤ | ₩200,000 | ₩700,000 |

### 해 답

(1) 진행률의 계산

① 20×1년 : 2,000,000÷5,000,000=40%

② 20×2년 : 3,300,000÷5,500,000=60%

(2) 계약손익의 계산

① 20×1년 누적손익 : 6,000,000×40%-5,000,000×40%=400,000

② 20×2년 누적손익 : 6,000,000×60%-5,500,000×60%=300,000

(3) 계약자산의 계산

① 20×1년 말 : 누적수익 2,400,000-누적청구 1,400,000=1,000,000

② 20×2년 말 : 누적수익 3,600,000-누적청구 3,000,000=600,000

① W

## 4. 잔여계약에서 손실이 예상되는 경우

(1) 예상손실의 금액 (①-②)

① 예상되는 경제적 효익 : 총계약금액 × 잔여진행률

② 의무이행에 필요한 원가 : 총예정원가 × 잔여진행률

➡ 의무이행에 필요한 원가보다 계약을 이행하지 못하였을 때 고객에게 지급하여야 할 보상금이나 위약금 작은 경우 이를 기준으로 예상손실을 측정함

➡ 손실부담계약 논리에 따라 추정한 예상손실은 충당부채기준서의 규정에 따라 손실충당부채로 인식

➡ 결론적으로 손실예상연도에는 누적으로 100%의 손실이 모두 인식되며, 이후연도에는 예측오차만큼의 손익이 추가로 발생하게 됨

**[손실예상시 회계처리]**

| 손실 예상시 | (차) | 계약원가(×2) | ××× | (대) | 계약손실충당부채 | ××× |
|---|---|---|---|---|---|---|
| 손실 확정시 | (차) | 계약손실충당부채 | ××× | (대) | 계약원가(×3) | ××× |

## 16 손실예상시 진행기준

(회계사 2002) IFRS

A회사는 20×1년 3월 1일 서울시로부터 계약금액 ₩5,000,000인 축구장신축공사를 수주하였으며, 20×3년 3월 1일에 완공되었다. 관련정보는 아래와 같으며, 회사는 공사진행기준을 적용하여 수익과 비용을 인식한다. 회사가 손익계산서에 계상할 20×2년과 20×3년도의 계약손익은 각각 얼마인가?

| | 20×1년 | 20×2년 | 20×3년 |
|---|---|---|---|
| 총공사예정원가 | 4,500,000 | 5,100,000 | 4,800,000 |
| 당기공사원가 | 900,000 | 3,180,000 | 720,000 |
| 공사대금청구 | 800,000 | 2,500,000 | 1,000,000 |

| | 20×2년 | 20×3년 | | 20×2년 | 20×3년 |
|---|---|---|---|---|---|
| ① | 손실 ₩200,000 | 이익 ₩200,000 | ② | 손실 ₩200,000 | 이익 ₩300,000 |
| ③ | 손실 ₩280,000 | 이익 ₩480,000 | ④ | 손실 ₩100,000 | 이익 ₩280,000 |
| ⑤ | 손실 ₩100,000 | 이익 ₩380,000 | | | |

**해 답**

(1) 20×1년 진행률 : 900,000÷4,500,000 = 20%

(2) 20×2년 진행률 : 4,080,000÷5,100,000 = 80%

(3) 20×1년 누적계약이익 : 5,000,000×20% - 4,500,000×20% = 100,000

(4) 20×2년 누적계약이익 : 5,000,000×80% - 5,100,000×80% - 100,000×20% = (-)100,000

(5) 20×3년 누적계약이익 : 5,000,000×100% - 4,800,000×100% = 200,000

(6) 20×2년 공사이익 : (-)100,000 - 100,000 = (-)200,000

(7) 20×3년 공사이익 : 200,000 - (-)100,000 = 300,000

**별해**

공사손실이 예상되는 경우 공사종료시점의 공사손익은 예측하지 못한 원가의 오류금액과 동일한 금액이다. 20×2년말 총공사원가를 ₩5,100,000으로 예상했으나, 20×3년에 총공사원가는 ₩4,800,000이므로 20×3년 공사손익은 원가절감액인 ₩300,000이익이다. 또한 지문에는 20×3년 공사이익이 ₩300,000인 것은 ② 밖에 없으므로 이 문제는 더 이상 풀어볼 필요도 없는 문제이다.

② W

## 5. 원가비율법 이외의 진행률 : 시간비율법, 완성비율법

(1) 손익계산서 누적계약손익 : 총계약금액 × 누적진행률 - 총예정원가 × 누적진행률

(2) 재무상태표 계약자산 : 누적계약수익 - 누적대금청구

(3) 재무상태표 미성공사 : 누적원가투입액 - 누적비용인식액(=총예정원가 × 누적진행률)

➡ 원가비율법 이외의 진행률을 적용하는 경우 보고기간 말에 미성공사의 계정잔액이 존재할 수 있으며, 이를 재고자산으로 분류하면 됨

## 17 원가비율법 이외의 진행기준 (회계사 2016)

㈜희망건설은 20×1년 초에 ㈜미래도로공사와 도로건설을 위한 계약을 체결하였다. 총계약금액은 ₩10,000,000이며 건설기간은 3년이다. ㈜희망건설은 진행기준에 따라 수익과 비용을 인식하며, 진행률은 계약 공사의 물리적 완성비율로 측정한다. 동 계약과 관련된 연도별 자료는 다음과 같은 경우 상기 계약과 관련하여 ㈜희망건설의 20×2년 말 현재 재무상태표에 표시되는 계약자산(계약부채)의 잔액은 얼마인가?

| 구 분 | 20×1년 | 20×2년 | 20×3년 |
|---|---|---|---|
| 실제 계약원가 발생액 | 2,550,000 | 3,750,000 | 3,200,000 |
| 추정총계약원가 | 8,500,000 | 9,000,000 | 9,500,000 |
| 당기완성 도로 길이 | 400km | 500km | 100km |
| 총계약 도로 길이 | 1,000km | 1,000km | 1,000km |
| 계약대금 청구액 | 3,000,000 | 4,000,000 | 3,000,000 |
| 계약대금 회수액 | 3,000,000 | 4,000,000 | 3,000,000 |

① 자산 ₩200,000 ② 부채 ₩200,000 ③ 자산 ₩2,000,000
④ 부채 ₩2,000,000 ⑤ 인식되지 않음

**해 답**

(1) 20×2년 말 진행률 : 900km÷1,000km=90%
(2) 20×2년 말 계약자산 : 누적수익 10,000,000×90%－누적청구 7,000,000＝2,000,000
(3) 20×2년 말 누적이익(참고용) : 10,000,000×90%－9,000,000×90%＝900,000

③

### 6. 건설계약의 병합과 분할

복수의 계약을 하나의 상업적 목적으로 일괄 협상하거나, 한 계약에서 지급하는 대가가 다른 계약의 가격이나 수행에 따라 달라지거나, 복수의 계약에서 약속한 재화나 용역이 단일 수행의무에 해당하는 경우에는 계약을 병합(결합)하여 단일의 계약으로 수익인식

## 18 건설계약의 병합과 분할 (회계사 2005 수정)

A건설은 아파트와 상가를 건설하기로 B회사와 총금액 ₩1,125,000에 계약을 체결하였다. A건설은 아파트와 상가의 공사진행에 따라 계약수익을 인식하기로 하였고, 아파트의 이익률은 30%, 상가의 이익률은 20%로 예상하였다. A건설은 계약원가를 기초로 진행률을 산정하며, 아파트와 상가의 원가 자료 및 진행률은 다음과 같다. 계약을 병합하는 경우와 분할하는 경우 2차년도 계약이익은 각각 얼마인가?

| 구 분 | 아파트 | 상가 |
|---|---|---|
| 총공사예정원가 | 700,000 | 100,000 |
| 1차년도 실제발생원가 | 420,000 | 40,000 |
| 1차년도 진행률 | 60% | 40% |
| 2차년도 실제발생원가 | 280,000 | 60,000 |
| 2차년도 진행률(누적) | 100% | 100% |

| | 병합시 | 분할시 |
|---|---|---|
| ① | ₩138,125 | ₩135,000 |
| ② | ₩135,000 | ₩138,125 |
| ③ | ₩186,875 | ₩190,000 |
| ④ | ₩190,000 | ₩186,875 |
| ⑤ | ₩306,875 | ₩306,875 |

### 해 답

(1) 아파트 도급액 : 700,000 × 100% ÷ (1 − 30%) = 1,000,000
(2) 상가 도급액 : 100,000 × 100% ÷ (1 − 20%) = 125,000
(3) 분할시 2차년도 아파트 계약이익 : (1,000,000 − 700,000) × 100% − (1,000,000 − 700,000) × 60% = 120,000
(4) 분할시 2차년도 상가 계약이익 : (125,000 − 100,000) × 100% − (125,000 − 100,000) × 40% = 15,000
(5) 분할시 2차년도 총공사이익 : 120,000 + 15,000 = 135,000
(6) 병합시 1차년도 총진행률 : 460,000 ÷ 800,000 = 57,5%
(7) 병합시 2차년도 총계약이익 : (1,125,000 − 800,000) × 100% − (1,125,000 − 800,000) × 57.5% = 138,125

①

## 7. 진행률을 합리적으로 추정할 수 없는 경우 : 회수가능원가기준

(1) 진행률을 추정할 수 없게 된 경우 : 발생원가 중에서 회수가능한 범위 내에서의 금액만을 수익으로 인식 → Min [ 누적발생계약원가 or 누적회수가능액 ] : 수익인식가능 하지만, 이익인식 금지

(2) 후속적으로 진행률을 추정할 수 있게 된 경우 : 진행기준을 다시 적용하여 추정의 변경으로 손익을 정산 → 이익인식을 재개함

## 19 진행률을 추정할 수 없는 경우 (회계사 2010 수정)

A건설은 20×1년 1월 1일에 교량건설을 위하여 B회사와 총도급금액 ₩6,000,000에 계약을 체결하였다. 동 건설공사계약의 수익인식은 진행기준을 사용하며, 계약의 진행률은 누적발생계약원가를 기준으로 한다. 동 건설공사계약과 관련된 연도별 자료는 다음과 같다. 20×2년 말에 건설현장의 불확실성으로 인해 일시적으로 추가예정원가를 신뢰성 있게 파악하는 것이 불가능해졌으며, 계약대금도 이미 회수한 금액이외의 회수가능성은 불확실하다고 판단된다. 하지만 모든 불확실성은 20×3년에 모두 해결되었으며, 정상적으로 공사계약은 종료되었다.

| 구 분 | 20×1년 | 20×2년 | 20×3년 |
|---|---|---|---|
| 실제계약원가발생액 | 2,000,000 | 1,300,000 | 2,200,000 |
| 연도 말 예상추가계약원가 | 3,000,000 | ? | - |
| 계약대금 청구액 | 1,400,000 | 1,600,000 | 3,000,000 |
| 계약대금 회수액 | 1,000,000 | 1,800,000 | 3,200,000 |

이 건설공사계약과 관련하여, 20×2년과 20×3년에 A건설이 인식할 연도별 계약이익은 각각 얼마인가?

| | 20×2년 | 20×3년 |
|---|---|---|
| ① | ₩800,000 손실 | ₩900,000 이익 |
| ② | ₩800,000 손실 | ₩1,000,000 이익 |
| ③ | ₩900,000 손실 | ₩1,000,000 이익 |
| ④ | ₩900,000 손실 | ₩600,000 이익 |
| ⑤ | ₩400,000 이익 | ₩900,000 손실 |

해 답

(1) 20×1년 누적계약이익 : 6,000,000×40% − 5,000,000×40% = 400,000

(2) 20×2년 누적계약이익 : Min [3,300,000 or 2,800,000] − 3,300,000 = (−)500,000

(3) 20×3년 누적계약이익 : 6,000,000×100% − 5,500,000×100% = 500,000

(4) 20×2년 당기계약이익 : (−)500,000 − 400,000 = (−)900,000

(5) 20×3년 당기계약이익 : 500,000 − (−)500,000 = 1,000,000

③

## 8. 특수한 공사원가

| 구 분 | 진행률 | 타당한 회계처리 방법 |
|---|---|---|
| 계약체결 증분원가 (수주원가) | 불포함 | 자산인식요건 충족시 진행률에 따라 투입원가에 반영 |
| | | 자산인식요건 충족하지 못하는 경우에는 지출연도의 비용으로 처리 |
| 하자보수원가 | 불포함 | 진행률에 따라 연도별로 투입원가에 반영 |
| 건설장비에 대한 감가상각비 | 포 함 | 특정공사에만 사용 : 공사기간동안 감가상각비를 투입원가에 반영 |
| | | 여러 공사에 사용 : 내용연수동안 감가상각비를 투입원가에 반영 |
| 건설관련 차입원가 | 불포함 | 차입원가의 자본화요건 충족시 발생기간에 즉시 투입원가에 반영 |

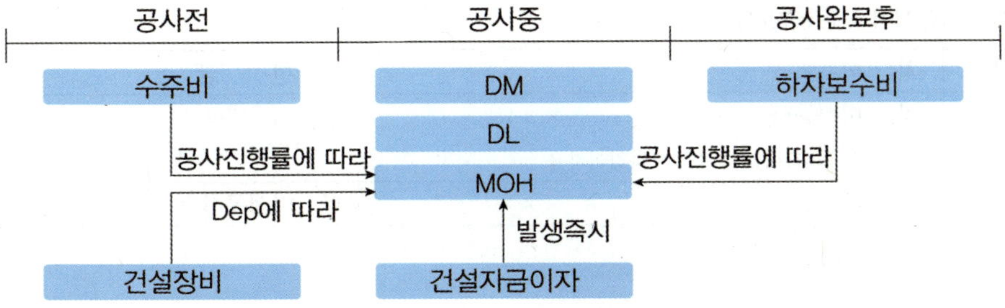

[계약체결증분원가의 회계처리 : 준비활동원가]

| | | | | | | |
|---|---|---|---|---|---|---|
| 지 출 시 | (차) | 선급계약원가 | ××× | (대) | 현 금 | ××× |
| 투 입 시 | (차) | 미성공사 | ××× | (대) | 선급계약원가 | ×××*1 |
| | | *1 수주원가 지출액×공사진행률 | | | | |
| 손익인식 | (차) | 계약원가 | ××× | (대) | 미성공사 | ××× |

[하자보수원가의 회계처리 : 보증활동원가]

| | | | | | | |
|---|---|---|---|---|---|---|
| 투 입 시 | (차) | 미성공사 | ××× | (대) | 하자보수충당부채 | ×××*1 |
| | | *1 하자보수원가예상액×공사진행률 | | | | |
| 손익인식 | (차) | 계약원가 | ××× | (대) | 미성공사 | ××× |
| 지 출 시 | (차) | 하자보수충당부채 | ××× | (대) | 현 금 | ××× |

[생산설비와 건설장비의 회계처리 : 계약이행원가]

| | | | | | | |
|---|---|---|---|---|---|---|
| 지 출 시 | (차) | 기계장치 | ××× | (대) | 현 금 | ××× |
| 감가상각 | (차) | 감가상각비 | ××× | (대) | 기계장치 | ×××*1 |
| | | *1 (기계장치취득원가 - 잔존가치)÷사용기간 | | | | |
| 투 입 시 | (차) | 미성공사 | ××× | (대) | 감가상각비 | ××× |
| 손익인식 | (차) | 계약원가 | ××× | (대) | 미성공사 | ××× |

[차입원가의 회계처리 : 금융원가]

| | | | | | | |
|---|---|---|---|---|---|---|
| 이자지출시 | (차) | 이자비용 | ××× | (대) | 현 금 | ××× |
| 투 입 시 | (차) | 미성공사 | ××× | (대) | 이자비용 | ×××*1 |
| | | *1 건설관련순지출액×차입이자율 | | | | |
| 손익인식 | (차) | 계약원가 | ××× | (대) | 미성공사 | ××× |

## 20 수주원가와 건설계약

(회계사 2010 수정) IFRS

A건설은 20×1년 1월 1일에 교량건설을 위하여 B회사와 총도급금액 ₩6,000,000에 계약을 체결하였다. 동 건설공사계약의 수익인식은 진행기준을 사용하며, 계약의 진행률은 누적발생계약원가를 기준으로 한다. 동 건설공사계약과 관련된 연도별 자료는 다음과 같다. 한편, A건설은 20×1년 초 계약을 수주하기 위하여 계약체결증분원가로 ₩200,000을 지출하였으며, 이는 자산의 인식요건을 만족한다.

| 구 분 | 20×1년 | 20×2년 | 20×3년 |
|---|---|---|---|
| 실제계약원가발생액 | 2,000,000 | 1,300,000 | 2,200,000 |
| 연도 말 예상추가계약원가 | 3,000,000 | 2,200,000 | - |
| 계약대금 청구액 | 1,400,000 | 1,600,000 | 3,000,000 |
| 계약대금 회수액 | 1,000,000 | 1,800,000 | 3,200,000 |

이 건설공사계약과 관련하여, 20×2년과 20×2년 말에 A건설이 인식할 연도별 계약손익과 계약자산의 잔액은 각각 얼마인가?

| | 계약손익 | 계약자산 |
|---|---|---|
| ① | ₩150,000 손실 | ₩300,000 |
| ② | ₩140,000 손실 | ₩400,000 |
| ③ | ₩180,000 이익 | ₩600,000 |
| ④ | ₩140,000 손실 | ₩600,000 |
| ⑤ | ₩180,000 이익 | ₩300,000 |

### 해 답

(1) 20×1년 누적계약이익 : 6,000,000×40% − 5,000,000×40% − 200,000×40% = 320,000
(2) 20×2년 누적계약이익 : 6,000,000×60% − 5,500,000×60% − 200,000×60% = 180,000
(3) 20×3년 누적계약이익 : 6,000,000×100% − 5,500,000×100% − 200,000×100% = 300,000
(4) 20×2년 당기계약이익 : 180,000 − 320,000 = (−)140,000
(5) 20×2년 말의 계약자산 : 누적계약수익 6,000,000×60% − 누적청구 3,000,000 = 600,000

④

## 21 건설장비원가와 건설계약 (세무사 2016)

20×5년에 설립한 ㈜세무는 ㈜한국과 건설기간 3년, 계약금액 ₩1,000,000인 건설계약을 체결하고 준공시점인 20×7년까지는 동 공사만 진행하였다. ㈜세무는 진행기준으로 수익을 인식하며, 진행률은 발생한 누적계약원가를 추정총계약원가로 나눈 비율로 측정한다. 건설계약과 관련된 자료가 다음과 같을 때, ㈜세무가 20×6년과 20×7년에 인식할 당기 공사이익은 각각 얼마인가? 단, 취득한 건설자재는 동 건설계약을 위해 별도로 제작된 경우에 해당하지 않는다.

| 구 분 | 20×5년 | 20×6년 | 20×7년 |
|---|---|---|---|
| 당기 건설자재 취득원가 | 90,000 | 100,000 | 50,000 |
| 기말 미사용 건설자재 | 10,000 | 40,000 | 40,000 |
| 당기 건설노무원가 | 120,000 | 140,000 | 250,000 |
| 당기 건설장비 감가상각비 | 10,000 | 12,000 | 18,000 |
| 추정총계약원가 | 700,000 | 720,000 | - |

| | 20×6년 | 20×7년 |
|---|---|---|
| ① | ₩74,111 | ₩69,222 |
| ② | ₩74,111 | ₩85,889 |
| ③ | ₩78,000 | ₩82,000 |
| ④ | ₩78,000 | ₩84,000 |
| ⑤ | ₩78,000 | ₩85,889 |

### 해 답

(1) 20×5년 말의 누적진행률 : (90,000 − 10,000 + 120,000 + 10,000) ÷ 700,000 = 30%
(2) 20×6년 말의 누적진행률 : (190,000 − 40,000 + 260,000 + 22,000) ÷ 720,000 = 60%
(3) 20×7년 말의 누적진행률 : (240,000 − 40,000 + 510,000 + 40,000) ÷ 750,000 = 100%
(4) 20×5년의 누적공사이익 : (1,000,000 − 700,000) × 30% = 90,000
(5) 20×6년의 누적공사이익 : (1,000,000 − 720,000) × 60% = 168,000
(6) 20×7년의 누적공사이익 : (1,000,000 − 750,000) × 100% = 250,000
(7) 20×6년의 당기공사이익 : 168,000 − 90,000 = 78,000
(8) 20×7년의 당기공사이익 : 250,000 − 168,000 = 82,000
(9) 수주원가와 하자보수원가와 달리 감가상각비까지 포함하여 진행률을 산정하는 것에 유의해야 한다.

③

출제경향

| | 2020 | 2021 | 2022 | 2023 | 2024 | 2025 |
|---|---|---|---|---|---|---|
| 회계사 | 3 | 2 | 2 | 2 | 2 | 1 |
| 세무사 | 1 | 1 | 1 | 1 | | 2 |

# 제 13 장 투자목적 금융자산

Financial Accounting Workbook

## 1 금융상품의 인식

거래당사자 일방에게 금융자산을 발생시키고 동시에 다른 거래상대방에게 금융부채나 지분상품을 발생시키는 모든 계약

### 1. 금융자산의 정의

(1) 현금과 예치금 및 다른 기업의 지분상품

(2) 거래상대방에게서 현금 등 금융자산을 수취할 계약상 권리나 잠재적으로 유리한 조건으로 거래상대방과 금융자산이나 금융부채를 교환하기로 한 계약상 권리

[현금 등 금융자산으로 수취 : 상대방의 금융부채]

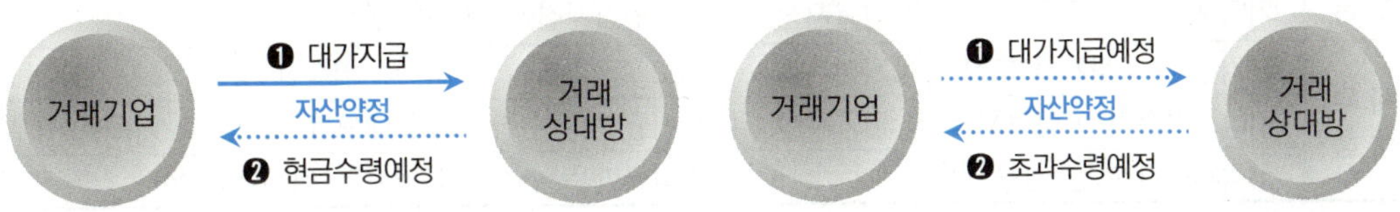


(3) 수취할 자기지분상품의 수량이 변동가능한 비파생상품이나 확정 수량의 자기지분상품에 대하여 확정 금액의 현금 등 금융자산을 교환하여 결제하는 방법이 아닌 방법으로 결제되거나 결제될 수 있는 파생상품

[자기지분상품으로 수취 : 상대방의 금융부채]

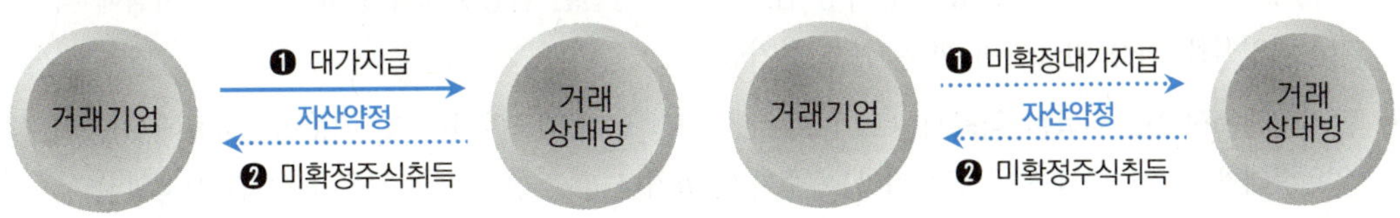

## 2. 금융자산의 계정분류

| 구 분 | 계약상 현금흐름 | 사업모형 | 금융자산의 계정분류 |
|---|---|---|---|
| 채무상품 | 원리금으로만 구성 | 현금흐름 수취목적 | 상각후원가 측정 금융자산 |
| | | 현금흐름 수취와 매도목적 | 기타포괄손익-공정가치 측정 금융자산 |
| | | 매도등 기타의 목적 | 당기손익-공정가치 측정 금융자산 |
| | 원리금 이외로 구성 | 매도등 기타의 목적 | 당기손익-공정가치 측정 금융자산 |
| 지분상품 | 원리금 이외로 구성 | 매도등 기타의 목적 | 당기손익-공정가치 측정 금융자산 |

➡ 계약상 현금흐름의 특성에서 기본대여계약과 관련 없는 계약상 현금흐름의 위험이나 변동성에 노출시키는 계약조건은 원리금 지급만으로 구성되는 계약상 현금흐름으로 볼 수 없음 (예 전환가능채권, 스왑계약채권, 선도계약채권)

➡ 사업모형이 계약상 현금흐름을 수취하기 위해 금융자산을 보유하는 것이더라도 금융상품을 만기까지 보유할 필요는 없으며, 부수적으로 매도할 수 있음

➡ 사업모형이 매도등 기타의 목적인 경우에도 부수적으로 계약상현금흐름을 수취할 수 있음

[금융자산의 계정분류 요약]

| 금융자산의 종류 | | 관련 상황 |
|---|---|---|
| 지 분<br>상 품 | 당기손익-공정가치 측정 금융자산 | 매도 등 기타의 목적으로 취득한 경우 |
| | 기타포괄손익-공정가치 측정 금융자산 | 최초인식시점에 선택한 경우 |
| 채 무<br>상 품 | 당기손익-공정가치 측정 금융자산 | 매도 등 기타의 목적으로 취득한 경우 |
| | 기타포괄손익-공정가치 측정 금융자산 | 원리금만을 수취하면서 매도할 목적으로 취득한 경우 |
| | 상각후원가 측정 금융자산 | 원리금만을 수취할 목적으로 취득한 경우 |

➡ 지분상품의 기타포괄손익인식 지정 : 단기매매목적으로 취득한 것이 아니며, 해당 지분상품이 사업결합에서 취득자가 인식하는 조건부 대가가 아닌 경우에는 공정가치변동손익의 기타포괄손익인식이 선택가능하며 향후 취소 불가능

➡ 채무상품의 당기손익인식 지정 : 인식이나 측정상의 회계불일치를 제거할 목적으로 상각후원가 측정 금융자산과 기타포괄손익 공정가치 측정 금융자산은 관련된 금융부채와 함께 최초인식시점에 각각 당기손익인식을 지정 가능하며 향후 취소 불가능

➡ 단기매매목적으로 취득한 금융자산 : ① 주로 단기간 내에 매각하거나 ② 최초인식시점에 최근의 실제 운용형태가 단기적 이익획득 목적이라는 증거가 있거나 ③ 위험회피목적이 아닌 파생상품의 경우

## 2 금융자산의 최초인식과 후속측정

### 1. 금융자산의 최초인식과 측정

(1) 금융자산의 최초인식 : 인식의 시기

① 금융자산은 당해 금융상품의 계약당사자가 되는 때에 재무상태표에 인식

② 관련시장의 규정이나 관행에 의하여 이루어지는 정형화된 금융상품의 매입이나 매도거래의 경우 매매일 회계처리방법 또는 결제일 회계처리방법 중 하나를 선택하여 인식할 수 있음

(2) 금융자산의 최초측정 : 인식의 금액

최초 인식시 해당 금융자산의 공정가치로 측정하고, 최초인식시 거래원가는 최초인식시 공정가치에 가산함

➡ 예외적으로, 당기손익인식금융자산의 최초인식과 관련된 거래원가는 지출시점에서 즉시비용으로 인식함. 이는 당기손익인식금융부채의 경우에도 동일함

➡ 금융자산의 최초인식시점의 공정가치가 제공한 대가인 거래가격과 다른 경우에는 추가로 지급한 금액이 자산의 인식기준을 충족하지 못하면, 해당 금액은 당기손익으로 인식

➡ 채무상품을 이자수령일 사이에 취득시 기간경과분의 표시이자를 분리해서 미수이자로 인식

[자산의 취득과 처분시 거래원가]

| 구 분 | | 관련 회계처리 |
|---|---|---|
| 취득시 거래원가 | 일반적인 경우 | 최초인식시 최초원가에 가산하여 총액으로 인식 |
| | 당기손익인식금융자산 취득시 | 별도의 비용으로 인식 |
| 처분시 거래원가 | 일반적인 경우 | 처분시 처분대가에 차감하여 순액으로 인식 |
| | 재고자산의 처분시 | 별도의 비용으로 인식 |

## 01 이자수령일 사이의 채무상품 취득 (세무사 2016)

㈜세무는 ㈜한국이 발행한 사채를 원리금만을 수령할 목적으로 20×6년 10월 1일에 취득하였다. 사채의 발행일은 20×6년 7월 1일이며, 만기는 20×9년 6월 30일이다. 액면금액은 ₩1,000,000, 표시이자율은 연 8%이며, 이자지급일은 매년 6월 30일, 발행일의 유효이자율은 연 10%이다. 사채의 취득금액에는 경과이자가 포함되어 있으며, 사채 취득시점의 유효이자율은 연 8%이다. 동 거래와 관련하여 ㈜세무가 20×6년에 인식할 이자수익 금액과 20×6년 말 인식할 금융자산 장부금액의 합계액은?

| 기 간 | 단일금액 ₩1의 현가 | | 정상연금 ₩1의 현가 | |
|---|---|---|---|---|
| | 8% | 10% | 8% | 10% |
| 1 | 0.9259 | 0.9091 | 0.9259 | 0.9091 |
| 2 | 0.8573 | 0.8264 | 1.7833 | 1.7355 |
| 3 | 0.7938 | 0.7513 | 2.5771 | 2.4869 |

① ₩981,521 ② ₩977,765 ③ ₩990,765
④ ₩1,020,000 ⑤ ₩1,023,756

### 해 답

(1) 20×6년 7월 1일 취득을 가정한 현재가치(할인율 8%) : 1,000,000

(2) 20×6년 10월 1일부터 12월 31일까지 이자수익 : 1,000,000×8%×3/12=20,000

(3) 20×6년 말 장부금액 : 1,000,000+1,000,000×8%×6/12−80,000×6/12=1,000,000

(4) 합계 : 20,000+1,000,000=1,020,000

| | | | | |
|---|---|---|---|---|
| 20×6.10. 1 | (차) 상각후원가자산 | 1,000,000 | (대) 현 금 | 1,020,000 |
| | 미수이자 | 20,000 | | |
| 20×6.12.31 | (차) 미수이자 | 20,000 | (대) 이자수익 | 20,000 |

④

## 2. 금융자산의 후속측정

| 금융자산의 종류 | | 최초측정 | 후속측정 | 관련손익 |
|---|---|---|---|---|
| 지 분 상 품 | 당기손익-공정가치 측정 | 공정가치 | 공정가치 | 당기손익 |
| | 기타포괄손익-공정가치 측정 | 공정가치+거래원가 | 공정가치 | 기타포괄손익 |
| 채 무 상 품 | 당기손익-공정가치 측정 | 공정가치 | 공정가치 | 당기손익 |
| | 기타포괄손익-공정가치 측정 | 공정가치+거래원가 | 공정가치 | 기타포괄손익 |
| | 상각후원가 측정 | 공정가치+거래원가 | 상각후원가 | 인식하지 않음 |

➡ 공정가치는 시장참여자 사이의 정상거래에서 자산을 매도하면서 수취하거나 부채를 이전하면서 지급하게 될 가격을 말하며, 매도에서 발생할 수 있는 거래원가를 차감하지 않은 금액임

## 3. 보유기간 중 배당과 이자의 인식

| 구 분 | | 관련 상황 |
|---|---|---|
| 지 분 상 품 | 현금배당 | 현금으로 수령하는 경우 배당선언일에 당기손익으로 인식 |
| | 주식배당과 무상증자 | 주식을 수령하는 경우 회계처리 없으며 1주당 장부금액만 조정 |
| 채무상품에 대한 이자수익 | | 취득 이후 기간부터 유효이자율법을 적용하여 당기손익으로 인식 |

➡ 채무상품이 당기손익-공정가치측정 금융자산으로 분류되는 경우 표시이자만을 이자수익으로 인식하고, 공정가치 평가를 수행함

## 02 채무상품의 분류에 따른 회계처리 비교 (회계사 2014)

IFRS

20×1년 1월 1일에 ㈜대한은 ㈜한국이 동 일자에 발행한 액면가액 ₩1,000,000, 표시이자율 연 8%(이자는 매년 말 후급)의 3년 만기 사채를 ₩950,220에 취득하였다. 취득 당시 유효이자율은 연 10%이었다. 동 사채의 20×1년 말 공정가치는 ₩970,000이었으며, 20×2년 초에 ₩975,000에 처분하였다. ㈜대한의 동 사채에 대한 회계처리로서 옳지 않은 것은?

① 당기손익 공정가치 측정 금융자산으로 분류되면, 20×1년에 당기손익은 이자수익으로 ₩80,000과 평가이익으로 ₩19,780이 증가한다.
② 기타포괄손익 공정가치 측정 금융자산으로 분류되면, 20×1년 당기손익은 ₩95,022 증가한다.
③ 상각후원가 측정 금융자산으로 분류되면, 20×1년 당기손익은 ₩95,022 증가한다.
④ 기타포괄손익 공정가치 측정 금융자산으로 분류되면, 20×2년 당기손익은 ₩5,000 증가한다.
⑤ 상각후원가 측정 금융자산으로 분류되었다면, 20×2년 당기손익은 ₩9,758 증가한다.

**해 답**

(1) 기타포괄금융자산의 20×2년 당기순이익효과

① 20×2년 1월 1일 상각후원가 : 950,220×1.1－80,000＝965,242

② 20×2년 1월 1일 금융자산처분손익(당기손익) : 975,000－965,242＝9,758

(2) 기타포괄금융자산의 경우 기타포괄손익누계액이 재분류조정 되므로 당기순이익효과는 상각후원가와 비교하여 계산하면 된다.

④

# 3 금융자산의 제거

## 1. 금융자산의 권리소멸과 제각

① 권리의 소멸 : 금융자산의 현금흐름에 대한 계약상 권리가 소멸한 경우 (예 채권의 만기회수)

② 권리의 제각 : 계약상 현금흐름 전체 또는 일부의 회수에 대한 합리적인 기대가 없는 경우 (예 신용손실의 확정)

➡ 금융자산 중 투자주식의 경우에는 감자절차를 통해 권리가 소멸하며, 투자사채의 경우 만기에 원금을 회수하면서 권리가 소멸함

| | | | | | |
|---|---|---|---|---|---|
| 주권의 소멸 | (차) | 현 금 | ××× | (대) 투자주식 | ××× |
| | | 권리제거손실 | ××× | | |
| 채권의 소멸 | (차) | 현 금 | ××× | (대) 투자사채 | ××× |
| 채권의 제각 | (차) | 손실충당금 | ××× | (대) 투자사채 | ××× |

## 2. 금융자산의 권리양도

(1) 금융자산 양도거래의 실질

| 거래의 실질 | | 관련된 회계처리 |
|---|---|---|
| 위험과 보상의 대부분을 이전한 경우 | | 금융자산 제거 |
| 위험과 보상의 대부분을 보유한 경우 | | 금융자산 계속 인식하고 금융부채를 인식 |
| 대부분을 이전하지도 않고 보유하지도 않는 경우 | 통제권행사 불가능 | 금융자산 제거 |
| | 통제권행사 가능 | 지속적 관여정도까지 금융자산과 관련부채를 계속 인식 |

➡ 양도자가 양도자산을 통제하고 있는지 여부는 양수자가 그 자산을 매도할 수 있는 능력을 가지고 있는지 여부에 따라 결정

**참고 위험과 보상의 대부분을 이전하는 경우**

(1) 금융자산을 아무런 조건 없이 매도한 경우
(2) 양도자가 매도한 금융자산을 재매입시점의 공정가치로 재매입할 수 있는 권리를 보유하는 경우
(3) 양도자가 매도한 금융자산에 대한 콜옵션을 보유하고 있거나 양수자가 당해 금융자산에 대한 풋옵션을 보유하고 있지만, 당해 콜옵션이나 풋옵션이 깊은 외가격 상태이기 때문에 만기 이전에 당해 옵션이 내가격 상태가 될 가능성이 매우 낮은 경우

**참고 위험과 보상의 대부분을 보유하는 경우**

(1) 양도자가 매도 후에 미리 정한 가격 또는 매도가격에 양도자에게 금전을 대여하였더라면 그 대가로 받았을 이자수익을 더한 금액으로 양도자산을 재매입하는 거래의 경우
(2) 유가증권대차계약을 체결한 경우
(3) 시장위험을 다시 양도자에게 이전하는 총수익스왑과 함께 금융자산을 매도한 경우
(4) 양도자가 매도한 금융자산에 대한 콜옵션을 보유하고 있거나 양수자가 당해 금융자산에 대한 풋옵션을 보유하고 있으며, 당해 콜옵션이나 풋옵션이 깊은 내가격 상태이기 때문에 만기 이전에 당해 옵션이 외가격 상태가 될 가능성이 매우 낮은 경우
(5) 양도자가 양수자에게 발생가능성이 높은 대손의 보상을 보증하면서 단기 수취채권을 매도한 경우

## 03 금융자산별 제거관련 규정 (회계사 2016) IFRS

금융자산의 제거에 대한 다음 설명 중 옳지 않은 것은?

① 양도자가 금융자산의 소유에 따른 위험과 보상의 대부분을 이전하면, 당해 금융자산을 제거하고 양도함으로써 발생하거나 보유하게 된 권리와 의무를 각각 자산과 부채로 인식한다.
② 양도자가 금융자산의 소유에 따른 위험과 보상의 대부분을 보유하면, 당해 금융자산을 계속하여 인식한다.
③ 양도자가 금융자산의 소유에 따른 위험과 보상의 대부분을 소유하지도 아니하고 이전하지도 아니한 상태에서, 양도자가 금융자산을 통제하고 있다면 당해 금융자산을 제거하고 양도함으로써 발생하거나 보유하게 된 권리와 의무를 각각 자산과 부채로 인식한다.
④ 양도자가 양도자산을 통제하고 있는지 여부는 양수자가 그 자산을 매도할 수 있는 실질적인 능력을 가지고 있는지 여부에 따라 결정한다.
⑤ 금융자산 전체가 제거 조건을 충족하는 양도로 금융자산을 양도하고, 수수료를 대가로 당해 양도자산의 관리용역을 제공하기로 한다면, 관리용역제공계약과 관련하여 자산이나 부채를 인식한다.

**해 답**

양도자가 양도자산의 소유에 따른 위험과 보상의 대부분을 보유하지도 이전하지도 않고, 양도자가 양도자산을 통제하고 있다면, 그 양도자산에 지속적으로 관여하는 정도까지 그 양도자산을 계속 인식한다. 이때 지속적 관여 정도는 양도자산의 가치 변동에 양도자가 노출되는 정도를 말한다. [제1109호 문단 3.2.16]

③

(2) 제거조건을 충족하는 양도

| 양 도 일 | (차) 현 금 | ××× | (대) 금융자산 | ××× |
|---|---|---|---|---|
| | 금융자산처분손실 | ××× | | |

➠ 상각후원가 측정 금융자산의 경우 제거시점의 상각후원가를 기준으로 제거의 회계처리를 수행함

➠ 공정가치 측정 금융자산의 경우 제거시점에 공정가치로 재측정한 후 제거의 회계처리를 수행하고, 재측정으로 인한 평가손익은 각각 당기손익이나 기타포괄손익으로 우선 인식

➠ 공정가치 측정 금융자산의 경우 제거시점에 재측정된 공정가치와 수취한 대가와의 차이금액은 금융자산처분손익으로 당기손익 인식

➠ 기타포괄손익 공정가치 측정 채무상품을 제거할 때 기타포괄손익을 당기손익으로 재분류조정하며, 당기손익으로 인식하는 금융자산처분손익은 상각후원가 측정 채무상품의 경우와 동일하게 됨

➠ 기타포괄손익 공정가치 측정 지분상품을 제거할 때 손익의 당기손익 재분류조정은 금지하지만, 실현에 대한 정보를 제공하기 위해 기타포괄손익누계액을 이익잉여금으로 대체할 수 있음. 이익잉여금으로의 대체시점은 기업이 선택 가능함

➠ 재평가모형을 적용하는 유형자산의 경우에는 제거시점에 공정가치로 재측정하지 않으며, 제거시점의 유형자산의 장부금액과 수취한 대가와 비교하여 유형자산처분손익으로 인식한다는 점에 유의해야 함

| 금융자산의 종류 | | 처분손익의 인식 |
|---|---|---|
| 지분상품 | 당기손익-공정가치 측정 | 공정가치로 재측정후 처분손익인식 |
| | 기타포괄손익-공정가치 측정 | 공정가치로 재측정후 처분손익인식 + 기포누계액은 재분류조정금지 |
| 채무상품 | 당기손익-공정가치 측정 | 공정가치로 재측정후 처분손익인식 |
| | 기타포괄손익-공정가치 측정 | 공정가치로 재측정후 처분손익인식 + 기포누계액은 재분류조정수행 |
| | 상각후원가 측정 | 상각후원가로 재측정후 처분손익인식 |

## 04 지분상품의 분류에 따른 회계처리 비교 (세무사 2014 수정)

㈜한국은 20×3년 7월 1일 상장회사인 ㈜대한의 보통주식을 ₩3,000,000에 취득하고, 취득에 따른 거래비용 ₩30,000을 지급하였다. 20×3년 말 ㈜대한의 보통주식 공정가치는 ₩3,500,000이었다. ㈜한국은 20×4년 1월 20일 ㈜대한의 보통주식을 공정가치인 ₩3,350,000에 매도하였다. ㈜대한의 보통주식을 당기손익 공정가치 측정 금융자산 혹은 기타포괄손익 공정가치 측정 금융자산으로 분류한 경우, ㈜한국의 회계처리에 관한 설명으로 옳은 것은?

① 당기손익 공정가치 측정 금융자산으로 분류한 경우나 기타포괄손익 공정가치 측정 금융자산으로 분류한 경우 취득원가는 동일하다.
② 기타포괄손익 공정가치 측정 금융자산으로 분류한 경우나 당기손익 공정가치 측정 금융자산으로 분류한 경우 20×3년 말 공정가치 변화가 당기손익에 미치는 영향은 동일하다.
③ 당기손익 공정가치 측정 금융자산으로 분류한 경우 20×4년 당기손익으로 인식하는 금융자산처분손실은 ₩200,000이다.
④ 기타포괄손익 공정가치 측정 금융자산으로 분류한 경우 20×4년의 처분시점에 기타포괄손익으로 인식한 누계액은 ₩320,000이다.
⑤ 기타포괄손익 공정가치 측정 금융자산으로 분류한 경우 20×4년에 처분으로 수령한 금액이 ₩3,370,000인 경우 공정가치를 초과하여 수령한 ₩20,000도 기타포괄손익으로 인식한다.

### 해 답

① 당기손익 공정가치 측정 금융자산으로 분류하는 경우 취득원가는 ₩3,000,000이며, 기타포괄손익 공정가치 측정 금융자산으로 분류하는 경우 취득원가는 ₩3,030,000이다.
② 당기손익 공정가치 측정 금융자산으로 분류하는 경우에만 공정가치변화를 당기손익으로 인식한다.
③ 당기손익 공정가치 측정 금융자산으로 분류하는 경우 20×4년의 금융자산처분손실은 ₩150,000이다.
⑤ 기타포괄손익 공정가치 측정 금융자산으로 분류된 경우에도 공정가치를 초과하여 수령한 금액은 당기손익으로 인식한다.

[당기손익인식 금융자산으로 분류하는 경우]

| 일자 | 차변 | 금액 | 대변 | 금액 |
|---|---|---|---|---|
| 20×3. 7. 1 | (차) 당기손익금융자산 | 3,000,000 | (대) 현　　금 | 3,030,000 |
| | 수수료비용 | 30,000 | | |
| 20×3.12.31 | (차) 당기손익금융자산 | 500,000 | (대) 금융자산평가이익 | 500,000 |
| 20×4. 1.20 | (차) 금융자산평가손실 | 150,000 | (대) 당기손익금융자산 | 150,000 |
| | (차) 현　　금 | 3,350,000 | (대) 당기손익금융자산 | 3,350,000 |

[기타포괄인식 금융자산으로 분류하는 경우]

| | | | | |
|---|---|---|---|---|
| 20×3. 7. 1 | (차) 기타포괄금융자산 | 3,030,000 | (대) 현　　금 | 3,030,000 |
| 20×3.12.31 | (차) 기타포괄금융자산 | 470,000 | (대) 기타포괄평가이익 | 470,000 |
| 20×4. 1.20 | (차) 기타포괄평가이익 | 150,000 | (대) 기타포괄금융자산 | 150,000 |
| | (차) 현　　금 | 3,350,000 | (대) 기타포괄금융자산 | 3,350,000 |
| 20×4. 1.20 | (차) 현　　금 | 3,370,000 | (대) 기타포괄금융자산 | 3,350,000 |
| | | | 금융자산처분이익 | 20,000 |

④

## 05 기타포괄채무상품관련 손익

B회사는 20×1년 1월 1일 액면금액 ₩1,000,000, 액면이자율 8%, 만기 3년, 매년 말 이자지급조건으로 사채를 발행하였다. A회사는 이 사채를 20×1년 1월 1일 ₩903,944에 취득하고 기타포괄손익공정가치 측정 금융자산으로 분류하였다. 취득 당시 동 사채에 적용되는 시장이자율은 12%이었다. 20×1년 12월 31일과 20×2년 12월 31일 A회사의 금융자산 공정가액이 각각 ₩930,000과 ₩920,000이다. 또한 20×3년 초에는 공정가치인 ₩910,000에 채무상품을 매각하였다. 기타포괄금융자산과 관련된 설명으로 틀린 것은 무엇인가?

① 20×1년의 포괄손익계산서에 인식할 당기손익은 이익 ₩108,473이다.
② 20×1년의 포괄손익계산서에 인식할 기타포괄손익은 손실 ₩2,417이며, 이는 20×1년 말의 재무상태표에 인식되는 기타포괄손익누계액과 동일한 금액이다.
③ 20×2년의 포괄손익계산서에 인식할 당기손익은 이익 ₩111,890이다.
④ 20×2년의 포괄손익계산서에 인식할 기타포괄손익은 손실 ₩41,890이며, 이는 20×2년 말의 재무상태표에 인식되는 기타포괄손익누계액과 동일한 금액이다.
⑤ 20×3년 A회사가 B회사가 발행한 사채를 처분하는 경우 당기손익으로 인식할 처분손실은 ₩54,307이며, 이는 해당 금융자산을 상각후원가측정 금융자산으로 분류하는 경우와 동일한 금액이다.

해 답

(1) 연도별 당기손익에 반영되는 유효이자수익은 20×1년의 경우 903,944×12% = 108,473이며, 20×2년의 경우에는 932,417×12% = 111,890이다.

(2) 연도별 재무상태표에 인식되는 기타포괄손익의 누계액은 다음과 같다. 20×2년의 경우 포괄손익계산서에 인식되는 기타포괄손실은 20×2년 말의 누계액인 ₩44,307과 20×1년 말의 누계액인 ₩2,417의 차이인 ₩41,890이며, 20×2년 말의 재무상태표에 인식되는 기타포괄손실의 누계액은 공정가치와 상각후원가의 차이인 ₩44,307이다. 표로 정리하면 다음과 같다.

| 구 분 | 20×1. 1. 1 | 20×1.12.31 | 20×2.12.31 | 20×3. 1. 1 |
|---|---|---|---|---|
| 공정가치 | | 930,000 | 920,000 | 910,000 |
| 상각후원가 | 903,944 | 932,417 *1 | 964,307 *2 | 964,307 |
| 평가손익누계액 | - | (-)2,417 | (-)44,307 | - |
| 기타포괄평가손익 | - | (-)2,417 | (-)41,890 | (+)44,307 |
| 금융자산처분손익 | - | - | - | (-)54,307 |

*1 903,944 × 1.12 - 80,000 = 932,417　　*2 932,417 × 1.12 - 80,000 = 964,307

(3) 회계처리(참고용)

| | | | | | | |
|---|---|---|---|---|---|---|
| 20×1. 1. 1 | (차) | 기타포괄금융자산 | 903,944 | (대) | 현 금 | 903,944 |
| 20×1.12.31 | (차) | 현 금 | 80,000 | (대) | 이자수익 | 108,473 |
| | | 기타포괄금융자산 | 28,473 | | | |
| | (차) | 기타포괄평가손실 | 2,417 | (대) | 기타포괄금융자산 | 2,417 |
| 20×2.12.31 | (차) | 현 금 | 80,000 | (대) | 이자수익 | 111,890 |
| | | 기타포괄금융자산 | 31,890 | | | |
| | (차) | 기타포괄평가손실 | 41,890 | (대) | 기타포괄금융자산 | 41,890 |
| 20×3. 1. 1 | (차) | 기타포괄평가손실 | 10,000 | (대) | 기타포괄금융자산 | 10,000 |
| | | 현 금 | 910,000 | | 기타포괄금융자산 | 910,000 |
| | (차) | 금융자산처분손실 | 54,307 | (대) | 기타포괄평가손실 | 54,307 |

④

### (3) 제거조건을 충족하지 못하는 양도

① 양도일 시점 : 양도자산 전체를 계속 인식, 수취한 대가는 금융부채로 인식

② 양도일 이후 : 후속기간에 양도자산에서 생기는 모든 수익과 금융부채에서 생기는 모든 비용을 인식

**[제거조건을 충족하지 않는 금융자산의 양도]**

| | | | | | | |
|---|---|---|---|---|---|---|
| 양 도 일 | (차) | 현 금 | ××× | (대) | 금융부채 | ××× |
| 양도이후 | (차) | 이자비용 | ××× | (대) | 현 금 | ××× |
| | (차) | 현 금 | ××× | (대) | 이자수익 | ××× |

## 4 금융자산의 손상

### 1. 금융자산 손상차손의 의의

(1) 금융자산손상의 정의 : 최초인식 후 해당 금융자산에서 예상되는 기대신용손실을 당기손익으로 조기에 인식하는 것

(2) 금융자산의 신용손실과 기대신용손실 : 신용손실은 현금부족액을 최초 유효이자율로 할인한 현재가치이며, 기대신용손실은 개별 채무불이행 발생 위험으로 가중평균한 신용손실임

(3) 금융자산 중 손상대상 : 채무상품 중 상각후원가측정 금융자산과 기타포괄손익 공정가치측정 금융자산이 손상회계처리의 대상임. 당기손익 공정가치측정 채무상품의 경우 손상의 효과가 이미 해당 금융자산의 평가손실로 당기손익에 반영되기에 손상회계처리의 대상이 아니며, 지분상품의 경우에는 신용손실위험이 없으므로 손상회계처리의 대상이 아님

(4) 금융자산의 총장부금액 : 최초 인식시점에 측정한 금융자산에서 회수된 원금을 차감하고, 최초 인식금액과 만기금액의 차액에 유효이자율법을 적용하여 계산한 상각누계액을 가감한 금액이며, 손실충당금을 조정하기 전의 금액

(5) 금융자산의 상각후원가 : 금융자산의 총장부금액에서 손실충당금을 조정한 후의 금액

[손상차손의 인식상황]

| 금융자산의 종류 | | 손상차손의 인식여부 |
|---|---|---|
| 채무상품 | 당기손익 공정가치 측정 | 평가손실을 당기손익으로 인식하므로 손상회계가 필요없음 |
| | 기타포괄손익 공정가치 측정 | 기대신용손실을 손상차손으로 당기손익으로 인식 |
| | 상각후원가 측정 | 기대신용손실을 손상차손으로 당기손익으로 인식 |
| 지분상품 | 당기손익 공정가치 측정 | 신용손실위험이 없으므로 손상회계의 대상이 아님 |
| | 기타포괄손익 공정가치 측정 | 신용손실위험이 없으므로 손상회계의 대상이 아님 |

### 2. 상각후원가 측정 금융자산의 손상

(1) 신용위험이 발생한 경우 : 신용위험이 유의적이지 않은 경우에는 12개월 기준 기대신용손실을 인식하며, 신용위험이 유의적인 경우에는 전체기간 기준 기대신용손실을 인식

➡ 신용위험으로 인한 손상차손 인식후 이자수익은 손실충당금 차감전 총장부금액에 최초 유효이자율을 적용하여 인식

➡ 매출채권, 계약자산과 리스채권, 취득시 신용이 손상된 금융자산의 경우 12개월 기대신용손실을 인식하지 않고, 전체기간 기대신용손실에 해당하는 금액으로 손실충당금을 측정하는 것이 가능

[신용위험의 발생 : 상각후원가 금융자산손상의 회계처리]

| 1단계 이자 | (차) 현 금 | ××× ② | (대) 이자수익 | ××× ① |
|---|---|---|---|---|
| | 상각후원가금융자산 | ××× ③ | | |
| 2단계 손상 | (차) 금융자산손상차손 | ××× ⑤ | (대) 손실충당금 | ××× ④ |

## 06 상각후원가채무상품의 손상 : 신용위험

IFRS

12월말 결산법인인 A회사는 20×1년 초에 B회사가 발행한 사채(액면가액 ₩1,000,000, 발행일 20×1년 초, 만기 20×3년 말, 표시이자율 8%, 매년 말 이자지급)를 ₩950,252에 취득하였으며, 취득당시의 유효이자율은 10%이었다. 20×1년 말과 20×2년 말에 이자는 정상적으로 수령하였으며, 20×1년 말과 20×2년 말에 측정한 기대신용위험은 각각 ₩7,000과 ₩12,000이며, 공정가치는 각각 ₩950,000과 ₩955,000이다. A회사가 B회사에 대한 투자사채를 상각후원가 측정 금융자산으로 분류하는 경우 20×1년과 20×2년 포괄손익계산서에 당기손익으로 인식할 금액은 각각 얼마인가?

| | 20×1년 | 20×2년 | | 20×1년 | 20×2년 |
|---|---|---|---|---|---|
| ① | ₩88,025 증가 | ₩96,528 증가 | ② | ₩88,025 증가 | ₩91,528 증가 |
| ③ | ₩7,000 감소 | ₩12,000 감소 | ④ | ₩7,000 감소 | ₩5,000 감소 |
| ⑤ | ₩95,025 증가 | ₩96,528 증가 | | | |

### 해 답

(1) 20×1년의 이자수익 : 950,252×10% = 95,025

(2) 20×1년의 손상차손 : 7,000 ➡ 20×1년의 당기손익 : 95,025 - 7,000 = 88,025

(3) 20×2년의 이자수익 : (950,252×1.1 - 80,000)×10% = 96,528

(4) 20×2년의 손상차손 : 12,000 - 7,000 = 5,000 ➡ 20×2년의 당기손익 : 96,528 - 5,000 = 91,528

| 구 분 | 20×2년 초 | 유효이자 | 표시이자 | 손상차손 | 20×2년 말 |
|---|---|---|---|---|---|
| 총장부금액 | **965,277** | 96,528 | (80,000) | - | **981,805** |
| 손실충당금 | **(7,000)** | - | - | (5,000) | **(12,000)** |
| 상각후원가 | **958,277** | 96,528 | (80,000) | (5,000) | **969,805** |

(5) 관련된 회계처리

| | | | | |
|---|---|---|---|---|
| 20×1. 1. 1 | (차) 상각후원가금융자산 | 950,252 ② | (대) 현 금 | 950,252 ① |
| 20×1.12.31 | (차) 현 금 | 80,000 ② | (대) 이자수익 | 95,025 ① |
| | 상각후원가금융자산 | 15,025 ③ | | |
| | (차) 금융자산손상차손 | 7,000 ④ | (대) 손실충당금 | 7,000 ⑤ |
| 20×2.12.31 | (차) 현 금 | 80,000 ② | (대) 이자수익 | 96,528 ① |
| | 상각후원가금융자산 | 16,528 ③ | | |
| | (차) 금융자산손상차손 | 5,000 ④ | (대) 손실충당금 | 5,000 ⑤ |

② W

(2) 신용이 손상된 경우 : 전체기간 기준 기대신용손실을 인식하며, 신용이 손상된 경우에는 손상차손으로 인식할 기대신용손실을 신용손실과 동일한 금액을 인식

➡ 신용의 손상으로 인한 손상차손 인식후 이자수익은 손실충당금 차감후 상각후원가에 최초 유효이자율을 적용하여 인식

➡ 신용손상 후에 인식할 유효이자수익 : 상각후원가×유효이자율=총장부금액×유효이자율－손실충당금×유효이자율

## 07 상각후원가채무상품의 손상 : 신용손상

IFRS

12월말 결산법인인 A회사는 20×1년 초에 B회사가 발행한 사채(액면가액 ₩1,000,000, 발행일 20×1년 초, 만기 20×3년 말, 표시이자율 8%, 매년 말 이자지급)를 ₩950,252에 취득하여 상각후원가 측정 금융자산으로 분류하였다. 취득당시의 유효이자율은 10%이었다. 20×1년 말에 이자는 정상적으로 수령하였다. 그러나 20×1년 말에 B회사의 신용은 손상되었다. 이에 따라 사채와 관련된 미래현금흐름은 20×3년 말 ₩700,000의 원금회수와 20×2년 말과 20×3년 말에 각각 ₩50,000의 이자수취가 예상된다. 20×1년 말 유사한 채권에 대하여 적용되는 시장이자율은 12%이다. 20×2년 말에는 이자를 예상대로 ₩50,000을 수취하였다. 한편 20×2년 말 현재 A회사의 신용은 계속 손상된 상태이지만 20×3년 말에는 ₩800,000의 원금과 이자 ₩60,000을 회수할 수 있을 것으로 예상한다. 20×2년 말 유사한 채권에 대하여 적용되는 시장이자율은 11%이다. A회사의 20×1년과 20×2년 포괄손익계산서에 당기손익으로 인식할 손상차손과 손상차손환입금액은 얼마인가?

| | 1년 ₩1의 현재가치 | 2년 ₩1의 현재가치 | 2년 연금 ₩1의 현재가치 |
|---|---|---|---|
| 10% | 0.9091 | 0.8265 | 1.7355 |
| 11% | 0.9009 | 0.8116 | 1.7125 |
| 12% | 0.8929 | 0.7972 | 1.6901 |

| | 손상차손 | 손상환입 | | 손상차손 | 손상환입 |
|---|---|---|---|---|---|
| ① | ₩299,952 | ₩102,952 | ② | ₩322,732 | ₩102,952 |
| ③ | ₩299,952 | ₩99,968 | ④ | ₩322,732 | ₩99,968 |
| ⑤ | ₩204,927 | ₩166,501 | | | |

## 해 답

(1) 20×1년 말 총장부금액 : 950,252×1.1－80,000＝965,277

(2) 20×1년 말 상각후원가 : 50,000×1.7355＋700,000×0.8265＝665,325 ← 최초 금리인 10% 적용

(3) 20×1년 말 손상차손 : 665,325－965,277＝(－)299,952

(4) 20×2년 말 환입전 상각후원가 : 665,325×1.1－50,000＝681,858

(5) 20×2년 말 환입후 상각후원가 : 60,000×0.9091＋800,000×0.9091＝781,826 ← 최초 금리인 10% 적용

(6) 20×2년 손상환입액 : 781,826－681,858＝99,968

(7) 손상차손(별해) : 30,000×1.7355＋300,000×0.8265＝300,015 ← 현금부족액의 현재가치개념

(8) 손상환입(별해) : 10,000×0.9091＋100,000×0.9091＝100,001 ← 현금환입액의 현재가치개념

(9) 20×2년의 이자수익 : 상각후원가 665,325×10%＝총장부금액 965,277×10%－손실충당금 299,952×10%＝66,533

| 구 분 | 20×2년 초 | 유효이자 | 표시이자 | 손상환입 | 20×2년 말 |
|---|---|---|---|---|---|
| 총장부금액 | **965,277** | 96,528 | (80,000) | - | **981,805** |
| 손실충당금 | **(299,952)** | (29,995) | 30,000 | 99,968 | **(199,979)** |
| 상각후원가 | **665,325** | 66,533 | (50,000) | 99,968 | **781,826** |

⑽ 관련된 회계처리

| | | | | |
|---|---|---|---|---|
| 20×1. 1. 1 | (차) 상각후원가금융자산 | 950,252 ② | (대) 현　　금 | 950,252 ① |
| 20×1.12.31 | (차) 현　　금 | 80,000 ② | (대) 이자수익 | 95,025 ① |
| | 상각후원가금융자산 | 15,025 ③ | | |
| | (차) 금융자산손상차손 | 299,952 ⑤ | (대) 손실충당금 | 299,952 ④ |
| 20×2.12.31 | (차) 현　　금 | 50,000 ② | (대) 이자수익 | 96,528 ① |
| | 미수이자 | 30,000 ③ | | |
| | 상각후원가금융자산 | 16,528 ④ | | |
| | (차) 이자수익 | 29,995 ⑤ | (대) 손실충당금 | 29,995 ⑥ |
| | (차) 손실충당금 | 30,000 ⑧ | (대) 미수이자 | 30,000 ⑦ |
| | (차) 손실충당금 | 99,968 ⑩ | (대) 금융자산손상환입 | 99,968 ⑨ |

③

## 3. 기타포괄손익 공정가치 측정 금융자산의 손상

(1) 신용위험이 발생한 경우 : 신용위험이 유의적이지 않은 경우에는 12개월 기준 기대신용손실을 인식하며, 신용위험이 유의적인 경우에는 전체기간 기준 기대신용손실을 인식

➠ 손상차손을 인식하기 전에 공정가치 변동손익을 기타포괄손익으로 인식하고, 이후 기타포괄평가손익 중 신용위험으로 인한 손상차손 효과는 당기손익으로 대체함

➠ 기타포괄손익 공정가치 측정 금융자산의 경우 이자수익의 인식, 손상관련 손익의 인식과 처분관련 손익의 인식시 당기손익에 미치는 효과는 상각후원가 측정 금융자산과 동일하게 계산함

➠ 기타포괄손익 공정가치 측정 금융자산의 기타포괄손익평가손익의 누계액은 채무상품의 기말 공정가치와 기말 상각후원가의 차이와 동일한 금액

➠ 신용위험으로 인한 손상차손 인식후 이자수익은 손실충당금 차감전 총장부금액에 최초 유효이자율을 적용하여 인식

[신용위험의 발생 : 기타포괄손익 금융자산손상의 회계처리]

| | | | | |
|---|---|---|---|---|
| 1단계 이자 | (차) 현　　금 | ××× ② | (대) 이자수익 | ××× ① |
| | 기타포괄금융자산 | ××× ③ | | |
| 2단계 평가 | (차) 기타포괄평가손실 | ××× ⑤ | (대) 기타포괄금융자산 | ××× ④ |
| 3단계 손상 | (차) 금융자산손상차손 | ××× ⑥ | (대) 손실충당금 | ××× ⑦ |
| | 손실충당금 | ××× ⑧ | 기타포괄평가손실 | ××× ⑨ |

## 08 기타포괄채무상품의 손상 : 신용위험

12월말 결산법인인 A회사는 20×1년 초에 B회사가 발행한 사채(액면가액 ₩1,000,000, 발행일 20×1년 초, 만기 20×3년 말, 표시이자율 8%, 매년 말 이자지급)를 ₩950,252에 취득하였으며, 취득당시의 유효이자율은 10%이었다. 20×1년 말과 20×2년 말에 이자는 정상적으로 수령하였으며, 20×1년 말과 20×2년 말에 측정한 기대신용위험은 각각 ₩7,000과 ₩12,000이며, 공정가치는 각각 ₩950,000과 ₩955,000이다. A회사가 B회사에 대한 투자사채를 기타포괄손익 공정가치 측정 금융자산으로 분류하는 경우 20×2년 포괄손익계산서의 당기손익인식 손상차손과 기타포괄손익인식 평가손실은 각각 얼마인가?

| | 손상차손 | 기타포괄손실 | | 손상차손 | 기타포괄손실 |
|---|---|---|---|---|---|
| ① | ₩5,000 | ₩6,528 | ② | ₩7,000 | ₩8,277 |
| ③ | ₩5,000 | ₩14,805 | ④ | ₩7,000 | ₩14,805 |
| ⑤ | ₩6,000 | ₩5,528 | | | |

### 해 답

(1) 장부금액의 변동

| 구 분 | 20×1. 1. 1 | 20×1.12.31 | 20×2.12.31 |
|---|---|---|---|
| 손상전 상각후원가 (10%적용) | 950,252 | 965,277 | 981,805 |
| 신용위험 손실충당금 | - | (7,000) | (12,000) |
| 손상후 상각후원가 | 950,252 | 958,277 | 969,805 |
| 공정가치평가손익 누계액 | - | (8,277) | (14,805) |
| 보고기간 말 공정가치 | 950,252 | 950,000 | 955,000 |

(2) 20×2년 손상차손 : 12,000 − 7,000 = 5,000

(3) 20×2년 기타포괄손익

① 20×1년 말 기타포괄손익누계액 : 공정가치 950,000 − 상각후원가 (965,277 − 7,000) = (−)8,277

② 20×2년 말 기타포괄손익누계액 : 공정가치 955,000 − 상각후원가 (981,805 − 12,000) = (−)14,805

③ 20×2년 기타포괄손익 : (−)14,805 + 8,277 = (−)6,528

(4) 관련 회계처리

| | | | | |
|---|---|---|---|---|
| 20×1. 1. 1 | (차) 기타포괄금융자산 | 950,252 ② | (대) 현　　금 | 950,252 ① |
| 20×1.12.31<br>(원칙분개) | (차) 현　　금<br>　　기타포괄금융자산 | 80,000 ②<br>15,025 ③ | (대) 이자수익 | 95,025 ① |
| | (차) 기타포괄평가손실 | 15,277 ⑤ | (대) 기타포괄금융자산 | 15,277 ④ |
| | (차) 금융자산손상차손<br>　　손실충당금 | 7,000 ⑥<br>7,000 ⑧ | (대) 손실충당금<br>　　기타포괄평가손실 | 7,000 ⑦<br>7,000 ⑨ |
| 20×2.12.31<br>(간편분개) | (차) 현　　금<br>　　기타포괄금융자산 | 80,000 ②<br>16,528 ③ | (대) 이자수익 | 96,528 ① |
| | (차) 금융자산손상차손<br>　　기타포괄평가손실 | 5,000 ⑤<br>6,528 ⑥ | (대) 기타포괄금융자산 | 11,528 ④ |

① W

(2) 신용이 손상된 경우 : 전체기간 기준 기대신용손실을 인식하며, 신용이 손상된 경우에는 손상차손으로 인식할 기대신용손실을 신용손실과 동일한 금액을 인식

➡ 손상차손을 인식하기 전에 공정가치 변동손익을 기타포괄손익으로 인식하고, 이후 기타포괄평가손익 중 신용손상으로 인한 손상차손 효과는 당기손익으로 대체함

➡ 기타포괄손익 공정가치 측정 금융자산의 경우 이자수익의 인식, 손상관련 손익의 인식과 처분관련 손익의 인식시 당기손익에 미치는 효과는 상각후원가 측정 금융자산과 동일하게 계산함

➡ 기타포괄손익 공정가치 측정 금융자산의 기타포괄손익평가손익의 누계액은 채무상품의 기말 공정가치와 기말 상각후원가의 차이와 동일한 금액

➡ 신용의 손상으로 인한 손상차손 인식후 이자수익은 손실충당금 차감후 상각후원가에 최초 유효이자율을 적용하여 인식

## 09 기타포괄채무상품의 손상 : 신용손상

IFRS

12월말 결산법인인 A회사는 20×1년 초에 B회사가 발행한 사채(액면가액 ₩1,000,000, 발행일 20×1년 초, 만기 20×3년 말, 표시이자율 8%, 매년 말 이자지급)를 ₩950,252에 취득하여 기타포괄손익 공정가치 측정 금융자산으로 분류하였다. 취득당시의 유효이자율은 10%이었다. 20×1년 말에 이자는 정상적으로 수령하였다. 그러나 20×1년 말에 B회사의 신용은 손상되었다. 이에 따라 사채와 관련된 미래현금흐름은 20×3년 말 ₩700,000의 원금회수와 20×2년 말과 20×3년 말에 각각 ₩50,000의 이자수취가 예상된다. 20×1년 말 유사한 채권에 대하여 적용되는 시장이자율은 12%이며, 공정가치는 ₩642,545이다. 20×2년 말에는 이자를 예상대로 ₩50,000을 수취하였다. 한편 20×2년 말 현재 A회사의 신용은 계속 손상된 상태이지만 20×3년 말에는 ₩800,000의 원금과 이자 ₩60,000을 회수할 수 있을 것으로 예상한다. 20×2년 말 유사한 채권에 대하여 적용되는 시장이자율은 11%이며, 공정가치는 ₩774,774이다. A회사의 20×1년 포괄손익계산서에 당기손익과 기타포괄손익으로 인식할 금액은 각각 얼마인가?

| | 1년 ₩1의 현재가치 | 2년 ₩1의 현재가치 | 2년 연금 ₩1의 현재가치 |
|---|---|---|---|
| 10% | 0.9091 | 0.8265 | 1.7355 |
| 11% | 0.9009 | 0.8116 | 1.7125 |
| 12% | 0.8929 | 0.7972 | 1.6901 |

| | 당기손익 | 기타포괄손익 | | 당기손익 | 기타포괄손익 |
|---|---|---|---|---|---|
| ① | ₩299,952 감소 | 없 음 | ② | ₩204,927 감소 | 없 음 |
| ③ | ₩299,952 감소 | ₩22,780 감소 | ④ | ₩204,927 감소 | ₩22,780 감소 |
| ⑤ | ₩95,025 증가 | ₩25,835 감소 | | | |

### 해 답

(1) 20×1년의 이자수익 : 950,252×10%=95,025

(2) 20×1년 말 손상전 상각후원가 : 950,252×1.1−80,000=965,277

(3) 20×1년 말 회수가능액 : 50,000×1.7355+700,000×0.8265=665,325 ← 최초 유효이자율 10% 적용

(4) 20×1년 말 손상차손 : 665,325−965,277=(−)299,952 → 당기손익효과 : 95,025−299,952=(−)204,927

(5) 20×1년 말 공정가치 : 50,000×1.6901+700,000×0.7972=642,545 ← 현행 시장이자율 12% 적용

(6) 20×1년 말 기타포괄평가손실 : 642,545−665,325=(−)22,780

(7) 20×1년 말 기타포괄손익누계액(참고용) : 공정가치 642,545−상각후원가 665,325=(−)22,780

(8) 20×2년 말 기타포괄손익누계액(참고용) : 공정가치 774,774 - 상각후원가 781,826 = (-)7,052

(9) 20×2년의 기타포괄손익효과(참고용) : 22,780 - 7,052 = (+)15,728

(10) 기타포괄금융자산의 경우 손실충당금을 별도로 표시하지 않기에 신용손상 후의 이자수익을 아래처럼 순액으로 회계처리해도 된다.

| 일자 | 차변 | 금액 | 대변 | 금액 |
|---|---|---|---|---|
| 20×1. 1. 1 | (차) 기타포괄금융자산 | 950,252 ② | (대) 현　　금 | 950,252 ① |
| 20×1.12.31<br>(원칙분개) | (차) 현　　금 | 80,000 ② | (대) 이자수익 | 95,025 ① |
| | 기타포괄금융자산 | 15,025 ③ | | |
| | (차) 기타포괄평가손실 | 322,732 ⑤ | (대) 기타포괄금융자산 | 322,732 ④ |
| | (차) 금융자산손상차손 | 299,952 ⑥ | (대) 손실충당금 | 299,952 ⑦ |
| | 손실충당금 | 299,952 ⑦ | 기타포괄평가손실 | 299,952 ⑧ |
| 20×2.12.31<br>(간편분개) | (차) 현　　금 | 50,000 ② | (대) 이자수익 | 66,533 ① |
| | 기타포괄금융자산 | 16,533 ③ | | |
| | (차) 기타포괄금융자산 | 115,696 ④ | (대) 금융자산손상환입 | 99,968 ⑤ |
| | | | 기타포괄평가손실 | 15,728 ⑥ |
| | ⑤ 20×2말 공정가치 774,774 - 20×2말 장부금액 (642,545 + 16,533) = 115,696 | | | |

④

[상각후원가금융자산과 기타포괄금융자산과의 비교]

| 구 분 | | AC 금융자산 | FVOCI 금융자산 |
|---|---|---|---|
| 최초인식 | | 공정가치 + 거래원가 | 공정가치 + 거래원가 |
| 보고기간 말 재무상태표의 표시금액 | | 상각후원가 | 공정가치 |
| 유효이자수익 | 신용손상 전 | 총장부금액 × 최초유효이자율 | |
| | 신용손상 후 | 상각후원가 × 최초유효이자율 | |
| 금융자산 처분손익 | | 처분시 공정가치 - 처분시 상각후원가 | |
| 손상차손의 누계액 | | 기대현금부족액 By 최초유효이자율 | |
| 당기 손상차손(환입) | | 당기말 손실충당금 - 전기말 손실충당금*1 | |
| 기타포괄평가손익의 누계액 | | 해당사항 없음 | 기말공정가치 - 기말상각후원가 |
| 당기 기타포괄평가손익 | | 해당사항 없음 | 당기말 기포누 - 전기말 기포누 |

*1 단, 기초에 신용이 손상된 경우 '전기말 손실충당금×(1 + 최초유효이자율) - 손상확정액'으로 계산됨

## 5 금융자산관련 기타의 사항

### 1. 금융자산의 재분류

(1) 금융자산관리를 위한 사업모형을 변경하는 경우 재분류를 수행함. 따라서, 지분상품이나 파생상품은 사업모형을 선택할 수 없으므로 재분류가 불가능하며, 채무상품만 재분류가 가능

(2) 금융자산의 재분류를 초래하는 사업모형의 변경 후 첫 번째 보고기간의 첫 번째 날에 수행하며, 재분류일부터 전진적으로 적용하며, 재분류전에 인식한 당기손익은 수정하지 않음

| 구 분 | | 재분류일의 손익과 재분류일 이후의 이자수익 |
|---|---|---|
| From | To | |
| 상각후원가 | 당기손익 | 공정가치로 측정후 당기손익인식 + 표시이자수익 |
| 기타포괄손익 | 당기손익 | 공정가치로 측정후 당기손익(재분류조정수행)인식 + 표시이자수익 |
| 당기손익 | 상각후원가 | 공정가치로 측정후 당기손익인식 + 새로운 유효이자수익 |
| 당기손익 | 기타포괄손익 | 공정가치로 측정후 당기손익인식 + 새로운 유효이자수익 |
| 상각후원가 | 기타포괄손익 | 공정가치로 측정후 기타포괄손익인식 + 기존 유효이자수익 |
| 기타포괄손익 | 상각후원가 | 기타포괄손익 취소후 상각후원가로 환원 + 기존 유효이자수익 |

(3) 예를 들어, 액면금액 ₩1,000,000, 만기 3년이며, 매년 말에 표시이자 ₩80,000을 수령하는 투자사채를 10%의 시장이자율로 ₩950,252에 취득한 경우 20×1년 말의 상각후원가는 ₩965,277이다. 20×1년 말과 20×2년 초에 해당 사채에 적용되는 시장이자율이 12%인 경우 공정가치는 ₩932,408이다. 해당 사채를 20×2년 초에 계정재분류를 수행하는 경우 관련 회계처리는 다음과 같다. 단, 20×2년 말의 공정가치는 액면금액과 동일한 ₩1,000,000인 것으로 가정한다.

[상각후원가 ➡ 당기손익]

| 20×2. 1. 1 | (차) 당기손익금융자산 | 932,408 ② | (대) 상각후원가금융자산 | 965,277 ① |
|---|---|---|---|---|
| | 재분류손실 | 32,869 ③ | | |
| 20×2.12.31 | (차) 현　금 | 80,000 ② | (대) 이자수익(표시) | 80,000 ① |
| | (차) 당기손익금융자산 | 67,592 ③ | (대) 당기손익평가이익 | 67,592 ④ |

[기타포괄손익 ➡ 당기손익]

| 20×2. 1. 1 | (차) 당기손익금융자산 | 932,408 ② | (대) 기타포괄금융자산 | 932,408 ① |
|---|---|---|---|---|
| | 재분류손실 | 32,869 ④ | 기타포괄평가손익 | 32,869 ③ |
| 20×2.12.31 | (차) 현　금 | 80,000 ② | (대) 이자수익(표시) | 80,000 ① |
| | (차) 당기손익금융자산 | 67,592 ③ | (대) 당기손익평가이익 | 67,592 ④ |

[당기손익 ➡ 상각후원가]

| | | | | |
|---|---|---|---|---|
| 20×2. 1. 1 | (차) 상각후원가금융자산 | 932,408 ② | (대) 당기손익금융자산 | 932,408 ① |
| 20×2.12.31 | (차) 현 금 | 80,000 ② | (대) 이자수익(12%) | 111,889 ① |
| | 상각후원가금융자산 | 31,889 ③ | | |

[당기손익 ➡ 기타포괄손익]

| | | | | |
|---|---|---|---|---|
| 20×2. 1. 1 | (차) 기타포괄금융자산 | 932,408 ② | (대) 당기손익금융자산 | 932,408 ① |
| 20×2.12.31 | (차) 현 금 | 80,000 ② | (대) 이자수익(12%) | 111,889 ① |
| | 기타포괄금융자산 | 31,889 ③ | | |
| | (차) 기타포괄금융자산 | 35,703 ④ | (대) 기타포괄평가이익 | 35,703 ⑤ |

[상각후원가 ➡ 기타포괄손익]

| | | | | |
|---|---|---|---|---|
| 20×2. 1. 1 | (차) 기타포괄금융자산 | 932,408 ② | (대) 상각후원가금융자산 | 965,277 ① |
| | 기타포괄평가손실 | 32,869 ③ | | |
| 20×2.12.31 | (차) 현 금 | 80,000 ② | (대) 이자수익(10%) | 96,528 ① |
| | 기타포괄금융자산 | 16,528 ③ | | |
| | (차) 기타포괄금융자산 | 51,064 ④ | (대) 기타포괄평가이익 | 51,064 ⑤ |

[기타포괄손익 ➡ 상각후원가]

| | | | | |
|---|---|---|---|---|
| 20×2. 1. 1 | (차) 상각후원가금융자산 | 965,277 ② | (대) 기타포괄금융자산 | 932,408 ① |
| | | | 기타포괄평가손실 | 32,869 ③ |
| 20×2.12.31 | (차) 현 금 | 80,000 ② | (대) 이자수익(10%) | 96,528 ① |
| | 상각후원가금융자산 | 16,528 ③ | | |

## 10 금융자산의 재분류

(회계사 2021) IFRS

㈜대한은 ㈜민국이 20×1년 1월 1일에 발행한 액면금액 ₩50,000(만기 5년의 일시상환, 표시이자율 연 10%, 매년 말 이자지급)인 사채를 동 일자에 액면금액으로 취득하고, 상각후원가로 측정하는 금융자산으로 분류하여 회계처리하였다. 그러나 ㈜대한은 20×2년 중 사업모형의 변경으로 동 사채를 당기손익-공정가치로 측정하는 금융자산으로 재분류하였다. 20×2년 말 현재 동 사채와 관련하여 인식한 손실충당금은 ₩3,000이다. 동 사채의 20×3년 초와 20×3년 말의 공정가치는 각각 ₩45,000과 ₩46,000이다. 동 사채가 ㈜대한의 20×3년 포괄손익계산서의 당기순이익에 미치는 영향은 얼마인가? 단, 동 사채의 20×3년 말 공정가치는 이자수령 후 금액이다.

① ₩2,000 감소　　② ₩1,000 감소　　③ ₩4,000 증가
④ ₩5,000 증가　　⑤ ₩6,000 증가

**해 답**

(1) 20×3년 초 계정재분류손익 : 45,000 − (50,000 − 3,000) = (−)2,000
(2) 20×3년 표시이자수익 : 50,000 × 10% = 5,000
(3) 20×3년 말 당기손익평가손익 : 46,000 − 45,000 = 1,000 → 20×3년 당기손익 : 5,000 + 1,000 − 2,000 = 4,000

| 일자 | 차변 | 금액 | 대변 | 금액 |
|---|---|---|---|---|
| 20×3. 1. 1 | (차) 당기손익금융자산 | 45,000 ② | (대) 상각후원가금융자산 | 50,000 ① |
| | 손실충당금 | 3,000 ① | | |
| | 재분류손실 | 2,000 ③ | | |
| 20×3.12.31 | (차) 현　　금 | 5,000 ② | (대) 이자수익(표시) | 5,000 ① |
| | (차) 당기손익금융자산 | 1,000 ③ | (대) 당기손익평가이익 | 1,000 ④ |

③

## 2. 계약상 현금흐름의 변경 : 채권·채무의 조정

(1) 금융자산의 제거요건을 만족하지 않는 경우 : 기존권리의 일부감면

① 변경후 금융자산은 재협상되거나 변경된 계약상 현금흐름을 최초 유효이자율로 할인한 현재가치로 계산

② 해당 금융자산의 총장부금액을 재계산하고, 현금흐름변경손익을 당기손익으로 인식. 만약에 현금흐름 변경시 거래원가가 지출된 경우 취득수수료로 간주하여 해당 금융자산의 장부금액에 가산하여 유효이자율을 조정하고 잔여기간에 걸쳐 상각

(2) 금융자산의 제거요건을 만족하는 경우 : 기존권리의 전부소멸

① 변경후 금융자산은 재협상되거나 변경된 계약상 현금흐름을 현행 시장이자율로 할인한 현재가치인 공정가치로 계산

② 기존의 금융자산을 제거한 후 새로운 금융자산을 공정가치로 인식하며, 제거손익을 당기손익으로 인식함. 만약에 현금흐름 변경시 거래원가가 지출된 경우 처분수수료로 간주하여 제거손익에 가감하여 당기손익으로 인식

➡ 금융부채의 발행자와는 달리 금융자산의 보유자는 계약상 현금흐름변경시 실질적인 변경여부에 대한 10% 테스트 규정이 없음을 유의해야 함

## 11 계약상 현금흐름의 변경 (회계사 2019)

㈜대한은 20×1년 1월 1일에 ㈜민국의 사채를 발행가액으로 취득하였으며 사채의 발행조건은 다음과 같다(취득 시 신용이 손상되어 있지 않음). ㈜대한은 사업모형 및 사채의 현금흐름 특성을 고려하여 취득한 사채를 상각후원가로 측정하는 금융자산으로 분류하였다. ㈜대한이 아래에 제시된 계약상 현금흐름의 변경과 관련하여 인식할 변경손익은 얼마인가?

(1) 사채발행일은 20×1년 1월 1일이며, 만기일은 20×3년 12월 31일로 일시상환조건이다. 액면금액은 ₩1,000,000이며, 이자지급은 매년 12월 31일에 연 7% 지급하고, 사채발행시점의 유효이자율은 연 10%이다.

(2) 20×3년 1월 1일에 ㈜대한과 ㈜민국은 만기일을 20×5년 12월 31일로 연장하고, 이자지급은 20×3년부터 매년 12월 31일에 연 5% 지급하는 것으로 재협상하여 계약상 현금흐름을 변경하였으며, 20×3년 1월 1일의 현행이자율은 연 13%이다.

(3) ㈜대한은 재협상을 통한 계약상 현금흐름의 변경이 금융자산의 제거조건을 충족하지 않는 것으로 판단하였다. 관련 현가계수는 다음과 같다.

| 할인율 | 단일금액 ₩1의 현재가치 | | | 정상연금 ₩1의 현재가치 | | |
|---|---|---|---|---|---|---|
| | 1년 | 2년 | 3년 | 1년 | 2년 | 3년 |
| 10% | 0.9091 | 0.8264 | 0.7513 | 0.9091 | 1.7355 | 2.4868 |
| 13% | 0.8850 | 0.7831 | 0.6931 | 0.8850 | 1.6681 | 2.3612 |

① ₩0　② ₩97,065 이익　③ ₩97,065 손실
④ ₩161,545 이익　⑤ ₩161,545 손실

### 해 답

(1) 20×3년 초 변경전 자산의 상각후원가 : 70,000×0.9091+1,000,000×0.9091=972,737
(2) 20×3년 초 변경후 자산의 상각후원가 : 50,000×2.4868+1,000,000×0.7513=875,640 ← 10% 적용
(3) 현금흐름변경손익 : 875,640-972,737=(-)97,097

| 일자 | 차변 | 금액 | 대변 | 금액 |
|---|---|---|---|---|
| 20×3. 1. 1 | (차) 상각후원가자산(후) | 875,640 ② | (대) 상각후원가자산(전) | 972,737 ① |
| | 현금흐름변경손실 | 97,097 ③ | | |
| 20×3.12.31 | (차) 현　　금 | 50,000 ② | (대) 이자수익 | 87,564 ① |
| | 상각후원가금융자산 | 37,564 ③ | | |

③

## 3. 매매일 회계처리와 결제일 회계처리

(1) 금융자산의 정형화된 매입 또는 매도는 매매일 회계처리방법 또는 결제일 회계처리방법 중 하나를 사용하여 인식하거나 제거를 수행

(2) 결제일 회계처리방법을 적용하는 경우에는 이미 취득한 자산에 대한 회계처리와 같은 방법으로 수취할 자산의 공정가치 변동을 매매일과 결제일의 기간 중에 회계처리하여 당기손익이나 기타포괄손익을 인식

## 4. 양도로 제거된 금융자산에 대한 관리용역의 제공

(1) 금융자산 전체가 제거 조건을 충족하는 양도로 금융자산을 양도하고, 수수료를 대가로 당해 양도자산의 관리용역을 제공하기로 한다면, 추가로 관리용역제공계약과 관련하여 자산이나 부채를 인식

➡ 별도로 수취하는 관리용역수수료가 용역제공의 적절한 대가와 동일하거나 미달할 것으로 예상한다면, 용역제공의무에 따른 관리용역부채를 공정가치로 인식하고, 관리용역자산은 관리용역수수료의 공정가치로 인식함

➡ 예를 들어, 양도한 매출채권이 ₩10,000이며, 매출채권의 양도로 수령한 금액은 ₩9,800, 대금을 대신 회수해주는 관리용역을 제공하면 ₩300을 별도로 수령하기로 한 것으로 가정한다. 제공한 관리용역의 적절한 대가가 ₩500인 경우 관련 회계처리는 다음과 같다.

| 제거시점 | (차) | 현 금 | 9,800 | (대) | 매출채권 | 10,000 |
|---|---|---|---|---|---|---|
| | | 관리용역자산 | 300 | | 관리용역부채 | 500 |
| | | 매출채권제거손실 | 400 | | | |
| 제거이후 | (차) | 관리용역부채 | 500 | (대) | 용역제공수익 | 500 |
| | | 현 금 | 300 | | 관리용역자산 | 300 |

➡ 별도로 수취하는 관리용역 수수료가 용역제공의 적절한 대가를 초과할 것으로 예상한다면, 용역제공의무에 따른 관리용역부채를 공정가치로 인식하고, 관리용역자산은 전체 금융자산의 장부금액 중 상대적 공정가치에 비례하여 배분된 금액으로 인식함.

➡ 관리용역자산의 인식액 : 양도자산의 장부금액 × 수취하는 관리용역수수료 ÷ (수취하는 관리용역수수료 + 양도자산에 대한 현금수령액)

### 2차 5. 양도된 금융자산에 대한 지속적관여

(1) 양도자가 양도자산의 소유에 따른 위험과 보상의 대부분을 보유하지도 아니하고 이전하지도 아니하며, 양도자가 양도자산을 통제하고 있다면, 그 양도자산에 대하여 지속적으로 관여하는 정도까지 그 양도자산을 계속하여 인식하며, 관련부채도 함께 인식

(2) 지속적관여자산의 측정

① 보증을 제공하는 형태의 지속적관여 : 지속적관여의 정도는 양도자산의 장부금액과 수취한 대가 중 상환을 요구받을 수 있는 최대금액 중 작은 금액임

② 옵션을 매도하는 형태의 지속적관여 : 지속적관여의 정도는 양도자산 중 양도자가 재매입할 수 있는 금액

③ 공정가치측정자산+풋옵션을 매도하는 형태의 지속적 관여 : 지속적 관여 정도는 양도자산의 공정가치와 옵션의 행사가격 중 적은 금액

(3) 관련부채의 측정

① 양도자산을 상각후원가로 측정하는 경우 : 양도자산과 관련 부채의 순장부금액이 양도자가 보유하는 권리와 부담하는 의무의 상각후원가가 되도록 관련 부채를 측정

② 양도자산을 공정가치로 측정하는 경우 : 양도자산과 관련 부채의 순장부금액이 양도자가 보유하는 권리와 부담하는 의무를 독립적으로 측정한 공정가치가 되도록 관련 부채를 측정

## 12 금융자산에 대한 지속적관여 (세무사 2021) IFRS

㈜세무는 20×1년 1월 1일 금융회사인 ㈜대한에 장부금액 ₩500,000의 매출채권을 양도하였다. ㈜세무는 동 매출채권의 위험과 보상의 대부분을 이전하지도 않고 보유하지도 않으며, ㈜대한은 양도받은 동 매출채권을 제3자에게 매도할 수 있는 능력이 없다. 한편 ㈜세무는 매출채권 양도 후 5개월간 동 매출채권의 손상발생에 대해 ₩100,000까지 지급을 보증하기로 하였으며, 동 보증의 공정가치(보증의 대가로 수취한 금액)는 ₩20,000이다. ㈜세무가 동 매출채권을 양도하면서 ㈜대한으로부터 보증의 대가를 포함하여 ₩480,000을 받았다면, ㈜세무가 20×1년 1월 1일 매출채권 양도시 부채로 인식할 금액은?

① ₩20,000 ② ₩40,000 ③ ₩80,000
④ ₩100,000 ⑤ ₩120,000

## 해 답

(1) 양도자가 양도자산의 채무불이행에 따른 손실을 지급하기로 하는 보증으로 인하여 지속적관여의 정도에 해당하는 양도자산을 제거할 수 없다면, 당해 양도자산은 양도일에 ① 양도자산의 장부금액과 ② 수취한 대가에서 상환을 요구받을 수 있는 최대금액(보증금액) 중 작은 금액으로 측정한다. 따라서, 지속적관여자산은 양도된 자산의 장부금액인 ₩500,000과 수취한 대가에서 상환을 요구받을 수 있는 최대금액(보증금액)인 ₩100,000 중 작은 금액인 ₩100,000을 자산으로 인식한다.

(2) 관련부채는 최초인식시 보증금액에 보증의 공정가치(일반적으로 보증의 대가로 수취한 금액)를 더한 금액으로 측정한다. 따라서 양도시점에 양도관련 부채는 보증제공에 따른 부채 ₩100,000과 보증제공에 대한 대가로 수령한 ₩20,000의 합계인 ₩120,000이다.

| | | | | | | |
|---|---|---|---|---|---|---|
| 양도시점 | (차) | 현 금 | 460,000 ② | (대) | 매출채권 | 500,000 ① |
| | | 금융자산제거손실 | 40,000 ③ | | | |
| | (차) | 현 금 | 20,000 ④ | (대) | 관련부채(이연수익) | 20,000 ⑤ |
| | | 지속적관여자산 | 100,000 ⑦ | | 관련부채(보증부채) | 100,000 ⑥ |
| 보증수익인식 | (차) | 관련부채(이연수익) | 20,000 ① | (대) | 보증제공수익 | 20,000 ② |
| 보증이행시 | (차) | 관련부채(보증부채) | 100,000 ③ | (대) | 현 금 | 100,000 ④ |
| | (차) | 보증제공손실 | 100,000 ⑥ | (대) | 지속적관여자산 | 100,000 ⑤ |

⑤

MEMO

check list

출제경향

| | 2020 | 2021 | 2022 | 2023 | 2024 | 2025 |
|---|---|---|---|---|---|---|
| 회계사 | 2 | | 2 | 2 | 2 | 1 |
| 세무사 | 1 | | 1 | 1 | 1 | 1 |

# 제 14 장 복합금융상품

Financial Accounting Workbook

## 1 복합금융상품

### 1. 복합금융상품의 종류

(1) 전환사채 : 사채보유자의 의사표시로 주식전환권을 행사하여 보통주로 전환할 수 있는 금융상품으로 사채부분은 부채이며 주식전환권부분은 자본임

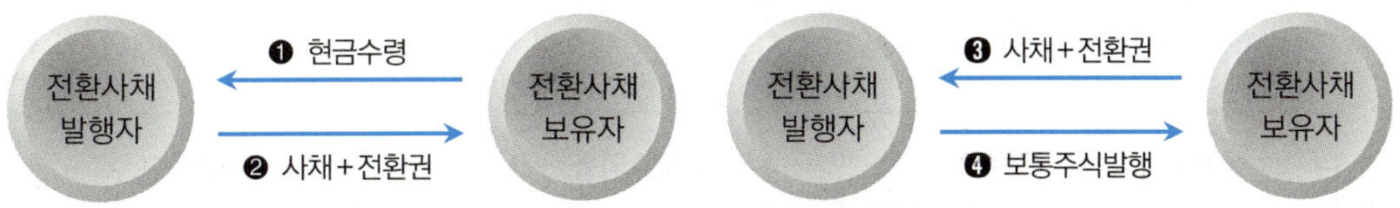


(2) 신주인수권부사채 : 사채보유자의 의사표시로 신주인수권을 행사하여 보통주를 인수할 수 있는 권리가 부여된 금융상품으로 사채부분은 부채이며 주식인수권부분은 자본임

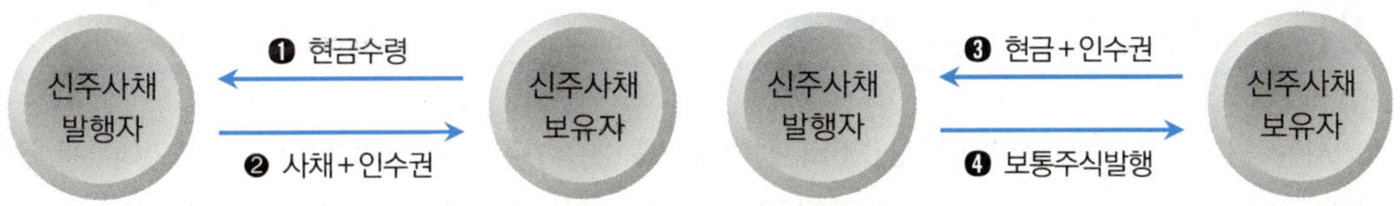


| 전환사채의 발행<br>신주사채의 발행 | = | 사채부분 : 부채요소<br>확정금액의 현금결제약정 | + | 전환권부분 : 자본요소<br>확정수량의 주식결제약정 |
|---|---|---|---|---|

### 2. 자본가치의 분리인식 방법

(1) 자본요소의 공정가치 : 복합금융상품 전체의 공정가치에서 부채요소에 대하여 별도로 결정한 금액을 차감한 잔액을 자본요소에 배분

(2) 부채요소의 공정가치 : 최초인식시점에서 부채요소의 공정가치는 계약상 정해진 미래현금흐름인 표시이자, 액면금액과 상환할증금을 해당 금융상품과 동일한 조건 및 유사한 신용상태를 가지며 실질적으로 동일한 현금흐름을 제공하지만 전환권이 없는 채무상품에 적용되는 그 시점의 시장이자율로 할인한 현재가치로 계산

(3) 공정가치 후속재측정여부 : 최초인식일 이후에는 전환권을 행사할 가능성이 변동하는 경우에도 전환상품의 부채요소와 자본요소의 분류를 수정하지 않음

### 3. 전환권과 신주인수권 행사불능에 대한 안전장치

(1) 보장수익률 : 전환사채와 신주인수권부사채의 발행자가 만기 현금상환시 투자자에게 보장한 액면가 대비 수익률

(2) 상환할증금 : 투자자가 주식을 인수하지 못하고, 현금으로 상환 받는 경우 이에 대한 보상으로 만기 현금 상환시 액면금액에 추가하여 지급하는 금액으로 미지급이자의 미래가치 개념임

> 상환할증금 = [전환사채의 액면금액 × (보장수익률 − 표시이자율)] × 연금미래가치계수*1
> *1 보장수익률을 적용한 연금의 미래가치계수

## 01 상환할증금과 상환할증률 (회계사 2003 수정)

IFRS

A회사는 만기 3년, 액면금액 ₩200,000의 전환사채를 20×1년 1월 1일에 액면발행하였다. 동 전환사채의 액면이자율은 연 6%이며, 이자지급일은 매년 12월 31일이다. 동 전환사채는 20×1년 1월 1일부터 주식으로 전환이 가능하며, 전환권을 행사하지 않는다면 만기에 일정금액의 상환할증금이 추가로 지급된다. 이 사채의 만기보장수익률이 연 10%이며, 전환권이 없는 일반사채의 시장이자율이 연 12%인 경우, 상환할증률과 상환할증금은 각각 얼마인가?

| | 상환할증률 | 상환할증금 | | 상환할증률 | 상환할증금 |
|---|---|---|---|---|---|
| ① | 14.56% | ₩29,120 | ② | 13.24% | ₩26,480 |
| ③ | 12.05% | ₩24,100 | ④ | 11.84% | ₩23,680 |
| ⑤ | 10.05% | ₩20,100 | | | |

## 해 답

(1) 상환할증금 : 200,000 × (10% - 6%) × ($1.1^2$ + $1.1^1$ + 1) = 26,480

(2) 상환할증률 : 26,480 ÷ 200,000 = 13.24%

(3) 상환할증금은 만기까지 전환권을 행사하지 않은 경우에 만기에 지급하는 금액이므로 보장수익율과 액면이자율의 차이를 미래가치(보장수익률 적용)로 계산된다.

**별해**

상환할증률은 상환할증금을 액면금액으로 나눈 개념이므로 보장수익률과 표시이자율의 미래가치로 계산 가능하다. (10% - 6%) × ($1.1^2$ + $1.1^1$ + 1) = 13.24%이다.

② W

## 02 복합금융상품에서 자본가치의 계산 (세무사 2025)

IFRS

㈜세무는 20×1년 1월 1일 다음과 같은 조건의 전환사채를 발행하였다. ㈜세무가 전환사채의 발행일에 인식할 자본요소인 전환권대가는? 단, 현재가치 계산 시 현가계수표를 이용한다.

(1) 액면금액은 ₩1,000,000이며, 만기일은 20×3년 12월 31일이다. 액면이자율은 2%로 매년 말 지급한다. 발행일 현재 전환권을 포함한 전환사채 시장이자율은 5%이며, 발행일 현재 동일한 조건의 일반사채 시장이자율은 6%이다.

(2) 보장수익률은 4%이며, 20×1년 2월 1일부터 20×3년 11월 30일까지 액면금액 ₩10,000 당 액면금액 ₩5,000의 보통주 1주로 전환 가능하다.

(3) 현재가치 계수는 다음과 같다.

| 기 간 | 단일금액 ₩1의 현재가치 | | | 정상연금 ₩1의 현재가치 | | |
|---|---|---|---|---|---|---|
| | 4% | 5% | 6% | 4% | 5% | 6% |
| 3 | 0.8890 | 0.8638 | 0.8396 | 2.7751 | 2.7232 | 2.6730 |

① ₩24,507　② ₩26,715　③ ₩27,807
④ ₩54,522　⑤ ₩62,432

해 답

(1) 만기시점의 상환할증금 : 액면금액 1,000,000×(보장 4%－표시 2%)×($1.04^2$＋$1.04^1$＋1)＝62,432

(2) 전환사채의 총공정가치 : 20,000×2.7232＋1,062,432×0.8638＝972,193 ← 전환사채 시장이자율 5% 적용

(3) 부채요소의 공정가치 : 20,000×2.6730＋1,062,432×0.8396＝945,478 ← 일반사채 시장이자율 6% 적용

(4) 자본요소의 공정가치 : 972,193－945,478＝26,715

| 20×1. 1. 1 | (차) 현 금 | 972,193 ① | (대) 전환사채(순액) | 945,478 ② |
|---|---|---|---|---|
| | | | 전환권대가 | 26,715 ③ |

② 

## 2 전환사채

### 1. 전환사채의 액면발행

(1) 발행일 : 총공정가치＝PV(표시이자＋액면금액)＋PV(상환할증금)＋전환권대가FV

전환사채의 발행가액 중 일반사채를 가정한 전환사채의 현재가치에 해당하는 금액은 부채로 인식하고 차액은 자본항목인 전환권대가로 인식

2차 ➠ 액면금액은 반드시 보통주로 전환해야하며, 만기까지 표시이자만의 지급의무가 있는 전환사채를 발행하는 경우 부채요소는 표시이자만의 현재가치로 산정해야 함

2차 ➠ 보통주의 시장가격에 따라 전환비율이 변동하는 전환사채를 발행한 경우 발행할 주식의 수량이 확정되어 있지 않으므로, 전환권대가는 파생상품부채요소로 분류함

(2) 이자지급일

기초부채의 장부금액에 일반사채의 시장이자율을 적용하여 계산한 유효이자를 이자비용으로 인식하고, 부채요소는 상각후원가법으로 후속측정함

(3) 전환일

전환권을 행사한 부분에 해당하는 전환사채 장부금액인 상각후원가와 전환권대가의 합계금액을 주식의 발행가액 인식

➠ 전환사채가 전환되는 경우 발행자는 부채를 제거하고 자본으로 인식하므로, 전환사채의 전환에 따라 인식할 손익은 없음

➠ 출자전환의 경우 공정가치법을 적용하여 차이금액을 당기손익으로 인식하지만, 전환사채전환의 경우 장부금액법을 적용하여 전환시 당기손익효과가 없음

➠ 최초인식시점의 자본요소는 자본의 다른 항목인 주식발행초과금으로 대체될 수 있으며, 계속하여 자본으로 유지됨

(4) 만기상환일

만기에 미전환된 전환사채의 장부금액인 액면금액과 상환할증금의 합계액을 현금으로 지급하므로 만기상환시에는 사채상환손익이 인식되지 아니함. 전환권대가는 만기에 소멸하므로 이를 전환권대가소멸이익(자본잉여금)으로 계정대체가능

## 03 전환사채의 권리행사

(회계사 2017) IFRS

다음은 ㈜한국의 전환사채와 관련된 자료이다. ㈜한국의 전환사채에 대한 회계처리로 옳은 설명은? 단, 전환권대가는 전환시점에서 주식발행초과금으로 대체한다. 필요시 소수점 첫째자리에서 반올림하고, 단수 차이로 오차가 있는 경우 ₩10 이내의 차이는 무시한다.

(1) 20×1년 1월 1일 전환사채 ₩1,000,000(표시이자율 연 7%, 매년 말 이자지급, 만기 3년)을 액면발행하였다. 전환사채 발행시점의 일반사채 시장이자율은 연 15%이다.
(2) 전환으로 발행되는 주식 1주(액면금액 ₩5,000)에 요구되는 사채액면금액은 ₩20,000으로 한다. 만기일까지 전환되지 않으면 만기일에 액면금액의 116.87%를 지급하고 일시상환한다. 이자율이 연 15%일 때 3년 후 ₩1의 현재가치는 ₩0.6575이며, 3년간 정상연금 ₩1의 현재가치는 ₩2.2832이다.
(3) 20×2년 1월 1일 사채 액면금액 ₩500,000의 전환청구로 사채가 주식으로 전환되었다.

① 전환사채 발행시점의 부채요소는 ₩759,544이다.
② 전환사채 발행시점의 자본요소는 ₩240,456이다.
③ 20×1년 포괄손익계산서에 계상되는 이자비용은 ₩139,237이다.
④ 전환권 행사로 자본총계는 ₩534,619 증가한다.
⑤ 전환권 행사로 주식발행초과금은 ₩498,740 증가한다.

**해 답**

(1) 발행시 부채요소 : 70,000×2.2832+1,000,000×0.6575+168,700×0.6575=928,244

(2) 발행시 자본요소 : 1,000,000−928,244=71,756

(3) 20×1년 이자비용 : 928,244×15%=139,237

(4) 전환권 행사시 자본총계효과=전환시 부채의 장부금액 : (928,244×1.15−70,000)×50%=498,740

(5) 전환권 행사시 주발초 증가액 : 498,740+71,756×50%−25주×₩5,000=409,618

| 일자 | 차변 | 금액 | 대변 | 금액 |
|---|---|---|---|---|
| 20×1. 1. 1 | (차) 현 금 | 1,000,000 | (대) 전환사채(순) | 928,244 |
| | | | 전환권대가 | 71,756 |
| 20×1.12.31 | (차) 이자비용 | 139,237 | (대) 현 금 | 70,000 |
| | | | 전환사채(순) | 69,237 |
| 20×2. 1. 1 | (차) 전환사채(순) | 498,740 | (대) 자 본 금 | 125,000 |
| | 전환권대가 | 35,878 | 주식발행초과금 | 409,618 |
| 20×3.12.31 | (차) 전환사채(순) | 584,350 | (대) 현 금 | 584,350 |
| | 전환권대가 | 35,878 | 자본소멸이익 | 35,878 |

③

## 2. 전환사채의 특수상황

(1) 전환사채의 할인발행 : 복합금융상품의 총공정가치가 액면금액이하(할인발행)인 경우 이를 전액 자본요소에서 차감함

(2) 전환사채의 발행원가 : 복합금융상품의 발행과 관련된 거래원가는 배분된 발행금액에 비례하여 부채요소와 자본요소에서 각각 차감함

(3) 전환조건의 변경 : 변경된 조건하에서 전환으로 인하여 보유자가 수취하게 되는 대가의 공정가치와 원래의 조건하에서 전환으로 인하여 보유자가 수취하였을 대가의 공정가치의 차이인 조건변경의 증분공정가치를 조건변경손실으로 당기손익으로 즉시 인식

(4) 전환사채의 조기상환 : 조기상환을 위하여 지급한 대가와 거래원가를 부채요소에 대한 대가와 자본요소에 대한 대가로 구분하여 각각 사채상환손익(손익거래손익)과 전환권대가청산손익(자본거래손익)으로 구분하여 인식

➠ 조기상환을 위하여 지급한 대가인 총공정가치와 거래원가를 각 요소별로 배분하는 방법은 전환사채가 발행되는 시점에 발행금액을 각 요소별로 배분한 방법과 일관되어야 함

(5) 회계연도 중 전환권 행사 : 실제 권리가 행사된 날에 주주로서의 권리를 획득하게 되므로, 권리 행사일 현재의 사채 장부금액을 주식의 발행가액으로 인식

➡ 전환일까지 발생한 표시이자에 대한 처리방법은 문제에 제시된 단서에 따라야 함. 지급의무가 소멸하는 경우 주식의 발행금액으로 대체되며, 지급의무가 소멸하지 않는 경우 현금으로 지급함

## 04 전환사채의 할인발행

IFRS

20×1년 초에 만기 3년, 표시이자율 연 7%이며, 이자를 매년 말 후급하는 전환사채 ₩500,000을 ₩480,000에 할인 발행하였다. 보장수익률은 연 7%이며, 채무상품에 적용되는 유효이자율은 연 12%, 사채액면 ₩10,000권당 액면금액 ₩5,000인 보통주식 1주를 교부하는 조건이다. 복합금융상품의 최초인식시 자본으로 인식할 금액은 얼마인가? 단, 단일금액 ₩1의 현가계수(12%, 3년)는 0.71178이고, 정상연금 ₩1의 현가계수(12%, 3년)는 ₩2.40183이다.

① ₩40,046  ② ₩57,644  ③ ₩60,046
④ ₩439,954  ⑤ ₩480,000

**해 답**

(1) 20×1년 초 일반사채를 가정한 현재가치 : 35,000 × 2.40183 + 500,000 × 0.71178 = 439,954
(2) 20×1년 초 전환권대가 : 480,000 − 439,954 = 40,046
(3) 순액법 회계처리 (참고용)

| | | | | |
|---|---|---|---|---|
| 20×1. 1. 1 | (차) 현 금 | 480,000 | (대) 전환사채<br>전환권대가 | 439,954<br>40,046 |

① 

## 05 전환사채 발행시 거래원가

IFRS

위의 [예제 4]에서 전환사채는 액면발행되었으며, 발행시 거래원가로 ₩20,000이 소요된 것으로 가정하는 경우, 복합금융상품의 최초인식시 자본으로 인식할 금액은 얼마인가?

① ₩2,402 ② ₩57,644 ③ ₩60,046
④ ₩439,954 ⑤ ₩480,000

### 해 답

(1) 복합금융상품의 발행과 관련된 거래원가는 배분된 발행금액에 비례하여 부채요소와 자본요소로 배분한다.
(2) 거래원가의 배분

| 구 분 | 발행금액 | 거래원가 | 최초인식액 |
|---|---|---|---|
| 부채요소 | 439,954 | (17,598) | 422,356 |
| 자본요소 | 60,046 | (2,402) *1 | 57,644 |
| 합 계 | 500,000 | (20,000) | 480,000 |

*1 20,000×60,046÷500,000 = 2,402

(3) 순액법 회계처리 (참고용)

| 20×1. 1. 1 | (차) 현 금 | 480,000 | (대) 전환사채 | 422,356 |
|---|---|---|---|---|
| | | | 전환권대가 | 57,644 |

② W

## 06 전환조건의 변경

IFRS

위의 [예제 4]에서 전환사채 전환시 전환조건을 변경하여 추가로 20주를 추가로 발행한 경우 전환일에 당기손익으로 인식할 금액은 얼마인가? 단 조건변경일의 주가는 ₩12,000이다.

① 손실 ₩100,000 ② 이익 ₩100,000 ③ 당기손익인식 없음
④ 이익 ₩240,000 ⑤ 손실 ₩240,000

## 해 답

(1) 전환조건의 변경시 조건이 변경되는 시점에 변경된 조건하에서 전환으로 인하여 보유자가 수취하게 되는 대가의 공정가치와 원래의 조건하에서 전환으로 인하여 보유자가 수취하였을 대가의 공정가치의 차이는 손실이며 당기손익으로 인식한다.

(2) 전환조건변경손실 : 20주×₩12,000 = 240,000

(3) 조건변경의 회계처리 (참고용)

| | | | | | |
|---|---|---|---|---|---|
| 20×2. 1. 1 | (차) 전환조건변경손실 | 240,000 | (대) | 자 본 금 | 100,000 |
| | | | | 주식발행초과금 | 140,000 |

⑤

## 07 전환사채의 조기 현금상환

IFRS

위의 [예제 4]에서 20×2년 초에 전환이 청구되지 않은 상태에서 20×2년 말에 상기 사채를 전액 현금 ₩550,000으로 조기상환한 경우 전환사채 조기상환으로 인한 당기손익효과와 자본총계효과는 각각 얼마인가? 단, 20×2년 말 A회사의 전환권이 없는 일반사채의 시장이자율은 10%이다.

| | 당기순이익 | 자본총계 | | 당기순이익 | 자본총계 |
|---|---|---|---|---|---|
| ① | ₩32,276 감소 | ₩72,322 감소 | ② | ₩8,686 감소 | ₩72,322 감소 |
| ③ | ₩72,322 감소 | ₩32,276 감소 | ④ | ₩8,686 감소 | ₩32,276 감소 |
| ⑤ | ₩72,322 감소 | ₩8,686 감소 | | | |

## 해 답

(1) 사채의 장부금액 : (439,954×1.12－35,000)×1.12－35,000 = 477,678

(2) 사채의 공정가치 : (35,000＋500,000)÷1.1 = 486,364

(3) 상환가액의 배분과 손익의 계산

| 구 분 | 장부금액 | 상환금액 | 관련손익 |
|---|---|---|---|
| 부채요소 | 477,678 | 486,364 | (8,686) |
| 자본요소 | 40,046 | 63,636 | (23,590) |
| 합 계 | 517,724 | 550,000 | (32,276) |

⑷ 자본총계효과 : 477,678 - 550,000 = (-)72,322

| 20×2.12.31 | (차) 전환사채 | 477,678 | (대) 현 금 | 486,364 |
|---|---|---|---|---|
| | 전환사채상환손실 | 8,686 | | |
| | (차) 전환권대가 | 40,046 | (대) 현 금 | 63,636 |
| | 전환권대가청산손실 | 23,590 | | |

② W

## 08 전환사채의 상환대가 중 자본요소의 측정 (회계사 2016)

IFRS

㈜가야는 20×1년 1월 1일 다음과 같은 상환할증금 미지급조건의 전환사채를 액면발행하였다. 액면금액은 ₩2,000,000이며, 표시이자율은 연 6%, 일반사채 시장이자율은 연 8%, 이자지급일은 매년 12월 31일이다. 만기일은 20×3년 12월 31일이며, 전환가격은 ₩10,000(보통주 주당 액면금액 ₩5,000)이다. 20×2년 1월 1일에 ㈜가야는 전환사채 전부를 동일자의 공정가치인 ₩2,400,000에 조기상환하였다. 만약 이날 ㈜가야가 매년 말 이자를 지급하는 2년 만기 일반사채를 발행한다면 이 사채에 적용될 시장이자율은 10%이다. 조기상환시점에서 상환대가 ₩2,400,000 중 전환사채의 자본요소에 대한 상환대가는 얼마인가? 단, 단수차이로 인해 오차가 있는 경우 가장 근사치를 선택한다.

| 기 간 | 기간 말 ₩1의 현재가치 | | | 정상연금 ₩1의 현재가치 | | |
|---|---|---|---|---|---|---|
| | 6% | 8% | 10% | 6% | 8% | 10% |
| 1년 | 0.9434 | 0.9259 | 0.9091 | 0.9434 | 0.9259 | 0.9091 |
| 2년 | 0.8900 | 0.8573 | 0.8264 | 1.8334 | 1.7833 | 1.7355 |
| 3년 | 0.8396 | 0.7938 | 0.7513 | 2.6730 | 2.5771 | 2.4869 |

① ₩296,844 ② ₩320,000 ③ ₩368,256
④ ₩397,874 ⑤ ₩538,940

**해 답**

⑴ 상환일 일반사채의 공정가치 : 120,000 × 1.7355 + 2,000,000 × 0.8264 = 1,861,060
⑵ 상환일 자본요소의 공정가치 : 2,400,000 - 1,861,060 = 538,940

⑤ W

## 3 신주인수권부사채

### 1. 신주인수권부사채의 액면발행

(1) 발행일 : 총공정가치 = PV(표시이자 + 액면금액) + PV(상환할증금) + 신주인수권대가FV

신주인수권부사채의 발행가액 중 일반사채를 가정한 신주인수권부사채의 현재가치에 해당하는 금액은 부채로 인식하고, 차액은 자본항목인 신주인수권대가로 인식

(2) 이자지급일 (전환사채와 동일)

기초부채의 장부금액에 일반사채의 시장이자율을 적용하여 계산한 유효이자를 이자비용으로 인식하고, 부채요소는 상각후원가법으로 측정

(3) 권리행사일

신주인수권의 행사에 따라 납입되는 행사가액과 소멸하는 상환할증금의 현재가치, 그리고 신주인수권을 행사한 부분에 해당하는 신주인수권대가의 합계금액을 주식의 발행가액으로 인식

(4) 권리행사일 이후의 이자비용

권리행사 후에는 새로운 장부금액에 최초 유효이자율을 곱하여 이자비용을 산정함

**[권리행사후 전환사채와 신주인수권부사채 : 권리행사비율 40%를 가정]**

| 구 분 | | 전환사채 | 신주인수권부사채 |
|---|---|---|---|
| 권리행사 전 | 액면사채 유효이자비용 | 이자비용×100% | 이자비용×100% |
| | 상환할증금 유효이자비용 | 이자비용×100% | 이자비용×100% |
| 권리행사 후 | 액면사채 유효이자비용 | 이자비용×60% | 이자비용×100% |
| | 상환할증금 유효이자비용 | 이자비용×60% | 이자비용×60% |
| | 자본항목 | 전환권대가×60% | 신주인수권대가×60% |

(5) 상환일

만기에 미행사된 신주인수권부사채의 장부금액(액면금액 + 상환할증금)과 행사된 신주인수권부사채의 장부금액(액면금액)을 현금으로 지급하므로 만기상환시에는 사채상환손익이 인식되지 아니함. 신주인수권대가는 만기에 소멸하므로 이를 신주인수권대가소멸이익(자본잉여금)으로 계정대체가능

## 09 신주인수권부사채의 권리행사 (회계사 2023)

㈜대한은 20×1년 1월 1일에 액면금액 ₩1,000,000의 비분리형 신주인수권부사채를 다음과 같은 조건으로 액면발행하였다. 신주인수권 행사 시점에 ㈜대한이 인식해야 하는 자본변동액은 얼마인가? 단, 단수차이로 인해 오차가 있다면 가장 근사치를 선택한다.

(1) 만기일은 20×3년 12월 31일(일시상환)이며, 표시이자율은 연 4%, 매년 말 지급한다. 만기일까지 신주인수권을 행사하지 않으면 만기일에 액면금액의 10%를 상환할증금으로 지급한다. 발행시점의 일반사채 시장이자율은 연 8%이다.

(2) 신주인수권은 사채액면금액 ₩20,000당 보통주 1주(주당 액면금액 ₩5,000)를 ₩20,000에 인수할 수 있는 조건이다. 적용할 현가계수는 아래의 표와 같다.

| 기 간 | 단일금액 ₩1의 현재가치 | | | 정상연금 ₩1의 현재가치 | | |
|---|---|---|---|---|---|---|
| | 4% | 8% | 10% | 4% | 8% | 10% |
| 1년 | 0.9615 | 0.9259 | 0.9091 | 0.9615 | 0.9259 | 0.9091 |
| 2년 | 0.9246 | 0.8573 | 0.8264 | 1.8861 | 1.7832 | 1.7355 |
| 3년 | 0.8890 | 0.7938 | 0.7513 | 2.7751 | 2.5770 | 2.4868 |

(3) 20×2년 1월 1일에 ㈜대한의 신주인수권부사채 액면금액 중 40%에 해당하는 신주인수권이 행사되었다. ㈜대한은 신주인수권부사채 발행 시 인식한 자본요소(신주인수권대가) 중 신주인수권이 행사된 부분은 주식발행초과금으로 대체하는 회계처리를 한다.

① ₩405,744 증가　② ₩409,496 증가　③ ₩415,240 증가
④ ₩434,292 증가　⑤ ₩443,788 증가

### 해 답

(1) 20×1년 초 일반사채 중 액면사채의 공정가치 : 40,000×2.5770+1,000,000×0.7938=896,880
(2) 20×1년 초 일반사채 중 상환할증금의 공정가치 : 100,000×0.7938=79,380
(3) 20×1년 초 신주인수권대가 : 발행금액 1,000,000−액면사채 896,880−상환할증금 79,380=23,740
(4) 20×2년 초 소멸하는 상환할증금 : 100,000×0.8573×40%=34,292 or 79,380×1.08×40%=34,292
(5) 20×2년 초 현금유입액 : 1,000,000÷₩20,000×₩20,000×40%=400,000
(6) 20×2년 초 자본변동액 : 자산증가액 400,000+부채감소액 34,292=434,292

(7) 100%를 가정한 일자별 회계처리

| | | | | | |
|---|---|---|---|---|---|
| 20×1. 1. 1 | (차) 현 금 | 1,000,000 ① | (대) | 액면사채(순) | 896,880 ② |
| | | | | 상환할증금(순) | 79,380 ③ |
| | | | | 신주인수권대가 | 23,740 ④ |
| 20×1.12.31 | (차) 이자비용 | 71,750 ① | (대) | 현 금 | 40,000 ② |
| | | | | 액면사채(순) | 31,750 ③ |
| | (차) 이자비용 | 6,350 ④ | (대) | 상환할증금(순) | 6,350 ⑤ |
| 20×2. 1. 1 | (차) 현 금 | 1,000,000 ① | (대) | 자 본 금 | 250,000 ④ |
| | 상환할증금(순) | 85,730 ② | | 주식발행초과금 | 859,470 ⑤ |
| | 신주인수권대가 | 23,740 ③ | | | |

④

## 4 전환우선주

(1) 전환우선주 : 주식보유자의 의사표시로 주식전환권을 행사하여 보통주로 전환할 수 있는 금융상품으로 복합금융상품이 아님

| 전환우선주의 발행 | = | 우선주부분 : 자본요소 | + | 전환권부분 : 자본요소 |
|---|---|---|---|---|
| | | 확정금액의 현금결제의무 없음 | | 확정수량의 주식결제약정 |

(2) 발행시 : 전환권의 가치를 인식하지 않고, 일반우선주와 동일하게 회계처리

| | | | | |
|---|---|---|---|---|
| 발행시 | (차) 현 금 | ××× | (대) 우선주자본금 | ×××[*1] |
| | | | 주식발행초과금 | ××× |
| | [*1] 우선주 액면금액 | | | |

(3) 권리행사시 : 우선주의 장부금액을 보통주의 발행가액으로 인식

| | | | | |
|---|---|---|---|---|
| 전 환 시 | (차) 우선주자본금 | ××× | (대) 보통주자본금 | ×××[*1] |
| | [*1] 발행하는 보통주의 액면금액 | | | |

## 2차 5 외화표시 전환사채의 회계처리

(1) 일반사채요소 : 외화표시 전환사채는 전환권이 행사되어 주식으로 결제할 가능성이 높은 경우에도 지분상품으로 전환되기 전이라면 화폐성부채 항목이므로 전환가능성의 정도에 관계없이 기말 현행환율로 외화환산을 수행

(2) 전환권대가요소 : 외화표시 전환권대가는 당기손익인식금융부채로 분류되는 파생상품으로 공정가치측정일의 환율을 적용하여 외화환산을 수행

➡ 파생상품을 발행하는 경우 확정 수량의 자기지분상품에 대하여 확정 금액의 현금 등 금융자산의 교환을 통해서만 결제될 파생상품계약은 지분상품임

➡ 전환옵션이 발행자의 기능통화 이외의 통화로 표시된 경우 기능통화로 수취할 현금 금액은 변동가능하므로 '확정 대 확정'의 조건을 만족하지 아니함. 따라서 외화표시전환권대가는 단기매매목적의 파생상품계약으로 분류해야 하며, 공정가치평가손익을 당기손익으로 인식함

[외화표시 전환사채의 회계처리_순액법]

| | | | | |
|---|---|---|---|---|
| 발 행 시 | (차) 현 금 | ××× | (대) 전환사채 | ××× |
| | | | 당기손익인식금융부채 | ××× |
| 보고기간말 | (차) 이자비용 | ××× | (대) 현 금 | ××× |
| | 외환차손 | ××× | 전환사채 | ××× |
| | (차) 외화환산손실 | ××× | (대) 전환사채 | ××× |
| | (차) 금융부채평가손실 | ××× | (대) 당기손익인식금융부채 | ××× |

## 2차 6 전환사채의 투자자 회계처리

(1) 복합금융상품의 발행자와 투자자

| 구 분 | 발 행 자 | | 투 자 자 | |
|---|---|---|---|---|
| | 일반사채 | 지분전환옵션 | 일반사채 | 지분전환옵션 |
| 전환사채 | 채무상품 | 내재파생상품 | 채무상품 | 내재파생상품 |
| 비분리형 신주인수권부사채 | 채무상품 | 내재파생상품 | 채무상품 | 내재파생상품 |
| 분리형 신주인수권부사채 | 채무상품 | 별도파생상품 | 채무상품 | 별도파생상품 |

➡ 내재파생상품을 포함하고 있는 복합계약 중 주계약이 금융자산인 경우에는 내재파생상품을 분리하여 인식하지 않으며, 해당 복합계약 전체에 대하여 금융자산의 분류규정을 적용

➠ 따라서, 전환사채의 투자자와 비분리형 신주인수권부사채의 투자자의 경우 내재파생상품을 분리하지 않고, 하나의 당기손익-공정가치측정 금융자산으로 분류

➠ 하지만, 분리형 신주인수권부사채의 투자자의 경우 신주인수권은 사채와는 별개의 가치를 가진 별도의 금융상품이므로 내재파생상품이 아님. 따라서 별도의 파생상품으로 분리해서 회계처리

[계약상 현금흐름의 특성과 사업모형에 근거한 금융자산의 분류]

| 현금흐름의 특성 | 사업모형 | 금융자산의 계정분류 |
|---|---|---|
| 원리금으로만 구성 | 현금흐름 수취목적 | 상각후원가 측정 금융자산 |
| | 현금흐름 수취와 매도목적 | 기타포괄손익-공정가치 측정 금융자산 |
| | 매도목적 | 당기손익-공정가치 측정 금융자산 |
| 원리금 이외 | 매도목적 | 당기손익-공정가치 측정 금융자산 |

➠ 예를 들어, 주계약인 채무상품의 가치가 ₩930,218이며, 지분상품인 전환권의 가치가 ₩69,782인 전환사채를 ₩1,000,000에 취득한 경우 회계처리는 다음과 같다.

| 취 득 일 | (차) 당기손익금융자산 | 1,000,000 | (대) 현　　금 | 1,000,000 |
|---|---|---|---|---|

➠ 위의 사례에서, 동일한 조건의 분리형 신주인수권부사채이며, 채무상품이 상각후원가측정 금융자산으로 분류되는 경우 관련된 회계처리는 다음과 같다.

| 취 득 일 | (차) 상각후원가금융자산 | 930,218 | (대) 현　　금 | 1,000,000 |
|---|---|---|---|---|
| | 당기손익금융자산 | 69,782 | | |

MEMO

check list ☑

출제경향

| | 2020 | 2021 | 2022 | 2023 | 2024 | 2025 |
|---|---|---|---|---|---|---|
| 회계사 | 1 | 1 | 1 | 1 | 2 | 1 |
| 세무사 | | 1 | 1 | 1 | 1 | 1 |

# 제 15 장 주식기준보상

Financial Accounting Workbook

## 1 주식기준보상거래의 유형

### 1. 주식결제형 주식기준보상거래

(1) 기업이 재화나 용역을 제공받는 대가로 기업의 지분상품인 주식인수권이나 주식을 부여하는 보상거래로 보상원가 상당액에 해당하는 자본항목을 인식

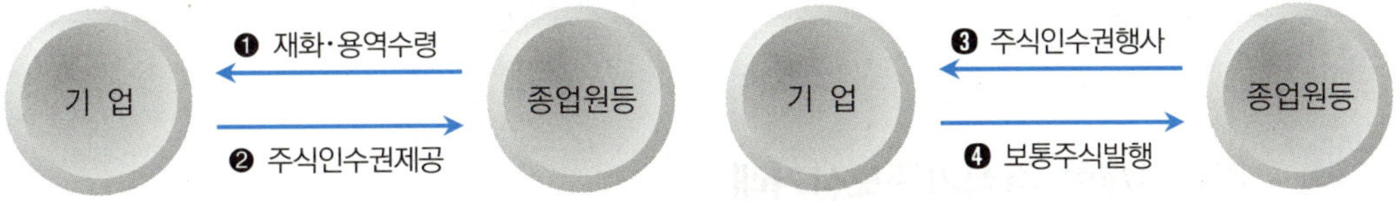


(2) 주식결제형 주식선택권과 주식결제형 미가득주식으로 구분 가능함

| 재화용역수령 | (차) 관련자산 | ××× ① | (대) 미지급주식 | ××× ② |
|---|---|---|---|---|
| 추후주식발행 | (차) 미지급주식 | ××× ③ | (대) 자 본 금 | ××× ④ |
| | | | 주식발행초과금 | ××× ⑤ |

### 2. 현금결제형 주식기준보상거래

(1) 기업이 재화나 용역을 제공받는 대가로 기업의 지분상품의 가격에 기초한 금액만큼 현금이나 그 밖의 자산을 지급하여야 하는 보상거래로 보상원가 상당액에 해당하는 부채항목을 인식

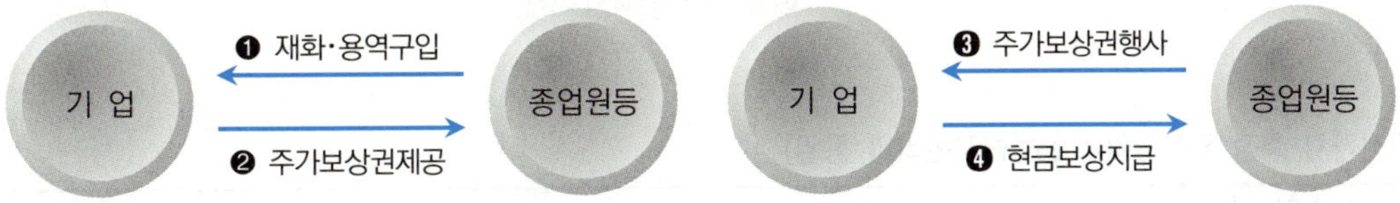


(2) 현금결제형 주가차액보상권과 현금결제형 가상주식으로 구분 가능함

| 재화용역구입 | (차) 관련자산 | ××× ② | (대) 미지급현금 | ××× ① |
|---|---|---|---|---|
| 추후현금지급 | (차) 미지급현금 | ××× ③ | (대) 현 금 | ××× ④ |

### 3. 선택형 주식기준보상거래

(1) 기업이 제공받는 재화나 용역에 대한 대가의 결제방식으로, 기업 또는 재화나 용역의 공급자가 약정에 따라 현금 지급이나 지분상품발행 중 하나를 선택할 수 있는 보상거래로 선택권한의 보유여부에 따라 부채나 자본항목을 인식

(2) 기업선택형보상거래와 종업원선택형보상거래로 구분 가능함

[결제방법에 따른 재무상태표 인식]

| 구 분 | | | 미지급 보상원가의 분류와 계정과목 |
|---|---|---|---|
| 주식결제형 | 행사가액 존재 | 주식선택권 | 자본항목인 주식선택권 |
| | 행사가액 부재 | 미가득주식 | 자본항목인 미가득주식 |
| 현금결제형 | 행사가액 존재 | 주가차액보상권 | 부채항목인 장기미지급비용 |
| | 행사가액 부재 | 가상주식 | 부채항목인 장기미지급비용 |
| 선택결제형 | | | 자본항목 or 부채 항목 |

## 2 주식결제형 주식기준보상거래

### 1. 보상원가의 산정

(1) 보상원가의 최초인식 : 제공받는 보상의 공정가치를 측정하여 자본으로 인식

(2) 보상원가의 후속측정 : 자본을 후속적으로 재측정하지 아니함

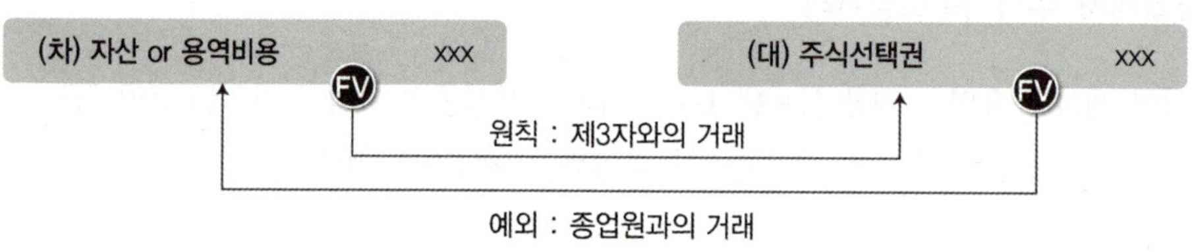


[공정가치 측정 우선순위 : 현물출자논리와 동일]

| 우선순위 | 공정가치 측정 대상 | 최초인식의 금액 | 후속 재측정 |
|---|---|---|---|
| 1순위 | 제공받는 재화나 용역 | 직접적 측정 : 제공받는 재화나 용역의 공정가치 | 재측정을 금지 |
| 2순위 | 부여한 지분상품 | 간접적 측정 : 부여한 지분상품의 공정가치 | 재측정을 금지 |
| 3순위 | 부여한 지분상품 | 보충적 측정 : 부여한 지분상품의 내재가치 | 내재가치 재측정 |

➠ 부여한 지분상품이 행사가액이 없는 (미가득)주식인 경우 공정가치는 기업 주식의 시장가격으로 측정하며, 부여한 주식이 가득된 뒤에 배당제한이나 양도제한이 있으면, 이를 고려하여 공정가치를 측정함

➠ 부여한 지분상품이 행사가액이 있는 주식선택권(옵션)인 경우 공정가치는 동일한 조건의 옵션이 시장에서 거래되지 않으므로, 옵션가격결정모형을 적용하여 추정함

2차 ➠ 부여한 지분상품이 주식선택권(옵션)인 경우 공정가치를 신뢰성 있게 추정할 수 없을 수 있으며, 이 경우 주식인수권의 내재가치로 최초 측정하며, 이후 매 보고기간 말과 최종결제일에 내재가치를 재측정하고 내재가치의 변동액은 당기손익으로 인식

## 2. 보상수량의 산정

(1) 가득기간 진행중 : 가득될 것으로 예상되는 수량에 대한 최선의 추정치인 기대가득수량을 기준으로 인식함

(2) 가득기간 종료시 : 실제 가득된 수량을 기준으로 인식함

## 3. 총보상원가의 인식방법

(1) 즉시 가득되는 경우 : 총보상원가를 부여일에 즉시 인식하고 그에 상응하여 자본항목의 증가를 해당시점에 인식

(2) 용역제공조건이 있는 경우 : 총보상원가를 용역제공기간에 배분하여 인식하며, 그에 상응하여 자본항목의 증가를 해당기간에 인식

## 4. 권리행사시 : 주식결제

(1) 신주발행시 : 권리행사로 납입되는 금액과 자본항목에 계상되어 있는 주식선택권(부여일의 공정가치)의 합계액을 주식의 발행가액으로 인식

(2) 자기주식교부시 : 권리행사로 납입되는 금액과 자본항목에 계상되어 있는 주식선택권(부여일의 공정가치)의 합계를 자기주식의 장부금액과 비교하여 자기주식처분손익으로 인식

➠ 예를 들어, 종업원에게 부여한 주식선택권의 공정가치가 ₩3,000이며, 현금행사금액은 ₩10,000, 발행한 주식의 액면금액이 ₩5,000인 경우 권리를 행사하여 발행한 주식과 관련된 회계처리는 다음과 같다. 단, 주식발행일의 주가는 ₩20,000인 것으로 가정한다.

| | | | | |
|---|---|---|---|---|
| 용역제공기간 | (차) 주식보상비용 | 3,000 | (대) 주식선택권(자본조정) | 3,000 |
| 권리행사일<br>(신주발행) | (차) 주식선택권<br>현 금 | 3,000<br>10,000 | (대) 자 본 금<br>주식발행초과금 | 5,000<br>8,000 |
| 권리행사일<br>(자사주교부) | (차) 주식선택권<br>현 금 | 3,000<br>10,000 | (대) 자기주식<br>자기주식처분이익 | 12,000<br>1,000 |

### 5. 권리소멸시

가득된 권리가 소멸하는 경우에는 보상원가를 환입하지 않고, 이미 인식한 자본항목은 계속 자본항목으로 인식

| 권리소멸일 | (차) 주식선택권(자본조정) | 3,000[*1] | (대) 자본소멸이익(자본잉여금) | 3,000 |
|---|---|---|---|---|
| | [*1] 부여일의 공정가치 | | | |

➡ 하지만, 종업원에게 부여한 권리가 가득기간 중 종업원의 퇴사로 인해 소멸하는 경우에는 보상원가를 환입하여 당기손익에 반영함

## 01 가득기간 중의 주식보상비용

IFRS

A회사는 20×1년 1월 1일 액면금액인 ₩500으로 주식을 인수할 수 있는 주식선택권 10,000개를 임직원에게 부여했으며, 임직원들의 가득기간 종료일은 20×4년 12월 31일이다. 20×1년 말 총 기대권리소멸율은 10%로 예측되었으나, 20×2년 말에는 총 15%로 상향조정 하였다. 20×1년 1월 1일 주식선택권의 개당 공정가치가 ₩800인 경우 주식선택권으로 인하여 20×2년도 A회사의 당기순이익과 20×2년 말 자본총계에 미친 영향은 얼마인가? 한편, 20×2년 말 A회사의 주가는 크게 상승하였으며, 이로 인하여 주식선택권의 개당 공정가치가 ₩1,200으로 상승하였다.

| | 당기순이익 | 자본총계 | | 당기순이익 | 자본총계 |
|---|---|---|---|---|---|
| ① | ₩1,600,000 | ₩1,600,000 | ② | ₩1,800,000 | ₩900,000 |
| ③ | ₩1,600,000 | 영향없음 | ④ | ₩3,400,000 | 영향없음 |
| ⑤ | 영향없음 | ₩1,600,000 | | | |

**해 답**

(1) 20×1.12.31 누적주식보상비용 : ₩800×10,000개×(1－10%)×1/4＝1,800,000

(2) 20×2.12.31 누적주식보상비용 : ₩800×10,000개×(1－15%)×2/4＝3,400,000

(3) 20×2년 당기주식보상비용 : 3,400,000－1,800,000＝1,600,000

(4) 자본총계에 미친 영향 : 주식보상비용은 이익잉여금을 감소시키고 주식선택권은 자본조정(기타자본요소)을 다시 증가시키므로 자본총계에 미치는 영향은 없다.

(5) 회계처리

| 20×2.12.31 | (차) 주식보상비용 | 1,600,000 | (대) 주식선택권 | 1,600,000 |
|---|---|---|---|---|

(6) 기업이 지분상품을 부여한 당시의 조건을 변경하는지, 부여한 지분상품을 취소하거나 중도청산하는지 여부와 관계없이 제공받는 근무용역은 최소한 지분상품의 부여일 당시의 공정가치에 따라 인식한다.

③

## 02 가득기간 종료후 권리행사 (세무사 2016 수정)

㈜세무는 20×3년 1월 1일 종업원 40명에게 1인당 주식선택권 40개씩 부여하였다. 동 주식선택권은 종업원이 향후 3년 동안 ㈜세무에 근무해야 가득된다. 20×3년 1월 1일 현재 주식선택권의 단위당 공정가치는 ₩300으로 추정되었으며, 행사가격은 단위당 ₩600이다. 각 연도 말 주식선택권의 공정가치와 퇴직 종업원수는 다음과 같다. 20×6년 초에 가득된 주식선택권의 50%가 행사되어 ㈜세무가 주식(단위당 액면금액 ₩500)을 교부하였다면, 주식선택권 행사로 인해 증가되는 자본과 주식의 발행금액은 얼마인가?

| 구 분 | 옵션 공정가치 | 실제퇴직자 | 추가퇴직예상자 |
|---|---|---|---|
| 20×3 | ₩300 | 2명 | 6명 |
| 20×4 | ₩400 | 4명 | 2명 |
| 20×5 | ₩500 | 1명 | - |

| | 자본증가효과 | 주식발행금액 |
|---|---|---|
| ① | ₩396,000 | ₩264,000 |
| ② | ₩198,000 | ₩330,000 |
| ③ | ₩396,000 | ₩330,000 |
| ④ | ₩198,000 | ₩594,000 |
| ⑤ | ₩396,000 | ₩594,000 |

**해 답**

(1) 주식결제형은 보상원가를 재측정하지 않는다. 따라서, 주식선택권의 행사로 주식의 발행금액은 지분상품 부여일의 공정가치와 현금행사금액의 합계이다. 또한, 자본총계효과는 현금행사금액과 동일하다.

(2) 20×6년 초 권리행사수량 : (40명 - 7명) × 40개 × 50% = 660개

(3) 권리행사로 증가하는 자본(현금유입액) : 660개 × ₩600 = 396,000

(4) 주식의 발행금액 : (부여일공정가치 ₩300 + 현금행사금액 ₩600) × 660개 = 594,000

(5) 1개당 회계처리 (참고용)

| 20×6. 1. 1 | (차) 주식선택권 | 300 | (대) 자 본 금 | 500 |
|---|---|---|---|---|
| | 현 금 | 600 | 주식발행초과금 | 400 |

⑤

### 6. 주식결제형 주식기준보상거래의 특수상황

(1) 성과조건의 주식기준보상거래

| 성과조건의 유형 | 최초인식시 보상원가 | 후속사건의 반영여부 |
|---|---|---|
| 비시장성과조건 | 최선의 추정치를 이용하여 추정 | 추정치를 변경하는 것이 필수 |
| 시장성과조건 | 최선의 추정치를 이용하여 추정 | 추정치를 변경하는 것이 금지 |

➡ 시장조건의 경우 부여일에 해당 시장성과조건을 고려하여 옵션의 공정가치를 추정하므로 후속적으로 발생하는 조건의 변경효과를 추가로 인식하지 않음

## 03 비시장성과조건

(회계사 2017)

㈜한국은 20×1년 1월 1일 종업원 100명에게 각각 주식결제형 주식선택권 10개를 부여하였으며, 부여한 주식선택권의 단위당 공정가치는 ₩3,000이다. 이 권리들은 연평균 시장점유율에 따라 가득시점 및 가득여부가 결정되며, 조건은 아래와 같다. ㈜한국이 주식선택권과 관련하여 20×2년도 포괄손익계산서에 인식할 비용은?

(1) 시장점유율에 따른 가득일 다음과 같다.

| 연평균시장점유율 | 가 득 일 |
|---|---|
| 10% 이상 | 20×2년 말 |
| 7% 이상에서 10% 미만 | 20×3년 말 |
| 7% 미만 | 가득되지 않음 |

(2) 20×1년의 시장점유율은 11%이었으며, 20×2년에도 동일한 시장점유율을 유지할 것으로 예상하였다. 20×2년의 시장점유율은 8%이었으며, 20×3년에도 8%로 예상하였다.

(3) 20×1년 말 현재 6명이 퇴사하였으며, 20×3년 말까지 매년 6명씩 퇴사할 것으로 예측된다. 실제 퇴직자수도 예측과 일치하였다.

① ₩320,000　② ₩440,000　③ ₩1,320,000
④ ₩1,440,000　⑤ ₩1,640,000

## 해 답

(1) 제시된 상황을 보면 20×1년 말 기준으로는 가득기간이 2년으로 예상되며, 20×2년 말 기준으로는 3년으로 예상된다.
(2) 20×1년 말 누적비용 : ₩3,000×88명×10개×1/2 = 1,320,000
(3) 20×2년 말 누적비용 : ₩3,000×82명×10개×2/3 = 1,640,000
(4) 20×2년의 당기비용 : 1,640,000 - 1,320,000 = 320,000

① W

(2) 주식결제형의 중도 현금청산

| 구 분 | 인식 방법 |
|---|---|
| 1단계 : 미인식 잔여보상비용의 인식 | 자본항목이 즉시 가득된 것으로 보아 잔여보상비용을 즉시 인식 |
| 2단계 : 자본항목 현금청산손익 인식 | 자본항목의 장부금액과 지급하는 현금의 차이는 자본거래손익 인식 |
| 3단계 : 초과결제손익의 인식 | 자본항목의 청산일 공정가치를 초과한 결제액은 당기손익 인식 |

➠ 중도 청산되는 경우 가득기간 종료일의 예상수량이 아닌 중도청산일 현재의 실제수량을 기준으로 잔여보상원가를 비용으로 인식해야 함

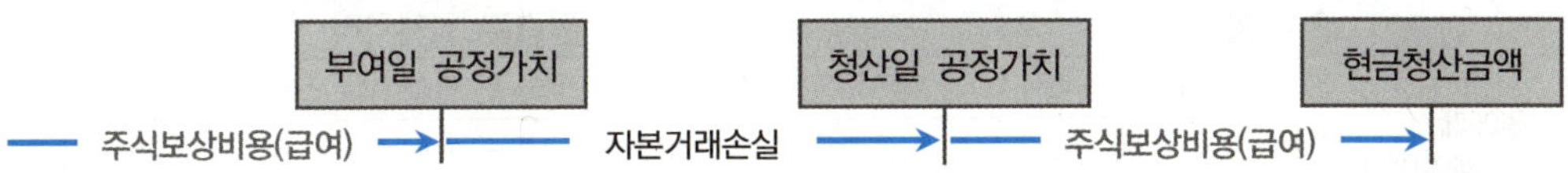


## 04 지분상품의 현금청산

(회계사 2024) IFRS

㈜대한은 20×1년 1월 1일 종업원 100명에게 각각 3년의 용역제공조건으로 1인당 주식결제형 주식선택권 100개를 부여하였다. ㈜대한은 20×3년 중에 종업원과 합의하여 주식선택권 전량을 개당 현금 ₩700에 중도청산 하였다. 주식선택권의 부여일의 개당 공정가치는 ₩600이며, 중도청산일의 공정가치는 ₩660이다. ㈜대한의 주식기준보상거래가 20×3년도 당기순이익에 미치는 영향은 얼마인가? 단, 종업원의 중도퇴사는 고려하지 않는다.

① ₩400,000 감소 ② ₩1,000,000 감소 ③ ₩2,000,000 감소
④ ₩2,400,000 감소 ⑤ ₩3,000,000 감소

## 해 답

(1) 20×2년 말까지 누적비용 : ₩600×2/3×100명×100개=4,000,000

(2) 20×3년 청산시점의 누적비용 : ₩600×3/3×100명×100개=6,000,000 → 20×3년 비용 : 2,000,000

(3) 20×3년 청산시점의 자본거래손실 : ₩660×100명×100개 - ₩600×100명×100개=600,000

(4) 20×3년 초과결제비용 : ₩700×100명×100개-₩660×100명×100개=400,000

(5) 20×3년 청산으로 인한 당기손익 : 2,000,000+400,000=감소 2,400,000

**20×2년 말의 재무상태**

| | | |
|---|---|---|
| | 주식선택권 | 4,000,000 |

| | | | | | | |
|---|---|---|---|---|---|---|
| 20×3년 | (차) | 주식보상비용 | 2,000,000 | (대) | 주식선택권 | 2,000,000 |
| | (차) | 주식선택권 | 6,000,000 | (대) | 현 금 | 6,600,000 |
| | | 주식선택권청산손실 | 600,000 | | | |
| | (차) | 주식보상비용 | 400,000 | (대) | 현 금 | 400,000 |

④

(3) 주식결제형의 계약조건변경

| 구 분 | | 관련된 회계처리 |
|---|---|---|
| 종업원에게 유리한 계약변경 | 행사가격의 인하 | 기존비용 기존기간동안 인식 + 증분비용 잔여기간동안 인식 |
| | 행사수량의 증가 | 기존비용 기존기간동안 인식 + 증분비용 잔여기간동안 인식 |
| | 가득기간의 축소 | 기존비용 축소기간에 걸쳐 인식 |
| 종업원에게 불리한 계약변경 | 행사가격의 인상 | 기존비용 기존기간동안 인식 |
| | 행사수량의 감소 | 기존비용 즉시 당기손익 인식 후 자본거래소멸이익 인식 |
| | 가득기간의 연장 | 기존비용 기존기간에 걸쳐 인식 |

## 05 지분상품의 조건변경

A회사는 20×1년 초에 종업원 1명에게 각각 주식선택권 1개를 부여하고, 3년의 용역제공조건을 부과하였다. 주식선택권의 행사가액은 ₩1,000이며, 부여일의 단위당 공정가치는 ₩150으로 추정하였다. A회사 주식의 1주당 액면금액은 ₩500이다. 주식선택권 부여 이후 회사의 주가가 지속적으로 하락하여, 20×1년 말에 주식선택권의 공정가치가 ₩50으로 하락하였다. A회사는 종업원 보상차원에서 20×1년 말에 주식선택권의 행사가격을 ₩980으로 하향 조정하였으며, 이로 인하여 주식선택권의 공정가치는 ₩80으로 상승하였다. 주식선택권이 20×3년 12월 31일에 가득을 완료한 경우 A회사가 이와 관련하여 20×2년과 20×3년에 당기손익으로 인식한 주식보상비용은 얼마인가?

| | 20×2년 | 20×3년 | | 20×2년 | 20×3년 |
|---|---|---|---|---|---|
| ① | ₩50 | ₩50 | ② | ₩70 | ₩60 |
| ③ | ₩70 | ₩65 | ④ | ₩65 | ₩65 |
| ⑤ | ₩65 | ₩70 | | | |

### 해 답

(1) 연도별 주식보상비용의 산정

| | 누적보상비용(자본항목, B/S) | | 당기보상비용(I/S) | |
|---|---|---|---|---|
| 20×1. 1. 1 | | - | 20×1년 | 50 |
| 20×1.12.31 | ₩150×1개×1/3 = | 50 | 20×2년 | 65 |
| 20×2.12.31 | ₩150×1개×2/3+₩30×1개×1/2 = | 115 | 20×3년 | 65 |
| 20×3.12.31 | ₩150×1개×3/3+₩30×1개×2/2 = | 180 | | |

④

## 3 현금결제형 주식기준보상거래

### 1. 보상원가의 산정

(1) 보상원가의 최초인식 : 권리부여일에 부여한 보상의 공정가치를 측정하여 부채로 인식

(2) 공정가치의 후속측정 : 부채가 결제될 때까지 매 보고기간말과 최종결제일에 부채의 공정가치를 재측정하고, 재측정손익은 당기손익으로 인식

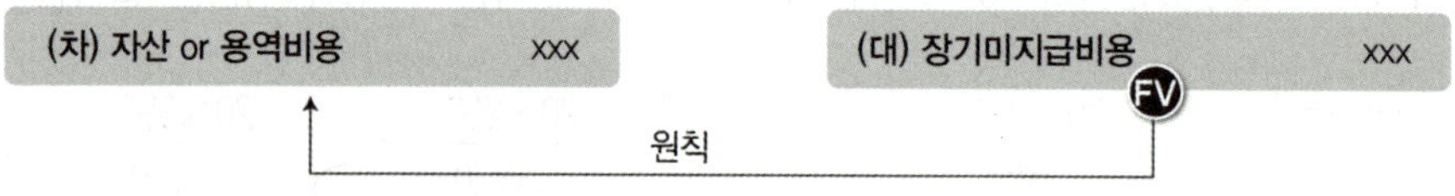


### 2. 보상수량의 산정

(1) 가득기간 진행중 : 가득될 것으로 예상되는 수량에 대한 최선의 추정치인 기대가득수량을 기준으로 인식함

(2) 가득기간 종료시 : 실제 가득된 수량을 기준으로 인식함

### 3. 총보상원가의 인식방법

(1) 즉시 가득되는 경우 : 총보상원가 전부를 부여일에 즉시 인식하고 그에 상응하여 부채의 증가를 인식

(2) 용역제공조건이 있는 경우 : 총보상원가를 가득기간에 배분하여 인식하며, 그에 상응하여 부채항목의 증가를 인식

### 4. 권리행사시 : 현금결제

행사시 장기미지급비용 장부금액과 현금지급액인 행사일의 내재가치(주식가격 – 행사가격)의 차이는 당기손익으로 인식

| 용역제공일 | (차) 주식보상비용 | ××× | (대) 장기미지급비용 | ××× |
|---|---|---|---|---|
| 권리행사일 | (차) 장기미지급비용 | ×××[*1] | (대) 현 금 | ×××[*2] |
| | 주식보상비용 | ××× | | |
| | [*1] 행사일의 장부금액 | | [*2] 행사일의 주가 – 행사가격 | |

### 5. 권리소멸시

권리행사가능기간이 종료되어 가득된 부채가 추후 소멸되는 경우에는 기인식한 보상원가를 전액 당기손익으로 환입

| 권리소멸일 | (차) 장기미지급비용 | ××× *1 | (대) 주식보상비용환입 | ××× |
|---|---|---|---|---|
| | *1 소멸시점의 장부금액(전기말 공정가치) | | | |

## 06 현금결제형 주식기준보상거래 (세무사 2011) IFRS

A회사는 20×1년 1월 1일에 판매직 종업원 100명에게 각각 현금결제형 주가차액보상권 100개씩을 부여하고, 2년의 용역제공조건을 부과하였다. 주가차액보상권의 행사가격은 ₩500이다. 20×1년도의 실제 퇴사인원은 6명이며, 20×2년도에는 추가로 4명이 퇴사할 것으로 추정하였다. 한편, 20×2년도의 실제 퇴사인원은 7명이며, 20×2년도 말 시점의 계속근무자는 주가차액보상권을 모두 가득하였다. 매 회계연도 말에 현금결제형 주가차액보상권의 공정가치와 20×2년에 행사된 현금결제형 주가차액보상권 현금지급액의 내역은 다음과 같다.

| 구 분 | 옵션 공정가치 | 주 가 | 내재가치 |
|---|---|---|---|
| 20×1년 초 | ₩350 | ₩820 | ₩320 |
| 20×1년 말 | ₩400 | ₩850 | ₩350 |
| 20×2년 말 | ₩420 | ₩910 | ₩410 |

20×2년 12월 31일에 종업원 50명이 주가차액보상권을 행사하였을 때, 20×2년도에 인식해야 할 보상비용은 얼마인가?

① ₩902,000　② ₩1,800,000　③ ₩1,804,000
④ ₩2,050,000　⑤ ₩3,604,000

**해 답**

(1) 20×1년 미행사된 주가차액보상권의 누적보상비용 : ₩400×90명×100개×1/2 = 1,800,000

(2) 20×2년 미행사된 주가차액보상권의 누적보상비용 : ₩420×87명×100개×2/2 = 3,654,000

(3) 20×2년 행사된 주가차액보상권의 보상비용 : (₩410 − ₩420)×50명×100개 = (−)50,000

(4) 20×2년 주식보상비용 : (3,654,000 − 1,800,000) − 50,000 = 1,804,000

(5) 20×2년의 회계처리

| | | | | |
|---|---|---|---|---|
| 20×2.12.31 | (차) 주식보상비용 | 1,854,000 | (대) 장기미지급비용 | 1,854,000 |
| | (차) 장기미지급비용 | 2,100,000 | (대) 현 금 | 2,050,000 |
| | | | 주식보상비용환입 | 50,000 |

(6) 별해

① 20×2년 초 장기미지급비용 : ₩400×90명×100개×1/2 = 1,800,000

② 20×2년 말 장기미지급비용 : ₩420×37명×100개 = 1,554,000

③ 20×2년 현금지급액 : ₩410×50명×100개 = 2,050,000

| | | | | |
|---|---|---|---|---|
| 20×2.12.31 | (차) 장기미지급비용(초) | 1,800,000 | (대) 장기미지급비용(말) | 1,554,000 |
| | 주식보상비용 | 1,804,000 | 현 금 | 2,050,000 |

③

## 2차 6. 현금결제형에서 주식결제형으로의 조건변경 : 출자전환과 유사

(1) 주식결제형의 공정가치 측정 : 조건변경일에 부여된 지분상품의 공정가치를 측정한 후 재화나 용역을 기존에 제공받은 정도까지만 조건변경일에 자본으로 인식

(2) 현금결제형 청산손익의 인식 : 조건변경일 현재의 현금결제형 관련 부채를 제거한 후 인식된 주식결제형 자본의 차이는 즉시 당기손익으로 인식

➠ 현금결제형이 주식결제형으로 조건이 변경되면서 가득기간이 연장되거나 단축되는 경우 이를 반영하여 주식결제형 주식보상비용을 산정함

## 07 주식결제형으로의 조건변경 (회계사 2021 수정)

㈜대한은 20×1년 1월 1일에 종업원 30명 각각에게 앞으로 5년 간 근무할 것을 조건으로 주가차액보상권 30개씩을 부여하였다. 20×1년 말과 20×2년 말 주가차액보상권의 1개당 공정가치는 각각 ₩100과 ₩110이다. 20×2년 말 ㈜대한은 동 주가차액보상권을 모두 취소하고, 그 대신 상기 종업원 30명 각각에게 앞으로 3년간 근무할 것을 조건으로 주식선택권 30개씩을 부여하였다. 따라서 당초 가득기간에는 변함이 없다. 또한 ㈜대한은 모든 종업원이 요구되는 용역을 제공할 것으로 예상하였으며, 실제로도 모든 종업원이 용역을 제공하였다. 20×2년 말 주식선택권의 1개당 공정가치가 ₩130인 경우 ㈜대한의 주식기준보상거래 관련 회계처리가 20×2년 포괄손익계산서의 당기손익 감소금액은 얼마인가?

① ₩18,000　② ₩21,600　③ ₩25,800
④ ₩28,800　⑤ ₩46,800

### 해 답

(1) 현금결제형 20×1년 말 누적보상비용 : 현금결제 공정가치 ₩100×30명×30개×1/5 = 18,000
(2) 현금결제형 20×2년 말 누적보상비용 : 현금결제 공정가치 ₩110×30명×30개×2/5 = 39,600
(3) 주식결제형 20×2년 말 누적보상비용 : 주식결제 공정가치 ₩130×30명×30개×2/5 = 46,800

| 일자 | 차변 | 계정 | 금액 | 대변 | 계정 | 금액 |
|---|---|---|---|---|---|---|
| 20×1.12.31 | (차) | 주식보상비용 | 18,000 | (대) | 장기미지급비용 | 18,000 |
| 20×2.12.31 | (차) | 주식보상비용 | 21,600 | (대) | 장기미지급비용 | 21,600 |
| | (차) | 장기미지급비용 | 39,600 | (대) | 주식선택권 | 46,800 |
| | | 주식보상비용 | 7,200 | | | |

④

## 4 선택형 주식기준보상거래

### 1. 회사가 결제방식을 선택할 수 있는 주식기준보상거래 (상환우선주와 동일논리)

(1) 현금지급의무가 있는 경우 : 현금결제형 주식기준보상거래로 보아 보상원가 전액을 부채요소로 회계처리

➠ 법률에 의해 주식발행이 금지되었거나, 현금으로 결제한 과거의 실무관행이 있거나 현금결제정책이 명백히 규정되어 있는 경우, 혹은 종업원이 현금결제를 요구할 때마다 일반적으로 기업이 이를 수용하는 경우라면 현금지급의무가 있는 것으로 간주함

(2) 현금지급의무가 없는 경우 : 현금을 지급해야 하는 현재의무가 없는 경우에는 주식결제형 주식기준보상거래로 보아 보상원가 전액을 자본요소로 회계처리

➠ 권리행사일에 기업이 주식발행을 선택하는 경우 주식결제형과 동일하게 회계처리하고, 현금지급을 선택하는 경우 주식결제형의 현금청산으로 회계처리를 수행함

2차 (3) 초과결제시 : 결제일에 더 높은 공정가치를 가진 결제방식을 선택하는 경우에는 초과결제가치를 비용으로 인식

➠ 현금결제시에는 실제로 지급한 금액이 주식결제방식을 선택할 때 발행하여야 하는 지분상품의 공정가치를 초과하는 금액

➠ 주식결제시에는 실제로 발행한 지분상품의 공정가치가 현금결제방식을 선택할 때 지급하여야 하는 금액을 초과하는 금액

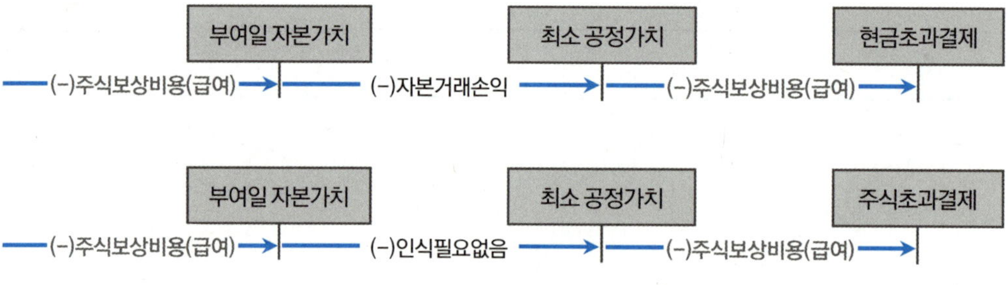

## 2. 종업원이 결제방식을 선택할 수 있는 주식기준보상거래 (전환사채와 동일논리)

(1) 권리부여일

부채요소인 거래상대방의 현금결제요구권과 자본요소인 거래상대방의 지분상품결제요구권이 포함된 복합금융상품을 부여한 것으로 간주

➡ 선택형주식기준보상거래의 총공정가치를 현금결제형에 우선배분하고, 잔여금액을 주식결제형인 전환권에 배분한 후 현금결제요소는 재측정하면서 주식보상비용을 안분하며, 주식결제요소는 재측정을 수행하지 않으면서 주식보상비용으로 안분함

➡ 1단계 부여한 보상의 총공정가치 (간접측정) : Max [ 현금결제형 공정가치 or 주식결제형 공정가치 ]

➡ 2단계 부여한 보상의 총공정가치 (증분배분) : 현금결제형 공정가치 + 전환권대가 공정가치

[전환사채와 주식기준보상거래와의 비교]

| 구 분 | | 재무상태표 분류 | 최초인식 | 후속측정 |
|---|---|---|---|---|
| 전환사채 | 일반사채 부분 | 부 채 | 공정가치 | 상각후원가 |
| | 전환권대가 부분 | 자 본 | 공정가치 | 최초원가 |
| 종업원선택형 주식기준보상거래 | 현금결제 부분 | 부 채 | 공정가치 | 공정가치 |
| | 주식전환권 부분 | 자 본 | 공정가치 | 최초원가 |

## 08 종업원선택형 주식기준보상거래 (회계사 2016)

㈜고구려는 20×1년 1월 1일 종업원에게 가상주식 1,000주(주식 1,000주에 상당하는 현금을 지급받을 권리)와 주식 1,400주를 선택할 수 있는 권리를 부여하고 3년의 용역제공조건을 부과하였다. 종업원이 주식 1,400주를 제공받는 결제방식을 선택하는 경우에는 주식을 가득일 이후 3년간 보유하여야 하는 제한이 있다. 부여일에 ㈜고구려의 주가는 주당 ₩400이다. ㈜고구려는 부여일 이후 3년 동안 배당금을 지급할 것으로 예상하지 않는다. ㈜고구려는 가득 이후 양도제한의 효과를 고려할 때 주식 1,400주를 제공받는 결제방식의 부여일 현재 공정가치가 주당 ₩360이라고 추정하였다. 부여일에 추정된 상기 복합금융상품 내 자본요소의 공정가치는 얼마인가?

① ₩104,000　② ₩360,000　③ ₩400,000
④ ₩504,000　⑤ ₩560,000

**해 답**

(1) 총보상의 공정가치 : Max [현금결제형 1,000개 × ₩400 or 주식결제형 1,400주 × ₩360] = 504,000
(2) 총보상의 배분 : 현금결제형 1,000개 × ₩400 and 주식전환권 104,000 = 504,000
(3) 자본요소의 공정가치 : 504,000 − 400,000 = 104,000

① W

(2) 가득기간 중의 회계처리

부여한 복합금융상품의 대가로 제공받는 재화나 용역은 각각의 구성요소별로 구분하여 측정을 수행하며, 가득기간에 걸쳐 주식보상비용을 인식

(3) 권리행사일의 회계처리

① 거래상대방이 주식결제선택시 : 부채를 발행되는 지분상품의 대가로 보아 자본으로 직접 대체

② 거래상대방이 현금결제선택시 : 현금지급액은 모두 부채의 상환액으로 보며, 이미 인식한 자본요소는 계속 자본항목으로 인식

| 구분 | 차변 | 금액 | 대변 | 금액 |
|---|---|---|---|---|
| 재화·용역 수령일 | (차) 주식보상비용 | ××× [*1] | (대) 장기미지급비용 | ××× [*2] |
| | | | 전환권대가 | ××× [*3] |
| | [*1] 재화나 용역의 총공정가치<br>[*3] 자본요소의 부여일 공정가치 | | [*2] 부채요소의 매 연도말 공정가치 | |
| 주식결제시 | (차) 장기미지급비용 | ××× [*1] | (대) 자 본 금 | ××× |
| | 전환권대가 | ××× [*2] | 주식발행초과금 | ××× |
| | [*1] 부채요소의 결제일 공정가치 | | [*2] 자본요소의 부여일 공정가치 | |
| 현금결제시 | (차) 장기미지급비용 | ××× [*1] | (대) 현 금 | ××× |
| | (차) 전환권대가 | ××× [*2] | (대) 자본소멸이익 | ××× |
| | [*1] 부채요소의 결제일 공정가치(내재가치) | | [*2] 자본요소의 부여일의 공정가치 | |

출제경향

| | 2020 | 2021 | 2022 | 2023 | 2024 | 2025 |
|---|---|---|---|---|---|---|
| 회계사 | 1 | 1 | 1 | 1 | 2 | 1 |
| 세무사 | 1 | 1 | 1 | 1 | 1 | 1 |

# 제 16 장 주당이익

Financial Accounting Workbook

## 1 주당이익

### 1. 주당이익의 종류

(1) 기본주당이익

① 기본주당계속영업이익 : 유통중인 보통주식 1주가 창출한 계속영업이익

② 기본주당순이익 : 유통중인 보통주식 1주가 창출한 당기순이익

[주당계속영업이익과 주당순이익]

$$\underbrace{\frac{\text{세후계속영업이익} - \text{우선주배당}}{\text{보통주식수}}}_{\text{기본주당계속영업이익}} \pm \underbrace{\frac{\text{중단영업손익}}{\text{보통주식수}}}_{\text{기본주당중단영업손익}} = \underbrace{\frac{\text{당기순이익} - \text{우선주배당}}{\text{보통주식수}}}_{\text{기본주당순이익}}$$

(2) 희석주당이익

① 희석주당계속영업이익 : 잠재적보통주까지 고려한 보통주식 1주가 창출한 계속영업이익

② 희석주당순이익 : 잠재적보통주까지 고려한 보통주식 1주가 창출한 당기순이익

| 주당이익의 종류 | 분 자 | 분 모 |
|---|---|---|
| 기본주당순이익 | 당기순이익 | 유통보통주식수 |
| 기본주당계속영업이익 | 당기순이익 - 중단영업이익 | |
| 희석주당순이익 | 당기순이익 + 잠재주증분이익 | 유통보통주식수 + 증분보통주식수 |
| 희석주당계속영업이익 | 당기순이익 - 중단영업이익 + 잠재주증분이익 | |

### 2. 주당이익의 표시방법

(1) 단일포괄손익계산서 작성시

기본주당이익과 희석주당이익을 계속영업이익과 당기순이익에 대하여 계산하여 포괄손익계산서에 표시하며, 비교목적으로 공시하는 모든 기간에 대하여 주당이익을 표시

(2) 별개의 손익계산서와 포괄손익계산서 작성시

기본주당이익과 희석주당이익을 계속영업이익과 당기순이익에 대하여 계산하여 별개의 손익계산서에만 표시하며, 비교목적으로 공시하는 모든 기간에 대하여 주당이익을 표시

➡ 이익의 분배에 대해 서로 다른 권리를 가지는 보통주가 존재하는 경우 보통주 종류별로 이에 대한 기본주당이익과 희석주당이익을 포괄손익계산서에 표시

➡ 기본주당이익과 희석주당이익이 부의 금액인 주당손실인 경우에도 표시

## 2 기본주당이익

$$\text{기본주당순이익} = \frac{\text{당기순이익} - \text{우선주배당}}{\text{총유통주식수} - \text{우선주식수}} = \frac{\text{보통주당기순이익}}{\text{유통보통주식수}}$$

$$\text{기본주당계속영업이익} = \frac{\text{계속영업이익} - \text{우선주배당}}{\text{총유통주식수} - \text{우선주식수}} = \frac{\text{보통주계속영업이익}}{\text{유통보통주식수}}$$

### 1. 가중평균유통보통주식수의 계산

(1) 유상증자, 신주인수권 행사, 주식선택권 행사 : 자원의 변동을 유발하면서 주식수가 변동하는 경우 주식발행일을 기준으로 가중평균함

(2) 무상증자, 주식배당, 주식분할, 주식병합 : 자원의 실질적인 변동을 유발하지 않으면서 주식수가 변동하는 경우 원본 주식발행일을 기준으로 가중평균함

➡ 유통되는 보통주식수나 잠재적보통주식수가 자본금전입, 무상증자, 주식분할로 증가하였거나 주식병합으로 감소하였다면, 비교표시하는 모든 기본주당이익과 희석주당이익을 소급하여 재공시

➡ 무상증자 등이 보고기간 후와 재무제표의 발행이 승인된 날 사이에 발생한 경우에도 당기와 표시되는 과거기간의 주당이익을 새로운 유통보통주식수에 근거하여 재계산하여 공시

(3) 기존주주에 대한 저가유상증자 : 공정가치에 의한 유상증자와 무상증자가 혼합된 성격으로 보아 각각의 논리에 따라 가중평균함

➠ 주주우선배정 신주발행의 경우 행사가격이 주식의 공정가치보다 작은 것이 일반적이므로 무상증자 요소를 수반하며, 주주우선배정 신주발행이 기존의 모든 주주에게 부여되는 경우에만 무상증자효과를 반영하는 것임

➠ 제3자 배정에 의한 신주발행과 신주인수권이나 주식선택권의 행사로 신주가 발행되는 경우에는 기존주주에 대한 보상이 아니므로 무상증자효과를 반영하지 아니함

(4) 전환사채와 전환우선주 : 전환으로 발행되는 보통주는 전환일을 기준으로 가중평균

➠ 전환금융상품의 전환간주일이 기초이거나 기말인 경우에도 분모인 가중평균유통보통주식수의 계산은 전환일을 기준으로 계산하며, 분자인 보통주귀속이익 계산을 위해 우선주배당을 계산할 때만 간주일을 고려함

2차 ➠ 보통주로 반드시 전환하여야 하는 전환금융상품은 계약체결시점부터 기본주당이익을 계산하기 위한 보통주식수에 포함(예 4월 1일에 반드시 보통주로 전환되는 전환권 100개 부여시 : 가산 100주×9/12)

(5) 자기주식 취득과 유상감자 : 유통주식수를 줄이는 경우에는 취득시점부터 처분시점까지의 기간을 차감하여 가중평균함

➠ 취득시점에 유통보통주식수 계산시 차감하였으므로 취득한 자기주식을 소각하는 경우에는 유통보통주식수 계산시 고려하면 안됨

(6) 조건부발행보통주 : 조건부발행보통주는 모든 필요조건이 충족된 날에 발행된 것으로 간주하여 가중평균함

2차 ➠ 단순히 일정기간이 경과한 후 보통주를 발행하기로 하는 계약 등의 경우 기간의 경과에는 불확실성이 없으므로 조건부발행보통주로 보지 아니함

2차 ➠ 조건부로 재매입할 수 있는 보통주를 발행한 경우 이에 대한 재매입가능성이 없어지는 시점부터 기본주당이익을 계산하기 위한 보통주식수에 포함(예 4월 1일에 보통주 100주 발행했지만, 8월 1일까지 전량 재매입가능 : 가산 100주×5/12)

[가중평균유통보통주식수의 계산]

| 상 황 | 가중평균 보통주식수 |
|---|---|
| 원 칙 | 해당일자 기준 가중평균 |
| 무상증자, 주식배당, 주식분할, 주식병합 | 원본가산 가중평균 |
| 공정가치미만의 유상증자 | 공정가치 유상증자 효과 + 무상증자 효과 |

## 01 가중평균유통보통주식수의 계산

다음은 A회사의 주당이익을 계산하는 자료이다. 20×1년의 주당이익을 계산할 때 사용할 가중평균유통보통주식수는 얼마인가? (단, 가중평균은 월할 계산하기로 하며, 7월 1일 유상증자시 발행가액은 ₩15,000이며, 6월 30일 종가는 ₩19,500이었다.)

| 구 분 | 보통주 |
|---|---|
| 1월 1일 유통주식수 | 80,000주 |
| 3월 1일 주식배당(25%) | 20,000주 |
| 7월 1일 유상증자 | 26,000주 |
| 8월 1일 무상증자(10%) | 12,600주 |
| 9월 1일 자기주식취득 | 6,000주 |
| 10월 1일 전환사채 전환 | 10,000주 |
| 11월 1일 자기주식 소각 | 2,000주 |

① 115,500주　② 127,550주　③ 142,600주
④ 130,000주　⑤ 115,700주

### 해 답

(1) 가중평균유통보통주식수의 계산

| 적 요 | 1. 1 | | 7. 1 | | 9. 1 | | 10. 1 | | 합 계 |
|---|---|---|---|---|---|---|---|---|---|
| 1. 1 기 초 | 80,000주 | | | | | | | | |
| 3. 1 주식배당 | 20,000주 | | | | | | | | |
| 7. 1 유상증자 | | | 20,000주 *1 | | | | | | |
| 7. 1 무상증자 간주 | 5,000주 *2 | | 1,000주 | | | | | | |
| 8. 1 무상증자 | 10,500주 | | 2,100주 | | | | | | |
| 9. 1 자기주식 취득 | | | | | (6,000)주 | | | | |
| 10. 1 전환사채 전환 | | | | | | | 10,000주 | | |
| 소 계 | 115,500주 | | 23,100주 | | (6,000)주 | | 10,000주 | | |
| 가중평균보통주식수 | ×12/12 | + | ×6/12 | + | ×4/12 | + | ×3/12 | = | 127,550주 |

*1 26,000주×(₩15,000÷₩19,500) = 20,000주

*2 6,000주×100,000주÷(100,000주+20,000주) = 5,000주 or 100,000주×6,000주÷(100,000주+20,000주) = 5,000주

(2) 자기주식의 소각은 유통주식수에 영향을 미치지 않는다. 그 이유는 자기주식을 취득한 시점에서 해당 주식수는 유통주식수에서 차감되기 때문이다.

② 

## 2. 보통주 귀속이익의 계산

(1) 보통주귀속 당기순이익 : 법인세차감후 당기순이익 - 우선주귀속이익

(2) 보통주귀속 계속영업이익 : 법인세차감후 계속영업이익 - 우선주귀속이익

(3) 우선주귀속이익

① 비누적적 우선주배당 : 당해 회계기간과 관련하여 결의된 배당금을 비용으로 간주하여 당기순이익에서 차감

② 누적적 우선주배당 : 배당결의 여부와 관계없이 정해진 배당률에 의한 금액을 비용으로 간주하여 당기순이익에서 차감

③ 참가적 우선주배당 : 참가적 비율을 이용하여 우선주 귀속배당을 계산한 후 이를 비용으로 간주하여 당기순이익에서 차감

④ 우선주 재매입손익 : 공개매수 방식으로 우선주를 재매입할 때 우선주의 장부금액을 초과(미달)하는 지급액은 비용(수익)으로 간주하여 당기순이익에서 차감(가산)

⑤ 전환우선주 유도전환 : 처음의 전환조건에 따라 발행될 보통주의 공정가치를 초과하여 지급하는 보통주나 그 밖의 대가의 공정가치는 비용으로 간주하여 당기순이익에서 차감

⑥ 할증배당우선주 : 우선주를 공정가치보다 할인(할증)하여 발행하고, 초기에 낮은(높은) 배당을 지급하는 우선주의 경우 유효이자율법을 적용한 주식할인(할증)발행차금 상각액을 비용(수익)으로 간주하여 당기순이익에서 차감(가산)

## 02 기본주당이익의 계산 (회계사 2022 수정)

20×1년 1월 1일 현재 ㈜대한의 보통주 발행주식수는 7,000주(1주당 액면금액 ₩500)이며, 이 중 600주는 자기주식이고, 전환우선주(누적적) 발행주식수는 900주(1주당 액면금액 ₩200, 연 배당률 20%, 3주당 보통주 1주로 전환가능)이다.

> (1) 3월 1일에 유상증자를 실시하여 보통주 2,000주가 증가하였다. 유상증자 시 1주당 발행금액은 ₩2,000이고 유상증자 직전 1주당 공정가치는 ₩2,500이다.
> (2) 7월 1일에 전년도에 발행한 전환사채(액면금액 ₩500,000, 액면금액 ₩500당 1주의 보통주로 전환) 중 25%가 보통주로 전환되었다.
> (3) 10월 1일에 전환우선주 600주가 보통주로 전환되었다. 기중에 전환된 전환우선주에 대해서는 우선주배당금을 지급하지 않는다. 한편, 20×1년에는 우선주배당을 지급하지 않기로 결의하였다.

㈜대한이 20×1년 당기순이익으로 ₩2,334,600을 보고한 경우 20×1년도 기본주당이익은 얼마인가? 단, 가중평균유통보통주식수는 월할계산하되, 잠재적보통주(전환사채, 전환우선주)에 대해서는 실제 전환일을 기준으로 한다.

① ₩220　② ₩240　③ ₩260
④ ₩280　⑤ ₩300

### 해 답

(1) 가중평균유통보통주식수
① 공정가치 유상증자 효과 : 2,000주×₩2,000÷₩2,500 = 1,600주
② 간주무상증자 효과 : 2,000주 − 1,600주 = 400주
③ 무상증자비율 : 400주÷(6,400주 + 1,600주) = 5%
④ 가중평균 유통보통주식수 : (기초주식 6,400주×12/12 + 공정가치 유상증자 1,600주×10/12)×무상증자비율 1.05 + 사채전환 250주×6/12 + 우선주전환 600주÷3주×3/12 = 8,295주

(2) 우선주배당 : (기초분 900주 − 전환분 600주)×액면금액 ₩200×배당률 20% = 12,000 ← 누적배당조건이므로 배당금 지급결의 여부와 무관하게 1회분 배당금은 차감해야 함

(3) 기본주당이익 : (당기순이익 2,334,600 − 우선주배당 12,000)÷평균주식수 8,295주 = ₩280/주

④

## 3 희석주당이익

### 1. 희석주당이익의 개념

(1) 희석주당이익

$$\text{희석주당순이익} = \frac{\text{총보통주당기순이익}}{\text{총유통가능보통주식수}} = \frac{\text{보통주당기순이익} + \text{증분보통주이익}}{\text{유통보통주식수} + \text{증분보통주식수}}$$

$$\text{희석주당계속영업이익} = \frac{\text{총보통주계속영업이익}}{\text{총유통가능보통주식수}} = \frac{\text{보통주계속영업이익} + \text{증분보통주이익}}{\text{유통보통주식수} + \text{증분보통주식수}}$$

(2) 잠재적보통주의 종류

① 보통주로 전환할 수 있는 채무증권(전환사채) 또는 지분증권(전환우선주)

② 옵션(신주인수권)과 주식매입권(주식선택권)

③ 계약상 조건이 충족되면 발행될 보통주(조건부발행보통주) 등

### 2. 증분보통주식수의 계산

(1) 유통가능 잠재적 보통주

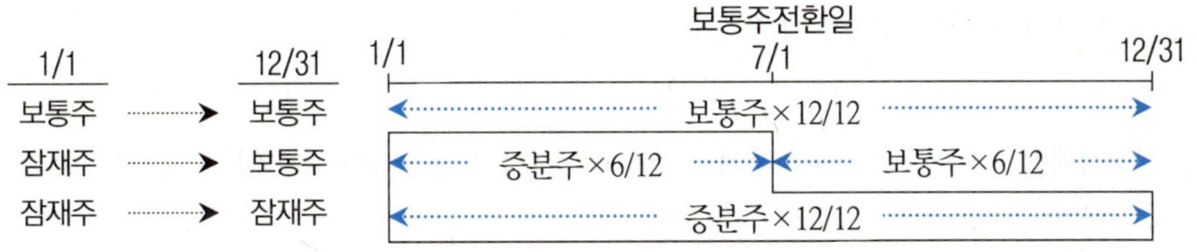


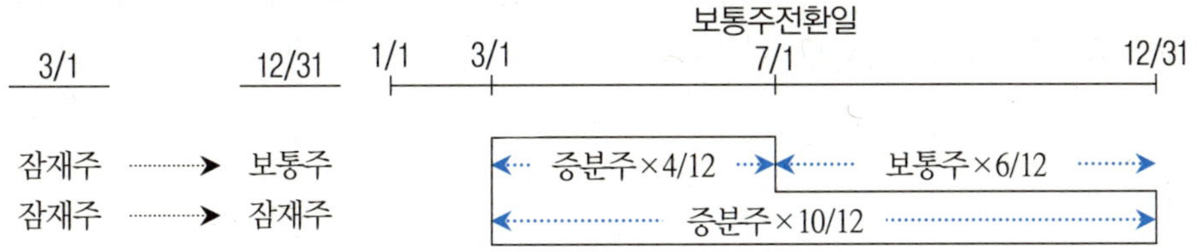


(2) 보통주전환권 : 전환권을 행사한 것으로 가정한 주식수만큼 주식이 발행된다고 가정하여 유통보통주식수에 가산

(3) 보통주인수권 : 권리 행사시 발행하여야 할 보통주식수와 회계기간의 평균시장가격으로 발행한 것으로 가정하여 환산한 보통주식수의 차이를 추가로 발행하는 것으로 간주하여 유통보통주식수에 가산

$$\text{인수권의 잠재적보통주식수} = \text{발행가능주식수} - (\text{발행가능주식수} \times \text{행사가격} \div \text{평균시장가격})$$
$$= \text{발행가능주식수} \times \left(1 - \frac{\text{행사가격}}{\text{평균시장가격}}\right)$$
$$= \text{발행가능주식수} \times \left(\frac{\text{평균시장가격} - \text{행사가격}}{\text{평균시장가격}}\right)$$

➡ 주식기준보상약정의 경우 기초기준으로 미가득된 상태라면 미래에 유입될 재화나 용역의 공정가치를 행사가격에 추가로 포함하여 잠재적 보통주식수 산정

➡ 보통주인수권은 행사가격이 보통주 평균시장가격보다 낮은 경우에만 희석효과 있음 (예 내가격상태)

(4) 조건부발행보통주 : 기중에 조건이 충족된 경우 기초부터 충족된 것으로 간주하여 유통보통주식수에 가산함

➡ 조건이 충족되지 않은 경우 해당기간 말에 조건이 충족된 것으로 가정하여 발행할 보통주식수를 유통보통주식수에 가산함

2차 (5) 특수한 잠재적보통주

① 매입옵션 : 기업이 자신의 보통주에 기초한 풋옵션이나 콜옵션을 매입하여 보유하는 경우에는 반희석효과가 있으므로 희석주당이익의 계산에 포함하지 아니함

② 매도옵션 : 기업이 자신의 보통주에 기초한 풋옵션을 매도하거나 선도매입계약으로 인해 자기주식을 매입해야 하는 경우에는 희석효과가 있는 경우에만 희석주당이익의 계산에 반영함

③ 발행자 선택결제형 : 기업의 선택에 따라 보통주나 현금으로 결제할 수 있는 계약을 한 경우에 기업은 그 계약이 보통주로 결제될 것으로 가정하고 잠재적보통주를 계산

④ 보유자 선택결제형 : 보유자의 선택에 따라 보통주나 현금으로 결제하게 되는 계약의 경우에는 기초기준으로 주식결제와 현금결제 중 희석효과가 더 큰 방법으로 결제된다고 가정하여 잠재적보통주를 계산

## 03 잠재적보통주식수의 계산

A회사의 잠재적보통주에 관한 내용이 다음과 같을 때 20×1년 말 A회사의 희석주당이익의 계산에 고려할 잠재적보통주식수는 얼마인가?

> (1) 20×1년 10월 1일 액면 ₩3,000,000의 신주인수권부 사채를 액면발행하였다. 만기는 20×2년 9월 30일이며, 연 이자율은 7%, 이자지급일은 매년 9월말이다. 신주인수권의 행사비율은 사채액면가액의 100%이고, 행사가격은 사채액면가액 ₩30,000당 1주이며, 납입은 현금이다. 신주인수권의 행사기간은 사채발행 후 1개월부터 가능하지만, 20×1년 중 신주인수권이 행사된 것은 없다.
>
> (2) 19×9년 1월 1일 종업원에게 가득기간이 3년인 주식선택권 1,000개를 부여하였다. 부여당시 주식선택권의 공정가치는 개당 ₩3,000이다. 주식선택권은 20×2년 12월 말까지 권리를 행사할 수 있으며, 행사가액은 ₩19,000이다. 20×1년 12월 31일 주식선택권이 전량이 가득되었다. A회사의 20×1년 보통주식의 평균시장가격은 ₩25,000이었다.

① 180주　　② 200주　　③ 220주
④ 800주　　⑤ 900주

### 해 답

(1) 신주인수권이나 주식선택권의 행사가격이 평균시장가격보다 높다라면 행사가 불가능하므로 잠재적보통주로 고려하지 않는다.
(2) 주식기준보상에 관한 한국채택국제회계기준이 적용되는 주식기준보상약정의 경우 자기주식법을 적용하기 위한 행사가격에는 주식기준보상약정에 따라 미래에 유입될 재화나 용역의 공정가치가 포함된다.
(3) 잠재적보통주 : 1,000주×{₩25,000 − (₩1,000 + ₩19,000)} ÷ ₩25,000 × 12/12 = 200주
(4) 신주인수권은 행사가격이 평균시장가격보다 높으므로 반희석증권이다.

② 

### 3. 증분이익의 계산

(1) 전환우선주 행사가정시 : 해당연도의 전환우선주 배당금 → 이미 세후금액이므로 법인세효과를 반영할 필요가 없음

2차 ➠ 전환우선주가 유도 전환되어 추가로 지급한 금액이 있는 경우 추가지급액으로 인하여 전환우선주의 희석효과가 달라질 수 있으므로, 유도전환으로 전환된 우선주와 전환되지 않은 우선주를 구분하여 희석효과를 판단

(2) 전환사채 행사가정시 : 해당연도의 전환사채 총이자비용×(1－법인세율)

(3) 신주인수권 행사가정시 : 해당연도의 상환할증금 이자비용×(1－법인세율) ← 전환사채와 달리 상환할증금 이자비용만 고려함

(4) 주식선택권 행사가정시 : 해당연도의 주식보상비용×(1－법인세율)

### 4. 희석효과의 판단

(1) 희석효과 판단을 위한 기준이익 : 계속영업이익 ← 중단영업이익이 있는 경우에만 해당함

(2) 희석효과 판단의 순서 : 주당계속영업이익을 최대한 희석할 수 있도록 희석효과가 가장 큰 잠재적보통주부터 순차적으로 고려함. 즉, 증분주식 1주당 이익이 가장 작은 희석성 잠재적보통주부터 희석주당이익의 계산에 포함시킴

## 04 희석주당이익의 계산

(회계사 2017)

다음은 ㈜한국의 20×2년도 주당이익과 관련된 자료이다. 20×2년도 ㈜한국의 포괄손익계산서상 희석주당이익은? 단, 가중평균유통보통주식수는 월할로 계산하며, 단수차이로 인해 오차가 있다면 가장 근사치를 선택한다.

> (1) 당기순이익은 ₩21,384이고, 기초의 유통보통주식수는 100주이며 기중 변동은 없었다.
> (2) 20×1년 초 전환사채를 발행하였으며, 전환권을 행사하면 보통주 20주로 전환이 가능하다. 20×2년도 포괄손익계산서의 전환사채 관련 이자비용은 ₩5,250이며, 법인세율은 20%이다. 20×2년 말까지 행사된 전환권은 없다.
> (3) 20×1년 초 신주인수권 20개를 발행하였으며, 신주인수권 1개당 보통주 1주의 취득(행사가격 ₩3,000)이 가능하다. 20×2년 중의 보통주 평균시가는 주당 ₩5,000이다.

① ₩178　② ₩183　③ ₩198　④ ₩200　⑤ ₩208

### 해 답

(1) 분모인 주식수
① 기본주식수 : 100주×12/12 = 100주　② 전환권효과 : 20주×12/12 = 20주
③ 신주인수권효과 : 20주×(₩5,000 − ₩3,000) ÷ ₩5,000 = 8주

(2) 분자인 순이익
① 기본순이익 : 21,384　② 전환권효과 증분이익 : 5,250×(1 − 20%) = 4,200
③ 신주인수권효과 증분이익 : 0

(3) 희석주당순이익(신주인수권만 고려) : (21,384 + 0) ÷ (100주 + 8주) = ₩198 ➠ 희석
(4) 희석주당순이익(전환권까지 고려) : (21,384 + 0 + 4,200) ÷ (100주 + 8주 + 20주) = ₩200 ➠ 반희석
(5) 희석주당순이익은 신주인수권만 고려한 ₩198이다.

③

MEMO

check list

출제경향

| | 2020 | 2021 | 2022 | 2023 | 2024 | 2025 |
|---|---|---|---|---|---|---|
| 회계사 | 2 | 2 | 2 | 2 | 2 | 1 |
| 세무사 | 1 | 2 | 1 | 1 | 1 | 1 |

# 제 17 장 리 스

Financial Accounting Workbook

## 1 리스회계

### 1. 리스의 의의

(1) 리스의 정의와 리스계약의 식별

① 리스제공자가 리스대상인 기초자산의 사용권을 리스이용자에게 일정기간 동안 이전하고 대가를 교환하는 계약이나 계약의 일부

② 공급자가 고객에게 식별되는 자산의 사용 통제권을 일정기간동안 이전하고, 이에 대한 대가를 수령한다면 해당 계약은 리스계약이거나 리스를 포함하는 계약으로 분류함

③ 리스자산의 사용으로 생기는 경제적 효익의 대부분을 얻을 권리를 고객이 보유하며, 해당 자산의 사용을 지시할 권리를 고객이 보유하는 경우 고객에게 자산의 사용통제권이 이전된 것으로 판단

➡ 공급자가 자산대체권 보유시 : 자산이 식별되더라도 공급자가 그 자산을 대체할 실질적 권리를 사용기간 내내 가지면 고객은 식별되는 자산이 없는 것이므로 리스계약으로 보지 않음

➡ 공급자가 자산방어권 보유시 : 공급자가 보유하는 방어권은 일반적으로 고객의 사용권 범위를 정하지만 방어권만으로는 고객이 자산의 사용을 지시할 권리를 가지는 것을 막지 못하기에 리스계약으로 볼 수 있음

[자산의 임대차계약에 대한 회계처리]

| 자산에 대한 임대차계약 | 거래의 유형 | 리스유형 결정 | 제공자 입장 | 이용자 입장 |
|---|---|---|---|---|
| 식별, 효익, 지시 요건 충족함 | 리스기준서 적용 | 위험과 보상의 이전 | 금융리스의 제공 | 리스의 이용 |
| | | 위험과 보상의 보유 | 운용리스의 제공 | |
| 식별, 효익, 지시 요건 불충족 | 수익기준서 적용 | | 일반자산의 임대 | 일반자산의 임차 |

④ 리스계약에 비리스요소가 포함되어 있는 경우 계약의 각 리스요소를 비리스요소와 분리하여 리스로 회계처리하며, 리스이용자의 경우 리스요소의 상대적 개별 가격과 비리스요소의 총 개별 가격에 기초하여 총계약대가를 각 리스요소에 배분

(2) 리스의 분류

① 공급자인 리스제공자 입장에서 리스거래의 경제적 실질은 금융거래인 금융리스와 임대거래인 운용리스로 구분 가능함

② 고객인 리스이용자는 리스거래로 대상자산을 통제하고 있으므로 모든 리스에 대하여 사용권자산과 리스부채를 인식하는 금융거래로만 분류함

[리스제공자와 리스이용자간의 회계처리흐름]

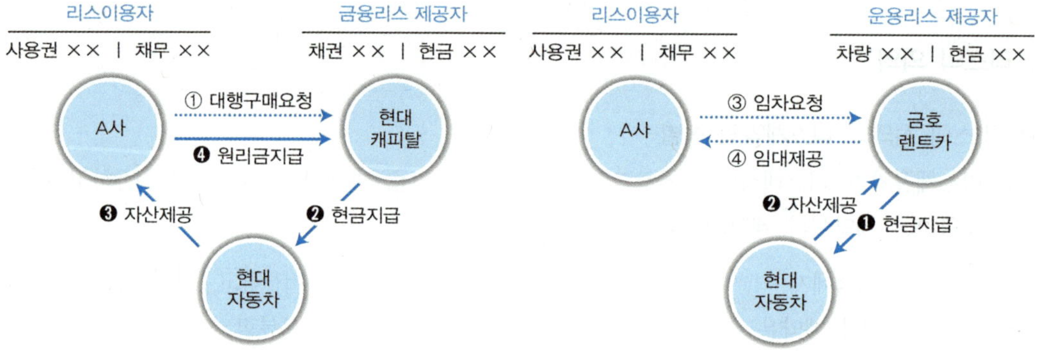


## 2. 리스계약의 용어

(1) 리스약정일과 리스개시일, 리스기간

① 리스약정일 : 리스계약체결일과 리스의 주요 조건에 대하여 리스제공자와 리스이용자가 합의한 날 중 이른 날

② 리스개시일 : 리스제공자가 리스이용자에게 기초자산을 사용할 수 있게 하는 날을 말하며, 리스 관련 자산과 부채의 최초인식일

③ 리스기간 : 리스이용자가 기초자산 사용권을 갖는 해지불능기간+행사가능성이 상당히 확실한 리스기간 연장선택권의 대상 기간+행사하지 않을 가능성이 상당히 확실한 리스기간 종료선택권의 대상 기간

(2) 리스총투자와 리스순투자

① 리스총투자 : 금융리스에서 리스제공자가 받게 될 리스료와 무보증잔존가치의 합계액으로 금융리스제공자가 수령할 원금과 이자의 합계금액임

② 리스순투자 : 금융리스에서 리스총투자인 리스료와 무보증잔존가치의 합계액을 리스의 내재이자율로 할인한 금액으로 금융리스제공자가 수령할 원금임

(3) 리스료 : 기초자산 사용권과 관련하여 리스기간에 리스이용자가 리스제공자에게 지급하는 금액으로 다음의 항목으로 구성됨

① 고정리스료 : 리스이용자가 리스제공자에게 고정적으로 지급하는 금액으로 리스제공자가 지급하고 리스이용자가 수령하는 리스 인센티브는 차감한 금액 (예 정기리스료와 소유권이전약정금액)

② 매수선택권의 행사가격 : 리스이용자가 매수선택권을 행사할 것이 상당히 확실한 경우에 매수선택권의 행사가격 (예 염가매수선택권의 행사가격)

➠ 리스기간이 리스이용자의 종료선택권 행사를 반영하여 결정된 경우에는 그 리스를 종료하기 위하여 부담하는 금액인 종료선택권 행사금액도 리스이용자가 지급하는 리스료에 포함

③ 변동리스료 : 변동리스료 중 소비자물가지수나 기준금리에 연동되어 변동하는 리스료로 시간의 경과가 아닌 리스개시일 후 사실이나 상황의 변화 때문에 달라지는 리스료

➠ 리스료를 산정할 때 사용한 지수나 요율의 변동이 아닌 다른 이유로 미래의 리스료가 변동될 경우(예 매출액의 일정률, 약정 주행거리 초과분)에는 이를 리스부채의 측정시 사용하는 리스료로 보지 않음

④ 보증잔존가치 : 리스제공자와 특수 관계에 있지 않은 당사자가 리스제공자에게 제공한 리스종료일의 기초자산 가치가 적어도 특정 금액이 될 것이라는 보증으로 리스제공자와 리스이용자의 보증잔존가치의 범주가 다름

➠ 리스제공자의 보증잔존가치 : 잔존가치보증에 따라 리스이용자가 리스제공자에게 제공하는 잔존가치보증금액 (보증의 당사자는 리스이용자의 특수관계자와 리스제공자와 특수 관계에 있지 않고 보증의무를 이행할 재무적 능력이 있는 제3자까지 포함)

➠ 리스이용자의 보증잔존가치 : 잔존가치보증에 따라 이용자가 지급할 것으로 예상하는 금액 (최소예상지급액 : 없음, 최대예상지급액 : 보증잔존가치)

(4) 무보증잔존가치 : 리스기간 종료시점의 잔존가치 중 보증잔존가치를 제외한 나머지 부분을 말하며, 무보증잔존가치는 리스이용자가 지급하는 금액이 아니므로 리스료의 범주에 포함되지 않음

**참고 리스료에 포함되는 보증잔존가치**

(1) 기초자산 반환조건의 리스계약에서 리스기간 종료시점에 기초자산의 공정가치가 ₩100,000으로 추정되며, 이 금액 중에서 리스이용자가 ₩60,000의 잔존가치를 보증한 경우 보증잔존가치인 ₩60,000은 리스제공자의 리스료에 포함된다. 이 경우 리스료에 포함되지 않은 ₩40,000을 무보증잔존가치라고 한다.

(2) 반면에 리스이용자 입장에서는 ₩60,000의 잔존가치를 보증하였지만, 기초자산의 잔존가치가 ₩100,000으로 추정된다면 잔존가치 보증에 따라 리스이용자가 추가로 지급할 금액은 없으므로, 리스개시일에 리스이용자의 리스료에 포함되는 금액은 없다.

(3) 하지만 리스개시일 이후 기초자산의 공정가치가 ₩40,000으로 하락하였다면, 잔존가치보증에 따라 리스이용자가 추가로 지급할 것으로 예상되는 금액인 ₩20,000은 후속적으로 리스료에 포함하여 인식해야 한다.

[리스제공자와 리스이용자의 리스관련 현금흐름]

자산이전시 리스제공자 현금흐름

리스료: 정기리스료 + 소유권이전 OR 염가매수

자산회수시 리스제공자 현금흐름

리스료: 정기리스료 + 보증잔존가치 + 무보증: 무보증잔존가치

자산인수시 리스이용자 현금흐름

리스료: 정기리스료 + 소유권이전 OR 염가매수

자산반환시 리스이용자 현금흐름

리스료: 정기리스료 + 보증지급예상액

(5) 공정가치와 리스개설직접원가

① 공정가치 : 합리적인 판단력과 거래의사가 있는 독립된 당사자 사이의 거래에서 자산이 교환되거나 부채가 결제될 수 있는 금액으로, 일반적으로 신규취득자산의 리스인 경우 해당 리스자산의 취득원가는 공정가치와 동일한 금액임

② 리스개설직접원가 : 리스를 체결하지 않았더라면 부담하지 않았을 리스계약체결의 증분원가로 제조자 또는 판매자인 금융리스제공자가 부담하는 원가는 제외함

[리스의 거래원가]

| 구 분 | 리스제공자 | 리스이용자 |
|---|---|---|
| 직접금융리스 | 리스채권의 최초인식금액에 포함하여 인식 | 사용권자산에 가산하여 감가상각비로 인식 |
| 판매형금융리스 | 매출수익에 대응하여 판매수수료비용 인식 | |
| 운용리스 | 운용리스자산에 가산후 감가상각비로 비용 | |

(6) 리스제공자의 내재이자율과 리스이용자의 증분차입이자율

① 리스제공자의 내재이자율 : 리스료 및 무보증잔존가치의 현재가치 합계액을 기초자산의 공정가치와 리스제공자의 리스개설직접원가의 합계액과 일치시키는 할인율

② 리스이용자의 증분차입이자율 : 리스이용자가 비슷한 경제적 환경에서 비슷한 기간에 걸쳐 비슷한 담보로 사용권자산과 가치가 비슷한 자산 획득에 필요한 자금을 차입한다면 지급해야 하는 이자율

[금융리스제공자와 리스이용자의 현금흐름구조]

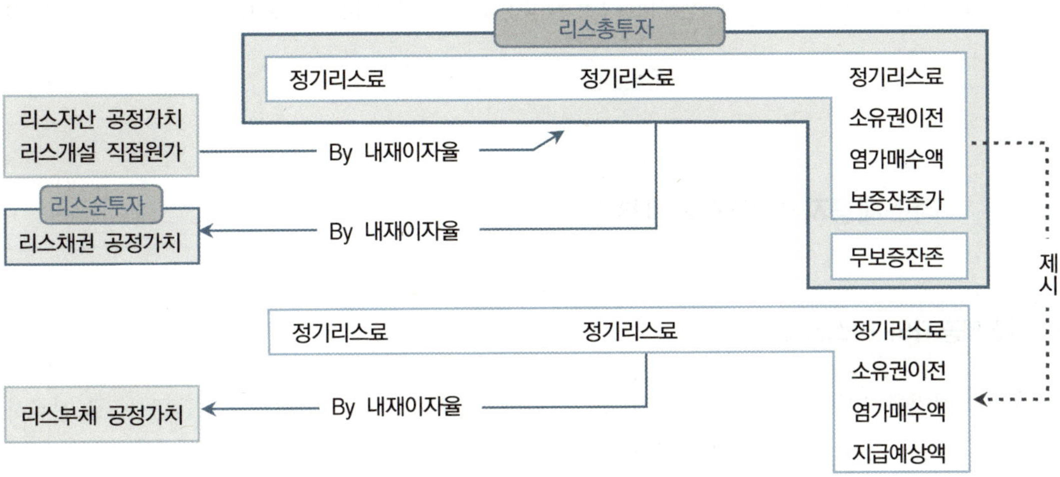


## 01 선불조건의 금융리스 미래현금흐름 (회계사 2017)

㈜민국리스는 20×1년 1월 1일 공정가치인 ₩500,000에 취득한 기계장치로 ㈜대한과 금융리스계약을 체결하고 20×1년 1월 1일부터 리스를 실행하였다. ㈜민국리스가 내재이자율을 유지하기 위하여 책정해야 할 정기리스료는? 단, 단수차이로 인해 오차가 있다면 가장 근사치를 선택한다.

(1) 리스기간은 3년이며, 리스기간 종료시점에서 ㈜대한에게 기계장치 소유권을 ₩100,000에 이전한다. 최초 정기리스료는 리스개시일에 수취하며, 20×1년 말부터 20×3년 말까지 매년 말 3회에 걸쳐 추가로 정기리스료를 수취한다.

(2) 리스계약과 관련하여 ㈜민국리스가 지출한 리스개설직접원가는 ₩20,000이며, ㈜대한이 지출한 리스개설직접원가는 ₩30,000이다. ㈜민국리스의 내재이자율은 12%이며, 현가계수는 다음과 같다.

| 할인율 | 단일금액 ₩1의 현가 | | | 정상연금 ₩1의 현가 | | |
|---|---|---|---|---|---|---|
| | 1년 | 2년 | 3년 | 1년 | 2년 | 3년 |
| 12% | 0.8929 | 0.7972 | 0.7118 | 0.8929 | 1.6901 | 2.4018 |

① ₩126,056　　② ₩131,936　　③ ₩152,860
④ ₩186,868　　⑤ ₩216,504

**해 답**

(1) 리스자산공정가치 + 제공자의 리스개설직접원가 = PV (리스료 + 무보증잔존가치) By 내재이자율이다. 한편, 이 문제의 경우에는 정기리스료가 선불리스조건이라는 것에 유의해서 문제를 풀이해야 한다.

(2) 500,000 + 20,000 = 정기리스료 × (1 + 2.4018) + 100,000 × 0.7118 → 정기리스료 : ₩131,936

② W

## 2 리스제공자의 리스회계처리

### 1. 리스제공자의 리스분류

(1) 리스약정일에 기초자산의 소유에 따른 위험과 보상의 대부분을 이전하는 리스는 금융리스로 분류하며, 그렇지 않은 리스는 운용리스로 분류

(2) 위험과 보상의 대부분이 이전되는 경우 : 금융리스로 분류되는 사례

① 소유권이전 약정기준 : 리스기간 종료시점 이전에 기초자산의 소유권이 리스이용자에게 이전되는 리스의 경우

② 염가매수선택권 약정기준 : 리스이용자가 선택권을 행사할 수 있는 날의 공정가치보다 충분히 낮을 것으로 예상되는 가격으로 기초자산을 염가매수할 수 있는 선택권을 가지고 있고, 그 선택권을 행사할 것이 리스약정일 현재 상당히 확실한 경우

③ 리스기간 기준 : 기초자산의 소유권이 이전되지는 않더라도 리스기간이 기초자산의 경제적 내용연수의 상당 부분을 차지하는 경우 (예 일반적으로 75%기준)

④ 공정가치 회수기준 : 리스약정일 현재 리스료의 현재가치가 적어도 기초자산 공정가치의 대부분에 해당하는 경우 (예 일반적으로 90%기준)

⑤ 범용성 기준 : 기초자산이 특수하여 해당 리스이용자만이 주요한 변경 없이 사용할 수 있는 경우

➡ 리스기간 종료시점에 기초자산의 소유권을 확정금액이 아닌 그 시점의 공정가치에 해당하는 변동 지급액으로 이전하는 경우나 변동리스료가 있고 그 결과로 리스제공자가 기초자산의 소유에 따른 위험과 보상의 대부분을 이전하지 않는 경우에는 이를 운용리스로 분류

➡ 리스는 리스약정일에 분류하며 리스계약조건에 변경이 있는 경우에만 분류를 다시 판단함. 추정의 변경(예 기초자산의 내용연수 또는 잔존가치 추정치의 변경)이나 상황의 변화(예 리스이용자의 채무불이행)는 회계 목적상 리스를 새로 분류하는 원인이 되지 않음

## 02 리스계약의 분류

IFRS

A리스는 신규로 취득한 기계장치에 대하여 B회사와 리스기간 3년의 해지불능리스계약을 체결하였다. 기계장치의 취득가액은 ₩1,000,000이며, 잔존가치는 ₩100,000으로 추정되었다. A리스의 내재이자율은 14%이고 14%, 3기간, 연금현가계수는 2.3216이다. 리스기준서에 명시된 리스분류기준에 근거하여 금융리스로 분류되지 않을 수 있는 리스거래는? 단, 리스기간기준으로 75%, 공정가치회수기준으로 90%이상이면 금융리스로 분류한다.

① 리스된 기계장치는 범용성이 없는 특수목적 자산임
② 리스계약을 해지할 경우 엄청난 위약금이 부과됨
③ 매년 ₩390,000의 정기리스료를 지급함
④ 기계장치의 내용연수가 4년임
⑤ 기계장치의 내용연수는 5년이며, 리스기간 종료시점에서 해지금지조건이 부과되고 1년의 리스기간갱신약정이 사전에 명시됨

**해 답**

리스계약을 해지할 경우 엄청난 위약금이 부과되는 실질적인 해지불능리스는 금융리스로 분류되는 전제조건은 아니다.

② W

### 2. 직접금융리스의 제공자 : 제조자 또는 판매자가 아닌 리스제공자

(1) 리스기간 개시일

① 리스채권의 인식 : 리스제공자가 수취할 리스총투자인 리스료와 무보증잔존가치의 합계액을 내재이자율로 할인한 현재가치와 동일한 금액인 리스순투자를 리스채권으로 인식

② 리스개설직접원가의 인식 : 내재이자율의 정의상 자동적으로 리스채권액에 포함

(2) 리스기간 중

① 리스채권에 대하여 유효이자법을 적용하여 이자수익 인식한 후, 정기리스료를 수령하는 회계처리를 수행함

② 리스제공자가 리스자산을 현물로 회수하는 조건의 금융리스계약인 경우에 리스기간 종료시점의 추정 잔존가치가 하락할 수 있음. 이로 인해 무보증잔존가치가 감소하여, 리스채권의 회수손실이 예상되는 경우 최초 내재이자율로 할인한 감소금액의 현재가치를 즉시 손상차손으로 인식

➠ 리스기간 종료시점의 추정잔존가치의 하락으로 보증잔존가치까지 감소할 수도 있음. 하지만, 이 부분은 리스제공자가 리스이용자로부터 잔존가치 보증에 따른 현금을 회수하기에 손상차손을 인식할 필요 없음

(3) 리스기간 종료일

리스계약의 종류에 따라 리스제공자는 리스채권 잔액에 해당하는 금액을 현금으로 수령하거나 리스자산을 반환받으면서 리스계약을 종료함

## 03 직접금융리스 제공의 회계처리

IFRS

A리스는 B회사에게 공정가치 ₩3,151,831의 기계장치를 리스하기로 계약하였다. 리스개시일에 리스제공자가 리스개설과 직접 관련하여 추가로 ₩100,000을 지출하였다. 리스기간은 20×1년 초부터 20×4년 말까지 4년간이고, 리스료는 매년 말 ₩1,000,000씩 회수하기로 하였다. A리스는 리스기간 종료시 이 리스자산을 B회사로부터 회수하는 조건이며, 추정 잔존가치 ₩120,000 중 ₩50,000을 B회사가 보증하기로 하였다. 리스자산의 경제적 내용연수는 5년이며, 내재이자율은 10%이다. A리스 입장에서 20×2년에 당기손익으로 인식할 금액과 20×2년 말에 리스채권의 잔액은 얼마인가? 현가계수는 다음과 같다.

| 구 분 | 원금의 현가요소 | 연금의 현가요소 |
|---|---|---|
| 4기간 10% | 0.68301 | 3.16987 |
| 4기간 12% | 0.63552 | 3.03735 |

| | 당기손익 | 리스채권 | | 당기손익 | 리스채권 |
|---|---|---|---|---|---|
| ① | ₩257,701 | ₩1,834,716 | ② | ₩325,183 | ₩2,577,014 |
| ③ | ₩257,701 | ₩1,577,015 | ④ | ₩325,183 | ₩2,877,014 |
| ⑤ | ₩101,819 | ₩1,018,188 | | | |

**해 답**

(1) 20×1년 초 리스채권 : 1,000,000×3.16987+120,000×0.68301=3,251,831 or 3,151,831+100,000=3,251,831

(2) 20×2년 이자수익 : (3,251,831×1.1−1,000,000)×10%=257,701

(3) 20×2년 말 리스채권 : (3,251,831×1.1−1,000,000)×1.1−1,000,000=1,834,716

| 일자 | 차변 | 금액 | 대변 | 금액 |
|---|---|---|---|---|
| 20×1. 1. 1 | (차) 리스채권 | 3,251,831 ② | (대) 현 금 | 3,251,831 ① |
| 20×1.12.31 | (차) 현 금 | 1,000,000 ④ | (대) 이자수익 | 325,183 ③ |
| | | | 리스채권 | 674,817 ⑤ |
| 20×2.12.31 | (차) 현 금 | 1,000,000 ② | (대) 이자수익 | 257,701 ① |
| | | | 리스채권 | 742,299 ③ |

① W

## 04 무보증잔존가치의 검토

IFRS

위의 [예제 3]에서 20×1년 12월 31일 리스기간 종료시점의 추정잔존가치가 ₩80,000으로 변경된 경우 A리스가 20×1년에 당기손익으로 인식할 금액은 얼마인가?

① 이익 ₩325,183 ② 손실 ₩30,052 ③ 이익 ₩295,131
④ 이익 ₩322,451 ⑤ 손실 ₩292,399

**해 답**

(1) 리스제공자의 리스채권 이자수익 : 3,251,831×10%=325,183

(2) 리스제공자의 리스채권손상차손 : (120,000−80,000)×0.75131=(−)30,052

(3) 당기손익효과 : 325,183−30,052=295,131

| 일자 | 차변 | 금액 | 대변 | 금액 |
|---|---|---|---|---|
| 20×1. 1. 1 | (차) 리스채권 | 3,251,831 ② | (대) 현 금 | 3,251,831 ① |
| 20×1.12.31 | (차) 현 금 | 1,000,000 ④ | (대) 이자수익 | 325,183 ③ |
| | | | 리스채권 | 674,817 ⑤ |
| | (차) 리스채권손상차손 | 30,052 ⑥ | (대) 손실충당금 | 30,052 ⑦ |

③ W

### 3. 운용리스의 제공자

(1) 리스기간 개시일

리스기간개시일에 리스대상자산을 운용리스자산으로 인식하며, 운용리스의 협상 및 계약단계에서 발생한 리스개설직접원가는 운용리스자산의 장부금액에 가산

| 리스개시일 | (차) 운용리스자산(원본자산) | ××× | (대) 현 금 | ××× |
|---|---|---|---|---|
| | (차) 운용리스자산(직접원가) | ××× | (대) 현 금 | ××× |

(2) 리스기간 중

① 운용리스료 수익 : 리스기간에 걸쳐 정액기준으로 인식

② 운용리스자산에 대한 감가상각비 : 리스제공자의 운용리스자산의 감가상각은 리스제공자가 소유한 다른 유사자산의 일반 감가상각 정책과 일관성 있게 해당 자산의 내용연수 동안 비용으로 인식

③ 운용리스개설직접원가에 대한 감가상각비 : 운용리스자산의 장부금액으로 인식된 리스개설직접원가는 리스료수익에 대응하여 운용리스기간 동안 비용으로 인식

| 회계기간 말 | (차) 현 금 | ××× | (대) 운용리스료수익 | ××× |
|---|---|---|---|---|
| | (차) 감가상각비 (원본자산) | ××× | (대) 감가상각누계액 | ××× |
| | (차) 감가상각비 (직접원가) | ××× | (대) 감가상각누계액 | ××× |

## 3 리스이용자의 리스회계처리

### 1. 리스이용자의 리스분류

리스이용자는 모든 리스계약에 대하여 기초자산의 사용권을 나타내는 사용권자산과 리스료 지급의무를 나타내는 리스부채를 각각 인식

➡ 리스이용자는 12개월 이하의 단기리스나 $5,000 이하의 소액자산 리스에는 예외적으로 사용권자산과 리스부채를 인식하지 않을 수 있음

| 리스개시일 | 회계처리 없음 | | | |
|---|---|---|---|---|
| 리스지급일 | (차) 리스료비용 | ××× ② | (대) 현 금 | ××× ① |

## 2. 리스이용자의 회계처리

(1) 리스기간개시일

① 리스부채의 인식 : 리스개시일 현재 지급되지 않은 리스료를 내재이자율로 할인한 현재가치로 리스부채를 측정

➠ 리스제공자와는 달리 리스이용자가 리스계약의 내재이자율을 쉽게 산정할 수 없는 경우에는 리스이용자의 증분차입이자율로 리스료를 할인

➠ 리스자산을 반환하는 조건의 계약인 경우 리스이용자의 리스료에 포함되는 금액은 보증잔존가치 전체가 아니라, 잔존가치보증에 따라 리스이용자가 지급할 것으로 예상되는 금액임

② 사용권자산의 인식 : 리스개시일에 사용권자산을 취득원가로 측정하여 인식

➠ 사용권자산의 취득원가 : 선지급 리스료 - 리스인센티브 수령액 + 리스부채의 최초 측정금액 + 리스이용자부담 리스개설직접원가 + 복구원가의 추정치

➠ 사용권자산의 표시방법 : 다른 자산과 구분하여 표시하거나 공시

| 리스개시일 | (차) 사용권자산 | ××× ⑤ | (대) 현　　금 | ××× ① |
|---|---|---|---|---|
| | | | 리스부채 | ××× ② |
| | | | 현　　금 | ××× ③ |
| | | | 복구충당부채 | ××× ④ |
| | ① 리스료 선지급액 - 리스인센티브 수령액 | | ② PV(리스료) by 내재이자율 or 증분차입이자율 | |
| | ③ 리스이용자가 부담한 리스개설직접원가 | | ④ 복구원가 추정액 | |

(2) 리스기간 중

① 이자비용의 인식 : 리스부채에 대하여 유효이자율법을 적용하여 이자비용 인식한 후 정기리스료를 지급하는 회계처리 수행

② 감가상각비의 인식 : 사용권자산에 대하여 유형자산과 동일하게 감가상각비를 인식

➠ 사용권자산 인수시 감가상각 : 감가상각기간은 자산의 내용연수이며, 잔존가치는 기초자산의 내용연수 종료시점의 추정잔존가치를 이용

➠ 사용권자산 반환시 감가상각 : 감가상각기간은 리스기간과 자산의 내용연수 중 짧은 기간이며, 잔존가치는 없음

➠ 재평가모형적용 여부 : 사용권자산이 재평가모형을 적용하는 유형자산의 유형에 관련되는 경우에 그 유형에 관련되는 모든 사용권자산에 재평가모형을 적용하기로 선택할 수 있음

➡ 공정가치모형적용 여부 : 사용권자산이 투자부동산 정의를 충족하고, 투자부동산에 대하여 공정가치모형을 적용하고 있는 경우 사용권자산에도 공정가치모형을 적용함. 이 경우 사용권자산에 대한 감가상각비를 인식하지 않음

(3) 리스기간 종료일

리스계약의 종류에 따라 리스이용자는 리스부채잔액에 해당하는 금액을 현금으로 지급하고 리스자산을 인수하거나, 리스자산을 반환하면서 리스계약을 종료함

## 05 리스이용자의 회계처리

B회사는 A리스로부터 공정가치 ₩3,151,831의 기계장치를 리스하기로 계약하였다. 리스개시일에 A리스가 리스개설과 직접 관련하여 추가로 ₩100,000을 지출하였다. 리스의 계약조건은 다음과 같다. B회사 입장에서 20×2년에 비용으로 인식할 금액과 20×2년 말에 리스부채의 잔액은 얼마인가?

(1) 리스기간은 20×1년 초부터 20×4년 말까지 4년간이고, 리스계약에는 리스이용자의 의사표시에 의하여 리스기간을 1년 연장하는 선택권이 포함되어 있지만, 리스개시일 현재 행사할 가능성은 없다.

(2) 리스료는 리스기간 종료시점까지 매년 말 ₩1,000,000씩 지급하기로 하였으며, 리스개시일 현재 내재이자율은 10%이다.

(3) B회사는 리스기간 종료시 리스자산을 A리스에게 반환하는 조건이며, 추정 잔존가치 ₩120,000 중 ₩50,000을 보증하기로 하였다. 리스자산의 경제적 내용연수는 5년이다.

| 구 분 | 원금의 현가요소 | 연금의 현가요소 |
|---|---|---|
| 4기간 10% | 0.68301 | 3.16987 |
| 4기간 12% | 0.63552 | 3.03735 |

| | 비용인식 | 리스부채 |
|---|---|---|
| ① | ₩1,041,154 | ₩1,735,543 |
| ② | ₩248,686 | ₩1,735,543 |
| ③ | ₩1,041,154 | ₩2,486,850 |
| ④ | ₩248,686 | ₩2,486,850 |
| ⑤ | ₩792,468 | ₩3,169,870 |

**해 답**

(1) 리스개시일 현재 리스이용자의 리스부채 : 1,000,000×3.16987+0×0.68301=3,169,870 ← 리스개시일 현재 리스이용자가 잔존가치보증으로 지급할 예상되는 금액은 없음

(2) 20×2년 이자비용 : (3,169,870×1.1-1,000,000)×10%=248,686

(3) 20×2년 감가상각비 : (3,169,870-0)÷4년=792,468 → 비용인식액 : 248,686+792,468=1,041,154

(4) 20×2년 말 리스부채 : (3,169,870×1.1-1,000,000)×1.1-1,000,000=1,735,543

| 일자 | 차변 | 금액 | 대변 | 금액 |
|---|---|---|---|---|
| 20×1. 1. 1 | (차) 사용권자산 | 3,169,870 ② | (대) 리스부채 | 3,169,870 ① |
| 20×1.12.31 | (차) 이자비용 | 316,987 ② | (대) 현 금 | 1,000,000 ① |
| | 리스부채 | 683,013 ③ | | |
| | (차) 감가상각비 | 792,468 ④ | (대) 감가상각누계액 | 792,468 ⑤ |
| 20×2.12.31 | (차) 이자비용 | 248,686 ② | (대) 현 금 | 1,000,000 ① |
| | 리스부채 | 751,314 ③ | | |
| | (차) 감가상각비 | 792,468 ④ | (대) 감가상각누계액 | 792,468 ⑤ |

① W

## 06 리스이용자의 리스개설직접원가

IFRS

위의 [예제 5]에서 리스이용자인 B회사가 리스개설직접원가로 ₩100,000을 지출하였으며, 리스거래의 내재이자율을 쉽게 산정할 수 없다고 가정하는 경우 리스이용자 입장에서 20×1년에 당기손익으로 인식할 감가상각비와 이자비용의 금액은 얼마인가? 단, B회사의 증분차입이자율은 12%이다.

| | 감가상각비 | 이자비용 | | 감가상각비 | 이자비용 |
|---|---|---|---|---|---|
| ① | ₩792,468 | ₩316,987 | ② | ₩784,338 | ₩364,482 |
| ③ | ₩792,468 | ₩364,482 | ④ | ₩784,338 | ₩316,987 |
| ⑤ | ₩303,735 | ₩784,338 | | | |

**해 답**

(1) 리스개시일의 리스부채 : 1,000,000×3.03735+0×0.63552=3,037,350 ← 증분차입이자율 12% 적용

(2) 리스개시일의 사용권자산 : 3,037,350+100,000=3,137,350

(3) 20×1년 이자비용 : 3,037,350×12%=364,482

(4) 20×1년 감가상각비 : (3,137,350 - 0) ÷ 4년 = 784,338

| | | | | |
|---|---|---|---|---|
| 20×1. 1. 1 | (차) 사용권자산 | 3,137,350 ③ | (대) 리스부채 | 3,037,350 ① |
| | | | 현　　금 | 100,000 ② |
| 20×1.12.31 | (차) 이자비용 | 364,482 ① | (대) 현　　금 | 1,000,000 ② |
| | 리스부채 | 635,518 ③ | | |
| | (차) 감가상각비 | 784,338 ④ | (대) 감가상각누계액 | 784,338 ⑤ |

② W

## 07 리스이용자의 당기손익효과 (세무사 2019) IFRS

20×0년 11월 1일 ㈜세무는 ㈜대한리스로부터 업무용 컴퓨터 서버(기초자산)를 리스하는 계약을 체결하였다. 이 리스거래와 관련하여 ㈜세무가 20×1년에 인식할 이자비용과 사용권자산 상각비의 합계액은?

(1) 리스기간은 20×1년 1월 1일부터 3년이며, 고정리스료는 리스개시일에 지급을 시작하여 매년 ₩500,000씩 총 3회 지급한다.

(2) 리스계약에 따라 ㈜세무는 연장선택권(리스기간을 1년 연장할 수 있으며 동시에 기초자산의 소유권도 리스이용자에게 귀속)을 20×3년 12월 31일에 행사할 수 있으며, 연장된 기간의 리스료 ₩300,000은 20×4년 1월 1일에 지급한다. 리스개시일 현재 ㈜세무가 연장선택권을 행사할 것은 상당히 확실하다.

(3) 20×1년 1월 1일 기초자산인 업무용 컴퓨터 서버(내용연수 5년, 잔존가치 ₩0, 정액법으로 감가상각)가 인도되어 사용 개시되었으며 ㈜세무는 리스개설과 관련된 법률비용 ₩30,000을 동 일자에 지출하였다. ㈜세무의 증분차입이자율은 10%이며, 리스관련 내재이자율은 알 수 없다. 단, 10%의 현가계수는 다음과 같다.

| 기 간 | 단일금액 ₩1의 현재가치 | 정상연금 ₩1의 현재가치 |
|---|---|---|
| 1년 | 0.9091 | 0.9091 |
| 2년 | 0.8264 | 1.7355 |
| 3년 | 0.7513 | 2.4869 |
| 4년 | 0.6830 | 3.1699 |

① ₩408,263　② ₩433,942　③ ₩437,942
④ ₩457,263　⑤ ₩481,047

**해 답**

(1) 20×1년 초 리스료의 현재가치 : 500,000 + 500,000 × 1.7355 + 300,000 × 0.7513 = 1,593,140 ← 연장선택권행사가 확실하므로 리스기간을 4년으로 산정하였으며, 선불리스조건임

(2) 20×1년 초 사용권자산 : 1,593,140 + 30,000 = 1,623,140

(3) 20×1년 이자비용 : (1,593,140 − 500,000) × 10% = 109,314

(4) 20×1년 감가상각비 : 1,623,140 ÷ 5년 = 324,628 ← 소유권이전 확실함

(5) 20×1년 총비용 : 109,314 + 324,628 = 433,942

| | | | | |
|---|---|---|---|---|
| 20×1. 1. 1 | (차) 사용권자산 | 1,623,140 ③ | (대) 현　　금 | 530,000 ① |
| | | | 리스부채 | 1,093,140 ② |
| 20×1.12.31 | (차) 이자비용 | 109,314 ① | (대) 리스부채 | 109,314 ② |
| | (차) 감가상각비 | 324,628 ③ | (대) 감가상각누계액 | 324,628 ④ |

② 

### 3. 리스부채의 재평가 : 기존의 계약조건에 따른 리스료의 변동

(1) 추정의 변경으로 인해 사용기간에 변동이 없는 경우 : 기존할인율을 적용

① 지수나 요율로 인한 변동 : 리스료를 산정할 때 사용한 지수나 요율, 이율의 변동으로 수정리스료가 발생하는 경우

② 보증잔존가치로 인한 변동 : 잔존가치보증에 따라 지급할 것으로 예상되는 금액에 변동으로 수정리스료가 발생하는 경우

➠ 수정리스료를 기존 할인율인 내재이자율로 할인하여 리스부채를 재측정. 수정된 리스부채를 기준으로 리스부채와 사용권자산의 장부금액을 조정

➠ 수정리스료가 변동이자율의 변동으로 생긴 경우에 이자율 변동을 반영하는 수정 할인율을 사용하여 리스부채를 재측정

## 08 기존할인율을 이용하는 리스부채의 재측정

위의 [예제 5]에서 20×1년 말에 리스기간 종료시점인 20×4년 말의 리스자산 잔존가치가 ₩30,000으로 추정되고, 이를 제외한 다른 조건은 모두 동일한 경우 20×1년 말의 리스부채의 잔액은 얼마인가? 단, 20×1년 말 현재 남은기간에 대한 내재이자율인 수정할인율은 8%이며, 관련 현가계수는 다음과 같다.

| 구 분 | 원금의 현가요소 | 연금의 현가요소 |
|---|---|---|
| 3기간 10% | 0.75131 | 2.48685 |
| 3기간 8% | 0.79383 | 2.57710 |

① ₩2,416,066　② ₩2,486,857　③ ₩2,592,977
④ ₩2,501,876　⑤ ₩3,312,130

### 해 답

(1) 조정후 리스부채 (기존 10%적용) : 1,000,000×2.48685+20,000×0.75131=2,501,876 → 리스부채 조정액 : 2,501,876−(3,169,870×1.1−1,000,000)=15,019

(2) 20×2년 이자비용 : 2,501,876×10%=250,188

(3) 조정후 사용권자산 : 3,169,870−792,468+15,019=2,392,421 → 감가상각비 : 2,392,421÷3년=797,474

| | | | | |
|---|---|---|---|---|
| 20×1. 1. 1 | (차) 사용권자산 | 3,169,870 ② | (대) 리스부채 | 3,169,870 ① |
| 20×1.12.31 | (차) 이자비용 | 316,987 ① | (대) 현　　금 | 1,000,000 ② |
| | 리스부채 | 683,013 ③ | | |
| | (차) 감가상각비 | 792,468 ④ | (대) 감가상각누계액 | 792,468 ⑤ |
| 부채재측정 | (차) 사용권자산 | 15,019 ⑦ | (대) 리스부채 | 15,019 ⑥ |
| 20×2.12.31 | (차) 이자비용 | 250,188 ① | (대) 현　　금 | 1,000,000 ② |
| | 리스부채 | 749,812 ③ | | |
| | (차) 감가상각비 | 797,474 ④ | (대) 감가상각누계액 | 797,474 ⑤ |

④

(2) 추정의 변경으로 인해 사용기간에 변동이 있는 경우 : 수정할인율을 이용

① 연장선택권의 행사로 인한 변동 : 리스기간 연장선택권이나 종료선택권의 행사여부에 대한 평가의 변동으로 수정리스료가 발생하는 경우

② 매수선택권의 행사로 인한 변동 : 리스자산 매수선택권의 행사여부에 대한 평가의 변동으로 수정리스료가 발생하는 경우

➡ 수정리스료를 수정할인율인 남은 기간의 내재이자율로 할인하여 리스부채를 재측정. 수정된 리스부채를 기준으로 리스부채와 사용권자산의 장부금액을 조정

➡ 리스의 내재이자율을 쉽게 산정할 수 없는 경우에는 재평가시점의 증분차입이자율을 수정 할인율로 산정가능

## 09 수정할인율을 이용하는 리스부채의 재측정

IFRS

위의 [예제 5]에서 20×1년 말에 리스기간 연장선택권의 행사가 확실해지게 되어 예상 리스기간 종료일은 20×5년 말이 되었다. 이를 제외한 다른 조건은 모두 동일한 경우 20×1년 말의 리스부채의 잔액은 얼마인가? 단, 20×1년 말 현재 남은기간에 대한 내재이자율인 수정할인율은 8%이며, 관련 현가계수는 다음과 같다.

| 구 분 | 원금의 현가요소 | 연금의 현가요소 |
|---|---|---|
| 4기간 10% | 0.68301 | 3.16987 |
| 4기간 8% | 0.73503 | 3.31213 |

① ₩2,416,066　② ₩2,486,857　③ ₩2,592,977
④ ₩2,501,876　⑤ ₩3,312,130

### 해 답

(1) 조정후 리스부채 (수정할인율 8%적용) : 1,000,000×3.31213+0×0.73503=3,312,130 → 리스부채의 조정금액 : 3,312,130-(3,169,870×1.1-1,000,000)=825,273

(2) 20×2년 이자비용 : 3,312,130×8%=264,970

⑶ 조정후 사용권자산 : 3,169,870 − 792,468 + 825,273 = 3,202,675 → 감가상각비 : 3,202,675 ÷ 4년 = 800,669

| | | | | |
|---|---|---|---|---|
| 20×1. 1. 1 | (차) 사용권자산 | 3,169,870 ② | (대) 리스부채 | 3,169,870 ① |
| 20×1.12.31 | (차) 이자비용 | 316,987 ① | (대) 현 금 | 1,000,000 ② |
| | 리스부채 | 683,013 ③ | | |
| | (차) 감가상각비 | 792,468 ④ | (대) 감가상각누계액 | 792,468 ⑤ |
| 부채재측정 | (차) 사용권자산 | 825,273 ⑦ | (대) 리스부채 | 825,273 ⑥ |
| 20×2.12.31 | (차) 이자비용 | 264,970 ① | (대) 현 금 | 1,000,000 ② |
| | 리스부채 | 735,030 ③ | | |
| | (차) 감가상각비 | 800,669 ④ | (대) 감가상각누계액 | 800,669 ⑤ |

⑤ W

⑶ 즉시 당기손익으로 인식하는 경우 : 성과조건부 리스료

리스이용자의 성과나 리스자산의 사용정도에 따라 수정 리스료가 발생하는 경우 리스부채를 재측정하지 않으며, 추가지급액을 즉시 당기손익으로 인식

➡ 변동리스료가 매출액의 일정비율이나 특정 주행거리 초과로 인해 발생한다면 관련 금액을 추정하는 것도 불확실하며, 관련 지급액을 리스이용자의 미래 행위에 따라 회피할 수도 있다. 따라서 이로 인한 리스료의 변동은 리스료의 범주에 포함하지 않으며, 관련 지급액을 즉시 당기손익으로 인식함

[변동리스료의 회계처리]

| 리스료 변동의 원인 | 관련 회계처리 |
|---|---|
| 지수나 요율, 잔존가치보증의 변경 | 수정리스료를 기존의 할인율을 이용하여 리스부채를 재측정 |
| 연장선택권, 매수선택권의 행사가능성 변경 | 수정리스료를 수정된 할인율을 이용하여 리스부채를 재측정 |
| 리스자산 성과나 추가사용으로 인한 변경 | 관련금액을 지급시점에 당기손익으로 인식 |

## 10 리스이용자의 성과에 따른 리스료 (세무사 2019) IFRS

㈜세무는 20×1년 1월 1일에 ㈜한국리스로부터 기초자산A와 기초자산B를 리스하는 계약을 체결하였다. 리스개시일은 20×1년 1월 1일로 리스기간은 3년이며, 리스료는 매년 초 지급한다. 리스 내재이자율은 알 수 없으며 ㈜세무의 20×1년과 20×2년 초 증분차입이자율은 각각 8%와 10%이다. 리스계약은 다음의 변동리스료 조건을 포함한다.

(1) 기초자산A는 리스개시일에 1회차 리스료 ₩50,000을 지급하고, 기초자산 사용으로 발생하는 직전 연도 수익의 1%를 매년 초 추가지급한다.

(2) 기초자산B는 리스개시일 1회차 리스료 ₩30,000을 지급하고, 직전 연도 1년간의 소비자물가지수 변동에 기초하여 2회차 리스료부터 매년 변동한다. 20×0년 말의 소비자물가지수는 120이며, 20×1년 말의 소비자물가지수는 132이다.

| 기간 | 단일금액 ₩1의 현재가치 (할인율 8%) | 단일금액 ₩1의 현재가치 (할인율 10%) |
|---|---|---|
| 1년 | 0.9259 | 0.9091 |
| 2년 | 0.8573 | 0.8264 |
| 3년 | 0.7938 | 0.7513 |

20×1년 기초자산A의 사용으로 ₩200,000의 수익이 발생하였다. 리스료 변동으로 인한 20×1년 말 리스부채 증가금액은?

① ₩5,527　　② ₩5,727　　③ ₩5,778
④ ₩7,727　　⑤ ₩7,778

**해 답**

(1) 20×1년 말에 물가지수로 인한 리스료 변경된 리스료 30,000×132÷120=33,000

(2) 추가된 리스료 : 33,000－30,000=3,000

(3) 리스부채 증가액 : 3,000+3,000×0.9259=5,778 ← 기존 할인율 8% 적용

(4) 기초자산의 사용으로 인해 추가로 발생한 리스료 ₩2,000은 리스부채를 재측정하지 않고, 지급시점에 당기손익으로 인식한다. 20×1년 말 부채의 재측정과 관련된 회계처리는 다음과 같다.

| 부채재측정 | (차) 사용권자산 | 5,778 ② | (대) 리스부채 | 5,778 ① |
|---|---|---|---|---|
| 손익인식 | (차) 수수료비용 | 2,000 ③ | (대) 미지급비용 | 2,000 ④ |

③

## 4 리스계약의 변경

### 1. 별도리스로 분류되는 경우 계약변경

기초자산 사용권이 추가되어 리스의 범위가 확장됨 & 적절한 금액만큼 리스대가가 증액됨 ➠ 리스제공자와 리스이용자 모두 변경전의 리스와 구분하여 별도 리스로 회계처리

별도리스로 분류해야 하는 리스계약변경

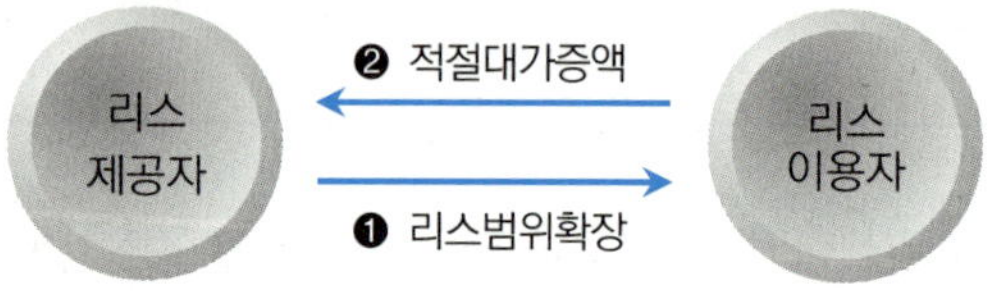


별도리스로 분류하지 않는 리스계약변경

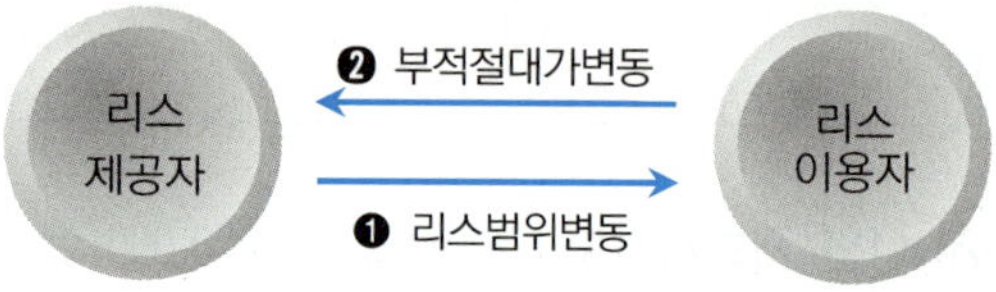


### 2. 별도리스가 아닌 리스제공자의 리스계약변경

| 구 분 | | 관련 회계처리 |
|---|---|---|
| 변경전계약 | 변경후계약 | |
| 금융리스 | 금융리스 | 현금흐름변경을 반영하여 리스채권을 재측정 (금융리스채권 → 금융리스채권) |
| | 운용리스 | 계약변경일부터 새로운 운용리스로 회계처리 (금융리스채권 → 운용리스자산) |
| 운용리스 | 금융리스 | 계약변경일부터 새로운 금융리스로 회계처리 (운용리스자산 → 금융리스채권) |
| | 운용리스 | 계약변경일부터 새로운 운용리스로 회계처리 (운용리스자산 → 운용리스자산) |

➠ 변경전 금융리스에서 변경후 금융리스로 변경되는 경우에는 금융상품기준서의 계약상 현금흐름의 변경 규정에 따라 제거조건 만족여부를 판단하고 리스채권의 재측정을 수행

➠ 변경전 금융리스에서 변경후 운용리스로 변경되는 경우에는 리스변경 유효일 직전의 리스채권을 운용리스자산의 장부금액으로 대체

➠ 변경전 운용리스에서 변경후 금융리스로 변경되는 경우에는 리스변경 유효일 직전의 운용리스자산의 장부금액과 최초 측정된 리스채권과의 차이는 당기손익으로 인식

### 3. 별도리스가 아닌 리스이용자의 리스계약변경

(1) 리스의 범위를 좁히지 않은 경우

리스이용자는 금융리스와 운용리스를 구분하지 않으므로 변경된 리스기간과 리스료를 산정한 후 수정할인율로 수정 리스료를 할인하여 리스부채를 다시 측정하고 사용권자산의 금액을 조정

(2) 리스의 범위를 좁히는 경우

① 1단계 좁힌 효과 인식 : 리스의 일부나 전부의 종료와 해지를 반영하기 위하여 사용권자산과 리스부채를 좁힘비율만큼 감액하며 좁힘에 따른 손익을 인식 ← 사용범위의 축소나 리스기간의 단축

② 2단계 계약변경 인식 : 변경된 리스기간과 리스료를 산정한 후 수정할인율로 수정 리스료를 할인하여 리스부채를 다시 측정하고 사용권자산의 금액을 조정

## 11 계약변경으로 인한 리스범위의 좁힘 (세무사 2021) IFRS

20×1년 1월 1일 ㈜세무는 ㈜한국리스로부터 건물 3개층 모두를 5년 동안 리스하는 계약을 체결하였다. ㈜세무는 리스료로 매년 말 ₩30,000씩 지급하며, 리스 관련 내재이자율은 알 수 없고 증분차입이자율은 5%이다. 20×4년 1월 1일 ㈜세무는 건물 3개층 중 2개층만 사용하기로 ㈜한국리스와 합의하였으며, 남은 기간 동안 매년 말에 ₩23,000씩 지급하기로 하였다. 20×4년 1월 1일 리스 관련 내재이자율은 알 수 없으며, 증분차입이자율은 8%이다. ㈜세무의 리스변경으로 인한 20×4년 말 사용권자산의 장부금액은? 단, 사용권자산의 감가상각은 정액법을 적용하며, 계산금액은 소수점이하 첫째자리에서 반올림한다.

| 기간 | 단일금액 ₩1의 현재가치 | | 정상연금 ₩1의 현재가치 | |
|---|---|---|---|---|
| | 5% | 8% | 5% | 8% |
| 2년 | 0.9070 | 0.8573 | 1.8594 | 1.7833 |
| 5년 | 0.7835 | 0.6806 | 4.3295 | 3.9927 |

① ₩17,318 ② ₩19,232 ③ ₩24,063
④ ₩25,977 ⑤ ₩27,891

## 해 답

(1) 20×1년 초 리스부채 : 30,000×4.3295 = 129,885 ← 할인율 5% 적용

(2) 20×4년 초 리스부채 : 30,000×1.8594 = 55,782 ← 할인율 5% 적용

(3) 20×1년 초 사용권자산 : 129,885 → 20×4년 초 사용권자산 : 129,885 - 129,885×3/5 = 51,954

(4) 20×4년 초 계약변경손익 : 리스부채 감액 55,782×1/3 - 사용권자산 감액 51,954×1/3 = 1,276 → 계약변경으로 리스의 범위를 좁히는 경우에는 좁힘의 회계처리를 수행하여 당기손익으로 인식한 후 리스부채를 재측정한다.

(5) 20×4년 초 재측정한 리스부채 : 23,000×1.7833 = 41,016 ← 계약변경으로 수정할인율 8% 적용

(6) 20×4년 초 리스부채의 조정액 : 변경후 41,016 - 변경전 55,782×2/3 = 3,828

| | | | | | |
|---|---|---|---|---|---|
| 20×1. 1. 1 | (차) 사용권자산 | 129,885 | (대) | 리스부채 | 129,885 |
| | ⋮ | | | ⋮ | |
| 20×4. 1. 1 | (차) 리스부채 | 18,594 ① | (대) | 사용권자산 | 17,318 ② |
| | | | | 리스변경이익 | 1,276 ③ |
| | (차) 사용권자산 | 3,828 ⑤ | (대) | 리스부채 | 3,828 ④ |

**계약변경후 재무상태**

| | | | |
|---|---|---|---|
| 사용권자산(순) | 38,464 | 리스부채 | 41,016 |

(7) 20×4년 말 사용권자산 : 기초금액 38,464 - 감가상각 38,464×1/2 = 19,232

② W

## 5 특수한 형태의 리스

### 1. 판매형금융리스 : 리스제공자가 제조자 또는 판매자인 경우

(1) 리스기간개시일의 손익

① 리스채권 최초 인식액 : PV (리스총투자 : 리스료+무보증잔존가치) By 시장이자율

② 매출수익 인식액 : 리스채권 인식금액 - PV (무보증잔존가치) → 매출한도 : 리스자산 공정가치

③ 매출원가 인식액 : 리스자산 장부금액 - PV (무보증잔존가치)

④ 판매수수료 : 판매형리스의 협상 및 계약단계에서 발생한 원가는 개시일에 즉시 비용인식

[판매형리스의 리스료 계산구조]

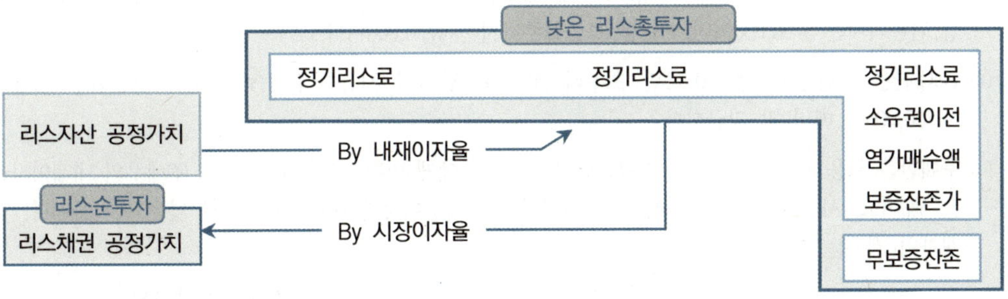


(2) 리스기간 중

① 리스채권에 대하여 유효이자법을 적용하여 이자수익 인식한 후, 정기리스료를 수령하는 회계처리를 수행함

② 리스제공자가 리스자산을 회수하는 조건의 리스계약인 경우에 추정 무보증잔존가치가 감소하여, 리스채권의 회수손실이 예상되는 경우 시장이자율로 할인한 감소금액의 현재가치를 즉시 손상차손으로 인식

| | | | | |
|---|---|---|---|---|
| 리스개시일 | (차) 리스채권 | ××× ① | (대) 매　　출 | ××× ② |
| | 매출원가 | ××× ④ | 재고자산 | ××× ③ |
| | (차) 판매수수료 | ××× ⑥ | (대) 현　　금 | ××× ⑤ |
| | (차) 매　　출 | ××× ⑦ | (대) 매출원가 | ××× ⑧ |
| 리스기간중 | (차) 현　　금 | ××× ② | (대) 이자수익 | ××× ① |
| | | | 리스채권 | ××× ③ |

(3) 리스기간 종료일

리스계약의 종류에 따라 리스제공자는 리스채권 잔액에 해당하는 금액을 현금으로 수령하거나 리스자산을 반환 받으면서 리스계약을 종료함

## 12 판매형 금융리스 (세무사 2025 수정)

㈜세무는 차량운반구를 제조하여 판매하고 있다. ㈜세무는 20×1년 초 ㈜대한에게 차량운반구를 다음과 같은 조건으로 판매하였으며, 차량운반구의 판매는 실질적으로 금융리스에 해당한다. 리스계약단계에서 ㈜세무는 ₩1,000의 비용을 부담하였다.

(1) 차량운반구의 공정가치는 ₩1,404,790이며, 제조원가는 ₩1,000,000이다. 차량운반구의 20×3년 말 예상 잔존가치는 ₩50,000이며, 이 중 보증잔존가치는 ₩30,000이다.

(2) ㈜대한은 차량운반구를 20×1년 초부터 20×3년 말까지 사용한다. ㈜대한은 차량운반구 사용료 ₩500,000을 매년 말 지급한다.

(3) ㈜대한은 사용기간 종료시점에 차량운반구를 ㈜세무에게 반환한다. 20×1년 초 ㈜세무의 내재이자율은 5%이고, 시장이자율은 10%이며, 내재이자율은 시장이자율보다 인위적으로 낮은 이자율이다. 현재가치 계수는 다음과 같다.

| 기 간 | 단일금액 ₩1의 현재가치 | | 정상연금 ₩1의 현재가치 | |
|---|---|---|---|---|
| | 5% | 10% | 5% | 10% |
| 3 | 0.8638 | 0.7513 | 2.7232 | 2.4869 |

차량운반구 판매에 대한 ㈜세무의 회계처리가 20×1년도 당기순이익에 미치는 영향은? 단, 현재가치 계산 시 제시된 현가계수표를 이용한다.

① ₩393,091 증가　② ₩394,091 증가　③ ₩408,117 증가
④ ₩409,117 증가　⑤ ₩423,143 증가

### 해 답

(1) 20×1년 초 리스채권 : 정기리스료 500,000×2.4869+총잔존가치 50,000×0.7513=1,281,015
(2) 20×1년 초 매출수익 : 리스채권 1,281,015−무보증잔존 20,000×0.7513=1,265,989
(3) 20×1년 초 매출원가 : 재고자산 1,000,000−무보증잔존 20,000×0.7513=984,974
(4) 20×1년 초 수수료비용 : 1,000
(5) 20×1년 말 이자수익 : 리스채권 1,281,015×10%=128,102

(6) 20×1년 당기순이익효과 : 매출 1,265,989 - 원가 984,974 - 수수료 1,000 + 이자수익 128,102 = 증가 408,117

| 20×1. 1. 1 | (차) 리스채권 | 1,281,015 ① | (대) 매출수익 | 1,281,015 ② |
|---|---|---|---|---|
| | 매출원가 | 1,000,000 ④ | 재고자산 | 1,000,000 ③ |
| | (차) 판매수수료 | 1,000 ⑥ | (대) 현　　금 | 1,000 ⑤ |
| | (차) 매출수익 | 15,026 ⑦ | (대) 매출원가 | 15,026 ⑧ |
| 20×1.12.31 | (차) 현　　금 | 500,000 ② | (대) 이자수익 | 128,102 ① |
| | | | 리스채권 | 371,898 ③ |

③

## 2. 판매후리스 : 리스이용자가 보유중인 자산을 리스하는 경우

(1) 자산이전이 판매가 아닌 경우 : 담보차입거래로 분류

① 자산판매후 재매입조건이 있는 경우 리스이용자는 이전한 자산을 계속 인식하고, 이전금액인 현금수령액과 같은 금액으로 금융부채를 인식

② 자산구매후 재판매조건이 있는 경우 리스제공자는 이전된 자산을 인식하지 않고, 이전금액인 현금지급액과 같은 금액으로 금융자산을 인식

[리스이용자와 리스제공자 : 판매에 해당하지 않는 경우]

| 리스이용자 | (차) 현　　금 | ××× ① | (대) 금융부채 | ××× ② |
|---|---|---|---|---|
| 리스제공자 | (차) 금융자산 | ××× ② | (대) 현　　금 | ××× ① |

(2) 자산이전이 판매에 해당하는 경우 : 판매자인 리스이용자

① 권리를 이전한 부분 : 구매자인 리스제공자에게 이전한 권리에 관련되는 처분손익 금액만을 당기손익인식

② 권리를 보유한 부분 : 판매된 자산의 종전 장부금액에 비례하여 판매후리스에서 생기는 사용권자산을 측정

➡ 당기손익인식 처분손익 : (판매된 자산공정가치 - 판매된 자산장부금액) × (1 - 리스료의 현재가치 ÷ 판매된 자산공정가치)

➡ 판매가액 〉 공정가치인 경우 : 초과금액은 리스제공자가 리스이용자에게 제공한 추가 금융이므로, 자산처분손익을 계산하기 위한 최초인식 리스부채의 장부금액에서 차감 (예 리스료의 현재가치 - 공정가치 초과액)

➡ 판매가액 〈 공정가치인 경우 : 미달금액은 리스이용자가 리스제공자에게 지급한 리스료의 선급이므로, 자산처분손익을 계산하기 위한 최초인식 리스부채의 장부금액에서 가산 (예 리스료의 현재가치+공정가치 미달액)

**[리스이용자 : 공정가치 판매에 해당하는 경우]**

| 리스개시일 | (차) 현 금 | ××× ② | (대) 차량운반구 | ××× ① |
|---|---|---|---|---|
| | 사용권자산 | ××× ④ | 리스부채 | ××× ③ |
| | | | 자산처분이익 | ××× ⑤ |
| | ① 처분자산의 장부금액<br>③ 리스료의 현재가치<br>⑤ 자산총처분이익×(1 - 리스부채÷자산공정가치) | | ② 처분자산공정가치<br>④ 처분자산장부금액×리스부채÷처분자산공정가치 | |

(3) 자산이전이 판매에 해당하는 경우 : 구매자인 리스제공자

리스제공자 입장에서 자산 취득의 회계처리를 수행하고, 리스이용자와 체결한 리스에 대하여는 리스분류기준에 따라 금융리스나 운용리스로 회계처리

**[리스제공자 : 공정가치 판매에 해당하는 경우]**

| 금융리스시 | (차) 리스채권 | ××× ② | (대) 현 금 | ××× ① |
|---|---|---|---|---|
| 운용리스시 | (차) 운용리스자산 | ××× ② | (대) 현 금 | ××× ① |

## 13 판매후리스

IFRS

A회사는 단기적인 유동성위기를 해결하고자 보유 중인 유형자산을 리스형식으로 유동화하여 사용하려고 한다. 따라서 A회사는 20×1년 초 장부금액 ₩500,000인 기계장치를 B리스에 공정가치인 ₩650,000에 처분하고 즉시 리스계약을 체결하였다. 이러한 리스계약에서 20×1년 리스이용자 손익계산서에 반영되는 총 손익효과는 얼마인가? 단, 10% 3기간 일시금현가계수와 연금현가계수는 각각 0.75131과 2.48685이다.

(1) 판매계약의 체결로 기계장치 소유통제권은 B회사로 이전되었지만, 리스계약의 체결로 인해 리스기간 동안의 사용통제권은 A회사가 보유하고 있다.

(2) 리스계약에는 소유권이전약정이나 염가매수선택권은 없으며, 리스기간 종료시점의 추정잔존가치는 ₩250,000이고 A회사는 이를 전액 보증하였다.

(3) 리스기간은 3년이고 매년 말에 ₩156,825의 정기리스료를 지급하며, 리스제공자가 제시한 내재이자율은 10%이다. 동 기계장치의 잔존내용연수는 5년, 잔존가치는 없고 정액법으로 감가상각한다.

① 증가 ₩60,000　　② 증가 ₩90,000　　③ 감소 ₩39,000
④ 감소 ₩100,000　　⑤ 감소 ₩79,000

### 해 답

(1) 리스부채의 계산 : 156,825 × 2.48685 = 390,000
(2) 미실현된 이익 : (650,000 − 500,000) × (390,000 ÷ 650,000) = 90,000 → 실현된 이익 : 60,000
(3) 사용권자산의 장부금액 : 500,000 × 390,000 ÷ 650,000 = 300,000 → 감가상각비 : 300,000 ÷ 3년 = 100,000
(4) 이자비용 : 390,000 × 10% = 39,000
(5) 20×1년 당기손익 : (+)60,000 − 100,000 − 39,000 = (−)79,000 → 당기손익 감소효과

| 일자 | 차변 | 금액 | 대변 | 금액 |
|---|---|---|---|---|
| 20×1. 1. 1 | (차) 현　　금 | 650,000 ② | (대) 기계장치 | 500,000 ① |
| | 사용권자산 | 300,000 ④ | 리스부채 | 390,000 ③ |
| | | | 유형자산처분이익 | 60,000 ⑤ |
| 20×1.12.31 | (차) 이자비용 | 39,000 ① | (대) 현　　금 | 156,825 ② |
| | 리스부채 | 117,825 ③ | | |
| | (차) 감가상각비 | 100,000 ④ | (대) 사용권자산(감누) | 100,000 ⑤ |

⑤

## 6 전대리스와 부동산리스

### 2차 1. 전대리스의 리스제공자

| 구 분 | | 관련 회계처리 |
|---|---|---|
| 전대리스가 금융리스로 분류시 | 리스개시일 | 사용권자산 제거, 리스채권 인식, 리스부채 계속인식 |
| | 보고기간말 | 리스부채 이자비용, 리스채권 이자수익 인식 |
| 전대리스가 운용리스로 분류시 | 리스개시일 | 사용권자산과 리스부채는 계속 인식 |
| | 보고기간말 | 리스부채 이자비용, 사용권자산 감가상각비, 운용리스료수익 인식 |

➡ 전대리스의 리스분류는 기초자산인 리스대상자산이 아니라 상위리스에서 생기는 사용권자산을 기준으로 금융리스나 운용리스로 분류

➡ 상위리스에서 사용권자산을 인식하지 않는 단기리스를 이용하는 경우에는 중간리스제공자의 전대리스는 운용리스로 분류함. 또한 리스이용자가 자산을 전대리스하는 경우에 상위리스는 소액자산 리스의 예외규정을 적용하지 않음

[전대금융리스 제공자의 회계처리]

| | | | | |
|---|---|---|---|---|
| 상위리스개시 | (차) 사용권자산<br>① 지급리스료의 현재가치 | ××× ② | (대) 리스부채 | ××× ① |
| 전대금융리스 | (차) 리스채권<br><br>① 사용권자산의 장부금액 | ××× ② | (대) 사용권자산<br>사용권자산제거손익<br>② 리스총투자의 현재가치 | ××× ①<br>××× ③ |

전대금융리스 제공자의 보고기간 말의 재무상태

| | | | |
|---|---|---|---|
| 리스채권 | ××× | 리스부채 | ××× |

[전대운용리스 제공자의 회계처리]

| | | | | |
|---|---|---|---|---|
| 상위리스개시 | (차) 사용권자산<br>① 지급리스료의 현재가치 | ××× ② | (대) 리스부채 | ××× ① |
| 전대운용리스 | (차) 사용권자산<br>① 사용권자산의 장부금액 | ××× ② | (대) 사용권자산 | ××× ① |

전대운용리스 제공자의 보고기간 말의 재무상태

| | | | |
|---|---|---|---|
| 사용권자산(운용리스제공) | ××× | 리스부채 | ××× |

## 2차 2. 부동산리스의 리스제공자

| 구 분 | | 관련 회계처리 |
|---|---|---|
| 토지요소의 금액이 중요하지 않은 경우 | | 전체를 건물요소로 병합하여 금융리스나 운용리스로 인식 |
| 토지요소 중요함 | 리스료를 신뢰성 있게 배분가능 | 리스료를 토지와 건물의 요소로 배분하여 각각의 리스인식 |
| | 리스료를 신뢰성 있게 배분불능 | 전체가 운용리스가 아니라면, 금융리스로 병합하여 리스인식 |

➡ 리스료를 토지 요소와 건물 요소에 배분하는 경우 토지와 건물의 상대적 공정가치비율이 아닌 토지와 건물 임차권의 상대적 공정가치비율로 배분하여 각 요소별로 금융리스나 운용리스로 각각 분류

출제경향

| | 2020 | 2021 | 2022 | 2023 | 2024 | 2025 |
|---|---|---|---|---|---|---|
| 회계사 | 1 | 1 | 1 | 1 | 1 | 1 |
| 세무사 | 1 | | 1 | 2 | 1 | |

# 제 18 장 법인세회계

Financial Accounting Workbook

## 1 법인세 회계

### 1. 법인세부담액 회계

(1) 원천징수 및 중간예납시 : 선급법인세의 계정과목으로 자산으로 인식

(2) 보고기간말 : 총법인세 부담액을 법인세비용으로 인식하고 선급법인세와의 차이인 추가납부세액을 당기법인세부채로 인식하며, 환급세액이 존재하면 당기법인세자산으로 인식

(3) 법인세 신고 및 납부일 : 당기법인세부채를 납부하고 부채의 상환으로 회계처리

| | | | | | |
|---|---|---|---|---|---|
| 중간예납일 | (차) 선급법인세 | ×××② | (대) | 현 금 | ×××① |
| 보고기간말 | (차) 법인세비용 | ×××⑤ | (대) | 선급법인세 | ×××③ |
| | | | | 당기법인세부채 | ×××④ |
| 신고납부일 | (차) 당기법인세부채 | ×××⑥ | (대) | 현 금 | ×××⑦ |

[법인세 부담액의 계산 절차]

| 구 분 | 금 액 | |
|---|---|---|
| 결산서상 법인세차감전 이익 | ××× | |
| ± 손익거래 일시적차이 세무조정 | ××× | ➡ 법인세기간간배분 대상 |
| ± 손익거래 영구적차이 세무조정 | ××× | |
| ± 자본거래 영구적차이 세무조정 | | ➡ 법인세기간내배분 대상 |
| = 각사업연도 소득금액 | ××× | |
| - 이월결손금의 공제 | (×××) | ➡ 법인세기간간배분 대상 |
| - 비과세소득과 소득공제 | (×××) | |
| = 과세표준 (과세소득) | ××× | |
| × 법인세율 | 19(9)% | |
| = 산출세액 | ××× | |
| - 세액공제와 세액감면 | (×××) | ➡ 법인세기간간배분 대상 |
| = 총 법인세부담액 (당기법인세) | ××× | |
| - 기납부세액 (선급법인세) | (×××) | |
| = 차감납부할세액 (당기법인세부채) | ××× | |

### 2. 법인세 기간배분 회계

(1) 법인세 기간간 배분 : ±유보소득×법인세율

법인세부담액(당기법인세)을 회계이익에 대응하여 포괄손익계산서에 법인세비용으로 배분하는 인식의 시기를 조정해주는 과정

(2) 법인세 기간내 배분 : ±기타소득×법인세율

법인세비용을 계속영업손익에 대한 법인세비용과 중단사업에 대한 법인세비용, 기타포괄손익이나 자본에 직접 인식되는 거래나 사건에 대한 법인세비용으로 배분하여, 법인세를 발생원인별로 인식의 범위를 조정하는 과정

| 구분 | 차변 | | 대변 | |
|---|---|---|---|---|
| 법인세<br>기간간배분 | (차) 법인세비용 | ××× | (대) 선급법인세 | ××× |
| | 이연법인세자산 | ××× | 당기법인세부채 | ××× |
| | | | 이연법인세부채 | ××× |
| 법인세<br>기간간배분<br>+<br>기간내배분 | (차) 법인세비용 | ××× | (대) 선급법인세 | ××× |
| | 중단영업손익 | ××× | 당기법인세부채 | ××× |
| | 기타포괄손익 | ××× | 이연법인세부채 | ××× |
| | 미처분이익잉여금 | ××× | | |
| | 자본잉여금 | ××× | | |
| | 이연법인세자산 | ××× | | |

## 2 법인세 기간간배분 회계

### 1. 법인세 기간간배분 회계의 절차

(1) 세법의 규정에 따라 당기법인세를 산정

회계이익에서 출발하여 세무조정을 반영하여 과세소득을 산정한 후 세율을 적용하여 당기법인세를 계산한 후 선급법인세 상계액과 당기법인세부채 추가인식 금액을 결정

➡ 당기법인세효과 : (법인세차감전 회계이익 ± 영구적차이조정 ± 일시적차이조정) × 당기법인세율

(2) 일시적차이의 변동으로 인한 이연법인세의 변동금액을 산정

기말의 법인세 이연효과를 산정한 후 기초의 법인세 이연효과와 비교하여 이연법인세자산과 이연법인세부채의 변동금액을 회계처리함

➠ 기초 이연법인세자산·부채 : 기초기준 차감(가산)할 일시적차이 × 기초법인세율

➠ 기말 이연법인세자산·부채 : 기말기준 차감(가산)할 일시적차이 × 기말법인세율

➠ 이연법인세자산·부채의 변동효과 : 기말 이연법인세자산·부채 − 기초 이연법인세자산·부채

(3) 법인세비용의 산정

과세소득을 기준으로 산정된 당기법인세효과에 일시적 차이의 변동금액을 기준으로 산정된 이연법인세 증감효과를 가감하여 포괄손익계산서에 인식되는 법인세비용을 산정함

➠ 포괄손익계산서상 법인세비용 : 당기법인세효과 ± 이연법인세자산·부채의 변동효과

➠ 법인세기간배분 결과 인식된 법인세비용과 법인세차감전회계이익을 나눈 값인 유효세율을 주석으로 공시함

[법인세기간간배분의 회계처리]

| | | | | |
|---|---|---|---|---|
| 보고기간말 | (차) 법인세비용 | ××× | (대) 선급법인세 | ×××[*1] |
| | 이연법인세자산(부채) | ×××[*2] | 당기법인세부채 | ×××[*1] |
| | [*1] 당기법인세효과 | | [*2] 이연법인세자산·부채의 기초 대비 기말 변동액 | |

## 2. 보고기간 말 이연법인세자산 : 한도내의 금액만 인식

(1) 이연법인세자산의 계산 : 보고기간 말 차감가능한 차감할 일시적차이 × 소멸시점의 예상세율

[차감할 일시적차이의 사례]

| 구 분 | 현재소득 조정 | 미래소득 조정 | 적용세율 | 이연법인세 |
|---|---|---|---|---|
| 매출채권 대손상각비 한도초과 | 손불산입 · (+)유보 | 손금산입 · (-)유보 | 미래세율 | 이연법인세자산 |
| 외화환산거래로 인한 환산손실 | 손불산입 · (+)유보 | 손금산입 · (-)유보 | 미래세율 | 이연법인세자산 |
| 재고자산 평가손실 한도초과 | 손불산입 · (+)유보 | 손금산입 · (-)유보 | 미래세율 | 이연법인세자산 |
| 유형자산 감가상각비 한도초과 | 손불산입 · (+)유보 | 손금산입 · (-)유보 | 미래세율 | 이연법인세자산 |
| 확정급여부채 퇴직급여 한도초과 | 손불산입 · (+)유보 | 손금산입 · (-)유보 | 미래세율 | 이연법인세자산 |
| 손실충당부채로 인식한 관련손실 | 손불산입 · (+)유보 | 손금산입 · (-)유보 | 미래세율 | 이연법인세자산 |

(2) 이연법인세자산의 인식요건 : 차감가능한 과세소득을 한도로 함

① 차감할 일시적차이가 차감될 수 있는 충분한 과세소득의 발생가능성

② 차감할 일시적차이가 차감될 수 있는 충분한 가산할 일시적차이의 존재

③ 차감할 일시적차이가 차감될 수 있는 적절한 세무정책의 존재

(3) 이연법인세자산의 손상과 환입

① 차감가능한 과세소득의 발생가능성이 없는 경우 : 장부상 인식된 이연법인세자산을 손상시켜 법인세비용으로 인식

② 차감가능한 과세소득의 발생가능성이 높아진 경우 : 손상된 이연법인세자산의 장부금액을 증가시키며 이를 부의법인세비용으로 인식

[이연법인세자산 손상의 회계처리]

| 구분 | 회계처리 |
| --- | --- |
| 자산손상 | (차) 법인세비용(손상) ××× (대) 이연법인세자산 ×××[*1]<br>[*1] 차감할 일시적차이×예상세율 〉 예상과세소득×예상세율 |
| 자산환입 | (차) 이연법인세자산 ×××[*2] (대) 법인세비용(환입) ×××<br>[*2] 차감할 일시적차이×예상세율 〈 예상과세소득×예상세율 |

## 3. 보고기간 말 이연법인세부채 : 한도없이 인식

(1) 이연법인세부채의 계산 : 보고기간 말 가산할 일시적차이 × 소멸시점의 예상세율

[가산할 일시적차이의 사례]

| 구 분 | 현재소득 조정 | 미래소득 조정 | 적용세율 | 이연법인세 |
| --- | --- | --- | --- | --- |
| 미수이자로 인한 이자수익 | 익불산입 · (-)유보 | 익금산입 · (+)유보 | 미래세율 | 이연법인세부채 |
| 할부거래로 인한 매출수익 | 익불산입 · (-)유보 | 익금산입 · (+)유보 | 미래세율 | 이연법인세부채 |
| 외화환산거래로 인한 환산이익 | 익불산입 · (-)유보 | 익금산입 · (+)유보 | 미래세율 | 이연법인세부채 |
| 공정가치측정 금융자산의 평가이익 | 익불산입 · (-)유보 | 익금산입 · (+)유보 | 미래세율 | 이연법인세부채 |
| 조세특례제한법상의 준비금 | 손금산입 · (-)유보 | 익금산입 · (+)유보 | 미래세율 | 이연법인세부채 |
| 일시상각충당금의 전입 | 손금산입 · (-)유보 | 익금산입 · (+)유보 | 미래세율 | 이연법인세부채 |

2차 ➡ 사업결합에서 영업권을 최초로 인식할 때 발생하는 가산할 일시적차이에 대하여는 이연법인세부채를 인식하지 않음. 영업권은 잔여금액으로 측정되므로 영업권에 대한 이연법인세부채의 인식은 다시 영업권의 장부금액을 증가시키기 때문임

## 01 법인세기간간배분의 기초

A회사의 20×1년 법인세비용차감전순이익은 ₩200,000이고, 법인세율은 20%이다. 20×1년의 세무조정사항은 다음과 같으며, 차감할 일시적 차이의 실현가능성은 거의 확실하다고 가정한다. 이 경우 20×2년부터 세율이 20%인 경우와 30%인 경우로 구분하여, A회사가 20×1년에 인식할 법인세비용을 각각 계산하면 얼마인가? 단, 이연법인세자산과 부채는 상계의 요건을 만족하지 않는다고 가정한다.

| | |
|---|---:|
| 감가상각비 한도초과액 | ₩50,000 |
| 단기매매증권평가이익의 부인액 | 20,000 |
| 대손충당금 한도초과액 | 10,000 |
| 세법상 손금으로 인정되는 준비금 | 60,000 |
| 접대비 한도초과액 | 30,000 |

| | 20%인 경우 | 30%인 경우 |
|---|---|---|
| ① | ₩46,000 | ₩46,000 |
| ② | ₩48,000 | ₩48,000 |
| ③ | ₩46,000 | ₩48,000 |
| ④ | ₩48,000 | ₩46,000 |
| ⑤ | ₩40,000 | ₩40,000 |

### 해 답

(1) 20×1년 법인세효과의 분석 : 미래 세율이 20%인 경우

| | 20×1 | 20×2 이후 | | 기 초 |
|---|---:|---:|---|---|
| 회계이익 | 200,000 | | | - |
| + 감가상각비한도초과 | 50,000 | (50,000) | | |
| - 단기증권평가이익부인 | (20,000) | 20,000 | | |
| + 대손충당금 한도초과 | 10,000 | (10,000) | | |
| - 준비금인식 | (60,000) | 60,000 | | |
| + 접대비한도초과 | 30,000 | - | | |
| = 과세소득 | 210,000 | 20,000 | | |
| × 법인세율 | 20% | 20% | | 기 말 |
| = 법인세부담액 | 42,000 | 4,000 | = | 순부채 4,000 |

| 20×1.12.31 | (차) 법인세비용 | 46,000 | (대) 당기법인세부채 | 42,000 |
|---|---|---|---|---|
| | 이연법인세자산 | 12,000 | 이연법인세부채 | 16,000 |

⑵ 20×1년 법인세효과의 분석 : 미래 세율이 30%인 경우

| | 20×1 | 20×2이후 | 기 초 |
|---|---|---|---|
| 회계이익 | 200,000 | | - |
| + 감가상각비한도초과 | 50,000 | (50,000) | |
| - 단기증권평가이익부인 | (20,000) | 20,000 | |
| + 대손충당금 한도초과 | 10,000 | (10,000) | |
| - 준비금인식 | (60,000) | 60,000 | |
| + 접대비한도초과 | 30,000 | - | |
| = 과세소득 | 210,000 | 20,000 | |
| × 법인세율 | 20% | 30% | 기 말 |
| = 법인세부담액 | 42,000 | 6,000 | = 순부채 6,000 |

| 20×1.12.31 | (차) 법인세비용 | 48,000 | (대) 당기법인세부채 | 42,000 |
|---|---|---|---|---|
| | 이연법인세자산 | 18,000 | 이연법인세부채 | 24,000 |

③

## 02 다기간에서의 법인세기간간배분

IFRS

A회사의 20×1년도와 20×2년도의 세무조정과 관련된 자료는 다음과 같으며, 이외의 세무조정사항은 없다. 이연법인세자산과 이연법인세부채는 상계의 요건을 만족하지 않는 것으로 가정한다. 이 경우 20×2년도의 기말재무상태표상 이연법인세자산과 이연법인부채는 각각 얼마인가?

⑴ 20×1년도에 익금불산입 되었던 할부판매수익(매출총이익) ₩60,000은 20×2년부터 3년간에 걸쳐 ₩20,000씩 익금산입 될 예정이다.

⑵ 20×2년도에 손금불산입 항목은 접대비한도초과액 ₩40,000과 당기손익 공정가치 측정 금융자산의 평가손실 ₩80,000이다. 금융자산은 20×3년도에 처분될 예정이다.

⑶ 20×2년도 세전회계이익은 ₩300,000이며, 향후 3년간 세전회계이익은 ₩300,000으로 예상된다. 세율은 모두 30%로 예상된다.

| | 이연법인세자산 | 이연법인세부채 | | 이연법인세자산 | 이연법인세부채 |
|---|---|---|---|---|---|
| ① | ₩18,000 | ₩12,000 | ② | ₩12,000 | ₩18,000 |
| ③ | ₩12,000 | 없음 | ④ | 없음 | ₩24,000 |
| ⑤ | ₩24,000 | ₩12,000 | | | |

## 해 답

(1) 20×2년 법인세효과의 분석

| | 20×2년 | 20×3년 | 20×4년 | 기 초 |
|---|---|---|---|---|
| 회계이익 | 300,000 | | | 순부채 18,000 |
| + 할부판매추인 | 20,000 | 20,000 | 20,000 | |
| + 접대비한도초과 | 40,000 | - | - | |
| + 당기평가손실부인 | 80,000 | (80,000) | - | |
| = 과세소득 | 440,000 | (60,000) | 20,000 | |
| × 법인세율 | 30% | 30% | 30% | 기 말 |
| = 법인세부담액 | 132,000 | (18,000) | 6,000 | = 순자산(12,000) |

(2) 기말의 이연법인세부채 : 40,000×30%=12,000 → 이연법인세부채의 감소 : 6,000

(3) 기말의 이연법인세자산 : 80,000×30%=24,000 → 이연법인세자산의 증가 : 24,000

(4) 법인세관련 회계처리

| | | | | |
|---|---|---|---|---|
| 20×2.12.31<br>(총액분개) | (차) 법인세비용<br>이연법인세부채<br>이연법인세자산 | 102,000<br>6,000<br>24,000 | (대) 당기법인세부채 | 132,000 |
| 20×2.12.31<br>(상계분개) | (차) 법인세비용<br>이연법인세부채<br>이연법인세자산 | 102,000<br>18,000<br>12,000 | (대) 당기법인세부채 | 132,000 |

⑤

## 03 이연법인세자산의 손상

위의 [예제 2]에서 20×3년의 세무조정 반영전 예상소득금액이 ₩50,000이며, 이에 따라 예상납부세액이 ₩15,000인 경우 20×2년의 법인세비용은 얼마인가?

① ₩43,000 ② ₩46,000 ③ ₩105,000
④ ₩52,000 ⑤ ₩55,000

**해 답**

(1) 20×3년 말 귀속 이연법인세자산의 손상차손 : 10,000×30% = 3,000
(2) 법인세비용 : 102,000 + 3,000 = 105,000
(3) 법인세관련 회계처리

| | | | | |
|---|---|---|---|---|
| 20×2.12.31<br>(총액분개) | (차) 법인세비용 | 102,000 | (대) 당기법인세부채 | 132,000 |
| | 이연법인세부채 | 6,000 | | |
| | 이연법인세자산 | 24,000 | | |
| | (차) 법인세비용 | 3,000 | (대) 이연법인세자산 | 3,000 |
| 20×2.12.31<br>(상계분개) | (차) 법인세비용 | 102,000 | (대) 당기법인세부채 | 132,000 |
| | 이연법인세부채 | 18,000 | | |
| | 이연법인세자산 | 12,000 | | |
| | (차) 법인세비용 | 3,000 | (대) 이연법인세자산 | 3,000 |

③

### 4. 법인세 기간간배분 회계의 특수상황

(1) 소득금액을 기준으로 법인세효과의 산정시 적용할 세율

① 일시적차이에 적용되는 세율이 변경되는 경우 : 일시적차이가 소멸하는 기간의 확정된 미래세율을 적용하여 계산

② 일시적차이에 적용되는 세율이 누진세율인 경우 : 일시적차이가 소멸하는 기간의 평균세율을 적용하여 계산

③ 일시적차이와 관련된 자산과 부채의 처리방법에 따라 세율이 달라지는 경우 : 당해 자산과 부채의 예상처리방법에 따라 세율을 달리 적용하여 계산

(2) 법인세관련 자산과 부채의 재무상태표 표시

① 당기법인세자산과 당기법인세부채 : 상계의 요건을 만족하는 경우 당기법인세자산과 당기법인세부채를 상계하여 유동자산(부채)로 공시

➡ 당기법인세자산과 부채의 상계요건 : ① 법적으로 집행가능한 상계권리를 가지고 있으며, ② 순액으로 결제하거나, 자산을 실현하는 동시에 부채를 결제할 의도가 있음

② 이연법인세자산과 이연법인세부채 : 상계의 요건을 만족하는 경우 이연법인세자산과 이연법인세부채를 상계하여 비유동자산(부채)로 공시

➡ 이연법인세자산과 부채의 상계요건 : ① 당기법인세자산과 당기법인세부채를 상계할 수 있는 법적으로 집행가능한 권리를 가지고 있으며, ② 동일한 과세당국에 의해서 부과되는 법인세와 관련되어 있는 경우

(3) 현재가치적용의 여부

비유동항목인 이연법인세자산과 이연법인세부채에 대해서는 금융요소를 분리시키는 현재가치할인을 배제함

## 5. 미사용세무상 결손금과 세액공제

| 구 분 | | 관련 회계처리 |
|---|---|---|
| 결손금의 공제 | 결손금소급공제를 하는 경우 | 당기법인세자산을 인식하고 법인세비용을 차감함 |
| | 결손금이월공제를 하는 경우 | 이연법인세자산을 인식하고 법인세비용을 차감함 |
| 세액의 공제 | 당기세액공제를 하는 경우 | 당기법인세부채를 차감하고 법인세비용을 차감함 |
| | 이월세액공제를 하는 경우 | 이연법인세자산을 인식하고 법인세비용을 차감함 |

[결손금 소급공제와 이월공제]

| | | | | | |
|---|---|---|---|---|---|
| 소급공제시 | (차) 당기법인세자산<br>*1 소급공제신청액×과거세율 | ××× *1 | (대) | 법인세비용(수익) | ××× |
| 이월공제시 | (차) 이연법인세자산<br>*2 이월공제예상액×미래세율 | ××× *2 | (대) | 법인세비용(수익) | ××× |
| 당기세액공제 | (차) 당기법인세부채 | ××× | (대) | 법인세비용(수익) | ××× |
| 이월세액공제 | (차) 이연법인세자산 | ××× | (대) | 법인세비용(수익) | ××× |

## 04 결손금의 이월공제와 소급공제

IFRS

20×1년에 설립한 A회사는 20×1년과 20×2년, 20×3년의 법인세차감전손익은 각각 이익 ₩300,000, 손실 ₩700,000, 이익 ₩1,200,000이다. 회계이익은 과세소득과의 차이가 없다. 결손금의 소급공제와 이월공제가 가능한 경우 아래의 설명 중 틀린 설명은 무엇인가? (단, 세율은 30%로 일정하다.)

① 20×1년 법인세비용은 ₩90,000이다.
② 20×2년 말 당기법인세자산은 ₩90,000이다.
③ 20×2년 당기순손실은 ₩610,000이다.
④ 20×3년 당기법인세(법인세부담액)는 ₩240,000이다.
⑤ 20×3년 당기순이익은 ₩840,000이다.

### 해 답

(1) 20×1년 법인세부담액 : 300,000 × 30% = 90,000
(2) 20×2년 소급공제로 인한 법인세환급액 : (-)300,000 × 30% = (-)90,000
(3) 20×2년 이월공제로 인한 이연법인세자산 : (-)400,000 × 30% = (-)120,000
(4) 20×2년 당기손익 : (-)700,000 + 210,000 = (-)490,000
(5) 20×3년 법인세부담액 : (1,200,000 - 400,000) × 30% = 240,000
(6) 20×3년 당기손익 : 1,200,000 - 360,000 = 840,000

| 일자 | 차변 | | | 대변 | | |
|---|---|---|---|---|---|---|
| 20×1.12.31 | (차) | 법인세비용 | 90,000 | (대) | 당기법인세부채 | 90,000 |
| 20×2.12.31 | (차) | 당기법인세자산 | 90,000 | (대) | 법인세비용 | 210,000 |
| | | 이연법인세자산 | 120,000 | | | |
| 20×3.12.31 | (차) | 법인세비용 | 360,000 | (대) | 당기법인세부채 | 240,000 |
| | | | | | 이연법인세자산 | 120,000 |

③

## 3 법인세 기간내 배분

### 1. 손익거래에 대한 법인세효과의 기간내 배분

(1) 당기손익에 대한 기간내 배분

① 정상활동손익 관련 법인세효과 : 정상활동손익의 구성요소는 법인세효과 반영 전 금액으로 표시하고, 각 항목들에 관련된 법인세효과는 단일 금액으로 합산하여 포괄손익계산서에 별도의 계정으로 공시

② 중단영업손익 관련 법인세효과 : 법인세효과를 관련 중단영업손익과 직접상계하여 포괄손익계산서에 순액으로 공시

(2) 기타포괄손익에 대한 기간내 배분 (아래의 두가지 방법 모두 가능함)

① 총액으로 공시하는 경우 : 기타포괄손익의 구성요소는 관련된 법인세효과 반영 전 금액으로 표시하고, 각 항목들에 관련된 법인세효과는 단일 금액으로 합산하여 별도의 계정으로 공시

② 순액으로 공시하는 경우 : 법인세효과를 관련 기타포괄손익과 직접상계하여 포괄손익계산서에 순액으로 공시

(3) 전기이월손익에 대한 기간내 배분

전기이월손익(예 전기오류수정과 회계변경의 누적효과)과 관련된 법인세효과를 관련 전기이월미처분이익잉여금과 직접상계하여 재무상태표에 순액으로 공시

### 2. 자본거래에 대한 법인세효과의 기간내 배분

(1) 자본거래이익에 대한 기간내 배분

자본잉여금(예 자기주식처분이익)과 관련된 법인세효과를 관련 자본잉여금과 직접상계하여 재무상태표에 순액으로 공시

(2) 자본거래손실에 대한 기간내 배분

자본조정(예 자기주식처분손실)과 관련된 법인세효과를 관련 자본조정과 직접상계하여 재무상태표에 순액으로 공시

[자본의 구성항목에 따른 법인세효과의 인식]

| 자본의 구성요소 | | 과세대상여부 | 법인세효과의 인식(기간내배분) |
|---|---|---|---|
| 납 입 자 본 | 자 본 금 | 과세대상아님 | 해당사항없음 |
| | 자본잉여금 | 일부과세대상 | 당해 자본잉여금에 직접 가감함 |
| 기 타 자 본 | 자본조정항목 | 일부과세대상 | 당해 자본조정에 직접 가감함 |
| | 기타포괄손익 | 과 세 대 상 | 당해 기타포괄손익에 직접가감함(별도표시 가능) |
| 이익잉여금 | 전기이월손익 | 과 세 대 상 | 당해 전기이월 미처분이익잉여금에 직접 가감함 |
| | 중단영업이익 | 과 세 대 상 | 당해 중단영업이익에 직접 가감함 |
| | 계속영업이익 | 과 세 대 상 | 법인세비용의 계정으로 별도 표시함 |

## 05 자본거래이익에 대한 법인세 기간내배분

IFRS

A회사의 20×1년도와 20×2년도의 세무조정과 관련된 자료는 다음과 같으며, 이외의 세무조정사항은 없다. 이연법인세자산과 이연법인세부채는 상계의 요건을 만족한다고 가정한다. 20×2년도의 법인세비용과 기말재무상태표상 이연법인세자산·부채는 얼마인가?

(1) 20×1년도에 익금불산입 되었던 할부판매수익(매출총이익) ₩60,000은 20×2년부터 3년간에 걸쳐 ₩20,000씩 익금산입 될 예정이다.

(2) 20×2년도에 손금불산입 항목은 접대비한도초과액 ₩40,000과 당기손익 공정가치 측정 금융자산의 평가손실 ₩80,000이다. 금융자산은 20×3년도에 처분될 예정이다.

(3) 20×2년 중에 ₩50,000에 취득한 자기주식을 ₩80,000에 처분하였다.

(4) 20×2년도 세전이익은 ₩300,000이며, 향후 3년간 세전이익은 ₩300,000으로 예상된다. 세율은 모두 30%로 예상된다.

| | 법인세비용 | 이연법인세 | | 법인세비용 | 이연법인세 |
|---|---|---|---|---|---|
| ① | ₩ 79,000 | 부채 ₩11,000 | ② | ₩ 79,000 | 자산 ₩12,000 |
| ③ | ₩ 79,000 | 부채 ₩18,000 | ④ | ₩102,000 | 부채 ₩11,000 |
| ⑤ | ₩102,000 | 자산 ₩12,000 | | | |

해 답

(1) 20×2년 법인세효과의 분석

| | 20×2년 | 20×3년 | 20×4년 | 기 초 |
|---|---|---|---|---|
| 회계이익 | 300,000 | | | 순부채 18,000 |
| + 할부판매추인 | 20,000 | 20,000 | 20,000 | |
| + 접대비한도초과 | 40,000 | – | – | |
| + 당기평가손실부인 | 80,000 | (80,000) | – | |
| + 자기주식처분이익 | 30,000 | | | |
| = 과세소득 | 470,000 | (60,000) | 20,000 | |
| × 법인세율 | 30% | 30% | 30% | 기 말 |
| = 법인세부담액 | 141,000 | (18,000) | 6,000 = | 순자산(12,000) |

(2) 기말의 이연법인세부채 : 40,000×30%=12,000 → 이연법인세부채의 감소 : 6,000

(3) 기말의 이연법인세자산 : 80,000×30%=24,000 → 이연법인세자산의 증가 : 24,000

| | | | | |
|---|---|---|---|---|
| 20×2.12.31<br>(총액분개) | (차) 법인세비용<br>자기주식처분이익<br>이연법인세부채<br>이연법인세자산 | 102,000<br>9,000<br>6,000<br>24,000 | (대) 당기법인세부채 | 141,000 |
| 20×2.12.31<br>(상계분개) | (차) 법인세비용<br>자기주식처분이익<br>이연법인세부채<br>이연법인세자산 | 102,000<br>9,000<br>18,000<br>12,000 | (대) 당기법인세부채 | 141,000 |

⑤

## 06 기타포괄손익에 대한 법인세 기간내배분

IFRS

A회사는 20×1년 초에 기타포괄금융자산을 ₩1,500,000에 취득하였다. 상기 기타포괄금융자산은 채무상품으로 20×1년 말의 공정가치는 ₩2,000,000이며, 20×2년 말에 ₩2,300,000에 현금처분하였다. 법인세율이 30%인 경우 이에 대한 설명으로 옳지 않은 것은 무엇인가?

① 위의 사항은 이연법인세에 대한 기간내배분과 관련된 것이다.

② 20×1년 말 재무상태표에 기타포괄금융자산 평가이익의 누계액은 ₩350,000이다.

③ 20×1년 포괄손익계산서의 포괄손익효과는 ₩350,000이다.

④ 기타포괄금융자산평가이익에 대한 법인세효과 ₩150,000은 기타포괄금융자산평가이익에서 직접 차감하여 공시하여야만 한다.

⑤ 20×2년 말 기타포괄금융자산의 처분으로 인한 당기손익은 ₩560,000만큼 증가하며, 기타포괄손익은 ₩350,000만큼 감소한다.

## 해 답

(1) 기타포괄손익은 관련 법인세효과를 차감한 순액으로 표시하거나, 기타포괄손익의 구성요소와 관련된 법인세효과 반영 전 금액으로 표시하고 각 항목들에 관련된 법인세효과는 단일 금액으로 합산하여 표시할 수 있다.

(2) 20×1년 말과 20×2년 말의 회계처리

| 일자 | 차변 | 금액 | 대변 | 금액 |
|---|---|---|---|---|
| 20×1.12.31 | (차) 기타포괄금융자산 | 500,000 | (대) 기타포괄평가이익 | 500,000 |
| | (차) 기타포괄평가이익 | 150,000 ② | (대) 이연법인세부채 | 150,000 ① |
| 20×2.12.31 | (차) 현 금 | 2,300,000 | (대) 기타포괄금융자산 | 2,000,000 |
| | | | 금융자산처분이익 | 300,000 |
| | (차) 기타포괄평가이익 | 500,000 | (대) 금융자산처분이익 | 500,000 |
| | (차) 이연법인세부채 | 150,000 ② | (대) 당기법인세부채 | 240,000 ① |
| | 법인세비용 | 240,000 ④ | 기타포괄평가이익 | 150,000 ③ |

(3) 만약에, 재분류조정을 수행하는 기타포괄금융자산이 아닌 재분류조정을 수행하지 않는 재평가모형을 적용하는 토지인 경우 회계처리는 다음과 같다.

| 일자 | 차변 | 금액 | 대변 | 금액 |
|---|---|---|---|---|
| 20×1.12.31 | (차) 토 지 | 500,000 | (대) 재평가잉여금 | 500,000 |
| | (차) 재평가잉여금 | 150,000 ② | (대) 이연법인세부채 | 150,000 ① |
| 20×2.12.31 | (차) 현 금 | 2,300,000 | (대) 토 지 | 2,000,000 |
| | | | 유형자산처분이익 | 300,000 |
| | (차) 재평가잉여금 | 500,000 | (대) 미처분이익잉여금 | 500,000 |
| | (차) 이연법인세부채 | 150,000 ② | (대) 당기법인세부채 | 240,000 ① |
| | 미처분이익잉여금 | 150,000 ④ | 재평가잉여금 | 150,000 ③ |
| | 법인세비용 | 90,000 ⑤ | | |

④

출제경향

| | 2020 | 2021 | 2022 | 2023 | 2024 | 2025 |
|---|---|---|---|---|---|---|
| 회계사 | 1 | 1 | 1 | | 2 | 1 |
| 세무사 | | | 1 | 1 | 1 | |

# 제 19 장 회계변경과 오류수정

Financial Accounting Workbook

## 1 회계변경과 오류수정의 의의

### 1. 회계변경

(1) 회계정책의 적용

① 거래, 기타 사건 또는 상황에 한국채택국제회계기준을 구체적으로 적용하는 경우, 그 항목에 적용되는 회계정책은 한국채택국제회계기준을 적용하여 결정

② 거래, 기타 사건 또는 상황에 대하여 구체적으로 적용할 수 있는 한국채택국제회계기준이 없는 경우 내용상 유사한 한국채택국제회계기준의 규정을 선순위로 적용하고, 재무보고를 위한 개념체계를 후순위로 적용

➡ 회계정책의 적용 효과가 중요하지 않으면 한국채택국제회계기준에 의한 회계정책을 적용하지 않을 수 있음 (예 소모품의 구입시 비용인식)

➡ 기업의 재무상태, 재무성과 또는 현금흐름을 특정한 의도대로 표시하기 위하여 한국채택국제회계기준에 위배된 회계정책을 적용하는 것은 그것이 중요하지 않더라도 적절하지 않음

(2) 회계정책의 변경

① 재무제표의 작성과 보고에 적용하던 회계정책을 다른 회계정책으로 변경하는 것

② 한국채택국제회계기준에서 회계정책의 변경을 요구하거나 회계정책의 변경을 반영한 재무제표가 신뢰성 있고 더 목적적합한 정보를 제공하는 경우에 한하여 변경 허용

➡ 과거에 발생한 거래와 실질이 다른 거래, 기타 사건 또는 상황에 대하여 다른 회계정책을 적용하거나, 과거에 발생하지 않았거나 발생하였어도 중요하지 않았던 거래, 기타 사건 또는 상황에 대하여 새로운 회계정책을 적용하는 것은 회계정책의 최초적용이므로 회계정책의 변경이 아님

➡ 측정기준의 변경은 회계추정의 변경이 아니라 회계정책의 변경에 해당

**참고 회계정책변경의 사례**

(1) 재고자산원가에 대한 원가흐름가정의 변경 : 선입선출법 ➔ 가중평균법
(2) 투자부동산에 대한 측정기준의 변경 : 원가모형 ➔ 공정가치모형
(3) 유형자산에 대한 측정기준의 변경 : 원가모형 ➔ 재평가모형

(3) 회계추정의 변경

당초 추정의 근거가 되었던 상황의 변화, 새로운 정보의 획득, 추가적인 경험의 축적에 따라 지금까지 사용해오던 회계적 추정치를 변경하는 것

➠ 추정의 근거가 되었던 상황의 변화, 새로운 정보의 획득, 추가적인 경험의 축적이 있는 경우 추정의 수정이 필요할 수 있으며, 성격상 추정의 수정은 과거기간과 연관되지 않으므로 회계추정의 변경은 오류수정에 해당하지 아니함

➠ 회계정책의 변경과 회계추정의 변경을 구분하는 것이 어려운 경우에는 회계추정의 변경으로 간주

**참고 회계추정변경의 사례**

(1) 매출채권에 대한 대손추정율의 변경
(2) 재고자산의 진부화로 인한 재고자산평가손실 추정의 변경
(3) 금융자산이나 금융부채의 공정가치 추정의 변경
(4) 감가상각자산의 내용연수 또는 감가상각자산에 내재된 미래경제적효익의 기대소비행태 추정의 변경
(5) 품질보증의무 추정치의 변경

## 2. 오류수정

당기 중에 발견한 당기의 잠재적 오류나 후속기간 중에 발견한 전기이전의 오류를 재무제표의 발행·승인일 전에 수정하는 것

[회계변경과 오류수정]

| 구 분 | | 유 형 | | |
|---|---|---|---|---|
| 회계변경 | 회계정책의 변경 | one GAAP | ➡ | another GAAP |
| | 회계추정의 변경 | one estimate | ➡ | another estimate |
| 전기오류의 수정 | | non-GAAP | ➡ | GAAP |

## 2 회계처리

### 1. 회계정책변경의 회계처리

(1) 원칙

회계정책의 변경으로 인한 특정기간에 미치는 영향이나 누적효과를 실무적으로 결정할 수 있는 경우에는 변경된 새로운 회계정책은 소급하여 적용하며, 비교목적의 전기재무제표는 재작성함

(2) 예외

회계정책의 변경으로 인한 특정기간에 미치는 영향이나 누적효과를 실무적으로 결정할 수 없는 경우에는 실무적으로 적용할 수 있는 가장 이른 날부터 새로운 회계정책을 전진 적용하며, 전진적용시점 이전 기간의 비교목적 전기재무제표는 재작성할 필요가 없음

➠ 유형자산이나 무형자산을 재평가하는 회계정책을 최초로 적용하는 경우에는 회계정책 변경은 소급법을 적용하여 회계처리하지 아니하고, 예외적으로 재평가개시일부터 전진 적용하여 회계처리 수행

➠ 투자부동산에 대하여 공정가치 평가하는 회계정책을 최초로 적용하는 경우에는 회계정책 변경은 원칙적으로 소급법을 적용

### 2. 회계추정변경의 회계처리

회계추정의 변경은 그 효과를 변경이 발생한 기간과 그 이후의 회계기간에 당기손익에 포함하여 전진적으로 인식

### 3. 오류수정의 회계처리

(1) 원칙

전기오류로 인한 특정기간에 미치는 영향이나 오류의 누적효과를 실무적으로 결정할 수 있다면 재무제표를 소급재작성하여 전기오류를 수정하며, 비교 표시되는 모든 과거기간의 재무정보를 재작성함

(2) 예외

전기오류의 영향을 실무적으로 결정할 수 없는 경우, 실무적으로 적용할 수 있는 가장 이른 날부터 전진적으로 오류를 수정하며, 수정시점 이전 기간의 비교목적 전기재무제표는 수정할 필요가 없음

[회계변경과 오류수정의 회계처리]

| 구 분 | | 회 계 처 리 |
|---|---|---|
| 회계변경 | 회계정책의 변경 | 원칙 : 소급적용<br>예외 : 소급+전진법 (누적효과를 실무적으로 결정할 수 없는 경우) |
| | 회계추정의 변경 | 원칙 : 전진법 |
| 오류수정 | | 원칙 : 소급재작성<br>예외 : 소급+전진법 (누적효과를 실무적으로 결정할 수 없는 경우) |

## 01 회계변경과 오류수정의 구분 (회계사 2012) IFRS

회계변경의 유형(또는 오류수정)과 전기재무제표의 재작성여부에 대한 다음의 문항 중 옳은 것은? 단, 각 항목은 전기 및 당기의 재무제표에 중요한 영향을 준다고 가정한다.

① 재고자산 단위원가 계산방법을 후입선출법에서 선입선출법으로 변경하였다. 이는 회계추정의 변경에 해당하므로 전기 재무제표는 재작성하지 않는다.

② 패소의 가능성이 높았고 손해배상금액의 합리적 추정이 가능하였던 소송사건을 우발부채로 주석 공시하였다가 충당부채로 변경하였다. 이는 회계추정의 변경에 해당하므로 전기 재무제표는 재작성하지 않는다.

③ 미래 경제적효익의 변화를 인식하여 새로운 회계처리방법을 채택하였으나 회계정책의 변경인지 추정의 변경인지 분명하지 않다. 이는 회계정책의 변경에 해당하므로 전기 재무제표는 재작성한다.

④ 장기건설계약의 회계처리방법을 완성기준에서 진행기준으로 변경하였다. 이는 오류수정에 해당하므로 전기재무제표는 재작성하지 않는다.

⑤ 유형자산의 감가상각방법을 정률법에서 이중체감법으로 변경하였다. 이는 회계추정의 변경에 해당하므로 전기재무제표는 재작성하지 않는다.

### 해 답

①, ② & ④ Non-GAAP에서 GAAP으로의 변경이므로, 회계추정의 변경이 아닌 전기오류수정에 해당하며 전기재무제표는 재작성한다.

③ 회계정책의 변경과 회계추정의 변경을 구분하는 것이 어려운 경우에는 이를 회계추정의 변경으로 본다. 따라서, 재무제표는 재작성하지 않는다.

⑤

## 02 회계추정의 변경 (회계사 2017)

㈜한국은 20×1년 1월 1일에 영업용 건물(취득원가 ₩100,000, 잔존가치 ₩0, 내용연수 10년, 정액법 감가상각)을 취득하여 원가모형을 적용하고 있다. 20×3년 1월 1일에 ₩30,000의 수선비가 지출되었고, 이로 인하여 내용연수가 2년 연장될 것으로 추정하였다. 수선비는 자산화하기로 하였으며, ㈜한국은 감가상각방법을 20×3년 초부터 연수합계법으로 변경하기로 하였다. 영업용 건물의 회계처리가 ㈜한국의 20×3년도 당기순이익에 미치는 영향은? 단, 단수차이로 인해 오차가 있다면 가장 근사치를 선택한다.

① ₩11,000 감소　② ₩14,545 감소　③ ₩16,666 감소
④ ₩20,000 감소　⑤ ₩21,818 감소

**해 답**

(1) 20×3년 초 장부금액 : 100,000 − 100,000 × 2/10 + 30,000 = 110,000
(2) 내용연수가 2년 연장되었으므로, 변경된 잔여내용연수는 10년이다.
(3) 20×3년 감가상각비 : 110,000 × 10/55 = 20,000 ➟ 20×3년의 당기손익은 ₩20,000만큼 감소한다.

| 20×2.12.31 | (차) 감가상각비 | 10,000 | (대) 감가상각누계액 | 10,000 |
|---|---|---|---|---|
| 20×3. 1. 1 | (차) 건　　물 | 30,000 | (대) 현　　금 | 30,000 |
| 20×3.12.31 | (차) 감가상각비 | 20,000 | (대) 감가상각누계액 | 20,000 |

④

## 3 오류수정의 회계처리 방법

### 1. 분개 접근법

① 회사측의 회계처리(오류발생분개)를 수행한다.
② 회사측의 회계처리를 역분개를 통해 취소하고, 올바른 분개를 수행한다.
③ 올바른 회계처리를 수행한다.

### 2. 증분 접근법

회계오류의 영향을 받는 계정만을 분석하여 수정한 후 기말기준 자산과 부채의 오류수정금액을 기말기준 오류수정손익으로 분석하는 방법

### 3. 오류수정표를 이용한 접근법

오류수정에 따른 손익효과와 재무상태표효과를 구분하여 표를 작성하면서 오류수정의 회계처리와 오류수정의 효과를 도출해내는 방법

## 03 오류수정표의 작성

(회계사 2005 수정)

A회사는 20×3년도에 처음으로 회계감사를 받게 되어 과거 3년간의 회계 장부를 검토한 결과 아래와 같은 중요한 오류사항들이 발견되었으며, 장부는 마감되지 아니하였다. 20×3년도 전기이월이익잉여금과 당기순이익이 각각 ₩350,000, ₩540,000일 때 오류를 수정한 후의 20×3년도 전기이월이익잉여금과 당기순이익은 얼마인가? 단, 법인세효과는 고려하지 않기로 한다.

> (1) 기말재고자산은 20×1년도에 ₩35,000과대계상, 20×2년도에 ₩40,000과소계상, 20×3년도에 ₩50,000 과소계상 되었다.
>
> (2) 감가상각비는 20×1년도, 20×2년도, 20×3년도에 각각 ₩10,000씩 과소계상 되었다.
>
> (3) 미지급급여는 20×2년도에 ₩38,000 과소계상, 20×3년도에 ₩35,000 과대계상 되었다.

| | 전기이익잉여금 | 당기순이익 | | 전기이익잉여금 | 당기순이익 |
|---|---|---|---|---|---|
| ① | ₩412,000 | ₩508,000 | ② | ₩392,000 | ₩663,000 |
| ③ | ₩372,000 | ₩653,000 | ④ | ₩332,000 | ₩613,000 |
| ⑤ | ₩337,400 | ₩591,100 | | | |

해 답

(1) 오류의 분석

| 오류유형 | 연도말 자본의 수정 | | | | 연도말 자산·부채의 수정 | |
|---|---|---|---|---|---|---|
| | 계정과목 | 20×1 | 20×2 | 20×3 | 20×3말 | 계정과목 |
| 재고자산오류 | 매출원가 | (35,000) | 35,000 | - | - | 재고자산 |
| | 매출원가 | - | 40,000 | (40,000) | - | 재고자산 |
| | 매출원가 | - | - | 50,000 | (50,000) | 재고자산 |
| 감가상각오류 | 감가상각비 | (10,000) | (10,000) | (10,000) | 30,000 | 감가누계액 |
| 미지급오류 | 급 여 | - | (38,000) | 38,000 | - | |
| | 급 여 | - | - | 35,000 | (35,000) | 미지급급여 |
| 손익수정효과 | | (45,000) | 27,000 | 73,000 | (55,000) | |

(2) 수정후 전기이월이익잉여금 : 350,000 - 45,000 + 27,000 = 332,000

(3) 수정후 당기순이익 : 540,000 + 73,000 = 613,000

(4) 오류수정에 따른 시점별 회계처리는 다음과 같다.

| | | | | |
|---|---|---|---|---|
| 20×3. 1. 1 | (차) 순자산(×3초) | (-)18,000 ① | (대) 미처분이잉(×1, ×2) | (-)18,000 ② |
| 20×3.12.31 | (차) 순자산(×3말) | (+)55,000 ① | (대) 미처분이잉(×1, ×2) | (-)18,000 ② |
| 순액분개 | | | 당기순이익 (×3) | (+)73,000 ③ |

④

## 2차 4. 회계변경과 오류수정의 특수상황

(1) 재무상태표의 재작성 : 회계정책을 소급하여 적용하거나, 재무제표의 항목을 소급하여 재작성 또는 재분류하는 경우 가장 이른 비교기간의 기초 재무상태표를 함께 공시함

(2) 회계변경과 오류수정의 법인세효과 : 회계변경과 오류수정으로 인한 전기손익수정효과에 대하여 법인세를 부담하게 되는 경우 관련 법인세효과를 전기손익에서 직접 반영하여 법인세 기간내배분함

[회계변경과 전기오류수정의 법인세효과]

① 일시적차이가 발생하지 않는 경우

| 회계변경 등 | (차) 순 자 산 | ×××① | (대) 미처분이익잉여금 | ×××② |
|---|---|---|---|---|
| | (차) 미처분이익잉여금 | ×××④ | (대) 당기법인세부채 | ×××③ |
| | ③ 이익잉여금효과×당기세율 | | | |

② 일시적차이가 발생하는 경우

| 회계변경 등 | (차) 순 자 산 | ×××① | (대) 미처분이익잉여금 | ×××② |
|---|---|---|---|---|
| | (차) 미처분이익잉여금 | ×××④ | (대) 이연법인세부채 | ×××③ |
| | ③ 이익잉여금효과×미래세율 | | | |

## 04 오류수정에 대한 법인세기간내배분

IFRS

A회사는 20×3년도에 처음으로 회계감사를 받게 되어 과거 3년간의 회계 장부를 검토한 결과 아래와 같은 중요한 오류사항들이 발견되었으며, 장부는 마감되지 아니하였다. 20×3년도 전기이월이익잉여금과 당기순이익이 각각 ₩350,000, ₩540,000일 때 오류를 수정한 후의 20×3년도 전기이월이익잉여금과 당기순이익은 얼마인가? 단, 법인세율은 30%이다.

(1) 기말재고자산은 20×1년도에 ₩35,000 과대계상, 20×2년도에 ₩40,000 과소계상, 20×3년도에 ₩50,000 과소계상 되었다.

(2) 감가상각비는 20×1년도, 20×2년도, 20×3년도에 각각 ₩10,000씩 과소계상 되었다.

(3) 미지급급여는 20×2년도에 ₩38,000 과소계상, 20×3년도에 ₩35,000 과대계상 되었다.

| | 전기이익잉여금 | 당기순이익 | | 전기이익잉여금 | 당기순이익 |
|---|---|---|---|---|---|
| ① | ₩412,000 | ₩508,000 | ② | ₩392,000 | ₩663,000 |
| ③ | ₩372,000 | ₩653,000 | ④ | ₩332,000 | ₩613,000 |
| ⑤ | ₩337,400 | ₩591,100 | | | |

## 해 답

(1) 오류의 분석

| 오류유형 | 자본항목의 수정 | | | | 자산·부채항목의 수정 | |
|---|---|---|---|---|---|---|
| | 계정과목 | 20×1 | 20×2 | 20×3 | 20×3말 | 계정과목 |
| 재고자산오류 | 매출원가 | (35,000) | 35,000 | – | – | 재고자산 |
| | 매출원가 | – | 40,000 | (40,000) | – | 재고자산 |
| | 매출원가 | – | – | 50,000 | (50,000) | 재고자산 |
| 감가상각오류 | 감가상각비 | (10,000) | (10,000) | (10,000) | 30,000 | 감가누계액 |
| 미지급오류 | 급 여 | – | (38,000) | 38,000 | – | |
| | 급 여 | – | – | 35,000 | (35,000) | 미지급급여 |
| 세전손익효과 | | (45,000) | 27,000 | 73,000 | (55,000) | |
| 법인세오류 | 법인세비용 | 13,500 | (8,100) | (21,900) | 16,500 | 법인세부채 |
| 세후손익효과 | | (31,500) | 18,900 | 51,100 | (38,500) | |

(2) 수정후 전기이월이익잉여금 : 350,000 − 31,500 + 18,900 = 337,400

(3) 수정후 당기순이익 : 540,000 + 51,100 = 591,100

| | | | | |
|---|---|---|---|---|
| 20×3.12.31 | (차) 순자산(×3말) | (+)55,000 | (대) 미처분이잉(×1, ×2) | (−)18,000 |
| | | | 세전순이익 (×3) | (+)73,000 |
| 20×3.12.31 | (차) 미처분이잉(×1, ×2) | (−)5,400 | (대) 법인세부채(×3말) | (+)16,500 |
| | 법인세비용 (×3) | (+)21,900 | | |

⑤

## 05 회계정책의 변경에 대한 법인세기간내배분 (세무사 2016 수정)

㈜세무는 20×1년 설립이후 재고자산 단위원가 결정방법으로 가중평균법을 사용하여 왔다. 그러나 선입선출법이 보다 목적적합하고 신뢰성있는 정보를 제공할 수 있다고 판단하여, 20×4년 초에 단위원가 결정방법을 선입선출법으로 변경하였다. ㈜세무가 재고자산 단위원가 결정방법을 선입선출법으로 변경하는 경우, 다음 자료를 이용하여 20×4년도 재무제표에 비교정보로 공시될 20×3년 매출원가와 20×3년 기말이익잉여금은? 단, 법인세율은 20%이다.

| 구 분 | 20×1년 | 20×2년 | 20×3년 |
|---|---|---|---|
| 가중평균법 | 10,000 | 11,000 | 12,000 |
| 선입선출법 | 12,000 | 14,000 | 16,000 |
| 매출원가 | 50,000 | 60,000 | 70,000 |
| 이익잉여금 | 100,000 | 300,000 | 600,000 |

| | 매출원가 | 이익잉여금 |
|---|---|---|
| ① | ₩61,000 | ₩604,000 |
| ② | ₩61,000 | ₩603,200 |
| ③ | ₩69,000 | ₩604,000 |
| ④ | ₩69,000 | ₩603,200 |
| ⑤ | ₩71,000 | ₩599,000 |

### 해 답

(1) 오류수정표의 작성

| | 기말 자본의 수정 | | | 기말 자산·부채의 수정 | |
|---|---|---|---|---|---|
| 계정과목 | 20×1 | 20×2 | 20×3 | 20×3.12.31 | 계정과목 |
| 매출원가 | 2,000 | (2,000) | – | – | 재고자산 |
| 매출원가 | – | 3,000 | (3,000) | – | 재고자산 |
| 매출원가 | – | – | 4,000 | (4,000) | 재고자산 |
| 세전수정손익 합계 | 2,000 | 1,000 | 1,000 | (4,000) | |
| 법인세비용 | (400) | (200) | (200) | 800 | 법인세부채 |
| 세후수정손익 합계 | 1,600 | 800 | 800 | 3,200 | |

(2) 20×3년의 매출원가 : 70,000 − 1,000 = 69,000

(3) 20×3년 말 이익잉여금 : 600,000 + 1,600 + 800 + 800 = 603,200

④

출제경향

| | 2020 | 2021 | 2022 | 2023 | 2024 | 2025 |
|---|---|---|---|---|---|---|
| 회계사 | 1 | 1 | 1 | 1 | 1 | 1 |
| 세무사 | 1 | 1 | 1 | 1 | 1 | 1 |

# 제 20 장 현금흐름표

Financial Accounting Workbook

## 1 현금흐름표의 의의

### 1. 현금및현금성자산의 정의

(1) 현금 : 보유현금과 요구불예금

(2) 현금성자산 : 확정된 금액의 현금으로 전환이 용이하고, 가치변동의 위험이 중요하지 않은 투자자산으로 취득일로부터 만기일이 3개월 이내인 경우에는 현금성자산으로 분류함. 지분상품은 현금성자산에서 제외하지만, 상환일이 정해져 있고 취득일로부터 상환일까지의 기간이 단기인 우선주와 같이 실질적인 현금성자산인 경우에는 예외적으로 현금성자산으로 분류가능

➡ 현금및현금성자산을 구성하는 항목간 이동은 영업활동, 투자활동 및 재무활동의 일부가 아닌 현금관리의 일부이므로 이러한 항목 간의 변동은 현금흐름에서 제외

➡ 당좌차월의 잔액 중에서 금융회사의 요구에 따라 즉시 상환하여야 하는 기업의 현금관리의 일부를 구성하기에, 이 경우 당좌차월은 현금및현금성자산의 구성요소에 차감함

➡ 외화로 표시된 현금및현금성자산의 환율변동효과는 기초와 기말의 현금및현금성자산을 조정하기 위해 영업활동, 투자활동 및 재무활동 현금흐름과 구분하여 별도로 표시

### 2. 현금흐름표의 작성방법

(1) 현금주의를 이용한 직접분석법 : 분개접근법

기업의 경영활동 과정에서 발생한 현금거래를 일일이 추적하여 활동별 현금흐름을 분개를 통해 파악하면서 작성하는 방법

(2) 발생주의를 이용한 간접분석법 : 증감접근법

발생주의 재무제표인 포괄손익계산서와 재무상태표를 조정하여 현금흐름표로 전환하는 방법으로 포괄손익계산서의 발생주의 회계이익을 인정하고 발생주의와 현금주의의 차이인 재무상태표 항목을 조정하는 방식으로 현금주의 이익인 현금흐름을 역산하는 방법

| | | |
|---|---|---|
| **현금자산+현금이외 자산** | = | 부채 + 자본거래자본 + 손익거래자본 |
| **현금자산** | = | − 현금이외 자산 + 부채 + 자본거래자본 + 손익거래자본 |
| **현금자산증감** | = | ∓ 현금이외 자산증감 ± 부채증감 ± 자본거래자본증감 + 수익 − 비용 |

[재무제표의 연관관계를 이용한 현금흐름표의 작성논리]

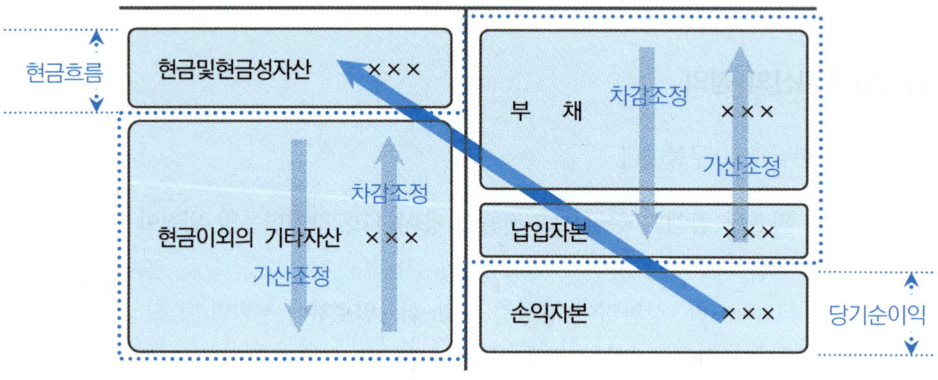


## 3. 현금흐름 변동의 원인

(1) 영업활동으로 인한 현금흐름

기업의 주요 수익창출활동, 그리고 투자활동이나 재무활동이 아닌 기타의 활동으로 인한 현금흐름의 변동으로 일반적으로 당기순손익의 결정에 영향을 미치는 거래나 그 밖의 사건의 결과로 발생

(1) **매출관련** : 재화의 판매와 용역 제공에 따른 현금유입
(2) **수수료관련** : 로열티, 수수료, 중개료 및 기타수익에 따른 현금유입
(3) **매입관련** : 재화와 용역의 구입에 따른 현금유출
(4) **급여관련** : 종업원과 관련하여 직 · 간접으로 발생하는 현금유출
(5) **법인세관련** : 법인세의 납부 또는 환급. 다만, 재무활동과 투자활동에 명백히 관련되는 것은 제외
(6) **단기매매계약관련** : 단기매매목적으로 보유하는 계약에서 발생하는 현금유입과 현금유출

➡ 단기매매목적으로 취득한 유가증권은 판매를 목적으로 취득한 재고자산과 거래형태가 유사하므로 단기매매목적으로 보유하는 유가증권의 취득과 판매에 따른 현금흐름은 영업활동으로 분류

(2) 투자활동으로 인한 현금흐름

장기성 자산 및 현금성자산에 속하지 않는 기타 투자자산의 취득과 처분활동으로 인한 현금흐름의 변동으로, 미래수익과 미래현금흐름을 창출할 자원의 확보를 위하여 지출된 정도를 나타내기 때문에 현금흐름을 별도로 구분 공시함

(1) **유형자산 등 관련** : 유형자산, 무형자산 및 기타 장기성 자산의 취득에 따른 현금유출과 처분에 따른 현금유입. 이 경우 현금유출에는 자본화된 개발원가와 자가건설 유형자산에 관련된 지출이 포함

(2) **투자금융자산 관련** : 다른 기업의 지분상품이나 채무상품 및 공동기업 투자지분의 취득에 따른 현금유출과 처분에 따른 현금유입. 이 경우 현금성자산으로 간주되는 상품이나 단기매매목적으로 보유하는 상품의 취득과 처분에 따른 유출액은 제외

(3) **대여금 관련** : 제3자에 대한 선급금 및 대여금의 지급에 따른 현금유출과 회수에 따른 현금유입. 이 경우 금융회사의 현금 선지급과 대출채권은 제외

(4) **파생상품 관련** : 선물계약, 선도계약, 옵션계약 및 스왑계약에 따른 현금유출과 현금유입. 이 경우 단기매매목적으로 계약을 보유하거나 현금유출이 재무활동으로 분류되는 경우는 제외

➡ 고객을 대리하거나, 회전율이 높고 금액이 크며 만기가 짧은 항목과 관련된 현금흐름을 제외하고, 투자활동과 재무활동에서 발생하는 총현금유입과 총현금유출은 주요 항목별로 구분하여 총액으로 표시

➡ 파생상품거래에 위험회피회계를 적용하는 경우, 그 거래와 관련된 현금흐름은 위험회피대상 거래의 현금흐름과 동일하게 분류

➡ 보조금 수령 후 유형자산을 취득하는 경우 재무상태표에 보조금이 관련 자산에서 차감하여 표시되는지와 관계없이 자산의 총투자를 보여주기 위해 이러한 변동을 현금흐름표에 별도 항목으로 표시

➡ 타인에게 임대할 목적으로 보유하다가 후속적으로 판매목적으로 보유하는 자산을 제조하거나 취득하기 위한 현금 지급액은 영업활동 현금흐름이며, 임대 및 후속적인 판매로 수취하는 현금도 영업활동 현금흐름으로 분류

(3) 재무활동으로 인한 현금흐름

기업의 납입자본과 차입금의 크기 및 구성내용에 변동을 가져오는 모든 활동으로 인한 현금흐름의 변동으로 재무활동 현금흐름은 미래현금흐름에 대한 자본 제공자의 청구권을 예측하는 데 유용하기 때문에 현금흐름을 별도로 구분 공시함

(1) **자기지분상품 관련** : 주식이나 기타 지분상품의 발행에 따른 현금유입과 주식의 취득이나 상환에 따른 소유주에 대한 현금유출

(2) **차입금 관련** : 담보 · 무담보부사채 및 어음의 발행과 기타 장 · 단기차입에 따른 현금유입과 차입금의 상환에 따른 현금유출

(3) **리스 관련** : 리스이용자의 리스부채 상환에 따른 현금유출

➠ 이자와 차입금을 함께 상환하는 경우에 이자지급은 영업활동으로 분류될 수 있고, 원금상환은 재무활동으로 분류될 수 있는 것처럼 하나의 거래에는 서로 다른 활동으로 분류되는 현금흐름이 포함될 수 있음

➠ 차입원가의 자본화에 따라 회계기간 동안 지급한 이자 중에 일부가 유형자산 등으로 자본화된 경우에도 현금흐름표에는 이자의 총지급액을 표시

[활동구분시 주의사항]

| 구 분 | 활동의 귀속 | 현금흐름표 공시 | 현금흐름공시방법 |
|---|---|---|---|
| 이자의 수취 | 영업활동 + 투자활동 | 영업활동, 투자활동 공시 가능 | 별도(직접법)로 공시 |
| 이자의 지급 | 영업활동 + 재무활동 | 영업활동, 재무활동 공시 가능 | 별도(직접법)로 공시 |
| 배당금 수취 | 영업활동 + 투자활동 | 영업활동, 투자활동 공시 가능 | 별도(직접법)로 공시 |
| 배당금 지급 | 영업활동 + 재무활동 | 재무활동, 영업활동 공시 가능 | 별도(직접법)로 공시 |
| 법인세 지급 | 영업활동 + 투자활동 + 재무활동 | 영업활동, 식별 가능한 경우 투자활동이나 재무활동으로 분류 가능 | 별도(직접법)로 공시 |

➠ 포괄손익계산서의 이자수익에 상각후원가금융자산이나 기타포괄금융자산의 현재가치할인차금 상각에 따른 이자수익이 포함되어 있는 경우 포괄손익계산서의 유효이자수익 중 표시이자수익은 영업활동으로 분석하지만, 상각이자수익은 투자활동에서 분석함

➠ 포괄손익계산서의 이자비용에 사채나 전환사채의 현재가치할인차금 상각에 따른 이자비용이 포함되어 있는 경우 포괄손익계산서의 유효이자비용 중 표시이자비용은 영업활동으로 분석하지만, 상각이자비용은 재무활동에서 분석함

➠ 대체적인 방법으로 이자지급, 이자수입 및 배당금수입은 재무자원을 획득하는 원가나 투자자산에 대한 수익이므로 각각 재무활동 현금흐름과 투자활동 현금흐름으로 분류가능

➠ 대체적인 방법으로, 배당금의 지급은 재무제표이용자가 영업활동 현금흐름에서 배당금을 지급할 수 있는 기업의 능력을 판단하는 데 도움을 주기 위하여 영업활동 현금흐름의 구성요소로 분류가능

## 2 현금흐름표의 작성논리

### 1. 현금흐름표의 작성논리

(1) 직접법 : 총현금유입과 총현금유출을 주요 항목별로 구분하여 별도로 표시하는 방법

현금흐름표

A회사 20×1년 1월 1일부터 20×1년 12월 31일

| | | |
|---|---|---|
| Ⅰ. 영업활동 순현금흐름 | | ××× |
| (1) 고객으로부터의 유입된 현금 | ××× | |
| (2) 공급자와 종업원에 대한 현금유출 | (×××) | |
| 영업으로부터 창출된 현금 | ××× | |
| (3) 이자의 수령 | ××× | |
| (4) 이자의 지급 | (×××) | |
| (5) 배당금의 수령 | ××× | |
| (6) 법인세의 납부 | (×××) | |

(2) 간접법 : 당기순손익에 현금을 수반하지 않는 거래, 과거 또는 미래의 영업활동 현금유입이나 현금유출의 이연 또는 발생, 투자활동 현금흐름이나 재무활동 현금흐름과 관련된 손익항목의 영향을 조정하여 표시하는 방법

현금흐름표

A회사 20×1년 1월 1일부터 20×1년 12월 31일까지

| | | |
|---|---|---|
| Ⅰ. 영업활동 순현금흐름 | | ××× |
| (1) 당기순이익 | ××× | |
| (2) 영업에서 창출되지 않은 손익의 제거 | (×××) | |
| (3) 영업에서 창출된 자산과 부채의 증감 | ××× | |
| 영업에서 창출된 현금 | ××× | |
| (4) 이자의 수령 | ××× | |
| (5) 이자의 지급 | (×××) | |
| (6) 배당금의 수령 | ××× | |
| (7) 법인세의 납부 | (×××) | |

➠ 영업활동 현금흐름을 보고하는 경우에는 두 방법 모두 가능하지만, 직접법을 사용할 것을 권장

➠ 간접법으로 영업에서 창출된 현금흐름을 계산하는 경우 당기순이익이 아닌 법인세비용차감전이익에서 출발하여 조정하는 경우에는 영업에서 창출되지 않은 손익의 제거항목에서 법인세비용은 이미 제거되어 있으므로 이를 조정하면 안됨

[미국회계기준식 간접법과 국제회계기준식 간접법의 비교]

| 당기손익계산서 | | 재무상태표 증감 | | 현금흐름표 | |
|---|---|---|---|---|---|
| 매출 관련손익 | ± | 매출 관련자산·부채 증감 | = | 매출관련 현금유입 | |
| 매입 관련손익 | ± | 매입 관련자산·부채 증감 | = | 매입관련 현금유출 | |
| 종업원급여 관련손익 | ± | 급여 관련자산·부채 증감 | = | 급여관련 현금유출 | |
| 단기매매자산 관련손익 | ± | 단기매매 자산·부채 증감 | = | 단기매매관련 현금유입 | |
| 영업에서 창출된 손익 | ± | 영업창출 자산·부채 증감 | = | 영업에서 창출된 현금흐름 | → 국제회계기준 간접법 |
| 표시이자수익 | ± | 이자 관련자산·부채 증감 | = | 이자로 인한 현금유입 | |
| 표시이자비용 | ± | 이자 관련자산·부채 증감 | = | 이자로 인한 현금유출 | |
| 배당수익 | ± | 배당 관련자산·부채 증감 | = | 배당으로 인한 현금유입 | |
| 법인세비용 | ± | 법인세 관련자산·부채 증감 | = | 법인세로 인한 현금유출 | |
| 영업활동손익 | ± | 영업활동 자산·부채 증감 | = | 영업활동 현금흐름 | → 미국회계기준 간접법 |
| 투자활동손익 | ± | 투자 관련자산·부채 증감 | = | 투자활동 현금흐름 | |
| 재무활동손익 | ± | 재무 관련부채·자본 증감 | = | 재무활동 현금흐름 | |
| 당기순이익 | | 총자산·부채·자본의 증감 | | 총활동 현금흐름 | |

## 01 직접법과 간접법 현금흐름표의 비교

다음은 A회사의 20×1년과 20×2년의 비교시산표이다. 아래의 주어진 상황에 근거하여 주어진 물음에 답하시오.

**시 산 표**

20×2년 12월 31일

| | 20×2년 초 | 20×2년 말 | | 20×2년 초 | 20×2년 말 |
|---|---|---|---|---|---|
| 현 금 | 20,000 | 25,000 | 매입채무 | 16,000 | 26,500 |
| 단기매매금융자산 | 65,000 | 17,000 | 미지급금 | 13,000 | 21,000 |
| 매출채권 | 15,000 | 69,000 | 미지급이자 | 7,000 | 10,000 |
| 대손충당금 | (3,000) | (4,500) | 당기법인세부채 | 50,000 | 20,000 |
| 미수이자 | 2,000 | 3,000 | 유동성장기부채 | 79,000 | 38,000 |
| 재고자산 | 70,000 | 30,000 | 장기차입금 | 20,000 | 23,000 |
| 기타포괄금융자산 | 11,000 | 14,000 | 자 본 금 | 24,000 | 27,000 |
| 건 물 | 80,000 | 88,000 | 기타포괄손익누계액 | 5,000 | 8,000 |
| 감가상각누계액 | (26,000) | (30,000) | 이익잉여금 | 20,000 | 17,000 |
| 매출원가 | | 80,000 | 매출액 | | 150,000 |
| 대손상각비 | | 5,000 | 이자수익 | | 8,000 |
| 감가상각비 | | 4,000 | 단기매매금융자산평가이익 | | 4,000 |
| 단기매매금융자산처분손실 | | 28,000 | 외화환산이익 | | 2,000 |
| 이자비용 | | 6,000 | | | |
| 재고자산감모손실 | | 3,000 | | | |
| 법인세비용 | | 17,000 | | | |
| | 234,000 | 354,500 | | 234,000 | 354,500 |

(1) A회사는 모든 매출과 매입을 외상으로 하고 있으며, 외화환산이익은 매출채권에서 발생한 것이며, 기타포괄손익누계액은 전액 기타포괄금융자산의 평가와 관련한 것이다.

(2) 20×2년 10월 31일에 건물 ₩8,000을 8개월 후 지급조건으로 취득하였다. 그 밖의 유형자산의 취득과 처분은 없었다.

(3) 20×1년 귀속 주식배당 ₩3,000은 20×2년 3월 주주총회에서 승인된 후 지급되었으며, 20×2년의 당기순이익은 ₩21,000이다.

## 물음

1. A회사의 영업활동 현금흐름을 한국채택국제회계기준에 의하여 직접법으로 작성하시오.
2. A회사의 영업활동 현금흐름을 한국채택국제회계기준에 의하여 간접법으로 작성하시오.
3. A회사의 투자활동으로 인한 현금흐름을 계산하시오.
4. A회사의 재무활동으로 인한 현금흐름을 계산하시오.

## 해 답

1. 직접법에 의한 영업활동 현금흐름

(1) 고객으로부터 유입된 현금액의 계산

| 매출활동 관련 계정 | 발생주의 조정 | | 순현금흐름 |
|---|---:|---|---:|
| 매출액 | 150,000 | | |
| 대손상각비 | (5,000) | | |
| 외화환산이익 | 2,000 | | |
| 매출채권 증가 | (54,000) | | |
| 대손충당금 증가 | 1,500 | | |
| 매출로 인한 현금유입 | 94,500 | ➡ | 94,500 |

(2) 매입처에 지급한 현금액의 계산

| 매입활동 관련 계정 | 발생주의 조정 | | 순현금흐름 |
|---|---:|---|---:|
| 매출원가 | (80,000) | | |
| 재고감모손실 | (3,000) | | |
| 재고자산 감소 | 40,000 | | |
| 매입채무 증가 | 10,500 | | |
| 매입으로 인한 현금유출 | (32,500) | ➡ | (32,500) |

(3) 단기매매금융자산으로 인한 현금흐름

| 활동 관련 계정 | 발생주의 조정 | | 순현금흐름 |
|---|---:|---|---:|
| 단기매매금융자산처분손실 | (28,000) | | |
| 단기매매금융자산평가이익 | 4,000 | | |
| 단기매매금융자산의 감소 | 48,000 | | |
| 단기매매금융자산 관련 현금흐름 | 24,000 | ➡ | 24,000 |

(4) 이자수취액

| 이자수익 관련 계정 | 발생주의 조정 | | 순현금흐름 |
|---|---|---|---|
| (표시)이자수익 | 8,000 | | |
| 미수이자의 증가 | (1,000) | | |
| 이자수익으로 인한 현금유입 | 7,000 | ➡ | 7,000 |

(5) 이자지급액

| 이자비용 관련 계정 | 발생주의 조정 | | 순현금흐름 |
|---|---|---|---|
| (표시)이자비용 | (6,000) | | |
| 미지급이자의 증가 | 3,000 | | |
| 이자비용으로 인한 현금유출 | (3,000) | ➡ | (3,000) |

(6) 법인세지급액

| 법인세비용 관련 계정 | 발생주의 조정 | | 순현금흐름 |
|---|---|---|---|
| 법인세비용 | (17,000) | | |
| 당기법인세부채의 감소 | (30,000) | | |
| 법인세로 인한 현금유출 | (47,000) | ➡ | (47,000) |

(7) 직접법에 의한 현금흐름표

**현금흐름표**

20×2년 1월 1일부터 20×2년 12월 31까지

| | | |
|---|---|---|
| Ⅰ. 영업활동 순현금흐름 | | |
| 고객으로부터의 현금유입 | 94,500 | |
| 공급자에 대한 현금유출 | (32,500) | |
| 단기매매금융자산에 대한 현금유입 | 24,000 | |
| 영업으로부터 창출된 현금 | | 86,000 |
| 이자의 수령 | | 7,000 |
| 이자의 지급 | | (3,000) |
| 법인세의 납부 | | (47,000) |
| | | 43,000 |

2. 간접법 현금흐름표

**현금흐름표**

20×2년 1월 1일부터 20×2년 12월 31까지

| | | |
|---|---|---|
| Ⅰ. 영업활동 순현금흐름 | | |
| (1) 당기순이익 | 21,000 | |
| (2) 조정항목의 가감 | | |
| 법인세비용 | 17,000 | |
| 이자비용 | 6,000 | |
| 감가상각비 | 4,000 | |
| 이자수익 | (8,000) | |
| 매출채권의 증가 | (54,000) | |
| 대손충당금의 증가 | 1,500 | |
| 재고자산의 감소 | 40,000 | |
| 매입채무의 증가 | 10,500 | |
| 단기매매금융자산의 감소 | 48,000 | |
| 영업에서 창출된 현금 | | 86,000 |
| (3) 이자의 수령 | | 7,000 |
| (4) 이자의 지급 | | (3,000) |
| (5) 법인세의 납부 | | (47,000) |
| | | 43,000 |

3. 투자활동 현금흐름

| 기타포괄금융자산 관련 계정 | 발생주의 조정 | | 순현금흐름 |
|---|---|---|---|
| 기타포괄금융자산의 증가 | (3,000) | | |
| 기타포괄평가이익의 증가 | 3,000 | | |
| 투자활동으로 인한 현금흐름 | – | ➡ | – |

| 유형자산 관련 계정 | 발생주의 조정 | | 순현금흐름 |
|---|---|---|---|
| 감가상각비 | (4,000) | | |
| 건물의 증가 | (8,000) | | |
| 건물관련 미지급금의 증가 | 8,000 | | |
| 감가상각누계액의 증가 | 4,000 | | |
| 투자활동으로 인한 현금흐름 | – | ➡ | – |

4. 재무활동 현금흐름

| 차입금 관련 계정 | 발생주의 조정 | | 순현금흐름 |
|---|---|---|---|
| 유동성장기부채의 감소 | (41,000) *1 | | |
| 장기차입금의 증가 | 3,000 | | |
| 재무활동으로 인한 현금흐름 | (38,000) | ➡ | (38,000) |

| 재무활동 관련 계정 | 발생주의 조정 | | 순현금흐름 |
|---|---|---|---|
| 자본금의 증가 | 3,000 | | |
| 이익잉여금의 감소 | (3,000) *2 | | |
| 재무활동으로 인한 현금흐름 | - | ➡ | - |

*1 미지급금의 증가는 투자활동에서 분석하였으므로 증감분석시 제외하여야 한다.

*2 시산표상의 이익잉여금이므로 이익잉여금 증감분석시 당기순이익을 차감할 필요가 없다.

## 02 영업에서 창출된 현금흐름 (회계사 2014)

IFRS

다음은 제조기업인 ㈜대한의 20×1년도 간접법에 의한 현금흐름표를 작성하기 위한 자료이다. 이자지급 및 법인세납부를 영업활동으로 분류한다고 할 때, 20×1년 ㈜대한이 현금흐름표에 보고할 영업에서 창출된 현금은 얼마인가?

| | |
|---|---|
| (1) 법인세비용차감전순이익 : ₩500,000 | (2) 대손상각비 : ₩30,000 |
| (3) 재고자산평가손실 : ₩10,000 | (4) 건물 감가상각비 : ₩40,000 |
| (5) 이자비용 : ₩50,000 | (6) 법인세비용 : ₩140,000 |
| (7) 단기매매금융자산 처분이익 : ₩15,000 | (8) 매출채권(순액) : ₩100,000 증가 |
| (9) 매입채무 : ₩50,000 감소 | (10) 재고자산(순액) : ₩20,000 증가 |
| (11) 단기매매금융자산 : ₩50,000 감소 | (12) 미지급이자 : ₩70,000 증가 |

① ₩420,000 ② ₩456,000 ③ ₩470,000
④ ₩495,000 ⑤ ₩535,000

**해 답**

영업창출현금 : (1) 500,000 + (4) 40,000 + (5) 50,000 − (8) 100,000 − (9) 50,000 − (10) 20,000 + (11) 50,000 = 470,000

③

## 03 투자활동 현금흐름 (세무사 2024)

㈜세무의 기계장치와 관련된 내역은 다음과 같다. 기계장치는 원가모형을 적용한다.

| 계정과목 | 기초금액 | 기말금액 |
|---|---|---|
| 기계장치 | 400,000 | 410,000 |
| 감가상각누계액 | 55,000 | 65,000 |

한편, 당기 중에 기계장치를 ₩100,000에 취득하였으며, 포괄손익계산서에는 기계장치처분이익 ₩10,000과 감가상각비(기계장치) ₩40,000이 보고되었다. 당기 중 취득 및 처분거래는 모두 현금 거래이다. ㈜세무의 당기 중 기계장치 관련 거래가 현금흐름표상 투자활동 현금흐름에 미치는 순 효과는?

① 현금유출 ₩30,000　② 현금유출 ₩60,000　③ 현금유출 ₩70,000
④ 현금유입 ₩30,000　⑤ 현금유입 ₩70,000

**해 답**

(1) 기계장치와 관련된 현금흐름을 증감분석법으로 분석하는 경우에는 아래와 같이 계산하면 된다.

| 기계장치 관련 계정 | 발생주의 조정 |
|---|---|
| 기계장치처분이익 | 10,000 |
| 감가상각비 | (40,000) |
| 기계장치의 증가 | (10,000) |
| 감가누계액의 증가 | 10,000 |
| 현금흐름 | (30,000) |

(2) 분개접근법으로 분석하는 경우는 다음과 같다.

20×1년 초의 재무상태

| 기계장치 | 400,000 | 감가상각누계액 | 55,000 |
| --- | --- | --- | --- |

| | | | | | | |
| --- | --- | --- | --- | --- | --- | --- |
| 유형자산 | (차) | 기계장치 | 100,000 ② | (대) | 현　금 | 100,000 ① |
| | (차) | 감가상각비 | 40,000 ③ | (대) | 감가상각누계액 | 40,000 ④ |
| 관련 | (차) | 현　금 | 70,000 ⑧ | (대) | 기계장치 | 90,000 ⑤ |
| | | 감가상각누계액 | 30,000 ⑥ | | 기계처분이익 | 10,000 ⑦ |

20×1년 말의 재무상태

| 기계장치 | 410,000 | 감가상각누계액 | 65,000 |
| --- | --- | --- | --- |

① W

## 3 현금흐름표의 기타사항

### 2차 1. 종속기업과 관련한 현금흐름

(1) 지배력에 변동이 있는 현금흐름 : 종속기업의 취득과 처분에 따른 총현금흐름은 별도로 표시하고 투자활동으로 분류

(2) 지배력에 변동이 없는 현금흐름 : 지배력을 상실하지 않는 종속기업에 대한 소유지분의 변동은 자본거래로 회계처리하며, 현금흐름은 재무활동 현금흐름으로 분류

### 2차 2. 비현금거래

현금및현금성자산의 사용을 수반하지 않는 투자활동과 재무활동거래는 현금흐름표에서 제외하지만, 목적적합한 정보를 제공할 수 있도록 재무제표의 다른 부분에 주석으로 공시함

➡ 자산 취득시 직접 관련된 부채를 인수하거나 리스를 통하여 사용권자산을 취득하는 경우, 주식 발행을 통한 기업의 인수, 채무의 지분전환

MEMO

check list

출제경향

| | 2020 | 2021 | 2022 | 2023 | 2024 | 2025 |
|---|---|---|---|---|---|---|
| 회계사 | | 1 | 1 | | | |
| 세무사 | 2 | | | | 2 | 2 |

# 제 21 장 재무회계의 기타사항

Financial Accounting Workbook

## 1 매각예정비유동자산과 중단영업

### 1. 매각예정비유동자산

(1) 매각예정비유동자산의 정의

사용목적으로 보유하는 비유동자산 중 장부금액이 사용거래가 아닌 매각거래를 통하여 회수될 것으로 예상되는 경우 매각예정비유동자산으로 분류

➠ 사용목적 비유동자산이 현재의 상태에서 통상적이고 관습적인 거래조건만으로 즉시 매각가능하면서, 매각될 가능성이 매우 높아야 함. 또한, 특수한 경우를 제외하고는 매각예정시점에서 1년 이내에 매각완료요건이 충족될 것으로 예상되어야 함

➠ 매각예정으로 분류하기 위한 요건이 보고기간 후에 충족된 경우 당해 비유동자산은 보고기간 후 발행되는 당해 재무제표에서 매각예정으로 분류할 수 없음

➠ 폐기될 비유동자산은 원칙적으로 계속 사용함으로써 회수되기 때문에 매각예정으로 분류할 수 없으며, 일시적으로 사용을 중단한 비유동자산은 폐기될 자산으로 회계처리 할 수 없음

(2) 매각예정비유동자산의 표시와 측정

매각예정으로 분류된 비유동자산은 다른 자산과 분리하여 별도로 재무상태표에 표시하고, 장부금액은 순공정가치와 비교하여 저가법에 의한 손상차손 인식 & 감가상각비와 지분법의 인식을 중지

➠ 매각예정으로 분류된 비유동자산(예 매각예정으로 분류된 유형자산의 재평가잉여금)과 관련하여 기타포괄손익으로 인식한 손익누계액도 별도로 표시

➠ 과거 재무상태표에 매각예정으로 분류된 비유동자산의 금액은 최근 재무상태표의 분류를 반영하기 위하여 재분류하거나 재작성하지 아니함

(3) 매각예정비유동자산에 대한 매각계획의 변경과 철회

매각예정으로 분류하지 않았더라면 인식하였을 장부금액과 매각하지 않기로 결정한 날의 회수가능액(사용가치와 순공정가치 중 큰 금액)을 비교하여 손상차손이나 손상환입으로 인식

➠ 더 이상 매각예정으로 분류될 수 없는 처분자산집단이나 비유동자산이 종속기업, 공동기업, 관계기업에 대한 지분의 일부인 경우, 매각예정으로 분류한 기간 동안의 재무제표는 소급하여 수정

### 2차 (4) 매각예정으로 분류된 처분자산집단의 손상

① 단일거래를 통해 매각이나 다른 방법으로 함께 처분될 예정인 자산과 해당 자산에 직접 관련되어 이전될 부채의 집합

➡ 매각예정으로 분류된 처분자산집단에 포함되는 자산과 이와 관련된 부채는 다른 자산과 부채와 분리하여 별도로 재무상태표에 표시하며, 해당 매각예정처분자산집단과 매각예정처분자산집단관련부채는 상계하여 단일금액으로 표시할 수 없음

➡ 처분자산집단을 매각예정으로 최초 분류하기 직전에 해당 처분자산집단 내의 모든 자산과 부채의 장부금액은 각각의 측정기준으로 우선 측정하고 처분자산집단의 손상차손을 인식함

② 매각예정으로 분류한 후 발생하는 처분자산집단의 손상차손은 처분자산집단의 순공정가치와 비교하여 인식

③ 처분자산집단의 총손상차손은 영업권에 우선배분하고, 나머지는 비유동자산의 장부금액에 비례하여 배분

➡ 처분자산집단의 손상차손을 배분하는 경우 다른 기준서의 측정규정이 적용되는 금융자산과 생물자산, 공정가치 모형 투자부동산은 배분대상에서 제외하며, 재고자산도 배분대상에서 제외

## 01 매각예정 처분자산집단의 손상 (세무사 2024) IFRS

㈜세무는 20×1년 12월 말에 다음의 자산집단을 매각방식으로 처분하기로 하였고, 이는 매각예정의 분류기준을 충족한다. 처분자산집단에 속한 자산은 다음과 같이 측정한다.

| 구 분 | 매각예정으로 분류하기 전 12월 말의 장부가액 | 매각예정으로 분류하기 직전에 재측정한 장부가액 |
|---|---|---|
| 재고자산 | ₩1,100 | ₩1,000 |
| FVOCI측정 금융자산 | 1,300 | 1,000 |
| 유형자산 Ⅰ(재평가액으로 표시) | 1,200 | 1,000 |
| 유형자산 Ⅱ(원가로 표시) | 3,400 | 3,000 |
| 영업권 | 1,000 | 1,000 |
| 합 계 | ₩8,000 | ₩7,000 |

한편, ㈜세무는 매각예정으로 분류하는 시점에서 처분자산집단의 순공정가치를 ₩4,000으로 추정하였다. 20×1년 12월 말 손상차손 배분 후, 재고자산과 유형자산Ⅱ의 장부금액은?

|  | 재고자산 | 유형자산 Ⅱ |  | 재고자산 | 유형자산 Ⅱ |
|---|---|---|---|---|---|
| ① | ₩500 | ₩1,500 | ② | ₩500 | ₩2,500 |
| ③ | ₩500 | ₩3,000 | ④ | ₩1,000 | ₩1,500 |
| ⑤ | ₩1,000 | ₩2,500 |  |  |  |

**해 답**

(1) 매각예정으로 분류된 처분자산집단의 손상은 사용가치가 아닌 순공정가치를 기준으로 한다. 처분자산집단 손상차손의 배분내역은 아래와 같다.

| 구 분 | 기존장부금액 | 평가손익 | 분류직전평가 | 손상차손 | 손상후금액 |
|---|---|---|---|---|---|
| 재고자산 | 1,100 | NI (100) | 1,000 | - | 1,000 |
| 기타포괄금융자산 | 1,300 | OCI (300) | 1,000 | - | 1,000 |
| 유형자산 I | 1,200 | NI (200) | 1,000 | NI (500) | 500 |
| 유형자산 Ⅱ | 3,400 | NI (400) | 3,000 | NI (1,500) | 1,500 |
| 영 업 권 | 1,000 |  | 1,000 | NI (1,000) | - |
| 합 계 | 8,000 | (1,000) | 7,000 | (3,000) | 4,000 |

(2) 재고자산과 기타포괄금융자산의 손상차손의 배분대상이 아니다. 따라서 처분자산의 총손상차손은 영업권에 우선배분하고, 잔여손상은 유형자산의 장부금액 비율로 배분한다.

④

## 2. 중단영업

(1) 정 의

이미 처분되었거나 매각예정으로 분류된 별도의 주요 사업계열이나 영업지역, 또는 매각만을 목적으로 취득한 종속기업

(2) 중단영업의 포괄손익계산서 표시

① 중단영업에서 발생한 세후중단영업손익

② 중단영업에 포함된 자산을 순공정가치로 측정하거나 처분함에 따른 세후손익은 포괄손익계산서에 단일금액으로 표시

➡ 매각예정비유동자산과 달리 중단영업손익의 경우 관련된 공시사항이 충분히 표시될 수 있도록 비교목적의 과거재무제표에 중단영업손익을 다시 표시함

## 02 중단영업손익



A회사는 가전, 컴퓨터, 반도체 3개의 사업부를 가지고 있다. 20×1년 7월 1일 회사의 이사회는 계속되는 미국과의 반덤핑 분쟁으로 인한 영업손실을 보전하기 위해 반도체 사업부를 중국기업에 일괄 매각하기로 결정 하였으며, 20×2년 6월 30일 사업중단을 실질적으로 완료할 계획이다. 아래의 추가자료를 이용하면 A회사의 20×1년 손익계산서에 공시 될 중단영업손익은 얼마인가?

(1) A회사 사업부의 20×1년 손익자료는 다음과 같다.

| 구 분 | 반도체 |
|---|---|
| ① 20×1년 1월 1일부터 ~ 6월 30일 상반기 법인세차감전손익 | (50,000) |
| ② 20×1년 7월 1일부터 ~ 12월 31일 하반기 법인세차감전손익 | (130,000) |

(2) 반도체사업부의 자산은 모두 비유동자산이며, 장부금액은 ₩400,000이지만, 해당 자산의 공정가치는 ₩180,000이며, 이를 일괄 매각하는 경우 수수료로 ₩30,000이 소요될 것으로 예상된다.

(3) 회사가 부담하는 법인세율은 30%이며, 회계이익과 과세소득의 차이는 없다.

① 손실 ₩50,000 ② 손실 ₩300,000 ③ 손실 ₩210,000
④ 손실 ₩430,000 ⑤ 손실 ₩301,000

### 해 답

| 항 목 | 금 액 | |
|---|---|---|
| 중단영업부의 영업손익 | (180,000) | |
| 중단영업부자산 손상차손 | (250,000) | = (180,000 − 30,000) − 400,000 |
| 세전중단영업손익 | (430,000) | |
| 법인세효과(30%) | 129,000 | = 430,000 × 30% |
| 세후중단영업손익 | (301,000) | |

⑤

## 2 중간재무보고

### 1. 중간재무보고의 의의

회계정보의 적시성을 증대시키고 미래 예측능력을 향상시키기 위하여 1회계연도보다 짧은 회계기간(분기나 반기)인 중간기간을 대상으로 하는 재무보고

### 2. 중간재무제표의 형식과 내용

(1) 중간재무제표의 비교공시 방법

| 재무제표 | 대상기간 | 비교대상 |
|---|---|---|
| 재무상태표 | 당해 중간기간말 | 직전 회계연도 말 |
| 포괄손익계산서 | 당해 중간기간과 누적기간 | 직전 회계연도의 동일기간 |
| 현금흐름표와 자본변동표 | 당해 누적기간 | 직전 회계연도의 동일기간 |

(2) 인식과 측정

① 연차기준과 동일한 회계정책을 적용하며, 인식과 측정은 누적기간을 기준으로 판단함

② 계절적, 주기적 또는 일시적으로 발생하는 수익은 연차보고기간 말에 미리 예측하여 인식하거나 이연하는 것이 적절하지 않은 경우 중간보고기간 말에도 미리 예측하여 인식하거나 이연하는 것은 금지

③ 연중 고르지 않게 발생하는 원가는 연차보고기간 말에 미리 비용으로 예측하여 인식하거나 이연하는 것이 타당한 방법으로 인정되는 경우에 한하여 중간재무보고서에서도 동일하게 처리

④ 법인세비용은 각 중간기간에 전체 회계연도에 대해서 예상되는 최선의 가중평균연간법인세율의 추정에 기초하여 인식

## 03 중간기간의 재무제표 (세무사 2017)

중간재무제표의 비교공시에 관한 다음의 설명 중 한국채택국제회계기준서 제1034호 '중간재무보고'의 내용과 일치하지 않는 설명은 무엇인가?

① 직전 연차재무보고서를 연결기준으로 작성하였다면 중간재무보고서도 연결기준으로 작성해야 한다. 연차보고기간말에 연결재무제표를 작성할 때에 자세하게 조정되는 일부 내부거래 잔액은 중간보고기간말에 연결재무제표를 작성할 때는 덜 자세하게 조정될 수 있다.

② 중간재무보고서는 당해 중간보고기간말과 직전 연차보고기간말을 비교하는 형식으로 작성한 재무상태표, 당해 중간기간과 당해 회계연도 누적기간을 직전 회계연도의 동일기간과 비교하는 형식으로 작성한 포괄손익계산서, 당해 회계연도 누적기간을 직전 회계연도의 동일기간과 비교하는 형식으로 작성한 자본변동표와 당해 회계연도 누적기간을 직전 회계연도의 동일기간과 비교하는 형식으로 작성한 현금흐름표를 포함한다.

③ 계절적, 주기적 또는 일시적으로 발생하는 수익은 연차보고기간말에 미리 예측하여 인식하거나 이연하는 것이 적절하지 않은 경우 중간보고기간말에도 미리 예측하여 인식하거나 이연하여서는 아니된다. 배당수익, 로열티수익 및 정부보조금 등이 예이다.

④ 중간재무보고서를 작성할 때 인식, 측정, 분류 및 공시와 관련된 중요성의 판단은 연차재무보고서의 재무자료에 근거하여 이루어져야 한다. 중요성을 평가하는 과정에서 중간기간의 측정은 연차재무자료의 측정에 비하여 추정에 의존하는 정도가 크다는 점을 고려하여야 한다.

⑤ 중간기간의 법인세비용은 기대총연간이익에 적용될 수 있는 법인세율, 즉 추정평균연간유효법인세율을 중간기간의 세전이익에 적용하여 계산한다. 세무상결손금의 소급공제 혜택은 관련 세무상결손금이 발생한 중간기간에 반영한다.

### 해 답

중간재무보고서를 작성할 때 인식, 측정, 분류 및 공시와 관련된 중요성의 판단은 해당 중간기간의 재무자료에 근거하여 이루어져야 한다. 중요성을 평가하는 과정에서 중간기간의 측정은 연차재무자료의 측정에 비하여 추정에 의존하는 정도가 크다는 점을 고려하여야 한다. [K-IFRS 제1034호 문단 23]

④

## 3 재무비율분석

| 구 분 | 분석비율 | 산 식 | 비율 | 의 미 |
|---|---|---|---|---|
| 안정성 비율 | 유동비율 | $\frac{\text{유동자산}}{\text{유동부채}} \times 100$ | ⬆ | 단기지급능력 평가 |
| | 당좌비율 | $\frac{\text{당좌자산}}{\text{유동부채}} \times 100$ | ⬆ | 단기지급능력 평가 |
| | 부채비율 | $\frac{\text{부채총계}}{\text{자기자본}} \times 100$ | ⬇ | 자본구조 평가 |
| | 차입금의존도 | $\frac{\text{차입금}}{\text{총자산}} \times 100$ | ⬇ | 차입금의존도 평가 |
| | 이자보상비율 | $\frac{\text{영업이익}}{\text{이자비용}}$ | ⬆ | 이자지급능력 평가 |
| 수익성 비율 | 매출액순이익률 | $\frac{\text{당기순이익}}{\text{매출액}} \times 100$ | ⬆ | 매출액 대비 이익의 비중 |
| | 총자산순이익률 | $\frac{\text{당기순이익}}{\text{총자산}} \times 100$ | ⬆ | 투자수익성 평가 |
| | 자기자본순이익률 | $\frac{\text{당기순이익}}{\text{자기자본}} \times 100$ | ⬆ | 주주의 투자수익성 평가 |
| 활동성 비율 | 총자산회전률 | $\frac{\text{매출액}}{\text{평균총자산}}$ | ⬆ | 자산활용정도 평가 |
| | 매출채권회전률 | $\frac{\text{매출액}}{\text{평균매출채권}}$ | ⬆ | 매출채권의 회수기간 평가 |
| | 매출채권회전기간 | 365일 ÷ 매출채권회전율 | ⬇ | 매출채권의 회수기간 평가 |
| | 재고자산회전률 | $\frac{\text{매출원가}}{\text{평균재고자산}}$ | ⬆ | 재고자산의 회전기간 평가 |
| | 재고자산회전기간 | 365일 ÷ 재고자산회전율 | ⬇ | 재고자산의 회전기간 평가 |
| | 정상영업순환주기 | 매출채권회전기간<br>+재고자산회전기간 | ⬇ | 영업회전기간의 평가 |

## 04 재무비율을 이용한 재고자산의 추정 (세무사 2012)

IFRS

신용판매만을 하는 A회사는 20×1년 중 창고에 보관 중이던 상품의 일부를 도난당하였다. 사고조사 과정에서 수집된 20×0년도 및 20×1년도 재고자산 거래와 관련된 자료는 다음과 같다. 아래의 도난 사건과 관련하여 회수하지 못한 상품의 원가는 얼마로 추정되는가?

> (1) A회사의 20×0년도 신용 매출액과 평균매출채권을 이용하여 계산한 매출채권회전율은 10.5회, 매출원가와 평균재고자산을 이용하여 계산한 재고자산회전율은 8회다. 또한 A회사는 20×0년도에 매출원가에 25%를 가산하여 상품을 판매하였다.
>
> (2) A회사의 20×0년 1월 1일 매출채권은 ₩10,000, 상품재고액은 ₩8,000이었으며, 20×0년도에는 경기부진으로 인해 기말 매출채권은 기초 대비 80% 증가하였다.
>
> (3) 20×1년 1월 1일부터 상품의 도난시점까지 A회사의 상품매입액과 상품 매출액은 각각 ₩260,000과 ₩330,000이었으며, 매출원가율은 20×0년도와 동일하였다.
>
> (4) 경찰의 신속한 수사로 인해 도난 당일에 원가 ₩10,000의 상품을 회수하였다.

① ₩6,400 ② ₩7,400 ③ ₩16,400
④ ₩17,400 ⑤ ₩21,400

### 해 답

(1) 20×0년 말 재고자산의 계산
① 20×0년의 매출액 : $X \div \{(10,000+18,000)/2\}=10.5$ ➡ $X=147,000$
② 20×0년 말 재고자산 : $(147,000\times 100/125)\div\{(8,000+Y)\div 2\}=8$ ➡ $Y=21,400$
(2) 도난시 재고자산의 추정 : 기초 21,400 + 당기 260,000 − 매출원가 330,000×100/125 = 17,400
(3) 도난된 재고자산의 추정 : 17,400 − 회수액 10,000 = 7,400

②

출제경향

| | 2020 | 2021 | 2022 | 2023 | 2024 | 2025 |
|---|---|---|---|---|---|---|
| 회계사 | 3 | 3 | 4 | 3 | 3 | 3 |
| 세무사 | | | | | | |

# 제 22 장 환율변동회계와 파생상품회계

Financial Accounting Workbook

## 1 환율변동회계

### 1. 용어의 정의

(1) 기능통화 : 분개용 통화 (한개만 존재)

영업활동이 이루어지는 주된 경제 환경의 통화를 말하며, 거래의 경제적 실질을 가장 올바르게 표현하는 다음의 통화

① 재화와 용역의 공급가격에 주로 영향을 미치는 통화

② 재화와 용역의 공급가격을 주로 결정하는 경쟁요인과 법규가 있는 국가의 통화

③ 재화를 공급하거나 용역을 제공하는 데 드는 노무원가, 재료원가와 그 밖의 원가에 주로 영향을 미치는 통화

(2) 표시통화 : 공시용 통화 (여러개 가능)

재무제표를 표시할 때 사용하는 통화로, 기능통화와 동일할 수도 있으며 다를 수도 있음

(3) 외화

기능통화 이외의 다른 통화를 말하며 외화기준으로 발생한 거래는 기능통화로 우선 환산하여야 함

[대한민국에서 기능통화와 표시통화의 개념]

| 구 분 | 개별 거래의 발생 | 분개용 : 기능통화 | 공시용 : 표시통화 | 외화 |
|---|---|---|---|---|
| 일반기업 | KRW, USD, EUR | KRW | KRW | USD, EUR |
| 해운기업 | USD, KRW, EUR | USD | KRW | KRW, EUR |

(4) 현물환율과 마감환율

① 현물환율 : 즉시 인도가 이루어지는 거래에서 사용하는 환율

② 마감환율 : 보고기간 말의 현물환율

⑸ 외환차이

특정 통화로 표시된 금액을 변동된 환율을 사용하여 다른 통화로 환산할 때 생기는 차이로 환율변동손익이라고도 함

⑹ 화폐성항목

보유하는 화폐단위들과 확정되었거나 결정가능한 화폐단위 수량으로 회수되거나 지급되는 수취채권과 지급채무 항목

⑺ 비화폐성항목

확정되었거나 결정가능한 화폐단위 수량으로 회수되거나 지급되는 수취채권과 지급채무가 아닌 항목

⑻ 해외사업장에 대한 순투자

보고기업과 다른 국가에서 또는 다른 통화로 영업활동을 하는 관계기업이나 공동기업, 종속기업의 순자산에 대한 보고기업의 지분 해당 금액

[한국채택국제회계기준에 의한 환산회계]

| 구 분 | 내 용 |
|---|---|
| 기능통화재무제표의 작성시 | 화폐성·비화폐성법＋시제법 |
| 표시통화재무제표로 전환시 | 현행환율법 |

[화폐성항목과 비화폐성항목의 계정과목]

| 구 분 | | 계 정 과 목 |
|---|---|---|
| 자 산 | 화폐성 항목 | 매출채권, 미수금, 대여금, 미수수익, 투자사채 등 |
| | 비화폐성 항목 | 재고자산, 유형자산, 무형자산, 선급금, 선급비용, 투자주식 등 |
| 부 채 | 화폐성 항목 | 매입채무, 미지급금, 차입금, 미지급비용, 발행사채 등 |
| | 비화폐성 항목 | 선수금, 선수수익 등 |

## 01 기능통화의 결정

(회계사 2010)

A회사는 통신 및 관측에 사용되는 민간용 인공위성을 제조 판매하는 기업이다. 아래 자료를 이용하여 물음에 답하라.

> (1) 인공위성의 제조판매 산업은 단위당 판매금액이 ₩100억 이상이며, 매출순이익률(당기순이익/매출)이 80% 내외가 되는 높은 이익률이 보장된 산업이다.
>
> (2) A회사가 생산하는 인공위성의 수요자 중 90%는 유럽연합(EU)에 속한 국가의 통신회사이고, 나머지 10%는 미국의 통신회사이다. 따라서 A회사는 영업활동이 이루어지는 주된 경제 환경인 유럽의 법규와 제품규격에 맞게 제품을 생산하며, 제품의 가격 역시 해당 기준 충족 여부에 따라 차이가 있다.
>
> (3) A회사의 매매계약서에 표시된 인공위성 제품의 가격은 수요자가 속한 국가의 통화인 유로(EURO) 또는 달러(USD)로 표시하고, 제품이 판매되는 거래일의 국제환율을 적용하여 구매자로부터 유럽통화인 유로(EURO)로 수령하여 보유 관리한다. A회사가 인공위성을 제조하는데 필요한 부품의 매입과 제작에 종사하는 근로자의 임금지급 결제통화는 한국통화인 원(₩)이다.

기능통화, 표시통화 및 외화의 정의와 A회사의 경영환경을 고려하여 자료에서 제시된 통화들을 모두 분류할 때 다음 중 가장 적절한 것은?

| | 기능통화 | 표시통화 | 외화 |
|---|---|---|---|
| ① | 원 | 달러 | 원, 유로 |
| ② | 유로 | 달러 | 원, 유로 |
| ③ | 유로 | 원 | 달러, 원 |
| ④ | 달러 | 원 | 원, 유로 |
| ⑤ | 달러 | 유로 | 원, 유로 |

### 해 답

기능통화는 영업활동이 이루어지는 주된 경제 환경의 통화를 말하며, 재화와 용역의 공급가격에 주로 영향을 미치는 통화를 말한다. 여기서는 재화의 판매가격이 주로 유로화로 결정되므로, A회사의 기능통화는 유로화이며, 유로화 이외의 통화가 외화가 된다.

③

## 2. 외화거래의 기능통화로의 환산

외화거래가 발생하는 경우 개별기업의 재무제표는 기능통화로 작성하는 것을 원칙으로 하며, 외화거래는 모두 기능통화로 환산하여 재무제표를 작성

### (1) 최초인식

외화금액×거래인식일의 현물환율(기능통화환율 대 외화환율)을 적용하여 인식

### (2) 보고기간말의 후속측정

① 화폐성 외화자산·부채 : 외화금액×보고기간말의 마감환율을 적용하여 인식하고, 환율변동손익(외화환산손익)은 당기손익으로 인식

② 역사적원가로 측정하는 비화폐성 외화자산·부채 : 외화금액×거래인식일의 현물환율을 적용하여 인식하고, 환율변동손익(외환차이)은 인식하지 아니함

③ 공정가치로 측정하는 비화폐성 외화자산·부채 : 외화금액×공정가치측정일의 환율을 적용하여 인식하고, 환율변동손익(외환차이)은 당기손익이나 기타포괄손익으로 인식

➡ 비화폐성항목에서 생긴 공정가치 평가손익을 당기손익으로 인식하는 경우에는 환율변동손익을 당기손익으로 인식하고, 외화자산·부채의 평가손익으로 병합하여 인식

➡ 비화폐성항목에서 생긴 공정가치 평가손익을 기타포괄손익으로 인식하는 경우에는 환율변동손익을 기타포괄손익으로 인식하고 외화자산·부채의 평가손익으로 병합하여 인식

➡ 둘 이상의 금액을 비교하여 장부금액을 결정하는 경우 외화를 기준으로 할 때는 손상차손을 인식하지 않으나 기능통화를 기준으로 할 때는 손상차손을 인식하여야 하는 경우가 있으며 반대의 경우도 있음

➡ 기업환경의 변화로 기능통화가 변경되는 경우에는 새로운 기능통화에 의한 환산절차를 변경한 날부터 전진적으로 적용

[외화거래의 기능통화로의 환산]

| 구 분 | | 최초인식 | 후속측정 | 환율변동손익의 인식 |
|---|---|---|---|---|
| 화폐성 외화항목 | | 거래발생일 환율 | 보고기간 말 환율 | 당기손익 |
| 비화폐성 외화항목 | 공정가치측정대상 | 거래발생일 환율 | 공정가치측정일 환율 | 당기손익 or 기타포괄손익 |
| | 원가측정대상 | 거래발생일 환율 | 거래발생일 환율 | 해당사항 없음 |

## 02 화폐성 항목의 환율변동효과 (세무사 2007)

12월말 결산법인인 A회사는 20×1년 11월 1일에 일본의 고객에게 ¥5,000,000의 상품을 판매하고, 대금은 3개월 후인 20×2년 1월 31일에 회수하였다. 이 기간 중 환율변동은 다음과 같다. A회사의 기능통화는 원화(KRW)이다.

> 20×1년 11월 1일 (거래발생일) : ¥100 = ₩830
> 20×1년 12월 31일 (회계연도말) : ¥100 = ₩840
> 20×2년 1월 31일 (대금결제일) : ¥100 = ₩790

A회사가 20×1년도에 계상할 환율변동손익(외화환산손익)과 20×2년도에 계상할 환율변동손익(외환차손익)으로 옳은 것은?

| | 20×1년도 | 20×2년도 |
|---|---|---|
| ① | 외화환산이익 ₩500,000 | 외환차익 ₩1,000,000 |
| ② | 외화환산이익 ₩500,000 | 외환차손 ₩2,500,000 |
| ③ | 외화환산손실 ₩500,000 | 외환차익 ₩2,500,000 |
| ④ | 외화환산손실 ₩500,000 | 외환차손 ₩2,000,000 |
| ⑤ | 외화환산이익 ₩500,000 | 외환차손 ₩2,000,000 |

### 해 답

(1) 환율변동손익(외화환산손익) : ¥5,000,000 × (₩8.4 − ₩8.3) = 500,000 (이익)
(2) 환율변동손익(외환차손익) : ¥5,000,000 × (₩7.9 − ₩8.4) = (−)2,500,000 (손실)
(3) 외화채권의 경우 환율이 인상되면 이익이 발생하고 환율이 인하되면 손실이 발생한다.

②

## 03 공정가치측정 항목의 환율변동효과

IFRS

A회사는 20×1년 10월 1일 미국으로부터 상품 $1,000을 매입하여 보유하고 있다. 보고기간 말 현재 상품의 순실현가능가치는 $950이다. 20×1년 11월 1일 미국에 소재하고 있는 토지를 $100,000에 구입하여 보유중이다. A회사는 토지에 대하여 재평가모형을 적용하여 평가하며, 보고기간말 토지의 공정가치는 $120,000이다. 한편, 20×1년 12월 1일 미국에 상장되어 있는 B회사의 주식을 공정가치인 $5,000에 취득하였으며, 이를 기타포괄손익-공정가치 측정 금융자산으로 분류하기로 선택하였다. 보고기간 말 B회사 주식의 공정가치는 $5,100이다. A회사의 기능통화가 원화(KRW)인 경우 아래의 설명 중 옳지 않은 것은 무엇인가? 일자별 환율은 다음과 같다.

| 20×1. 10. 1 | 20×1. 11. 1 | 20×1. 12. 1 | 20×1. 12. 31 |
|---|---|---|---|
| ₩1,000/$ | ₩1,100/$ | ₩1,200/$ | ₩1,150/$ |

① 20×1년 재고자산의 기말장부금액은 ₩1,092,500이다.
② 20×1년 손익계산서에 인식되는 재고자산평가손실은 없다.
③ 20×1년 토지재평가로 인하여 기타포괄손익으로 인식되는 재평가잉여금은 ₩28,000,000이다.
④ 20×1년 기타포괄금융자산의 기말 장부금액은 ₩5,865,000이다.
⑤ 20×1년 기타포괄금융자산의 공정가치 평가로 기타포괄손실로 인식되는 금액은 ₩135,000이다.

### 해 답

(1) 재고자산평가손실 : 둘 이상의 금액을 비교하여 장부금액을 결정하는 경우 외화를 기준으로 할 때는 평가손실을 인식하여야 하나, 기능통화를 기준으로 할 때는 평가손실을 인식하지 말아야 하는 경우도 있다.

| | | |
|---|---|---|
| 재고자산의 취득원가 | $1,000×₩1,000 = | 1,000,000 |
| 재고자산의 순실현가치 | $950×₩1,150 = | 1,092,500 |
| 재고자산평가손실 | | - |

(2) 토지재평가 : 비화폐성항목에서 생긴 공정가치 평가손익을 당기손익으로 인식하는 경우에는 환율변동손익을 당기손익으로 인식한다. 다만, 비화폐성항목에서 생긴 공정가치 평가손익을 기타포괄손익으로 인식하는 경우에는 환율변동손익을 기타포괄손익으로 인식한다.

| | | |
|---|---|---|
| 토지의 취득원가 | $100,000×₩1,100 = | 110,000,000 |
| 토지의 공정가치 | $120,000×₩1,150 = | 138,000,000 |
| 토지재평가로 인한 기타포괄이익 | | 28,000,000 |

| | | | | |
|---|---|---|---|---|
| 20×1.11. 1 | (차) 토 지 | 110,000,000 | (대) 현 금 | 110,000,000 |
| 20×1.12.31 | (차) 토 지 | 28,000,000 | (대) 재평가잉여금 | 28,000,000 |

(3) 기타포괄금융자산 : 외화기준으로는 평가이익이나 기능통화로 환산한 후에는 평가손실이 계상될 수도 있다.

| | | |
|---|---|---|
| 기타포괄금융자산의 취득원가 | $5,000 × ₩1,200 = | 6,000,000 |
| 기타포괄금융자산의 공정가치 | $5,100 × ₩1,150 = | 5,865,000 |
| 기타포괄금융자산평가손실 | | (135,000) |

| | | | | |
|---|---|---|---|---|
| 20×1.12. 1 | (차) 기타포괄금융자산 | 6,000,000 | (대) 현 금 | 6,000,000 |
| 20×1.12.31 | (차) 기타포괄평가손실 | 135,000 | (대) 기타포괄금융자산 | 135,000 |

① W

## 04 원가모형과 재평가모형의 비교

(회계사 2022) IFRS

유럽에서의 사업 확장을 계획 중인 ㈜대한(기능통화 및 표시통화는 원화(₩)임)은 20×1년 10월 1일 독일 소재 공장용 토지를 €1,500에 취득하였다. 그러나 탄소 과다배출 가능성 등 환경 이슈로 독일 주무관청으로부터 영업허가를 얻지 못함에 따라 20×2년 6월 30일 해당 토지를 €1,700에 처분하였다. 이와 관련한 추가정보는 다음과 같다. 상기 토지에 대해 (1) 원가모형과 (2) 재평가모형을 적용하는 경우, ㈜대한이 20×2년 6월 30일 토지 처분 시 인식할 유형자산처분손익은 각각 얼마인가?

(1) 환율(₩/€) 변동정보

| 일 자 | 20×1. 10. 1 | 20×1. 12. 31 | 20×2. 6. 30 |
|---|---|---|---|
| 환 율 | ₩1,600 | ₩1,500 | ₩1,550 |

(2) 20×1년 12월 31일 현재 ㈜대한이 취득한 토지의 공정가치는 €1,900이다.

| | 원가모형 | 재평가모형 |
|---|---|---|
| ① | 이익 ₩165,000 | 손실 ₩185,000 |
| ② | 이익 ₩235,000 | 손실 ₩215,000 |
| ③ | 이익 ₩235,000 | 손실 ₩185,000 |
| ④ | 이익 ₩385,000 | 손실 ₩215,000 |
| ⑤ | 이익 ₩385,000 | 손실 ₩185,000 |

**해 답**

(1) 원가모형의 경우

① 취득시 장부금액(취득원가) : €1,500×₩1,600=2,400,000

② 처분시 수령액 : €1,700×₩1,550=2,635,000 → 토지처분이익 : (+)235,000

| 20×2. 6.30 | (차) 현 금 | 2,635,000 | (대) 토 지 | 2,400,000 |
|---|---|---|---|---|
| | | | 토지처분이익 | 235,000 |

(2) 재평가모형의 경우

① 처분시 장부금액(재평가금액) : €1,900×₩1,500=2,850,000

② 처분시 수령액 : €1,700×₩1,550=2,635,000 → 토지처분손실 : (-)215,000

| 20×2. 6.30 | (차) 현 금 | 2,635,000 | (대) 토 지 | 2,850,000 |
|---|---|---|---|---|
| | 토지처분손실 | 215,000 | | |
| | (차) 재평가잉여금 | 450,000 | 미처분이익잉여금 | 450,000 |

② 

## 3. 기능통화 재무제표의 표시통화 재무제표로의 환산

기능통화로 작성된 재무제표를 외부에 공표하는 경우 기능통화와 표시통화가 다르다면, 기능통화에 의한 재무제표를 표시통화로 환산하여 보고

(1) 외부보고를 위한 보고기업의 재무제표의 환산

① 재무상태표의 자산·부채 : 해당 보고기간말의 마감환율로 환산

② 재무상태표의 기초자본 : 해당 거래일(전기이전)의 환율로 환산

③ 포괄손익계산서의 수익·비용 : 해당 거래일(당기)의 환율로 환산(실무적으로 평균환율적용 가능)

④ ①과 ②+③의 환산에서 생기는 외환차이 : 기타포괄손익(해외사업환산손익)으로 인식

(2) 지분법적용, 연결재무제표의 작성을 위한 해외사업장 재무제표의 환산

① 재무상태표의 자산·부채 : 해당 보고기간말의 마감환율로 환산

② 재무상태표의 기초자본 : 해당 거래일(전기이전)의 환율로 환산

③ 포괄손익계산서의 수익·비용 : 해당 거래일(당기)의 환율로 환산(실무적으로 평균환율적용 가능)

④ ①과 ②+③의 환산에서 생기는 외환차이 : 기타포괄손익(해외사업환산손익)으로 인식

➡ 해외사업장을 처분하는 경우에는 기타포괄손익항목으로 인식한 해외사업장관련 외환차이의 누계액은 해외사업장의 처분손익을 인식하는 시점에 재분류조정으로 당기손익으로 인식

[기능통화와 표시통화를 이용한 외화거래의 환산]

(1) 해외사업장이 없는 보고기업의 환산

(2) 해외사업장이 있는 보고기업의 환산

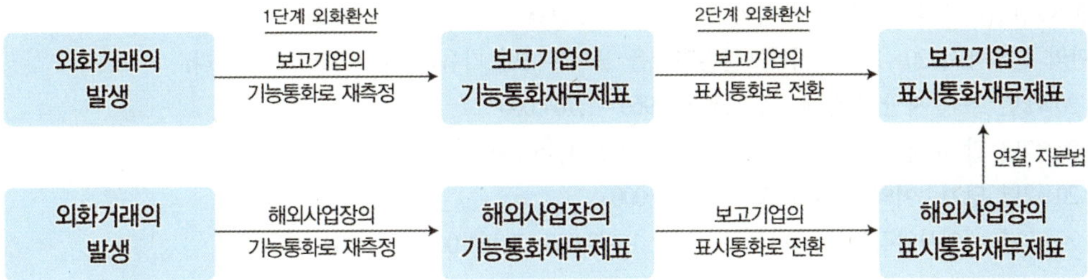


## 05 해외사업장 재무제표의 환산 (회계사 2017)

20×1년 초에 설립된 ㈜한국의 기능통화는 미국달러화($)이며 표시통화는 원화(₩)이다. ㈜한국의 기능통화로 작성된 20×2년 말 요약재무상태표와 환율변동정보 등은 다음과 같다. ㈜한국의 표시통화로 환산된 20×2년 말 재무상태표상 환산차이(기타포괄손익누계액)는?

요약재무상태표

㈜한국 20×2. 12. 31 현재 (단위 : $)

| | | | |
|---|---|---|---|
| 자 산 | 2,400 | 부 채 | 950 |
| | | 자 본 금 | 1,000 |
| | | 이익잉여금 | 450 |
| | 2,400 | | 2,400 |

(1) 자본금은 설립 당시의 보통주 발행금액이며 이후 변동은 없다. 20×1년과 20×2년의 당기순이익은 각각 $150와 $300이며, 수익과 비용은 연중 균등하게 발생하였다.

(2) 20×1년부터 20×2년 말까지의 환율변동정보는 다음과 같다. 기능통화와 표시통화는 모두 초인플레이션 경제의 통화가 아니며, 위 기간에 환율의 유의한 변동은 없었다.

| 시 점 | 기초(₩/$) | 평균(₩/$) | 기말(₩/$) |
|---|---|---|---|
| 20×1년 | 900 | 940 | 960 |
| 20×2년 | 960 | 980 | 1,000 |

① ₩0　　② ₩72,500　　③ ₩90,000
④ ₩115,000　　⑤ ₩122,500

**해 답**

(1) 순자산의 현행환율 환산액 : $1,450×₩1,000 = 1,450,000
(2) 순자산의 역사적환율 환산액 : $1,000×₩900 + $150×₩940 + $300×₩980 = 1,335,000
(3) 20×2년 말 해외사업장환산손익의 누계액 : 1,450,000 - 1,335,000 = 115,000
(4) 만약 문제에서 20×2년의 기타포괄손익만을 물어본다면 다음과 같이 계산하면 된다.
① 20×2년 초 순자산 환산액 : $1,150×₩960 = 1,104,000
② 20×2년 말 순자산 환산액 : $1,450×₩1,000 = 1,450,000
③ 20×2년 당기순이익 : $300×₩980 = 294,000
④ 20×2년 해외사업장환산 기타포괄손익 : 1,450,000 - 1,104,000 - 294,000 = 52,000

④

### 4. 해외사업장에 대한 순투자의 환산

(1) 보고기업의 해외사업장에 대한 순투자의 일부인 화폐성항목에서 생기는 외환차이는 보고기업의 별도재무제표나 해외사업장의 개별재무제표에서 당기손익으로 적절하게 인식

(2) 보고기업과 해외사업장을 포함하는 재무제표(예 해외사업장이 종속기업인 경우의 연결재무제표)에서는 이러한 외환차이를 처음부터 기타포괄손익으로 인식하고 관련 순투자의 처분시점에 자본에서 당기손익으로 재분류

## 06 환율변동효과의 회계처리 (회계사 2015)

20×1년 초에 ㈜갑은 지분 100%를 소유한 해외종속기업 ㈜ABC에 무이자로 $1,000을 대여하였다. ㈜갑의 기능통화와 표시통화는 원화(₩)이고, ㈜ABC의 기능통화는 달러화($)이다. 동 외화대여금은 해외사업장에 대한 순투자의 일부에 해당한다. 20×1년도에 동 외화대여금과 관련된 회계처리(연결절차 포함)는 모두 적절히 수행되었다. ㈜갑이 작성하는 20×1년 말 연결재무상태표상 외화대여금의 잔액과 동 회계처리가 20×1년도 연결포괄손익계산서상 기타포괄이익에 미치는 영향은 각각 얼마인가? 단, 20×1년 초 연결재무상태표상 외화대여금 잔액은 ₩0이고, 동 외화대여거래 이외에 다른 거래는 없었으며, 20×1년 환율정보는 다음과 같다.

| 구 분 | 20×1년 1월 1일 | 20×1년 평균 | 20×1년 12월 31일 |
|---|---|---|---|
| 현물환율(₩/$) | ₩1,000 | ₩1,050 | ₩1,100 |

| | 외화대여금 | 기타포괄이익 | | 외화대여금 | 기타포괄이익 |
|---|---|---|---|---|---|
| ① | ₩0 | ₩100,000 증가 | ② | ₩0 | 영향없음 |
| ③ | ₩1,000,000 | 영향없음 | ④ | ₩1,100,000 | 영향없음 |
| ⑤ | ₩1,100,000 | ₩100,000 증가 | | | |

**해 답**

(1) 외화대여금의 환율변동손익 : $1,000×(₩1,100－₩1,000)＝(+)100,000 ➡ 기타포괄손익인식
(2) 외화대여금은 연결재무제표작성시 내부거래 채권 · 채무의 제거분개로 인해 인식되지 않는다.

① W

## 2차 5. 외화사채의 환산

(1) 이자의 환산 : 유효이자비용은 회계기간 중 평균적으로 발생하므로 평균환율을 적용하여 환산하고, 현금은 이자지급일의 환율적용, 사채발행차금의 상각액은 기초환율로 적용하여 환산한 후 차이금액을 외환손익으로 인식

(2) 사채의 환산 : 결산일의 사채의 장부금액은 기초환율로 환산되어 있으므로 이를 기말환율로 환산하는 절차를 수행한 후 차이금액을 외환손익으로 인식

[외화사채의 순액회계처리]

| 발 행 일 | (차) 현 금 | ××× ① | (대) 사 채 | ××× ② |
|---|---|---|---|---|
| 결 산 일 | (차) 이자비용 | ××× ① | (대) 현 금 | ××× ② |
| | 외환손실 | ××× ④ | 사 채 | ××× ③ |
| | (차) 외환손실 | ××× ⑥ | (대) 사 채 | ××× ⑤ |
| | ① 외화유효이자비용×평균환율 | | ② 현금지급액×기말환율 | |
| | ③ 사채할인발행차금상각액×기초환율 | | ⑥ 기말사채의 장부금액×(기말환율－기초환율) | |

[외화표시채무상품과 외화표시지분상품의 환산]

| 구 분 | | 화폐성 여부 | 환율변동손익 | 가격변동손익 |
|---|---|---|---|---|
| 발행사채 | | 화폐성 | 외화환산손익 | 해당사항없음 |
| 투자사채 | 상각후원가 측정 금융자산 | 화폐성 | 외화환산손익 | 해당사항없음 |
| | 당기손익-공정가치 측정 금융자산 | 화폐성 + 비화폐성 | 외화환산손익 | 당기손익평가손익 |
| | 기타포괄손익-공정가치 측정 금융자산 | 화폐성 + 비화폐성 | 외화환산손익 | 기타포괄평가손익 |
| 투자주식 | 당기손익-공정가치 측정 금융자산 | 비화폐성 | 당기손익평가손익 | |
| | 기타포괄손익-공정가치 측정 금융자산 | 비화폐성 | 기타포괄평가손익 | |

## 07 환율변동효과의 회계처리

(회계사 2016) IFRS

환율변동효과에 관한 다음의 설명 중 옳은 것은?

① 영업활동이 이루어지는 주된 경제 환경의 통화를 기능통화, 재무제표를 표시할 때 사용하는 통화를 표시통화라고 하며, 표시통화 이외의 다른 통화를 외화라고 한다.

② 외화거래를 기능통화로 보고함에 있어서 매 보고기간말의 화폐성 외화항목은 거래일의 환율로 환산하며, 비화폐성 외화항목은 마감환율로 환산한다.

③ 비화폐성항목에서 발생한 손익을 당기손익으로 인식하는 경우에는 그 손익에 포함된 환율변동효과도 당기손익으로 인식하며, 비화폐성항목에서 발생한 손익을 기타포괄손익으로 인식하는 경우에는 그 손익에 포함된 환율변동효과도 기타포괄손익으로 인식한다.

④ 기능통화의 변경에 따른 효과는 소급법을 적용하여 회계처리한다.

⑤ 보고기업의 해외사업장에 대한 순투자의 일부인 화폐성항목에서 생기는 외환차이는 보고기업의 별도재무제표나 해외사업장의 개별재무제표에서 기타포괄손익으로 인식한다.

### 해 답

① 기능통화 이외의 다른 통화를 외화라고 한다.

② 화폐성 외화항목은 마감환율로 환산하며, 역사적원가로 측정하는 비화폐성 외화항목은 거래일의 환율로 환산하고, 공정가치로 측정하는 비화폐성 외화항목은 공정가치가 측정된 날의 환율로 환산한다.

④ 기능통화가 변경되는 경우에는 새로운 기능통화에 의한 환산절차를 변경한 날부터 전진적용한다.

⑤ 보고기업의 해외사업장에 대한 순투자의 일부인 화폐성항목에서 생기는 외환차이는 보고기업의 별도재무제표나 해외사업장의 개별재무제표에서는 당기손익으로 인식한다. 그러나 연결재무제표에서는 이를 기타포괄손익으로 인식하고 관련 순투자의 처분시점에 자본에서 당기손익으로 재분류한다.

③

## 2 파생상품회계

### 1. 파생상품

(1) 파생상품의 정의

금융상품가격, 일반상품가격, 이자율, 환율, 가격 또는 비율의 지수, 신용등급이나 신용지수 또는 기타 변수의 가격변동을 기초로 하여 만들어진 신종금융상품

**참고 파생상품의 요건**

① 기초변수의 변동에 따라 가치가 변동하며,
② 최초 계약시 순투자금액이 필요하지 않거나 시장요소의 변동에 유사한 영향을 받을 것으로 기대되는 다른 유형의 계약보다 적은 순투자금액이 필요하고,
③ 미래에 결제된다.

(2) 파생상품의 종류

① 선도계약 : 미래일정시점에 약정된 가격에 의해 계약상의 특정대상을 사거나 팔기로 계약당사자간에 합의한 거래

② 선물계약 : 수량·규격·품질 등이 표준화되어 있는 특정대상에 대하여 현재 시점에서 결정된 가격에 의해 미래일정시점에 인도하거나 인수할 것을 약정한 계약으로서 조직화된 시장에서 정해진 방법으로 거래되는 것

③ 옵션계약 : 계약당사자간에 정하는 바에 따라 일정한 기간 내에 미리 정해진 가격으로 외화나 유가증권 등을 사거나 팔 수 있는 권리에 대한 계약

④ 스왑계약 : 특정기간 동안 발생하는 일정한 현금흐름을 다른 현금흐름과 교환하는 선도거래

### 2. 파생상품의 보유목적

(1) 단기매매목적 : 위험회피목적으로 분류할 수 없는 모든 파생상품의 거래목적

(2) 위험회피목적

① 공정가치 위험회피목적 : 특정위험에 기인하고 당기손익에 영향을 줄 수 있는 것으로서, 인식된 자산이나 부채의 공정가치 변동과 미인식된 확정계약의 공정가치 변동 익스포저에 대한 위험을 회피하고자 위험회피수단으로 파생상품 등을 이용하는 것

② 현금흐름 위험회피목적 : 특정위험에 기인하고 당기손익에 영향을 줄 수 있는 것으로서, 인식된 자산이나 부채에 기인한 현금흐름변동과 발생가능성이 매우 높은 예상거래의 현금흐름변동 익스포저에 대한 위험을 회피하고자 위험회피수단으로 파생상품 등을 이용하는 것

③ 해외사업장에 대한 순투자의 위험회피목적 : 해외사업장순투자를 지배기업 표시통화로 환산하는 과정에서 발생하는 환율변동위험을 회피하고자 위험회피수단으로 파생상품 등을 이용하는 것

[위험회피목적]

| 위험회피목적 | 위험회피대상 | 위험회피수단 |
|---|---|---|
| 공정가치 위험회피 | 인식된 자산이나 부채의 공정가치 변동위험 | 파생상품 or 비파생상품 |
| | 미인식된 확정계약의 공정가치 변동위험 | 파생상품 or 비파생상품 |
| 현금흐름 위험회피 | 인식된 자산이나 부채의 예상현금흐름 변동위험 | 파생상품 or 비파생상품 |
| | 발생 가능한 예상거래의 예상현금흐름 변동위험 | 파생상품 or 비파생상품 |
| 해외사업장순투자 위험회피 | 해외사업장순투자의 환율변동위험 | 파생상품 or 비파생상품 |

(3) 위험회피대상 : 공정가치 변동위험에 노출된 자산이나 부채

① 지분법적용투자주식과 종속기업투자주식은 공정가치변동위험이 없으므로 위험회피대상으로 지정불가능하지만, 해당 주식이 해외사업장순투자의 경우 외화위험회피대상으로는 지정가능

② 연결실체 내의 개별기업 사이의 거래는 연결실체 내의 개별기업의 개별재무제표나 별도재무제표에서 위험회피대상항목으로 지정할 수 있으나, 연결재무제표에서는 내부거래로 인해 제거되므로 위험회피대상항목으로 지정불가능

③ 사업결합에서 사업을 취득하기로 하는 확정계약은 일반적인 사업위험이므로 위험회피대상항목으로 지정불가능하나 외화위험에 대하여는 위험회피대상항목으로 지정할 수 있음

④ 위험회피대상항목의 조건을 충족할 수 있는 익스포저와 파생상품이 결합된 통합 익스포저는 위험회피대상항목으로 지정가능

(4) 위험회피수단 : 당기손익-공정가치 측정 파생상품과 비파생상품

① 위험회피수단으로 당기손익-공정가치 측정 금융자산인 파생상품을 지정하는 것이 원칙이지만, 당기손익-공정가치 측정 비파생금융상품은 위험회피수단으로 지정할 수 있으며, 당기손익인식 항목이 아닌 경우에도 비파생상품의 외화위험 부분은 위험회피수단으로 지정가능

② 당기손익-공정가치로 측정하도록 지정한 금융부채로서 신용위험의 변동으로 생기는 공정가치의 변동 금액을 기타포괄손익으로 표시하는 금융부채와 공정가치의 변동을 기타포괄손익으로 표시하기로 선택한 지분상품의 투자는 위험회피수단으로 지정할 수 없음

③ 복합계약에 내재된 파생상품의 경우 이를 분리하여 회계처리하지 않는 경우에는 별도의 위험회피수단으로 지정할 수 없으며, 자기지분상품의 경우에도 해당 기업의 금융자산이나 금융부채가 아니므로 위험회피수단으로 지정할 수 없음

2차 ④ 위험회피수단으로 금융상품을 지정한 경우에는 금융상품 전체를 위험회피수단으로 지정해야 하지만 다음의 경우에는 일부만 위험회피수단으로 지정한 후 지정한 부분만을 당기손익으로 인식

- 옵션계약의 내재가치와 시간가치를 구분하고 옵션의 내재가치 변동만을 위험회피수단으로 지정하는 경우에 옵션의 공정가치 중 시간가치 변동으로 인한 부분은 기타포괄손익으로 인식
- 선도계약의 선도요소와 현물요소를 분리하고 현물요소의 변동만 위험회피수단으로 지정한 경우에 선도계약의 공정가치 중 선도요소로 인한 부분은 기타포괄손익으로 인식
- 금융상품의 외화 베이시스 스프레드 가치 변동을 위험회피수단 지정에서 제외할 때 외화 베이시스 스프레드의 가치 변동으로 인한 부분도 기타포괄손익으로 인식

### 3. 단기매매목적의 파생상품

파생상품의 보고기간 말 공정가치 평가손익과 결제일의 거래손익을 당기손익으로 즉시 인식

## 08 단기매매목적의 파생상품

IFRS

A회사는 20×1년 10월 1일 향후 달러가치의 상승을 예상하고 계약기간은 6개월(20×1년 10월 1일 ~ 20×2년 3월 31일) 계약조건은 $1,000을 ₩1,100/$1(선도환율)에 매입하는 통화선도거래계약을 체결하였다.

| 일 자 | 현물환율(₩/$) | 선도환율(₩/$) |
|---|---|---|
| 20×1. 10. 1 | ₩1,050 | ₩1,100 (만기 6개월) |
| 20×1. 12. 31 | ₩1,120 | ₩1,160 (만기 3개월) |
| 20×2. 3. 31 | ₩1,180 | - |

20×1년 12월 31일 현재 적절한 할인율은 6%이지만 현재가치할인효과는 고려하지 않는다. 회사의 결산일은 12월 31일이다. A사가 2회계기간 동안 위의 통화선도거래에서 실현한 손익은 얼마인가?

① 이익 ₩60,000　② 이익 ₩100,000　③ 이익 ₩80,000
④ 손실 ₩20,000　⑤ 손실 ₩60,000

**해 답**

(1) 통화선도거래에 따른 손익 : $1,000 × (1,180 − 1,100) = 80,000 (이익)

(2) 20×1년 손익 : $1,000 × (1,160 − 1,100) = 60,000 (이익)

(3) 20×2년 손익 : $1,000 × (1,180 − 1,160) = 20,000 (이익)

(4) 회계처리

| | | | | |
|---|---|---|---|---|
| 20×1.10. 1 | (차) 통화선도자산 | − | (대) 현　　금 | − |
| 20×1.12.31 | (차) 통화선도자산 | 60,000 | (대) 파생상품평가이익 | 60,000 |
| 20×2. 3.31 | (차) 통화선도자산 | 20,000 | (대) 파생상품평가이익 | 20,000 |
| | (차) 현　　금 | 80,000 | (대) 통화선도자산 | 80,000 |

(5) 그림에 의한 분석

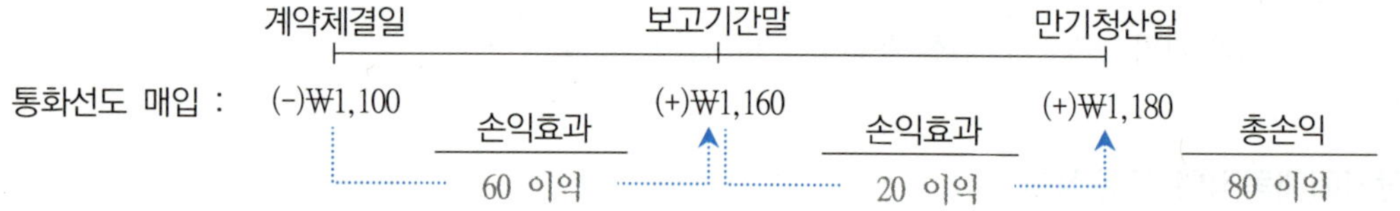


③

## 4. 공정가치 위험회피목적의 파생상품

(1) 위험회피수단인 파생상품 : 위험회피수단항목의 공정가치를 재측정하고, 장부금액을 조정하여 공정가치의 변동을 당기손익으로 즉시 인식

(2) 위험회피대상인 현물항목 : 위험회피대상항목의 공정가치를 재측정하고, 장부금액을 조정하여 공정가치의 변동을 당기손익으로 즉시 인식

[가격변동손익의 측정방법]

| 공정가치위험회피의 대상 | 위험회피대상 가격변동의 측정 | 위험회피수단의 가격변동의 측정 |
|---|---|---|
| 인식된 자산과 부채 | 현물가격을 이용 | 선도가격을 이용 |
| 미인식된 확정계약 | 선도가격을 이용 | 선도가격을 이용 |

➡ 위험회피대상항목이 기타포괄손익인식 대상인 경우에도 회피대상위험으로 인한 손익은 당기손익으로 인식하며, 원가로 측정하는 위험회피대상항목도 공정가치로 재측정하여 당기손익으로 인식

2차 ➡ 위험회피대상항목이 공정가치의 변동을 기타포괄손익에 표시하기로 선택한 지분상품인 경우 위험회피수단과 위험회피대상의 공정가치변동손익은 모두 기타포괄손익으로 인식

[가격변동손익의 인식방법]

| 위험회피대상 항목의 종류 | | 위험회피대상 평가손익 | 위험회피수단 평가손익 |
|---|---|---|---|
| 원가법 적용 대상 | | 당기손익인식 | 당기손익인식 |
| 공정가치법 | 기타포괄손익인식 대상 | 당기손익인식 | 당기손익인식 |
| | 당기손익인식 대상 | 당기손익인식 | 당기손익인식 |
| 기타포괄손익-공정가치 측정 지분상품 | | 기타포괄손익인식 | 기타포괄손익인식 |

➠ 위험회피대상항목이 공정가치변동을 당기손익인식하는 상황이라면, 위험회피대상에 대하여 공정가치위험회피회계를 적용할 실익이 없음

➠ 위험회피대상항목이 확정계약인 경우 재고자산 등을 확정가격으로 매입하는 계약이므로 현금흐름변동위험을 부담하지 않지만, 확정계약으로 지급하거나 수령할 금액이 외화라면 환율변동위험으로 인해 현금흐름변동위험을 부담할 수도 있다. 외화확정계약에 대한 환율변동위험회피는 기업의 선택에 따라 공정가치위험회피나 현금흐름위험회피로 지정가능

## 09 부채에 대한 공정가치위험회피

IFRS

A회사는 20×1년 10월 1일 상품을 수입하고 대금 $1,000을 6개월 후에 지급하기로 하였다. 동사는 달러 표시 수입대금의 환율변동위험을 회피하기 위해 위의 [예제 8]과 같은 통화선도 매입계약을 체결하였다. A사가 2회계기간 동안 위의 거래에서 실현한 환율변동손익은 각각 얼마인가?

| | 일반상거래 | 통화선도거래 | | 일반상거래 | 통화선도거래 |
|---|---|---|---|---|---|
| ① | 이익 ₩80,000 | 손실 ₩130,000 | ② | 이익 ₩60,000 | 손실 ₩70,000 |
| ③ | 손실 ₩20,000 | 이익 ₩60,000 | ④ | 손실 ₩60,000 | 이익 ₩20,000 |
| ⑤ | 손실 ₩130,000 | 이익 ₩80,000 | | | |

### 해 답

(1) 매입채무결제에 따른 손익 : $1,000 × (₩1,050 - ₩1,180) = 130,000 (손실)

① 20×1년 손익 : $1,000 × (₩1,050 - ₩1,120) = (-)70,000 (손실)

② 20×2년 손익 : $1,000 × (₩1,120 - ₩1,180) = (-)60,000 (손실)

(2) 통화선도거래에 따른 손익 : $1,000 × (₩1,180 - ₩1,100) = 80,000 (이익)

① 20×1년 손익 : $1,000 × (₩1,160 - ₩1,100) = 60,000 (이익)

② 20×2년 손익 : $1,000 × (₩1,180 - ₩1,160) = 20,000 (이익)

(3) 회계처리

| | | | | |
|---|---|---|---|---|
| 20×1.10. 1 | (차) 재고자산 | 1,050,000 | (대) 매입채무 | 1,050,000 |
| | (차) 통화선도자산 | - | (대) 현　　금 | - |
| 20×1.12.31 | (차) 외환손실 | 70,000 | (대) 매입채무 | 70,000 |
| | (차) 통화선도자산 | 60,000 | (대) 파생상품평가이익 | 60,000 |
| 20×2. 3.31 | (차) 매입채무 | 1,120,000 | (대) 현　　금 | 1,180,000 |
| | 외환손실 | 60,000 | | |
| | (차) 통화선도자산 | 20,000 | (대) 파생상품평가이익 | 20,000 |
| | (차) 현　　금 | 80,000 | (대) 통화선도자산 | 80,000 |

(4) 그림에 의한 분석

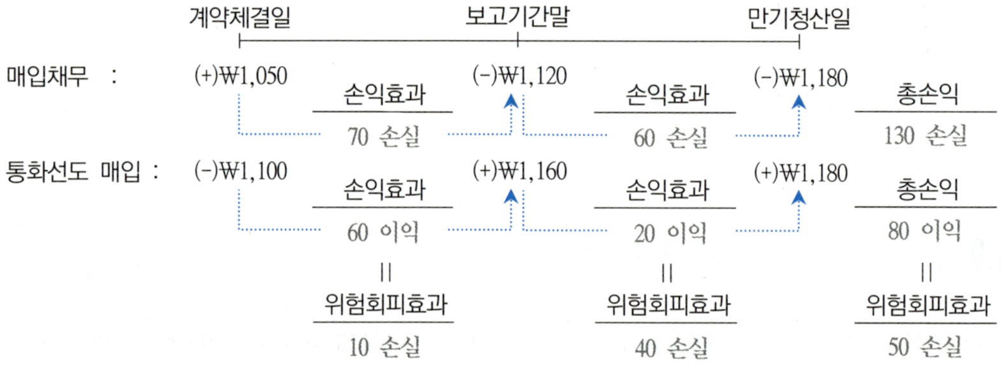


⑤

## 10 확정계약에 대한 공정가치위험회피

A회사는 20×1년 10월 1일 향후 상품을 수입하기로 거래처와 취소불가능한 확정계약을 체결하였다. 계약대금은 $1,000이며, 6개월 후에 지급하기로 약정하였다. 동사는 달러 표시 수입대금의 환율변동위험을 회피하기 위해 위의 [예제 8]과 같은 통화선도 매입계약을 체결하였다. A사가 2회계기간 동안 위의 거래에서 실현한 환율변동손익은 각각 얼마인가?

| | 일반상거래 | 통화선도거래 | | 일반상거래 | 통화선도거래 |
|---|---|---|---|---|---|
| ① | 이익 ₩80,000 | 손실 ₩130,000 | ② | 이익 ₩60,000 | 손실 ₩70,000 |
| ③ | 손실 ₩20,000 | 이익 ₩60,000 | ④ | 손실 ₩130,000 | 이익 ₩80,000 |
| ⑤ | 손실 ₩80,000 | 이익 ₩80,000 | | | |

## 해 답

(1) 확정계약에 따른 손익 : \$1,000 × (1,100 - 1,180) = 80,000 (손실)

① 20×1년 손익 : \$1,000 × (1,100 - 1,160) = (-)60,000 (손실)

② 20×2년 손익 : \$1,000 × (1,160 - 1,180) = (-)20,000 (손실)

(2) 통화선도거래에 따른 손익 : \$1,000 × (1,180 - 1,100) = 80,000 (이익)

① 20×1년 손익 : \$1,000 × (1,160 - 1,100) = 60,000 (이익)

② 20×2년 손익 : \$1,000 × (1,180 - 1,160) = 20,000 (이익)

(3) 회계처리

| 일자 | 차변 | 금액 | 대변 | 금액 |
|---|---|---|---|---|
| 20×1.10. 1 | (차) 현　　금 | - | (대) 확정계약부채 | - |
| | (차) 통화선도자산 | - | (대) 현　　금 | - |
| 20×1.12.31 | (차) 확정계약평가손실 | 60,000 | (대) 확정계약부채 | 60,000 |
| | (차) 통화선도자산 | 60,000 | (대) 파생상품평가이익 | 60,000 |
| 20×2. 3.31 | (차) 확정계약평가손실 | 20,000 | (대) 확정계약부채 | 20,000 |
| | (차) 현　　금 | 80,000 | (대) 통화선도자산 | 80,000 |

(4) A회사는 통화선도환율변동에 따른 확정계약의 공정가치변동을 회피하기 위하여 USD를 계약시점의 통화선도환율로 구입하는 통화선도계약을 체결한 것이며 위험회피대상항목인 확정계약과 위험회피수단인 통화선도거래의 금액과 기간 및 평가기준이 동일하므로 완전한 위험회피가 가능함

(5) 그림에 의한 분석

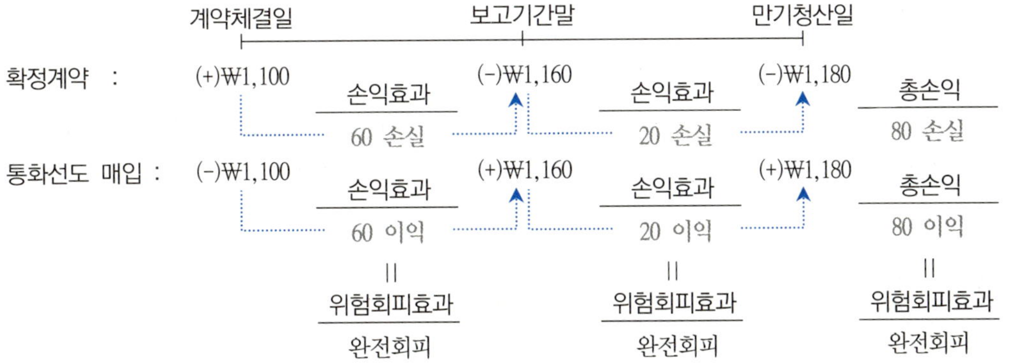


⑤

## 5. 현금흐름 위험회피목적의 파생상품

(1) 위험회피대상인 예상거래 : 거래발생일 이전에는 과거사건이 발생하지 아니하였으므로 회계처리 없음

(2) 위험회피수단인 파생상품 : 재측정에 따른 공정가치의 변동을 위험회피에 효과적인 부분은 기타포괄손익으로 인식하고, 위험회피에 비효과적인 부분은 당기손익으로 즉시 인식

[가격변동손익의 측정방법]

| 현금흐름위험회피의 대상 | 위험회피대상 가격변동의 측정 | 위험회피수단의 가격변동의 측정 |
|---|---|---|
| 미래예상 현금흐름의 변동 | 기대현물가격을 이용 | 선도가격을 이용 |

(3) 기타포괄손익누계액인 현금흐름위험회피적립금의 처리방법

① 일반적인 경우 : 위험회피대상인 미래예상현금흐름이 당기손익에 영향을 미치는 기간에 현금흐름위험회피적립금을 재분류조정 방식으로 기타포괄손익에서 당기손익으로 재분류함

② 비금융자산(부채) 인식거래의 경우 : 위험회피대상 자산 또는 부채를 최초 인식하는 시점에 해당 위험회피수단의 현금흐름위험회피적립금을 제거하고 관련 자산 또는 부채의 최초 원가나 그 밖의 장부금액에 직접 가감함. 이는 재분류조정 방식이 아니며 기타포괄손익에 미치는 영향은 없음

[기타포괄손익누계액의 처리방법]

| | | | | |
|---|---|---|---|---|
| 직접대체 | (차) 기타포괄손익누계액 | ××× | (대) 미처분이익잉여금 | ××× |
| 재분류조정 | (차) 기타포괄평가손실 | ××× | (대) 관련자산제거이익 | ××× |
| 장부금액조정 | (차) 기타포괄손익누계액 | ××× | (대) 관련자산취득원가 | ××× |

➟ 현금흐름위험회피적립금이 차손이며 그 차손의 전부나 일부가 미래 기간에 회복되지 않을 것으로 예상된다면, 해당 금액을 재분류조정 방식으로 즉시 당기손익으로 재분류

## 11 현금흐름위험회피

IFRS

A회사는 20×1년 10월 1일에 6개월 후 제품생산에 사용할 원재료를 수입할 계획이다. 원재료 구매계획은 $1,000이며, 6개월 후에 지급할 계획이다. 동사는 달러 표시 수입대금의 환율변동위험을 회피하기 위해 위의 [예제 8]과 같은 통화선도 매입계약을 체결하였다. A회사가 20×2년 3월 31일 재고를 구입하는 경우 재고자산의 취득원가는 얼마인가? 단, A회사는 위험회피에 효과적인 위험회피수단의 평가손익을 관련자산의 장부금액에 가감하여 보고하고 있다. 단, 미래의 기대현물가격은 현재의 현물가격과 동일한 것으로 가정하며, 현재가치 할인은 고려하지 않는다.

① ₩1,100,000 ② ₩1,120,000 ③ ₩1,180,000
④ ₩1,050,000 ⑤ ₩1,160,000

## 해 답

(1) 예상거래에 따른 총누적현금흐름변동위험 : $1,000 × (1,050 - 1,180) = 130,000 (손실)

① 20×1년 기회손실 : $1,000 × (1,050 - 1,120) = (-)70,000 (손실)

② 20×2년 기회손실 : $1,000 × (1,120 - 1,180) = (-)60,000 (손실)

(2) 통화선도거래에 따른 손익 : $1,000 × (1,180 - 1,100) = 80,000 (이익)

① 20×1년 손익 : $1,000 × (1,160 - 1,100) = 60,000 (이익)

② 20×2년 손익 : $1,000 × (1,180 - 1,160) = 20,000 (이익)

(3) 회계처리

| 일자 | 차변 | 금액 | 대변 | 금액 |
|---|---|---|---|---|
| 20×1.10. 1 | - 회계처리 없음 - | | | |
| | (차) 통화선도자산 | - | (대) 현 금 | - |
| 20×1.12.31 | - 회계처리 없음 - | | | |
| | (차) 통화선도자산 | 60,000 | (대) 현금흐름위험회피적립금 | 60,000 |
| 20×2. 3.31 | (차) 통화선도자산 | 20,000 | (대) 현금흐름위험회피적립금 | 20,000 |
| | (차) 현 금 | 80,000 | (대) 통화선도자산 | 80,000 |
| | (차) 재고자산 | 1,180,000 | (대) 현 금 | 1,180,000 |
| | 위험회피적립금(AOCI) | 80,000 | 재고자산 | 80,000 |

(4) 재고자산 취득원가 : $1,000×₩1,180 - $1,000×(₩1,180 - ₩1,100) = 1,100,000

(5) 그림에 의한 분석

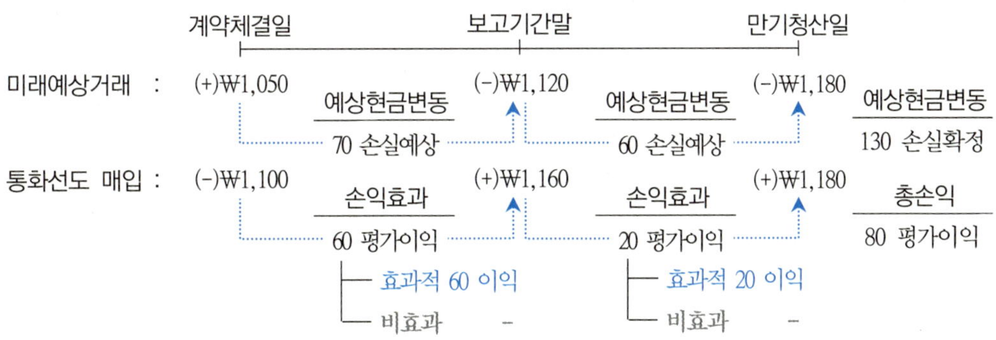


① W

## 12 현금흐름위험회피

(회계사 2023)

㈜대한은 전기차용 배터리를 생산 및 판매하는 회사이다. ㈜대한은 20×2년 3월 말에 100개의 배터리를 국내 전기차 제조사들에게 판매할 가능성이 매우 높은 것으로 예측하였다. ㈜대한은 배터리의 판매가격 하락을 우려하여 20×1년 12월 1일에 선도계약을 체결하고, 이를 위험회피수단으로 지정하였다. 관련 정보는 다음과 같다.

(1) 선도거래 계약기간은 20×1년 12월 1일부터 20×2년 3월 31일까지로 만기 4개월이다. 선도거래는 결제일에 100개의 배터리에 대해 선도거래 계약금액(개당 ₩12,000)과 시장가격의 차액이 현금으로 결제된다.

(2) 현물가격 및 선도가격 정보는 다음과 같다. 배터리의 개당 제조원가는 ₩10,000이고, 판매와 관련하여 다른 비용은 발생하지 않는다.

| 일 자 | 현물가격(개당) | 선도가격(개당) |
|---|---|---|
| 20×1.12. 1 | ₩13,000 | ₩12,000 (만기 4개월) |
| 20×1.12.31 | ₩12,500 | ₩11,300 (만기 3개월) |
| 20×2. 3.31 | ₩10,500 | |

예측과 같이, ㈜대한은 20×2년 3월 말에 배터리를 판매하였다. ㈜대한이 위 거래에 대해 현금흐름위험회피회계를 적용하는 경우 ㈜대한의 20×2년도 당기순이익에 미치는 영향은 얼마인가? 단, 파생상품 평가손익 계산 시 화폐의 시간가치는 고려하지 않으며, 배터리 판매가 당기순이익에 미치는 영향은 포함한다.

① ₩0 (영향 없음) ② ₩130,000 증가 ③ ₩150,000 증가
④ ₩180,000 증가 ⑤ ₩200,000 증가

## 해 답

⑴ 위험회피회계를 적용하는 경우

| | 계약체결일 | | 보고기간말 | | 만기청산일 | |
|---|---|---|---|---|---|---|
| 미래예상매출 : | (-)₩13,000 | 예상현금변동<br>(-)500 | (+)₩12,500 | 예상현금변동<br>(-)2,000 | (+)₩10,500 | 예상현금변동<br>(-)2,500 |
| 상품선도매도 : | (+)₩12,000 | 손익효과<br>(+)700 | (-)₩11,300 | 손익효과<br>(+)800 | (-)₩10,500 | 총손익<br>(+)1,500 |
| | | 효과적 (+)500<br>비효과 (+)200 | | 효과적 (+)1,000<br>비효과 (-)200 | | |

⑵ 관련된 회계처리

| | | | | |
|---|---|---|---|---|
| 20×1.12.31 | (차) 상품선도자산 | 70,000 | (대) 기타포괄평가이익 | 50,000 |
| | | | 당기손익평가이익 | 20,000 |
| 20×2. 2.28 | (차) 상품선도자산 | 80,000 | (대) 기타포괄평가이익 | 80,000 |
| | 당기손익평가손실 | 20,000 | 기타포괄평가이익 | 20,000 |
| | (차) 현　　금 | 150,000 | (대) 상품선도자산 | 150,000 |
| | (차) 현　　금 | 1,050,000 | (대) 매출수익 | 1,050,000 |
| | 기타포괄평가이익 | 150,000 | 매출수익 | 150,000 |
| | (차) 매출원가 | 1,000,000 | (대) 재고자산 | 1,000,000 |

⑶ 20×2년 당기손익 : 평가손실 (-)20,000 + 매출수익 1,200,000 − 매출원가 1,000,000 = 180,000

④

2차 ⑷ 위험회피비율의 재조정

위험회피관계를 시작한 후 위험회피관계의 위험회피비율에 영향을 미치는 상황의 변동에 대응하여 위험회피수단이나 위험회피대상항목의 수량을 위험회피회계의 목적상 재조정할 수도 있음

[위험회피비율의 재조정]

| 구 분 | 변경전 대상과 수단의 비율 | 변경후 대상과 수단의 비율 |
|---|---|---|
| 위험회피대상의 가중치 증가 | 100kg : 100kg | 120kg : 100kg |
| | 100kg : 100kg | 100kg : 80kg |
| 위험회피수단의 가중치 증가 | 100kg : 100kg | 100kg : 120kg |
| | 100kg : 100kg | 80kg : 100kg |

## 6. 파생상품인 스왑거래의 회계처리

(1) 공정가치변동 위험회피수단으로서의 스왑계약 : 고정이자조건의 채무상품

| 상 황 | | 위험회피대상 | 위험회피수단 | 합산손익효과 |
|---|---|---|---|---|
| 표시이자관련 | | (+)고정이자수령 | (−)고정이자지급<br>(+)변동이자수령 | (+)변동이자수령 |
| 공정가치 | 시장금리 상승시 | (−)현물평가손실 | (+)스왑평가이익 | 없음 |
| | 시장금리 하락시 | (+)현물평가이익 | (−)스왑평가손실 | 없음 |

[고정이자율 조건의 대여금 : 공정가치위험회피 스왑거래]

| 20×1.12.31 | (차) 현 금 | ××× | (대) 이자수익 | ××× |
|---|---|---|---|---|
| | 이자수익 | ××× | 현 금 | ××× |
| | (차) 대여금평가손실 | ××× | (대) 장기대여금 | ××× |
| | 이자율스왑자산 | ××× | 스왑평가이익 | ××× |

(2) 현금흐름변동 위험회피수단으로서의 스왑계약 : 변동이자조건의 채무상품

| 상 황 | | 위험회피대상 | 위험회피수단 | 합산손익효과 |
|---|---|---|---|---|
| 표시이자관련 | | (+)변동이자수령 | (−)변동이자지급<br>(+)고정이자수령 | (+)고정이자수령 |
| 공정가치 | 시장금리 상승시 | 없음 | (−)스왑평가손실 | (−)스왑평가손실 |
| | 시장금리 하락시 | 없음 | (+)스왑평가이익 | (+)스왑평가이익 |

[변동이자율 조건의 대여금 : 현금흐름위험회피 스왑거래]

| 20×1.12.31 | (차) 현 금 | ××× | (대) 이자수익 | ××× |
|---|---|---|---|---|
| | 이자수익 | ××× | 현 금 | ××× |
| | (차) 스왑평가손실 | ××× | (대) 이자율스왑부채 | ××× |

## 13 스왑거래의 재무제표 효과 (회계사 2022)

㈜대한은 20×1년 1월 1일 ₩500,000(3년 만기, 고정이자율 연 5%)을 차입하였다. 고정이자율 연 5%는 20×1년 1월 1일 한국은행 기준금리(연 3%)에 ㈜대한의 신용스프레드(연 2%)가 가산되어 결정된 것이다. 한편, ㈜대한은 금리변동으로 인한 차입금의 공정가치 변동위험을 회피하고자 다음과 같은 이자율스왑계약을 체결하고 위험회피관계를 지정하였다. 이러한 차입금과 이자율스왑계약 간의 위험회피관계는 위험회피회계의 적용 요건을 충족한다. ㈜대한이 아래의 거래와 관련하여 20×1년도에 인식할 차입금평가손익과 이자율스왑계약평가손익은 각각 얼마인가? 단, 단수차이로 인해 오차가 있다면 가장 근사치를 선택한다.

(1) 이자율스왑계약 체결일은 20×1년 1월 1일이며, 이자율스왑계약 만기일은 20×3년 12월 31일이다.

(2) 이자율스왑계약 금액은 ₩500,000이며, 이자율스왑계약 내용은 매년 말 연 3%의 고정이자를 수취하고, 매년 초(또는 전년도 말)에 결정되는 한국은행 기준금리에 따라 변동이자를 지급한다.

(3) 차입금에 대한 이자지급과 이자율스왑계약의 결제는 매년 말에 이루어지며, 이자율스왑계약의 공정가치는 무이표채권할인법으로 산정된다. 전년도 말과 당년도 초의 한국은행 기준금리는 동일하며, 연도별로 다음과 같이 변동하였다.

| 20×1. 1. 1 | 20×1. 12. 31 | 20×2. 12. 31 |
|---|---|---|
| 연 3% | 연 2% | 연 1% |

| | 차 입 금 | 이자율스왑계약 |
|---|---|---|
| ① | 평가이익 ₩9,708 | 평가손실 ₩9,708 |
| ② | 평가손실 ₩9,708 | 평가이익 ₩9,708 |
| ③ | 평가손익 ₩0 | 평가손익 ₩0 |
| ④ | 평가이익 ₩9,430 | 평가손실 ₩9,430 |
| ⑤ | 평가손실 ₩9,430 | 평가이익 ₩9,430 |

### 해 답

(1) 20×1년 말 차입금의 공정가치 : $25,000 \div 1.04^1 + 525,000 \div 1.04^2 = 509,430$ → 차입금평가손실 : 9,430

(2) 20×1년 말 스왑의 공정가치 : $5,000 \div 1.04^1 + 5,000 \div 1.04^2 = 9,430$ → 스왑평가이익 : 9,430

| | | | | |
|---|---|---|---|---|
| 20×1. 1. 1 | (차) 현　　금 | 500,000 | (대) 장기차입금 | 500,000 |
| | 금리스왑 회계처리 없음 | | | |
| 20×1.12.31 | (차) 이자비용 | 25,000 | (대) 현　　금 | 25,000 |
| | (차) 차입금평가손실 | 9,430 | (대) 장기차입금 | 9,430 |
| | (차) 금리스왑자산 | 9,430 | (대) 스왑평가이익 | 9,430 |

⑤

## 2차 7. 해외사업장순투자 위험회피목적의 파생상품

(1) 위험회피대상 : 해외사업장의 기능통화 재무제표를 보고기업의 표시통화 재무제표로 환산하면서 발생하는 해외사업장환산손익은 기타포괄손익으로 인식

(2) 위험회피수단 : 위험회피수단의 평가손익 중 위험회피에 효과적인 부분은 기타포괄손익으로 인식하며, 비효과적인 부분은 당기손익으로 인식

(3) 순투자위험회피적립금의 처리방법 : 해외사업장을 처분하면서 재분류조정을 통해 당기손익으로 재분류

## 2차 8. 내재파생상품의 회계처리

(1) 내재파생상품의 정의 : 파생상품이 아닌 주계약을 포함하는 복합상품의 구성요소이며, 복합상품의 현금흐름 중 일부를 독립적인 파생상품의 경우와 유사하게 변동시키는 금융상품

[복합금융상품의 발행자와 투자자]

| 구 분 | 발 행 자 | | 투 자 자 | |
|---|---|---|---|---|
| | 일반사채 | 지분전환옵션 | 일반사채 | 지분전환옵션 |
| 전환사채 | 채무상품 | 내재파생상품 | 채무상품 | 내재파생상품 |
| 비분리형 신주인수권부사채 | 채무상품 | 내재파생상품 | 채무상품 | 내재파생상품 |
| 분리형 신주인수권부사채 | 채무상품 | 별도파생상품 | 채무상품 | 별도파생상품 |

[내재파생상품의 회계처리]

| 구 분 | 회계처리 |
|---|---|
| 주계약이 금융자산인 경우 | 분리하지 않으며, 해당 복합계약 전체를 하나의 금융자산으로 회계처리 |
| 주계약이 금융자산이 아닌 경우 | 세가지 요건을 만족하는 경우 주계약과 분리하여 파생상품으로 회계처리<br>(1) 내재파생상품이 주계약과의 관련성이 없으며,<br>(2) 파생상품의 정의를 충족하고,<br>(3) 복합계약의 공정가치 변동을 당기손익으로 인식하지 않는 경우 |

(2) 관련사례 : 발행자의 주가수준에 따라 전환비율이 달라지며, 보유자가 조기현금상환청구도 가능한 상환전환우선주를 발행한 경우의 회계처리

| | | | | |
|---|---|---|---|---|
| 보유자입장 | (차) 당기손익금융자산 | ××× | (대) 현 금 | ××× |
| 발행자입장 | (차) 현 금 | ××× | 상각후원가금융부채 | ××× |
| | | | 당기손익금융부채 | ××× |

출제경향

| | 2020 | 2021 | 2022 | 2023 | 2024 | 2025 |
|---|---|---|---|---|---|---|
| 회계사 | 2 | 2 | 1 | 2 | 2 | 2 |
| 세무사 | | | | | | |

# 제 23 장 관계기업과 공동기업투자

Financial Accounting Workbook

## 1 지분법의 정상모형

### 1. 지분법의 의의

(1) 지분법

지분법은 투자자산을 최초에 원가로 인식하고, 취득시점 이후 발생한 피투자자의 순자산 변동액 중 투자자의 지분을 해당 투자자산에 가감하여 보고하는 회계처리방법

(2) 관계기업과 공동기업

① 관계기업 : 투자자가 다른 피투자자에 유의적인 영향력을 행사할 수 있는 대상기업

② 공동기업 : 공동기업은 투자자가 공동지배력을 보유하는 대상기업

➡ 유의적인 영향력은 피투자자의 재무정책과 영업정책에 관한 의사결정에 참여할 수 있는 능력을 말하며, 지배력이나 공동지배력과는 다름

➡ 공동지배력은 약정의 지배력에 대한 계약상 합의된 공유로서, 관련활동에 대한 결정에 지배력을 공유하는 당사자들 전체의 동의가 요구될 때에만 존재

➡ 지배력은 투자자가 피투자자에 대하여 힘이 있으며, 피투자자에 대한 관여로 변동이익에 노출되거나 변동이익에 대한 권리가 있고, 피투자자에 대하여 자신의 힘으로 그러한 이익에 영향을 미칠 능력을 말함

(3) 지분법적용대상 관계기업과 공동기업

주식회사, 유한회사, 합명회사, 합자회사 뿐만 아니라 파트너십과 같이 법인격이 없는 실체도 관계기업의 범위에 포함되며, 기업의 법적형태에 제한을 받지 아니함

[지분율에 따른 투자지분의 회계처리]

| | 0% ~ 20% | 20% ~ 50% | 50% ~ 100% |
|---|---|---|---|
| 피투자자 | 0% | 20% (Joint Control: 50%) | 50% ~ 100% |
| 투자지분율 | Disposal | Influence | Control |
| 이해관계 : | 영향력 없음 | 유의적인 영향력 | 지배력 |
| 투자지분평가방법 : | 원가법 or 공정가치법 | 지분법 | 연결 F/S 작성 |
| 관련규정 : | 금융상품 기준서 | 관계기업투자 기준서 | 연결 F/S 기준서 |

(4) 지분법적용의 상황

① 투자자가 직접으로 또는 종속기업을 통하여 간접으로 피투자자에 대한 의결권의 20% 이상을 소유하고 있는 경우 유의적 영향력이 있는 것으로 간주

② 지분율이 20% 미만이지만, 피투자자의 이사회나 이에 준하는 의사결정기구에 참여하거나, 배당이나 다른 분배에 관한 의사결정에 참여하는 것을 포함하여 정책결정과정에 참여, 투자자와 피투자자 사이의 중요한 거래나 경영진의 상호 교류나 필수적 기술정보의 제공하고 있는 경우 유의적 영향력이 있는 것으로 간주

➡ 다른 투자자가 해당 피투자자의 주식을 상당한 부분 또는 과반수 이상을 소유하고 있다고 하여도 기업이 피투자자에 대하여 유의적인 영향력을 보유하고 있다는 것을 반드시 배제하는 것은 아님

➡ 기업이 유의적인 영향력을 보유하는지를 평가할 때에는, 다른 기업이 보유한 잠재적 의결권을 포함하여 현재 행사할 수 있거나 전환할 수 있는 잠재적 의결권의 존재와 영향을 고려하지만, 잠재적 의결권의 행사나 전환에 대한 경영진의 의도와 재무 능력은 고려하지 아니함

➡ 잠재적 의결권이나 잠재적 의결권이 포함된 파생상품이 있는 경우, 관계기업이나 공동기업에 대한 기업의 지분은 현재 소유하고 있는 소유지분에만 기초하여 산정하며, 잠재적 의결권과 그 밖의 파생상품의 행사가능성이나 전환가능성은 반영하지 않음

③ 지분율이 20%이상이지만 관계기업이 정부, 법원, 관재인, 감독기관의 지배를 받게 되는 경우나 계약상 합의의 결과로 인하여 유의적인 영향력을 상실할 수 있음

(5) 지분법적용 배제상황

① 투자전문기업 보유지분의 경우 : 공정가치로 후속측정하여 관련손익을 평가손익으로 당기손익으로 인식

② 매각예정비유동자산으로 분류되는 경우 : 매각예정으로 분류된 시점에 순공정가치로 후속측정하여 관련손실을 손상차손으로 당기손실로 인식

(6) 지분법적용을 위한 관계기업의 재무제표

① 지분법을 적용할 때는 투자기업의 재무제표와 동일한 보고기간종료일의 관계기업이나 공동기업의 재무제표를 이용하는 것이 원칙이며, 어떠한 경우라도 기업의 보고기간종료일과 관계기업이나 공동기업의 보고기간종료일 간의 차이는 3개월 이내이어야 함

② 지분법을 적용하기 위하여 관계기업이나 공동기업의 재무제표를 사용할 때 관계기업이나 공동기업의 회계정책을 기업의 회계정책과 일관되도록 해야 함

[지분법 적용여부]

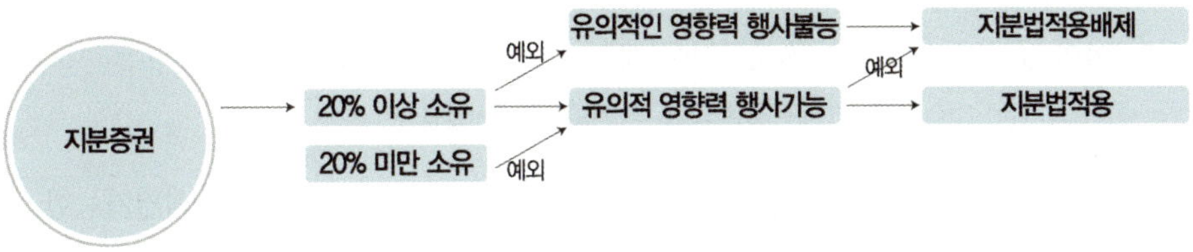


## 2. 지분법 회계처리

순자산 변동 중 투자자 지분해당액을 관계기업주식에 반영할 때에는 순자산의 변동 원인별로 구분하여 처리하여야 함

(1) 관계기업의 당기순손익과 현금배당

① 관계기업의 당기순손익 중 투자자의 지분에 해당하는 금액을 관계기업주식의 장부금액에 가감하여 투자자의 당기순손익으로 인식

② 투자자는 관계기업이 배당금지급을 결의한 시점에 수취하게 될 배당금 금액을 관계기업주식에서 직접 차감하며, 주식배당의 경우에는 관계기업의 순자산가액이 변동하지 않으므로 회계처리하지 아니함

[당기순이익과 현금배당의 회계처리]

| | | | | |
|---|---|---|---|---|
| 당기순이익보고 | (차) 관계기업주식 | ××× | (대) 지분법이익 | ××× |
| 현금배당결의 | (차) 미수배당금 | ××× | (대) 관계기업주식 | ××× |
| 현금배당수령 | (차) 현 금 | ××× | (대) 미수배당금 | ××× |

(2) 관계기업의 기타포괄손익

관계기업의 기타포괄손익 중 투자자의 지분에 해당하는 금액을 관계기업주식의 장부금액에 가감하여, 투자자의 기타포괄손익으로 인식, 관계기업주식과 관련하여 이전에 기타포괄손익으로 인식한 금액은 당해 기타포괄손익의 발생원인에 따라 전액을 당기손익으로 재분류하거나 이익잉여금으로 대체함

[기타포괄손익의 회계처리]

| 기타포괄이익보고 | (차) 관계기업주식 | ××× | (대) 지분법기타포괄이익 | ××× |
|---|---|---|---|---|

(3) 순자산과소금액의 상각과 투자차액

① 순자산과소금액의 인식과 상각 : 주식취득일에 관계기업의 식별가능한 순자산공정가치와 순자산장부금액과의 차이는 당해 자산·부채에 대한 관계기업의 처리방법(내용연수)에 따라 상각

➠ 순자산이 과소평가가 효과가 아닌 과대평가효과인 경우 해당 자산의 내용연수에 따라 환입하여 지분법이익에 가산

2차 ➠ 관계기업의 순자산과소액 중 유형자산이 감가상각이나 처분되지 않고, 재평가되는 경우 순자산과소상각액을 당기손익이 아닌 기타포괄손익에 반영할 수도 있음

② 투자차액의 인식 : 주식취득일에 관계기업주식의 취득원가와 관계기업의 식별가능한 순자산공정가치와의 차이인 투자차액은 영업권효과이므로 인식 후 상각하지 아니함

➠ 투자차액이 염가매수차익효과이면 투자자산을 취득한 회계기간의 관계기업이나 공동기업에 대한 지분법이익 계산시 수익에 포함

[지분법회계처리 요약]

| 지분법의 최초인식 | | 지분법의 후속측정 | |
|---|---|---|---|
| 관계기업 투자주식 취득원가 | 순자산 장부금액에 대한 지분 | 당기순이익효과 | ± 당기순이익 × 지분율 |
| | | 기타포괄이익효과 | ± 기타포괄이익 × 지분율 |
| | | 현금배당효과 | - 현금배당액 × 지분율 |
| | | 주식배당효과 | 회계처리 없음 |
| | 순자산 공정가치 차이에 대한 지분 | 공정가치보다 과소계상효과 | - 소멸액 상각 × 지분율 |
| | | 공정가치보다 과대계상효과 | + 소멸액 환입 × 지분율 |
| | 순자산 공정가치 초과액에 대한 지분 | 영업권효과 | 상각하지 않음 |
| | | 염가매수효과 | + 전액환입 |

**지분법 당기순이익** = (관계기업의 당기순이익 ± 순자산과소금액의 상각액) × 지분율
**지분법 기타포괄이익** = (관계기업의 기타포괄이익 ± 순자산과소금액의 상각액) × 지분율
**관계기업주식 장부금액** = (관계기업순자산장부금액 ± 순자산과소금액의 잔액) × 지분율 + 영업권의 잔액

## 01 지분법손익의 계산 (회계사 2014 수정)

㈜대한은 20×1년 초에 ㈜민국의 의결권 있는 보통주 30주(지분율 30%)를 ₩150,000에 취득하였다. 이로서 ㈜대한은 ㈜민국에 대해 유의적인 영향력을 행사할 수 있게 되었다. ㈜대한이 ㈜민국의 보통주를 지분법에 따라 회계처리하는 경우, 20×1년 말 재무제표에 계상되는 관계기업투자주식의 장부금액은 얼마인가? 단, 법인세효과는 고려하지 않는다.

(1) 취득일 현재 ㈜민국의 순자산장부금액은 ₩350,000이며, 자산·부채의 장부금액과 공정가치가 차이나는 내역은 다음과 같다.

| 계정과목 | 장부금액 | 공정가치 |
|---|---|---|
| 재고자산 | 50,000 | 60,000 |
| 기계장치 | 100,000 | 150,000 |

(2) 위의 자산 중 재고자산은 20×1년 중에 전액 외부에 판매되었으며, 기계장치는 20×1년 초 현재 잔존 내용연수 5년에 잔존가치 없이 정액법으로 상각한다.

(3) 20×1년에 ㈜민국이 보고한 당기순이익은 ₩50,000이며, 동 기간 중에 결의되거나 지급된 배당금은 없다.

① ₩120,000 ② ₩159,000 ③ ₩132,000
④ ₩135,000 ⑤ ₩138,000

### 해 답

(1) 투자차액 : (350,000 + 재고 10,000 + 기계 50,000) × 30% − 150,000 = (−)27,000
(2) 지분법이익 : (50,000 − 재고 10,000 ÷ 1년 − 기계 50,000 ÷ 5년) × 30% = 9,000
(3) 20×1년 말 관계기업투자주식의 장부금액 : 150,000 + 9,000 = 159,000
(4) 별해
① 투자·평가차액 : 350,000 × 30% − 150,000 = (−)45,000
② 투자·평가차액의 배분

| 내 역 | 차 액 | | 상 각 | |
|---|---|---|---|---|
| | FV−BV | 30% | 20×1년 | 20×2년 |
| 재고자산 | 10,000 | 3,000 | (3,000) | − |
| 기계장치 | 50,000 | 15,000 | (3,000) | (3,000) |
| 영 업 권 | | 27,000 | − | − |
| 합 계 | | 45,000 | (6,000) | (3,000) |

③ 지분법이익 : 50,000×30% − 6,000 = 9,000

④ 20×1년 말 관계기업투자주식의 장부금액 : 150,000 + 9,000 = 159,000

② 

## 02 염가매수차익 (회계사 2014)

위의 [예제 1]에서 ㈜대한이 ㈜민국의 의결권 있는 보통주 30주(지분율 30%)를 ₩120,000에 취득한 경우, 20×1년 말 재무제표에 계상되는 관계기업투자주식의 장부금액은 얼마인가?

① ₩120,000 ② ₩129,000 ③ ₩132,000

④ ₩135,000 ⑤ ₩138,000

### 해답

(1) 투자차액 : (350,000 + 재고 10,000 + 기계 50,000) × 30% − 120,000 = (+)3,000 ← 염가매수차익

(2) 지분법이익 : (50,000 − 재고 10,000 ÷ 1년 − 기계 50,000 ÷ 5년) × 30% + 3,000 = 12,000

(3) 20×1년 말 관계기업투자주식의 장부금액 : 120,000 + 12,000 = 132,000

(4) 별해

① 투자·평가차액 : 350,000 × 30% − 120,000 = (−)15,000

② 투자·평가차액의 배분

| 내 역 | 차 액 | | 상 각 | |
|---|---|---|---|---|
| | FV−BV | 30% | 20×1년 | 20×2년 |
| 재고자산 | 10,000 | 3,000 | (3,000) | − |
| 기계장치 | 50,000 | 15,000 | (3,000) | (3,000) |
| 염가매수차익 | | (3,000) | 3,000 | − |
| 합 계 | | 15,000 | (3,000) | (3,000) |

③ 지분법이익 : 50,000 × 30% − 3,000 = 12,000

④ 20×1년 말 관계기업투자주식의 장부금액 : 120,000 + 12,000 = 132,000

③

## 2 지분법의 특수모형

### 1. 내부미실현손익 존재시 지분법

(1) 내부미실현이익 발생시

하향판매와 상향판매의 구분 없이 보고기간말의 내부미실현이익에 투자지분율을 곱하여 관계기업주식과 지분법이익에 각각 차감하여 반영

(2) 내부미실현이익 실현시

제거한 내부미실현이익이 차기이후에 실현되어 소멸하는 경우에는 실현되는 보고기간의 관계기업주식과 지분법이익에 다시 가산하여 반영

> (1) 지분법이익 : (관계기업의 당기순이익 - 평가차액 당기상각액) × 지분율
> - 당기발생 내부거래미실현이익 × 지분율 + 전기발생 내부거래실현이익 × 지분율
>
> (2) 관계기업주식의 장부금액 : (관계기업순자산장부금액 + 평가차액미상각잔액) × 지분율 + 투자차액잔액
> - 당기말 내부거래미실현이익 × 지분율

(3) 내부거래 미실현손실

① 내부거래로 손실이 발생한 경우, 보고기간말의 내부미실현손실에 투자지분율을 곱하여 관계기업주식과 지분법이익에 가산하여 반영

② 내부거래로 손실이 발생하였으며, 이러한 거래가 대상 자산의 순실현가능가치의 감소나 그 자산에 대한 손상차손의 증거를 제공하는 경우 해당 미실현손실은 실현된 것이므로 지분법이익에 조정하지 아니함

## 03 내부거래 미실현손익 (회계사 2022)

㈜대한은 20×1년 초 ㈜민국의 의결권 있는 주식 20%를 ₩60,000에 취득하여 유의적인 영향력을 행사할 수 있게 되었다. ㈜민국에 대한 추가 정보는 다음과 같다. ㈜민국에 대한 지분법적용투자주식과 관련하여 ㈜대한이 20×1년도 포괄손익계산서 상 당기손익에 반영할 지분법이익은 얼마인가?

> (1) 20×1년 1월 1일 현재 ㈜민국의 순자산 장부금액은 ₩200,000이며, 자산과 부채는 장부금액과 공정가치가 모두 일치한다.
>
> (2) ㈜대한은 20×1년 중 ㈜민국에게 원가 ₩20,000인 제품을 ₩25,000에 판매하였다. ㈜민국은 20×1년 말 현재 ㈜대한으로부터 취득한 제품 ₩25,000 중 ₩10,000을 기말재고로 보유하고 있다.
>
> (3) ㈜민국의 20×1년 당기순이익은 ₩28,000이며, 기타포괄이익은 ₩5,000이다.

① ₩5,200 ② ₩5,700 ③ ₩6,200
④ ₩6,700 ⑤ ₩7,200

### 해 답

(1) 취득시 투자차액 : 순자산공정가치 200,000×20% - 60,000 = 초과지급 20,000 ← 영업권
(2) 20×1년 말 재고미실현이익 : (매출액 25,000 - 원가액 20,000)×보유금액 10,000÷판매금액 25,000 = 2,000
(3) 20×1년 지분법당기손익 : (순이익 28,000 - 과소상각 0)×20% - 미실현이익 2,000×20% = 5,200

| | | | | |
|---|---|---|---|---|
| 20×1. 1. 1 | (차) 관계기업주식 | 60,000 | (대) 현 금 | 60,000 |
| 20×1.12.31 | (차) 관계기업주식 | 6,200 | (대) 지분법이익 | 5,200 |
| | | | 지분법기타포괄이익 | 1,000 |

①

(4) 현물출자로 취득한 관계기업주식에 대한 내부거래미실현손익

투자자가 관계기업 지분과의 교환으로 관계기업에 비화폐성자산을 현물출자하는 경우 현물출자된 자산의 처분손익은 하향판매 미실현이익이므로 투자자의 지분에 상당하는 금액만큼은 제거

➡ 관계기업의 주주가 아닌 관계기업에게 현물을 제공하고 주식을 취득하였으며, 해당 현물을 관계기업이 계속 보유하고 있는 상황임

➡ 관계기업이나 공동기업의 지분을 수령하면서 추가로 화폐성이나 비화폐성자산을 받는 경우, 수령한 화폐성이나 비화폐성 자산과 관련하여 비화폐성 출자에 대한 손익의 해당 부분을 당기손익으로 인식

[현물출자에 따른 내부거래 미실현손익]

| 구 분 | 제거대상 미실현이익 |
|---|---|
| 지분만을 수령한 경우 | 유형자산처분이익 × 지분율 |
| 지분과 현금 등을 함께 수령한 경우 | 유형자산처분이익 × 주식취득액 ÷ 현물출자자산가치 × 지분율 |

➡ 한편, 관계기업이나 공동기업에 비화폐성자산을 출자하는 경우 출자에 상업적 실질이 결여되어 있다면, 투자기업은 비화폐성자산의 처분손익을 인식하지 않으며, 제거할 내부거래미실현손익은 없음

## 04 현물출자에 따른 내부거래미실현손익 (회계사 2023)

㈜대한은 20×1년 초에 보유하던 토지(장부금액 ₩20,000, 공정가치 ₩30,000)를 ㈜민국에 출자하고, 현금 ₩10,000과 ㈜민국의 보통주 30%를 수취하여 유의적인 영향력을 행사하게 되었다. 출자 당시 ㈜민국의 순자산 장부금액은 ₩50,000이며 이는 공정가치와 일치하였다. 20×1년 말 현재 해당 토지는 ㈜민국이 소유하고 있으며, ㈜민국은 20×1년도 당기순이익으로 ₩10,000을 보고하였다. ㈜민국에 대한 현물출자와 지분법 회계처리가 ㈜대한의 20×1년도 당기순이익에 미치는 영향은 얼마인가? 단, 현물출자는 상업적 실질이 결여되어 있지 않다.

① ₩6,000 증가　② ₩8,000 증가　③ ₩9,000 증가
④ ₩11,000 증가　⑤ ₩13,000 증가

### 해 답

(1) 20×1년 초 A회사가 인식할 유형자산처분이익 : 공정가치 30,000 − 장부금액 20,000 = 10,000
(2) 20×1년 지분법적용시 차감할 미실현이익 : 토지처분이익 10,000 × 주식수령분 (30,000 − 10,000) ÷ 토지공정가치 30,000 = 6,667
(3) 20×1년 초 관계기업주식의 투자차액 : 20,000 − 50,000 × 30% = 5,000 → 영업권효과
(4) 20×1년 지분법손익 : 순이익 10,000 × 30% − 미실현이익 6,667 × 30% = 1,000
(5) 당기순이익 효과 : 유형자산처분이익 10,000 + 지분법이익 1,000 = 11,000

| 일자 | 차변 | 금액 | | 대변 | 금액 | |
|---|---|---|---|---|---|---|
| 20×1. 1. 1 | (차) 현 금 | 10,000 | ② | (대) 토 지 | 20,000 | ① |
| | 관계기업주식 | 20,000 | ③ | 토지처분이익 | 10,000 | ④ |
| 20×1.12.31 | (차) 관계기업주식 | 1,000 | ② | (대) 지분법이익 | 1,000 | ① |

④

## 2. 단계적 취득시 지분법

(1) 추가취득으로 유의적인 영향력 행사 (10%+20%=30%)

① 기존보유주식 : 기존보유주식을 추가취득일의 공정가치로 재측정하고, 그 결과 차손익이 있다면 기존보유주식의 측정방법에 따라 당기손익이나 기타포괄손익으로 인식

② 추가취득주식 : 기존보유주식의 공정가치에 가산하여 추가취득일부터 지분법을 적용

➠ 기존보유주식이 FVPL 금융자산인 경우 : 재측정손익을 당기손익으로 인식

➠ 기존보유주식이 FVOCI 금융자산인 경우 : 재측정손익을 기타포괄손익으로 인식한 후 기타포괄손익 누계액은 향후 이익잉여금으로 직접 대체함

(2) 유의적인 영향력 행사 후 추가취득 (30%+10%=40%)

① 기존보유주식 : 기존의 지분법을 계속 수행

② 추가취득주식 : 추가취득분의 투자차액을 별도로 산정하여 별도로 지분법 적용

(3) 추가취득으로 공동지배력 행사 (40%+10%=50%)

관계기업 투자가 공동기업 투자로 되거나 공동기업 투자가 관계기업 투자로 되는 경우, 기업은 지분법을 계속 적용하며 잔여 보유 지분의 재측정 금지

## 05 단계적 취득시의 지분법

IFRS

A회사는 B회사의 발행주식을 두 번에 걸쳐 각각 10%와 15%를 취득하여 유의적인 영향력을 확보하였다. 20×1년 1월 1일의 최초 취득원가는 ₩80,000이며, 당기손익-공정가치 측정 금융자산으로 분류하고 있다. 또한 20×2년 1월 1일의 추가취득원가는 ₩150,000이다. B회사의 주식은 상장주식으로 20×1년 말과 20×2년 초의 공정가치는 각각 ₩90,000과 ₩100,000이다. 20×2년 초 B회사의 순자산장부금액은 ₩800,000이며, B회사의 순자산의 장부금액은 건물을 제외하고는 모두 일치하였다. 건물은 공정가치보다 ₩80,000이 과소평가되어 있으며, 잔여내용연수는 10년, 정액법으로 감가상각한다. B회사의 20×2년도 당기순이익과 기타포괄이익이 각각 ₩140,000과 ₩40,000인 경우, A회사에 20×2년에 당기손익으로 인식할 지분법손익은 얼마인가?

① ₩31,000　　② ₩33,000　　③ ₩51,200
④ ₩58,000　　⑤ ₩59,000

## 해 답

(1) 관계기업투자주식의 취득원가 : 구주식 100,000 + 신규취득주식 150,000 = 250,000

(2) 투자차액 : (800,000 + 80,000) × 25% − 250,000 = (−)30,000 ← 영업권효과

(3) 20×2년의 지분법당기순이익 : (140,000 − 건물 80,000 ÷ 10년) × 25% = 33,000

(4) 20×2년의 지분법기타포괄이익 : 40,000 × 25% = 10,000

(5) 회계처리

| | | | | |
|---|---|---|---|---|
| 20×2. 1. 1 | (차) 당기손익금융자산 | 10,000 | (대) 금융자산평가이익 | 10,000 |
| | (차) 관계기업주식 | 250,000 | (대) 당기손익금융자산 | 100,000 |
| | | | 현 금 | 150,000 |
| 20×2.12.31 | (차) 관계기업주식 | 43,000 | (대) 지분법이익 | 33,000 |
| | | | 지분법기타포괄이익 | 10,000 |

(6) 기존 보유지분을 기타포괄손익-공정가치 선택 금융자산으로 분류한 경우 회계처리 (참고용)

| | | | | |
|---|---|---|---|---|
| 20×2. 1. 1 | (차) 기타포괄금융자산 | 10,000 | (대) 기타포괄평가이익 | 10,000 |
| | (차) 관계기업주식 | 250,000 | (대) 기타포괄금융자산 | 100,000 |
| | | | 현 금 | 150,000 |
| | (차) 기타포괄평가이익 | 20,000 | (대) 미처분이익잉여금 | 20,000 |
| 20×2.12.31 | (차) 관계기업주식 | 43,000 | (대) 지분법이익 | 33,000 |
| | | | 지분법기타포괄이익 | 10,000 |

② 

### 3. 단계적 처분시 지분법

(1) 일부처분으로 유의적 영향력 유지 (40% − 10% = 30%)

① 일부처분주식 : 처분손익을 인식하고 투자자산과 관련하여 기타포괄손익으로 인식한 금액은 처분된 비율만큼 당기손익으로 재분류조정하거나 이익잉여금으로 직접 대체

② 계속보유주식 : 지분법을 계속적으로 적용

(2) 일부처분으로 유의적 영향력 상실 (30% − 20% = 10%)

① 지분법을 중단한 시점의 투자자산의 장부금액과 일부 처분으로 수령한 대가와 처분 후 잔여 보유지분의 공정가치 합계와의 차이를 당기손익으로 인식

② 투자자산과 관련하여 기타포괄손익으로 인식한 모든 금액에 대하여 당기손익으로 재분류조정하거나 이익잉여금으로 직접대체

[유의적인 영향력 상실시 회계처리]

| | | | | |
|---|---|---|---|---|
| 단계적 처분일 | (차) 현 금 | ××× | (대) 관계기업투자주식 | ××× |
| | 당기손익금융자산 | ××× | 관계주식처분이익 | ××× |
| 재분류조정 | (차) 지분법기타포괄이익 | ××× | (대) 관계주식처분이익 | ××× |
| 직접대체경우 | (차) 지분법기타포괄이익 | ××× | (대) 미처분이익잉여금 | ××× |

## 06 단계적 처분시의 지분법

IFRS

20×2년 초 A회사는 B회사 발행주식의 25%를 ₩250,000에 취득하여 유의적인 영향력을 확보하였다. 20×2년 초 B회사의 순자산의 장부금액은 ₩800,000이며, 건물을 제외하고는 모두 일치하였다. 건물은 공정가치보다 ₩80,000이 과소평가되어 있으며, 잔여내용연수는 10년, 정액법으로 감가상각한다. B회사의 20×2년도 당기순이익과 기타포괄이익이 각각 ₩140,000과 ₩40,000이며, 기타포괄이익은 B회사가 보유한 기타포괄손익인식 금융자산 중 채무상품의 평가로 발생한 것이다. 20×3년 초에 20%에 해당하는 주식을 공정가치인 ₩240,000에 현금처분하고, 잔여지분을 당기손익인식 금융자산으로 분류하기로 한 경우 20×3년 초에 인식할 관계기업주식처분이익은 얼마인가?

① ₩7,000 ② ₩17,000 ③ ₩17,800
④ ₩19,500 ⑤ ₩22,000

### 해 답

(1) 투자차액 : (800,000 + 80,000) × 25% − 250,000 = (−)30,000 ← 영업권효과
(2) 20×2년의 지분법이익 : 140,000 × 25% − 20,000 ÷ 10년 = 33,000
(3) 20×2년의 지분법기타포괄이익 : 40,000 × 25% = 10,000
(4) 20×3년 초 처분손익 : 현금 240,000 + 당기자산 60,000 − 관계주식 293,000 + 재분류조정 10,000 = 17,000
(5) 회계처리 (참고용)

| | | | | |
|---|---|---|---|---|
| 20×2. 1. 1 | (차) 관계기업주식 | 250,000 | (대) 현 금 | 250,000 |
| 20×2.12.31 | (차) 관계기업주식 | 43,000 | (대) 지분법이익 | 33,000 |
| | | | 지분법기타포괄이익 | 10,000 |
| 20×3. 1. 1 | (차) 현 금 | 240,000 | (대) 관계기업주식 | 293,000 |
| | 당기손익금융자산 | 60,000 | 관계주식처분이익 | 7,000 |
| | (차) 지분법기타포괄이익 | 10,000 | (대) 관계주식처분이익 | 10,000 |

② W

## 4. 지분법적용의 중지와 재개

(1) 지분법적용의 중지와 재개의 원칙

| 구 분 | 지분법 회계처리 |
|---|---|
| 관계기업주식 장부금액 〈 0 | 추가 지분법손실의 인식을 중지 ← 유한책임논리 적용 |
| 관계기업주식 장부금액 〉 0 | 미인식 지분법손실을 초과하는 금액만 지분법이익으로 인식 |

(2) 지분법적용 중지의 예외

① 투자자의 지분이 영(0)으로 감소된 이후 추가 손실분에 대하여 투자자에게 법적의무 또는 의제의무가 있거나 관계기업을 대신하여 지불하여야 하는 경우에는 그 금액까지는 손실과 부채를 추가로 인식

② 실질적으로 투자자의 순투자의 일부를 구성하는 장기투자지분(예 우선주, 장기대여금 등)도 관계기업주식으로 간주하여 지분법손실로 반영

[지분법 중지의 예외적인 회계처리]

| | | | | |
|---|---|---|---|---|
| 보고기간말 | (차) 지분법손실 | ××× | (대) 관련부채(의무증가) | ××× |
| 보고기간말 | (차) 지분법손실 | ××× | (대) 관련자산(권리감소) | ××× |

➠ 예측 가능한 미래에 상환 받을 계획도 없고 상환가능성도 높지 않은 항목은 실질적으로 관계기업이나 공동기업에 대한 투자자산의 연장임. 그러나, 매출채권 또는 담보부대여금과 같이 적절한 담보가 있는 장기수취채권은 제외함

2차 ➠ 관계기업에 대하여 여러 종류의 금융자산 보유시 지분법 적용으로 보통주에 대한 투자자산 금액을 초과하여 인식되는 손실은 관계기업이나 공동기업 청산시의 상환 우선순위와는 반대의 순서로 적용

2차 ➠ 순투자의 일부를 구성하는 장기투자자산에서 기대신용손실이나 공정가치평가손익이 발생한 경우 해당 기대신용손실과 공정가치평가손익을 우선 인식한 후 지분법손실의 추가인식을 적용함

## 07 지분법의 중지와 재개

20×2년 초 A회사는 B회사 발행주식의 25%를 ₩250,000에 취득하여 유의적인 영향력을 확보하였다. 20×2년 초 B회사의 순자산의 장부금액은 ₩800,000이며, 건물을 제외하고는 모두 일치하였다. 건물은 공정가치보다 ₩80,000이 과소평가되어 있으며, 잔여내용연수는 10년, 정액법으로 감가상각한다. B회사의 20×2년의 당기순손실과 20×3년의 당기순이익이 각각 ₩1,100,000과 ₩400,000인 경우 20×3년 말에 인식할 지분법이익은 얼마인가?

① ₩85,000 ② ₩91,000 ③ ₩71,000
④ ₩98,000 ⑤ ₩100,000

### 해 답

(1) 투자차액 : (800,000 + 80,000) × 25% − 250,000 = (−)30,000 ← 영업권효과

(2) 20×2년의 지분법이익 : {(−)1,100,000 − 80,000 ÷ 10년} × 25% = (−)277,000 ➡ 한도인(−)250,000만 지분법손실로 인식하고 (−)27,000은 미인식

(3) 20×3년의 지분법이익 : (400,000 − 80,000 ÷ 10년) × 25% = 98,000 ➡ 미인식손실 차감후 71,000만 지분법이익으로 인식

(4) 회계처리 (참고용)

| 20×2. 1. 1 | (차) 관계기업주식 | 250,000 | (대) 현　　금 | 250,000 |
|---|---|---|---|---|
| 20×2.12.31 | (차) 지분법손실 | 250,000 | (대) 관계기업주식 | 250,000 |
| 20×3.12.31 | (차) 관계기업주식 | 71,000 | (대) 지분법이익 | 71,000 |

③

## 5. 관계기업주식의 손상

(1) 손상차손의 인식

① 관계기업에 대한 순투자가 손상되었다는 객관적인 증거가 있으며, 그 손실사건이 신뢰성 있게 추정할 수 있는 순투자의 추정미래현금흐름에 영향을 미친 경우 손상차손을 인식

② 회수가능액이 하락한 경우 손상전 관계기업주식의 장부금액의 차이를 손상차손으로 인식

➡ 회수가능액은 Max [ 순공정가치 or 사용가치 ]이며, 사용가치는 투자자산에서 배당으로 기대되는 추정미래현금흐름의 현재가치와 해당 투자자산의 최종 처분금액의 현재가치로 계산함

➡ 관계기업이나 공동기업에 대한 투자 장부금액의 일부를 구성하는 영업권은 분리하여 인식하지 않으므로 단일 자산으로서 회수가능액과 비교하여 손상차손을 인식함. 사업결합과 달리 영업권 우선손상 논리가 적용되지 않음에 유의함

➡ 손상차손 인식시 기인식 지분법기타포괄손익의 처리방법에 대한 구체적인 규정은 없지만, 유형자산 재평가모형시 손상규정을 준용하여 기인식 지분법기타포괄손익과 우선 상계하는 것이 타당함

(2) 손상차손환입의 인식

회수가능액이 회복된 경우 회수가능액과 손상후 관계기업주식의 장부금액의 차이를 손상차손환입으로 인식

➡ 인식된 손상차손은 관계기업이나 공동기업에 대한 투자 장부금액의 일부를 구성하는 어떠한 자산(영업권 포함)에도 배분하지 않으므로, 손상차손환입은 회수가능액이 후속적으로 증가하는 만큼 인식함. 따라서 사업결합과 달리 영업권에 해당하는 장부금액도 환입가능함

➡ 국제회계기준에 손상차손환입의 한도에 대한 규정은 없지만, 손상차손 반영전 지분법적용 장부금액이 타당함

[관계주식의 손상과 환입]

| 관계주식손상 | (차) 관계주식손상차손 | ××× | (대) 관계기업투자주식 | ××× |
|---|---|---|---|---|
| 관계주식환입 | (차) 관계기업투자주식 | ××× | (대) 관계주식손상환입 | ××× |

## 08 관계기업주식의 손상

IFRS

20×2년 초 A회사는 B회사 보통주 발행주식의 25%를 ₩250,000에 취득하여 유의적인 영향력을 확보하였다. 20×2년 초 B회사의 순자산의 장부금액은 ₩800,000이며, 건물을 제외하고는 모두 일치하였다. 건물은 공정가치보다 ₩80,000이 과소평가되어 있으며, 잔여내용연수는 10년, 정액법으로 감가상각한다. B회사의 20×2년도 당기순이익과 기타포괄이익이 각각 ₩140,000과 ₩40,000이며, 기타포괄이익은 B회사가 보유한 채무상품인 기타포괄금융자산의 평가로 발생한 것이다. 20×2년 말에 B회사 주식의 손상으로 인하여 회수가능액이 ₩100,000으로 하락한 경우 20×2년 말에 A회사가 당기손익으로 인식할 손상차손의 금액은 얼마인가?

① ₩183,000　② ₩193,000　③ ₩203,000
④ ₩207,000　⑤ ₩217,000

**해 답**

(1) 투자차액 : (800,000 + 80,000) × 25% − 250,000 = (−)30,000 ← 영업권효과
(2) 20×2년의 지분법당기순이익 : (140,000 − 80,000 ÷ 10년) × 25% = 33,000
(3) 20×2년의 손상반영전 지분법기타포괄이익 : 40,000 × 25% = 10,000
(4) 20×2년 당기손익인식 손상차손 : 회수가능액 100,000 − 관계주식 293,000 + 우선상계 10,000 = (−)183,000
(5) 회계처리 (참고용)

| 일자 | 차변 | 금액 | 대변 | 금액 |
|---|---|---|---|---|
| 20×2. 1. 1 | (차) 관계기업주식 | 250,000 | (대) 현　　금 | 250,000 |
| 20×2.12.31 | (차) 관계기업주식 | 43,000 | (대) 지분법이익 | 33,000 |
| | | | 지분법기타포괄이익 | 10,000 |
| | (차) 지분법기타포괄이익 | 10,000 | (대) 관계기업주식 | 193,000 |
| | 관계기업주식손상차손 | 183,000 | | |

①

### 6. 우선주 존재시 지분법

관계기업이 자본으로 분류하는 누적우선주를 발행하였고 이를 다른 투자자가 소유하고 있는 경우, 투자자는 배당결의 여부에 관계없이 당기순손익에서 우선주배당금을 차감한 후 지분법손익을 인식

① 누적적우선주 존재시 보통주지분법이익 : (관계기업당기순이익 − 1회분 배당금) × 보통주지분율
② 비누적적우선주 존재시 보통주지분법이익 : (관계기업당기순이익 − 결의된 배당금) × 보통주지분율

## 09 관계기업의 우선주

IFRS

위의 [예제 8]의 상황에서 B회사의 20×2년도 당기순이익은 ₩140,000인 것으로 가정한다. 한편, B회사는 액면금액 ₩50,000의 누적적우선주를 발행하고 있으며, 우선주 약정 배당률은 연 5%이지만, 20×2년에는 배당을 지급하지 않기로 결의하였다. 20×2년에 A회사가 인식할 지분법이익은 얼마인가? 단, 누적적우선주는 비참가적우선주로 잔여재산분배시 액면금액으로만 상환하는 조건이다.

① ₩18,500　② ₩19,500　③ ₩20,500
④ ₩32,375　⑤ ₩33,000

**해 답**

(1) 20×2년 초 투자차액 : (장부금액 800,000 + 건물과소금액 80,000 - 우선주자본금 50,000) × 25% - 250,000 = (-)42,500 ← 영업권효과

(2) 20×2년의 지분법이익 : (순이익 140,000 - 우선주배당 50,000 × 5% - 과소상각 80,000 ÷ 10년) × 25% = 32,375

(3) 회계처리 (참고용)

| | | | | |
|---|---|---|---|---|
| 20×2. 1. 1 | (차) 관계기업주식 | 250,000 | (대) 현　　금 | 250,000 |
| 20×2.12.31 | (차) 관계기업주식 | 32,375 | (대) 지분법이익 | 32,375 |

④

### 2차 7. 보유지분의 일부만 매각예정으로 분류시 (기존보유 40% - 매각예정 30% = 보유예정 10%)

| 구 분 | | 관련 회계처리 |
|---|---|---|
| 매각 예정시 | 매각 예정지분 | 지분법 적용을 중지하고 순공정가치를 기준으로 손상차손인식 |
| | 계속보유 예정지분 | 매각 예정지분의 실제 매각 시점까지는 계속 지분법을 적용 |
| 실제 매각시 | 매각된 지분 | 매각예정비유동자산의 처분손익 인식 |
| | 계속 보유지분 | 영향력을 상실한 경우 당기손익-공정가치 측정 금융자산 등으로 대체 |

➡ 매각예정을 철회하는 경우 : 더 이상 매각예정의 분류기준을 충족하지 않는다면 당초 매각예정으로 분류되었던 시점부터 소급하여 지분법으로 회계처리

### 2차 8. 유상증자로 인한 관계기업주식의 취득

(1) 지분변동에 따른 차액의 계산

① 지분변동액의 계산 : 유상증자후 순자산 × 증자후 지분율 - 유상증자전 순자산 × 증자전 지분율

② 지분변동차액의 계산 : 지분변동액 - 유상증자참여액

(2) 지분율의 증감에 따른 지분변동차액의 회계처리

① 지분율이 증가시 : 단계적 취득으로 간주하여 지분변동차액을 영업권이나 염가매수효과로 인식

② 지분율이 감소시 : 단계적 처분으로 간주하여 지분변동차액을 관계기업주식처분손익으로 인식

## 3 공동약정

### 1. 공동지배력

(1) 공동지배력의 정의 : 약정의 지배력에 대한 합의된 공유

(2) 공동지배력의 요건

① 관련활동에 대한 결정에 지배력을 공유하는 당사자들 전체의 동의가 요구될 때에만 존재

② 약정의 모든 당사자들이 공동지배력을 보유하지 않더라도 그 약정은 공동약정이 될 수 있음

### 2. 공동약정의 유형

(1) 공동영업

① 약정의 공동지배력을 보유하는 당사자들이 약정의 자산에 대한 권리와 부채에 대한 의무를 보유하는 공동약정

② 공동영업자의 재무제표에 공동영업에 대한 자신의 지분해당액만을 자산과 부채, 수익과 비용으로 각각 인식

2차 ③ 공동영업에 자산을 판매하거나 출자, 구매하는 경우 자기지분 해당액은 거래로 보지 않으며, 다른 당사자의 지분만큼만 거래로 인식. 다만, 해당 자산이 손상된 경우에는 자기지분 해당액도 전액 당기손실로 인식

(2) 공동기업

① 약정의 공동지배력을 보유하는 당사자들이 약정의 순자산에 대한 권리를 보유하는 공동약정

② 공동기업 참여자는 공동기업에 대한 자신의 지분을 투자자산으로 인식하고, 그 투자자산은 지분법으로 회계처리

③ 공동기업에 자산을 판매하거나 출자, 구매하는 경우 관련손익을 전액 인식후 지분법 내부거래미실현이익의 논리를 적용하여 지분율만큼만 제거. 다만, 해당 내부거래대상 자산이 손상된 경우에는 실현된 것으로 간주하여 전액 당기손실로 인식

MEMO

check list

출제경향

| | 2020 | 2021 | 2022 | 2023 | 2024 | 2025 |
|---|---|---|---|---|---|---|
| 회계사 | 2 | 2 | 2 | 2 | 2 | 2 |
| 세무사 | 1 | 1 | | | | 1 |

# 제 24 장 사업결합과 합병회계



## 1 사업결합

### 1. 용어의 정의

(1) 사업결합 : 취득자가 하나 이상의 사업에 대한 지배력을 획득하는 거래나 그 밖의 사건
(2) 취득자 : 피취득자에 대한 지배력을 획득하는 기업
(3) 피취득자 : 취득자에 의해 사업결합으로 지배력을 획득당하는 대상 사업 또는 사업들
(4) 영업권 : 개별적으로 식별하는 것이 불가능한 자산에서 발생하는 미래경제적효익

**참고 사업결합의 요건 : 사업구성 & 지배력획득**

사업(business)은 고객에게 재화나 용역을 제공하거나, 투자수익을 창출하거나 통상적인 활동에서 기타 수익을 창출할 목적으로 수행되고 관리될 수 있는 활동과 자산의 통합된 집합을 말한다. 사업은 투입물(input) 그리고 그러한 투입물에 적용되어 산출물(output)을 창출할 수 있는 과정(process)으로 구성된다.

➠ 사업을 구성하지 않는 자산 집단의 취득의 경우에는 일괄취득원가를 개별자산의 상대적 공정가치에 비율로 배분하며, 이러한 거래나 사건에서는 영업권이 발생하지 않음

➠ 사업에 대한 지분을 취득하였지만 유의적인 영향력과 공동지배력의 획득은 사업결합으로 볼수 없음

➠ 사업은 보통 산출물을 갖지만, 산출물은 사업의 정의를 충족하기 위한 통합된 집합체에 반드시 필요한 요소는 아님

➠ 반증이 없다면 영업권이 존재하는 자산과 활동의 특정 집합은 사업으로 간주하지만, 사업에 영업권이 반드시 필요한 것은 아님

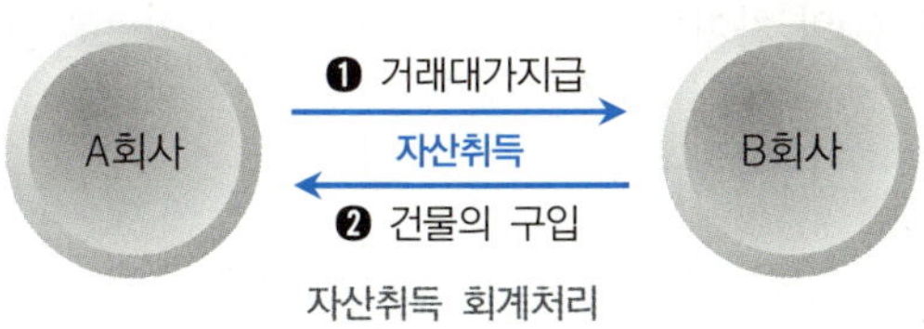


자산취득 회계처리

| 차변 | 대변 |
|---|---|
| 건 물 ×× | 현 금 ×× |

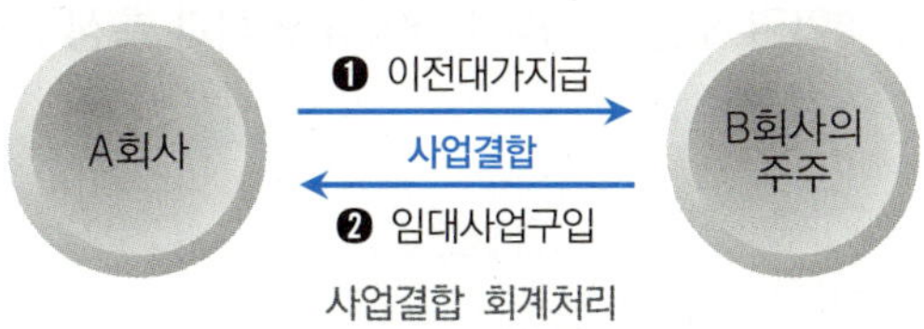


사업결합 회계처리

| 차변 | 대변 |
|---|---|
| 건 물 ×× | 현 금 ×× |
| 영업권 ×× | |

## 2. 법적 형식의 관점에서 바라본 사업결합의 유형

(1) 합병(merger) : 한 기업이 다른 기업의 자산과 부채를 직접 인수하여 둘 이상의 기업이 경제적으로 뿐만 아니라 법률적으로 하나의 기업이 되는 형태의 사업결합

(2) 주식취득(stock acquisition) : 한 회사가 다른 회사의 주식(자본)을 인수하여 둘 이상의 회사가 법률적으로 독립된 다른 기업이지만, 상대방 회사의 의결권 있는 주식의 전부 또는 일부를 취득함으로 인해 경제적으로 하나의 기업이 되는 형태의 사업결합

## 3. 경제적 실질의 관점에서 바라본 사업결합의 유형

(1) 지분의 취득 : 취득자가 피취득자의 순자산 및 영업활동을 지배하게 되는 경우 그 대가로 자산의 이전, 채무의 부담 또는 주식을 발행하는 형태의 사업결합

(2) 지분의 통합 : 결합참여회사 중 어느 일방도 매수회사가 되지 아니하고 각 결합참여회사의 주주들이 결합참여회사들의 자산 및 영업활동에 대한 지배력을 결합하여 그 결합된 실체에 내재된 위험과 효익을 지속적으로 상호 분담하는 형태의 사업결합

## 4. 한국채택국제회계기준에 의한 사업결합의 회계처리 방법

모든 사업결합의 경제적 실질을 취득으로 간주하여 취득법만의 사용을 강제함

## 5. 취득법의 절차

(1) 취득자의 식별 : 각 사업결합에서 결합참여기업 중 한 기업을 취득자로 식별함
(2) 취득일의 결정 : 피취득자에 대한 지배력을 획득한 날
(3) 식별가능한 취득 자산, 인수 부채의 인식과 측정 : 취득자는 식별가능한 취득 자산과 인수 부채를 취득일의 공정가치로 측정
(4) 이전대가의 측정 : 사업결합의 대가로 지급하는 이전대가는 공정가치로 측정
(5) 영업권 또는 염가매수차익의 인식과 측정 : (3)과 (4)의 차이를 영업권 또는 염가매수차익으로 인식

## 2 취득법의 회계처리

### 1. 식별가능한 취득 자산과 인수 부채의 인식과 측정

(1) 인식의 조건

① 사업결합거래의 결과로 취득자와 피취득자 사이에서 교환된 자산과 부채

② 재무보고를 위한 개념체계의 자산과 부채의 정의를 충족

[자산과 부채의 인식요건]

| 구 분 | 일반적인 경우 | 사업결합의 경우 |
|---|---|---|
| 재무제표 인식요건 | ① 자산과 부채의 정의 충족<br>② 경제적효익의 유입·유출 가능성 높음<br>③ 신뢰성있는 측정가능 | ① 사업결합거래로 교환된 자산과 부채<br>② 자산과 부채의 정의 충족 |
| 자산부채 측정기준 | ① 취득시 원가<br>② 취득시 공정가치 | ① 사업결합일의 공정가치 |

(2) 인식과 측정의 원칙

① 인식의 조건을 만족하는 경우 취득일 현재 취득자는 영업권과 분리하여 식별할 수 있는 취득자산, 인수부채를 인식

② 취득자는 식별할 수 있는 취득자산과 인수부채를 취득일의 공정가치로 측정한다.

➡ 피취득자의 재무제표에서 자산과 부채로 인식되지 않았던 특정 자산과 부채가 사업결합으로 추가로 식별이 가능하다면 이를 취득자산과 인수부채에 포함시킴

➡ 영업권은 개별적인 식별이 불가능하므로 식별가능한 자산에 포함하지 아니함

(3) 피취득자의 식별가능한 무형자산

① 분리가능하여 식별가능한 무형자산 : 취득하는 무형자산으로 인식(예 고객목록, 기술적 전문지식, 연구·개발프로젝트)

② 계약적·법적기준을 충족하여 식별가능한 무형자산 : 취득하는 무형자산으로 인식(예 시설운영권, 기술특허권, 재취득한 권리)

(4) 취득자가 재취득한 권리

다시 취득한 권리의 가치는 시장참여자가 공정가치를 측정할 때 계약의 잠재적 갱신을 고려하는지와 무관하게, 관련 계약의 남은 계약기간에 기초하여 측정

(5) 피취득자의 식별가능하지 않은 집합적 노동력과 그 밖의 항목

① 취득일 현재 식별가능하지 않은 무형자산의 가치는 별도로 인식하지 않고, 영업권에 포함하여 인식(예 집합적 노동력)

② 취득일 현재 자산의 요건을 충족하지 못한 항목에 귀속될 만한 가치가 있다면 그 가치를 별도로 인식하지 않고, 영업권에 포함하여 인식(예 미래의 새로운 고객과의 잠재적계약의 가치)

(6) 피취득자의 불확실한 현금흐름을 가지는 자산에 대한 평가충당금

미래현금흐름의 불확실성의 효과를 공정가치 측정에 포함하였기 때문에, 취득일 현재 사업결합에서 취득일의 공정가치로 측정된 취득 자산에 대하여 별도의 평가충당금은 인식하지 아니함

(7) 피취득자가 리스제공자인 경우 운용리스 대상자산

피취득자가 리스제공자인 경우에 취득자는 운용리스의 대상자산을 취득일의 공정가치로 측정할 때 해당 리스조건을 고려하여 측정하고 관련된 별도의 자산이나 부채를 인식하지 아니함

➠ 리스제공자의 운용리스제공자산 공정가치 = 해당자산 공정가치 + 유리리스조건 - 불리리스조건

(8) 취득자가 사용하지 않거나 다른 방법으로 사용할 의도가 있는 자산

시장참여자가 사용하는 방법과 다른 방법으로 취득자가 취득자산을 사용할 수도 있지만 취득자는 취득자산을 시장참여자의 사용에 따라 결정된 공정가치로 측정

(9) 피취득자가 리스이용자인 경우 리스계약

① 리스부채 : 새로운 리스인 것으로 간주하여 나머지 리스료의 현재가치로 측정

② 사용권자산 : 리스부채와 동일한 금액으로 인식

③ 유리·불리한 조건 : 시장조건보다 유리한 리스조건의 경우 해당 효과의 공정가치를 사용권자산에 가산하며, 불리한 조건의 경우 사용권자산에서 차감

➠ 리스이용자의 사용권자산 공정가치 = 리스부채인식금액 + 유리리스조건 - 불리리스조건

(10) 피취득자의 사업결합으로 부담한 우발부채와 보상자산

① 과거사건에서 발생한 현재의무이고, 공정가치를 신뢰성 있게 측정할 수 있다면, 자원이 유출될 가능성이 높지 않더라도 취득자는 취득일에 사업결합으로 인수한 우발부채를 부채로 인식

② 사업결합에서 매도자가 취득자에게 특정 자산이나 부채의 전부 또는 일부와 관련된 우발상황이나 불확실성의 결과에 대하여 계약상 보상을 하는 경우, 취득일의 공정가치로 측정하여 취득일에 보상자산을 인식

(11) 취득으로 인한 법인세관련 자산과 부채

취득자는 사업결합으로 인한 취득자산과 인수부채에서 발생하는 이연법인세효과를 법인세기준서의 규정에 따라 인식하고 측정

➡ 피취득자의 순자산 과소금액의 평가차액에서 발생하는 가산할 일시적차이는 이연법인세부채를 인식하며, 피취득자의 차감할 일시적차이나 결손금은 이연법인세자산을 인식함. 다만, 취득자의 차감할 일시적차이와 결손금은 사업결합거래와 무관하므로 취득자의 재무제표에서 이연법인세자산으로 인식

(12) 취득일의 매각예정비유동자산

취득일에 매각예정자산으로 분류된 비유동자산을 순공정가치로 측정

(13) 피취득자의 주식기준보상과 종업원급여

① 취득자가 피취득자의 주식기준보상을 자신의 주식기준보상으로 대체하는 경우, 취득자는 관련된 부채 또는 지분상품을 주식기준보상의 규정에 따른 방법에 따라 측정

② 취득자는 피취득자의 종업원급여약정과 관련된 부채를 종업원급여의 규정에 따라 인식하고 측정

## 2. 이전대가의 측정

(1) 취득자가 이전하는 자산의 공정가치와
(2) 취득자가 피취득자의 이전 소유주에 대하여 부담하는 부채의 공정가치와
(3) 취득자가 발행한 지분의 취득일의 공정가치 합계로 산정

➡ 이전된 자산이 사업결합 후 결합기업에 여전히 남아 있고(예 자산이나 부채가 피취득자의 이전 소유주가 아니라 피취득자에게 이전됨), 취득자가 그에 대한 통제를 계속 보유하는 경우에는 당해 이전거래에 상업적 실질이 존재하지 아니하므로 취득자는 그 자산을 취득일 직전의 장부금액으로 측정하여 이전대가에 반영

2차 ➡ 취득자와 피취득자가 지분만을 교환하여 사업결합을 하며, 피취득자 지분의 공정가치가 취득자 지분의 공정가치보다 더 신뢰성 있게 측정되는 경우에는 취득자는 이전한 지분의 취득일의 공정가치 대신에 피취득자 지분의 취득일의 공정가치를 사용하여 영업권의 금액을 산정

2차 ➡ 취득일에 대가의 이전이 없는 사업결합에서도 영업권 금액을 산정하는 경우 취득자는 이전대가의 취득일 공정가치 대신에 피취득자에 대한 취득자 지분의 취득일 공정가치를 산정하여 사용함

### 3. 사업결합손익의 인식 (영업권과 염가매수차익)

(1) 식별가능한 취득 자산과 인수 부채 < 이전대가

사업결합의 대가로 지급한 이전대가가 사업결합의 결과로 인식한 식별가능한 순자산공정가치를 초과하는 금액을 영업권자산으로 인식하고, 향후 손상차손으로 비용인식

[영업권의 회계처리]

| 취 득 일 | (차) 식별가능순자산 | ××× ① | (대) 현 금 | ××× ② |
|---|---|---|---|---|
| | 영 업 권 | ××× ④ | 자 본 금 | ××× ③ |
| | | | 주식발행초과금 | ××× ③ |

(2) 식별가능한 취득 자산과 인수 부채 > 이전대가

모든 취득 자산과 인수 부채를 정확하게 식별하였는지에 대한 재검토를 수행하고, 재검토후 취득자는 취득일에 그 차익을 염가매수차익을 당기손익으로 즉시 인식

[염가매수차익의 회계처리]

| 취 득 일 | (차) 식별가능순자산 | ××× ① | (대) 현 금 | ××× ② |
|---|---|---|---|---|
| | | | 자 본 금 | ××× ③ |
| | | | 주식발행초과금 | ××× ③ |
| | | | 염가매수차익 | ××× ④ |

## 01 취득자산과 인수부채의 공정가치

IFRS

20×1년 1월 1일 A회사는 B회사를 흡수합병하고, 이 합병거래를 취득법으로 회계처리하였다. 흡수합병과 관련된 자료는 다음과 같다. 아래의 자료를 이용하여 20×1년 1월 1일 합병일에 A회사가 인식해야 할 영업권은 얼마인가?

(1) 합병시점에 B회사의 재무제표에 반영되어 있는 자산과 부채의 순자산 장부금액과 공정가치는 각각 ₩100,000과 ₩160,000이다.

(2) 합병시점에 B회사가 장부상 계상하고 있는 영업권의 장부금액은 ₩300,000이며, 이는 손상차손의 인식요건을 만족하지는 않는다.

(3) 합병시점에 A회사는 자사 보통주 30주(주당 액면가액 ₩5,000, 주당 공정가치 ₩8,000)를 발행하여 B회사의 기존 주주에게 교부하였으며, 당해 지분증권의 발행과 관련하여 주식발행비용 ₩3,000이 지출되었다.

(4) B회사는 리스계약의 리스이용자이며 리스는 C리스와 2년 전에 체결되었다. 위에 제시된 순자산 공정가치에는 사용권자산이 리스부채와 동일한 금액으로 측정 되었다. 하지만, 리스계약은 사업결합일 현재의 시장조건과 비교하여 보면 유리한 계약이며, 시장조건과 비교하여 판단한 결과 ₩20,000만큼 유리한 것으로 판단되어 진다.

(5) 합병일 현재 B회사는 손해배상소송에 피소를 당했으며, 손해배상과 관련하여 지급하여야 할 금액이 ₩10,000으로 측정된다. 당해 우발상황은 자원의 유출가능성이 높지는 않지만 다른 충당부채의 인식요건을 모두 만족한다.

(6) B회사 홈페이지의 고객정보에는 고객의 주문내역과 각종 고객정보가 데이터베이스로 관리되고 있다. 데이터베이스 구축을 위해 관련원가는 ₩20,000이 지출되었으나, B회사는 이를 비용처리 하였다. 당해 고객목록의 공정가치는 ₩30,000이다.

(7) 취득일 현재 B회사는 미래의 새로운 고객과 협상 중인 잠재적 계약이 존재한다. 당해 잠재적 계약의 공정가치는 ₩30,000으로 추정된다.

(8) B회사의 무형자산 장부금액 중 ₩30,000은 인터넷 도메인 명 등의 마케팅관련 무형자산이다. A회사는 자체적인 인터넷 도메인이 있으므로 B회사의 마케팅관련 무형자산을 사용하지 않을 계획이다. 따라서 순자산 공정가치에는 이에 대한 가치평가가 배제되어 있다. 그러나 시장참여자의 사용에 따라 결정된 공정가치는 ₩10,000이다.

(9) A회사는 B회사를 합병한 후 B회사의 일부 사업부를 폐쇄하여 구조조정을 할 계획을 하고 있다. 구조정에 따른 예상비용은 ₩50,000이다.

① ₩10,000　② ₩30,000　③ ₩83,000
④ ₩70,000　⑤ ₩90,000

**해 답**

(1) 식별가능한 순자산 공정가치 : 160,000 + 유리한 리스계약(사용권자산에 가산) 20,000 + 고객목록자산 30,000 + 마케팅관련자산 10,000 - 우발부채 10,000 = 210,000

(2) 이전대가 : 30주 × ₩8,000 = 240,000

(3) 영업권 : 210,000 - 240,000 = (-)30,000 (영업권 ≒ 합병손실)

② 

## 3 취득법의 특수상황

### 1. 취득관련원가

(1) 중개수수료와 컨설팅수수료 : 즉시 비용으로 인식 (예 자문, 법률, 회계, 가치평가관련)

(2) 일반관리원가 : 즉시비용으로 인식 (예 내부취득부서의 유지원가)

(3) 채무·지분증권의 등록 및 발행원가 : 채무·지분증권의 발행금액에서 차감

(4) 특정자산 취득부대원가 : 당해 특정자산의 취득원가에 가산 (예 토지등기비용 등)

### 2. 단계적 취득에 대한 사업결합시 이전대가의 계산

(1) 기존의 보유지분 : 추가취득일의 공정가치로 하며, 기존보유지분의 장부금액을 공정가치로 재측정한 손익은 당기손익이나 기타포괄손익으로 인식

(2) 추가로 취득한 지분 : 추가취득에 대한 이전대가

➠ 기존보유지분을 당기손익인식금융자산으로 분류한 경우에는 재측정손익을 당기손익으로 인식

➠ 기존보유지분을 기타포괄인식금융자산으로 분류한 경우에는 재측정손익을 기타포괄손익으로 인식하고, 기인식 기타포괄손익의 누계액은 재분류조정하지 않음

➠ 기존보유지분을 관계기업이나 공동기업투자주식으로 분류한 경우에는 재측정손익을 당기손익인식

2차 ➠ 피취득자에 대한 기존보유지분에도 취득자가 자기의 지분을 발행하는 경우에는 취득자의 자기주식을 기존보유지분의 공정가치로 취득한 것으로 측정함

## 02 취득관련원가와 단계적취득 (회계사 2014 수정)

㈜갑은 20×1년 중에 ㈜을의 보통주 10주(지분율 10%)를 ₩3,000에 취득하고, 이를 당기손익인식 금융자산으로 분류하였다. ㈜갑은 20×2년 초에 ㈜을의 나머지 지분 90%를 취득하여 합병하였다. 그 대가로 ㈜갑은 보유하고 있던 보통주 자기주식 18주(주당 장부금액 ₩1,800)를 ㈜을의 다른 주주에게 교부하였다. 아래의 추가자료를 이용하는 경우 ㈜갑이 ㈜을의 합병과 관련하여 합병일에 인식할 취득자산과 인수부채의 순액은 얼마인가? 단, 법인세효과는 고려하지 않는다.

(1) 합병일 현재 ㈜갑의 보통주 공정가치는 주당 ₩2,000, 액면금액은 주당 ₩1,000이며, ㈜갑이 보유하고 있던 ㈜을의 보통주 공정가치는 20×1년 말과 20×2년 초에 각각 주당 ₩320과 ₩350이다.

(2) 합병일 현재 ㈜을의 순자산 장부금액과 공정가치는 다음과 같다.

재무상태표

㈜을 20×2년 1월 1일 현재 (단위 : 원)

| | 장부금액 | 공정가치 | | 장부금액 | 공정가치 |
|---|---|---|---|---|---|
| 유동자산 | 20,000 | 22,000 | 부 채 | 25,000 | 25,000 |
| 유형자산 | 30,000 | 35,000 | 자 본 금 | 10,000 | |
| 무형자산 | 10,000 | 13,000 | 이익잉여금 | 25,000 | |
| 합 계 | 60,000 | 70,000 | 합 계 | 60,000 | 25,000 |

(3) ㈜을은 리스계약에서 리스이용자인데, 당해 리스의 조건이 시장조건에 비하여 ₩500만큼 유리한 것으로 추정된다. 위에 제시된 유형자산의 공정가치에는 사용권자산이 리스부채와 동일한 금액으로 측정되었다

(4) 합병일 현재 ㈜을은 새로운 고객과 협상중인 계약이 있으며, 잠재적 계약의 가치는 ₩2,000으로 추정된다.

(5) 합병일 현재 ㈜을은 손해배상소송사건에 피소되어 있으며, 손해배상손실금액의 공정가치는 ₩1,500으로 추정된다. 그러나 존재하는 현재의무로 인한 자원의 유출가능성은 높지 않다.

(6) ㈜을의 연구개발부서는 우수한 인적자원을 보유하고 있으며, 이로 인한 합병 후의 시너지효과는 상당할 것으로 예상된다. ㈜을이 측정한 인적자원의 공정가치는 ₩1,000이다.

(7) A회사는 합병과 관련하여 다음과 같은 비용을 지출하였다.

| | | | |
|---|---|---|---|
| ① 회계사자문수수료 | ₩2,000 | ② 자기주식 매매 수수료 | ₩800 |
| ③ 매수업무담당부서 유지비용 | 1,500 | ④ 유형자산 소유권이전비용 | 500 |

① ₩43,500 ② ₩44,000 ③ ₩44,750
④ ₩45,500 ⑤ ₩46,000

**해 답**

(1) 순자산 공정가치 : 70,000 - 25,000 + 500 - 1,500 = 44,000

② 

## 03 취득관련원가와 단계적취득 (회계사 2014 수정)

위의 [예제 2]의 결과와 관계없이, ㈜갑이 ㈜을의 합병과 관련하여 합병일에 인식할 취득자산과 인수부채의 순액을 ₩30,000으로 가정한다. ㈜갑이 합병일에 인식할 영업권의 금액은 얼마인가? 단, 법인세효과는 고려하지 않는다.

① ₩5,400 ② ₩5,900 ③ ₩6,000
④ ₩9,000 ⑤ ₩9,500

**해 답**

(1) 이전대가의 공정가치 : 당기손익금융자산 10주 × ₩350 + 자기주식 18주 × ₩2,000 = 39,500
(2) 영업권의 인식금액 : 식별가능한 순자산 30,000 - 이전대가 39,500 = (-)9,500 (영업권효과)
(3) 회계처리 (참고용)

| 일자 | | 차변 | 금액 | | 대변 | 금액 |
|---|---|---|---|---|---|---|
| 20×2. 1. 1 | (차) | 당기손익금융자산 | 300 | (대) | 금융자산평가이익 | 300 |
| 20×2. 1. 1 | (차) | 식별가능순자산 | 30,000 | (대) | 당기손익금융자산 | 3,500 |
| | | 영 업 권 | 9,500 | | 자기주식 | 32,400 |
| | | | | | 자기주식처분이익 | 3,600 |
| | (차) | 수수료비용 | 2,000 | (대) | 현 금 | 4,800 |
| | | 유지관리비용 | 1,500 | | | |
| | | 자기주식처분이익 | 800 | | | |
| | | 유형자산 | 500 | | | |

⑤ 

### 3. 측정기간과 잠정금액의 조정

(1) 측정기간(measurement period) : 사업결합에서 인식한 잠정금액을 사업결합 후 조정할 수 있는 기간으로 취득일로부터 1년을 초과할 수 없음

(2) 잠정금액(provisional amounts) : 사업결합에 대한 최초 회계처리가 사업결합이 발생한 보고기간 말까지 완료되지 못한 이유로 취득자의 회계처리가 완료되지 못한 채 재무제표에 보고된 금액

(3) 측정기간 동안의 수정사항 : 취득일 현재 존재하던 사실과 상황에 대하여 새롭게 입수한 정보로 인하여 잠정금액에 조정이 필요한 경우 취득일에 인식한 잠정금액을 소급하여 조정하고, 차액을 영업권(혹은 염가매수차익)의 증감으로 인식 → 보고기간후 사건과 동일한 논리가 적용됨

(4) 측정기간 이후의 수정사항 : 오류수정의 경우에만 사업결합의 회계처리를 수정

## 04 잠정금액의 조정 (회계사 2016)

IFRS

㈜대한은 20×1년 10월 1일에 ㈜민국의 의결권 있는 보통주식 100%를 ₩480,000에 취득하고 ㈜민국을 흡수합병 하였다. 취득일 현재 ㈜민국의 식별가능한 순자산 장부금액과 공정가치는 아래와 같다.

| ㈜민국의 식별가능한 순자산 | 장부금액 | 공정가치 |
|---|---|---|
| 유형자산 | 30,000 | ? |
| 유형자산을 제외한 순자산 | 290,000 | 350,000 |

㈜대한은 ㈜민국의 식별가능한 순자산 중 유형자산에 대한 가치평가를 20×1년 말까지 완료하지 못해 잠정적으로 ₩50,000을 공정가치로 인식하였다. 취득일 현재 동 유형자산의 잔존내용연수는 5년이며, 잔존가치 없이 정액법으로 상각한다. ㈜대한이 20×2년 4월 1일에 위 유형자산의 취득일 현재 공정가치를 ₩40,000으로 추정한 독립된 가치평가결과를 받았다면, ㈜대한의 20×2년 말 재무상태표에 보고될 영업권과 위 유형자산의 장부금액은 얼마인가? 단, 영업권의 손상여부는 고려하지 않는다.

| | 영업권 | 유형자산 | | 영업권 | 유형자산 |
|---|---|---|---|---|---|
| ① | ₩70,000 | ₩30,000 | ② | ₩70,000 | ₩29,000 |
| ③ | ₩80,000 | ₩37,500 | ④ | ₩90,000 | ₩30,000 |
| ⑤ | ₩90,000 | ₩29,000 | | | |

**해 답**

(1) 20×1년 10월 1일 영업권 : 40,000 + 350,000 − 480,000 = (−)90,000 ➟ 영업권 90,000

(2) 20×2년 말 유형자산 : 40,000 − 40,000 ÷ 5년 − 40,000 ÷ 5년 × 3/12 = 30,000

(3) 측정기간(1년 이내)에 취득자는 마치 사업결합의 회계처리가 취득일에 완료되었던 것처럼 잠정 금액의 조정을 인식한다. 그러므로 취득자는 재무제표에 표시된 과거기간의 비교정보를 필요한 경우 수정하며, 이러한 수정에는 최초 회계처리를 완료하면서 기인식된 감가상각, 상각 또는 그 밖의 수익효과의 변경을 포함한다.

④

## 4. 조건부대가

(1) 조건부대가(contingent consideration)

① 취득자는 피취득자에 대한 교환으로 이전한 대가에 취득일 이후 발생한 사건과 관련된 조건부대가가 포함되어 있는 경우에는 당해 조건부대가를 취득일의 공정가치로 인식

② 취득자는 조건부 대가의 지급 의무를 금융상품에 관한 기준서에 따라 부채 또는 자본으로 분류

➟ 취득자가 특정조건을 충족하는 경우 과거의 이전대가를 회수할 수 있는 권리를 보유하는 경우에는 조건부대가를 자산으로 분류할 수 있음

(2) 조건부대가의 공정가치 변동에 대한 회계처리

① 취득일에 존재한 사실과 상황에 대한 조건부대가의 변동 : 측정기간 동안에 발생한 사건으로 간주하여 취득일에 인식한 조건부대가를 소급하여 수정

② 취득일 이후에 발생한 사실과 상황에 대한 조건부대가의 변동 : 자본으로 분류된 조건부대가의 경우에는 재측정하지 않고 자본내에서 정산하며, 자산이나 부채로 분류된 조건부대가의 경우 공정가치로 재측정하여 당기손익으로 인식

[조건부대가의 회계처리]

| 취득일상황 | (차) 영 업 권 | ××× | (대) 조건부대가(자본 or 부채) | ××× |
|---|---|---|---|---|
| 이후상황 | (차) 자본거래손실 | ××× | (대) 조건부대가(자본) | ××× |
| 이후상황 | (차) 당기손실 | ××× | (대) 조건부대가(부채) | ××× |

## 05 조건부대가의 조정

(회계사 2017)

㈜대한은 20×1년 10월 1일에 ㈜민국의 모든 자산과 부채를 ₩450,000에 취득·인수하는 사업결합을 하였다. 20×1년 10월 1일 현재 ㈜민국의 요약재무상태표는 다음과 같다.

요약재무상태표

㈜민국 20×1. 10. 1 현재 (단위 : ₩)

| 계정과목 | 장부금액 | 공정가치 | 계정과목 | 장부금액 | 공정가치 |
|---|---|---|---|---|---|
| 자 산 | 500,000 | 600,000 | 부 채 | 100,000 | 100,000 |
| | | | 자 본 금 | 100,000 | |
| | | | 자본잉여금 | 200,000 | |
| | | | 이익잉여금 | 100,000 | |
| | 500,000 | | | 500,000 | |

㈜대한은 20×2년 말에 시장점유율이 15%를 초과시 ㈜민국의 기존 주주들에게 추가로 ₩100,000을 지급하기로 하였다. 20×1년 10월 1일 현재 이러한 조건부대가의 공정가치는 ₩60,000으로 추정되었다. 그러나 ㈜대한은 20×1년 12월 31일에 동 조건부대가의 추정된 공정가치를 ₩80,000으로 변경하였다. 이러한 공정가치 변동은 20×1년 10월 1일에 존재한 사실과 상황에 대하여 추가로 입수한 정보에 기초한 것이다. 20×2년 말 ㈜대한의 시장점유율이 18%가 되어 ㈜민국의 기존 주주들에게 ₩100,000을 지급하였다. ㈜대한의 20×1년 말 재무상태표에 계상되는 영업권과 20×2년도에 조건부대가 지급으로 ㈜대한이 인식할 당기손익은?

| | 영업권 | 당기손익 | | 영업권 | 당기손익 |
|---|---|---|---|---|---|
| ① | ₩10,000 | ₩20,000 손실 | ② | ₩70,000 | ₩40,000 손실 |
| ③ | ₩30,000 | ₩20,000 손실 | ④ | ₩90,000 | ₩40,000 손실 |
| ⑤ | ₩50,000 | ₩0 | | | |

### 해 답

(1) 조건부대가는 취득일의 공정가치로 최초인식하며, 취득일에 존재한 사실과 상황에 대한 공정가치변동은 취득일의 회계처리를 수정한다.

(2) 식별가능순자산 (600,000 − 100,000) − 이전대가 (450,000 + 60,000 + 20,000) = (−)30,000 (영업권효과)

(3) 한편, 취득일 이후에 발생한 사건과 관련된 공정가치변동 중 자산과 부채와 관련된 부분은 당기손익으로 인식한다. 따라서 20×2년 말에 추가 지급한 ₩20,000은 당기손익으로 인식한다.

③

## 2차 5. 사업결합거래의 일부가 아닌 별도거래

(1) 피취득자와 기존관계를 정산하는 거래

① 기존의 비계약관계 : 원고와 피고관계의 비계약관계의 경우 공정가치를 기준으로 정산손익 인식

② 기존의 계약관계 : 판매자와 구매자관계, 라이선스 제공자와 라이선스 이용자관계나 재취득권리의 제공자와 이용자의 계약관계의 경우 시장조건보다 유리·불리한 금액과 계약상 정산금액(위약금) 중 작은 금액을 기준으로 정산손익을 인식

③ 피취득자가 대신 지급한 취득관련원가 : 이에 대한 변제금액은 별도로 비용인식

| 취 득 일 | (차) 정산손실(수수료) | ××× | (대) 현 금 등 | ××× |
|---|---|---|---|---|
| | 식별가능순자산 | ××× | | |
| | 영 업 권 | ××× | | |

(2) 피취득자 종업원의 미래용역에 대한 보상

① 피취득자의 사유로 인해 발생 : 사업결합일의 인수부채로 반영

② 취득자의 사유로 인해 발생 : 사업결합과 관련이 없는 별도거래로 반영

| 취 득 일 | (차) 보상비용 | ××× | (대) 현 금 등 | ××× |
|---|---|---|---|---|
| | 식별가능순자산 | ××× | | |
| | 영 업 권 | ××× | | |

(3) 취득자의 주식기준보상으로 대체보상하는 경우

① 사업결합전 근무용역에 귀속 : 피취득자 보상의 시장기준측정치에 피취득자 보상의 총 가득기간이나 원래 가득기간 중 긴 기간에 대한 가득기간 완료 부분의 비율을 곱한 금액으로 이전대가에 반영

② 사업결합후 근무용역에 귀속 : 대체보상의 총 시장기준측정치에서 사업결합전의 근무용역에 귀속하는 금액을 뺀 금액으로 사업결합이후 별도의 비용으로 반영

| 취 득 일 | (차) 식별가능순자산 | ××× | (대) 현 금 등 | ××× |
|---|---|---|---|---|
| | 영 업 권 | ××× | 주식선택권 | ××× |
| 취득일이후 | (차) 주식보상비용 | ××× | (대) 주식선택권 | ××× |

## 4 영업권의 후속측정

### 1. 영업권의 종류

(1) 내부창출영업권

내부창출영업권(internally created goodwill)은 원가를 신뢰성 있게 측정할 수도 없고, 기업이 통제하고 있는 식별가능한 자원이 아니므로 무형자산으로 인식할 수 없음

(2) 매수영업권

매수영업권(purchased goodwill)은 사업결합으로 취득한 식별가능한 순자산의 공정가치가 이전대가에 미달하는 경우 발생하며, 신뢰성 있는 측정이 가능하므로 무형자산으로 인식

### 2. 영업권을 포함한 현금창출단위의 후속측정

(1) 현금창출단위의 식별

다른 자산이나 자산집단에서의 현금유입과는 거의 독립적인 현금유입을 창출하는 식별가능한 최소자산집단을 현금창출단위로 식별

(2) 영업권의 현금창출단위 배분

손상검사 목적상 사업결합으로 취득한 영업권은 사업결합으로 인한 시너지효과의 혜택을 받게 될 것으로 기대되는 각 현금창출단위나 현금창출단위집단에 취득일로부터 배분

➡ 영업권이 배분된 현금창출단위 내의 영업을 처분하는 경우, 처분되는 영업과 관련된 영업권은 처분손익을 결정할 때 그 영업의 장부금액에 포함하여 제거함

➡ 좀 더 합리적인 다른 방법이 처분되는 단위와 관련된 영업권을 더 잘 반영한다는 것을 기업이 입증할 수 있는 경우를 제외하고는 현금창출단위 내에 존속하는 부분과 처분되는 부분의 상대적인 가치를 기준으로 측정하여 영업권을 배분

(3) 손상검사의 절차

① 현금창출단위를 구성하는 개별자산의 손상검사를 먼저 실시하여 손상징후가 있는 경우에는 이를 개별자산의 손상차손을 우선인식

② 이후에 영업권을 포함한 현금창출단위에 대한 손상차손을 추가로 인식

③ 영업권이 배분된 현금창출단위에 대하여는 매년, 그리고 손상을 시사하는 징후가 있을 때마다 손상검사를 수행

(4) 현금창출단위의 손상차손

현금창출단위의 회수가능액이 장부금액에 미달하는 경우에는 손상차손을 당기손익으로 인식하고 다음의 순서로 장부금액을 감액함

① 1순위 : 현금창출단위에 배분된 영업권의 장부금액을 우선 감액

② 2순위 : 차액을 현금창출단위에 속하는 다른 자산에 각각 장부금액에 비례 배분하여 감액

➡ 현금창출단위의 손상차손을 배분할 때 개별 자산의 장부금액은 해당자산의 개별적 회수가능액 이하로 감소시킬 수 없으며, 이러한 제약으로 인해 특정 자산에 배분되지 않은 손상차손은 현금창출단위내의 다른 자산에 각각 장부금액에 비례하여 배분

(5) 현금창출단위의 손상차손환입

손상차손의 인식시점 이후 회수가능액을 결정하는 데 사용된 추정치에 변화가 있는 경우에는 다음의 순서로 회수가능액의 회복을 손상차손환입으로 하여 당기손익인식

① 1순위 : 영업권의 회복은 내부창출영업권의 증가액으로 간주하여 후속기간에 환입이 불가능

② 2순위 : 회수가능액의 회복액을 현금창출단위에 속하는 다른 자산의 장부금액에 비례하여 배분하여 인식

➡ 현금창출단위의 환입한도는 손상차손을 인식하지 않은 경우의 장부금액이며, 이러한 제약으로 인해 특정 자산에 배분되지 않은 손상환입은 현금창출단위내의 다른 자산에 각각 장부금액에 비례하여 배분

[현금창출단위의 손상과 환입에 대한 회계처리]

| | | | | |
|---|---|---|---|---|
| 손 상 일 | (차) 손상차손 | ××× | (대) 영 업 권 | ××× |
| | | | 유형자산 | ××× |
| | | | 무형자산 | ××× |
| 환 입 일 | (차) 감가상각비 | ××× | (대) 유형자산 | ××× |
| | 무형자산상각비 | ××× | 무형자산 | ××× |
| | (차) 유형자산 | ××× | (대) 손상차손환입 | ××× |
| | 무형자산 | ××× | | |

## 06 현금창출단위의 손상 (회계사 2022) IFRS

㈜대한은 20×1년 초 두 개의 현금창출단위(A사업부, B사업부)를 보유하고 있는 ㈜민국을 흡수합병(사업결합)하였다. 손상차손을 인식한 후, ㈜대한의 20×1년 말 재무상태표에 보고되는 A사업부의 기계장치 장부금액은 얼마인가? 단, ㈜대한은 유형자산에 대해 원가모형을 적용하고 있다.

(1) ㈜민국에게 이전대가로 지급한 ₩30,000이며, 각 현금창출단위에 이전대가와 식별가능한 순자산 공정가치는 다음과 같이 배분되었다.

| 구 분 | 이전대가 | 순자산 공정가치 |
|---|---|---|
| A사업부 | 22,000 | 19,000 |
| B사업부 | 8,000 | 6,000 |
| 합 계 | 30,000 | 25,000 |

(2) 20×1년 말 현재 강력한 경쟁기업의 등장으로 인해 A사업부의 매출이 상당히 위축될 것으로 예상되자, ㈜대한은 A사업부(현금창출단위)의 회수가능액을 ₩13,500으로 추정하였다. 손상차손을 인식하기 전 A사업부에 속하는 모든 자산의 20×1년 말 장부금액과 추가정보는 다음과 같으며, 현금창출단위를 구성하는 개별자산의 손상징후는 없는 것으로 가정한다.

| 구 분 | 손상 전 장부금액 | 추가정보 |
|---|---|---|
| 토 지 | 5,000 | 순공정가치는 ₩5,500 |
| 건 물 | 8,000 | 순공정가치는 ₩6,800, 사용가치는 ₩7,200 |
| 기계장치 | 2,000 | 회수가능액을 측정할 수 없음 |
| 영 업 권 | ? | |

① ₩1,700 ② ₩1,300 ③ ₩1,200
④ ₩800 ⑤ ₩500

## 해 답

(1) A사업부 영업권 : 식별가능 순자산공정가치 19,000 - 이전대가 22,000 = 영업권 3,000
(2) 토지의 손상전 장부금액은 ₩5,000이며, 순공정가치는 ₩5,500이다. 따라서 토지는 장부금액이 순공정가치에 미달하므로 현금창출단위의 손상차손을 배분하지 않는다.
(3) 건물의 회수가능액은 ₩7,200이다. 따라서 현금창출단위의 손상차손을 배분하는 경우 ₩7,200을 한도로 배분해야 한다.

| A사업부문 | 토 지 | 건 물 | 기계장치 | 영업권 | 합 계 |
|---|---|---|---|---|---|
| 20×1.12.31 | 5,000 | 8,000 | 2,000 | 3,000 | 18,000 |
| 1차 손상배분 | - | (1,200) | (300) | (3,000) | (4,500) |
| 손상차손 인식후 | 5,000 | 6,800 | 1,700 | - | 13,500 |
| 2차 손상배분 | - | 400 | (400) | - | - |
| 손상재배분 후 | 5,000 | 7,200 | 1,300 | - | 13,500 |

② W

# 5 역취득

## 1. 역취득(역합병)의 의의

(1) 역합병은 합병회사가 피합병회사를 흡수합병하는 전통적인 합병과 대비하여 쓰이는 용어로 법적으로는 피합병회사가 합병회사를 흡수합병하는 형태의 사업결합을 말하며, 역취득이라고도 함
(2) 회계목적상 취득자(법적피취득자) : 주식을 취득당한 비상장기업
(3) 회계목적상 피취득자(법적취득자) : 주식을 발행한 상장기업

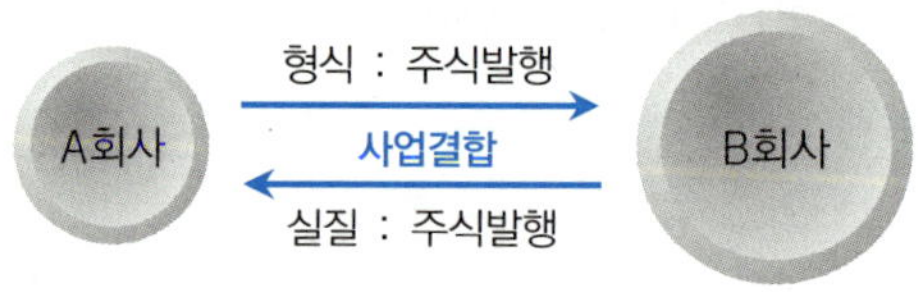


역취득의 조건

1. 이전대가로 주식발행
2. 더 많은 주식을 발행

## 2. 식별가능한 순자산 공정가치와 이전대가의 공정가치

(1) 식별가능한 순자산 공정가치 : 법적취득자의 식별가능한 순자산을 공정가치로 측정
(2) 이전대가의 공정가치 : 법적피취득자가 발행한 것으로 간주된 발행주식의 공정가치로 측정
(3) 영업권의 금액 : (1) - (2)

## 2차 3. 자본금의 수정

역취득에 따라 작성된 결합재무제표는 법적 지배기업(회계상 피취득자)의 이름으로 발행하지만 법적 종속기업(회계상 취득자)의 재무제표가 지속되는 것이므로, 회계상 피취득자의 법적 자본을 반영하기 위하여 회계상 취득자의 법적 자본을 소급하여 수정

[역취득의 회계처리]

| 구분 | 차변 | 금액 | 대변 | 금액 |
|---|---|---|---|---|
| 취 득 일 | (차) 순자산공정가치(A) | ××× | (대) 자 본 금(B) | ××× |
| | 영 업 권 | ××× | 주식발행초과금 | ××× |
| 자본금수정 | (차) 자 본 금(B) | ××× | (대) 자 본 금(A) | ××× |
| | 주식발행초과금 | ××× | | |

### 2차 4. 역취득에서 비지배지분의 측정

(1) 역취득시 비지배지분의 인식 : 회계상 취득자의 소유주 중 일부가 자신이 보유하고 있는 지분을 회계상 피취득자의 지분과 교환하지 않는 경우 해당 주주지분은 역취득 후 연결재무제표에서 비지배지분으로 인식

(2) 역취득시 비지배지분의 측정 : 회계적 취득자의 자산과 부채는 연결재무제표에서 사업결합전 장부금액으로 측정하고 인식하므로 역취득에서의 비지배지분은 회계적 취득자의 순자산의 사업결합전 장부금액에 대한 비지배주주의 비례적 지분으로 측정

MEMO

check list

출제경향

| | 2020 | 2021 | 2022 | 2023 | 2024 | 2025 |
|---|---|---|---|---|---|---|
| 회계사 | 4 | 4 | 3 | 3 | 3 | 3 |
| 세무사 | | | 1 | 1 | 1 | 1 |

# 제 25 장 연결회계

Financial Accounting Workbook

## 1 연결의 기초

### 1. 연결재무제표의 작성이유

주식취득방식을 선택한 기업의 별도재무제표를 합병을 가정한 재무제표로 수정하여 사업결합방식간의 비교를 가능하게 해주어 정보이용자의 의사결정에 유용한 정보를 제공하는 것을 목적

### 01 합병회계와 연결회계의 비교 (회계사 2016 수정)

IFRS

제조업을 영위하는 ㈜한국은 ㈜서울에 대한 지배력을 획득하기 위해 다음의 두 가지 방안을 고려하고 있다. 방안(1)은 ㈜서울의 의결권 있는 보통주식 100%를 ₩20,000에 취득하고 ㈜서울을 흡수합병하는 방법이고, 방안(2)는 ㈜서울의 의결권 있는 보통주식 60%를 ₩12,000에 취득하는 방법이다. 사업결합이 검토되는 시점에서 ㈜한국과 ㈜서울의 요약재무상태표는 다음과 같다.

| 구 분 | ㈜한국 | ㈜서울 | |
|---|---|---|---|
| | | 장부금액 | 공정가치 |
| 자 산 | 80,000 | 30,000 | 35,000 |
| 부 채 | 50,000 | 20,000 | 20,000 |
| 자 본 | 30,000 | 10,000 | |

㈜한국이 방안(1)을 실행함에 따라 합병 직후에 작성되는 합병재무상태표와 방안(2)를 실행함에 따라 지배력획득 직후에 작성되는 연결재무상태표에 대한 비교설명으로 옳은 것은? 단, 비지배지분은 종속기업의 식별가능한 순자산공정가치에 비례하여 결정한다.

① 합병재무상태표에 계상되는 영업권과 연결재무상태표에 계상되는 영업권은 그 금액이 다르다.
② 합병재무상태표의 자산합계액은 연결재무상태표의 자산합계액보다 크다.
③ 합병재무상태표의 부채합계액은 연결재무상태표의 부채합계액보다 작다.
④ 합병재무상태표의 자본합계와 연결재무상태표의 자본합계는 그 금액이 동일하다.
⑤ 합병재무상태표에 계상되는 비지배지분과 연결재무상태표에 계상되는 비지배지분은 그 금액이 동일하다.

## 해 답

(1) 100% 취득시 영업권 : (35,000 − 20,000) × 100% − 20,000 = (−)5,000 ➠ 영업권 : 5,000
(2) 60% 취득시 영업권 : (35,000 − 20,000) × 60% − 12,000 = (−)3,000 ➠ 영업권 : 3,000
(3) 합병회계처리

| | | | | |
|---|---|---|---|---|
| 취 득 일 | (차) 자 산 | 35,000 | (대) 부 채 | 20,000 |
| | 영 업 권 | 5,000 | 현 금 | 20,000 |

(4) 연결회계처리

| | | | | |
|---|---|---|---|---|
| 취 득 일 | (차) 자 산 | 35,000 | (대) 부 채 | 20,000 |
| | 영 업 권 | 3,000 | 현 금 | 12,000 |
| | | | 비지배지분 | 6,000 |

(5) 합병후 자산총계 : 80,000 − 20,000 + 35,000 + 5,000 = 100,000
(6) 연결후 자산총계 : 80,000 − 12,000 + 35,000 + 3,000 = 106,000
(7) 합병후 부채총계 : 50,000 + 20,000 = 70,000
(8) 연결후 부채총계 : 50,000 + 20,000 = 70,000
(9) 합병후 자본합계 : 30,000
(10) 연결후 자본합계 : 30,000 + 6,000 = 36,000
(11) 합병재무상태표에는 종속기업을 100% 취득하였으므로, 비지배지분은 인식되지 않는다.

① *W*

## 2. 용어의 정의

(1) 연결재무제표

단일 경제적 실체의 재무제표로 표시되는 연결실체(지배기업과 그 지배기업의 모든 종속기업)의 외부공표목적의 재무제표

(2) 지배기업과 종속기업

지배기업(parent)은 하나 이상의 종속기업을 가지고 있는 기업을 말하며, 종속기업(subsidiary)은 다른 기업(지배기업)의 지배를 받는 기업으로 파트너십과 같은 법인격이 없는 실체를 포함한다.

(3) 지배력

투자자가 ① 피투자자에 대하여 힘이 있으며 ② 피투자자에 대한 관여로 변동이익에 노출되거나 변동이익에 대한 권리가 있고 ③ 피투자자에 대하여 자신의 힘으로 그러한 이익에 영향을 미칠 능력

➠ 둘 이상의 투자자가 관련 활동을 지시하기 위해 함께 행동해야 하는 경우 그들은 피투자자를 집합적으로 지배한다고 하며, 집합적으로 지배하는 경우에는 피투자자를 종속기업으로 보지 않음

(4) 비지배지분

종속기업의 지분 중 지배기업에게 직접으로 또는 간접으로 귀속되지 않는 지분

(5) 별도재무제표

종속기업, 공동기업 및 관계기업에 대한 투자를 원가법, 공정가치법이나 지분법 중 어느 하나를 적용하여 표시한 재무제표

[별도재무제표의 개념]

| 구 분 | 투자지분에 대한 회계처리 | |
|---|---|---|
| | 종속기업투자지분을 보유한 경우 | 관계기업과 공동기업투자지분을 보유한 경우 |
| 외부공표 재무제표 | 연결재무제표 | 지분법재무제표 |
| 별도재무제표 | 원가법, 공정가치법, 지분법 | 원가법, 공정가치법 |
| 배당수령시 | 배당수익이나 투자지분에서 차감 | 배당수익이나 투자지분에서 차감 |

## 3. 연결재무제표

### (1) 연결재무제표의 작성범위

지배기업은 종속기업 투자를 연결한 연결재무제표(연결재무상태표, 연결포괄손익계산서, 연결자본변동표, 연결현금흐름표, 연결재무제표에 대한 주석)를 작성하여야 하며, 연결재무제표에는 지배기업과 그 지배기업의 모든 종속기업이 포함

### (2) 지배력행사에 대한 판단원칙

지배기업이 직접으로 또는 종속기업을 통하여 간접으로 기업 의결권의 과반수를 소유하는 경우에는 지배기업이 그 기업을 지배한다고 본다.

➟ 기업이 지배력을 보유하는지를 평가할 때에는, 다른 기업이 보유한 잠재적 의결권을 포함하여 현재 행사할 수 있거나 전환할 수 있는 잠재적 의결권의 존재와 영향을 고려함

➟ 잠재적 의결권이나 잠재적 의결권이 포함된 파생상품이 있는 경우, 종속기업에 대한 기업의 지분은 현재 소유하고 있는 소유지분에만 기초하여 산정하며, 잠재적 의결권과 그 밖의 파생상품의 행사가능성이나 전환가능성은 반영하지 않음

➟ 다른 기업들이 유의적 영향력을 보유하고 있더라도, 투자자는 피투자자에 대한 힘을 가질 수 있지만, 방어권만을 보유하는 투자자는 피투자자에 대한 힘을 가지지 않으며, 피투자자에 대한 지배력이 없음

➟ 대리인은 주로 다른 당사자나 당사자들을 대신하거나 그들의 이익을 위해 행동하도록 고용된 당사자이므로 대리인이 위임된 의사결정권한을 행사할 때 피투자자에 대한 지배력이 없음

### (3) 과반수미만의 지분을 소유하면서 지배력을 행사하고 있는 경우

다음의 경우에는 과반수미만의 지분으로도 종속기업에 대하여 지배력을 행사하므로 연결재무제표를 작성하여야 한다.

① 투자자와 다른 의결권 보유자간의 계약상 약정으로 과반수의 의결권을 행사할 수 있는 경우
② 그 밖의 계약상 약정에서 발생하는 권리로 과반수의 의결권을 행사할 수 있는 경우
③ 투자자가 과반수 미만의 투자로도 일방적으로 관련활동을 지시하는 실질적 능력을 가진 경우
④ 투자자가 잠재적 의결권의 행사로 지배력을 가질 수 있는 경우
⑤ 상기 항목 ①부터 ④의 조합

## 02 지배력행사여부에 대한 판단기준 (회계사 2014)

다음은 투자자의 피투자자에 대한 지배력에 관한 설명이다. 옳지 않은 것은?

① 투자자가 피투자자에 대한 지배력을 갖기 위해서는 지배력의 세 가지 요소인 피투자자에 대한 힘, 피투자자에 대한 관여로 인한 변동이익에 대한 노출 또는 권리, 그리고 투자자의 이익금액에 영향을 미치기 위하여 피투자자에 대하여 자신의 힘을 사용하는 능력을 모두 가져야 한다.
② 둘 이상의 투자자들이 각각에게 다른 관련활동을 지시하는 일방적인 능력을 갖게 하는 현존 권리를 보유하는 경우, 투자자 어느 누구도 개별적으로 피투자자를 지배하지 못한다.
③ 투자자가 피투자자에 대한 의결권 과반수를 보유하고 있더라도 그러한 권리가 실질적이지 않다면 피투자자에 대한 힘을 가지지 않는다.
④ 투자자가 피투자자 의결권의 과반수 미만을 보유하더라도 일방적으로 관련활동을 지시하는 실질적 능력을 가진 경우에는 힘을 가질 수 있다.
⑤ 대리인인 투자자가 자신에게 위임된 의사결정권을 행사하는 경우에는 의결권의 과반수를 행사하더라도 피투자자를 지배하는 것으로 볼 수 없다.

### 해 답

② 둘 이상의 투자자들이 각각에게 다른 관련활동을 지시하는 일방적인 능력을 갖게 하는 현존 권리를 보유하는 경우, 피투자자의 이익에 가장 유의적으로 영향을 미치는 활동을 지시하는 현재의 능력이 있는 투자자가 피투자자에 대한 힘을 갖는다.

②

### 4. 연결재무제표 작성의무의 면제

(1) 일정요건을 만족하는 중간지배기업

① 지배기업이 그 자체의 지분 전부를 소유하고 있는 다른 기업의 종속기업이거나, 지배기업이 그 자체의 지분 일부를 소유하고 있는 다른 기업의 종속기업이면서 그 지배기업이 연결재무제표를 작성하지 않는다는 사실을 그 지배기업의 다른 소유주들(의결권이 없는 소유주 포함)에게 알리고 그 다른 소유주들이 그것을 반대하지 않는 경우

② 지배기업의 채무상품 또는 지분상품이 공개된 시장에서 거래되지 않는 경우

③ 지배기업이 공개된 시장에서 증권을 발행할 목적으로 증권감독기구나 그 밖의 감독기관에 재무제표를 제출한 적이 없으며 제출하는 과정에 있지도 않은 경우

④ 지배기업의 최상위 지배기업이나 중간 지배기업이 한국채택국제회계기준을 적용하여 일반 목적으로 이용가능한 연결재무제표를 작성하거나 종속기업을 공정가치로 측정하여 당기손익에 반영한 경우

(2) 일정요건을 만족하는 투자(전문)기업

① 투자관리용역을 제공할 목적으로 하나 이상의 투자자로부터 자금을 획득
② 사업목적이 시세차익, 투자수익, 또는 둘 모두를 위해서 자금을 투자하는 것임을 투자자에게 확약
③ 실질적으로 모든 투자자산에 대한 성과를 공정가치로 측정하고 평가

(3) 연결재무제표의 작성기준일

① 원 칙 : 동일한 보고기간 종료일에 작성된 지배기업의 재무제표와 종속기업의 재무제표를 사용하여 연결재무제표를 작성

② 예 외 : 종속기업 재무제표의 보고기간종료일이 지배기업 재무제표의 보고기간종료일과 다른 경우에는 지배기업 재무제표의 보고기간종료일과 종속기업 재무제표의 보고기간종료일 사이에 발생한 유의적인 거래나 사건의 영향을 반영하면된다. 하지만, 어떠한 경우라도 종속기업의 보고기간종료일과 지배기업의 보고기간 종료일의 차이는 3개월을 초과해서는 안됨

## 5. 연결주체이론

(1) 실체이론

지배기업의 소유주와 비지배주주를 모두 연결실체의 주주로 인정하는 이론이며, 비지배지분으로 포함한 연결실체의 순자산을 지배기업의 지분과 비지배기업의 지분으로 배분함

(2) 지배기업이론

지배기업의 소유주만을 연결실체의 주주로 인정하는 이론으로 비지배지분을 부채로 간주하며, 비지배지분을 차감한 연결실체의 순자산을 지배기업의 지분으로 인식함

(3) 한국채택국제회계기준

실체이론에 근거하고 있으나 일부의 내용에서 지배기업이론을 이용하고 있음

| 구 분 | 한국채택국제회계기준 | 연결주체이론 |
|---|---|---|
| 영 업 권 | 지배기업지분의 영업권만을 인정 or<br>지배기업과 비지배지분의 영업권을 모두 인정 | 지배기업이론, 실체이론 |
| 종속기업의 순자산 | 지배기업지분과 비지배지분 모두 공정가치로 평가 | 실체이론 |
| 내부미실현손익 | 상향판매 미실현이익을 전액제거하고 지분율에 따라 배분 | 실체이론 |
| 연결순이익 | 연결손익계산서에서 연결실체 전체의 이익을<br>연결당기순이익으로 계상 | 실체이론 |
| 비지배지분의 성격 | 연결재무상태표에서 비지배지분도 자본으로 계상 | 실체이론 |
| (-)의 비지배지분 | 비지배지분이 잠식되는 경우 (-)의 비지배지분으로 표시 | 실체이론 |

**참고 비지배지분에 대한 영업권의 인식여부**

한국채택국제회계기준 제1103호 '사업결합'에서는 비지배지분의 측정방법으로 다음의 두가지 방법을 모두 허용하고 있으며, 이에 따라 사업결합(연결재무제표)으로 인식하여야 할 영업권의 금액이 달라지게 된다.

(1) 피취득자의 식별가능한 순자산 공정가치 중 비지배지분의 비례적 지분으로 인식하는 경우(partial goodwill) : 비지배지분의 영업권은 인식되지 아니함

(2) 비지배지분을 공정가치로 인식하는 경우(full goodwill) : 비지배지분에 대하여도 영업권을 인식함

## 03 부분영업권

20×1년 1월 1일 A회사는 B회사의 보통주 60%인 600주를 주당 ₩2,000에 취득하여 지배권을 확보하였다. 20×1년 1월 1일 현재 B회사의 순자산은 자본금 ₩1,000,000과 이익잉여금 ₩500,000이었다. A회사는 연결실체의 비지배지분을 종속기업의 식별가능한 순자산 중 비지배지분의 비례적 지분으로 측정하고 있다. 20×1년 1월 1일 현재 B회사 자산 중 장부금액과 공정가치가 상이한 자산은 다음과 같다.

| 계정과목 | 장부금액 | 공정가치 | 차 액 |
|---|---|---|---|
| 재고자산 | 400,000 | 450,000 | 50,000 |
| 토 지 | 800,000 | 950,000 | 150,000 |
| 건 물 | 500,000 | 600,000 | 100,000 |
| | | | 300,000 |

20×1년 1월 1일 지배권 획득일 현재 연결재무상태표에서 A회사가 계상할 영업권의 금액은 얼마인가?

① ₩80,000　② ₩110,000　③ ₩120,000
④ ₩150,000　⑤ 없음

### 해 답

(1) 20×1년 1월 1일 이전대가의 배분

① 종속기업주식에 대한 지배기업의 취득원가 : 600주×₩2,000 = 1,200,000

② 이전대가의 배분

| 이전대가 | | | 식별가능한 순자산 공정가치 | | 영업권 |
|---|---|---|---|---|---|
| 지배주주지분 | 1,200,000 | = | (장부금액 1,500,000 + 과소금액 300,000) × 60% | + | 120,000 |
| 비지배지분 | 720,000 | = | (장부금액 1,500,000 + 과소금액 300,000) × 40% | + | - |
| 합 계 | 1,920,000 | = | 장부금액 1,500,000 + 과소금액 300,000 | | 120,000 |

③

## 04 전부영업권

IFRS

위의 [예제 3]에서 A회사가 연결재무제표의 작성시 비지배지분을 공정가치로 측정하고 있다고 가정하자. 20×1년 1월 1일 현재 지배력이 없는 주식의 1주당 공정가치가 ₩1,875인 경우 20×1년 1월 1일 지배권 획득일 현재 연결재무상태표에서 A회사가 계상할 영업권의 금액은 얼마인가?

① ₩80,000 ② ₩260,000 ③ ₩110,000
④ ₩150,000 ⑤ 없음

### 해 답

(1) 20×1년 1월 1일 이전대가의 배분

① 종속기업주식에 대한 지배기업의 취득원가 : 600주×₩2,000 = 1,200,000

② 비지배지분의 공정가치 : 400주×₩1,875 = 750,000

| 이전대가 | | | 식별가능한 순자산 공정가치 | | 영업권 |
|---|---|---|---|---|---|
| 지배주주지분 | 1,200,000 | = | (장부금액 1,500,000 + 과소금액 300,000)×60% | + | 120,000 |
| 비지배지분 | 750,000 | = | (장부금액 1,500,000 + 과소금액 300,000)×40% | + | 30,000 |
| 합 계 | 1,950,000 | = | 장부금액 1,500,000 + 과소금액 300,000 | | 150,000 |

④

## 2 내부거래가 없는 경우 연결재무제표상 각 항목의 계산

### 1. 연결포괄손익계산서

(1) 연결당기순이익

| 구 분 | 지배기업 | 종속기업 | 연결실체 | 재무상태표 마감 |
|---|---|---|---|---|
| 조정전 당기순이익 | ××× | ××× | ××× | |
| 배당금수익 | (×××) | - | (×××) | |
| 순자산과소 상각액 | - | (×××) | (×××) | |
| 조정후 당기순이익 | ××× | ××× | ××× | |
| **지배기업지분순이익** | ××× | ××× | ××× | → 이익잉여금 마감 |
| **비지배지분순이익** | | ××× | ××× | → 비지배지분 마감 |

➡ 지배기업이 별도재무제표에서 종속기업주식에 대하여 지분법을 적용한 경우에는 지분법이익을 제거해야 하며, 공정가치 평가하여 당기손익에 반영한 경우라면 당기손익으로 인식한 평가이익도 제거해야 함

➡ 종속기업의 순자산이 과소금액이 아니라 과대금액인 경우 평가차액은 환입되어 종속기업의 당기순이익에 가산해야 함

➡ 부분영업권을 인식하고 있는 상태에서, 영업권에서 손상차손이 발생하거나 염가매수차익이 발생하게 되면, 전액 지배기업지분이익에만 차가감해야 하며, 비지배지분이익에는 반영하면 안됨

**참고 부분영업권의 손상차손 측정방법**

(1) **현금창출단위의 총회수가능액을 측정** : Max [현금창출단위의 사용가치 or 현금창출단위의 순공정가치]
(2) **전부영업권의 회수가능액 측정** : 현금창출단위의 총회수가능액 - 영업권 제외한 현금창출단위의 장부금액
(3) **부분영업권의 손상차손 측정** : 전부영업권회수가능액 × 지배지분율 - 부분영업권의 장부금액

(2) 연결기타포괄이익

| 구 분 | 지배기업 | 종속기업 | 연결실체 | 재무상태표 마감 |
|---|---|---|---|---|
| 조정전 기타포괄이익 | ××× | ××× | ××× | |
| 순자산과소 상각액 | - | (×××) | (×××) | |
| 조정후 기타포괄이익 | ××× | ××× | ××× | |
| 지배기업지분기타포괄이익 | ××× | ××× | ××× | ➡ 기타포괄누계 마감 |
| 비지배지분기타포괄이익 | | ××× | ××× | ➡ 비지배지분 마감 |

➡ 종속기업의 순자산과소액 중 유형자산이 감가상각이나 처분되지 않고, 재평가되는 경우 순자산과소 상각액을 당기손익이 아닌 기타포괄손익에 반영할 수도 있음

## 2. 연결재무상태표

(1) 지배기업의 소유주지분

① 납입자본 : 지배기업의 별도재무제표상 납입자본과 동일

② 이익잉여금

| | 기 말 | | 취득시 | | 차액상각 | |
|---|---|---|---|---|---|---|
| 지배기업에 대한 지분 : ( | 당기말금액 | | | | | )×100% |
| + 종속기업에 대한 지분 : ( | 당기말금액 | - | 취득시금액 | - | 순자산과소상각 | )×80% |

➡ 부분영업권을 인식하고 있는 상태에서, 영업권에서 손상차손이 발생하거나 염가매수차익이 발생하게 되면, 전액 이익잉여금에만 차가감해야 하며, 비지배지분에는 반영하면 안됨

③ 기타포괄손익누계액

| | | 기 말 | | 취득시 | | 차액상각 | |
|---|---|---|---|---|---|---|---|
| **지배기업에 대한 지분** | : ( | 당기말금액 | | | | | )×100% |
| + **종속기업에 대한 지분** | : ( | 당기말금액 | - | 취득시금액 | - | 순자산과소상각 | )×80% |

➠ 종속기업의 순자산과소금액 중 유형자산이 감가상각이나 처분되지 않고, 재평가되는 경우 순자산과소상각액을 기타포괄손익누계액 계산시 반영할 수도 있음

(2) 비지배지분

**종속기업의 장부금액에 대한 지분** : 당기말 종속기업의 순자산 장부금액 × 20%

\+ **종속기업의 평가차액에 대한 지분** : 당기말 종속기업의 순자산 과소금액 × 20%

\+ **비지배지분을 공정가치로 측정시** : 영업권에 대한 비지배지분

➠ 비지배지분이 부(-)의 잔액이 되더라도 총포괄손익을 지배기업지분과 비지배지분에 귀속함

[지배기업의 지분율이 80%인 경우 연결재무상태표의 논리]

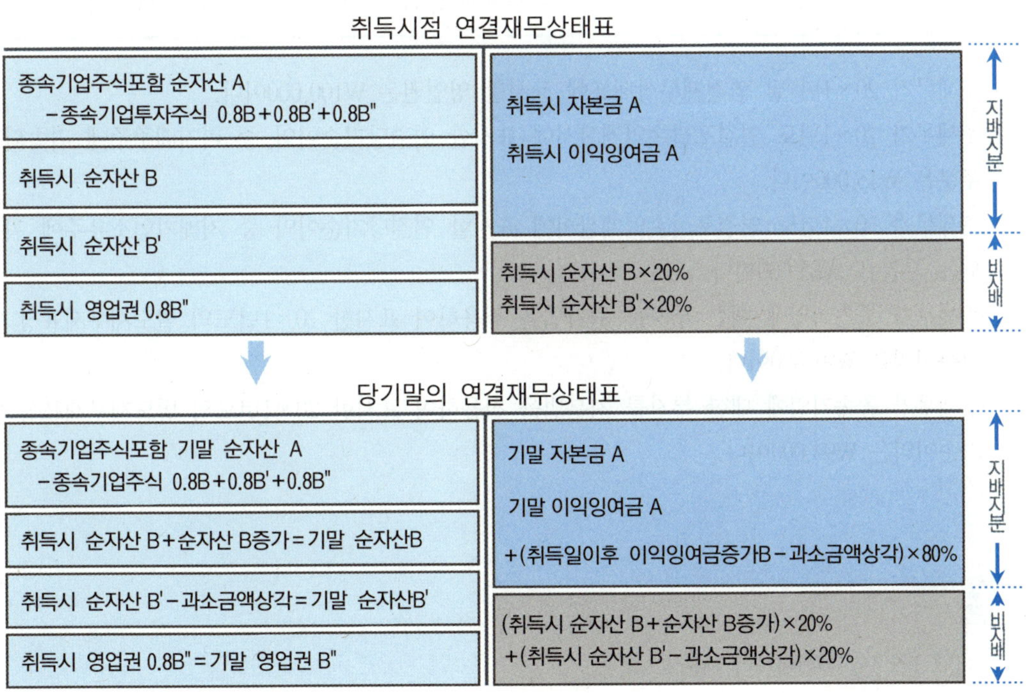

## 05 연결당기순이익의 계산

(세무사 2022) IFRS

다음은 ㈜세무 및 그 종속기업인 ㈜한국과 관련된 자료이다. 다음의 설명 중 옳은 것은?

(1) ㈜세무는 20×1년 1월 1일 ㈜한국의 의결권 있는 보통주식의 60%를 ₩700,000에 취득하여 지배력을 획득하였다.

(2) 취득일 현재 ㈜한국의 재무상태표상 자본총액은 ₩1,000,000(자본금 ₩700,000, 이익잉여금 ₩300,000)이다. 취득일 현재 공정가치와 장부금액이 서로 다른 자산은 재고자산(장부금액 ₩300,000, 공정가치 ₩350,000)이 유일하고, 부채의 공정가치는 장부금액과 동일하다.

(3) ㈜한국은 상기 재고자산의 70%를 20×1년도 중 연결실체 외부에 판매하였고, 나머지는 20×1년 말까지 보유하고 있다.

(4) 20×1년도 ㈜한국의 당기순이익은 ₩50,000이고, 취득일 이후 ㈜세무와 ㈜한국 간의 내부거래는 없다. ㈜세무가 20×1년도 연결포괄손익계산서에 표시한 연결당기순이익은 ₩100,000이다.

(5) 영업권과 관련된 손상차손은 고려하지 않으며, 비지배지분은 종속기업의 식별가능한 순자산 공정가치에 비례하여 결정하기로 한다. 20×1년 말 현재 ㈜한국은 ㈜세무의 유일한 종속기업이다.

① ㈜세무가 20×1년 말 연결재무상태표에 표시할 영업권은 ₩100,000이다.
② ㈜세무가 20×1년도 연결포괄손익계산서에 표시할 연결당기순이익 중 비지배주주에 귀속되는 부분은 ₩15,000이다.
③ ㈜세무가 20×1년도 연결포괄손익계산서에 표시할 연결당기순이익 중 지배기업소유주에 귀속되는 부분은 ₩85,000이다.
④ ㈜세무가 종속기업에 대한 투자를 원가법을 적용하여 표시한 20×1년도의 별도재무제표상 당기순이익은 ₩91,000이다.
⑤ ㈜세무가 종속기업에 대한 투자를 지분법을 적용하여 표시한 20×1년도의 별도재무제표상 당기순이익은 ₩94,000이다.

### 해 답

(1) 20×1년 1월 1일 이전대가의 배분

| 이전대가 | | | 식별가능한 순자산 공정가치 | | 영업권 |
|---|---|---|---|---|---|
| 지배주주지분 | 700,000 | = | (장부 1,000,000+재고과소 50,000)×60% | + | 70,000 |
| 비지배지분 | 420,000 | = | (장부 1,000,000+재고과소 50,000)×40% | + | - |

(2) 순자산과소금액과 영업권의 배분

| 내 역 | FV－BV | 상 각 | |
|---|---|---|---|
| | | 20×1년 | 20×2년 |
| 재고자산 | 50,000 | (35,000) | (15,000) |
| 영업권(부분) | 70,000 | - | - |

(3) 20×1년 연결당기순이익의 계산

| 구 분 | 지배기업 | 종속기업 | 연 결 |
|---|---|---|---|
| 조정전 당기순이익 | 85,000 | 50,000 | 135,000 |
| 재고과소금액의 상각 | - | (35,000) | (35,000) |
| 조정후 당기순이익 | 85,000 | 15,000 | 100,000 |
| 지배주주지분 순이익 | 85,000 | 9,000 | 94,000 |
| 비지배지분 순이익 | - | 6,000 | 6,000 |

(4) 20×1년 말 비지배지분 : 기초비지배 420,000＋비지배이익 6,000＝426,000

(5) 지분법을 가정한 지배기업의 이익(지배지분순이익) : 85,000＋15,000×60%＝94,000

⑤ W

## 3 내부거래의 제거

### 1. 당기손익에 영향이 없는 내부거래의 제거

(1) 채권과 채무의 상계제거

| 채권채무상계 | (차) 매입채무 | 100,000 | (대) 매출채권 | 100,000 |
|---|---|---|---|---|
| | (차) 차 입 금 | 100,000 | (대) 대 여 금 | 100,000 |

2차 ➡ 내부거래로 인한 매출채권 잔액보다 매입채무 잔액이 더 크다면 이는 개별회사 입장에서 매출채권을 이용하여 자금을 조달한 것이다. 연결실체의 입장에서는 매출채권과 매입채무 자체를 인정하지 않기 때문에 차액은 단기차입금으로 처리

➡ 내부거래 매출채권과 관련하여 대손충당금이 설정되어 있는 경우에는 이를 매출채권과 함께 제거

(2) 수익과 비용의 상계제거

| 수익비용상계 | (차) 매 출 | 100,000 | (대) 매출원가 | 100,000 |
|---|---|---|---|---|
| | (차) 이자수익 | 10,000 | (대) 이자비용 | 10,000 |
| 수익비용상계 | (차) 매 출 | 100,000 | (대) 매출원가 | 80,000 |
| | | | 광고비용 | 20,000 |

## 2. 당기손익에 영향이 있는 내부거래 미실현손익의 제거

(1) 재고자산 미실현손익 : 원가 ₩80,000의 자산을 100,000에 판매하여 보유함

① 미실현손익의 제거 : 재고자산의 내부거래로 인하여 발생한 미실현이익이 있는 경우 미실현이익만큼 재고자산이 과대계상되어 있으므로 이를 제거하여 매출원가(익금불산입·△유보)에 인식

| 재고자산 | (차) 매 출 | 100,000 | (대) 매출원가 | 100,000 |
|---|---|---|---|---|
| | (차) 매출원가 (×1년) | 20,000 | (대) 재고자산 (×1말) | 20,000 *1 |
| | *1 내부거래 재고자산 중 기말보유분×거래회사의 매출총이익률 | | | |

➡ 상향판매와 하향판매를 구분하지 않고 전액제거하며, 하향판매의 경우 지배기업의 소유주지분이익에 차감하고, 상향판매의 경우에는 지배기업의 소유주지분과 비지배지분의 이익에 비례 배분하여 차감

➡ 내부거래미실현손실이 발생하는 경우에는 내부거래미실현이익과 반대의 논리로 이익에 가산하여 제거해야 함

| 수익비용<br>상계제거 | (차) 매 출 | 80,000 | (대) 매출원가 | 80,000 |
|---|---|---|---|---|
| | (차) 재고자산 (×1말) | 20,000 | (대) 매출원가 (×1년) | 20,000 |

➡ 하지만, 연결실체 내의 거래에서 발생한 손실이 연결재무제표에 인식해야 하는 자산손상에 해당하는 경우에는 미실현손실이 아니므로 제거할 수 없음

| 수익비용<br>상계제거 | (차) 매 출 | 80,000 | (대) 매출원가 | 80,000 |
|---|---|---|---|---|
| | (차) 재고평가손실 | 20,000 | (대) 매출원가 | 20,000 |

② 실현손익의 인식 : 미실현이익이 실현되는 경우 매출원가(손금불산입·유보)를 차감함

| 하향재고 | (차) 이익잉여금 (×1년) | 20,000 | (대) 매출원가 (×2년) | 20,000 *1 |
|---|---|---|---|---|
| | *1 내부거래 재고자산 중 실현분×거래회사의 매출총이익률 | | | |
| 상향재고 | (차) 이익잉여금 (×1년) | 16,000 | (대) 매출원가 (×2년) | 20,000 |
| | 비지배지분 (×1년) | 4,000 | | |

➡ 상향판매의 경우에는 이익잉여금 취소액을 지배기업의 소유주귀속 이익잉여금과 비지배지분의 이익잉여금으로 비례 배분함

## 06 재고자산의 내부거래 미실현손익

(회계사 2016)

제조업을 영위하는 ㈜지배는 ㈜종속의 의결권 있는 보통주식 60%를 소유함으로써 지배력을 보유하고 있다. 20×1년중 ㈜지배와 ㈜종속간에 발생한 내부거래 및 20×1년 말 별도(개별)재무제표에 보고된 당기순이익은 다음과 같다. ㈜지배의 20×1년도 연결포괄손익계산서에 보고되는 지배기업소유주귀속당기순이익과 비지배지분귀속당기순이익은 각각 얼마인가?

(1) 20×1년 4월 1일, ㈜지배는 원가 ₩20,000의 상품을 ㈜종속에게 ₩30,000에 판매하였다. 20×1년말 현재 이 상품의 40%는 ㈜종속의 재고자산으로 남아있다.

(2) 20×1년 7월 1일, ㈜종속은 ㈜지배에게 ₩50,000을 대여하였다. 동 대여금의 만기일은 20×2년 6월 30일이며, 이자율은 연8%이다.

(3) ㈜지배는 별도재무제표상 ㈜종속 주식을 원가법으로 회계처리 하고 있으며, ㈜지배와 ㈜종속이 20×1년에 보고한 당기순이익은 각각 ₩20,000과 ₩10,000이다.

| | 지배지분이익 | 비지배지분이익 |
|---|---|---|
| ① | ₩21,200 | ₩4,800 |
| ② | ₩22,000 | ₩4,000 |
| ③ | ₩22,800 | ₩3,200 |
| ④ | ₩24,800 | ₩3,200 |
| ⑤ | ₩24,000 | ₩4,000 |

### 해 답

(1) 연결당기순이익의 계산

| 구 분 | A회사 | B회사 | 연 결 |
|---|---|---|---|
| 조정전 순이익 | 20,000 | 10,000 | 30,000 |
| 매출원가(재고미실현이익) | (4,000) | - | (4,000) |
| 조정후 순이익 | 16,000 | 10,000 | 26,000 |
| - 지배기업지분이익 | 16,000 | 6,000 | 22,000 |
| - 비지배지분이익 | - | 4,000 | 4,000 |

⑵ 지배기업과 종속기업의 대여금거래에 따른 이자수익과 이자비용은 내부거래미실현이익이 아니므로 연결당기순이익 계산시 조정할 필요가 없다.

| 20×1.12.31 | (차) | 매　　출 | 30,000 | (대) | 매출원가 | 30,000 |
|---|---|---|---|---|---|---|
| | | 매출원가 (×1년) | 4,000 | | 재고자산 (×1말) | 4,000 |
| | (차) | 차 입 금 | 50,000 | (대) | 대 여 금 | 50,000 |
| | | 이자수익 | 2,000 | | 이자비용 | 2,000 |

② W

⑵ 토지의 미실현손익 : 원가 ₩80,000의 자산을 100,000에 판매하여 보유함

① 미실현손익의 제거 : 토지의 내부거래로 인하여 발생한 미실현이익이 있는 경우 미실현이익만큼 토지의 과대계상이므로 이를 제거하여 토지처분이익을 (익금불산입·△유보)에 차감함

| 토　　지 | (차) 토지처분이익 (×1년) | 20,000 | (대) 토　　지 (×1말) | 20,000 [*1] |
|---|---|---|---|---|
| | [*1] 내부거래 토지 중 기말보유분×거래회사의 토지처분이익률 | | | |

② 미실현손익의 유지 : 미실현이익이 유지되는 경우 토지(익금불산입·△유보)를 차감함

| 토　　지 | (차) 이익잉여금 (×1년) | 20,000 | (대) 토　　지 (×2말) | 20,000 [*1] |
|---|---|---|---|---|

③ 실현손익의 인식 : 미실현이익이 실현되는 경우 토지처분이익(익금산입·유보)을 인식함

| 토　　지 | (차) 이익잉여금 (×1년) | 20,000 | (대) 토지처분이익 (×3년) | 20,000 [*1] |
|---|---|---|---|---|

④ 내부거래토지의 재평가 : 내부거래 토지가 처분되지 않고 재평가되는 경우에는 기타포괄이익을 인식

| 토　　지 | (차) 이익잉여금 (×1년) | 20,000 | (대) 재평가잉여금 (×3년) | 20,000 [*1] |
|---|---|---|---|---|

## 07 토지의 내부거래 미실현이익 (회계사 2014)

IFRS

㈜지배는 ㈜종속 보통주의 80%를 소유하고 있는 지배기업이다. 20×1년중 ㈜지배는 취득원가 ₩25,000의 토지를 ㈜종속에 매각하였으며, 20×1년 말 현재 해당 토지는 ㈜종속이 보유하고 있다. 20×1년 말 ㈜지배와 ㈜종속의 별도재무제표와 연결재무제표상 토지의 장부금액이 아래와 같다면, ㈜지배와 ㈜종속간 토지의 매매금액은 얼마인가? 단, ㈜지배와 ㈜종속은 토지를 취득원가로 기록하고 있으며, 위 매각거래 이외의 내부거래는 없다.

| 계정과목 | ㈜지배 | ㈜종속 | 연결재무제표 |
|---|---|---|---|
| 토　지 | ₩100,000 | ₩80,000 | ₩168,000 |

① ₩10,000 ② ₩13,000 ③ ₩25,000
④ ₩37,000 ⑤ ₩40,000

**해 답**

(1) 토지의 내부거래 미실현이익 : 100,000 + 80,000 − 168,000 = 12,000
(2) 내부거래로 인한 토지의 처분금액 : $X$ − 25,000 = 12,000 ➠ $X$ = 37,000

④

(3) 상각자산거래의 미실현손익 : 원가 ₩80,000의 자산을 100,000에 판매, 내용연수 4년, 정액법

① 미실현손익의 제거와 일부실현 : 상각자산의 내부거래로 인하여 발생한 미실현이익이 있는 경우 미실현이익만큼 상각자산의 과대계상이므로 이를 제거하여 상각자산처분이익(익금불산입·△유보)에 차감하며, 당기 실현분에 대하여 감가상각비(익금산입·유보)와 상계함

| 상각자산 | (차) | 자산처분이익 (×1년) | 20,000 [*1] | (대) | 감가상각비 (×1년) | 5,000 [*2] |
|---|---|---|---|---|---|---|
| | | | | | 순상각자산 (×1말) | 15,000 [*3] |

[*1] 상각자산내부거래에 따른 처분이익
[*2] 내부거래처분이익÷잔여내용연수(정액법가정)
[*3] 문제의 요구사항에 따라 상각자산의 취득원가와 감가상각누계액으로 재배분하여야 함

② 미실현손익의 일부실현 : 실현된 부분만큼 감가상각비(손금불산입·유보)를 취소하여 인식함

| 상각자산 | (차) | 이익잉여금 (×1년) | 15,000 | (대) | 감가상각비 (×2년) | 5,000 [*1] |
|---|---|---|---|---|---|---|
| | | | | | 순상각자산 (×2말) | 10,000 [*2] |

[*1] 내부거래처분이익÷잔여내용연수(정액법가정)
[*2] 상각자산의 취득원가와 감가상각누계액으로 재배분하여야 함

2차 ③ 재고자산 판매하여 상각자산으로 사용하는경우

| 재고판매 | (차) | 매출수익 (×1년) | 100,000 | (대) | 매출원가 (×1년) | 100,000 |
|---|---|---|---|---|---|---|
| 상각자산 | (차) | 매출원가 (×1년) | 20,000 | (대) | 감가상각비 (×1년) | 5,000 |
| | | | | | 순상각자산 (×1말) | 15,000 |

2차 (4) 사채거래 미실현손익 : 사채 상각후원가 ₩100,000을 공정가치인 ₩80,000에 재매입, 만기 4년, 표시이자율은 10%

① 실현손익의 인식과 미실현손익의 제거 : 연결대상회사 중 한 회사가 발행한 사채를 다른 연결대상회사가 취득한 경우에는 이를 발행회사의 조기 상환으로 간주하여 그 상환손익을 인식(익금산입·유보)하여야 하며, 인식하지 말아야 할 이자손익(익금불산입·△유보)을 제거함

| | | | | | | |
|---|---|---|---|---|---|---|
| 사 채 | (차) | 이자수익 (×1년) | 15,000 *2 | (대) | 사채상환이익 (×1년) | 20,000 *1 |
| | | 사 채 (×1말) | 100,000 *4 | | 이자비용 (×1년) | 10,000 *3 |
| | | | | | 상각후원가자산 (×1말) | 85,000 *5 |
| | | *1 사채의 장부금액 - 상각후원가금융자산의 취득금액<br>*2 상각후금융자산의 표시이자수익 + 상각이자수익<br>*3 사채발행자의 표시이자비용 + 상각이자비용<br>*4 사채의 기말장부금액<br>*5 상각후원가자산의 기말장부금액 | | | | |

② 미실현손익의 추가제거 : 사채와 투자사채를 제거하고 관련 이자손익(익금불산입·△유보)을 추가로 제거함

| | | | | | | |
|---|---|---|---|---|---|---|
| 하향사채 | (차) | 이자수익 (×2년) | 15,000 *2 | (대) | 이익잉여금 (×1년) | 15,000 *1 |
| | | 사 채 (×2말) | 100,000 *4 | | 이자비용 (×2년) | 10,000 *3 |
| | | | | | 상각후원가자산 (×2말) | 90,000 *5 |
| | | *1 전기 실현손익잔액<br>*2 상각후금융자산의 표시이자수익 + 상각이자수익<br>*3 사채발행자의 표시이자비용 + 상각이자비용<br>*4 사채의 기말장부금액<br>*5 상각후원가자산의 기말장부금액 | | | | |
| 상향사채 | (차) | 이자수익 (×2년) | 15,000 | (대) | 이익잉여금 (×1년) | 12,000 |
| | | 사 채 (×2말) | 100,000 | | 비지배지분 (×1년) | 3,000 |
| | | | | | 이자비용 (×2년) | 10,000 |
| | | | | | 상각후원가자산 (×2말) | 90,000 |

## 4 내부거래가 존재하는 경우 연결재무제표상 각 항목의 계산

### 1. 연결포괄손익계산서

(1) 연결당기순이익

| 구 분 | 지배기업 | 종속기업 | 연결실체 | 재무상태표 마감 |
|---|---|---|---|---|
| 조정전 당기순이익 | ××× | ××× | ××× | |
| 배당금수익 | (×××) | - | (×××) | |
| 순자산과소 상각액 | - | (×××) | (×××) | |
| 내부거래 실현이익 | ××× | ××× | ××× | |
| 내부거래 미실현이익 | (×××) | (×××) | (×××) | |
| 조정후 당기순이익 | ××× | ××× | ××× | |
| **지배기업지분순이익** | ××× | → ××× | ××× | → 이익잉여금 마감 |
| **비지배지분순이익** | | ××× ← | ××× | → 비지배지분 마감 |

### 2. 연결재무상태표

(1) 납입자본 : 지배기업의 별도재무제표상 납입자본과 동일

(2) 이익잉여금

| | 기 말 | | 취득시 | | 차액상각 | | 미실현이익 | |
|---|---|---|---|---|---|---|---|---|
| ( | 당기말금액 | | | | | - | 하향미실현이익잔액 | )×100% |
| +( | 당기말금액 | - | 취득시금액 | - | 순자산과소상각액 | - | 상향미실현이익잔액 | )×80% |

(3) 비지배지분

( 당기말 종속기업의 순자산장부금액 - 상향미실현이익잔액) × 20%

+ ( 당기말 종속기업의 순자산과소금액 ) × 20%

+ 영업권에 대한 비지배지분

[지배기업의 지분율이 80%인 경우 연결재무상태표]

취득시 연결재무상태표

<table>
<tr><td>종속기업주식포함 순자산 A<br>-종속기업투자주식 0.8B+0.8B'+0.8B"</td><td rowspan="2">취득시 자본금 A<br><br>취득시 이익잉여금 A</td><td rowspan="2">지배지분</td></tr>
<tr><td>취득시 순자산 B</td></tr>
<tr><td>취득시 순자산 B'</td><td rowspan="2">취득시 순자산 B×20%<br>+취득시 순자산 B'×20%</td><td rowspan="2">비지배</td></tr>
<tr><td>취득시 영업권 0.8B"</td></tr>
</table>

보고기간 말의 연결재무상태표

<table>
<tr><td>종속기업주식포함 기말 순자산 A<br>-종속기업주식 0.8B+0.8B'+0.8B"<br>-하향미실현이익의 잔액</td><td rowspan="2">기말 자본금 A<br><br>기말 이익잉여금 A-하향미실현이익의 잔액<br><br>+(취득일후 증가한 이익잉여금B-평가차액상각누계<br>-상향미실현이익의 잔액)×80%</td><td rowspan="2">지배지분</td></tr>
<tr><td>기말 순자산B<br>-상향미실현이익의 잔액</td></tr>
<tr><td>기말 순자산 B'</td><td rowspan="2">(기말 순자산B-상향미실현이익의 잔액)×20%<br>+기말 순자산 B'×20%</td><td rowspan="2">비지배</td></tr>
<tr><td>기말 영업권 0.8B"</td></tr>
</table>

## 08 내부거래 존재시 연결

(회계사 2022) IFRS

제조업을 영위하는 ㈜대한은 20×1년 초에 ㈜민국의 보통주 60%를 ₩140,000에 취득하여 지배력을 획득하였다. 취득일 현재 ㈜민국의 순자산 장부금액은 ₩150,000(자본금 ₩100,000과 이익잉여금 ₩50,000)이다. 추가자료는 다음과 같다. ㈜대한의 20×1년 말 연결재무상태표에 표시되는 비지배지분과 20×2년 포괄손익계산서에 표시되는 지배기업소유주귀속당기순이익은 얼마인가?

(1) 취득일 현재 ㈜민국의 식별가능한 자산과 부채 중 장부금액과 공정가치가 다른 내역은 다음과 같다. 상품재고는 20×1년 중에 모두 외부판매되었으며, 취득일 현재 기계장치의 잔존내용연수는 8년이고, 잔존가치 없이 정액법으로 상각한다.

| 구 분 | 장부금액 | 공정가치 |
|---|---|---|
| 상품재고 | 50,000 | 60,000 |
| 기계장치 | 120,000 | 160,000 |

(2) 20×1년 중에 ㈜대한은 장부금액 ₩20,000의 재고자산(제품)을 ㈜민국에게 ₩30,000에 판매하였다. ㈜민국은 이 재고자산의 50%를 20×1년에, 나머지 50%를 20×2년에 외부로 판매하였다.

(3) 20×2년 1월 1일에 ㈜민국은 ㈜대한으로부터 ₩100,000을 차입하였다. 동 차입금의 만기는 20×2년 12월 31일이며, 이자율은 연 10%이다.

(4) ㈜대한과 ㈜민국이 별도(개별)재무제표에서 보고한 20×1년과 20×2년의 당기순이익은 다음과 같다. 한편, ㈜대한은 별도재무제표에서 ㈜민국에 대한 투자주식을 원가법으로 회계처리한다. 연결재무제표 작성 시 유형자산에 대해서는 원가모형을 적용하고, 비지배지분은 종속기업의 식별가능한 순자산 공정가치에 비례하여 결정한다.

| 구 분 | 20×1년 | 20×2년 |
|---|---|---|
| ㈜대한 | 80,000 | 100,000 |
| ㈜민국 | 30,000 | 50,000 |

| | 비지배지분 | 지배지분순이익 | | 비지배지분 | 지배지분순이익 |
|---|---|---|---|---|---|
| ① | ₩84,000 | ₩150,000 | ② | ₩86,000 | ₩150,000 |
| ③ | ₩84,000 | ₩132,000 | ④ | ₩86,000 | ₩132,000 |
| ⑤ | ₩88,000 | ₩168,000 | | | |

## 해 답

(1) 20×1년 1월 1일 이전대가의 배분

| 이전대가 | | | 식별가능한 순자산 공정가치 | | 영업권 |
|---|---|---|---|---|---|
| 지배주주지분 | 140,000 | = | (장부 150,000 + 상품 10,000 + 기계 40,000) × 60% | + | 20,000 |
| 비지배지분 | 80,000 | = | (장부 150,000 + 상품 10,000 + 기계 40,000) × 40% | + | - |

(2) 20×1년 연결당기순이익의 계산

| 구 분 | 지배기업 | 종속기업 | 연 결 |
|---|---|---|---|
| 조정전 당기순이익 | 80,000 | 30,000 | 110,000 |
| 상품과소금액의 상각 | - | (10,000) | - |
| 기계과소금액의 상각 | - | (5,000) | - |
| 재고미실현이익 | (5,000) | - | - |
| 조정후 당기순이익 | 75,000 | 15,000 | 110,000 |
| 지배주주지분 순이익 | 75,000 | 9,000 | 84,000 |
| 비지배지분 순이익 | - | 6,000 | 6,000 |

(3) 20×1년 말 비지배지분 : 기초비지배 80,000 + 비지배이익 6,000 = 86,000

(4) 20×2년 연결당기순이익의 계산 → 차입금 내부거래는 미실현손익거래가 아니기에 연결당기순이익 계산시 고려할 필요가 없다.

| 구 분 | 지배기업 | 종속기업 | 연 결 |
|---|---|---|---|
| 조정전 당기순이익 | 100,000 | 50,000 | 150,000 |
| 기계과소금액의 상각 | - | (5,000) | - |
| 재고실현이익 | 5,000 | - | - |
| 조정후 당기순이익 | 105,000 | 45,000 | 150,000 |
| 지배주주지분 순이익 | 105,000 | 27,000 | 132,000 |
| 비지배지분 순이익 | - | 18,000 | 18,000 |

(5) 지배기업 소유주지분 당기순이익 : 132,000

④

# 5 지분의 변동

## 1. 단계적 취득

(1) 추가취득에 따른 지배권의 획득의 이전대가 (①+②)

① 기존의 보유지분 : 추가취득일의 공정가치로 하며, 기존보유지분의 장부금액을 공정가치로 재측정한 손익은 당기손익이나 기타포괄손익으로 인식

② 추가로 취득한 지분 : 추가취득에 대한 추가취득일의 취득원가

➡ 기존보유지분을 당기손익인식금융자산으로 분류한 경우에는 재측정손익을 당기손익으로 인식

➡ 기존보유지분을 기타포괄인식금융자산으로 분류한 경우에는 재측정손익을 기타포괄손익으로 인식하고, 기인식 기타포괄손익의 누계액은 재분류조정하지 않음

➡ 기존보유지분을 관계기업이나 공동기업투자주식으로 분류한 경우에는 재측정손익을 당기손익인식

**[단계적취득에 의한 지배권획득 회계처리]**

| | | | | | | |
|---|---|---|---|---|---|---|
| 단계취득일 | (차) | 기타포괄금융자산 | 15,000 ② | (대) | 기타포괄평가이익 | 15,000 ① |
| | (차) | 종속기업투자주식 | 800,000 ⑤ | (대) | 기타포괄금융자산 | 100,000 ③ |
| | | | | | 현 금 | 700,000 ④ |
| | (차) | 기타포괄평가이익 | 20,000 ⑥ | (대) | 미처분이익잉여금 | 20,000 ⑦ |
| | | ① 기존보유지분의 평가이익 | | | ④ 추가취득금액 | |
| | | ⑥ 기존보유지분의 공정가치평가손익의 잔액 | | | | |

(2) 지배권획득일 이후 추가취득

① 기존의 보유지분 : 추가취득 지분을 포함한 지분율로 연결재무제표를 작성

② 추가로 취득한 지분 : 추가취득에 대한 투자차액을 계산하여 이를 자본거래손익으로 연결재무제표에 즉시 반영

➡ 지배기업의 별도재무제표에서는 종속기업주식의 증가거래이지만, 연결재무제표 관점에서는 비지배지분의 감소거래인 자본거래로 보아야 함

**[지배권획득일 이후의 추가취득 회계처리 : 연결재무제표 관점]**

| | | | | | | |
|---|---|---|---|---|---|---|
| 추가취득일 | (차) | 비지배지분 | 90,000 ② | (대) | 현 금 | 100,000 ① |
| | | 자본잉여금 | 10,000 ③ | | | |
| | | ① 현금지급액 | ② (해당시점 순자산장부금액+순자산과소금액)×감소한 비지배지분율 | | | |

## 09 단계적취득

(회계사 2017)

㈜대한은 20×1년 1월 1일 ㈜민국의 의결권 있는 보통주식 70주(지분율 70%)를 ₩210,000에 취득하여 지배력을 획득하였다. 취득일 현재 ㈜민국의 자본은 자본금 ₩200,000과 이익잉여금 ₩100,000이며, 자산과 부채의 장부금액과 공정가치는 일치하였다. ㈜대한은 ㈜민국의 주식을 원가법으로 회계처리하며, 연결재무제표 작성시 비지배지분은 ㈜민국의 식별가능한 순자산 공정가치에 비례하여 결정한다. 20×2년 1월 1일 ㈜대한은 ㈜민국의 보통주식 10주(지분율 10%)를 ₩40,000에 추가로 취득하였다. 20×1년과 20×2년에 ㈜민국이 보고한 당기순이익은 각각 ₩20,000과 ₩40,000이며, 동 기간에 이익처분은 없었다. ㈜대한이 작성하는 20×2년 말 연결재무상태표상 비지배지분은?

① ₩64,000　② ₩66,000　③ ₩68,000
④ ₩70,000　⑤ ₩72,000

### 해 답

(1) 20×2년 말 연결재무상태표 상 종속기업의 순자산 : 300,000 + 20,000 + 40,000 = 360,000
(2) 20×2년 말 비지배지분 : 360,000 × 20% = 72,000
(3) 20×2년 초 비지배지분의 증감액 (참고용)
① 추가취득전 비지배지분 : (300,000 + 20,000) × 30% = 96,000
② 추가취득후 비지배지분 : (300,000 + 20,000) × 20% = 64,000 → 비지배지분 변동액 : (-)32,000

| 일자 | 차변 | 금액 | 대변 | 금액 |
|---|---|---|---|---|
| 20×2. 1. 1 | (차) 비지배지분 | 32,000 ② | (대) 현　　금 | 40,000 ① |
| | 자본거래손실 | 8,000 ③ | | |
| | ① 현금지급액<br>② (해당시점 순자산장부금액 + 순자산과소금액) × 감소한 비지배지분율 | | | |

⑤

## 2. 단계적 처분

2차 (1) 지분의 일부 처분에도 불구하고 지배권을 유지하는 경우

① 처분한 보유지분 : 처분대가와 처분한 지분(영업권을 포함한 연결재무제표상의 순자산장부금액)금액과의 차이를 자본거래손익(자본잉여금 등)으로 연결재무제표에 즉시 반영

② 계속보유 지분 : 처분 후 보유하고 있는 지분율을 기준으로 하여 연결재무제표를 계속 작성

➡ 지배기업의 별도재무제표에서는 종속기업주식의 감소거래이지만, 연결재무제표 관점에서는 종속기업에 대한 지배기업지분의 감소거래로 보아야 함

➡ 일부 처분후 지배력이 유지되는 경우 연결실체의 영업권을 감소시키지 않는 방법이 이론적으로 가능하며, 이 경우에는 추가로 지배기업귀속의 영업권의 일부가 비지배지분에게 대체된 것임

**[지배권획득일 이후의 처분의 회계처리 : 연결재무제표 관점]**

| 일부처분일 | (차) 현　　금 | 110,000 ① | (대) 비지배지분 | 108,000 ② |
|---|---|---|---|---|
| | | | 자본잉여금 | 2,000 ③ |
| | ① 현금수취액<br>② (순자산장부금액 + 순자산과소금액) × 감소지배지분율 + 영업권 × 감소지배지분율 ÷ 기존지배기업지분율 | | | |

2차 (2) 지분의 일부 처분에 따라 지배권을 상실하는 경우

① 제거되는 지배기업주주지분 : 제거시점 순자산장부금액 + 순자산과소금액 + 영업권 - 비지배지분

② 제거대가로 수령하는 금액 : 처분시 현금수령액 + 잔여보유지분의 공정가치

③ 종속기업주식 제거손익 : ② - ①

**[지배력상실의 회계처리 : 연결재무제표 관점]**

| 일부처분일 | (차) 현　　금 | ××× ⑤ | (대) 순자산장부금액 | ××× ① |
|---|---|---|---|---|
| | 당기손익금융자산 | ××× ⑥ | 순자산과소금액 | ××× ② |
| | 비지배지분 | ××× ④ | 영 업 권 | ××× ③ |
| | | | 종속기업처분손익 | ××× ⑦ |

## 10 단계적처분으로 인한 지배력상실 (회계사 2022)

㈜대한은 20×1년 초에 ㈜민국의 보통주 80주(80%)를 ₩240,000에 취득하여 지배력을 획득하였다. 취득일 현재 ㈜민국의 순자산은 자본금 ₩150,000과 이익잉여금 ₩100,000이며, 식별가능한 자산과 부채의 장부금액과 공정가치는 일치하였다.

(1) 취득일 이후 20×2년까지 ㈜대한과 ㈜민국이 별도(개별)재무제표에 보고한 순자산변동(당기순이익)은 다음과 같으며, 이들 기업 간에 발생한 내부거래는 없다.

| 구 분 | 20×1년 | 20×2년 |
|---|---|---|
| ㈜대한 | 80,000 | 120,000 |
| ㈜민국 | 20,000 | 30,000 |

(2) 20×3년 1월 1일에 ㈜대한은 보유 중이던 ㈜민국의 보통주 50주(50%)를 ₩200,000에 처분하여 ㈜민국에 대한 지배력을 상실하였다. 남아있는 ㈜민국의 보통주 30주(30%)의 공정가치는 ₩120,000이며, ㈜대한은 이를 관계기업투자주식으로 분류하였다.

㈜민국에 대한 지배력 상실시점의 회계처리가 ㈜대한의 20×3년도 연결당기순이익에 미치는 영향은 얼마인가? 단, 20×3년 말 현재 ㈜대한은 다른 종속기업을 지배하고 있어 연결재무제표를 작성한다.

① ₩10,000 감소　② ₩10,000 증가　③ ₩40,000 증가
④ ₩50,000 증가　⑤ ₩80,000 증가

### 해 답

(1) 20×1년 초 영업권 : 순자산공정가치 250,000×80% - 이전대가 240,000 = 초과지급액 40,000
(2) 20×3년 초 지배주주지분 : (250,000 + 20,000 + 30,000) × 80% + 40,000 = 280,000
(3) 20×3년 지배주주지분 처분손익 : 현금수령액 200,000 + 잔여지분공정가치 120,000 - 지배주주지분 장부금액 280,000 = 처분이익 40,000

| 20×3. 1. 1 | (차) 현 금 | 200,000 ④ | (대) 종속기업순자산 | 300,000 ① |
|---|---|---|---|---|
| | 관계기업주식 | 120,000 ⑤ | 영 업 권 | 40,000 ② |
| | | | 비지배지분 | (60,000) ③ |
| | | | 종속기업지분처분이익 | 40,000 ⑥ |

③

## 3. 종속기업의 유상증자

(1) 자본거래손익인 지분변동차액의 계산

| | 순자산 | | 비지배지분율 | | 비지배지분액 | |
|---|---|---|---|---|---|---|
| ① 비지배지분변동액 | | | | | | |
| - 유상증자 후 | ××× | × | 증자후 지분율 | = | ××× | |
| - 유상증자 전 | ××× | × | 증자전 지분율 | = | (×××) | ××× |
| ② 비지배지분의 유상증자 참여액 | | | | | | (×××) |
| ③ 비지배지분변동손익 | | | | | | ××× |

(2) 지분율의 증감에 따른 비지배지분변동손익 회계처리

① 지분율이 증가시 : 단계적인 취득행위이므로 변동손익을 연결실체의 자본잉여금에 가감

② 지분율이 감소시 : 단계적인 처분행위이므로 변동손익을 연결실체의 자본잉여금에 가감

**[유상증자에 대한 회계처리]**

| 추가취득일 | (차) 현 금 | 100,000 ① | (대) 비지배지분 | 95,000 ③ |
|---|---|---|---|---|
| | | | 자본거래이익 | 5,000 ② |
| | ① 유상증자로 인한 연결실체의 순현금유입액<br>② 유상증자후 비지배지분 - 유상증자전 비지배지분 | | | |

➡ 위의 회계처리처럼 유상증자 관련 지분변동차액을 비지배지분의 관점에서 계산한 후 이를 기준으로 연결분개를 수행하는 것이 훨씬 간편한 방법임

## 4. 종속기업의 자기주식취득

(1) 종속기업이 비지배주주로부터 자기주식을 취득하는 거래는 해당 대가를 지급하고 비지배지분을 감자시키는 자본거래와 동일함. 지분율 변동으로 인한 지분변동차액을 다음과 같이 계산하고, 지배력을 상실하지 않는 단계적취득과 단계적처분과 유사하게 연결실체의 자본잉여금에서 가감하여 인식

(2) 자본거래손익인 지분변동차액의 계산

| | 순자산 | | 비지배지분율 | | 지분액 | |
|---|---|---|---|---|---|---|
| ① 비지배지분변동액 | | | | | | |
| - 자기주식취득 후 | ××× | × | 취득후 지분율 | = | ××× | |
| - 자기주식취득 전 | ××× | × | 취득전 지분율 | = | (×××) | ××× |
| ② 자기주식 취득액 | | | | | | (×××) |
| ③ 비지배지분변동손익 | | | | | | ××× |

[자기주식취득의 회계처리 : 연결재무제표 관점]

| 추가취득일 | (차) 비지배지분 | 95,000 ② | (대) 현 금 | 100,000 ① |
|---|---|---|---|---|
| | 자본거래손실 | 5,000 ③ | | |
| | ① 현금취득금액<br>② 자기주식취득후 비지배지분 - 자기주식취득전 비지배지분 | | | |

## 6 복잡한 지배구조

### 1. 단계적소유

최상위지배기업이 종속기업인 중간지배기업을 이용하여 최하위종속기업을 소유하고 있는 지배구조

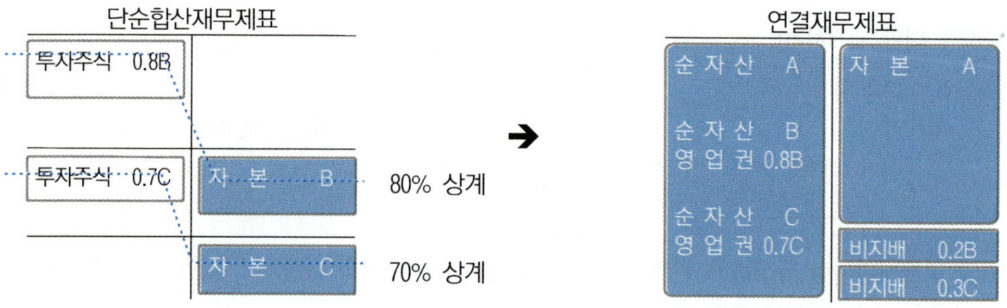


### 2. 합동소유

지배기업이 종속기업과 함께 또 다른 종속기업을 지배하고 있는 지배구조

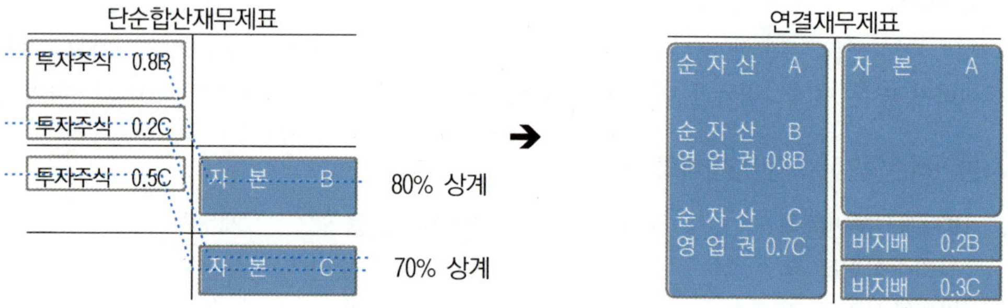

### 3. 지배기업과 종속기업의 상호소유

종속기업이 지배기업의 지분일부를 보유하고 있는 구조

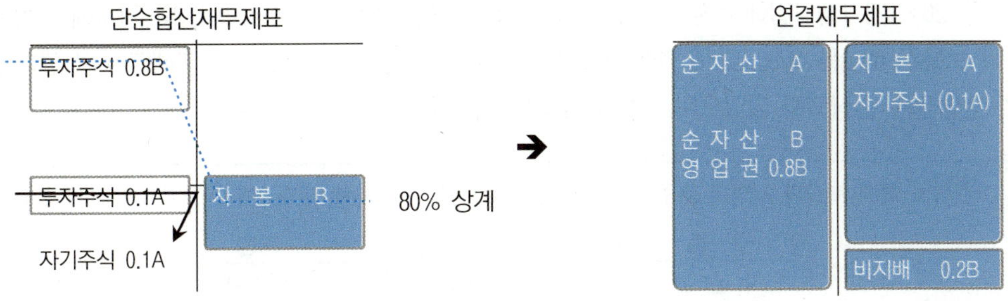


### 4. 종속기업간의 상호소유

지배기업의 종속기업간에 지분일부를 보유하고 있는 구조

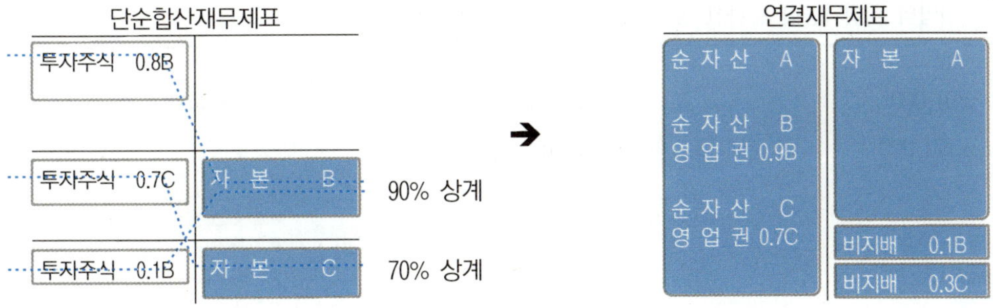

## 11 단계적소유

(회계사 2014)

㈜갑은 20×1년 1월 1일에 ㈜을의 보통주 70%를 ₩210,000에 취득하였으며, 동 일자에 ㈜을은 ㈜병의 보통주 80%를 ₩80,000에 취득하였다. 20×1년 말 연결재무제표상 비지배지분은 얼마인가? 단, 영업권은 손상되지 않았으며, 법인세효과는 고려하지 않는다.

(1) 취득일 현재 ㈜을과 ㈜병의 주주지분은 다음과 같으며, 순자산의 장부금액과 공정가치는 일치하였다.

| 구 분 | ㈜을 | ㈜병 |
|---|---|---|
| 자 본 금 | 150,000 | 50,000 |
| 이익잉여금 | 100,000 | 30,000 |
| 합 계 | 250,000 | 80,000 |

(2) 20×1년 ㈜을과 ㈜병의 당기순이익은 각각 ₩26,000과 ₩5,000이며, 배당 및 기타 자본변동은 없다. ㈜갑과 ㈜을은 각각 ㈜을과 ㈜병의 투자주식을 원가법으로 회계처리하고 있으며, 비지배지분은 종속기업의 식별가능한 순자산 공정가치에 비례하여 결정한다.

① ₩91,000 ② ₩98,800 ③ ₩99,800
④ ₩101,000 ⑤ ₩101,300

### 해 답

(1) 20×1년 초 비지배지분 : 250,000×30%+80,000×20%=91,000

(2) 20×1년 비지배지분이익

| | | ㈜갑 | | ㈜을 | | ㈜병 | 합계 |
|---|---|---|---|---|---|---|---|
| 보고이익 | | ××× | | 26,000 | | 5,000 | ××× |
| 지배기업지분이익 | 100% | ××× | 70% | 18,200 | 56% | 2,800 | ××× |
| 비지배지분이익 | | | 30% | 7,800 | 44% | 2,200 | 10,000 |

(3) 20×1년 말 비지배지분 : 91,000+10,000=101,000

④

## 7 연결의 특수주제

### 2차 1. 법인세를 고려한 연결

(1) 법인세를 고려한 연결의 논리

| | | |
|---|---|---|
| 연결세전이익 : | 지배기업세전이익 + 종속기업세전이익 | − 평가차액세전상각액 − 내부미실현세전이익 |
| | ↓ ×(1 − 법인세율) : 당기법인세효과 | ↓ ×(1 − 법인세율) : 이연법인세효과 |
| 연결 순이익 : | 지배기업 순이익 + 종속기업 순이익 | − 평가차액세후상각액 − 내부미실현세후이익 |

(2) 순자산과소금액에 대한 법인세효과

법인세법의 규정으로는 임의 평가증이 발생한 것으로 순자산과소금액에 대하여는 연결분개를 수행하는 과정에 이연법인세부채를 인식

(3) 영업권에서 발생하는 법인세효과

법인세법의 규정으로는 임의 평가증이 발생한 것으로 볼 수 있으나, 영업권으로 인하여 발생한 가산할 일시적차이에 대하여는 이연법인세부채를 인식하지 않음

➠ 영업권은 잔여금액으로 측정되므로 이연법인세부채의 인식은 영업권의 장부금액을 다시 증가시키며, 이를 다시 이연법인세부채로 추가 인식하게 되는 순환적인 과정을 반복하게 되기 때문임

| 투자와 자본상계 | (차) 자 본 금 | ××× ① | (대) 이연법인세부채 | ××× ⑤ |
|---|---|---|---|---|
| | 이익잉여금(×1초) | ××× ② | 종속기업주식 | ××× ⑥ |
| | 재고자산(×1초) | ××× ③ | 비지배지분(×1초) | ××× ⑦ |
| | 건 물(×1초) | ××× ④ | | |
| | 영 업 권(×1초) | ××× ⑧ | | |

(4) 내부거래미실현이익에서 발생하는 법인세효과

법인세법의 규정으로는 임의 평가감이 발생한 것으로 내부거래미실현이익에 대하여는 연결분개를 수행하는 과정에 이연법인세자산을 인식

| 미실현이익 | (차) 매출원가 (×1년) | ××× ③ | (대) 재고자산(×1말) | ××× ④ |
|---|---|---|---|---|
| | 이연법인세자산(×1말) | ××× ⑥ | 법인세비용 (×1년) | ××× ⑤ |

## 12 법인세를 고려한 연결

(회계사 2023)

㈜대한은 20×1년 초에 ㈜민국의 보통주 75%를 ₩150,000에 취득하여 지배력을 획득하였다. 지배력 획득일 현재 ㈜민국의 순자산 장부금액은 ₩150,000(자본금 ₩100,000, 이익잉여금 ₩50,000)이다. 아래의 추가자료와 법인세효과를 고려하는 경우, ㈜대한이 지배력 획득일에 인식할 영업권은 얼마인가?

(1) 지배력 획득일 현재 ㈜민국의 식별가능한 자산과 부채 중 장부금액과 공정가치가 다른 내역은 다음과 같다.

| 구 분 | 장부금액 | 공정가치 | 추가정보 |
|---|---|---|---|
| 토지 | ₩50,000 | ₩80,000 | 원가모형 적용 |

(2) 20×1년 중에 ㈜민국은 원가 ₩10,000의 재고자산(제품)을 ㈜대한에게 ₩20,000에 판매하였다. ㈜대한은 이 재고자산의 50%를 20×1년 중에 외부로 판매하고, 나머지 50%는 20×1년 말 현재 재고자산으로 보유하고 있다.

(3) ㈜민국이 보고한 20×1년도 당기순이익은 ₩30,000이다. ㈜대한은 별도재무제표에서 ㈜민국에 대한 투자주식을 원가법으로 회계처리하고 있다.

(4) 연결재무제표 작성 시 비지배지분은 종속기업의 식별가능한 순자산공정가치에 비례하여 결정한다. ㈜대한과 ㈜민국에 적용되는 법인세율은 모두 20%이며, 이는 당분간 유지될 전망이다.

① ₩10,500　② ₩15,000　③ ₩19,500
④ ₩32,000　⑤ ₩43,500

### 해 답

(1) 이전대가의 배분

| 이전대가 | | 식별가능한 순자산 공정가치 | | | 영업권 |
|---|---|---|---|---|---|
| | | 순자산장부 | | 과소금액 | |
| 지배주주지분 150,000 | = | (장부 150,000 | + | 토지 30,000 − 이법부채 6,000) × 75% | + 19,500 |
| 비지배지분 43,500 | = | (장부 150,000 | + | 토지 30,000 − 이법부채 6,000) × 25% | + − |

③

## 13 법인세를 고려한 연결 (회계사 2023)

위의 [예제 12]에서 ㈜대한의 20×1년 말 연결포괄손익계산서에 표시되는 비지배지분귀속당기순이익은 얼마인가? 단, 영업권 손상 여부는 고려하지 않는다.

① ₩6,000 ② ₩6,500 ③ ₩7,000
④ ₩8,000 ⑤ ₩8,500

### 해 답

(1) 20×1년 말 상향재고미실현손익 : 내부거래이익 10,000×미실현비율 50% = 5,000
(2) 20×1년 비지배지분이익 : (세후순이익 30,000 − 세전미실현이익 5,000 + 세금효과 1,000)×25% = 6,500

| 구분 | 차변 | 계정 | 금액 | 대변 | 계정 | 금액 |
|---|---|---|---|---|---|---|
| 투자와 자본상계 | (차) | 자 본 금 | 100,000 ① | (대) | 이연법인세부채 | 6,000 ④ |
| | | 이익잉여금(×1초) | 50,000 ② | | 종속기업주식 | 150,000 ⑤ |
| | | 토 지(×1초) | 30,000 ③ | | 비지배지분(×1초) | 43,500 ⑥ |
| | | 영 업 권(×1초) | 19,500 ⑦ | | | |
| 미실현이익 | (차) | 매 출 | 20,000 ① | (대) | 매출원가 | 20,000 ② |
| | (차) | 매출원가 (×1년) | 5,000 ③ | (대) | 재고자산(×1말) | 5,000 ④ |
| | | 이연법인세자산(×1말) | 1,000 ⑥ | | 법인세비용 (×1년) | 1,000 ⑤ |
| 비지배손익 | (차) | 이익잉여금(×1년) | 6,500 ① | (대) | 비지배지분(×1년) | 6,500 ② |

②

## 2. 연결자본변동표

(1) 지배기업의 자본변동 : 지배기업소유주지분에 전액 반영

(2) 종속기업의 자본변동 : 지배기업소유주지분과 비지배지분에 비례적으로 반영

➡ 지배기업의 당기순이익과 기타포괄이익은 전액 연결실체의 이익잉여금과 기타포괄손익누계액에 반영되며, 종속기업의 당기순이익과 기타포괄이익은 지배기업지분율에 해당하는 금액은 각각 연결실체의 이익잉여금과 기타포괄손익누계액에 반영되며, 비지배지분율에 해당하는 금액은 비지배지분에 직접 반영

➡ 지배기업이 지급한 현금배당은 전액 연결실체의 이익잉여금에 반영되나, 종속기업이 지급한 배당은 비지배지분율에 해당하는 금액을 비지배지분에서 직접 차감하며, 종속기업이 지급한 배당금 중에서 지배기업이 수령한 부분은 내부거래에 해당하므로 연결자본변동표에 인식되지 않음

[연결자본변동표의 사례]

자 본 변 동 표

20×1년 1월 1일부터 20×1년 12월 31일까지

A회사 (단위 : 원)

| 구 분 | 납입자본 | 이익잉여금 | 기타자본구성요소 | 지배기업지분총계 | 비지배지분 | 총 계 |
|---|---|---|---|---|---|---|
| 20×1년 1월 1일 | ××× | ××× | ××× | ××× | ××× | ××× |
| 당기순이익 | - | 1,800 | - | 1,800 | 200 | 2,000 |
| 기타포괄이익 | - | - | 1,800 | 1,800 | 200 | 2,000 |
| 현금배당 | - | (1,000) | - | (1,000) | (200) | (1,200) |
| 20×1년 12월 31일 | ××× | ××× | ××× | ××× | ××× | ××× |

## 2차 3. 연결현금흐름표

(1) 지배력을 획득하기 위한 현금흐름 : 별도로 표시하고 투자활동 현금흐름으로 분류

➡ 종속기업 또는 기타 사업에 대한 지배력 획득 또는 상실의 대가로 현금을 지급하거나 수취한 경우에는 그러한 거래, 사건 또는 상황변화의 일부로서 취득이나 처분 당시 종속기업 또는 기타 사업이 보유한 현금및현금성자산을 가감한 순액으로 현금흐름표에 보고

(2) 지배력을 상실하지 않는 소유지분의 변동 : 재무활동 현금흐름으로 분류

## 2차 4. 연결주당이익

(1) 가중평균유통보통주식수 : 지배기업과 종속기업의 유통보통주식수의 합계가 아닌 지배기업의 유통보통주식수를 대상으로 가중평균

(2) 보통주귀속이익 : 연결당기순이익이 아닌 지배기업의 보통주에 귀속되는 지배기업소유주지분이익을 대상으로 계산

(3) 희석주당이익 : 종속기업에 대하여 잠재적보통주를 보유하고 있는 경우 종속기업의 희석주당이익에 대한 지배기업보유 잠재적보통주 희석효과를 고려하여 희석주당이익 계산

## 2차 5. 해외종속기업의 연결

(1) 해외사업장의 환산 : 해외사업장의 자산과 부채는 해당 보고기간말의 마감환율로 환산, 자본은 해당 거래발생일의 환율로 환산, 수익과 비용은 해당기간의 평균환율로 환산 후, 외환차이는 기타포괄손익으로 인식 ➠ 연결재무상태표 작성시 지배기업지분기타포괄손익과 비지배지분기타포괄손익으로 배분하여 자본항목 중 각각 기타포괄손익누계액과 비지배지분으로 인식

(2) 순자산과소금액에 적용할 환율 : 자산·부채의 장부금액에 대한 공정가치 조정액은 보고기간 말의 마감환율로 환산 후 외환차이는 기타포괄손익으로 인식 ➠ 연결재무상태표 작성시 지배기업지분기타포괄손익과 비지배지분기타포괄손익으로 배분하여 자본항목 중 각각 기타포괄손익누계액과 비지배지분으로 인식

(3) 영업권에 적용할 환율 : 투자차액인 영업권은 보고기간 말의 마감환율로 환산 후 외환차이는 기타포괄손익으로 인식 ➠ 연결재무상태표 작성시 지배기업지분기타포괄손익으로만 배분하여 자본항목 중 기타포괄손익누계액으로 인식

➠ 해외사업장의 취득으로 생기는 투자차액인 영업권과 평가차액인 자산·부채의 장부금액에 대한 공정가치 조정액은 해외사업장의 자산·부채의 일부로 보기에, 해외사업장의 기능통화로 표시하고 보고기간 말의 마감환율로 환산을 수행

➠ 해외사업장을 처분하거나 해외사업장에 대한 지배력을 상실하는 경우에는 기타포괄손익으로 인식한 해외사업장관련 외환차이의 누계액은 해외사업장의 처분손익을 인식하는 시점에 자본에서 당기손익으로 재분류조정

(4) 내부거래에 발생한 수익과 비용 : 내부거래발생일의 환율을 적용할 수도 있으며, 평균환율을 적용할 수도 있으므로, 내부거래를 제거하면서 발생한 외환차이는 기타포괄손익으로 인식

## 14 해외사업장 재무제표를 이용한 연결

기능통화와 표시통화가 모두 원화인 A회사는 20×1년 초에 미국에 소재하는 B회사의 의결권 있는 주식 70%를 $900에 취득하여 지배기업이 되었다. A회사의 연결재무제표 작성을 위한 분개를 수행하고, 20×1년의 연결포괄손익계산서의 기타포괄손익과 20×1년 말 연결재무상태표의 기타포괄손익누계액을 계산하시오.

(1) 취득일 현재 B회사 순자산의 장부금액은 $1,000이며, 자본금 $800과 이익잉여금 $200로 구성되어 있다. 순자산 장부금액은 공정가치와 동일한 금액이며, 20×1년 중에 두 회사 간의 내부거래는 없었다.

(2) 20×1년도 B회사의 당기순이익은 $100이고, 그 이외의 자본변동은 없다. B회사의 외화재무제표를 원화로 환산할 때 수익과 비용은 평균환율을 적용하며, A회사의 별도재무제표에는 외환차이가 표시되어 있지 않다. 일자별 환율은 다음과 같다.

| 20×1년 초 | 20×1년 평균 | 20×1년 말 |
|---|---|---|
| ₩1,000 | ₩1,150 | ₩1,200 |

(3) 비지배지분은 종속기업 순자산의 공정가치에 지분율을 적용한 금액으로 측정하며, 법인세효과는 고려하지 않는다.

### 해 답

(1) 연결재무제표 작성을 위한 공정가치기준 해외종속기업 재무제표의 환산

| 계정과목 | 외 화 | 환 율 | 원 화 | 계정과목 | 외 화 | 환 율 | 원 화 |
|---|---|---|---|---|---|---|---|
| 순 자 산 | $1,100 | ₩1,200 | 1,320,000 | 자 본 금 | $800 | ₩1,000 | 800,000 |
| 영업권(부분) | $200 | ₩1,200 | 240,000 | 이익잉여금 | $200 | ₩1,000 | 200,000 |
| | | | | 투자차액 | $200 | ₩1,000 | 200,000 |
| | | | | 당기순이익 | $100 | ₩1,150 | 115,000 |
| | | | | 해외환산이익 (장부금액) | | | 205,000 |
| | | | | 해외환산이익 (영업권) | | | 40,000 |
| 합 계 | $1,300 | | 1,560,000 | 합 계 | $1,300 | | 1,560,000 |

(2) 연결회계처리

| | | | | |
|---|---|---|---|---|
| 투자와 자본상계 | (차) 자 본 금 | 800,000 | (대) 종속기업주식 | 900,000 |
| | 이익잉여금(×1초) | 200,000 | 비지배지분(×1초) | 300,000 |
| | 영 업 권(×1초) | 200,000 | | |
| 영업권환산 | (차) 영 업 권(×1년) | 40,000 | (대) 해외사업환산이익 | 40,000 |
| 당기손익대체 | (차) 이익잉여금(×1말) | 34,500 | (대) 비지배지분(×1말) | 34,500 |
| | 해외사업환산이익(×1말) | 61,500 | 비지배지분(×1말) | 61,500 |

(3) **연결포괄손익계산서의 기타포괄이익** : 순자산환산이익 205,000 + 영업권환산이익 40,000 = **245,000**

(4) **연결재무상태표의 기타포괄이익누계액** : 순자산환산이익 205,000 × 70% + 영업권환산이익 40,000 = **183,500**

➡ 포괄손익계산서에서는 해외사업장환산손익이 100%가 인식되지만, 재무상태표에서는 비지배지분율에 상당하는 금액은 비지배지분에 직접 반영된다. 따라서 지배기업지분에 대한 해외사업장환산손익만 연결재무상태표의 기타포괄손익누계액에 반영된다.

➡ 한편, 부분영업권이 인식된 경우 영업권에 대한 해외사업장환산손익은 전액 지배기업지분에서 발생했기에, 전액 기타포괄손익누계액에 반영된다.

MEMO

check list

MEMO

check list

**김기동**

홍성고등학교 졸업
고려대학교 경영대학 경영학과 졸업
공인회계사, 세무사
삼일회계법인 근무
USCPA Becker 강사
국세청 국세공무원교육원 재무회계 강사

현 삼덕회계법인 이사
나무경영아카데미 강사
LG 인화원 강사
한국금융연수원 강사
CFO Academy 강사
국세청 인트라넷 재무회계 강사

**저 서** 중급회계 I·II(2008, 지혜의샘)
객관식 재무회계(2008, 지혜의샘)
재무회계연습(2008, 지혜의샘)
기업회계기준 해설(2013, 세학사)
IFRS 회계원리(2024, 샘앤북스)
IFRS 중급회계 I·II(2025, 샘앤북스)
IFRS 고급회계(2025, 샘앤북스)
IFRS 세무사 고급회계(2023, 샘앤북스)
IFRS 중급회계연습 I·II(2025, 샘앤북스)
IFRS 고급회계연습(2025, 샘앤북스)
IFRS 세무사 재무회계연습(2025, 샘앤북스)
IFRS 재무회계 워크북(2025, 샘앤북스)
IFRS 객관식 재무회계(2025, 샘앤북스)

**홈페이지** : cafe.daum.net/KDianS

| 9th Edition |

# IFRS 재무회계 워크북

**발 행 일** | 2015. 8. 13. 1판 발행
⋮
2025. 7. 9. 9판 1쇄 발행
2025. 9. 1. 9판 2쇄 발행
2025. 12. 2. 9판 3쇄 발행(내용은 2쇄와 수정없이 동일합니다.)

저자와의 협의하에 인지를 생략합니다.

**저 자** | 김 기 동
**발 행 인** | 이 낙 규
**발 행 처** | 주식회사 샘앤북스
**등록번호** | 신고 제 2013-000086 호
**주 소** | 서울특별시 영등포구 양평로22길 21, 선유도코오롱디지털타워 310호
**전 화** | 02-323-6763 **팩 스** | 02-323-6764
**이 메 일** | wisdom6763@hanmail.net

**편집 및 디자인** 홍수기 · 김용재 · 김은서 | **도서관리** 김보영

**정가** 22,000원

**ISBN** 979-11-5626-557-3 93320

샘앤북스

▮ 제작과정에서 잘못 만들어진 도서는 교환하여 드립니다.